"十三五"国家重点出版物出版规划项目

诺/贝/尔/经/济/学/奖/获/得/者/丛/书
Library of Nobel Laureates in Economic Sciences

行为金融学新进展
（II）

Advances in Behavioral Finance
(Volume II)

理查德·H·泰勒（Richard H. Thaler） 主编
罗伯特·J·希勒（Robert J. Shiller） 等著
贺京同 等译
贺京同 校

中国人民大学出版社
·北京·

译者序

行为金融学是一个崭新且发展迅速的研究领域。它克服了传统金融学将人强化为一个同质"参数"——理性人的局限性,以及由此产生的种种异象,使金融学具有了"人气"。简单地说,行为金融学是在经典的以钱和物为主体的金融研究中,结合刻画人类主观思维的科学理论,特别是认知心理学理论,解决金融系统本不应该忽视的另一主体——金融活动参与人——加入其中的金融现象和问题的解释与预测,以及在此环境下,人们是如何进行决策的。同时,快速发展的行为金融学研究指出,在有效市场框架下,传统理性投资者的期望效用最大化理论不能解释许多现实问题。行为金融学理论旨在协调基于人类行为的——包括个体行为和群体行为在内的——与经典理论相互矛盾的解释。例如,行为金融学有助于解释市场无效的表现和原因。在经历了与传统理论卫道士最初的抗争之后,目前,行为金融学正逐渐成为主流金融学的一个重要组成部分。

本译著的内容大多源自近年来在金融学界具有广泛影响的学者,发表于国际经济学或金融学顶级期刊上的关于行为金融学研究的重要成果,涵盖金融学主要研究领域的六个方面:套利限制、股票收益和股权溢价、过度反应和反应不足的实证研究、过度反应和反应不足的理论、投资者行为和公司金融。

毫无疑问,迅速崛起的行为金融学必然产出庞大的研究成果,故本书所选的文献仅是其中极小一部分,但却是极具权威性和代表性的部分,正如哈佛大学教授戴维·莱布森所言:"本书完整地回顾了过去几十年间行为金融学领域的进展。不管从哪方面衡量,这本书都具有重要影响。该书是金融经济学家以及任何对这一领域感兴趣者的必读著作，并且对于研究生和相关研究者来说，也是一本非常有价值的参考文献。"

本书的翻译是由我主持完成的，译者包括南开大学的部分海归学者和我的研究生：吴梦迪（约翰霍普金斯大学金融学硕士）、李柳玲（罗格斯新泽西州立大学经济学博士）、赵红梅（爱尔兰国立大学都柏林分院经济学博士）、余峰燕（博士后）、刘倩（博士）、范若滢（博士）、郝身永（博士）、郑为夷（博士）、廖直东（博士）、陈坚（硕士）、李德富（硕士）、吴浩波（博士）和刘菲菲（硕士）。具体分工如下：序言、第1章、第12章、作者介绍：贺京同；第2章：贺京同、范若滢、陈坚；第3章：贺京同、刘倩、李德富；第4章：刘倩、李德富；第5章：吴梦迪、刘倩；第6章：吴梦迪、范若滢；第7章：吴梦迪、范若滢；第8章、第15章：余峰燕、贺京同；第9章：李柳玲、郝身永；第10章：赵红梅、郝身永；第11章：郝身永、吴浩波；第13章：郑为夷、贺京同；第14章：郝身永、贺京同；第16章：刘菲菲、廖直东；第17章、第18章：廖直东、吴梦迪；第19章：廖直东、贺京同。贺京同对本书进行了全面校对。

中国人民大学出版社一直致力于翻译出版经济和金融学领域的前沿著作，此次把本书翻译工作委托给我们，既是对我们先前工作的认可，也是对我们更严峻的考验。论文的翻译要比翻译著作和其他文章难得多，尽管我们竭尽所能，也仍难免未达其意。现终于把译本呈现在读者面前，恳请读者提出批评和建议。

本书在翻译过程中，得到了国家社会科学基金重大项目"经济稳定增长前提下优化投资与消费的动态关系研究"（项目号12&ZD088）的支持，故本书亦属于上述科研项目的阶段性成果之一，在此一并表示感谢！

贺京同
2013年金秋于南开园

目 录

作者介绍 ………………………………………………… i
序言 ……………………………………………………… xi
缩略词 …………………………………………………… xviii

第1章　行为金融学综述 ……………………………… 1

第一部分　套利限制
第2章　套利限制 ……………………………………… 67
第3章　交易地点如何影响证券价格？ ……………… 88
第4章　市场可以加减吗？论高科技股股权
　　　　分拆中的错误定价 ……………………………… 115

第二部分　股票收益和股权溢价
第5章　估值比率和股票市场长期展望：
　　　　一项修正 ……………………………………… 155
第6章　短视的损失规避和股权溢价之谜 …………… 181
第7章　前景理论和资产价格 ………………………… 200

第三部分　过度反应和反应不足的实证研究
第8章　反向投资、推测和风险 ……………………… 247
第9章　股票收益截面变动特征的实证 ……………… 288
第10章　动量 …………………………………………… 324
第11章　经纪商推荐股票过程中的市场
　　　　　效率和偏见 ………………………………… 356

第四部分　过度反应和反应不足的理论
第12章　一个投资者情绪模型 ……………………… 385

第 13 章 投资者情绪与证券市场：反应不足与
　　　　过度反应 …………………………………… 422
第 14 章 关于资产市场中反应不足、动量交易
　　　　和过度反应的一个统一理论 ……………… 460

第五部分　投资者行为

第 15 章　个体投资者 ………………………………… 497
第 16 章　固定供款储蓄计划中单纯的分散
　　　　风险策略 ……………………………………… 518

第六部分　公司金融

第 17 章　非理性世界中的理性资本预算 …………… 547
第 18 章　超阈值的盈余管理 ………………………… 570
第 19 章　管理者的乐观主义与公司金融 …………… 599

作者介绍

理查德·H·泰勒（Richard H. Thaler）是芝加哥大学商学院经济、财政和行为科学教授（Robert P. Gwinn 讲席教授），芝加哥大学决策研究中心主任，美国国家经济研究局（NBER）助理研究员，在 NBER 他和其他人共同负责行为经济学项目。泰勒被认为是试图填补心理学和经济学之间缺口的先驱者之一。他曾研究过的问题包括自我控制、储蓄、心理核算、公平、禀赋效应、行为金融学。他是《赢者的诅咒》（*The Winner's Curse*）和《准理性经济学》（*Quasi Rational Economics*）的作者，是论文集《行为金融学新进展》（*Advances in Behavioral Finance*）的编者。在《经济展望杂志》（*Journal of Economics Perspectives*）发表了一系列有关"异象"问题的文章。

布拉德·M·巴伯（Brad M. Barber）是加州大学戴维斯分校管理学院金融学教授。他最近的研究侧重于分析师建议和投资者心理。他的研究被大众媒体广泛报道，包括《商业周刊》、《时代周刊》、《华尔街日报》、美国广播公司新闻、NBC 晚间新闻、CNN、CNNFn、CNBC 等。巴伯教授撰写了大量学术文章，发表在《金融学杂志》（*Journal of Finance*）、《金融经济学杂志》（*Journal of Financial Economics*）、《金融研究评论》（*Review of Financial Studies*）、《政治经济学杂志》（*Journal of Political Economy*）、《经济学季刊杂志》（*Quarterly Journal of Economics*）、《美国社会学评论》（*American Sociological Review*）、《财务分析与定量分析杂志》（*Journal of Financial and Quantitative Analysis*）、《金融分析师杂志》（*the Financial Analyst Journal*）等诸多刊物上。他经常在学术和从业者会议上发表演讲。目前他在美世全球咨询的投资顾问委员会（Investment Advisory Committees for Mercer Global Advisors）以及加州独立系统运营者市场监督委员会（the Market Surveillance Committee of the California Independent System Operator）任职。巴伯教授于 1991 年在芝加哥大学获得金融学博士学位。他还拥有芝加哥大学 MBA 学位和伊利诺伊大学经济学学士学位。在加州大学戴维斯分校教授投资分析与公司财务政策相关课程。

尼古拉斯·巴贝尔斯（Nicholas Barberis）是耶鲁大学管理学院金融学教授，国家经济研究局研究员。他的研究主要集中于行为金融学领域，特别是关于基于心理学的投资者偏好和投资者信念模型。由于其出色的研究而获荣誉奖（FAME Prize for Research），因对终身金融保障的研究获保罗·A·萨缪尔森优秀学术著作奖（the Paul A. Samuelson Prize for Outstanding Scholarly Writing on Lifelong Financial Security），此外还获多项教学奖。目前执教于耶鲁大学管理学院，此前，在芝加哥大学商学院有过多年教学经历，曾担任过哈佛大学和伦敦商学院的客座教授（visiting professorships）。1996 年在哈佛大学获得博士学位，1991 年在剑桥大学获得学士学位。

什洛莫·博纳茨（Shlomo Benartzi）是加州大学洛杉矶分校安德森管理学研究生院副教授。博纳茨博士在康奈尔大学约翰逊管理学研究生院获得博士学位。他的研究调查了固定供款储蓄计划（defined contribution plans）中参与者的行为。特别是他目前的工作正在探讨退休储蓄计划中个人是如何作出财务决策的。此外，他正在开发行为处方——如，"明天多储蓄"项目（"Save More Tomorrow" program），协助员工作出更优的财务决策。博纳茨博士的研究成果已发表在《美国经济评论》、《政治经济学杂志》、《经济学季刊杂志》、《金融学杂志》、《会计评论和管理科学》（the Accounting Review and Management Science）。他的研究在《经济学家》（Economist）、《金融时报》（Financial Times）、《投资者商业日报》（Investor's Business Daily）、《洛杉矶时报》（the Los Angeles Times）、《纽约时报》（the New York Times）、《货币杂志》（Money Magazine）、《退休计划赞助人》（Plan Sponsor）、《退休金和投资》（Pensions and Investments）、《华尔街日报》（The Wall Street Journal）和 CNBC 电视频道等都有所讨论。博纳茨曾在美国劳工部雇员退休保障法咨询委员会（ERISA Advisory Council of the U. S. Department of Labor）、阿拉斯加州养老金投资咨询理事会（the Investment Advisory Council of the Alaska State Pension）和晨星咨询委员会（the

Advisory Board of Morningstar）任职。

约翰·Y·坎贝尔（John Y. Campbell）是哈佛大学应用经济学 Otto Eckstein 教授。他在牛津大学完成本科学业，1984 年获得耶鲁大学经济学博士学位，此后在普林斯顿大学执教十年，1994 年转到哈佛大学。他是国家经济研究局资产定价项目副研究员，曾任这一项目主任；曾任《美国经济评论》以及《经济学和统计学评论》编辑；计量经济学会和美国艺术与科学院研究员；2004 年当选为美国金融协会主席。坎贝尔是哈佛管理公司的董事会成员，是 Arrowstreet 资本（一家定量资产管理公司）的合伙人。坎贝尔的工作关注资产市场及其对宏观经济的反应，以及对投资组合选择的规范分析。著有《金融市场计量》(*The Econometrics of Financial Markets*)（与 Andrew Lo 和 Craig MacKinlay 合著）和《战略资产配置：长期投资者的投资组合决策》(*Strategic Asset Allocation: Portfolio Choice for Long-Term Investors*)（与 Luis Viceira 合著），两者都因对终身经济保障的精彩学术研究而赢得美国教师退休基金会保罗·萨缪尔森奖。

埃米尔·M·戴博拉（Emil M. Dabora）于 1991 年获麻省理工学院科学学士学位，1996 年获得哈佛大学经济学博士学位。曾在摩根士丹利从事六年自营交易，目前是 Caxton Associates（一家全球性多策略对冲基金）资产组合经理，领衔事件驱动投资（event-driven investing）团队。

肯特·丹尼尔（Kent Daniel）是西北大学凯洛格管理学院金融学 Helen and John L. Kellogg 教授。加入凯洛格前，丹尼尔曾执教于芝加哥大学和不列颠哥伦比亚大学。丹尼尔教授著述颇多。他曾设计实验检验资产定价模型，重点检验试图解释资产收益截面可预测性和股权溢价的程度以及可预测性的模型。他从理论和实证两方面对基于心理学的资产定价理论进行了研究。曾两次获史密斯-布里登奖，该奖是授予《金融学杂志》最佳论文的。他是美国国家经济研究局副研究员和《金融学杂志》的副主编。1992 年在加州大学洛杉矶分校获得博士学位。

弗朗索瓦·德乔治（François Degeorge）是瑞士卢加诺大学（University of Lugano）金融学教授，哈佛大学博士。1993—2003 年任教于巴黎高等商学院，教授金融。其研究主要集中在公司金融，在《商业杂志》(*Journal of Business*)、《金融学杂志》、《金融经济学杂志》和《风险和不确定性杂志》(*Journal of Risk and Uncertainty*) 上发表了若干篇论文。曾获以下奖项：默顿·米勒奖（2000 年），欧洲咨询第一奖（Inquire

Europe First Prize)（1998 年和 2003 年），1994 年高等商学院基金会奖，1993 年获史密斯-布里登奖提名。

肯尼思·A·弗鲁特（Kenneth A. Froot）是哈佛大学工商管理研究生院工商管理学 André R. Jakurski 教授。教授资本市场、国际金融学、风险管理等课程。弗鲁特教授从斯坦福大学获得学士学位，从加州大学伯克利分校获得博士学位。在国家经济研究局任副研究员及保险小组主席，并于 1988—1989 年担任国家经济研究局 Olin 项目的研究员。他的研究涉及金融学、风险管理及国际经济学等方面的广泛话题，研究成果发表在诸多期刊上，出版了多部著作。他是《国际金融管理与会计杂志》（Journal of International Financial Management and Accounting）主编，《国际经济学杂志》（Journal of International Economics）、《巨灾风险融资》（The Financing of Catastrophe Risk）、《外国直接投资》（Foreign Direct Investment）及《东欧转型》第Ⅰ、Ⅱ卷（The Transition in Eastern Europe，Vols. 1 and 2）等的副主编。他是美国金融协会（American Finance Association）、美国经济学会（American Economics Association）和行为金融工作小组（Behavioral Finance Working Group）成员，并担任美国外交关系协会（Council on Foreign Relations）的长期成员（term member）。

J. B. 希顿（J. B. Heaton）是芝加哥 Bartlit Beck Herman Palenchar & Scott 有限责任合伙公司的诉讼律师合伙人（litigation partner）。1990 年获伊利诺伊大学文科学士学位，1999 年获芝加哥大学法学博士学位、工商管理硕士学位和金融博士学位。他曾任教于杜克大学富卡商学院，教授企业重组课程，2003 年获杜克大学杰出教学奖。就法律和财务中许多领域发表了多篇文章，2003 年作为《金融研究评论》（Review of Financial Studies）最佳论文作者（与阿龙·布拉夫）获得巴克莱全球投资者/迈克尔·布伦南奖（Barclay's Global Investors/Michael Brennan Award），奖励其辩明理性和行为资产定价理论的争议的研究工作。

戴维·赫什莱佛（David Hirshleifer）是俄亥俄州立大学费雪商学院金融系主任（Ralph W. Kurtz Chair）。此前执教于加州大学洛杉矶分校安德森学院，并曾在密歇根大学商学院任系主任（Waterman Chair）。他在金融学和经济学方面的研究曾荣获多个奖项，媒体对其研究内容有所介绍。他被人们认为是行为经济学和金融领域杰出的研究者，曾任《金融研究评论》编辑，《金融学杂志》、《经济学季刊杂志》

以及《企业战略领域》几家杂志的副主编。他最近的研究着重于企业和市场中的心理学，包括情绪和股票价格分析、投资者有限的注意力和会计信息的误用、利用股票市场错误定价的交易策略设计、模仿和狂热以及收购和管理投资决策等方面。

哈里森·洪（Harrison Hong）是普林斯顿大学经济学教授，讲授本科生、硕士生以及博士项目的金融学相关课程。2002年来到普林斯顿大学任教，此前是斯坦福大学商学院金融学教师，那时是金融学副教授。1992年以极优异的成绩毕业于加州大学伯克利分校，获得经济学和统计学学士学位，1997年获得麻省理工学院经济学博士学位。洪的研究涉及话题广泛，包括行为金融和股票市场的有效性、资产定价和市场不完善下的交易、社会互动和投资者行为、职业观念和羊群行为、共同基金、证券分析师和投资者关系。他是《金融中介杂志》（*Journal of Financial Intermediation*）编委会成员，曾获多项研究奖励。

黄明（Ming Huang）是中国北京长江商学院金融学教授，目前正在斯坦福大学商学院金融学助理教授职位停薪留职中。其研究主要集中在行为金融学、信用风险、流动性和拍卖理论。研究成果见诸《政治经济学杂志》、《经济学季刊杂志》、《美国经济评论》、《经济理论杂志》（*Journal of Economic Theory*）、《金融学杂志》等。曾获2000年FAME荣誉奖、斯坦福大学和芝加哥大学教学奖。

纳拉辛汉·贾格迪什（Narasimhan Jegadeesh）是埃默里大学商学院院长特聘教授，国家经济研究局资产定价小组副研究员。他教授实证研究方法、资产组合管理和固定收益证券等方面的课程。其研究关注投资、股市的有效性、分析者预测和建议以及固定收益证券。贾格迪什教授研究成果丰富，在《金融学杂志》、《金融经济学杂志》、《金融研究评论》等顶尖期刊发表多篇论文。《经济学家》、《货币杂志》、《纽约时报》、《理性投资》（*Smart Money*）、波士顿WPIX广播电台和CNNFn都曾专题报道过其研究。

欧文·A·拉蒙特（Owen A. Lamont）是耶鲁大学管理学院金融学教授，国家经济研究局副研究员。1988年在奥伯林（Oberlin）学院获经济学和行政管理学士学位，1994年在麻省理工学院获经济学博士学位。2003年到耶鲁大学任教前在普林斯顿大学和芝加哥大学执教。曾获多项奖励，包括国家科学基金会（National Science Foundation）和艾尔弗雷德·P·斯隆（Alfred P. Sloan）基金会奖学金。研究资产定价和公司金融问题，就卖空、股票收益、债券收益、封闭基金和企业多元化等发表多篇学术论文。他在耶鲁大学教授行为金融学课程。

约瑟夫·兰科尼肖克（Josef Lakonishok）是伊利诺伊大学香槟分校金融学卡尼斯（Karnes）教授，国家经济研究局副研究员，LSV资产管理委托人。此前曾是特拉维夫大学金融学教授。他从康奈尔大学获得金融学博士学位。兰科尼肖克教授专攻实证投资研究。发表论文逾80篇，内容所涉及的投资方面的话题非常广泛，如绩效评价、分析师预测、股票回购以及基于基本面信息和动量的交易策略。兰科尼肖克博士曾任——目前也在担任——金融经济学领域许多顶尖期刊的副编辑。最近其主要成果是由麦克劳希尔公司出版的《投资巨人》（Investment Titans）一书。

罗尼·麦克利（Roni Michaely）是康奈尔大学约翰逊管理学院管理学的Rudd Family管理学教授及金融学教授。同时在以色列Herzliya跨学科中心担任职务。麦克利教授的研究兴趣集中在公司金融、资本市场和评估等方面。目前他主要关注资本市场中的利益冲突、公司股利政策和证券评价。最近的研究成果发表在《金融学杂志》、《金融研究评论》、《财务分析与定量分析杂志》、《金融中介杂志》和《金融管理》等学术期刊上。《华尔街日报》、《纽约时报》、《经济学家》、《投资者商业日报》（Investor's Business Daily）、《旧金山记事报》（San Francisco Chronicle）、《商业周刊》、《福布斯》、《巴伦周刊》（Barron's）、《货币杂志》、路透社、《价值》（Worth）以及其他媒体都曾对其研究做过专题报道。麦克利教授在1998—2003年任以色列证券局（Israeli Securities Authority）主任。他也在证券评估、重构和银行业利益冲突等领域提供咨询服务。

特伦斯·奥丁（Terrance Odean）是加州大学伯克利分校哈斯商学院金融学副教授。1990年在加州大学伯克利分校获统计学学士学位，1997年在哈斯商学院获金融学博士学位。1997—2001年间在加州大学戴维斯分校教授金融学。他在加州大学伯克利分校读本科期间和丹尼尔·卡尼曼一起研究判断和决策。这导致了其把现在研究兴趣集中在心理学驱动的决策是如何影响投资者福利和证券价格的方面。1970年夏天他在纽约开出租车。

贾允杜·帕特尔（Jayendu Patel）领导Choice Stream的一个研究小组，小组中研究人员研究方向各异，包括微观计量经济学、贝叶斯统计学、决策建模、协同滤波、图书馆学/知识分类学、搜寻理论。他从芝加哥大学获得博士学位。2001年作为首席专家加入Choice Stream，此前，他是波士顿大学、哈佛大学、波士顿商学院的教授。目前其研究兴趣涉及消费者选择、判断和决策以及公司金融。

塔诺·桑托斯（Tano Santos）是哥伦比亚商学院金融和经济学系1967商学副教授。他在芝加哥大学经济系获经济学博士。其毕业论文关注的是金融创新的时间安排和实际的负效应。加入哥伦比亚大学以前，桑托斯在芝加哥大学商学院工作。其目前的研究兴趣集中在资产定价和金融市场的制度方面。

罗伯特·J·希勒（Robert J. Shiller）是耶鲁大学经济学 Stanley B. Resor 教授，耶鲁管理学院金融国际中心研究员。1972 年在麻省理工学院获经济学博士学位，此后曾被多次授予荣誉博士或教授。他是国际经济研究局副研究员、美国艺术和科学院研究员、计量经济学会研究员、古根海姆奖学金获得者和美国哲学学会成员。希勒在金融市场、行为经济学、宏观经济学、不动产、统计方法以及市场公众态度、意见与道德评判等方面著作颇丰。1989 年写的《市场波动性》（*Market Volatility*，由麻省理工学院出版社出版）对投机市场的价格波动作了数学分析和行为分析；1993 年写的《宏观市场：建立管理社会最大经济风险的机构》（*Macro Markets*：*Creating Institutions for Managing Society's Largest Economic Risks*，由剑桥大学出版社出版）提出了多种新的风险管理合同，如国民收入或不动产期货合同，这将会引领一场适应现代人生活水平的风险管理领域的新的革命，此书获得 1996 年美国教师保险与年金协会－大学退休证券基金（TIAA-CREF）萨缪尔森奖项；另一本书，《非理性繁荣》（*Irrational Exuberance*，2000 年由普林斯顿大学出版社出版）对 1982 年以来的股市繁荣作了一番分析和说明，并获得了 2000 年共同基金（Commonfund）奖项，被《纽约时报》评为非科幻类最畅销书。《金融新秩序：管理 21 世纪的风险》（*The New Financial Order*：*Risk in the 21st Century*）分析了将来金融、保险和公共金融所扮演的扩张性角色，被译为 8 种文字，该书获《金融时报》getabstract 奖（授予最佳商业类书籍）及 2004 年度 Wilmott 奖（授予《商业周刊》杂志评选出的 2003 年度最佳商业书籍）。他与别人共同创建了卡魏施有限公司（Case Shiller Weiss, Inc.），这是一家经济研究和信息公司，后在 2002 年由 Fiserv, Inc. 收购。另外，还和别人一起成立了宏观证券研究有限公司（Macro Securities Research, LLC），一家致力于新风险证券化的公司。

安德瑞·史莱佛（Andrei Shleifer）是哈佛大学经济学教授（Whipple

V. N. Jones 讲席教授），拥有哈佛大学学士学位及麻省理工学院博士学位。1991 年开始在哈佛大学执教，此前，在普林斯顿大学和芝加哥大学商学院任教。史莱弗的研究领域涵盖比较公司治理、法和金融、行为金融以及制度经济学等方面。已出版 4 部书，包括《掠夺之手》（The Grabbing Hand）（与 Robert Vishny 合作）以及《并非有效的市场：行为金融学导论》（Inefficient Markets: An Introduction to Behavioral Finance），另外还发表了 100 余篇文章。史莱佛 1989—1999 年任《经济学季刊》编辑，曾任《金融学杂志》和《金融经济学杂志》副主编。目前担任《经济观点杂志》主编以及《金融经济学杂志》顾问。史莱弗是经济计量学会以及美国艺术和科学院研究员。1999 年，获美国经济学会颁发的约翰·贝茨·克拉克奖章。

杰里米·C·斯坦（Jeremy C. Stein）是哈佛大学经济学教授，为本科生以及博士项目学生讲授金融学方面的课程。同时，他也是国家经济研究局副研究员。从 2000 年起，斯坦在哈佛大学工作，此前已在麻省理工学院斯隆管理学院执教 10 年，最近获得彭尼（J. C. Penney）管理学教授荣誉。1987—1990 年，斯坦在哈佛大学商学院任金融学助理教授。1983 年以优异成绩获得普林斯顿大学经济学学士学位，1986 年获经济学博士学位。斯坦的研究涵盖以下话题：行为金融学和股票市场有效性；公司投资和融资决策；风险管理；企业内资金配置；金融中介以及货币政策。

阿维尼德赫·苏巴曼亚姆（苏夫拉）（Avanidhar Subrahmanyam ("Subra"))目前是加州大学洛杉矶分校的金融学教授，1990 年获安德森学院金融学博士学位。1990—1993 年任哥伦比亚大学助理教授，1993—1994 年间任安德森学院客座副教授。目前研究兴趣涉及公司股票的交易环境与该公司的资本成本之间的关系、资产价格行为的行为理论、股权回报率横截面的实证决定因素。苏巴曼亚姆教授在顶尖金融学和经济学杂志上就上述方面独立撰写或与他人合写了多篇约稿论文（refereed journal articles）。他是国家经济研究局马萨诸塞州剑桥新成立的市场微观结构研究小组成员。在《金融学杂志》、《金融经济学杂志》、西部金融协会会议（Western Finance Association meetings）和金融学国际会议（International Conference of Finance in Taiwan）获得过最佳论文奖并且多次被《金融学杂志》提名为最佳论文。现任《金融市场杂志》合作编辑，曾任《金融学杂志》和《金融研究评论》副编辑。他在纳斯达克股票交易所、国家交易所（印度孟买）、《圣荷西信使报》

(*San Jose Mercury News*)、Irwin/McGraw-Hill、Law and Economics Group 和德意志银行等机构担任顾问。

谢里登·蒂特曼（Sheridan Titman）在得克萨斯大学金融服务系任系主任（McAllister Centennial Chair），国家经济研究局副研究员。在科罗拉多大学获学士学位，在卡内基梅隆大学获硕士及博士学位。蒂特曼教授在加州大学洛杉矶分校执教逾 10 年，除教学和研究活动外，他还曾任金融组系主任，加州大学洛杉矶分校管理学院教职工会副主席。1992—1994 年间，蒂特曼教授是香港科技大学商业和管理学院建院教授（founding professor）之一，同时曾任教职员会副主席、教授任命委员会主席。1994—1997 年曾任波士顿学院金融系 John J. Collins, S. J. Chair 职位。1988—1989 学年在华盛顿担任财政部经济政策助理部长的特别助理。曾任多家顶级学术性金融杂志编委会成员，曾是《金融研究评论》编辑、《国际金融评论》（*International Review of Finance*）建刊编辑（founding editor）。曾任美国金融协会、亚太金融协会、西部金融协会以及金融管理协会主任。蒂特曼教授引领的出色研究工作获得过多项奖励，包括 1985 年 Batterymarch 奖学金（该奖是授予最有潜力的金融学助理教授）及 Smith Breeden 奖（授予发表在 1977 年度《金融学杂志》上的最佳论文）。另外，在 2001 年，蒂特曼加入金融管理协会任研究员。他在投资及公司金融领域发表多篇论文，与别人合写了一本名为《金融市场与公司战略》（*Financial Markets and Corporate Strategy*）的顶尖高级公司理财教科书。

罗伯特·W·维什尼（Robert W. Vishny）是芝加哥大学商学院金融学 Eric J. Gleacher 杰出服务教授，1985 年至今一直在此任教。他与其他人共同成立了 LSV 资产管理公司，这是一家机构价值股本金管理公司（institutional value equity money management firm）。维什尼曾担任国家经济研究局公司金融项目负责人、大学教师退休基金会（CREF）受托人。在公司金融、公司治理、法和金融学以及行为金融等领域有大量著述。他是美国艺术和科学院研究员。

肯特·沃马克（Kent Womack）是达特茅斯学院塔克商学院金融学副教授。他从康奈尔大学获得博士学位，1994 年在塔克商学院开始自己的学术生涯。同时，他也是耶鲁大学毕业生（学士，1978）、斯坦福大学毕业生（MBA，1982）。进入学术圈之前，他曾是高盛（Goldman, Sachs & Co.）副总裁。更早以前，是普华永道（Price Waterhouse）注册会计师（CPA）。他侧重于研究卖方证券估价分析、证券分析师的利益冲突以及承销过程。他是 FEN Educator 的合著者。

理查德·泽克豪瑟（Richard Zeckhauser）是哈佛大学肯尼迪政府学院政治学 Frank P. Ramsey 教授。迄今为止，他的学术事业一直在哈佛大学进行。1962 年以优异的成绩大学毕业，1965—1968 年任研究学会（Society of Fellows）中级研究员，1968 年获经济学博士学位，之后便成为青年教师，1972 年被任命为全职教授。讲授经济学及其分析方法（肯尼迪学院）、风险（肯尼迪学院和法学院公选）和规制（肯尼迪学院和法学院公选）等方面的课程。泽克豪瑟先后当选为国家科学院医学研究所（Institute of Medicine of the National Academy of Sciences）成员、公共政策和管理协会（Association for Public Policy and Management）研究员、计量经济学会研究员、美国艺术和科学院研究员。他还是国家经济研究局及日本美国中心（纽约大学）副研究员，并担任八家专业期刊编委会成员。还担任马萨诸塞州团体保险专员（Group Insurance Commissioner）、州立学校（Commonwealth School）受托人，几家高科技公司的董事。他是美国企业研究所学术顾问委员会以及罗素智慧基金会（Russell Sage Foundation）行为经济学圆桌会议成员。获 1996 年美国桥牌锦标赛二人团队冠军，入围 1998 年世界壳牌联盟锦标赛决赛。泽克豪瑟独立或与别人合作撰写了 180 篇论文、3 部著作，参编 8 部书。最近编辑的书包括：《委托人和代理人：商业结构》(Principals and Agents: The Structure of Business (1985))、《美国社会：公共和私人责任》(American Society: Public and Private Responsibilities (1986)、《私有和国有企业：美国、英国和加拿大的教训》(Privatization and State-Owned Enterprises: Lessons from the United States, Great Britain, and Canada (1989))、《策略和选择》(Strategy and Choice (1991))和《聪明的选择：博弈、决策与谈判》(Wise Choices: Games, Decisions, and Negotiations (1996))。他目前的研究项目正在应对建立适当的承诺、不确定下作出有效的决策等挑战。他目前的主要研究试图解决院校提前录取、对互联网的信任及股市分析者与股市间错综复杂的博弈等方面的问题。

序　言

本系列第一卷出版距今已有十年，第一卷记录了一种研究金融市场的新方法的诞生。本卷介绍第二个十年间行为金融研究的一些进展。第二个十年对金融市场以及金融市场研究来说都是一个激动人心的时期。1987年10月19日，股票价格在无任何重要消息（除了股市崩盘本身）的背景下，跌落20个百分点，我认为自那以来，非常多的经济学家开始更加认真地看待行为方法。如果是这样，那么互联网泡沫的产生及破灭当然坚定了如下观点，即理性模型在解释我们在金融市场看到的现象时遇到了麻烦。这几年，NASDAQ的价格一直维持在1 300点到5 000点之间，很难说这是理性行为的结果。实际上，我认为，想要真正理解价格的运行，理解投资者的行为方式很重要，这一点如今已被广为接受。

本书第1章详细回顾了行为金融的历史，既然如此，在序言部分，我将给出行为金融学的一个简单轮廓。我认为，过去十年间研究主题集中在五个方面，在为本书选择论文时，我都是按照这五个主题进行的。①

---

① 当然，选择论文时，为使本书在量上可控，我不得不多次作出艰难的决定。我要向被我排除在外的那些优秀论文的作者致歉。严谨的学者应当把这本书看做这一领域的入门；这本书不图全面。选论文时我有一个明确的原则，就是不收录批评行为金融的文章。这当然不是表明不存在对行为金融的批评（尽管事实上，对整个领域没有太多全面的批评）。对本书中部分实证论文的批评性评论感兴趣的读者可以先参见 Eugene Fama (1998)。另外，应当明确一点，如果没有传统（理性）金融理论的构建基石，包括有效市场假说、资本资产定价模型、莫迪格里安尼-米勒（Modigliani-Miller）理论等等，行为金融这一领域就不会存在。行为经济学（行为金融是其中一个分支）建立在（而没有取代）传统经济分析的基础上。

Ⅰ. 套利限制

行为经济学领域的研究者很早就知道，不够完全理性行为的重要性取决于理性行为人可以从其他人的次优选择中获利的多少，尤其是，在获利活动中理性个体能迫使准理性人的行为更理性。① 在很多重要的经济决策中（比如职业选择，婚姻，为退休储蓄），如果行为人决策不佳（入错了行，选错了配偶，储蓄太少），那么就没有机会获益。你或许会认为，我的妻子很快将要意识到她嫁给我是一个错误的决定，但（据我所知）你没有办法卖空我的婚姻前景，并且即使你有办法，也不会改变我或者我那可怜的妻子的行为。市场缺失阻止了套利，因而允许非理性存在。

多年来，很多金融经济学家相信，在金融界中，运转良好的市场（具有卖空的机会）的存在意味着非理性个体不会影响资产价格。如果我（以及其他糊涂的投资者）买入了错误的股票，把价格推升得过高，那么像你一样的机敏投资者会卖空那只股票（与我的婚姻不同）。布拉德·德隆（Brad De Long）等的一系列论文削弱了这一观念（参见第一卷中相关章节），但我认为，安德瑞·史莱佛和罗伯特·维什尼（第2章）的论文出现后，"套利限制"的范围更容易被理解了。史莱佛和维什尼指出套利者需要一个长远的眼光才能成功战胜缓慢波动的市场定价偏差，另外，由于真实世界中的套利者需要利用其他人的钱以筹集足够的资金影响价格，所以他们需要他们的投资者也能有长远眼光。史莱佛和维什尼说明在噪音环境中，价格甚至会更大幅度地偏离理性，投资者会赔钱，结果，投资人将撤走资金。这一章接下来提及的一些事件中包括了现在看来似乎是不可思议的预测，尤其是长期资本管理公司的衰落。

第3章和第4章介绍的两个套利限制的实例（即违反了一价定律）尤其令人印象深刻。肯尼思·弗鲁特和埃米尔·戴博拉探讨了所谓的孪生股票，例如荷兰皇家石油和壳牌石油，这些股票的价格之间理应存在一种简单的函数关系（因为根据公司章程，收益应六四分成）。然而，价格与这种真实基本价值相背离，相差约35%。（具有讽刺意味的是，长期资本管理公司瓦解时，未平仓的一个交易就是押注荷兰皇家壳牌石

---

① 例如，可以参见 Arrow (1982)，Akerlof and Yellen (1985)，Russell and Thaler (1985) 以及 Haltiwanger and Waldman (1985)。

油公司股价趋于收敛。）欧文·拉蒙特和我在第 4 章讨论了 3Com 和 Palm 之间同样奇怪的事情。网络泡沫时期，3Com 声明，Palm 部门成为一个独立的子公司。3Com 为 Palm 进行了极其成功的 IPO，其中一小部分股票出售，大部分分配给了 3Com 的股东。离奇之处在于有几个月 3Com 的市值要低于他们手中的 Palm 股票价值。大约同一时间段，也出现了其他几个相近的反向估价。

Ⅱ. 股票收益和股权溢价

本书第二部分对股票市场整体以及两个相异的谜团进行了讨论。第一个谜团是股票市场在长期中的可预测性。尽管一直以来人们认为股票市场是一个随机游走过程，因此是不可预测的，但为数不少的研究者发现在长期（几年）内股票市场的收益至少在某种程度上是可以预测的。特别地，当股价较高（根据价格收益比或价格股利率来判断）时，股票随后收益倾向于下降。约翰·坎贝尔（John Campbell）和罗伯特·希勒（Robert Shiller）在第 5 章分析了这一情况。他们的分析表明 20 世纪 90 年代中期的股价过高，同时他们预测（尽管太早）熊市最终会到来。20 世纪 90 年代中期出现了一个词，他们对这个可列于最著名词组的词负间接责任。故事是这样的，两人将本文的一个早期版本呈交给了联邦储备委员会，几天后阿兰·格林斯潘主席的演讲中出现了"非理性繁荣"这个词。这个词，坎贝尔和希勒两人都不曾记得用过，但格林斯潘的思想似乎确实来自他们两人。作为公平交易，希勒之后借用了这一词组作为其最畅销的一本书的书名。

这一部分讨论的另一个谜团是"股票溢价"之谜。简单来说，历史上的股票收益与无风险利率之差被认定为太大，以至于预期效用最大化的资产定价模型无法对其进行解释。在第 6 章，什洛莫·博纳茨（Shlomo Benartzi）和我基于决策的心理学中的两个概念部分地揭示了这个谜团。这两个概念分别是：损失厌恶（损失比收益给人的感受更为强烈）和窄框架（倾向于在短期而不是在长期考虑收益）。我们发现如果人们对损失的感受两倍于对收益的感受并且一年一次粗略地评估他们的投资组合，股票溢价就能够被理解。有一些实验研究对短视的损失厌恶进行了实证检验，我们将论文选入本书时，增加了一个附录，对这些研究做了评论。第 7 章中，尼古拉斯·巴贝尔斯、黄明和塔诺·桑托斯在一个复杂得多的均衡模型中加入了损失厌恶，此外，还加入了另外一个行为概念：私房钱效应。① 其思路是，当投资者认为自己在所参与的博弈中处于"先行"位置时，他们更情愿冒险（因为在博弈的情境中，他们是用"私房钱"参与的）。

Ⅲ．过度反应及反应不足的实证研究

第三部分包括四篇重要的实证论文。在第 8 章，约瑟夫·兰科尼肖克、安德瑞·史莱佛和罗伯特·维什尼（Josef Lakonishok, Andrei Shleifer, and Robert Vishny (LSV)）等人对价值投资进行了更为权威的研究。价值投资从本杰明·格雷厄姆（Benjamin Graham）开始，就是行为金融的主题。德邦特和泰勒（DeBondt and Thaler, 1985, 1987）说明了简单的价值策略，比如买入市场上 3~5 年内表现极度不佳或是股价/账面值比（price to book value）极其低的股票，会赚取超额回报。我们提出的假说是，超额回报可归因于投资者的过度反应。肯尼思·弗伦奇（Kenneth French）等有效市场学说的维护者进行的一系列研究证实了德邦特和泰勒发现的基本事实，但他们对此提出了不同的解释，即将价值股（value stocks）明显的超额回报归因于风险。本章中，LSV 以不同的方式回应了法马-弗伦奇的挑战。特别地，他们发现价值股并没有比成长股表现得更具风险性（比如，并没有在市场低迷或衰退时表现不佳）。他们还发现，在盈利公告发布日期左右，价值股表现得尤其良好，这说明，投资者对预期收益具有偏见，而这正是行为理论所预测的。

对于价值策略的收益能否归因于风险的问题，肯特·丹尼尔和谢里登·蒂特曼在第 9 章也做了讨论。他们论文的核心是，研究价值企业是否共同存在一个"困扰因素"可以解释这些企业的超额回报。丹尼尔和蒂特曼否定了这种解释。他们发现，价值股之所以具有同时变动的趋势，是因为具有相近因素负荷量（factor loadings）的股票倾向于同时变得疲软（即变得便宜）。

价值策略是长期现象。几年内表现良好或欠佳的股票之后会呈现收益回归平均值的趋势。但在较短的时期内，比如 6 个月或 1 年，情况就变得完全相反。也就是说，上一年的最优股（the best performers）在随后的一年中会倾向于保持超优地位。过去十年，这种现象受到了广泛关注，这就是渐为人们所知的动量。纳拉辛汉·贾格迪什和谢里登·蒂特曼在第 10 章总结了这方面的研究。他们发现了相当有力的证据，支

---

① 参见 Thaler and Johnson (1990)。

持超额回报存在，并且认为难以断言这些超额回报可归因于风险。

在这部分最后的实证论文中提出了一个日趋被关注的话题，即经纪人股票推荐的作用。罗尼·麦克利和肯特·沃马克在第 11 章研究了这一重要领域。这方面具体包括两个重要主题：第一，推荐确实有信息含量吗？（有）；第二，有源自认知偏好或者利益冲突的偏差的证据吗？（两者都有）。

Ⅳ. 过度反应与反应不足的理论

前面章节记录了行为金融研究者所发现的部分异常现象，这些都对有效市场假说造成了困扰。但正如我的芝加哥同事们喜欢说的："需要用理论去战胜理论"。这一部分包括的三个尝试都是顶尖的理论学者对异常事实所作出的解释，尤其对股价在长期回归均值但在中短期内呈现正序列相关这一明显的发现做了解释。前两章由巴贝尔斯、史莱佛和维什尼（Barberis, Shleifer, and Vishny（BSV））与丹尼尔、戴维·赫什莱佛和阿维尼德赫·苏巴曼亚姆（Daniel, David Hirshleifer, and Avanidhar Subrahmanyam（DHS））分别独立同时写就，两者都采用了代表性参与人（a representative agent）的假设。在 BSV 模型中，参与人有时相信收益具有趋势性，有时相信收益是回归均值的。这一模型建立在代表性和保守性两个心理学原则之上。DHS 围绕投资者过度自信——尤其是对其认为仅为私人所有的信息的有效性过度自信——构建了模型。紧随其后的是哈里森·洪和杰里米·斯坦（Harrison Hong and Jeremy Stein（HS））的研究，出现在这部分的第三篇，单一的代表性参与人没有出现在他们的模型中，代之以两种不同类型的有限的参与人。其中，"消息观察者"基于他们所掌握的私人信息而不是以过去正确的价格为条件进行预测。"动量交易者"做预测时仅仅根据过去的价格运动。在本书收录的论文中，洪和斯坦还报告了支持他们模型部分预测的一些经验证据。

Ⅴ. 投资者行为

行为金融在它发展的头十年中，大部分时间都更偏重于金融而不是行为。近年来，重心开始出现变化，因为研究者获得了投资者实际行为的数据集。利用这些数据，研究者已经能够说明，与心理学家在实验室实验发现的低或零赌注偏好一样的偏好，在高赌注领域也会发生。特伦斯·奥丁是这一类型研究的先驱，他读研究生时就从一家大型贴现经纪公司获取了大量有关交易信息的数据集。他在最初独立完成以及稍后与布拉德·巴伯合作的文章中记录了投资者是如何表现的。巴伯和奥丁在第 15 章总结了这项研究。他们强调了两项发现：第一，即使在税收效应的推动下，投资者也（与升值的股票相比）不愿卖出价值下降的股票；第二，投资者交易过度，表现出了他们的过度自信。当了解到过度自信行为在男性中更为明显时，女性将不会感到惊讶。

在诸如 401(k) 等固定供款储蓄计划（defined contribution savings plans）等领域中，也可以观察到投资者行为。在第 16 章，博纳茨和我讨论了在这样的计划中投资者是如何处理分散化的。我们说明投资者对分散的概念理解得非常肤浅，至少有部分投资者似乎是在他们的计划中随机选择基金。这意味着，当计划发起者在计划中加入新基金时，他们会无意中导致参与者改变资产配置。

Ⅵ. 公司金融

本书最后一部分涉及公司金融，对行为金融研究来说，这也是一个新的研究方向。在第 17 章，杰里米·斯坦以一个重要的问题开启了讨论：如果不再想当然地认为市场是有效的，那么公司该如何行动？尤其是，公司金融教授们一直都在教学生利用 CAPMβ 来计算公司投资的保底收益率（hurdle rate），如果 β 不再存在，他们该如何教呢？这个问题很难回答，但斯坦的思考开了一个好头。他指出诸如时间跨度和金融约束等因素逐渐在决定企业如何处理这类问题上发挥作用。

在第 18 章，弗朗索瓦·德乔治、贾允杜·帕特尔和理查德·泽克豪瑟（Francois Degeorge, Jayendu Patel, and Richard Zeckhauser (DPZ)）记录了某些令人憎恶的公司行为。正如史莱佛和维什尼有关套利限制的论文预言了对冲基金的消亡一样，DPZ 在他们的关于收益操纵的论文中，提出了一个以后会大肆宣扬的可怕警告。作者假设管理层有一定的收益目标作为他们自己、股东以及跟踪股票的分析师的宏大心愿。特别地，DPZ 提出了三个尤其重要的目标：赚取利润，利润多于去年，超越分析师的预测。因而他们显示：报告收益的分布在由阈值模型给出的准确点处表现出离奇的不连续。例如，公司更有可能比去年多赚一点点而不是少赚一点点。自从安然公司（Enron）事件后，我们现在已经知道这种收益操纵，至少有些时候，可能只是冰山一角。

最后，在本书最后一章，J. B. 希顿从另外一种视角分析了公司金融。在第 19 章，他首先假设市场是有效的，然后提出这样一个问题：

运用经理人具有乐观情绪的行为假设，有多少公司金融领域的实证文献可以被理解？他表明，大多数我们了解的公司行为都可以在这一假设下获得解释（与基于非对称信息和/或代理成本的理性模型不同）。

最后几点思考

本集中的很多论文多年来都在一直由我和罗伯特·J·希勒组织的半年一次的国家经济研究局（NBER）会议上提交过。当我回顾之前这些会议的议题，并将本集同前一集比较后，对这一领域越来越成为主流、越来越偏重于行为感到震惊。越来越主流是因为这些论文提出的问题都是金融经济学家近些年所一直讨论的核心问题。越来越行为化是因为研究已经超越了仅仅记录异常现象，进入一个建设性的研究日程。

正如 J. B. 希顿的预计，我也对未来感到乐观。之所以乐观，有两方面的原因。第一，必然如此：用更接近于实际人的行为人建模，从长远看一定是增强经济学解释力的正确方法。而没有这样做的唯一理由在于研究者的有限理性（完全理性的模型更易于把握）。但是，这引出了我之所以对未来感到乐观的第二个原因：金融经济学领域的一些非常优秀的年轻研究者开始了这个主题的研究。本书中的很多作者完成这些论文时刚刚走出研究生院。现在他们在世界上顶尖的金融和经济学系所担任教职，培养下一代研究力量。我迫不及待想看到第三卷。第三卷会有些什么内容呢？猜测一个领域的新方向通常具有风险，但我推测并且希望，行为金融能够继续扩展，至少表现在两个方面。首先，已纳入的心理学复杂性的范围能够继续扩展，超越判断和决策领域。诸如情绪等议题在理解市场如何运行方面无疑是十分重要的。其次，由于研究人员利用行为工具研究其他证券市场，对资产定价（以及大部分股权定价）的强调可能降低。年轻的学者不要存有工作已经结束的印象。这方面的工作才刚刚开始。

缩略词

ACT	advance corporation tax	预付公司税
APT	arbitrage pricing theory	套利定价理论
B/M	book-to-market	账面/市值比
CAPM	capital asset pricing model	资本资产定价模型
CARA	constant absolute risk aversion	常绝对风险厌恶
CRSP	Center for Research in Security Prices	美国股市资料库
C/P	cash flow to price	现金流股价比
EM	earnings management	盈余管理
E/P	earnings-to-price	市盈率
EMH	efficient markets hypothesis	有效市场假说
EU	expected utility framework	期望效用体系
FAR	fundamental asset risk	基础资产的风险
GAAP	generally accepted accounting	一般公认会计原则
GIC	guaranteed investment contracts	担保投资合同
GS	growth in sales	销售增长
LTCM	long-term capital management	长期资本管理
NAV	net asset value	净资产价值
NEER	new estimator of expected returns	预期回报的新估计量
NPV	net present value	净现值
PBA	performance-based arbitrage	基于业绩的套利
PGR	proportion of gains realized	实现的收益比例
PLR	proportion of losses realized	实现的损失比例

RBOC	regional Bell operating company	区域贝尔运营公司
REE	rational expectations equilibrium	理性预期均衡
SEO	seasoned equity offerings	股票增发
SEU	subjective expected utility	主观期望效用
SUE	standardized unexpected earnings	标准化非预期收益
TR	threshold-regarding	相关阈值
VAR	vector autoregressions	向量自回归
WRSS	weighted relative strength strategy	相对强度加权策略

第1章 行为金融学综述[①]

尼古拉斯·巴贝尔斯（Nicholas Barberis）和
理查德·泰勒（Richard Thaler）

1.1 引　言

传统金融学范式是构成这一手册中很多其他文章的基础，它设法使用含有"理性"行为人假设的模型来研究金融市场。理性包含两个方面，第一，当行为人获取新信息后，他们便会根据贝叶斯法则正确地更新他们的信念；第二，给定信念后，行为人便会在规范的层面作出可接受的选择，在某种意义上这种选择与萨维奇的主观期望效用（SEU）概念相一致。

传统的范式结构非常简洁，并且若其在数据上的预测能够被证实，会非常令人满意。令人遗憾的是，经济学家经过多年研究后发现：总体股市、平均收益截面、个人交易行为等基本事实并不能用这种范式解释。

行为金融学是研究金融市场的一种崭新方法。它的出现至少一定程度上是对传统金融学范式遇到的难题的回应。从广义上说，它认为用非完全理性的行为人假设模型能更好地理解一些金融现象。更具体地说，它分析当我们放宽构成个体理性的一个或两个条件时会发生什么情况。在一些行为金融学模型中，行为人不能正确地更新他们的信念；在另一

[①] 非常感谢 Markus Brunnermeier，George Constantinides，Kent Daniel，Milt Harris，Ming Huang，Owen Lamont，Jay Ritter，Andrei Shleifer，Jeremy Stein 和 Tuomo Vuolteenaho 的扩展点评。

些模型中，行为人虽然正确地运用了贝叶斯法则，但在规范层面作出了不可靠的选择，这种选择与 SEU 是不相符的。①

本文讨论了这个迅速发展领域的最新进展。在第二部分，我们将考虑经典的反对行为金融学的观点，即，即使经济中有些行为人不是完全理性的，理性行为人也会通过套利机制阻止他们对证券价格产生长期影响。行为金融学的巨大成功之一就是，一系列的理论文献表明，在一个理性和非理性行为人相互影响的经济体中，非理性会对价格有显著且长期的影响。这些文献构成了行为金融学的两大基石之一——"套利限制"（Limits to Arbitrage）理论。

为作出精确的预测，行为模型通常需要将行为人非理性的形式具体化，即人们如何错误地运用贝叶斯法则或如何偏离 SEU。为此，行为经济学家通常需要借助认知心理学家所总结的大量实验证据，包括人们形成信念时所产生的偏见、人们的偏好、在给定信念下的决策过程。因此，心理学是行为金融的另一块基石，我们将在第三部分讨论金融经济学家最关心的心理学知识。②

在第四至第八部分，我们将讨论行为金融学的具体应用：第四、五、六部分分别涉及对总体股票市场、平均收益截面和封闭式基金定价的理解；第七部分将讨论特定的投资者群体对投资组合及交易时机的选择；第八部分将讨论公司的投融资决策；在第九部分，对全文作出总结并对未来研究的方向提出建议。③

---

① 值得注意的是，很多资产定价模型使用了理性预期均衡（REE）范式，既假设个体理性，还假设一致信念（Sargent, 1993）。一致信念是指，行为人的信念是正确的，即他们用来预测未知变量的未来实现的主观分布与其实际分布相同。这不仅要求行为人能正确地处理新信息，而且要求他们拥有足够的信息来判断变量的真实分布。

行为金融与 REE 的一个区别在于，放宽个人理性的假设条件。另一个区别在于，保留个人理性但放宽一致信念的假设，即虽然投资者正确地运用了贝叶斯法则，但他们没有足够的信息来判断变量的真实分布。这方面的研究有时被归为有限理性（bounded rationality）或结构不确定性（structural uncertainty）。例如，如果一个模型中的投资者不知道某项资产的现金流增长率，但他能尽量利用可得数据了解这方面的信息，那么这个模型就属于这类研究。尽管在文章中我们讨论时也使用有限理性这个术语，但方法大相径庭。

② 认为行为金融学建立在套利限制和投资者心理这两大支柱上的观点现已被广泛采用，最初是由史莱佛和萨默斯（Shleifer and Summers, 1990）提出的。

③ 我们会向读者介绍行为金融学的其他两个最新研究。史莱佛（Shleifer, 2000）在理论与实证两个方面对有关套利限制进行了相当详细的论述，我们在第二部分对此进行了归纳。在所涉及的材料方面，赫什莱佛（Hirshleifer, 2001）的研究与我们的更接近，但我们关于资产定价的篇幅较少，更多关注公司金融和个人投资者行为，同时在材料组织方面也不尽相同。

1.2 套利限制

1.2.1 市场有效性

在行为人是理性的且市场中没有摩擦的传统结构中,证券价格等于它的"基本价值"。基本价值是预期未来折现现金流之和,且预期是在投资者正确处理了所有可用信息后形成的,折现率与惯常可接受的偏好规范(normatively acceptable preference specification)是一致的。实际价格反映基本价值的假说就是有效市场假说(EMH)。简而言之,在这个假说下,"价格是正确的",因为它是由懂得贝叶斯法则且有理性偏好的行为人决定的。在一个有效的市场中,"没有免费的午餐":任何投资策略的收益都不能高于风险调整后的市场平均收益或者高于与其所承担风险水平匹配的平均收益。

行为金融学认为,资产定价的某些特征可明显地理解为对基本价值的偏离,这种偏离源于非完全理性交易者的存在。对于这种观点,长期存在着一个起于弗里德曼(Friedman,1953)的异议,即理性交易者会立即纠正由非理性交易者引发的市场扰动。为了说明这一观点,假设福特公司股票的基本价值为每股 20 美元。想象部分非理性交易者对福特公司的未来过分悲观,他们会抛售股票使价格降至 15 美元。EMH 的捍卫者认为,理性交易者能察觉到这一吸引人的机会,他们会以低价买入该股票,同时通过卖空"替代性"证券,比如通用汽车股票进行套期保值,后者在未来将产生与福特公司类似的现金流。对福特股票的购买压力将促使其价格回到基本价值。

弗里德曼的观点起初很引人注目,但它未经受住仔细的理论检验。事实上,它基于两个断言:第一,一旦出现对基本价值的偏离即定价错误,诱人的投资机会就会出现;第二,理性交易者会立即利用这个机会,从而纠正定价错误。行为金融学不对第二个假设进行讨论,即一旦出现诱人的投资机会,该机会往往能够被迅速利用。行为金融学对第一个假设提出异议。我们将在 1.2.2 小节和 1.2.3 小节详细讨论这一观点,即使资产定价发生了较大的错误,由于纠正定价错误的策略也需要承担风险和成本,使得这些策略不再诱人,因此错误定价仍然存在。

用这个思路考虑常用的金融术语是非常有趣的。非理性交易者常被称为"噪音交易者",理性交易者通常被称为"套利者"。严格地说,套利指的是能提供无成本、无风险利润的投资策略。弗里德曼的理论中所谓的理性交易者大概就是指套利者,因为他认为错误定价的资产会立即创造出无风险获利的机会。行为金融学认为这并不正确:弗里德曼的理性交易者采取的策略并不一定是套利,因为它们通常充满风险。

这一思路的第一反应就是"价格是正确的"和"没有免费的午餐"并不一定等价。虽然两者在有效市场下都是正确的,但"没有免费的午餐"在非有效市场中同样正确:因为价格偏离基本价值并不一定表示能够获取超过风险调整平均收益的利润,也就是说,

"价格是正确的" $\Rightarrow$ "没有免费的午餐"

但是,

"没有免费的午餐" $\not\Rightarrow$ "价格是正确的"

这种区分对于评价正在进行的关于市场有效性的争论是非常重要的。首先,很多研究者始终把专业的基金经理无法击败市场作为市场有效性的有力证据(Rubinstein,2001;Ross,2001)。"没有免费的午餐"意味着"价格是正确的"这一假设是上述观点的基础。如果这种关系断裂了(像我们将在1.2.2小节和1.2.3小节论述的那样),基金经理的业绩将无法告诉我们价格是否反映基本价值。

其次,虽然有些研究人员接受了"价格是正确的"与"没有免费的午餐"之间有区别这一观点,但他们认为应该将争论的重点放在后者而不是前者。我们不认同这种观点,作为经济学家,我们的最终关注点应该是资本是否配置给了最有前途的投资机会。而事实是否如此并不取决于是否有免费的午餐,而是在于价格是否正确。

1.2.2 理论

在1.2.1小节中,我们强调当发生错误定价时,旨在纠正它的策略可能需要承担风险与成本,从而使错误定价持续。此处,我们将讨论一些已发现的风险和成本。在讨论中,我们将回到福特的例子,其基本价值为20美元,但已被悲观的噪音交易者压低至15美元。

基本面风险。如果套利者以15美元的价格买入福特公司的股票,他将面临的最明显的风险是,一条新的关于福特基本价值的负面消息将使股价进一步下降,从而导致其损失。当然,套利者对这个风险非常了解,这也是他们同时卖出一个诸如通用公司股票的替代性证券的原因。问题是,替代性证券很少是完美的,并且往往是极其不完美的,以至于不可能消除所有的基本面风险。卖空通用的股票能使套利者在某种程度

上规避关于整个汽车行业的负面新闻的风险,但仍使其易受福特公司特定消息(如福特汽车轮胎出现问题)的影响。[①]

噪音交易者风险。噪音交易者风险的概念由德隆等(De Long et al.,1990a)引入,史莱佛和维什尼(Shleifer and Vishny,1997)进行了进一步的研究,它是指被套利者利用的定价错误在短期内进一步扩大的风险。即使通用汽车股票是福特股票完美的替代性证券,套利者仍面临着最初使福特股票被低估的悲观投资者变得更悲观从而导致股价进一步下降的风险。一个人只要承认证券价格有偏离其基本价值的可能,他必然也承认其未来价格走势会增大其偏离程度的可能。

噪音交易者风险之所以重要,是因为它能迫使套利者过早地清仓,从而导致更多的损失。为理解这一点,需要注意,大部分真实世界的套利者,也就是专业的投资组合管理者,他们并不管理自己的资金,而是管理其他投资者的资金。这便是史莱佛和维什尼(Shleifer and Vishny,1997)所谓的"大脑与资本的分离"。

这种代理特征会产生重要的结果。由于投资者没有足够的专业知识来评价套利者的策略,他们只会简单地通过历史收益来评价。如果套利者想要利用的定价错误在短期内扩大,从而导致收益为负,投资者可能认为套利者能力不足并赎回投资,那么套利者只能被迫过早地清仓来支付。由于对这种过早清仓的害怕,套利者在一开始与定价错误作斗争时会变得更为保守。

这些问题会被贷款人更为严重地恶化,在短期亏损后,贷款人会因为抵押品减值而要求收回贷款,从而进一步导致过早清仓。

上述被迫清仓是由错误定价恶化本身造成的。但事实并不总是如此。例如,为消除基本面风险,套利者常常使用卖空的手段。万一被借用证券的原所有人要求归还证券,如果套利者没有其他股票可借,那么他可能再次被迫平仓。在错误定价临时扩大时发生的风险,将使得套利者在一开始就更为谨慎。

实施成本。广为人知的交易成本如佣金、买卖价差和价格冲击等将使得利用错误定价变得不再诱人。由于卖空常常是套利过程中使用的策略,因此我们也将卖空限制囊括进实施成本中来。它是指任何可能造成

[①] 另一个问题是,即使替代性证券存在,其本身也可能被错误定价。这种情况可能在全行业被错误定价时发生:在这种情况下,与错误定价股票的未来现金流相似的唯一的替代性证券本身也是被错误定价的。

空头比多头更没有吸引力的因素。这种限制的最简单的例子就是借入股票所需的费用。一般来说这类费用很低——德沃里奥（D'Avolio, 2002）发现大多数股票的借入费用在 10～15 个基点之间——但也可能比这大很多，在有些情况下套利者可能无法在任何价格下找到可借入的证券。除了费用本身，还有法律约束，对大部分基金经理而言——特别是养老基金和共同基金经理——卖空是根本不被允许的。[①]

我们把寻找和学习错误定价的成本以及利用它所需的资源成本都归入实施成本中（Merton, 1987）。寻找错误定价是一个非常棘手的问题。以往认为，一旦噪音交易者对证券价格的影响非常大，他们的行为将立即以回报的可预测性的形式显现出来。但希勒（Shiller, 1984）和萨默斯（Summers, 1986）证明了这种观点是完全错误的，希勒甚至将这种观点称为"经济思想史上最严重的错误之一"。他们指出，即使噪音交易者如此强大，以至于导致巨大且持久的定价错误，其所产生的回报可预测性也有可能低到观测不到的程度。

与教科书中听起来简单的套利相反，真实世界的套利需要承担风险和成本，这将在某些情况下限制套利并允许价格持续偏离其基本价值。我们将通过两个例子来说明在什么情况下会出现这种现象。

首先假设被错误定价的证券没有相似的替代品。在定义中，套利者暴露于基本面风险下。在这一情况下，限制套利的充分条件是：（1）套利者是风险厌恶的；（2）基本面风险是系统性的，无法通过大量持有来分散。条件（1）确保错误定价不会被单个套利者通过大量持有而纠正；条件（2）确保错误定价不会因为大量投资者每人在其现有持仓量的基础上增加对错误定价证券的少量持仓量而被纠正。噪音交易者风险或实施成本的存在只会进一步限制套利。

即使存在完全替代品，套利仍将受限制。替代证券的存在使套利者规避了基本面风险，我们还可以更进一步并假设没有实施成本，因此只有噪音交易者风险存在。德隆等（De Long et al., 1990a）指出，噪音交

[①] 诸如贷款成本的每期交易成本的存在会使套利者暴露于其他风险下，如期限风险（horizon risk），指的是纠正错误定价的时间太长，以至于所有收益都被累积的交易费用抵消。即使套利者确定没有第三方会迫使其过早清仓，这种情况也会发生。阿布鲁和布鲁纳梅尔（Abreu and Brunnermeier, 2002）研究了一种特定的期限风险，他们称为同步风险（synchronization risk）。假设消除错误定价需要大量分散的套利者共同参与，那么，在每期交易费用存在的情况下，套利者会对利用错误定价显得犹豫不决，因为他们无法确定会有多少其他套利者听说过这个机会，以及因此在价格回到正确的价值前他们要等多久。

易是如此强大，以至于即使只存在这样一种风险形式，套利有时也仍被限制。充分条件与上述相似，但存在一个重要区别。此处套利将会受限，如果(1) 套利者风险厌恶且短视；(2) 噪音交易者风险是系统性风险。和上面一样，条件（1）确保错误定价不能被单个强大的套利者纠正；同时条件（2）防止大量小规模套利者纠正定价错误。史莱佛和维什尼 (Shleifer and Vishny, 1997) 的核心贡献在于指出了条件（1）与真实世界的联系：提前被迫清仓的可能性意味着很多套利者实际上非常短视。

当存在实施成本时，限制套利甚至不需要条件（2）成立。如果了解定价错误是高成本的，或者利用定价错误所需的资源非常昂贵，这足以解释为何大量不同的个人投资者不去试图干预错误定价。

有一点非常重要，对于特定类型的噪音交易者，套利者会选择与噪音交易者相同的交易方向而不是相反，从而使错误定价进一步恶化。例如，德隆等（De Long et al., 1990b）考虑了一个存在正反馈交易者的经济，这些交易者购买更多上期表现良好的资产。如果这些噪音交易者将资产价格推高到超过其基本价值，套利者既不会出售也不会卖空该资产，相反，他会买入，因为他们知道前期价格的上涨将在下期吸引更多的正反馈交易者买入，并推动价格进一步上涨至套利者可以获利退出。

到目前为止，我们已经论证了像对冲基金这样的套利者很难利用市场的失效。然而，对冲基金不是唯一试图利用噪音交易者的市场参与者：公司经理人同样如此。如果经理人认为投资者高估了其公司的股价，他会通过高价增发股票来使已有股东获利，由此产生的股票额外供应可能使股价回到基本价值。

不幸的是，和对冲基金一样，这种行为也会使管理者承担风险和成本。无论是从包销费用还是从公司管理部门所花费的时间来看，发行股票都是一个昂贵的过程。另外，管理者很难判断投资者是否高估了公司股价。如果在股价未被高估时，他认为股价已被高估而发行股票，将招致偏离目标资本结构的成本，而且不能得到任何收益。

1.2.3 实证

从理论的角度来看，我们有理由认为套利是一个有风险的过程，因此其作用是受限的。但是否存在套利受限的证据呢？在理论上，任何持续的错误定价的例子都可以作为套利受限的直接证据：如果套利没有受限，错误定价将立即消失。问题是虽然有很多定价现象能被解释为对基本价值的偏离，但只有极少数错误定价的存在可以建立在合理怀疑之上。原因就是法马（Fama，1970）所谓的"联合假设问题"，为说明证券的价格与其合理的未来折现现金流之和不同，需要一个"合理"折现的模型。因此，任何定价错误的测试都不可避免地成为一个定价错误与折现率模型的联合测试，这使得提供套利无效的确切证据非常困难。

尽管存在这些困难，研究人员还是发现了很多基本能认定为持续性定价错误的金融市场现象。这些例子说明套利确实是受限的，同时也能作为上文描述的风险与成本的有趣说明。

1.2.3.1 孪生股票

1907年，两家完全独立的公司皇家荷兰和壳牌同意以60∶40的股权比例进行合并，但同时保留各自独立的实体。皇家荷兰的股票主要在美国和荷兰交易，其权益占两公司总权益的60%，壳牌的股票主要在英国交易，占40%。如果价格等于基本价值，皇家荷兰股票的市场价值将总是壳牌股票的市场价值的1.5倍。值得注意的是，事实并非如此。

图1—1选自弗鲁特和戴博拉（Froot and Dabora，1999）对本案例的分析，显示了皇家荷兰与壳牌股本价值的比率与有效市场基准1.5的关系。图1—1提供了一个持久的市场无效性的强有力的证据。而且，两者的偏离不小。相对于基准值1.5，皇家荷兰股价有时被低估35%，有时又被高估15%。

该定价错误的证据同时也是套利受限的证据，并且不难发现在这一

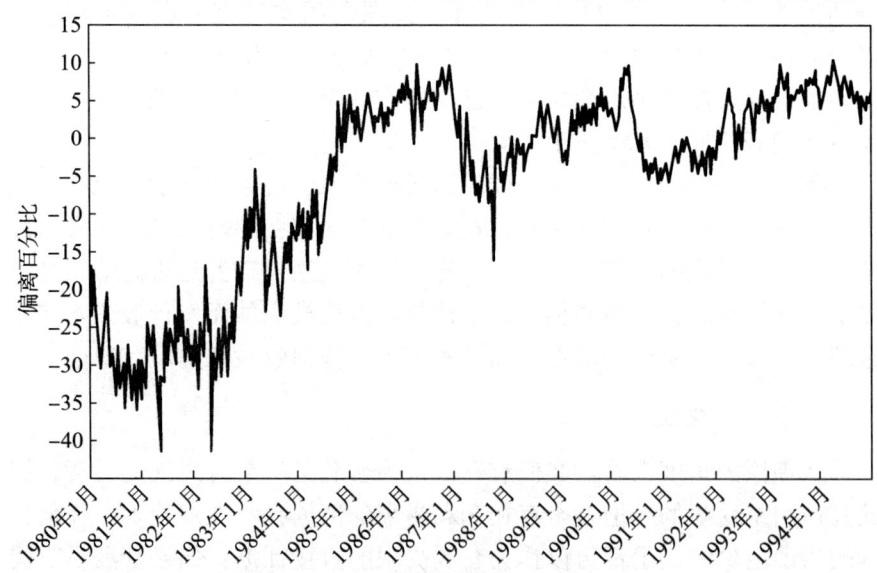

图1—1 皇家荷兰/壳牌的偏离记录

资料来源：Froot and Dabora（1999）。

情况下套利受限的原因。如果套利者想利用这个现象——包括长期资本管理公司在内的一些对冲基金也确实这样做了——他会买入相对被低估的股票并卖空另一只。表1—1总结了套利者将面临的风险。由于一只股票是另一只的良好替代品,基本面风险被出色地对冲了:关于基本面的消息将对两只股票产生同样的影响,使得套利者规避了这一风险。同时也没有涉及任何重要的实施成本:卖空其中任何一只股票都是非常方便的。

表1—1　　　　利用错误定价时套利者需承担的风险和成本

案例	基本面风险（FR）	噪音交易者风险（NTR）	实施成本（IC）
皇家荷兰/壳牌	×	√	×
编入指数	√	√	×
Palm/3Com	×	×	√

唯一剩余的风险就是噪音交易者风险。任何导致一只股票相对于另一只股票被低估的投资者情绪也将导致这一股票在短期内被进一步低估。图1—1显示这种风险是相当真实的:套利者在1983年3月买入被低估10%的皇家荷兰股票,他将看到在接下来的6个月,它的价值进一步下跌。我们在前面已讨论过,当一只被错误定价的股票有完全替代品时,如果以下条件成立,套利仍将受限:(1)套利者风险厌恶且短视;(2)噪音交易者风险是系统性的,或者套利需要专业技能,或者了解这些机会需要成本。很显然,条件(1)和(2)都合情合理,因此可以解释为什么错误定价持续了很长时间。直到2001年,上述股票才最终按面值出售。

本例也为1.2.1小节讨论到的"价格是正确的"和"没有免费的午餐"之间的区别作了很好的说明。虽然价格已明显错误,但仍然没有轻松的获利机会。

1.2.3.2　编入指数（index inclusion）

有时,S&P500指数中包含的公司会因为合并或破产而被剔除,或者被另一公司所取代。哈里斯和古雷尔（Harris and Gurel, 1986）与史莱佛（Shleifer, 1986）对编入指数问题进行了早期研究,发现了一个惊人的现象:当一只股票被加入指数,其价格将平均上涨3.5%,而且大多数这种上涨是永久性的。对这一现象最富戏剧性的说明是雅虎,当它被加入该指数后,单天价格便上涨了24%。

被编入指数后的股价上涨的事实是另一个错误定价的明显证据:虽然股票的基本价值没有改变,但股票价格发生了变化。标准普尔强调,它将股票编入指数只是简单地为了使它的指数能代表美国经济,并不传达任何有关公司未来现金流水平或风险的信息。①

这一偏离基本价值的例子也是套利受限的有力证据。当人们考虑到利用异象需承担的风险时,其持续性变得不那么令人惊讶。套利者需要卖空指数所包含的股票并买入尽可能同样好的替代性股票。这将使他们承担显著的基本面风险,因为个股很难找到好的替代品。同时,这也带来了显著的噪音交易者风险:不管是什么原因(可以是任何可能性,比如 S&P500 指数基金的购买)导致了最初的价格上涨,在短期内都会持续并导致价格的进一步上升:事实上,在雅虎被选入 S&P 指数后的一个月内,股价从之前的 115 美元上涨到了 210 美元。

瓦格纳和泽拉瓦斯卡雅(Wurgler and Zhuravskaya, 2002)发现了套利限制下 S&P500 指数编入效应的其他证据。他们假设那些只有最差替代证券的股票(也就是套利风险最大的股票)在编入指数后价格上涨幅度应该会极其大。通过为每一个编入指数的股票构建最佳替代组合,他们得以检验这个假设,并找到强有力的支持。他们的分析也说明了为个股寻找替代证券的困难性。对编入指数股票收益与最佳替代股票收益的大部分回归结果显示,R^2 低于 25%。

1.2.3.3 互联网企业的分拆(Internet carve-outs)

2000 年 3 月,3Com 公司在其全资子公司 Palm 公司首次公开发行(IPO)时,卖掉了其 5% 的股份,保留了剩余 95% 的所有权。在 IPO 之后,3Com 的每个股东间接拥有 1.5 股 Palm 的股票。3Com 还宣布了将在 9 个月之内剥离 Palm 的剩余股份的打算,那时将给每个 3Com 股东 1.5 股 Palm 股份。

在 IPO 后首个交易日收盘时,Palm 以 95 美元收盘,据此,3Com 的股价至少应该达到 142 美元。但事实上,3Com 的股价是 81 美元,意味着在 Palm 之外 3Com 的大量业务的市场价值大约为每股负 60 美元!

上述情况肯定是一个严重的定价错误,但还是持续了数个星期。为利用这个现象,套利者可以买入 1 股 3Com 的股票,并卖空 1.5 股 Palm

---

① 在编入指数问题的早期研究出现后,有些研究人员认为通过信息和流动性效应,价格增长是可以被合理解释的。虽然这些解释并不能被完全排除,但考尔、梅罗特和莫克(Kaul, Mehrotra, and Morck, 2000)还是大大巩固了错误定价的情况。他们研究了加拿大 TS300 指数问题,1996 年该指数调整了一些成分股票的权重来满足无害的监管要求。这一权重调整伴随着强烈的价格影响。由于在这一事件发生时这些股票已被编入指数,因此信息和流动性效应根本无法解释价格上涨。

股票，只要持有至将子公司股票分配给母公司股东时就能无成本地赚取确定的收益。该策略既没有基本面风险，也没有噪音交易者风险。那么为什么套利还受到限制呢？拉蒙特和泰勒（Lamont and Thaler，2003）仔细研究了该案例，认为实施成本是主要原因。很多投资者试图借入 Palm 股票来卖空，要么被经纪人告知没有可以被借入的股票，要么就面临一个非常高的借入股票的价格。这种卖空障碍并不是出于法律因素，而是市场的内生因素：卖空 Palm 的需求如此巨大，以至于卖空 Palm 的供给无法满足。因此，套利受到了限制，错误定价得以持续。①

一些金融经济学家反对这些例子，认为这些只是简单且孤立的事件，并没有广泛意义。② 我们认为这是一种过度自满的看法。"孪生股票"的例子表明，在那种情况下套利者只面临一种风险——噪音交易者风险——但证券被错误定价了近 35%。这说明如果一只典型的在美国上市的股票被市场气氛所影响，其定价错误的幅度可能还会大很多。套利者在纠正股票价格时不仅会承担噪音交易者风险，还会承担基本面风险，更不用说实施成本了。

1.3 心理学

套利限制理论说明了如果非理性交易者使价格偏离了基本价值，理性交易者也经常对此无能为力。为更详细地说明偏离的结构，行为模型通常需要假定非理性行为的具体形式，为此，行为经济学家通常需要借助认知心理学家所总结的广泛实验证据，即人们在形成信念、偏好时可能产生的系统性偏差。③

在本部分，我们将总结金融经济学家可能特别感兴趣的心理学理论。我们的讨论可能非常简单，想深入理解我们提及的现象，我们推荐

---

① 更多内容详见 Mitchell，Pulvino，and Stafford（2002）以及 Ofek and Richardson（2003）关于"负自有价值"（negative stub）情况的研究。"负自有价值"是指公司的市值小于其公开上市交易的部分总和的现象。

② 在芝加哥大学关于这个问题的研讨会上，一位经济学家认为这些例子只是"冰山一角"，而另一位经济学家却反驳道："它们才是冰山。"

③ 我们强调，为得到可检验的预测，行为模型并不一定要有大量的心理学假设。在第六部分，我们将讨论李、史莱佛和泰勒（Lee，Shleifer，and Thaler，1991）的封闭式基金定价。该理论得到大量清晰的结论，但只假设在经济中存在有相关情绪的噪音交易者，套利是受限的。

Camerer（1995）和 Rabin（1998）的综述以及 Kahneman，Slovic，and Tversky（1982）；Kahneman and Tversky（2000）；Gilovich，Griffin，and Kahneman（2002）的著作。

1.3.1 信念

金融市场模型的一个重要组成部分就是对人们如何形成期望的定义。心理学家研究了人们是如何在实践中形成信念的，现在我们来总结一下。

过度自信。大量证据表明，人们对自己的判断过度自信。有两种表现形式，第一，人们对估计变量——如一年内道琼斯指数的水平——的置信区间设置得过窄，他们估计的包含98%的置信区间实际上只包含真实值的60%（Alpert and Raiffa，1982）；第二，人们估计的概率很不准确：他们认为一定会发生的事件实际上只有80%的发生可能性，而他们认为不可能发生的事件却有20%的发生可能性（Fischhoff, Slovic, and Lichtenstein，1977）。①

乐观主义和如意算盘（wishful thinking）。很多人对他们自己的能力和前景作出了不切实际的估计（Weinstein，1980）。最典型的例子是，超过90%的被调查者认为自己在诸如驾驶技术、人际交往能力和幽默感等方面的能力高于平均水平。除此之外，人们还表现出一种系统性的计划偏差：他们预想中的任务（如做调查问卷）完成过程比实际上顺利得多（Buehler, Griffin, and Ross，1994）。

代表性。卡尼曼和特沃斯基（Kahneman and Tversky，1974）指出，当人们试图确定由模型B生成的数集A，或者属于类别B的对象A的概率值时，他们通常会用代表性直观推断法。也就是说，他们是通过A反映B的基本特征的程度来估计该概率的。

很多时候，代表性是一种有益的直观推断，但这种方法也会产生一些严重的偏误。第一种偏误是基率忽视（base rate neglect），为了说明，卡尼曼和特沃斯基给出了对一个名叫琳达的人的描述：

---

① 过度自信部分源于两个其他的偏误，即自我归因偏误（self-attribution bias）和事后聪明偏误（hindsight bias）。自我归因偏误是指人们倾向于将他们的任何成功都归功于自己的才能，将失败归因于糟糕的运气而不是自己的无能。长此以往便会让人们认为自己非常聪明，虽然他们自己很满意，但这显然是不对的。例如，如果有了几次投资成功的经历，人们便会过度自信（Gervais and Odean，2001）。事后聪明偏误是指，在事件发生后，人们总是觉得自己在之前就已预料到了。如果人们往往高估自己预测过去事情的能力，那么他也会高估自己预测未来事情的能力。

> 琳达 31 岁，是一个单身、直爽并且非常聪明的女子，她主修心理学。作为学生，她非常关注歧视和社会不公等问题，还曾经参加过反对核扩散的游行。

现在有两个陈述："琳达是银行出纳"（陈述 A）和"琳达是一位银行出纳并且积极参加女权运动"（陈述 B）。当被问到以上两种说法哪种概率更大时，人们大多会选 B，这显然是不对的。代表性提供了一个简单的解释，对琳达的描述听起来像是对一个女权主义者的描述，女权主义者的代表性特点导致人们选了 B。但贝叶斯法则是说：

$$p(陈述 B|描述) = \frac{p(描述|陈述 B) p(陈述 B)}{p(描述)}$$

人们错误地运用了贝叶斯法则，将概率 p（描述│陈述 B）的权重估计得过大，这就抓住了代表性，同时又过小地估计了基率 p（陈述 B）。

代表性也会导致另一种偏误：样本容量忽视（sample size neglect）。当判断特定模型产生一个数集的概率时，人们通常会忽略样本容量，即认为小样本和大样本具有相同的代表性。例如，扔 6 个硬币出现 3 个正面 3 个反面与扔 1 000 个硬币出现 500 个正面和 500 个反面对一个公平的掷硬币游戏来说是具有相同效力的代表。也就是说，代表性认为人们会发现两组实验对测试掷硬币游戏的公正性提供的信息相同，尽管第二组实验更能说明问题。

样本容量忽视意味着人们在不知道数据产生的过程的情况下，会仅仅依据极少的数据而过早地作出判断。比如，他们会因为某个金融分析师选了 4 个好股票而认为他非常有才能，因为 4 次成功代表着他不是个无能或平庸的分析师。这还会产生"顺手"现象，当一个篮球运动员连续投中 3 个球后，球迷们会认为他现在非常顺手，虽然没有任何证据支持，他们也会认为他的进球还会持续（Gilovich, Vallone, and Tversky, 1985）。这种认为小样本也能反映总体特征的观点有时被称为"小数定律"（Rabin, 2002）。

在人们事先知道数据生成过程的情况下，小数定律也会导致赌徒谬误效应（gambler's fallacy effect）。在一个公平的掷硬币游戏中，如果连续出现了 5 次正面，人们就会认为下一次肯定是反面。这是因为人们认为仅仅用小样本也可以反映公平掷硬币游戏的代表性特征，所以需要出现反面来平衡已出现的这么多次正面。

保守主义。虽然代表性会导致对基率的低估，但也存在相对于样本证据的基率被过度强调（高估）的情况。爱德华兹（Edwards，1968）在他的一个实验中设置了两个盒子：一个装了 3 个蓝球和 7 个红球，另一个装了 7 个蓝球和 3 个红球。从其中一个盒子中做 12 次放回抽样，得到 8 个红球和 4 个蓝球。那么抽样是在第一个盒子中做的概率是多少？正确的答案是 0.97，但人们大多估计的概率在 0.7 左右，也就是说将基率高估了 0.5。

如果简单地来看，保守主义的证据似乎与代表性产生了冲突，但它们之间存在着自然的内在联系。如果数据样本对相应的模型有很好的代表性，人们会高估数据（所显示出的代表性）；如果数据不能代表任何显著的模型，人们就会更多地依赖先前的信息而不是数据。在爱德华兹的实验中，抽出 8 个红球和 4 个蓝球的抽样结果并不能明显地代表其中任何一个盒子，导致了被试者更多地依赖先前信息。[①]

信念固执（belief perseverance）。很多证据表明，人们一旦形成一个观点，就会过久地坚持它，不易改变（Lord，Ross，and Lepper，1979）。至少两种效应导致了这种情况：第一，人们不愿搜寻否定自己观点的证据；第二，即使他们发现了这些证据，他们也会过度地怀疑这些证据。有些研究甚至发现了更强烈的效应，称为确认偏误（confirmation bias），即人们会根据自己的喜好错误地解释否定自己假设的证据。对理论金融学的研究来说，信念固执就是指，一旦人们相信了有效市场假说，即使在反对此假说的有力证据出现后，他们还是会在相当长时间内坚持这一信念。

锚定。卡尼曼和特沃斯基（Kahneman and Tversky，1974）指出，在形成估计时，人们通常会先设置一个初始值（可能是随意给的值），并在随后的选择过程中不断调整它。但是实验表明，这种调整往往是不充分的。也就是说，人们被过分地"锚定"在了初始值上。

在一个实验中，要求被试者估计非洲国家在所有联合国成员中所占的比例。特别地，在给出答案前，要求被试者比较他们估计的比例与一个 0～100 间随机数的大小（然后再说出估计的比例）。被试者对非洲国家比例的估计显著地受到了这个随机数的影响：被要求将自己估计的非洲国家比例与 10 比较的被试者最后的答案（平均）为 25%，而被要求与 60 比较的被试者最后的答案（平均）为 45%。

[①] 缪兰纳森（Mullainathan，2001）给出了一个正式的模型，很好地整合了低估样本信息和高估样本信息的证据。

易得性偏误。在判断一个事件的概率时——如在芝加哥遭抢劫的可能性——人们总是先寻找记忆中与之相关的信息。虽然这是一个十分合理的过程，但由于并不是所有的记忆都能被公平地回忆或"使用"，所以这种方法也会产生估计偏误（Kahneman and Tversky，1974）。近期发生的事件或者在记忆中十分突出的事件——例如自己非常亲密的朋友被抢劫——会在决策中占更大的比重，从而更加严重地扭曲估计结果。

经济学家有时对这些实验证据非常谨慎，因为他们认为：（1）经过多次反复，人们会通过学习，避免发生偏误；（2）某领域的专家，如投资银行的交易员，产生错误的可能较低；（3）当激励足够大的时候，这些效应都将消失。

这些因素能将上述偏误减轻到一定程度，但没有证据表明它们能将所有偏误消除。学习效应经常被在应用中发生的错误抵消：当偏误被解释后，虽然人们能理解，但在特定的领域中应用时常常又会立即犯同样的错误。专业知识也是一样经常帮倒忙，成为决策过程中的阻碍而不是帮助：用精密模型武装头脑的专家们通常比门外汉更容易产生过度自信，特别是在只能得到关于他们预测的有限的反馈信息的时候。最后，经过在这个问题上对大量学生的研究，卡默勒和霍格思（Camerer and Hogarth，1999，p.7）指出，"重复的研究表明：提高激励不能使偏离理性的行为消失"。

1.3.2 偏好

1.3.2.1 前景理论

对于任何一个研究资产定价或交易者行为的模型来说，一个必不可少的组成部分就是对投资者偏好的假设，或是关于投资者如何评估风险投机（risky gambles）的假设。大部分模型假设投资者根据期望效用（以下简称 EU）评价风险，该理论可追溯到冯·诺伊曼和摩根斯坦（Von Neumann and Morgenstern（VNM），1944），他们指出，如果偏好满足一些公理——完备性、传递性、连续性、独立性，那么它们就能被一个效用函数的期望表示。

不幸的是，VNM 之后数十年的实验研究表明，人们在对风险投机做选择时，总是系统性地违反 EU。基于这种现状，大量关于所谓非 EU 的理论不断涌现，它们都试图去更好地解释经验证据。其中较好的成果包括加权效用理论（Chew and MacCrimmon，1979；Chew，1983）、隐含期望效用（Chew，1989；Dekel，1986）、沮丧厌恶（Gul，

1991)、遗憾理论（Bell，1982；Loomes and Sugden，1982）、排名依赖效用理论（Quiggin，1982；Segal，1987，1989；Yaari，1987）和前景理论（Kahneman and Tversky，1979；Tversky and Kahneman，1992）。

金融经济学家需要知道这些期望效用之外的理论吗？一方面，EU理论是对人们如何评价风险投机（如股票市场）的很好的概括，虽然它无法解释某些经验的结果。另一方面，EU在解释股票市场基本事实时碰到的困难说明，我们需要更深入地了解这些经验证据。事实上，行为金融领域的最新研究表明，有些我们知道的违反EU的事实是理解许多金融现象的核心问题。

在所有非EU的理论中，前景理论是最有希望应用于金融领域的，我们将详细讨论。我们选择这个理论的原因很简单：因为它最成功地解释了经验结果。从某种程度上说，这并不奇怪，因为其他大部分非EU模型都是拟规范的，它们往往为了解释一些不符合EU的实验数据而削弱了VNM公理。这些拟规范模型的难题在于，它们试图达到实证和规范的双重目标，但最终都难以令人满意。相反地，前景理论不以规范为目标：它审慎地解释了人们对待风险投机的态度。事实上，特沃斯基和卡尼曼（Tversky and Kahneman，1986）已令人信服地证明，规范方法是注定会失败的，因为人们作出的选择不可能从规范的角度判断，因为这些选择往往违背了占优性和不变性。

卡尼曼和特沃斯基（Kahneman and Tversky（KT），1979）给出了前景理论的最初版本，即为最多有两个非零结果的赌博而设计的模型。他们假设，当给定一个机会：

$$(x, p; y, q)$$

表示"出现 x 的概率是 p，出现 y 的概率是 q"，且 $x \leqslant 0 \leqslant y$ 或 $y \leqslant 0 \leqslant x$，则人们得到的价值可以表示为：

$$\pi(p)v(x) + \pi(q)v(y) \tag{1}$$

其中 v 和 π 如图1—2所示。当在不同的机会间选择时，他们会选择使式（1）值最大的机会。

这个方程有很多重要的性质。第一，效用是以收益和损失多少来定义的，而不是最终的总财富。这个思想最早来源于马科维茨（Markowitz，1952）。这一点较符合日常生活中赌博的特点，更一般地，这与人类感知的特点是一致的，如感知光亮、声音或温度等，人们都是

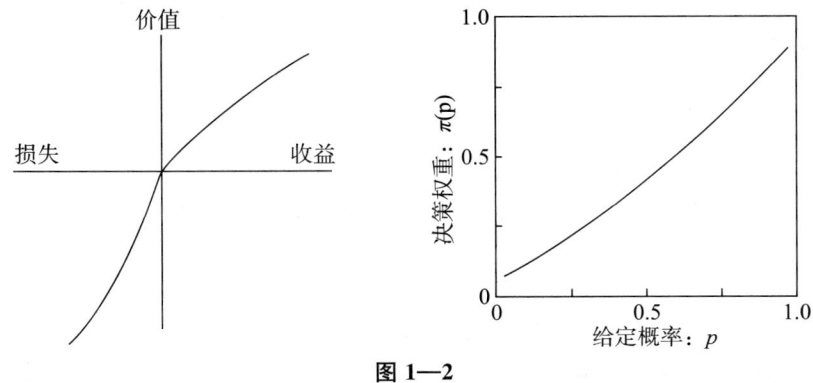

图 1—2

注：这两幅图显示了卡尼曼和特沃斯基（Kahneman and Tversky，1979）的价值函数 v 和概率权重函数 p。

以先前的状态作为感觉的基准，而不是以绝对数。卡尼曼和特沃斯基（Kahneman and Tversky，1979）还提供了以下违背 EU 的例子来说明人们更关注收益和损失，正如下例所示：①

在已得到 1 000 里拉后，被试者有机会得到更多钱，但要作出如下选择：

$A=(1\,000,0.5)$

$B=(500,1)$

结果是 B 更受欢迎。对同样的一群被试者做另一个实验：

在已得到 2 000 里拉后，被试者可能要失去钱，他们要作出如下选择：

$C=(-1\,000,0.5)$

$D=(-500,1)$

这次，C 更受欢迎。

值得注意的是，以上两个问题的最终财富相同，但人们的选择不同。在实验中，被试者显然仅仅考虑了收益和损失。事实上，当不被给予任何初始货币时，他们也会更多地选择 B 和 C，而不是 A 和 D。

第二个重要的特征是价值函数 v 的形状，即在收益区域它是凹的，在损失区域它是凸的。简单地说，人们对收益是风险厌恶的，而对损失

---

① 卡尼曼和特沃斯基（Kahneman and Tversky，1979）的实验都是用以色列货币做的。作者指出在做这些实验时，家庭月收入的中位数约为 3 000 以色列里拉。

却是风险偏好的。证明这一论述最简单的证据就是刚刚提到的在没有提供初始货币时的结论。①

$$B>A, C>D$$

v 函数在原点同样有个拐点,表示人们对损失更敏感,即表现出损失厌恶的特点。引入损失厌恶是为了解释对以下形式机会的厌恶:

$$E=(110, 1/2; -100, 1/2)$$

令人吃惊的是,我们需要违反期望效用范式才能理解像 E 这样的简单赌博,但这是正确的。在雷宾(Rabin, 2000)的一篇著名文章中,他指出如果期望效用最大化者在所有财富水平下都拒绝游戏 E,那么他将同样拒绝

$$(20\,000\,000, 1/2; -1\,000, 1/2)$$

这是一个令人难以置信的预测。直觉很简单:如果一个用最终总财富定义的平滑递增凹效用函数有足够的局部曲率在大部分(相当大范围的)财富水平上拒绝 E,它必定是个极凹的函数,使投资者在大赌注赌博上表现得极其厌恶风险。

前景理论的最后一部分叫作非线性概率转换(nonlinear probability transformation)。小概率被高估,所以 $\pi(p)>p$。这可以从 KT 的结论推出:

$$(5\,000, 0.001)>(5, 1)$$

以及

$$(-5, 1)>(-5\,000, 0.001)$$

结合刚才的假设,在收益(损失)区域,v 为凹(凸)函数。再者,人们对高概率区域的概率差异更敏感,例如,下面一对选择:

$$(3\,000, 1)>(4\,000, 0.8; 0, 0.2)$$

和

$$(4\,000, 0.2; 0, 0.8)>(3\,000, 0.25)$$

---

① 在这一部分中,$G_1>G_2$ 读作"卡尼曼和特沃斯基的被试者在统计上对 G_1 显著偏好于 G_2"。

这就违背了 EU 理论，表示为：

$$\frac{\pi(0.25)}{\pi(0.2)} < \frac{\pi(1)}{\pi(0.8)}$$

即概率从 0.8 到 1 的 20% 的跳动对人们的影响要高于从 0.2 到 0.25 的 20% 的跳动。特别地，相对于不太确定的事件，人们对较确定的事赋予更大的权重，有时称这种特征为"确定性效应"。

在解释实验证据的同时，前景理论也能解释买保险和彩票的偏好问题。虽然 v 函数在收益区域的凹性会产生风险厌恶，但是对于能提供一个极小的机会赢取巨额收入的彩票，图 1—2 中对小概率的高估成了主要原因，并导致了风险偏好。同样，虽然 v 函数在损失区域的凸性通常导致风险偏好，但在有极小的机会导致巨额损失时，对小概率的高估也会导致风险厌恶。

在进一步证据的基础上，特沃斯基和卡尼曼（Tversky and Kahneman，1992）提出了一个能被用于多于两个结果的赌局（机会）的广义的前景理论。特别地，如果一个游戏中结果 x_i 有确定的概率 P_i，特沃斯基和卡尼曼（Tversky and Kahneman，1992）提出人们对这个赌局的赋值遵循下式：

$$\sum_i \pi_i v(x_i) \tag{2}$$

其中：

$$v = \begin{cases} x^\alpha & \text{当 } x \geqslant 0 \\ -\lambda(-x)^\alpha & \text{当 } x < 0 \end{cases}$$

且：

$$\pi_i = w(P_i) - w(P_i^*)$$
$$w(P) = \frac{P^\gamma}{(P^\gamma + (1-P)^\gamma)^{1/\gamma}}$$

这里，$P_i(P_i^*)$ 是使赌局的结果至少优于（严格优于）x_i 的概率。特沃斯基和卡尼曼（Tversky and Kahneman，1992）使用实验估计得到 $\alpha = 0.88$，$\lambda = 2.25$，$\gamma = 0.65$。注意这里 λ 是损失厌恶的系数，衡量对收益和损失的相对敏感度。大量的实验都估计出 λ 的值在 2 左右。

从上文中，我们看到了前景理论如何解释人们在最终财富相同的情况下作出不同的选择。这展示了该理论的一个重要特征：它能够涵盖问题描述（或框架）的效应，这些效应是十分有力的。有很多关于偏好从 30%到 40%的转变源于描述问题所用措辞的证据。没有一种规范的选择理论能涵盖这样的行为，因为理性选择的第一个原则就是选择应当独立于对问题的描述方式。

框架（framing）是指问题置于决策者面前的方式。在很多实际选择中，决策者如何看待问题也有灵活性。例如，一个赌徒去赌赛马，并且在第一轮赢了 200 美元，但在第二轮输了 50 美元。他会将第二次输看作是净输了 50 美元还是看作是在第一次赢 200 美元的前提下损失了 50 美元呢？也就是说，第二次输的效用是 $v(-50)$ 还是 $v(150)-v(200)$ 呢？人们处理这类问题时所使用的计算方式被称为心理核算（Thaler，2000）。心理核算非常重要，因为在前景理论中，v 是非线性的。

心理核算的一个重要性质是窄框架（narrow framing），即将各个赌局的财富与其他财富分开计算的倾向。也就是说，给定一个赌局，人们在评估它时，通常当作他们只面对了这个唯一的赌局，而不是将它并入已存在的所有赌局中来衡量这些赌局整体是否值得。

雷德尔迈耶和特沃斯基（Redelmeier and Tversky，1992）提供了一个简单的说明，基于以下赌局：

$$F=(2\,000，1/2；-500，1/2)$$

当问被试者是否愿意参与上述赌博时，57%的人表示不愿意；当再问他们是否愿意参加 5~6 次这样的赌博时，70%的人愿意参加将该赌博重复 6 次的赌博；最后问他们：

假如你已参与了 5 次，但不知道你的最终输赢，你是否愿意参加第 6 次？

有 60%的人拒绝了参与第 6 次赌博，这与之前他们显示出的偏好相反。这说明，有些被试者将第 6 次赌博狭窄地框定了，也就是将第 6 次赌博与之前的赌博分开了。事实上，60%的拒绝比例与第一问中 57%的拒绝比例非常接近。

1.3.2.2 模糊厌恶

此前我们的讨论集中于理解当赌博结果的客观概率已知时，人们如何行为。在现实中，几乎所有的客观概率都是未知的，为解决这些问题，萨维奇（Savage，1964）开发了一个与期望效用对应的主观期望效用，以下简称 SEU。在一些公理下，偏好能用效用函数的期望表示，权重由个人的主观估计概率决定。

在过去的几十年中，实验证据对待 SEU 就像对待 EU 一样不留情面。虽然违背的原因不同，但对金融经济学家来说应当同等关注。

埃尔斯伯格（Ellsberg，1961）描述了一个经典实验。假如有两个盒子 1 和 2，盒 2 装有 100 个球，50 个红球 50 个蓝球；盒 1 同样有 100 个球，也有红球和蓝球，但比例未知。

被试者要在以下两个赌博（a1，a2）中作出选择：根据从盒子中随机取出的球的颜色不同，每个选择的可能支付是 100 美元：

a1：从盒 1 中取球，若为红球支付 100 美元，若为蓝球支付 0 美元，

a2：从盒 2 中取球，若为红球支付 100 美元，若为蓝球支付 0 美元。

被试者又被要求在以下这两个赌局（b1，b2）中作选择：

b1：从盒 1 中取球，若为蓝球支付 100 美元，若为红球支付 0 美元，

b2：从盒 2 中取球，若为蓝球支付 100 美元，若为红球支付 0 美元。

实验结果为：通常相对于 a1 首选 a2，相对于 b1 首选 b2。这些结果与 SEU 不一致：选择 a2 说明人们对盒 1 中红球占比的主观概率小于 50%，而选择 b2 却相反。

实验说明，人们不喜欢面对一个赌博的概率分布不确定的状况。这种状况称为模糊状况，大多数人都不喜欢这种状况，即模糊厌恶。[1] SEU 不允许参与人表达他们对概率分布的置信水平，因此无法解释这种厌恶。

模糊厌恶在很多时候都存在。例如，研究人员先让被试者估计某场即将开始的足球比赛某队获胜的概率，假设被试者认为该概率为 0.4。随后研究人员让被试者想象一种"概率机器"，它能以 0.4 的概率显示 1，以 0.6 的概率显示 0。然后询问被试者愿意参与以下两种赌博中的哪一种：一是赌球赛（分布模糊），二是赌机器的显示数字（分布确定）。总的来说，大部分人偏好于对机器打赌，说明存在模糊厌恶效应。

希思和特沃斯基（Heath and Tversky，1991）认为，在现实中，

---

[1] 较早讨论这种规避的是奈特（Knight，1921），他把风险定义为已知分布的赌局，把不确定性定义为未知分布的赌局，并指出相比于风险，人们更厌恶不确定性。

当人们评价自己评估相关分布的准确性时，模糊厌恶会起很大的作用。当强调被试者的无能时，即向他们展示其他赌博参与者的专业或告诉他们其他人更有能力打赌时，打赌的模糊厌恶效应将被加强（Fox and Tversky，1995）。

支持能力假说（competence hypothesis）的进一步证据是，当人们感觉特别能胜任赌局的评估时，就能观察到与模糊厌恶相反的"熟悉偏好"（preference for the familiar）。在上例中，对足球特别了解的人会偏好于选择赌球赛而不是赌机器。与模糊厌恶一样，这种行为无法被SEU解释。

1.4 应用：总体股票市场

研究美国股票市场的研究人员指出了很多关于股市行为的有趣事实，其中最著名的三个是：

股票溢价。 历史上，股票市场赚取了较高的超额收益率。例如，使用 1871—1993 年的历年数据，坎贝尔和科克伦（Campbell and Cochrane，1999）发现，S&P 500 指数的平均收益的对数比短期商业票据的平均收益的对数高 3.9%。

波动性。 证券收益和价格/股利比率都具有高度波动性。在同一数据集中，S&P 500 指数超额对数收益率的年标准差是 18%，价格/股利比率对数的年标准差是 0.27。

可预测性。 证券收益是可预测的。使用 1941—1986 年纽约证券交易所（NYSE）的月实际平均收益，法马和弗伦奇（Fama and French，1988）证明，价格/股利比率能解释之后 4 年的累积证券收益波动的 27%。[①]

三个问题都是难题。第一个股票溢价之谜是由梅拉和普雷斯科特（Mehra and Prescott，1985）（也见 Hansen and Singleton（1983））提出的；坎贝尔（Campbell，1999）把第二个称为波动性之谜；我们把第三个叫作可预测性之谜。称它们为谜，是因为它们无法简单地被基于消

---

① 这三个事实是被公认的，但它们也不是没有争议。大量文献对时间序列预测的统计显著性进行了辩论，同时，其他文献认为由于存在生存偏误（Brown, Goetzmann, and Ross, 1995），股票溢价被夸大了。

费的模型解释。

为说明这一点，考虑下面的一个禀赋经济，我们将在本节中多次回到这个例子。假设存在大量（无限个）同质的投资者和两种资产：一种是净供给量为 0 的无风险资产，在时间 t 和 $t+1$ 之间的总收益率为 $R_{f,t}$；另一种是供给量固定为正的风险资产（如股票），在时间 t 和 $t+1$ 之间的总收益率为 R_{t+1}。股票市场要求有一个脆弱股利现金流 $\{D_t\}$，这里：

$$\frac{D_{t+1}}{D_t} = \exp[g_D + \sigma_D \varepsilon_{t+1}] \tag{3}$$

且每一期的股利可被看作是消费禀赋 C_t 的一部分，有

$$\frac{C_{t+1}}{C_t} = \exp[g_C + \sigma_C \eta_{t+1}] \tag{4}$$

且

$$\begin{pmatrix} \varepsilon_t \\ \eta_t \end{pmatrix} \sim N\left(\begin{pmatrix} 0 \\ 0 \end{pmatrix}, \begin{pmatrix} 1 & \omega \\ \omega & 1 \end{pmatrix} \right), \text{在任意时刻都是独立同分布的。}$$

$$\tag{5}$$

投资者在标准预算约束下选择消费 C_t，并分配 S_t 给风险资产，以最大化下式：

$$E_0 \sum_{t=0}^{\infty} \rho^t \frac{C_t^{1-\gamma}}{1-\gamma} \tag{6}$$

受约束于标准预算约束。① 使用最优化的欧拉方程，

$$1 = \rho E_t \left[\left(\frac{C_{t+1}}{C_t} \right)^{-\gamma} R_{t+1} \right] \tag{7}$$

这样，就能直接导出股票收益和价格的表达式。详见本章后的附录。

现在我们就可以检验模型对参数值的估计（见表 1—2）。禀赋过程中的参数来自美国 20 世纪的数据，这在研究中是标准的。同样，从考虑 γ 的低值开始也是标准的，理由是对不同的 γ 值，当人们计算一个人为避免大规模无限期的财富赌博愿意放弃多少财富时，γ 的低值是与有

---

① 对于 $\gamma = 1$，我们用 $\log(C_t)$ 代替 $C_t^{1-\gamma}/1-\gamma$。

关答案是什么的内省最匹配的（Mankiw and Zeldes，1991）。我们取 $\gamma = 1$，使之和对数效用相符。

表 1—2　　　　　　一个基于消费的简单模型的参数值

参数	g_C	σ_C	g_D	σ_D	ω	γ	ρ
值	1.84%	3.79%	1.5%	12.0%	0.15	1.0	0.98

在一个拥有这些参数值的经济中，股市的对数平均收益将比无风险利率高 0.1%，而不是历史上观察到的 3.9%。股票对数收益的标准差将只有 12%，而不是 18%。并且价格/股利比率不变（表示价格/股利比率对未来收益没有预测能力）。

回顾关于以上结果的直觉是有用的。在一个具有幂效用偏好的经济中，股票溢价由风险厌恶系数 γ 和风险水平（以股票收益和消费增长的协方差表示）决定。由于在实证数据中消费增长非常平稳，协方差非常小，因此股票溢价也将非常低。对以式（6）为偏好且 γ 较小的投资者来说，股票的风险并不大，因此不能保证一个高的溢价。当然，模型所预测的股票溢价能通过增大 γ 来增大，但是，除了对个体面对大型赌局时的态度作出了有悖常理的预测外，模型也预测出与事实不符的非常高的无风险利率，也就是所谓的无风险利率之谜（Weil，1989）。

为了理解波动性之谜，请注意在上述简单经济中，折现率和预期股利增长都是常数，因此，现值公式告诉我们，价格/股利比率（以下简写为 P/D）也是常数。因此：

$$R_{t+1} = \frac{D_{t+1} + P_{t+1}}{P_t} = \frac{1 + P_{t+1}/D_{t+1}}{P_t/D_t} \frac{D_{t+1}}{D_t} \tag{8}$$

因此：

$$r_{t+1} = \Delta d_{t+1} + \text{const.} \equiv d_{t+1} - d_t + \text{const.} \tag{9}$$

小写字母表示对数变量。收益对数的标准差等于股利增长对数的标准差 12%。

这里看到的波动性之谜说明了一个更普遍的事实。首先是由希勒（Shiller，1981）与勒罗伊和波特（LeRoy and Porter，1981）提出的，即任何假设投资者理性和折现率为常数的模型都很难解释历史上股票收益的波动。

考虑式（8）的特点，因为股利增长对数的波动性仅为 12%，要使模型中收益对数的波动性增大到 18%，只能引入 P/D 比率的波动性。

但是，如果折现率是不变的，现值公式表明，要达到这个目标，只能引进投资者预测的股利增长率波动：预测股利较高，则 P/D 比率升高；预测股利较低，则 P/D 比率降低。这里有个问题：如果投资者是理性的，他们对股利增长的预期平均来讲是稳定的，也就是说，高（低）P/D 比率之后一般为高（低）现金流增长。不幸的是，不管在美国还是其他国际市场，价格/股利比率都不能有效地预测股利增长（最新的证据参见 Campbell（1999））。

希勒、勒罗伊和波特的结论一经公布便举世震惊。当时，大多数经济学家都认为折现率是基本不变的，也就是说，证券市场的波动只能用投资者非理性来解释。今天，我们都知道，用折现率的理性波动能够解释波动性之谜，当然我们将在后面说明，非理性信念模型也为思考这些数据提供了一个看起来合理的方法。

在这一部分解决三个谜团的过程中，理性和行为方法在金融领域的应用都取得了长足的进步。在理性方法上的进展我们将在这本书的其他文章中讨论，这里我们只讨论行为方法的进展。我们先从股票溢价之谜开始，然后讨论波动性之谜。

我们不会单独考察可预测性之谜，因为在任何固定 P/D 比率的模型中，对波动性之谜的解释就是对可预测性之谜的解释。为说明这一点，我们回到式（8），任何得到收益波动的模型都需要包含 P/D 波动。另外，一个可以成功解释波动性之谜的模型，不可能得出 P/D 比率可预测股利增长这个与事实相反的结论。现在假设 P/D 比率高于平均值，其回到平均值的唯一方法就是现金流 D 上升或价格 P 下降。既然 P/D 比率不被允许预测现金流，那么它只能预测较低的收益，也就解释了可预测性之谜。

1.4.1 股票溢价之谜

股票溢价之谜的核心是即使股票是非常有吸引力的资产——有高的平均收益且与消费增长的协方差非常低——投资者也非常不愿意持有它们。特别地，为了持有市场供应量，他们需要一个非常大的风险溢价。

迄今为止，行为金融已发现了解决这个问题的两种方法，且都是基于偏好的：一个基于前景理论，另一个基于模糊厌恶。本质上讲，两种方法都试图了解通常的偏好定义式（6）中遗漏的使投资者惧怕股票的因素，这个因素导致投资者要求较大的均衡风险溢价。

1.4.1.1 前景理论

最早将前景理论与股票溢价相联系的论文是博纳茨和泰勒（Benartzi and Thaler（BT），1995）发表的。他们研究了具有"前景理论"式偏好的投资者如何在国债和股票之间分配他们的资产。前景理论认为，当人们在机会中作选择时，他们会对每个机会计算收益和损失，并选择前景效用最大的机会。在金融领域，这说明人们会通过计算选择组合配置，对每一个配置计算潜在收益和损失，并选择使前景效用最大化的配置。也就是说，他们选择股票投资的比例 ω，即金融资产中股票的比例，以最大化：

$$E_\pi v[(1-\omega)R_{f,t+1} + \omega R_{t+1} - 1] \tag{10}$$

π 和 v 已由式（2）定义。特别地，v 表示损失厌恶，即人们对损失比对收益更敏感。$R_{f,t+1}$ 和 R_{t+1} 分别为国债和股票在 t 和 $t+1$ 期间的总收益，v 函数的自变量就是金融资产的总收益。

为使用这个模型，BT 需要规定投资者评估他们的投资组合的频率。也就是说，t 和 $t+1$ 期的时间间隔有多长？为了说明为什么这一点非常重要，比较两个投资者：充满活力的尼克每天计算其组合的收益与损失，而懒惰的迪克每十年才看一次。因为在一天以内，股票上升和下跌的次数几乎相等，风险厌恶的 v 函数使尼克不喜欢投资于股票。相反，风险厌恶对迪克关于股票的判断的影响就要小很多，因为在十年的期限内，股票损失的风险很小。

不仅是简单地选择评估间隔，BT 还要计算评估间隔为多少时，投资者对于股票和国债是无差异的。也就是说，当给定美国历史上股票和国债的相关数据，评估间隔为多少时，式（10）在 $\omega=0$ 和 $\omega=1$ 时计算出的预期效用值相等。大概地说，这个计算是想了解在均衡时哪种股票溢价是合理的，即计算出投资者评估收益或损失的频率需要多大，才能在面对历史上如此大的股票溢价时，仍然愿意持有国债。

BT 发现如果使用实验得到的参数 π 和 v 的估计值，答案为 1 年，他们认为这也是投资者使用的正常评估频率。人们框定收益和损失的方式是受信息的表达方式影响的。因为大多数共同基金都是 1 年发一次报告，人们也是 1 年缴一次税，因此以 1 年为周期评估收益和损失也就可以理解。

BT 的计算提供了一个理解高历史股票溢价的简单方法。如果投资者从每年的金融财富变化中获取效用，且他们对这些变化是损失厌恶的，那么他们对金融财富大幅下跌的恐惧将使他们要求较高的溢价作为补偿。BT 把损失厌恶和频繁估值统称为短视的损失厌恶。

BT 的结论只是解决梅拉（Mehra）和普雷斯科特的股票溢价之谜的一个启示。就像本节开始所强调的，这个谜团在很大程度上是一个消费之谜：当消费增长的波动性很低，且其与资产收益的协方差很低时，为什么投资者不愿意购买高收益资产（如股票）？因为 BT 没有考虑消费选择的跨期模型，所以他们没能直接解决这个问题。

为了检验前景理论能否真正地对解释股票溢价之谜有很好的作用，巴贝尔斯、黄和桑托斯（Barberis, Huang, and Santos（BHS），2001）建立了一个股票收益的动态均衡模型。这个模型是一个我们将在下文介绍的模型的扩展，它研究了一个与 1.4 节开头所描述的经济有相同结构的经济，但是在这里，投资者有以下形式的偏好：

$$E_0 \sum_{t=0}^{\infty} \left[\rho^t \frac{C_t^{1-\gamma}}{1-\gamma} + b_0 \bar{C}_t^{\gamma} \hat{v}(X_{t+1}) \right] \tag{11}$$

投资者从消费中得到效用，同时也从风险资产在 t 和 $t+1$ 期间的价值变化（这里用 X_{t+1} 表示）中得到效用。受 BT 的启发，BHS 将时间的单位设为 1 年，所以这里的收益和损失是按年评估的。

从收益和损失中得到的效用定义为 $\hat{v}$：

$$\hat{v}(X) = \begin{cases} X & , X \geqslant 0 \\ 2.25X & , X < 0 \end{cases} \tag{12}$$

参数 2.25 源于特沃斯基和卡尼曼（Tversky and Kahneman, 1992）关于无限期赌局的实验研究。这个函数形式比 BT 使用的简单，它包含了损失厌恶，但忽略了前景理论的其他元素，如收益（损失）凹（凸）性和概率转变。原因一方面是因为很难将所有因素都包含进一个动态模型中，另一方面是基于 BT 的观察，他们发现损失厌恶是导致这种结果的主要原因。[1]

BHS 证明，损失厌恶能部分解释总体股票市场的高夏普比率，但解释的力度取决于式（11）的第二项 b_0。作为考虑这个参数的一种方法，BHS 发现，当 $b_0 = 0.7$ 时，股市上损失 100 美元的心理痛苦（由

---

[1] 损失厌恶项中的 $b_0 \bar{C}_t^{\gamma}$ 系数是个比例因子，它使经济中的风险溢价保持不变，即使在总财富随着时间增长的情况下也是这样。这需要平均消费 $\bar{C}_t$ 对于投资者来说是外生的。恒定的 b_0 控制了模型中投资者偏好的损失厌恶的重要性；设 $b_0 = 0$，模型就成为消费效用，当 b_0 趋于无穷时，投资者决策主要由金融财富收益和损失决定，就像博纳茨和泰勒假设的那样。

第二项决定），大约等于少消费 100 美元所带来的痛苦（由第一项决定）。对于这个 b_0，该风险资产的夏普比率为 0.11，大约为其历史观察值的三分之一。

BT 和 BHS 都有效地假定了投资者在横截面和时间方面的窄框架。即使他们拥有多种财产，包括金融和非金融资产，他们仍然从特定的部分资产的变化中获取效用，即 BT 中的金融资产或 BHS 中的股票；即使投资者有长远的投资眼光，他们仍然会每年评估他们的组合收益。

横截面窄框架的假设有几个理由，最简单的可能性就是把握了非消费效用，比如后悔。后悔是当人们意识到如果过去不采取某种行动，自己的境况会更好时感到的痛苦，如果一个投资者持有的股票价值下跌，那么后悔就是他对当初投资于这只股票的行为的后悔。有这种感觉就是因为只把效用直接定义在投资者金融财富或所持股票的价值变动之上。

另一种可能性是当人们只关心与消费相关的效用时，他们是有限理性的。例如，假设人们关心他们的消费可能下跌到低于他们习惯的水平。他们知道，考虑股票投资的正确方法是将股票风险与其他存在的风险——如劳动收入风险——相结合，再去计算消费水平下降到低于习惯水平的可能性。然而，这种计算非常复杂，这导致人们只会关注单一的股票市场中的财富，而不是所有财富的收入和损失。

那么暂时的窄框架呢？正如上文所假定的，信息陈述的方式导致投资者会每年关心一次其金融财富的变动，即使他们有长远投资的眼光。为提供进一步的证据，泰勒、特沃斯基、卡尼曼和施瓦茨（Thaler, Tversky, Kahneman, and Schwartz, 1997）设计了一个实验，测试信息提供的方式如何影响人们决策时的框架效应。[①]

在他们的实验中，他们要求被试者想象自己是一个小型的学校捐赠基金的投资组合经理。他们向第 1 组被试者每个月提供一次两个基金（A 和 B）的信息，基金 A（B）的收益数据是从正态分布的债券（股票）收益中模拟得到的，但被试者并不知道这个信息。在每月观察一次后，他们要求被试者将组合在两个基金间重新分配，他们会在下个月将收益数据告诉被试者并要求再重新分配一次。

他们也向第二组被试者提供相同的收益数据，但每年一次；也就是说，被试者不能看到每月的月波动，但知道一年后的收益。在每一次看到当年的收益数据后，他们也要求被试者再次分配下一年的投资组合。

---

① 内兹和波特斯（Gneezy and Potters, 1997）也做了同样的实验。

第三组也被提供相同的收益数据，但为五年一次，看到数据后也要求再做下一个五年的组合分配。

在 200 个月后，每组都被要求做最后一次组合分配，用于在下 400 个月中持有这两种基金。泰勒等（Thaler et al., 1997）发现，在最后一次分配中，第一组分配给股票的平均比例明显低于第二组和第三组。这个结果说明人们根据信息的陈述方式来排列收益和损失。第一组每个月观察一次，因此看到了更多的损失，如果他们框定了每月的分布，他们将更担心股票会有损失，因此分配给股票更少的资产。

1.4.1.2　模糊厌恶

在 1.3 节，我们介绍了"埃尔斯伯格悖论"作为模糊厌恶的例子，人们不喜欢概率分布不确定的事物或者说不喜欢不确定概率分布的赌局。这与金融学联系非常密切，因为投资者经常对股票收益的分布是不确定的。

在埃尔斯伯格之后，出现了很多关于人们如何应对不确定性的模型，卡默勒和韦伯（Camerer and Weber, 1992）做了一个研究综述。其中一种非常流行的观点是，假定面对不确定时，人们首先会考虑很多概率分布，然后在所有分布中最大化最小期望效用。事实上，这就像人们与一个恶毒的对手赌博，他会选择赌局的实际分布，给人们留下最差的结果。这个决策规则最早由吉尔博和施梅德勒（Gilboa and Schmeidler, 1989）进行了公理化。爱泼斯坦和王（Epstein and Wang, 1994）把这种方法引入了动态资产定价模型，虽然他们不是为了测量模糊厌恶对资产定价的定量影响。

定量影响可以用一种相近的范式——稳健控制——来进行测度。在这种方法中，参与人心中有一个参照的概率分布，并试图证明他的决定的正确性，即使参照模型在某种程度上是错误的。这里，参与人尽力防范最坏的模型错误。安德森、汉森和萨吉特（Anderson, Hansen, and Sargent, 1998）证明了这种范式为什么能用于组合选择和定价问题，即使状态方程和目标函数是非线性的。

梅恩豪特（Maenhout, 1999）用安德森等的范式来解释股票溢价之谜。他认为，如果投资者担心股票收益的模型是错误的，那么他们就会要求较高的溢价来作为模型中可观测到的不确定分布的补偿。但是，他也指出，要用模糊厌恶完全地解释 3.9% 的股票溢价，需要人们不合理地高度关注错误。所以，模糊厌恶只能部分解释股票溢价之谜。

1.4.2 波动性之谜

在进入波动性之谜的行为模型之前，我们要了解一下理性范式是如何处理这个谜题的。因为在数据上，收益的波动性比股利增长的波动性要高，式（8）说明我们需要在价格/股利比率中引入变量以弥补差距。我们的不同方法是什么呢？一个有用的范式是由坎贝尔和希勒（Campbell and Shiller，1988）首创的现值公式：

$$R_{t+1} = \frac{P_{t+1} + D_{t+1}}{P_t} \tag{13}$$

P_t 是时间 t 股票的价格，他们使用了一个线性的对数估计来说明，则价格/股利比率可以被写成：

$$p_t - d_t = E_t \sum_{j=0}^{\infty} \rho^t \Delta d_{t+1+j} - E_t \sum_{j=0}^{\infty} \rho^t r_{t+1+j} \\ + E_t \lim_{j \to \infty} \rho^j (p_{t+j} - d_{t+j}) + \text{const.} \tag{14}$$

在这里，小写字母表示变量的对数值，如 $p_t = \log P_t$，$\Delta d_{t+1} = d_{t+1} - d_t$。

如果价格/股利比率是稳定的，那么等号右边的第三项等于0，这样，只有两个因素影响价格/股利比率：未来股利增长率预期的变化和折现率的变化，而折现率的变化又会受未来无风险收益率预期的变化、风险预期的变化或风险厌恶的变化等因素的影响。

虽然看起来有多种方法能将变量引入价格/股利比率，但是它们大部分都不能成为合理解释波动性之谜的基础。首先，我们不能用股利增长预测的变化来解释 P/D 比率，重复希勒（Shiller，1981）与勒罗伊和波特（LeRoy and Porter，1981）的观点，如果这些预期是理性的，那么 P/D 比率在时间序列上就可以预测现金流的增长率，而事实上是不能的。[①] 其

[①] 有一个重要的提示就是，现金流预期的变化不能作为波动性之谜的令人满意的解释。有大量的文献是关于结构不确定性和学习的，投资者不知道现金流产生的参数，但会不断学习，并在捕捉实际上的收益波动中取得部分成功（Brennan and Xia，2001；Veronesi，1999）。在这些模型中，价格/股利比率来自现金流增长的变化，虽然这些预测没有被数据证实，但投资者并不被认为是非理性的——他们只是没有足够的数据来推断正确的模型。在巴斯基和德隆（Barsky and De Long，1993）的论文中，一个经济中产生收益波动性是由于消费者使用了不易被可得数据察觉出错误的错误模型预测现金流。

次，我们也不能用未来无风险收益率预测的变化来解释，同样地，如果预测是理性的，P/D 比率在时间序列上就可以预测风险的变化，而事实上也是不可能的。甚至未来的风险预测的变化也不能解释，几乎没有证据支持 P/D 比率在时间序列上预测风险变化。所以只可能是风险厌恶变化了，这就是坎贝尔和科克伦（Campbell and Cochrane，1999）总体股票市场行为模型背后的思想。他们认为，在一个习惯形成的框架中，习惯的消费水平的变化可以改变风险厌恶的程度，从而影响 P/D 比率。这种影响就可以解释股利增长的波动性与收益的波动性之间的差异。

有些理性方法试图用式（14）右边的第三项来解释 P/D 比率的变化。但这要求投资者预期的 P/D 比率以爆炸性的增长速度永久地持续下去，这被称为理性泡沫模型。该模型认为，这一期的股票价格比较高，是因为投资者预期在下一期股票的价格会更高，而下期价格会更高，是因为再下一期的价格会更高，如此永续循环。虽然这个模型看起来很有吸引力，但很多论文，如桑托斯和伍德福德（Santos and Woodford，1997）认为，理性泡沫模型的成立条件是极其严格的。①

下面我们来讨论一些解释波动性的行为方法，根据它们的侧重不同可分为信念和偏好两类。

1.4.2.1 信念

一个可能的原因是，投资者相信股利增长率的均值比实际水平变动更大。当投资者看到股利大幅增长后，他们会立即认为股利增长率的均值已经上升。这种过度乐观推动价格相对于股利上涨，导致收益的波动性上升。

这种原因可以衍生出一个关于代表性的直接应用和一种特定的代表性——小数定律，即人们通常认为小样本可以反映总体的全部性质。如果投资者连续几个时期都获得高收益，小数定律会使他们相信收益的增长率已经上升，并且未来也会继续获得高收益。毕竟收入的增长率不能被"平均"。如果真是这样，根据小数定律，即使是在小样本中，收益也应当显现出平均：会出现一些好消息、一些坏消息，而不是连续不断的好消息。

另一个基于信念的原因是，人们会更多地依赖私人信息而不是公开

---

① 布鲁纳梅尔（Brunnermeier，2001）提供了一个这方面的综述。

信息，特别地，表现为对私人信息的过度自信。假如投资者得到了关于经济的公开信息，并对未来现金流的增长形成了事先的观点，他会自己进行一些研究，并对他收集的信息过度自信：他过高地估计了他事先形成的观点的准确性并对其赋予了过高的权重。如果私人信息是积极的，他会把价格相对于现有股利水平推得更高，从而增加了收益的波动性。①

价格/股利比率和收益也可能因为投资者在形成未来收益时过多地考虑了历史收益而使收益变得更具波动性。出于对代表性和小数定律的考虑，投资者过多关注历史现金流的原因就是他们过度依赖历史收益的原因。

读者会发现我们在讲这些行为原因时没有引用任何文献，因为这些思想最初是在试图解释横截面异象（如价值溢价）的文献中提出的（虽然它们可以很自然地应用于以上原因的解释）。简单地说，很多这方面的文献——我们将在1.5节详述——通过把过多的时间波动引入个股的市盈率来解释横截面异象。因此，那里的机制也能够解释大量的总体水平上的市盈率的时间序列变动就不足为奇了。事实上，这些行为理论或许可以同时解释总体和公司层面的证据。

我们以"货币幻觉"来结束这一部分。货币幻觉就是对名义和实际价值的混淆，最早由费希尔（Fisher, 1928）讨论，最近的研究来自沙菲尔等（Shafir et al., 1997）。在金融市场中，莫迪格里安尼和科恩（Modigliani and Cohn, 1979）以及里特和沃尔（Ritter and Warr, 2002）认为，P/D比率的变化和收益波动性的差异部分源于投资者在预测未来现金流时混淆了名义和实际变量。股票的价值可以用实际利率折现实际现金流表示，也可以用名义利率折现名义现金流表示。但在通货膨胀率很高或很低时，投资者很可能错误地用名义利率折现实际现金流。如果通货膨胀率上升，名义利率也应该上升。如果投资者用较高的名义利率来折现同样的现金流，就会使股票市场的价格下降。当然，这种计算是不正确的：导致折现率上升的通货膨胀同样也会导致未来现金

---

① 坎贝尔（Campbell, 2000）指出，基于现金流预测的行为模型通常忽视了重要的潜在的利率效应。如果投资者预测了过高的现金流增长率，导致价格上升，利率也将同时上升，从而阻止价格上升。一种回应是，利率是由消费增长的预期决定的，在短期，消费和股利不具有联系；即使股利增长率非常高，也不会立即触发利率效应。另外，人们也可以定义投资者的预期，使利率效应不再重要。切凯蒂、拉姆和马克（Cecchetti, Lam, and Mark, 2000）做了这方面的研究。

流的上升。从净值看，通货膨胀对于股票市场的价值的影响应该不大。这种实际量和名义量的混淆会导致 P/D 比率和收益过度波动。这可以解释在 20 世纪 70 年代高通胀时期较低的市场价值以及 90 年代低通胀时期较高的市场价值。

1.4.2.2 偏好

巴贝尔斯、黄和桑托斯（Barberis，Huang，and Santos，2001）对 4.1 节的模型进行了引申，使之可以同时解释股票溢价和波动性之谜。为了达到这个目的，他们采用了关于损失厌恶的动态特征的实证研究结果。实证证据表明，损失厌恶的程度并不是在所有情况下都相同的，而是取决于事先获得的收益和损失。特别地，泰勒和约翰逊（Thaler and Johnson，1990）发现在事先获得收益后，被试者会接受他们在一般情况下会拒绝的赌局，而在事先损失后，他们会拒绝他们在一般情况下会接受的赌局。前者被称为"赌场资金效应"，反映了赌博者在获得收益后继续赌博的愿望会越来越强。对这一现象的解释是，获得收益后再遭受损失带来的痛苦较小，因为他们可以以之前的收益作缓冲。但在事先遭受损失后，投资者会对未来风险更加谨慎。[①]

为反映这一点，巴贝尔斯、黄和桑托斯（Barberis，Huang，and Santos，2001）将式（11）的效用函数修正为：

$$E_0 \sum_{t=0}^{\infty} \left[\rho^t \frac{C_t^{1-\gamma}}{1-\gamma} + b_0 \bar{C}_t^{\gamma} \widetilde{V}(X_{t+1}, z_t) \right] \tag{15}$$

其中，z_t 表示在股票市场中股票在之前的收益或损失。对于任何恒定的 z_t，函数 $\widetilde{V}$ 是与式（12）中的 $\hat{v}$ 的定义类似的分段线性函数。但是，投资者对于损失敏感度参数不再是常数 2.25，而是由 z_t 决定的，以反映上述实验证据。

这个模型可以很好地解释股票波动性之谜。假如有关于现金流的利好消息，那么它会推动股票市场的价格上涨，并为投资者产生事先的收益，现在投资者不那么害怕股票了：任何未来损失都可以被先前的收益

[①] 将泰勒和约翰逊（Thaler and Johnson，1990）的研究与在 1.3 节中提到的卡尼曼和特沃斯基（Kahneman and Tversky，1979）的研究进行区分是十分重要的，后者认为人们在收益区域是风险厌恶的，而在损失区域是风险偏好的，即人们对损失比对收益更厌恶。卡尼曼和特沃斯基（Kahneman and Tversky，1979）的证据认为，为了规避损失，人们愿意承担风险。泰勒和约翰逊（Thaler and Johnson，1990）的证据认为，如果这些努力没有成功，投资者会遭受他所不乐意的损失，导致他变得更加的风险厌恶。

缓冲。他们因此就会用较低的利率来折现未来现金流，推动股价相对于股利进一步上升，从而增加了收益的波动性。

1.5 应用：平均收益截面

虽然总体股票市场的行为用理性观点很难理解，但有希望的理性模型依然被建立并能被用来对行为的取舍进行检验。对个体股票行为的实证研究也发现了很多与传统范式冲突的现象。其中，很多是关于平均收益截面的：他们发现一组股票的平均收益高于另一组股票，这些事实被称为"异象"，因为它们无法被金融经济学领域最一般、最直观的风险收益模型——CAPM 模型所解释。

下面我们简述文献中的一些著名的例子，并进一步考虑一些理性和行为方法的解释。

规模溢价。这个异象最初由班茨（Banz，1981）记录，法马和弗伦奇（Fama and French，1992）做了进一步的研究。他们把 1963—1990 年间在纽约证券交易所、美国证券交易所和纳斯达克上市的股票每年按照总市值分组，然后考察每组股票在下一年里的平均收益。他们发现，在样本期间内，规模最小的那一组股票的月平均收益比规模最大组的平均收益高 0.74%。对 CAPM 来说，这显然是一个异象：虽然小盘股的标准化系数（β）确实较大，但风险的差异不足以解释平均收益的差异。①

长期反转。德邦特和泰勒（DeBondt and Thaler，1985）将 1926—1982 年间在纽约证券交易所交易的股票根据前三年的累积收益每三年排一次名，并得到了两个组合：包含 35 只前三年中业绩最佳股票的"赢者"组合和包含 35 只前三年中业绩最差股票的"输者"组合。然后，他们考察组合形成后三年内两个组合的平均收益。他们发现，在整个样本期间内，输者组合的平均收益比赢者组合的平均收益高 8%。

规模－价格比率的预测能力。这些异象是关于变量账面/市值比率（B/M）和市盈率（E/P）的截面预测力的，对基本面的某些衡量与价格相关。这方面问题在金融领域有很长的研究历史，最早由格雷厄姆

---

① 从过去十年数据中体现的规模溢价明显减小。冈珀斯和梅特里克（Gompers and Metrick，2001）认为这是因为偏好大盘投资的机构投资者的增加导致了对大盘股需求的增加。

(Graham，1949）提出，德雷曼（Dreman、1977）、巴苏（Basu，1983）与罗森伯格、里德和兰斯坦（Rosenberg，Reid，and Lanstein，1985）做了进一步研究，在这里我们主要关注法马和弗伦奇（Fama and French，1992）的最新研究。

法马和弗伦奇的研究小组把在纽约股票交易所、美国证券交易所和纳斯达克交易的股票从1963年到1990年每年按照账面/市值比率分组，然后考察每组股票在下一年里的平均收益。他们发现，最高B/M比率股票的十分位数组（所谓的"价值"股票）的每月平均收益比最低B/M比率股票的十分位数组（所谓的"成长股"或"魅力股"）高1.53%，两个投资组合之间的更高差异可通过两个组合标准化系数（β）之间的差异来解释。以市盈率作为分类测度计算，则这两个极端组合的差异为每月0.68%，异象再次发生。①

动量效应。 贾格迪什和蒂特曼（Jegadeesh and Titman，1993）将从1963年1月到1989年12月每月在纽约证券交易所交易的股票按前6个月的收益进行分组，并计算分组后6个月里每组股票的平均收益。他们发现，前6个月业绩最好的股票组比业绩最差的股票组的年度平均收益高10%。

将这个结论与德邦特和泰勒（DeBondt and Thaler，1985）关于前期赢者和输者受先前排名期间长短影响的研究作比较。在一个例子中，前期的赢者继续获胜，而在另一个例子中他们却失利了。② 为什么扩展期间后结果就相反？这对行为和理性方法都提出了挑战。

有一些证据说明，抵税出售导致了动量效应的季节变化。在一年中，业绩差的股票会成为出售对象，是因为出售后实现的损失可以抵消其他资产的应纳税收益。这种出售压力导致了之前的输者继续输，增强了动量效应。第二年，当出售压力减小时，前期的输者会反弹从而减弱动量效应。格林布拉特和莫斯科维茨（Grinblatt and Moskowitz，1999）的研究发现抵税出售能解释部分动量效应，但不是全部。在任何情况下，如果出于税收目的的出售股票是理性的，基于这种行为的可预测

---

① 鲍尔（Ball，1978）和伯克（Berk，1995）指出，规模溢价和规模—价格比率效应会在投资者对不同股票使用不同折现率的所有模型中出现：如果投资者对一只股票的现金流使用高折现率，该股票就会有较低的市值和较低的P/E比，也会有较高的收益。注意，这个观点没有说明折现率的波动是否为理性的、无可争议的。

② 事实上，德邦特和泰勒（DeBondt and Thaler，1985）也发现了一年期的大胜者在下一年度能击败一年期的大输者，但没有更多的发现。

价格变动模型就是非理性的了。罗尔（Roll，1983）认为这种解释很"愚蠢"，因为如果人们知道1月份股票价格会上涨，为什么他们不在12月份就买呢？

很多研究检验了公司重要公告发布后的股票收益，即事件研究。

盈利公告的事件研究。伯纳德和托马斯（Bernard and Thomas，1989）把从1974年到1986年的每个季度在纽约证券交易所和美国证券交易所交易的所有股票按最近盈利公告的"意外程度"分组。"意外程度"用相对于盈利的简单的随机游走模型来衡量。他们发现，在盈利公告宣布后的60天内，意外程度较高的好消息的股票组获得的平均收益比意外程度较高的坏消息的股票组的平均收益大约高4%，这种现象被称为"后盈利公告漂移"（post-earnings announcement drift），同样，这种收益差异也无法用两个分组间的标准化系数（β）解释。查恩、贾格迪什和兰科尼肖克（Chan，Jegadeesh，and Lakonishok，1996）在之后的研究中用另一种方法衡量意外程度——相对于分析师的预期或股票价格对盈利公告的反应，也得到了相似的结论。[1]

分配和扣除股利的事件研究。迈克尔利、泰勒和沃马克（Michaely，Thaler，and Womack，1995）研究了1964—1988年宣布分配和扣除股利的公司的股票收益的变动情况，他们发现在股利公告后的一年间，分配（扣除）股利的公司的股价表现明显高于（低于）市场组合的平均水平。

股票回购的事件研究。艾肯伯里、兰科尼肖克和弗米伦（Ikenberry，Lakonishok，and Vermaelen，1995）研究了从1980年到1990年间宣布股票回购的公司，米契尔和斯塔福德（Mitchell and Stafford，2001）研究了1960—1993年间股票回购或自回购的公司。后者发现，平均来讲，进行这些操作的公司的股票在四年后相对于其对照组合（公司规模和B/M与实验组相当）获得显著的超额收益。

一级市场和二级市场发行的事件研究。洛克伦和里特（Loughran and Ritter，1995）研究了1970—1990年间进行了一级市场发行或二级市场增发的公司。他们发现，在发行后的5年里，这些公司股票的平均

---

[1] 武尔蒂纳霍（Vuolteenaho，2002）用一个以净盈余计算的现值方程与坎贝尔（Campbell，1991）的对数线性收益分解方法去估计对现金流消息的衡量，这种方法比使用盈利公告更加精确。类似于后盈利公告研究，他发现拥有好的现金流公告的股票随后会比有不好的现金流公告的股票获得更高的平均收益。

收益显著低于和其规模相当但没有公开发行股票的公司的股票平均收益。布雷夫和冈珀斯（Brav and Gompers，1997）与布雷夫、格克兹和冈珀斯（Brav，Geczy，and Gompers，2000）认为，这个异象与上文提到的规模—价格异象一样：当事件公司的收益与其他规模、B/M 比率相当的公司的收益比较时，比较的结果几乎没有区别。

类似于以上三个分析的关于长期事件的研究产生了一些棘手的统计问题。特别地，根据统计数据长期买入并持有事件公司的股票并不是一个好的选择。巴伯和莱昂（Barber and Lyon，1997），莱昂、巴伯和蒂塞（Lyon，Barber，and Tsai，1999），布雷夫（Brav，2000），法马（Fama，1998），洛克伦和里特（Loughran and Ritter，2000），米契尔和斯塔福德（Mitchell and Stafford，2001）的论文只是研究这个问题的论文中的一部分。截面相关性是一个重要的问题：如果一个公司在另一个公司宣布回购后马上也宣布回购，他们的股票在之后四年内的收益率并不是独立的。虽然这很明显，但不容易有效地处理。一些最近的研究试图解答这个问题，例如，布雷夫（Brav，2000）认为，股利宣告、回购公告、增发公告等事件的异象证据在统计上比之前想象的要弱，但是弱多少有待进一步研究。

另一个关于以上经验数据的更加需要关心的问题是数据挖掘。毕竟，如果我们把股票以完全不同的特殊方式排序分类，我们就会发现惊人但却是虚假的平均收益截面差异。

对于数据挖掘批评的第一反应是指出，上述研究并没有使用能导致数据挖掘的模糊的公司特征或边际的公司公告。事实上，很难设想任何一类重要的公司公告与异象的事件后收益无关。一个更直接的检查是执行样本外数据检验。有趣的是，上述证据的大部分都在其他数据集中被重复。法马、弗伦奇和戴维斯（Fama，French，and Davis，2000）发现在美国数据的子样本中存在价值溢价，该数据先于法马和弗伦奇（Fama and French，1992）所用的数据集，然而法马和弗伦奇（Fama and French，1998）论证的是国际股票市场中存在价值溢价。而罗文霍斯特（Rouwenhorst，1998）从国际股票市场的数据中发现了动量效应依然存在的证据。

如果实证结果是用票面价值得出的，那么对理性范式的挑战就是说明上述截面证据自然产生于一个完全理性投资人的模型中。特别地，这类模型简化为 CAPM，而我们知道 CAPM 不能解释这些异象。但一般地，理性模型预言了一个多因素的定价结构，

$$\bar{r}_i - r_f = \beta_{i,1}(\bar{F}_1 - r_f) + \cdots + \beta_{i,K}(\bar{F}_K - r_f) \tag{16}$$

其中，这些因素代表了边际效用增长，$\beta_{i,K}$ 由股票超额收益对超额因素收益的时间序列回归得到，

$$\begin{aligned}r_{i,t} - r_{f,t} = & \alpha_i + \beta_{i,1}(F_{1,t} - r_{f,t}) + \cdots \\ & + \beta_{i,K}(F_{K,t} - r_{f,t}) + \varepsilon_{i,t}\end{aligned} \tag{17}$$

迄今为止，得到一个解释截面证据的多因素模型有难度，这继续是一个主要的研究方向。

另外，我们能跳过推导因素模型的过程，而只用一个特定的模型。这就是法马和弗伦奇（Fama and French，1993，1996）的方法。他们指出，一个确定的三因素模型能很好地解释给定规模和 B/M 比率的组合的平均收益。换句话说，对于这些投资组合与因素选择来说，从式（7）中得到的 α_i 几乎为零。他们使用的因素是市场组合的收益率、规模因素（小盘股收益率减大盘股收益率）、账面/市值因素（价值股组合收益率减成长股组合收益率）。通过将后两个因素引入模型，法马和弗伦奇将小盘股收益和价值股收益中的共同因素单立出来，他们的三因素模型可能受到这样的观点——这种联动性是均衡定价的系统性风险——轻率地驱使。

法马和弗伦奇（Fama and French，1993，1996）得到的低 α_i 截距并不值得庆祝。毕竟，罗尔（Roll，1977）曾强调，在任何一个特定的样本中，都可能构建一个平均收益定价的单因素模型。[①] 这听起来像一个警示：不能因为一个因素模型的巧合成功，就认为我们认识了平均收益的所有经济驱动因素。为公平起见，法马和弗伦奇（Fama and French，1996）承认，他们的结果只在解释投资者偏好和在以他们模型的方式定价的经济中才有完全的意义。

理性模型的一个普遍特点就是认为是负载或标准化系数（β）而不是公司特征决定了平均收益。例如，一个基于风险—标准化系数（β）的方法会认为价值股有较高的收益率，不是因为它们有较高的账面/市值比，而是因为这些股票对账面/市值因素有较高的负载。丹尼尔和蒂特曼（Daniel and Titman，1997）怀疑这一预测。他们考察了两组股票（分别是有关 B/M 比率和 B/M 比率的因素负载）的预测发现，两组账

---

① 在任何个人收益的可观察样本中，选择任何一个事后平均波动效应组合。罗尔（Roll，1977）用平均波动效应组合的方法计算出，在个人财产的样本均值收益和标准化系数（β）间存在着精确的线性关系。

面/市值比相同但因素负载不同的股票在平均收益上无差异。这个结论对理性理论打击很大，但还是引发了争论，使用更长的数据集和不同的方法，法马、弗伦奇和戴维斯（Fama, French, and Davis, 2000）声称翻转了丹尼尔和蒂特曼的结论。

更一般地，理性理论对截面数据的解释遇到了很多障碍。首先，理性模型通常用收益与消费边际效用的协方差来度量风险。如果股票无法在高边际效用时期（糟糕时期）支付，而在低边际效用时期（良好时期）支付，则该股票的风险较高。问题在于，对以上很多结论来说，无论使用何种方法衡量糟糕时期，都没有证据表明有异常高平均收益的组合在糟糕时期表现不佳。如兰科尼肖克、史莱佛和维什尼（Lakonishok, Shleifer, and Vishny, 1994）发现，1968—1989年期间，即使在经济衰退时，价值股也比成长股表现突出。同样，德邦特和泰勒（DeBondt and Thaler, 1987）发现，在上升市场中，他们的输者股票比赢者股票有更高的标准化系数（β），而在下降市场中，却有更低的标准化系数。这是一个没有人能贴上"风险"标签的非常有吸引力的结合。

第二，上述研究中的一些组合——如最低账面/市值比的股票——平均收益小于无风险利率。为什么理性投资者会接受低于国债利率的反常组合？这很难解释。

第三，乔普拉、兰科尼肖克和里特（Chopra, Lakonishok, and Ritter, 1992）和拉波塔等（LaPorta et al., 1997）指出，德邦特和泰勒（DeBondt and Thaler, 1985）记录的大部分产生高（低）平均收益前损失（盈利）的股票，以及价值（成长）股的高（低）收益，是在公告后几天内赚取的。这用理性理论很难解释，因为没有证据证明盈利公告会改变系统性风险。

最后，在上述某些例子中，不只是一个组合比另一个组合表现好。在某些例子中，这种情况在样本的每一期都出现。例如，伯纳德和托马斯（Bernard and Thomas, 1989）的研究中，得到意外良好盈利的公司市场表现好于获得意外糟糕收益的公司的情况占了46/50。这里很难用风险因素来证明市场表现好的合理性。

1.5.1　基于信念的模型

有很多行为模型试图解释上述现象，我们把它们分为基于信念和基于偏好两类。

巴贝尔斯、史莱佛和维什尼（Barberis，Shleifer，Vishny（BSV），1998）认为股票收益的异常来自于投资者利用公开信息对未来的现金流形成预期时所犯的系统性错误。他们建立了一个在1.3节提到的包含两个投资者偏误的模型：保守主义（即低估新信息的倾向）和代表性（或小数定律，即人们期望由小样本来反映总体特征的倾向）。

当一个公司宣布意外的盈利好消息时，保守主义会使投资者反应不足，导致股票价格上涨幅度不大。由于价格相对较低，之后的平均收益会较高，因此就会出现盈利公告后漂移和动量效应。然而，在出现一系列好消息之后，代表性导致人们过度反应并将价格推得过高，因为在经历过很多期意外的好盈利之后，小数定律导致投资者相信该公司正在实现较高的收益增长速度，因此对未来的收益也会有较高的预期。毕竟，公司无法被"平均"，如果是这样，根据小数定律，即使在小样本中，其盈利也应当显示出平均。因为价格现在已经过高，之后的平均收益将过低，因此产生了长期反转和规模—价格比率效应。

为在数学上得到这个结论，BSV建立了一个关于典型风险中性投资者的模型。在模型中，所有资产的真实收益的走势都是随机游走的。然而，投资者并不用随机游走模型来预测未来收益。投资者认为，在任何时刻，收益都由以下两个体系中的一个产生：一个是"均值回归"体系，即收益与实际水平相比更加表现为大幅度的均值回归；另一个是"趋势性"，即收益与实际水平相比更加具有趋势性。投资者相信，产生收益的这两种体系会随时间的推移外生地发生变化，他的任务就是找出当前是哪个体系在产生收益。

这一框架提供了更新投资者偏误的一种建模方法。在模型中引入"趋势性"体系通过允许投资者对趋势赋予更多的权重把握了代表性的影响。保守主义导致人们赋予最新的收益信息过少的权重，而更相信他们原先的信念。也就是说，当他们得到一个新的高盈利的好消息时，他们会认为价格上涨的一部分会在下一期逆转，就像他们相信"均值回归"体系一样。BSV在对模型中的参数进行大范围的取值后认为，该模型确实可以解释盈利公告后漂移、动量效应、长期反转和规模—价格比率的截面预测能力等。[1]

---

[1] 波特肖曼（Poteshman，2001）在期权市场中发现了BSV型期望的形成过程。他发现，当对期权定价时，交易者对个人单日的即时波动性反应不足，但对较长期上升或下跌的即时波动反应过度。

丹尼尔、赫什莱佛和苏巴曼亚姆（Daniel, Hirshleifer, and Subrahmanyam (DHS), 1998, 2001）从私人信息的角度而不是公开信息的角度解释了偏误。假定一个投资者试图通过自己的研究来预测公司未来现金流。DHS假设投资者对这一信息是过度自信的，特别地，他们认为投资者对于自己辛苦得到的结论比对公开信息更自信。如果私人信息是积极的，那么，过度自信就会使得投资者推动价格相对于基本价值过度上涨。未来的公开信息会缓慢地修正价格，使其回到正确的价值，这样就会产生长期趋势反转以及规模—价格效应。为得到动量效应和后盈利公告漂移效应，DHS假设公开信息以不对称的方式来改变投资者对私人信息的自信程度，即自我归因偏误：与投资者的私人研究相吻合的公开信息会极大地增强投资者对其私人信息的自信程度；而与私人信息不相吻合的公开信息，投资者却不会关注，因此对投资者的自信程度不会造成太大影响。这种不对称的反应会导致最初的过度自信和之后更大的过度自信，从而产生动量效应。

正如BSV和DHS方法认为，长期趋势反转和规模—价格比率的预测能力等现象都是由投资者对于未来现金流的过度乐观或者过度悲观造成的，且之后都会有修正，大多数修正发生在当投资者发现他们最初的信念过激时，也就是在盈利公告日前后。乔普拉、兰科尼肖克和里特（Chopra, Lakonishok, and Ritter, 1992）及拉波塔等（LaPorta et al., 1997）发现大部分原来损失的投资者和价值股都是在公告日附近获得收益的，这十分有力地支持了这一预言。

也许解释股票截面证据的最简单方法就是正反馈交易，即投资者会在价格上升的时候更多地购买该资产（De Long et al., 1990b; Barberis and Shleifer, 2003）。如果受到盈利好的影响，股票的价格在这一期就会出现上涨，那么，正反馈交易者就会在下期购买股票，从而导致价格的进一步上涨。因此，一方面，这会产生动量效应和盈利公告后漂移；另一方面，因为价格相对于基本价值已经过高，之后的平均收益就会较低，从而产生长期反转趋势和规模—价格比率效应。

关于正反馈交易动机的最简单的解释就是推测预期，即投资者是基于过去的收益形成对未来收益的预期。很显然，这是受到代表性偏误和小数定律的影响。与BSV得到的结论相同，投资者使用过去现金流推断未来现金流而造成对后者的高估，可以用来作为基于过去收益形成对未来收益过高预期的原因。德隆等（De Long et al., 1990b）指出，诸如投资组合保险或追加保证金通知这样的制度特征都会导致正反馈交易。

正反馈交易在洪和斯坦（Hong and Stein，1999）的模型中也起着重要的作用，然而，正反馈交易机制是从原始假设中内生形成的。在这个模型中，两组有限理性的投资者在市场中发生作用，这里的有限理性是指投资者只能利用一部分信息。"消息观察者"只基于私人信息而不是历史价格信息进行预测，而"动量交易者"只根据近期的价格变化做预测。

洪和斯坦同时假设，私人信息在消息观察者之间缓慢地扩散。由于这些投资者不能从价格中得到相互间的私人信息，这种缓慢的扩散过程就会产生动量效应。动量交易者随后开始混合，由于他们是基于历史价格变化来作出决策的，在给定的情况下，他们的最优策略就是正反馈交易：上一期的价格上涨说明利好的私人信息正在经济中扩散，于是通过买入，动量交易者期待从信息的持续扩散中获得利润。这种行为就会导致动量效应，但同时也会导致价格反转：因为动量交易者不能观察到信息扩散的程度，他们就持续买入股票，一直到价格已经超过了基本价值，于是这种过度反应就会在之后反转。

这四个模型在解释动量效应时有很大的区别，其中的两个——BSV与洪和斯坦（Hong and Stein，1999）——认为动量效应是对最初的反应不足的修正。而德隆等（De Long et al.，1990b）和 DHS 认为是因为最初的过度反应导致了更多的过度反应。两组内部的论证方法也有区别。①

洪、利姆和斯坦（Hong，Lim，and Stein，2000）为洪和斯坦（Hong and Stein，1999）模型中的观点提供了有力的证据，即动量效应来自私人信息在经济中的缓慢扩散。他们发现，这种信息的扩散在小公司和受到分析师关注较少的公司中尤其缓慢，这样，动量效应在这些公司中就应该比较显著。这一观点得到了实证数据的支持。另外，他们发现，在分析师关注较少的公司中，大部分的动量效应来自过去的输者继续遭受的损失，这同样与信息扩散理论保持一致。如果一个不被分析师关注的公司获得了利好的消息，公司会将这一利好尽量以最快的速度传递给尽可能多的投资者；如果是坏消息，公司就倾向于隐藏，从而使信息扩散过程非常缓慢。

---

① 特别地，这些模型对个人投资者在确定历史收益后的交易行为做了不同的预测。Hvidkjaer（2001）使用交易数据作为原始数据在实证上区分了这些理论。

1.5.2 基于信念的制度性冲突模型

有些作者认为,将温和的投资者非理性假设和制度性冲突相结合的模型可以为某些异常的横截面证据提供有益的思路。

最令人关注的制度性冲突因素是卖空限制。正如 2.2 节介绍的,卖空限制是指,使投资者不愿意做空而愿意做多的所有因素。包括卖空的直接成本,即借入费用;在关键时刻贷款被要求清偿的风险;法律限制:大部分共同基金不能做空股票等。

一些文章认为,当投资者信念上存在差异时,卖空限制的存在将导致价格偏离基本价值,尤其是,卖空限制的存在解释了为什么在横截面上高价格/收益率的股票获得较低的平均收益。投资者在信念上存在差异的假设来自过度自信,这一假设体现了投资者的非理性。如果没有过度自信,投资者就会倾听彼此的观点,由此推断彼此的私人信息,信念就会很快趋同。

至少存在两种机制,可以使观点差异和卖空限制产生高市盈率,并解释为什么市盈率可以在截面上预测收益。

米勒(Miller,1977)指出,当不同投资者对某个股票持有不同的观点时,那些对股票看好的投资者会持有多头,而那些看跌的投资者希望卖空股票,但是由于卖空限制,他们不能进行卖空,所以只能在市场外观望。这样,股票价格就只反映了乐观投资者的态度,这样就意味着股票价值会较高,之后的收益率就较低。

哈里森和克雷普斯(Harrison and Kreps,1978)、沙因克曼和熊(Scheinkman and Xiong,2003)认为在一个动态的环境中会产生一个基于投机的机制。他们证明,当存在信念差异时,投资者愿意以高于基本价值的价格购买股票,以期待在未来以更高的价格将股票卖给比他们更加乐观的投资者。注意卖空限制在这里是必不可少的:如果没有卖空限制,投资者只要卖空股票就可以用套利的手段从更乐观的投资者手中获得利润,但如果存在卖空限制,投资者就只能先买入股票然后才能卖出。

以上两种机制都预测:投资者信念分歧较大的股票会有较大的市盈率和之后较低的收益率。最近的三篇论文使用不同的方法检验了这个预测。

迪瑟、马洛伊和谢尔比纳(Diether,Malloy,and Scherbina,2002)使用分析师预测的数据(IBES data)来衡量信念的差异程度,他们把股票按分析师对当年收益预测的分歧程度进行分组，发现具有最大分歧的股票组比最小分歧的股票组获得较低的平均收益。

陈、洪和斯坦（Chen，Hong，and Stein，2002）使用"所有权宽度"（共同基金持有某一股票的比例）来衡量对股票信念的分歧。如果对股票的分歧较大，由于卖空限制，更多的基金会在市场外观望，从而导致较小的宽度。陈等预测并从数据中证实，与宽度增加的股票相比，那些宽度下降的股票随后的平均收益比较低。

琼斯和拉蒙特（Jones and Lamont，2002）使用卖空股票成本来衡量对股票的不同意见，即如果对一只股票的未来意见非常不统一，很多投资者会卖空该股票，从而推高成本。琼斯和拉蒙特证明，高卖空成本的股票有高市盈率，并在随后有较低的收益率，他们选取 1926—1933 年的数据，当时，有一个借贷股票中心，并将每天的借贷费用在《华尔街日报》公布。相反，现在是通过柜台市场借入股票，价格很难得到。

在其他相关文献中，洪和斯坦（Hong and Stein，2003）指出，卖空约束和意见差异也会对更高阶矩产生影响，原因在于它们会导致偏度。即，当股价下跌时，更多的信息被发现：通过观察进入市场的价位，我们能知道由于卖空限制其悲观观点，未能在此前的股价中反映出来的那部分投资人对股票的估值。当股价上升时，不参与的投资者留在市场外，相关信息就不会被发现。这种在股价下跌之后波动性的增大是偏度的来源。

由此可知，投资者分歧大的股票偏度更高。陈、洪和斯坦（Chen，Hong，and Stein，2001）用换手率检验了这一观点。他们发现，换手率增长较快的股票会展现出更高的偏度。

1.5.3 偏好

之前我们讨论了巴贝尔斯、黄和桑托斯（Barberis，Huang，and Santos，2001）的研究，他们尝试将损失厌恶和窄框架依赖结合起来解释整体股票市场行为，并有一个关于投资者损失厌恶的程度如何随时间变化的假设。巴贝尔斯和黄（Barberis and Huang，2001）认为，把上述理论应用到个体股票中，可以解释长期趋势反转和规模—价格比率等异象。关键是，当投资者持有大量不同股票时，窄框架依赖会使他们从单个股票价值的收益和损失中得到效用。这个额外效用来源的特殊定义与 BHS 相同，只是这里应用于单个股票而不是投资组合：投资者对于单个股票的价格波动是损失厌恶的，特定股票损失所带来的痛苦取决于该股票的历史表现。

为了说明这一模型产生了价值溢价，我们考虑一个在过去连续的几段时间里收益较差的股票。由于投资者关注单个股票的收益和损失，他对此感到痛苦并且对该股票进一步损失的可能性更敏感。事实上，投资者会认为该股票的风险较高，于是就会用较高的折现率对未来现金流折现，这就降低了该股的市盈率并导致之后的收益较高，从而产生了价值溢价。从某种意义上说，这个模型比 1.5.1 小节中提到的"信念"模型更为狭隘，因为它不能解释动量效应。从另一种意义上说，这个模型又更为广泛，因为它同时解释了股票溢价之谜和无风险利率内生性问题。

我们在 1.5.1 小节、1.5.2 小节、1.5.3 小节讨论的模型主要解释了动量效应、长期反转、规模－价值比率的预测能力和盈利公告后漂移等现象。那么我们在 1.5 节开始时介绍的其他异象的例子又如何呢？在 1.7 节，我们认为，股票发行和回购后的长期收益类型或许是理性经理人对之前行为模型中分析的噪音交易者的反应的结果。简单地说，如果投资者导致了价格与基本价值的偏离，经理人会计算出这些周期的时间，在价格高估时发行股票，在低估时回购股票。这样，股票发行后实际上会伴随着低收益，而股票回购则伴随着高收益。然而，我们目前为止讨论过的模型并没有涉及规模异象和股利公告事件的研究。

1.6 应用：封闭式基金与联动

1.6.1 封闭式基金

与更为熟悉的开放式基金不同，封闭式基金只发行固定数量的份额。之后，这些份额便在交易所交易：想要买封闭式基金份额的投资者必须去交易所向其他投资者以现行市价买入；相反，若他想买开放式基金，该基金将会增加一个新份额，并以等于净资产价值（NAV）的价格卖给他，NAV 是每份基金所持资产的市场价值。

封闭式基金的核心谜题是基金份额价格与 NAV 不相等。虽然价格与 NAV 的差异随时间大幅波动，但一般基金平均都以 NAV 的 10% 的折价进行交易。当封闭式基金设立时，其价格一般高于 NAV；当它们到期时（不论是清算还是转为开放式），价格与 NAV 之间的差异就会消失。

人们已经提出了很多关于封闭式基金折价的理性解释，包括费用、对未来基金经理表现的预期以及税收负债等。这些因素能在某种程度上解释某些方面的封闭式基金之谜。然而这些因素中没有一个能满意地解释这一异象的全部方面。例如，管理费能解释为什么基金经常以折价卖出，但不能解释它们为什么一开始以溢价卖出，或为什么折价每周都会变动。

李、史莱佛和泰勒（Lee, Shleifer, and Thaler（LST），1991）提出了一个简单的关于封闭式基金之谜的行为解释。他们认为，一些作为封闭式基金的主要所有者的个人投资者是噪音交易者，他们对未来基金收益的预期有非理性的摇摆。他们有时过于乐观，有时过于悲观。他们情绪的变化会影响基金份额的价格，也导致了价格和NAV的差异。①

这种观点为所有的封闭式基金之谜提供了一个清晰的解释。封闭式基金的持有者需要应对双重风险：基金资产价值的波动和噪音交易者情绪的波动。如果第二个风险是系统性的（我们将再返回讨论这一问题），理性交易者就会对此要求补偿。另言之，他们会要求基金份额以NAV的折价进行交易。

这也解释了为什么一个新的封闭式基金通常以溢价出售。一方面，当企业家们知道他们能以高于基金价值的价格发行份额时，他们便会选择在投资者较多时创设封闭式基金。另一方面，当封闭式基金清算时，理性投资者不用再担心噪音交易者的情绪变化，因为他们知道基金清算时基金价格必等于NAV。因此他们不再对该风险要求补偿，基金价格会上升到NAV。

LST理论的一个直接预测就是，即使基金持有的资产的现金流不具有联动性，封闭式基金的价格也应该有很强的联动性：如果噪音交易者变得非理性地悲观，他们将全面地卖出封闭式基金，这会使基金价格不受现金流消息的影响而出现下降。数据也支持了LST，封闭式基金折价是高度相关的。

LST理论建立在噪音交易者风险是系统性的基础上。有很好的理由可以证明这一点。如果持有封闭式基金的交易者同时持有其他资产，那么负面的情绪变化将导致基金价格和其他资产价格一起下降，从而导致噪音交易者风险成了系统性风险。为了验证，LST计算了封闭式基

---

① 由于噪音交易者影响的是价格与NAV间的差异而不只是价格，因此相比于基金所持的资产，他们对封闭式基金份额的交易更为活跃。作为证据，LST指出，基金主要是由个人投资者持有的，而基金资产不是。

金折价与其他一组主要由个人持有的小盘股之间的相关性。与噪音交易者风险的系统性一致的是,他们发现了显著的正相关性。

1.6.2 联动性

LST 模型指出,行为模型不仅能对平均收益水平作出有趣的预测,也能对联动性模式作出预测。特别的,它解释了为什么封闭式基金价格联动性如此强烈,以及为什么封闭式基金与小盘股组合存在联动性。这也点燃了用行为模型解释其他联动性谜题的希望。

在更深入地研究之前,了解一下传统理论对收益联动性的观点是有意义的。传统理论假设经济没有摩擦,投资者都是理性的,那么价格的联动性反映了基本价值的联动性。因为在没有摩擦且投资者理性的经济中,价格等于基本价值——以适合该资产风险的折现率对理性预期的资产未来现金流进行折现——所有价格的联动都可以解释为基本价值的联动。毫无疑问,很多收益联动的例子可以由基本价值联动来解释:汽车行业股票共同波动主要是因为汽车企业的收益是相关的。

封闭式基金异象表明,以基本价值为基础的理论至少是不完整的:在这一情况下,基本价值没有联动性,但封闭式基金价格存在联动性。[①] 其他证据也一样令人困惑。弗鲁特和戴博拉(Froot and Dabora,1999)研究了有相同现金流但交易地点不同的"孪生股票"。在 1.2 节中讨论的皇家荷兰/壳牌可能是最著名的例子,如果收益联动性只简单是基本价值联动性的反映,这两只股票应该完全相关。但实际上,正如弗鲁特和戴博拉所说明的,皇家荷兰与美国 S&P 500 指数有很强的联动性,而壳牌公司则与英国的 FTSE 指数联动性很强。

法马和弗伦奇(Fama and French,1993)发现了决定小盘股和价值股收益的重要公共因子。为测试联动性的理性观点,法马和弗伦奇(Fama and French,1995)调查了这些强大的公共因子能否追溯为这些股票盈利消息中的公共因子。当他们确实找到有关小盘股和价值股盈利消息的公共因子时,这些现金流因子要弱于收益因子,即几乎没有证据可以说明收益因子能从现金流因子推出。实证再一次证明,收益的联动

---

① Bodurtha 等(1993)和 Hardouvelis 等(1994)提供了更多有趣的例子,说明基本因素的联动与封闭式基金收益的联动无关。他们研究了封闭式跨国基金,即基金资产的交易地与基金自身所在国不同的基金,他们发现基金与其自身交易国的股市的联动性和基金资产交易国的股市联动性是相当的。例如,某封闭式基金投资于德国资产但在美国进行交易,基金价格与美国股市的联动性与它和德国股市的联动性相当。

性与基本因素的联动性无关。①

作为对实证的回应,研究人员开始研究联动性的行为理论。LST 就是这样的一个理论。为更一般地描述他们的观点,他们从观察到的一个事实说起,即投资者只能投资于所有可用证券集合的一个子集。当这些投资者的风险厌恶或情绪变动时,他们将风险转到了他们持有的某些证券上,从而在这些证券收益中引入了公共因子。换句话说,这个联动性"栖身地"的观点预测,在证券收益中有一个公共因子,这些证券是特定子集的投资者,比如,个人投资者持有的主要证券。考虑封闭式基金以及弗鲁特和戴博拉的证据,这个理论显得极其合适。

关于联动性的第二个行为理论是最近由巴贝尔斯和史莱佛 (Barberis and Shleifer, 2003) 提出的。他们指出,为简化组合分配过程,很多投资者先把股票分为诸如小盘股、汽车行业股等板块,然后将资金在不同板块间分配。如果这种分类也被噪音交易者采用,当这些交易者将资金在不同板块间转换时,他们同步的需求所产生的价格压力使得凑巧被分入同一板块的股票收益中产生公共因子,即使这些股票的现金流明显不相关。特别地,这种观点认为,当一种资产被归入一个板块后,其与该板块价格的联动效应将强于归入之前。

巴贝尔斯、史莱佛和瓦格纳 (Barberis, Shleifer, and Wurgler, 2001) 测试了这种"板块"联动观点,他们以一些 S&P500 指数的指标股作为样本,计算了它们被加入 S&P500 指数前后的标准化系数 (β) 值。在进行一元和多元回归后,他们指出,在被编入指数后,股票的标准化系数 (β) 值显著上升,移出指数后显著下降,S&P500 指数可以部分地解释这一变动。② 这个结论与现金流量观点对联动的解释有冲突——编入指数并不会提供更多关于该股票与其他股票现金流相关性的信息——但在认为价格受板块层面需求冲击影响的模型中自然出现。

1.7 应用:投资者行为

行为金融学也在对某种投资者行为的解释上取得了成功,尤其是在

---

① 理论上,联动效应也能理性地产生于折现率的变动。然而,利率或风险厌恶程度的改变对所有股票收益都产生一个公共因子,并不能解释为什么只有某一特定组的股票联动。某种资产的关于风险的信息中的公共因子也能成为那些资产联动的原因,但是没有直接的证据能支持小盘股或价值股的这种机制。

② 较早之前,维吉 (Vijh, 1994) 用一元回归也得到了相似的结论。

组合选择和交易策略方面。此处的目标比前述三部分争议小很多：因为其只解释特定投资者的行为，而不必然地认为这些行为会影响价格。有两个原因使得这方面的研究越来越重要：首先，由于进入证券市场的成本下降，越来越多的个人投资者开始投资股票；其次，全球范围固定缴费退休储蓄计划的趋势以及社会保障体系中个人账户的可能性，意味着个人将对他们退休后的财务状况负起更多责任。因此，很自然地要问，他们是如何处理这些事务的？

现在，我们来描述投资者行为的一些证据，以及用来对其进行解释的行为观点。

1.7.1 分散化不足

大量证据表明，投资者所持组合的分散程度远小于规范的投资组合选择模型所建议的分散程度。

首先，投资者存在"本土偏好"。弗伦奇和波特巴（French and Poterba，1991）发现，美国、日本和英国的投资者分别将其全部股权投资的94%、98%和82%用于购买本国的股票。这种现象不能简单地被理性理论解释（Lewis，1999）。事实上，考虑人力资本的规范组合选择模型通常建议投资者做空本国股票市场，因为本国股票市场与其人力资本高度相关（Baxter and Jermann，1997）。

一些研究还发现了与本土偏好类似的效应。通过使用来自芬兰的一组极其详细的数据，格林布拉特和凯洛哈贾（Grinblatt and Keloharju，2001）发现芬兰投资者喜欢他们比较熟悉的公司的股票。比如，在地理位置上比较近的公司、在公司的报表中采用本土语言的公司以及公司的总裁和他们具有同样的文化背景的公司。休伯曼（Huberman，2001）研究了美国区域贝尔运营公司（RBOCs）投资者的地理分布，发现投资者更愿意持有在本州该公司的股票，而不是在其他州范围内。最后，研究者发现在美国个人退休储蓄的401（k）计划的资产分配中，投资者更愿意持有本公司的股票。在美国的大公司中，超过30%的计划资产投资于所在公司的股票，这在很大程度上是投资者的自愿行为（Benartzi，2001）。

在1.3节，我们讨论过，一方面，人们不喜欢不确定状态，在这一状态下他们无法确定赌局的概率分布。通常，这种情况发生在人们感觉他们对评估某个赌局无能为力时。另一方面，人们对熟悉的状态表现出过度的偏好，在这一状态下他们会认为自己比别人更有优势。

模糊和熟悉为分散不足的不同例子提供了简单的理解方式。投资者会发现他们对本国股市比对外国股市更熟悉或者说更不模糊；他们发现他们对地理上距离更近的公司比对较远的公司更熟悉；并且他们发现他们对受雇的公司股票比对其他股票更熟悉。① 因为熟悉的资产更有吸引力，他们对这些资产投资较多，而对模糊的资产投资过少甚至没有。因此，相对于标准模型的预测，他们的资产组合显得不够分散，因为标准模型忽视了投资者对赌局概率分布的置信度。

并非所有本土偏好的证据都可以用熟悉偏好来解释。科沃尔和莫斯科维茨（Coval and Moskowitz，1999）指出，美国互助基金管理者更愿意持有在地理位置上公司的总部距离本公司总部比较近的股票。然而，科沃尔和莫斯科维茨（Coval and Moskowitz，2001）发现，持本地股能得到好的回报，说明是信息理论而不是熟悉偏好在起作用。研究本地公司的成本较低，所以基金经理确实也关注这些公司，并选出有较高期望收益的股票。对于弗伦奇和波特巴（French and Poterba，1991）、休伯曼（Huberman，2001）或博纳茨（Benartzi，2001）的结论，没有明确的基于信息的解释，不过格林布拉特和凯洛哈贾（Grinblatt and Keloharju，2001）反对这样解释他们的发现。

1.7.2 幼稚的分散化

博纳茨和泰勒（Benartzi and Thaler，2001）发现，当人们分散组合时，他们的方式很天真。特别地，以401（k）计划为例，不管他们的投资选择是什么，很多人都倾向于将所有储蓄的$1/n$分别分配给n个可行的投资选择。一些来自实验室的证据证实了上述事实，博纳茨和泰勒让实验参与者在以下三种条件下分别作出分配决策：第一，在股票基金和债券基金之间选择；第二，在股票基金和平衡基金（50%股票和50%债券的平衡基金）之间选择；第三，在债券基金和平衡基金之间选择。他们发现，在所有三种状况下，对两种基金进行50∶50的投资分配是最常见的，显然这使得投资者在股票和债券之间的有效选择明显不同，三种条件下的平均股票投资比例分别为：54%、73%和35%。

$1/n$分散方式和其他类似的幼稚的分散化策略说明，在主要投资股票基金的401（k）计划中，投资者会更多地分配资金给股票。博纳茨和泰勒利用一个包含了170个大的退休储蓄计划的样本对这一预测进行

---

① 与这一最后的观点高度相关的调查数据显示：人们认为自己公司股票的风险比分散化指数的风险更低（Driscoll et al.，1995）。

了检验。按基金给予股票的比例,他们把这些计划分为三组:低、中、高。对股票的分配比例分别是 49%、60% 和 64%,顺次递增,这证实了最初的预测。

1.7.3 过度交易

传统理性投资模型明确地认为金融市场中的交易行为和交易数量应该比较小。当投资者是理性的,而且有效市场假说成立时,即使你想卖,我也不愿意买。然而与传统理论相违背的是,全球股票市场的交易量是巨大的。另外,对个人和机构的研究都发现,两者的交易频率均比理性理论所界定的频率高。

巴伯和奥丁(Barber and Odean,2000)考察了从 1991 年到 1996 年美国国家贴现经纪公司中的大部分账户的交易行为。在考虑交易成本的情况下,投资者的平均收益明显低于标准基准的收益,简单地说,如果这些投资者将交易次数减少,他们将表现得更好,样本中较差的股票投资收益在很大程度上可能来自交易成本。然而,也有股票选择错误的例子:奥丁(Odean,1999)发现,从 1987 年到 1993 年,在购买股票一年后,股票的总平均收益低于卖出股票一年后的总平均收益。

过度交易的最主要的行为解释就是过度自信:人们认为他们有足够有力的信息来支持交易,但事实上这个信息可能弱到不足以支持任何交易。这一假设预测,过度自信的人倾向于过度交易,由于交易成本的原因,他们会获得较低的收益。巴伯和奥丁(Barber and Odean,2000)在他们的样本中证实了这一预测:交易量比较多的投资者一般获得比较低的平均收益。实验表明,男人比女人更自信,巴伯和奥丁(Barber and Odean,2001)又预测并证明了男人比女人交易更多且收益率更低。

用相同的数据,巴伯和奥丁(Barber and Odean,2002a)研究了委托方式从电话委托转为网上委托的投资者的收益。他们认为,出于一些原因,这种转换伴随着过度自信的增加。首先,网上委托更容易得到信息,也更容易控制,从而会产生过度自信。另外,委托方式转变的投资者一般在之前已经获得了较高的收益,这进一步增加了他们过度自信的水平。如果真是如此,那么,在方式转变后,他们的交易将更活跃。巴伯和奥丁证实了这个预测。

1.7.4 卖出决策

一些研究表明,投资者不愿意卖出已经亏损的股票,即谢弗林和斯塔特曼（Shefrin and Statman，1985）提出的"意向效应"现象。使用相同的经纪人佣金贴现率数据，奥丁（Odean，1999）也研究了以上数据，奥丁（Odean，1998）发现，在他的样本中个人投资者更倾向于卖出价格上涨的股票而不是价格下跌的股票。

这些行为无法用传统的理性理论来解释。首先，出于税收考虑，投资者应该卖掉输家，而不是赢家。[①] 其次，投资者卖掉赢家并不是因为他们掌握了关于未来业绩的利空信息。奥丁发现人们卖出的股票的未来平均表现优于他们持有的股票。

这些问题有两个行为方面的解释。第一，投资者对均值逆转有非理性的信念。第二，基于前景理论和窄框架依赖的可能性。我们在前面用到过这一原理，但这里的重点不是损失厌恶而是价值函数在收益（损失）时的凹（凸）性。

为说明这一点，假设有一个投资者，以 50 美元买入了一只股票，现在，股票价格为 55 美元，他是否应该卖出呢？假设前景理论的收益和损失是指卖出价格和购买价格之间的差异。在这个例子中，卖出股票的效用是 $v(5)$。投资者也可以选择等待在下一期出售，我们假设下一期股票价格可能会以同样的概率变为 50 美元和 60 美元。下一期出售的期望价值是：$\frac{1}{2}v(0) + \frac{1}{2}v(10)$。因为价值函数在收益区域是凹的，投资者会在现在卖出股票。现在换一个场景，假设股票现在的价格是 45 美元，下一期的价格会以同样的概率变为 40 美元和 50 美元。这时，投资者会在下面两个效用间选择：$v(-5)$ 和 $\frac{1}{2}v(-10) + \frac{1}{2}v(0)$，损失区域的凸性将投资者选择在下一期再卖出。从直觉上，在股票下跌时，不卖出股票就相当于投资者在未来的价格变化上打赌，使其盈亏平衡，从而免于损失的痛苦。

意向效应不仅存在于个股交易中。在一项创新性研究中，吉尼索夫和迈耶（Genesove and Mayer，2001）发现，在住房市场上投资者并不情愿在损失时出售。如果投资者预期出售价格低于最初购买价格，他们设定的要价往往高于其他卖家的同类房产的卖出价格。另外，这不只是卖方马上会被市场修正的美好想法：面临损失可能性的卖方确实会以比别的卖方高得多的价格卖出房子。

[①] 奥丁（Odean，1998）在 12 月也确实发现了这一点：投资者更倾向于卖出过去的输家而非过去的赢家。但总体来说，这个效应被其他 11 个月显著偏好卖出过去的赢家的现象掩盖了。

科沃尔和沙姆韦（Coval and Shumway，2000）研究了在芝加哥期货交易所（CBOT）进行长期国库券交易的专业交易者的行为。如果前景理论中的收益和损失是通过每日的收益和损失来衡量，那么，价值函数的凹性意味着，在每天中午前获得收益（损失）的交易者倾向于在下午的交易中承担较少（多）的风险。这一预测已被数据证实。

格林布拉特和汉恩（Grinblatt and Han，2001）认为，意向效应中的投资者的行为可能会受到股票平均收益截面特征，即股票收益的动量效应的影响。一方面，由于价值函数在收益区域呈凹性，当账面上已经出现资本利得时，投资者倾向于卖出股票，这会产生卖出压力，这种卖出压力就会导致股票价格的下跌，从而产生之后的高收益率。另一方面，如果股票的持有者面临资本损失，那么，由于价值函数在损失区域呈凸性，投资者只有在获得价格溢价的情况下才愿意卖出股票，这样价格最初就被高估，从而产生之后的低收益。格林布拉特和汉恩采用股票收益的回归分析方法对上述理论进行了证明，他们把一个股票的收益对其过去 12 个月的收益，以及对股票持有者资本收益或损失的度量进行回归。其中，资本收益或损失的度量是用股票的当前价格减去历史成交量中得到的投资人平均成本。他们发现，资本的收益或损失变量比历史收益有更大的解释力。

1.7.5 买入决策

奥丁（Odean，1999）提供了在他的样本中个体投资者选择购买的股票的有用信息。与卖出的股票主要集中在过去的赢家股票不同，买入的股票平均分散在过去的赢家股票与输家股票之中。如果一只股票是过去的赢家或输家，那么，它一定是一个比较大的赢家或者输家。也就是说，大量股票交易是比较极端的。

奥丁认为，关于购买股票的选择，部分来自注意力效应。当购买股票时，投资者并不是在成千上万的股票中进行系统的选择，直到找到合意的股票。投资者经常购买吸引注意力的股票。其中，可能最吸引投资者注意力的是那些过去业绩比较极端的股票，不论是好的还是坏的。

在个人投资者中，注意力效应在股票的卖出方并不重要，因为卖出和买入决策在本质上是不同的。由于受到卖空限制，当个人寻找需要卖出的股票时，他们只能在他们已经持有的股票中进行选择，而当买入股票时，他们的选择范围大得多，与注意力相关的因素就会在他们的决策中起作用。

巴伯和奥丁（Barber and Odean，2002b）利用与他们早期的论文中相同的贴现经纪公司的数据试图证明：对于个人投资者来说，相对于卖出决策，购买决策更容易受到注意力效应的影响。在某个交易日，他们采用一些不同的标准构造了"得到关注"的组合，比如，这些标准包括具有非常高交易量的股票，具有极高或低的收益率的股票，有新的信息公告的股票等。他们发现，个人投资者在接下来的交易日更倾向于成为这些得到关注的股票的买入者，而不是卖出者。

1.8 应用：公司金融

1.8.1 证券发行、资本结构和投资

行为金融研究的一个重要分支是，前几章节所讨论的非理性投资者是否会影响公司的融资和投资决策。

我们首先从理论上来分析，并提出对最大化公司真实价值（即这样一种股票价格，可以战胜任何曾经使其偏离价值的错误定价）感兴趣的理性经理人，在面对非理性投资者时该如何行动。斯坦（Stein, 1996）为思考这一问题提出了一个有用的构架，同时也能解决这一章节中提出的其他问题。他指出，当公司股票价格过高时，理性经理人应当利用众多的投资者来趁机发行股票。相反，当价格过低时，经理人应当回购股票。我们把这个证券发行的模型称为"市场时机选择观模型"。

股票发行的数据似乎明显地证实了这一构架。首先，在总体层面，新发行的股票占所有新发行股票的比例——"股票份额"——当整体股票市场都被高估时会更大。事实上，贝克和瓦格纳（Baker and Wurgler, 2000）指出，股票份额是未来股票收益率的可靠的预测指标：高份额预示着未来收益率低甚至为负。这与经理人的市场时机选择一致，在价格到顶点时发行更多的股票，即赶在价格回落到更为真实的价格水平之前发行股票。

在单个公司层面，很多研究表明，公司的账面/市值比是新股发行的一个很好的横截面预测指标（Korajczyk, Lucas, and McDonald, 1991; Jung, Kim, and Stulz, 1996; Loughran, Ritter, and Rydqvist, 1994; Pagano, Panetta, and Zingales, 1998; Baker and Wurgler, 2002a）。高估值公司会发行更多新股而低估值公司会更多地回购。另外，股票长期收益在 IPO 或 SEO 后较低（Loughran and Ritter, 1995），而长期收益在回购公告后较高（Ikenberry, Lakonishok, and Vermaelen, 1995）。同样，

这一现象与经理人对公司证券的市场时机选择一致。

更多的支持市场时机选择观点的证据来自调查。格雷厄姆和哈维（Graham and Harvey，2001）调查发现，67%的财务总监表示，当公司发行普通股票时，"公司股票被低估或高估的程度"是重要考虑因素。

市场时机选择构架在预言股票发行方式上的成功带来了如下希望，即它能成为一个成功的资本结构理论的基础。毕竟，公司的资本结构代表了公司随时间积累的融资决策。例如，考虑两家规模、盈利、有形资产比率和现行 B/M 比率等方面特征相似的公司，这些相似特征在传统上都被认为对资产结构有影响。然而，假设在过去，A 公司的 B/M 比率已经达到了一个比 B 公司高很多的水平。根据市场时机选择理论，A 公司会利用其被高估而在当时发行更多的股票，从而导致现在 A 公司的资本结构中有更多的股本。

在最近引起人们极大兴趣的一篇文章中，贝克和瓦格纳（Baker and Wurgler，2002a）证实了这种预测。他们指出，在其他条件不变的情况下，公司历史上的加权平均 B/M 比率是对当前公司资本结构中股本比例的一个很好的横截面预测指标，在指标中赋予公司发行（无论是债务还是股本）的年份更高的权重。

实证也表明非理性投资者情绪会影响公司的融资决策。现在我们转向更为关键的问题，即这种情绪是否会影响实际投资决策？我们再次考虑斯坦（Stein，1996）模型中的基准例子，该例子中经理人是理性的，且致力于公司价值最大化。

假设公司的股价过高，正如之前所讨论的，公司经理人此时会发行更多的股票。更巧妙的是，斯坦指出，公司不必将新融到的资金投入任何实际上的新投资，而只需以现金或其他等价的资本市场证券的形式进行保存。当投资者过度乐观时就意味着，在他们看来公司有很多正的净现值（NPV）项目可以投资，而理性经理知道这些项目实际上并不会有正的 NPV，并且要避免从真正的公司价值来考虑这些项目。相反，如果经理人认为公司股票价值不合理地过低，他会在有利的低价时回购股票，但不停止真正的投资机会。简单地说，非理性投资者会影响证券发行的时间，但不会影响公司的投资计划。

我们一旦跳出这个简单的基准例子，就会出现投资者情绪影响投资的几条途径。首先，上述观点仅适用于非股权依赖型的公司，也就是那些有足够内部资金或借款能力而不需要股票市场为其小型投资进行融资的公司。

然而，对于股权依赖型的公司来说，投资者情绪尤其是过度悲观会扭曲投资：当投资者感到悲观时，这些公司可能不得不放弃一些具有吸引力的投资机会，因为如果通过被低估的股权来融资，其成本是很高的。这一想法引出了一个横截面预测，即相对于非股权依赖型的公司来说，股权依赖型的公司的投资决策可能对股票价格变动更为敏感。

除了股权依赖这一机制，投资者情绪也可以通过其他途径来扭曲投资。考虑这样一种情况，投资者对于公司的前景过度乐观。虽然管理者原则上只是关注最大化公司的真实价值，但是，如果管理者拒绝接受投资者认为有利可图的项目，投资者会使股价下降，他将面临被收购或被解雇的风险。[①]

即使经理人是理性的，这也不必然地说明他会选择最大化公司的真实价值。代理理论的文献指出，某些经理人可能会最大化其他目标——如他们公司的规模——作为提高自身声望的方式。这是另一个投资扭曲的路径：经理人会利用投资者的过度乐观作掩护，投资于负 NPV 的形象工程。

最后，如果经理人认为投资者掌握了一些他们尚未掌握的信息而关注投资者的意见，那么投资者情绪也会影响投资。经理人可能错将过度乐观当作有根据的乐观，并作出负 NPV 的投资。

实证研究的一个重要目标就是证明投资者情绪是否会影响投资，如果确实如此，又是通过何种渠道。早期的研究在投资扭曲方面的证明很少。从整体数据来看，布兰查德、雷和萨默斯（Blanchard, Rhee, and Summers, 1993）发现，价格变动显然与基本面的变动无关，对未来投资的预测力很弱：这种效应在统计上显著但在经济上较弱。他们选出两个特定的历史事件：20 世纪 20 年代股价的上升并没有引起与之相称的投资的上升，1987 年的股灾也没有明显地导致投资下降。默克、史莱佛和维什尼（Morck, Shleifer, and Vishny, 1990）与贝克和瓦格纳（Baker and Wurgler, 2002a）用公司层面的数据得到了相似的结论：在他们关于资本结构的研究中，他们发现，不仅那些过去具有高 B/M 比率的公司在其资本结构上有较多股本，而且他们筹集的股本金也只是增加了现金平衡，并不是为新投资融资。

最近，波尔克和萨皮恩扎（Polk and Sapienza, 2001）发现了投资

[①] 史莱佛和维什尼（Shleifer and Vishny, 2003）认为，在这种情况下，经理人感到被迫进行一些投资，最好的投资也许就是并购一家较少被高估的公司，也就是说，一家在长期更可能保值的公司。这一观察导致了一个关于收购浪潮的节俭理论，预测在价值高分散时，股票融资的并购会增加。

扭曲的更有力证据。他们把被价值高估的公司定义为具有高应收账款的公司，其中应收账款定义为收入减去实际现金流，以及定义为高净值股票发行的公司。公司有高应收账款很可能被高估，如果投资者不了解盈利是实际现金流的夸大。查恩等（Chan et al.，2001）证明这类公司的实际收益较低。价值被高估的公司也可以通过他们机会主义的股票发行来辨认，我们已经讨论了这些公司长期收益较低的证据。通过尽可能精准地控制实际投资机会，波尔克和萨皮恩扎发现，他们定义的高估值公司比其他公司投资得更多，说明投资者情绪确实会影响投资。

更进一步的证据来自贝克、斯坦和瓦格纳（Baker, Stein, and Wurgler，2003）横截面预测的检验，他们发现，依赖股权的公司比不依赖股权的公司对股价更敏感。他们根据低现金平衡来定义依赖股权的公司，并且发现这些公司对股票价格的投资敏感性是不依赖股权公司的3倍。因此，这个研究提供了最初的证据证明，至少某些公司的投资决策受投资者情绪的影响，这种影响是通过依赖股权渠道形成的。

1.8.2 红利

公司金融中一个重要的悬而未决的问题是：为什么公司支付红利？历史上，与资本收益相比，红利一般是以一个较高的税率水平来征税的。这就意味着，需要纳税的股东应该更加偏好公司回购股票，而不是支付红利；免税的股东在支付红利和回购股票之间没有明显的偏好差异。所以，回购股票应该是一个帕累托改进的行为。那么，为什么投资者会如此开心地接受以红利的形式来作为其大部分的收益呢？或者用行为金融的语言，为什么公司会框定部分收益作为给股东的明确的支付，并且这样做明显使部分股东受损却仍然这样做呢？

谢弗林和斯塔特曼（Shefrin and Statman，1984）对为什么投资者显示出对红利的偏好提出了一些行为方面的解释。他们的第一个观点建立在自我控制概念的基础上。很多人都显示出自我控制上的问题。一方面，我们并不希望自己放纵；但另一方面，我们又很快向诱惑投降。比如，今天我们告诫自己明天不要吃得过饱，然而，当明天到来时，我们又会吃太多东西。为解决自我控制问题，人们通常设定规则，如"只用丈夫的薪水，把妻子的薪水存起来"。另一个人们可能建立的来防止过度消费其财富的天然规则是："只消费红利收入，而不去触碰证券组合中的资产"。也就是说，人们偏好红利，因为这一简单的规则可以帮助投资者克服自我控制问题。

第二个红利的基本原理建立在心理核算的基础上：通过标出一个明确的红利支付，公司可以更好地帮助投资者区分收益和损失，从而增加他们的效用。为了证明这一点，考虑下面的例子。假设在一年中，公司股票的每股价格增加了 10 美元。一种选择方式是，公司可以选择不支付红利，将价值的增加部分以 10 美元资本增值的形式返还给投资者。另一种选择方式是，公司可以支付 2 美元红利，而剩下 8 美元作为资本增值。用前景理论的语言来讲，投资者会将第一个选择的效用编码为 $v(10)$。他们也会将第二个选择的效用编码为 $v(10)$，但公司明确的分隔行为可能会鼓励他们将其编码为 $v(2)+v(8)$。这样，因为在收益区效用函数是凹的，就产生了更高的感知效用。

这一巧妙的操作在损失的例子中也一样适用。在一年内股票价格每股下跌了 10 美元的公司，可以选择给投资者 10 美元的资本损失，也可以选择给投资者 12 美元的资本损失和 2 美元的红利收益。第一个选择的效用将会被编码为 $v(-10)$，第二个选择的效用则更有可能被编码为 $v(2)+v(-12)$，此时由于 v 函数在损失区域呈凸性，第二个选择将会产生更高的感知效用。

这些例子中效用增强的幻术是建立在投资者把全部收益或损失分隔为不同部分的基础上。谢弗林和斯塔特曼的关键发现就是，通过支付红利，公司使投资者更容易进行这种分类。

最后，谢弗林和斯塔特曼认为，通过支付红利，公司可以帮助投资者避免后悔。后悔是人们对自己未能采取某一行动以得到更好结果的遗憾。相比于遗漏上的错误，行动上的错误会显得后悔更强烈，其中一个是来自人们没有采取的行动，而另一个是来自人们已经采取的行动。

考虑一家没有支付红利的公司。为消费进行融资，投资者不得不卖出股票。如果接下来股票价值上升，投资者会感到巨大的后悔，因为这是一个行动上的错误：他容易想象，如果没有卖掉股票将会使他的境遇如何变好。而如果公司已经支付了红利，并且投资者能够用它来为消费融资，股价的上升就不会给投资者带来如此大的后悔，因为这时的错误主要是没有采取行动：为使境遇变好，投资人应将红利再投资。

谢弗林和斯塔特曼试图解释究竟为什么公司支付红利。另一个问题是，分发红利的公司如何决定红利的多少？在这一主题上最经典的是林特纳（Lintner, 1956）的论文。他的方法是建立在广泛的对美国各大公司主管的采访基础上的，在采访中他询问被调查者（通常是财务总监）公司是如何决定红利政策的。在这些访问的基础上，林特纳提出了一个我们现在所谓的行为模型。在他的模型中，公司会首先基于公平的观念设定一个目标红利支付率，也就是说，返还盈利的多大份额给股东是公平的。然后，当盈利增加红利支付率低于目标支付率时，公司会增加红利条件是公司可以确定未来不用被迫减少红利。

这个模型有几个行为的观点。第一，公司并不以公司价值或股东税后财富最大化为目的设定红利。第二，在设定红利支付率时用到了公平的观念。第三，红利增加和减少的非对称性被明确地考虑了。尽管现在较少数的公司决定开始支付红利，但是对于支付红利的公司，林特纳模型至今有效（Benartzi，Michaely，and Thaler，1997；Fama and French，2001）。

贝克和瓦格纳（Baker and Wurgler，2004）认为，红利政策的变化也反映投资者对支付红利公司和不支付红利公司的情绪变化。他们认为，对一些投资者来说，支付红利的公司和不支付红利的公司有很大的区别，他们会改变对这两类公司的情绪。例如，当投资者变得更为风险厌恶时，他们就会偏好支付红利的股票，基于认为这些公司风险更小的令人困惑的观点（著名的"在手之鸟"谬论）。如果管理者追求最大化短期价值（也许这与他们的薪酬相关），他们可能会改变红利政策来迎合投资者。

贝克和瓦格纳发现了一些证据来支持他们的理论。他们用支付与不支付红利公司的对数 B/M 比率之差作为相对投资者情绪的度量，他们发现，在一时间序列中，该度量一年的高值预测下一年将有更多的不支付红利的公司和新上市公司选择支付红利。其他对支付红利公司的情绪的度量也得到了类似的结论。

1.8.3 经理人非理性模型

到目前为止，我们讨论的模型解释了这样一些数据，即当理性经理人在面对部分投资者的非理性时的反应行为。下面我们讨论经理人行为的某些方面是部分经理人自身非理性的结果。

第二部分的大部分内容都是在思考理性参与人是否可以纠正由非理性交易者造成的偏离。类似地，在考虑非理性经理人模型之前，我们应当考虑理性参与人在何种程度上可以排除他们的影响。

考虑非理性经理人并不比考虑非理性投资者容易。很多公司确实有解决代理问题和保证经理人专注于最大化公司价值的机制：例如，给予他股票期权或使他承担负债。问题在于，这些机制对于非理性经理人的作用并不大。这些经理人会认为他们确实是在最大化公司价值，虽然事实并非如此。因为他们认为他们已经做了正确的事，股票期权或负债并不能改变他们的行为。

在关于经理人非理性的著名论文中,罗尔(Roll,1986)认为,很多收购行为都发生在经济中没有正收益的收购机会但经理人过度自信时,他将这一理论称为"自大假说"。当经理人考虑收购另一家公司时,他们会对目标公司进行价值分析,并将协同效应考虑在内。如果经理人对他们分析的准确性过度自信,他们会过快地出价,往往此时他们的出价超过目标公司的市场价格。就像个人投资者的过度自信会导致过度交易,经理人的过度自信也会导致过度收购。

自大假说的主要预测是,虽然有大量的收购行为,但收购公司与目标公司的总的合并收益将为零;如果有收购公告,目标公司的价格将上升,收购公司的价值将同等下降。罗尔检验了可得的证据并得出结论:不可能拒绝上述预测。

希顿(Heaton,2002)分析了管理者高估公司未来业绩变好的可能性的管理者乐观主义的后果。他指出这能解释资本结构的融资优序规则:因为经理人相对于资本市场是乐观主义的,他们相信他们公司的股价被低估了,因此不愿意发行股票,除非他们已经用尽内生资金或债务市场。经理人的乐观主义也能解释投资与现金流的高度相关性之谜:当现金流低时,经理人不愿通过外部市场融资,这意味着他们放弃了一个极其大的项目,同时减少了投资。

马尔门迪尔和泰特(Malmendier and Tate,2001)通过调查公司中是否有过度乐观的 CEO 对现金流表现得非常投资敏感,测试了希顿模型。他们通过检验 CEO 们在何时对其股票期权行权来查明他们过度乐观的程度;如果持有期权的时间长于标准模型计算出的最优行权期的 CEO,被视为对他们股票的未来价格有过度乐观的预测。马尔门迪尔和泰特发现这些 CEO 所在公司的投资的确比其他公司对现金流更为敏感。[①]

1.9 结 论

行为金融正式产生于 20 世纪 80 年代,是一片新的沃土。我们所讨

---

① 另一篇可归为管理人非理性的论文是洛克伦和里特(Loughran and Ritter,2002)的关于为什么经理人发行股票时将大量财富"留于桌上"的解释,由 IPO 在首交易日的高平均收益所证实。作者指出,首日表现突出的 IPO,价格通常远高于其账面价值,使经理人得到了巨额的收益。对此的一个解释是,经理人已经享受到了意外收获,因此不太在乎对他们本来可以更富有。

论的很多问题都是在近 10 年内完成的。我们身在何处？很多前沿问题都有着巨大的进展。

明显异象的实证研究。 当德邦特和泰勒（DeBondt and Thaler, 1985）的论文发表时，很多学者认为对他们的研究发现的最好解释是编程错误。自此之后，他们的结果就被赞同和不赞同他们观点的学者不断引用。从这个角度来说，我们认为，很多实证结果已经得到了广泛共识，虽然对这些事实的理解仍在争论中。这是一种进步。如果我们都同意行星绕着太阳转，我们就能专注于探究为什么如此。

套利限制。 12 年前，很多金融经济学家认为在套利的作用下，有效市场假说是正确的。现在我们知道，这是幼稚的观点，套利限制允许存在明显的定价错误。现在众所周知的是，缺乏获利的投资策略并不意味着市场中没有定价错误。即使价格已明显错误，获利机会也可能依然不存在。

理解有限理性。 十分感谢丹尼尔·卡尼曼（Daniel Kahneman）和阿莫斯·特韦尔斯基（Amos Tversky）等认知心理学家的工作，我们现在可以列出一长串归纳人们如何形成预期和作出选择的有力证据。在记录这些过程的正式模型方面也有进步，最突出的便是前景理论。经济学家曾认为行为要么是理性的，要么不能被规范化。现在我们知道，有限理性模型能比理性模型更准确地描述行为。

建立行为金融理论。 在过去几年中，出现了大量的理论文献对有着非完全理性参与人的金融市场进行建模。这些文献从信念形成过程或决策作出过程来放宽个人理性的假设。和上述心理学家的工作一样，这些文献是现存的重要证据，表明把资产定价和人类行为的显著方面结合在一起思考是可能的。

投资者行为。 现在我们已经开始了一项重要工作，即尝试着去记录和理解投资者（业余者和专业者）如何选择他们的投资组合。直到最近，在金融经济学家的研究清单里还是明显地缺乏这方面的研究。

在短期内我们便有了这么多成果，但相对于漫漫长路，我们才刚刚开始。我们知道这个领域的未来发展是深不可预测的，作出预测总会存在风险，但我们仍想冒这个险来预测未来会如何发展。

首先，我们总结的很多工作都有局限性。模型一般能捕捉到某种事实，如有关投资者信念，或者他们的偏好，或者套利限制，但无法同时包含三个。这个评论对很多经济学上的研究都适用，也暗示着这样一个事实，即研究也是有限理性的。正如已经作出的进步，我们希望理论家们能将多种行为同时放入他们的模型中。

或许一个例子能表明这一观点。实证研究不断证明,小盘股和中盘股比大盘股更容易产生定价错误异象。看起来这个发现反映了套利限制:小盘股的交易成本更高,导致很多套利者对其不感兴趣。虽然这一观察很明显,但目前还没有正式的模型。我们希望在未来,套利限制与认知偏误之间的相互作用能成为研究的重点方向。

其次,也有一些与行为解释明显不一致的实证证据。批评者认为这是行为金融的弱点。有时认为,1.3节列示的大量认知偏误给了行为模型过多的自由度,使得行为模型可以解释任何现象。我们承认确实有很大的自由度,但请注意,理性模型也有很多选择余地。正如阿罗(Arrow,1986)强有力地认为,理性本身不会预测。理性模型中的预测往往来自附加条件。

只有一种科学方法可以比较可供选择的两个理论(行为或理性理论),那就是实证检验。一种检验就是寻求理论作出的新颖预测。例如,李、史莱佛和泰勒(Lee, Shleifer, and Thaler, 1991)检验了他们的模型预测,即小公司收益与封闭式基金折价相关。而洪、利姆和斯坦(Hong, Lim, and Stein, 2000)检验了洪和斯坦(Hong and Stein, 1999)模型的含义,即分析师覆盖少的股票动量效应更强。

另一种检验是寻找参与人确实按模型行动的证据。奥丁(Odean, 1998)以及吉尼索夫和迈耶(Genesove and Mayer, 2001)用真实市场行为对意向效应进行的考察就属于这种。布卢姆菲尔德和黑尔斯(Bloomfield and Hales, 2002)对巴贝尔斯、史莱佛和维什尼(Barberis, Shleifer, and Vishny, 1998)的行为理论进行了实验检验。当然,这种检验并不是无懈可击的,但我们还是应当对实证上无法证明的基于行为的理论持怀疑态度。因为行为理论是基于行为的现实假设,我们希望行为金融研究者能继续对其假设进行经验上的仔细观察。我们希望理性理论的作者们也这样做。[①]

我们预测,直接检验经济模型的假设会有两个结果。第一,我们会

[①] 在经济学中,直接检验模型假设的合理性并不常见,这可能由于米尔顿·弗里德曼有影响力的观点,他认为,应该基于模型预测的正确性而不是假设的正确性来评价理论。不论如何,这听起来都是科学的实践,我们注意到过去20年中出现的很多争论都是出于实证与理论的不符,所以这也许是关注假设合理性的好机会。如果理论家认为 X 能被行为 Y 解释,那么,谨慎的做法应该是检验人们是否真的会做 Y。

发现包括理性和行为理论在内的目前大多数理论都是错的。第二，将有大量更好的理论会出现。

附录 A

在以式（3）～式（6）表示的经济体中，存在一个均衡，其中的无风险利率是不变的，且

$$R_f = \frac{1}{\rho} \exp\left[\gamma g_C - \frac{1}{2}\gamma^2 \sigma_C^2\right] \tag{18}$$

其中的价格/红利比率为恒定的 f，且满足

$$1 = \rho \frac{1+f}{f} \exp\left[g_D - \gamma g_C + \frac{1}{2}(\sigma_D^2 + \gamma^2 \sigma_C^2 - 2\gamma \sigma_C \sigma_D \omega)\right] \tag{19}$$

因此，在这个均衡中，收益为

$$R_{t+1} = \frac{D_{t+1} + P_{t+1}}{P_t} = \frac{1 + P_{t+1}/D_{t+1}}{P_t/D_t} \cdot \frac{D_{t+1}}{D_t}$$

$$= \frac{1+f}{f} \exp[g_D + \sigma_D \varepsilon_{t+1}] \tag{20}$$

为说明这一点，我们从最优化的欧拉公式开始，由常规扰动参数（usual perturbation arguments）可得：

$$1 = \rho R_f E_t\left[\left(\frac{C_{t+1}}{C_t}\right)^{-\gamma}\right] \tag{21}$$

$$1 = \rho E_t\left[R_{t+1}\left(\frac{C_{t+1}}{C_t}\right)^{-\gamma}\right] \tag{22}$$

计算式（21）中的期望得到式（18）。我们推测，在这个经济体中，存在一个使价格/红利比率恒定为 f 的均衡，使得收益由式（20）给定。将其代入式（22）中并计算期望，如所需，得到式（19）。若给定参数值，P/D 比率和收益的定量结论就非常容易计算。

第一部分

套利限制

第2章 套利限制[①]

安德瑞·史莱佛（Andrei Shleifer）和
罗伯特·W·维什尼（Robert W. Vishny）

    金融学的一个基本概念是套利，其定义是："在两个不同的市场，交易者利用价格差异，同时买入和卖出相同的或者本质相似的证券"（Sharpe and Alexander，1990）。从理论上说，这种套利既不需要资本，也不用承担风险。当套利者以较低的价格买入证券，同时以较高的价格卖出相同或者相似的证券，就会预先得到收益，而且他未来的现金流的净值肯定为零。套利机制在证券市场的分析中扮演了重要角色，这是因为该机制可使得证券价格与其基本面价值相一致，从而保证了市场的有效性。因此，研究其理论与现实是否相符变得尤为重要。本文认为，教材描述未能反映真实的套利交易，而且，如果套利者管理的是他人的资金，这种差异就变得尤为重要。

    在现实中，即使是最简单的套利交易也比教材中定义的复杂得多。考虑一个有两份 Bund futures 合约的简单例子，其在时间 T 以德国国债面值进行交割，即 250 000 马克。其中一份在伦敦国际金融期货期权交易所（LIFFE）交易，另一份在法兰克福德国期货交易所（DTB）交易。尽管不合实际，我们暂时假设这两份合约是完全相同的。并假设最后在时间 t，第一份合约价格为 240 000 马克，第二份合约价格为 245 000马克。套利者在这种情况下会在法兰克福卖出一份期货合约，同时在伦敦买入一份期货合约，这样在 T 时他正好完全对冲。为了这样做，在 t

---

[①] Nancy Zimmerman 和 Gabe Sunshine 已经帮助我们理解了套利。我们还要感谢 Yacine Aït Sahalia, Douglas Diamond, Oliver Hart, Steve Kaplan, Raghu Rajan, Jésus SaaRequejo, Luigi Zingales, Jeff Zwiebel, 特别是 Matthew Ellman, Gustavo Nombela, René Stulz 和《金融学杂志》匿名评审人有益的评论。

时，他需要交纳一定量的保证金，即在伦敦为 3 000 马克，在法兰克福为 3 500 马克，从而产生 6 500 马克的现金流出净额。然而，在交易时，他并不能获得 5 000 马克的合约差价。假如在时间 t 后，由于市场重新变得有效，两份合约的价格都变为242 500马克。在这种情况下，套利者将立即从每笔交易中得到 2 500 马克，同时他的交易对手将损失相同的金额。这样，这位套利者就可以平仓并拿回保证金。在这个与教材相近的例子中，这位套利者只需要 6 500 马克资本就可以在时间 t 和 T 之间的某个时点获利。

即使在这个最简单的例子中，套利者也不会如此幸运。假如在时间 t 后不久，法兰克福的期货合约价格升至 250 000 马克，伦敦价格保持 240 000马克不变，两地价格差异进一步拉大。此时，在法兰克福的这笔交易中套利者必须向对手支付5 000马克。即使最终两份合约价格相同，套利者可以获利，但在短期内他会遭受损失并且需要更多的资金。无本套利模型（model of capital-free arbitrage）不能简单地适用。如果套利者财力雄厚，足以支付这一笔资金，他还是有可能保证获利的。但如果他没有足够的资金，他可能会将资金耗尽，并在遭受损失时被强行清仓。

在现实中，由于两种 Bund 合约在交易时间、结算日期和交割条款等方面有某些程度的不同，情况将更复杂。很有可能出现这样的情况，即套利者需要资金买入债券，以便其可以在 T 时刻在法兰克福进行交割。另外，如果价格波动迅速，在交割时，他收到的债券和支付的债券价格会不同，这将增加他遭受损失的风险。即使这个最简单的交易也将变成所谓的风险套利（risk arbitrage）。在风险套利中，套利者并不能保证一定获利，而且需要大量资金来完成交易和弥补损失。从这个意义上说，现实中大部分债券和股票市场中的套利交易都是风险套利的例子。这种套利并不像教科书上的模型，它们是有风险且需要资本的。

分析这个问题的一种方法是假设有一个存在众多小型套利者的市场，针对众多市场中的错误定价，每个套利者只持有极小的份额。因为他们的份额非常小，不受资本约束的限制，套利者对每笔交易实际上都是风险中性的。然而，他们的共同行为将导致价格趋向基本面价值。这在本质上就是法马（Fama, 1965）有效市场理论的经典分析以及资本资产定价模型（Sharpe, 1964）和套利定价理论（Ross, 1976）所隐含的套利模型。

这种方法的问题在于，这些众多的小投资者并不是典型的有能力和信息去参与套利的投资者。更普遍地，套利是由相对少数的、职业的、高专业化的投资者操纵的，他们将他们的知识和外部投资者的资本结合起来，进行大规模的投资。这种套利的基本特征是头脑与资本被代理关系分离。资本来自富人、银行、慈善基金和其他对个别市场了解有限的投资者，而投资则是由掌握这些市场的高度专业化知识的套利者进行。在这一章，我们将检验这种套利及其对市场有效性的影响。

特别地，套利（不论其最终是否有风险）在通常情况下是需要资本的，这一事实的含义在有代理的情况下变得极其重要。在没有代理问题的模型中，当价格偏离基本面价值的程度增加时，套利者通常表现得更加激进（详见 Grossman and Miller，1988；De Long et al.，1990；Campbell and Kyle，1993）。在上面同盟期货的例子中，一般来讲，如果伦敦和法兰克福的合约价差增大，那么只要有足够的资本，套利者将增加他的头寸。然而，如果套利者管理的是别人的资金，且那些人并不确切地知道或理解他在做什么，他们只看到面对伦敦和法兰克福的期货价格不同时，套利者亏损了。因此他们可能会通过这个损失推断认为这个套利者并不像他们先前认为的那样有能力，于是拒绝投入更多的资金，甚至赎回部分资金——尽管这笔交易的期望收益已经上升。

我们把这种根据过去收益对被管理的基金作出反应的现象称为业绩导向型套利（performance-based arbitrage）。与套利者用自己的资金时根据交易的期望收益来分配资金不同，投资者会根据套利者的历史收益来理性地分配资金。当定价错误增大，套利者需要更多的资金来利用这个好机会时，他们会受到资本的严重约束。并且，对资本约束的恐惧将导致套利者们在最初交易时就变得更为谨慎，因此其对市场效率的改进也将大打折扣。本文认为套利的这一特点会显著地限制其在实现市场有效性方面的作用。

我们认为，在极端情况下，即价格显著偏离且套利者投入全部资本时，业绩导向型套利会变得极其无效。在这种情况下，套利者可能会在市场最需要他们参与的时候退出。因而，业绩导向型套利甚至比无效率市场的早期模型，如格罗斯曼和米勒（Grossman and Miller，1988）、德隆等（De Long et al.，1990）与坎贝尔和凯尔（Campbell and Kyle，1993）所描述的套利受到更多的限制。

显然，对委托投资组合管理的影响的研究并不是由我们开始的。这一领域中较早的文章包括 Allen（1990），Bhattacharya（1985）和 Pfeiderer（1985）。沙夫斯坦和斯坦（Scharfstein and Stein，1990）通过根据激励合约操作的基金经理建立了羊群效应模型。兰科尼肖克、史莱佛、泰勒和维什尼（Lakonishok，Shleifer，Thaler，and Vishny，1991）与希瓦利埃和埃利森（Chevalier and Ellison，1995）考虑了基金经理"粉饰"（window dress）他们的投资组合以吸引投资者的可能。在最近两篇有趣的文章中，艾伦和戈顿（Allen and Gorton，1993）与道和戈顿（Dow and Gorton，1994）指出了基金经理是如何搅乱资产来误导投资者的，以及这种搅乱如何使无效率的资产价格延续。与这一研究不同，相对于套利者在引导价格回归基本面价值上的有限影响而言，本文并没有将注意力过多地放在套利者行为的扭曲上。

文章的下一部分内容给出了一个阐述套利机制的简单模型。为简化起见，尽管在交易中没有长期的基本面风险，我们的模型仍关注在短期错误定价将加剧的情况。这样我们关注的是一个与纯理论套利非常接近的例子，这一点与风险套利不同。第二部分建立了本文的主要结论，包括出现价格严重偏离基本面价值这种极端情况时，我们关于套利效力的结论。第三部分对业绩导向型套利假设做了更详细的论述。在第四部分，我们检验了模型的实证应用。特别地，我们把模型的逻辑扩展到更现实的风险套利的情况下，而不只是文中的纯理论套利的情况。首先，我们提出在我们预期风险套利因素将会集中的市场，其特征是什么。然后，我们更为综合地分析收益预测和定价异象。第五部分是总结。

2.1 有限套利的代理模型

该模型沿用了史莱佛和维什尼（Shleifer and Vishny，1990）的结构。我们讨论某一特定资产的市场，在这个市场上我们假设有三种参与者：噪音交易者、套利者和不亲自进行交易的套利基金投资者。套利者只专门从事这一市场上的交易，而投资者们则会把资金在这个市场和其他市场的套利者之间进行分配。资产的基本价值为V，假设套利者知道该基本价值但其投资者并不知道。考察期间分为三个时期：1、2、3。在第3期，套利者和噪音交易者都知道价值V，因此资产的市场价格等于基本价值。因为当$t=3$时，市场价格等于V是确定的，所以该交易中没有长期的基本面风险（这不是风险套利）。当$t=1,2$时，t期的资产价格为P_t。具体来说，我们只考虑悲观的噪音交易者。在第1期和第2期，噪音交易者在整体上会遭受由他们自己产生的悲观的冲击S_t，这样，他们对资产的需求量为：

$$QN(t)=[V-S_t]/p_t \tag{1}$$

在 $t=1$ 时，对套利者而言，第 1 期的噪音交易者冲击 S_1 是已知的，但第 2 期的噪音交易者冲击却无法确定。特别地，可能存在 $S_2>S_1$，也就是说，噪声交易者的错误估计，在第 3 期得到修正之前，可能会进一步恶化。德隆等（De Long et al.，1990）强调了这种噪音交易者风险对套利分析的重要性。

套利者及其投资者都是完全理性的。风险中性的套利者对噪音交易者造成的错误定价进行套利交易。在每期，套利者管理的可供利用的累积资源（cumulative resources）（包括其借款能力）F_t 是有限的。我们将在下面对此进行解释。我们假定 F_1 是外生给定的，F_2 是如何决定的？见下面的分析。

当 $t=2$ 时，资产价格可能回到 V，也可能不回到 V。如果回到 V，那么套利者持有现金。如果噪音交易者继续存在错误判断，则套利者会把所有的 F_2 都投资于该被低估的资产，因为可以确定在 $t=3$ 时资产的价格会上升到 V。这样，套利者对该资产的需求量为 $\mathrm{QA}(2)=F_2/p_2$，又由于对资产的总需求必定等于单位供给，因此资产的价格为：

$$p_2=V-S_2+F_2 \tag{2}$$

我们假设 $F_2<S_2$，这样，除非噪音交易者的错误判断得到修正，否则可供套利的资源就不足以使第 2 期的价格回归到基本价值。

在第 1 期，套利者不需要将所有的资源 F_1 投资于该资产。他们可以持有一些现金。这样，如果在 $t=2$ 时该资产价格被进一步低估，那么他们就可以更多地投资于该资产。相应地，我们把套利者在第 1 期投资于该资产的投资数量记为 D_1。在本例中，有 $\mathrm{QA}(1)=D_1/p_1$，而且：

$$p_1=V-S_1+D_1 \tag{3}$$

我们同样假设，$F_1<S_1$，即可供套利的资源不足以使资产的价格完全回归到基本价值。

为完成对该模型的描述，我们需要研究套利行业的组织结构以及套利者与投资者之间的关系，这将决定 F_2。我们考虑的是有专业技能的套利者在狭窄市场单元中的行为。这里的"单元"应当解释为一种特定的套利策略。我们假设有很多这样的单元，且在每一单元里又有大量的套利者，因此没有任何一个套利者可以影响这一单元的资产价格。为简化起见，我们假设有 T 个投资者，每个投资者有可以投资于套利者的 1 美元。我们考虑在特定单元中，投资于套利者的累积的资源数量大大小

于 T 的情况，即 $F_2 \ll T$。

套利者之间的价格竞争在于他们收取的服务费用。为简化起见，我们假设每投资1美元的边际成本是固定的，那么所有单元中的所有套利者有相同的边际成本。我们同样假设每个套利者至少有一个可以完全替代的竞争者，所以伯特兰竞争（Bertrand competition）会使得价格等于边际成本。T 个风险中性的投资都在分配他的1美元，以使预期的消费者剩余实现最大化。这里的消费者剩余是指其资金预期收益与套利者收取的费用之间的差价。投资者都是贝叶斯（Bayesians）理性的，他们对每个套利者的预期收益都有一个事先估计。因为套利者的服务价格相等，所以投资者根据自己的估计把钱投资给他们认为预期收益最高的套利者。不同的投资者对不同的套利者的能力有不同的判断，所以没有某个套利者可以获得所有的资金。每个套利者的市场份额就是认为他的预期收益最高的投资者的数量的总和。每个单元获得资金的总和就是该单元中所有套利者的市场份额的总和。另外，假设众多单元中的套利者平均而言能够获得足够高的收益，以使投资者对他们而不是对市场指数进行投资。①

剩下的关键问题就是，投资者如何更新他们对套利者未来预期收益的估计？假设投资者不知道决定资产价格的模型结构。他们也不知道套利者的交易策略。这个假设是说套利策略是非常难懂的，投资者需要很多的专业知识才能评价这些策略。这部分地是因为套利者不愿与投资者分享所有专业知识，并且为了保护他们的知识不被模仿而保密。即使投资者被告知了更多的套利者的行为，他们也难以辨认信息的真伪。我们隐含的假定是，基本结构模型是相当不稳定的和多维的，投资者不可能通过历史收益数据推算出模型的基本结构。因此，他们只能使用简单的、以过去业绩为导向的更新规则。具体来说，我们假设投资者只有根据事先的和被观察到的套利交易的收益来形成对套利者未来收益的事后估计。

在上述假定下，在某给定期间内，表现相对较差的套利者会失去市场份额，而较好的套利者会得到这些份额。另外，由于所有的套利者在给定的单元中都进行相同的操作，因而他们可能同时得到或失去投资者，这取决于他们套利交易的业绩表现。具体而言，投资者在第2期的某特定单元中向套利者提供资金的总供给是套利者在第1期和第2期间总收益的增函数（称为基于业绩的套利，或 PBA）。定义该函数为 G，

---

① 详见兰科尼肖克、史莱佛和维什尼（Lakonishok, Shleifer, and Vishny, 1992）关于资金管理行业代理问题的描述。

且给定资产收益为 p_2/p_1，在第 2 期套利者的资金供给为：

$$F_2 = F_1 \times G\{(D_1/F_1) \times (p_2/p_1) + (F_1 - D_1)/F_1\}$$
其中 $G(1)=1$，$G' \geqslant 1$，$G'' \leqslant 0$ \hfill (4)

如果套利者的表现和某个基准同样好，那么他们既不会失去也不会获得更多的管理中的资金。为简单起见，我们假定这个基准为零收益，而且这个基准是由其他市场中的套利者的业绩决定的。如果他们的表现优于（差于）该基准，他们将得到（失去）资金。因为投资者信息极其缺乏，套利者的历史表现完全决定了他们能得到资金的多少，而与他们在市场中实际面临的机会无关。

套利者管理的资金对历史业绩的敏感度（以 G' 度量）是信号提取问题的解，投资者会把套利者的糟糕业绩归咎于以下三种原因之一：(1) 随机性错误；(2) 噪音交易者心态的恶化（运气不佳）；(3) 能力不足。一方面，套利者之间较大的能力差异会增加投资的资金对过去业绩的敏感度。另一方面，如果噪音交易者心态的差异比能力差异（不能被观察到的）高，那么就会降低资金对过去业绩的敏感度。在极端条件下，如果套利者的能力已知或所有套利者的能力相同，那么糟糕的业绩就只能归因于噪音交易者心态的进一步恶化（或纯噪音项），这只会增加投资者对套利者的未来收益的预期。在噪音交易者情绪恶化后（也就是套利者的预期收益比较大时），投资者从套利者那里撤回资金的行为看起来有悖于常理，却是试图从历史收益中联合推断出套利者（不能被观察到的）能力和未来投资机会的理性反应。

因为我们的结果不依赖于 G 函数的凹性，我们考虑一个线性的 G 函数：

$$G(x) = ax + 1 - a, \text{ 其中 } a \geqslant 1 \hfill (5)$$

这里 x 为套利者的总收益。将式 (5) 代入式 (4)，得：

$$F_2 = a\{D_1 \times (p_2/p_1) + (F_1 - D_1)\} + (1-a)F_1$$
$$= F_1 - aD_1(1 - p_2/p_1) \hfill (6)$$

在这个函数形式下，如果 $p_2 = p_1$，即套利者获得的净收益为零，他所管理的资金既不会增加也不会减少。如果 $p_2 > p_1$，他获得资金，如果 $p_2 < p_1$，他失去资金。同时我们注意到，a 越大，管理的资金对历史业绩的敏感性越强。当 $a=1$ 时，在套利者损失后，他不会得到新的资金；当 $a>1$ 时，差的业绩会使投资者将资金撤回。

理论上，我们能想象出更复杂的激励合同，在这样的合同中，套利者可以通过显示他们的能力或者投资机会，而不仅仅是过去的业绩来获得资金。例如，如果套利者认为他们具有较好的投资机会，他们会与投资者签订这样的合约，套利者只收取低于边际成本的固定价格，而在此之上的共同部分由套利者和投资者共同分享。也就是说，如果在特定的时间，套利者认为他们会以较高的概率获取极高的收益（例如假设发生在我们模型的 $t=2$ 时），他们可以通过为投资者未来的损失提供部分保险的方式来吸引投资者。在我们的模型中不考虑这样的"分离"合约，因为在可能的情况下，它们在均衡时不会存在。第一，由于能力的有限性或风险回避的特征，在错误定价进一步恶化的情况下，套利者并不愿意也没有能力通过对投资者的损失进行保险或定价低于边际成本来保持（或增加）其管理的资金。第二，当风险回避的套利者对他们本身创造超额收益的能力都不确定时，这种合约将更缺乏吸引力。我们可以通过在第三期收益中加入噪音因素的方法使模型变得更加现实。总之，在可能的情况下，激励合约并不能消除历史业绩对套利者市场份额的影响。① 在实证上，大多数养老金和共同基金行业中的基金管理者都按所管理资产总额的一定比例来收取费用，很少收取增值提成。② 例如，正如伊波利托（Ippolito，1992）和沃瑟（Warther，1995）所论述的，当共同基金经理业绩表现差时，他将失去资金。有趣的是，沃瑟（Warther，1995）也指出，共同基金资金的流入与流出会影响这些基金所持证券的同期收益，这与下文的结果一致。

在我们的模型中，PBA 是非常重要的。在传统的套利理论中，套利者是根据他们的交易的预期收益来获得资金的。相反，在 PBA 中，套利者是根据过去的收益来获得资金的。在这个模型中，当预期收益较高时，过去的收益一般比较低。这时，套利者会面临资金被撤回的风险，在修正错误定价方面不是十分有效。通过资本分配割断错误定价程

---

① 我们的研究助手、哈佛大学的马修·埃尔曼（Matthew Ellman）建立了一个模型，允许套利者提供高权重的激励合同，但还是无法让拥有更好的投资机会的套利者将自身分离出来。这一结果是由两个因素产生的：第一，有限责任更可能是向模仿者征税，这妨碍了合同通过对不良业绩的严重惩罚来阻止模仿者；第二，更优秀的套利者对他们时间的利用上有更具价值的选择，这使得通过仅为成功支付来阻止模仿者变得困难，因为合同必然要满足更优秀的套利者个体理性的约束，而模仿者仍能通过侥幸去弥补其较低的机会成本而赚取足够的钱。

② 在对冲基金经理的收入中确实会有很大一笔是激励部分，但我们并不清楚能否通过增加激励和降低费用来避免基金的撤资。

度越高预期收益就越高这一联系,就得到了我们的主要结论。

为完成模型,我们需要建立套利者最优化问题。简单地,我们假设套利者最大化第 3 期的期望利润。因为套利者都是投资服务市场的价格接受者而且边际成本固定,最大化第 3 期的期望利润等价于最大化第 3 期所能管理的资金量。具体来说,我们考虑 S_2 的不确定性的具体形式。我们假设以 q 的概率,有 $S_2 = S > S1$,即噪音交易者的错误判断进一步恶化。以 $1-q$ 的概率,噪音交易者在 $t=2$ 时期知道资产的真实价格,即 $S_2 = 0$ 且 $p_2 = V$。

当 $S_2 = 0$ 时,套利者在第 2 期全部清仓并获得收益,持有现金直到第 3 期。在这种情况下,$W = a(D_1 \times V/p_1 + F_1 - D_1) + (1-a)F_1$。相反,当 $S_2 = S$ 时,套利者的第 3 期资金量为 $W = (V/p_2) \times [a(D_1 \times p_2/p_1 + F_1 - D_1) + (1-a)F_1]$。那么套利者会最大化下式:

$$EW = (1-q)\left\{a\left(\frac{D_1 \times V}{p_1} + F_1 - D_1\right) + (1-a)F_1\right\} + q\left(\frac{V}{p_2}\right) \\ \times \left\{a\left(\frac{D_1 \times p_2}{p_1} + F_1 - D_1\right) + (1-a)F_1\right\} \tag{7}$$

2.2 基于业绩的套利和市场有效性

在分析模型中的价格模式之前,我们来设定一些基准。第一个基准是有效市场,在有效市场中,套利者可以得到他们想要的所有资本。这样,由于噪音交易者的冲击会立即被套利者消除,有 $p_1 = p_2 = V$。另一个基准是,虽然套利者的资源是有限的,但基于业绩的套利(PBA)是不可操作的,即套利者可以一直提高 F_1。即使他们失去资金,他们仍然可以重新获得资金,直到 F_1。这样,有 $p_1 = V - S_1 + F_1$,$p_2 = V - S + F_1$。在每一期,价格随着噪音交易者的冲击一比一地下降。这种情况与早期的有限套利的模型非常接近。在这个模型中还有最后一个有趣的基准,即当 $a=1$ 时的情况。这时套利者不能重新获得他们失去的资金,但是在损失之上,他们也不会遭受资金被撤回的危险。我们将在下文回到这个特殊的情况。

套利者最优化问题的一阶条件是:

$$(1-q)\left(\frac{V}{p_1} - 1\right) + q\left(\frac{p_2}{p_1} - 1\right)\frac{V}{p_2} \geq 0 \tag{8}$$

当且仅当 $D_1 = F_1$ 时，上式为严格不等式；当 $D_1 < F_1$ 时，上式为等式。式（8）的第一项表示，如果价格在第 2 期回归到真实价值，额外一美元的投资带给套利者的额外收益。第二项表示，在第 3 期回归到真实价值之前，如果价格在第 2 期继续下降，套利者遭受的额外损失，这样，套利者就已经失去了追加投资的可能。一方面，如果第 2 期价格恶化的风险足够大，而且这种恶化足够严重，那么，为了第 2 期可以进行更多的投资，套利者会保留一部分资金。这时，式（8）为严格等式。另一方面，如果 q 较小，p_1 相对 V 较小（S_1 较大），p_2 相对 p_1 不是非常小（S 相对于 S_1 不是非常大），那么式（8）为严格的不等式。也就是说，最初的错误配置必须非常大，那么，价格将会以很高的概率回归到真实价值，而不是继续下降。即使价格确实下降，也不会下降得太多。在这种情况下，套利者会选择在第 1 期投入所有的资源而不是为第 2 期保留一些资源。我们把这种在第 1 期时错误定价非常严重，套利者选择投入全部资本的情况称为"极端情况"，下面我们会更深入地分析。

这个讨论可以更正式地总结为：

命题 1：对于给定的 V，S_1，S，F_1 和 a，存在 q^*，使得：对于 $q > q^*$，有 $D_1 < F_1$；对于 $q < q^*$，有 $D_1 = F_1$。

若式（8）为等式，则由式（2）、（3）、（6）和（8）可以得到均衡结果。若式（8）为不等式，则 $D_1 = F_1$，$p_1 = V - S_1 + F_1$，和式（2）、（6）可以得到均衡结果。为了说明两种均衡都是可行的，考虑下面的一个具体数字的例子：$V = 1$，$F_1 = 0.2$，$a = 1.2$，$S_1 = 0.3$，$S_2 = 0.4$。在这个例子中，$q^* = 0.35$。一方面，如果 $q < 0.35$，那么套利者将投入全部资本，且 $D_1 = F_1 = 0.2$，所以第 1 期的价格为 0.9。在这种情况下，无论 q 的具体取值是多少，当噪音交易者的心态进一步恶化时，我们有 $F_2 = 0.1636$，$p_2 = 0.7636$；当噪音交易者的心态得到纠正时，$F_2 = 0.227$，$p_2 = V = 1$。另一方面，如果 $q > 0.35$，则套利者在第一期会保留一些资金，与全部投资时相比，p_1 会小一些。例如，如果 $q = 0.5$，那么 $D_1 = 0.1743$，$p_1 = 0.8743$（套利者在第 1 期比较保守）。如果噪音交易者的心态进一步恶化时，有 $F_2 = 0.1766$，$p_2 = 0.7766$（套利者保留更多的资金以供第 2 期投资）；当噪音交易者的心态得到纠正时，有 $F_2 = 0.23$，价格回到 $V = 1$。这个例子说明，在我们的模型中，内解和角解的内部均衡都是可能实现的。实际上，对于大部分参数来说，这两种情况都有可能发生。

在这个简单的模型中，我们得出，冲击越大，价格偏离基本价值越大。①

命题 2：在角解（$D_1=F_1$）时，有 $dp_1/dS_1<0$，$dp_2/dS<0$ 和 $dp_1/dS=0$；在内解时，有 $dp_1/dS_1<0$，$dp_2/dS<0$ 和 $dp_1/dS<0$。

这一命题和其他噪音交易者模型一样，符合人们简单的直觉：套利者承受错误定价的能力是有限的，噪音交易者冲击越大，定价越无效。进一步地，在内解时，套利者在第 1 期会持有比较多的现金，以对抗第 2 期错误定价的恶化，这样，价格在第 1 期会降低很多。因此，在第 2 期套利者会有比较多的资金来对抗错误定价。

一个更有趣的问题是，价格作为参数 a 的函数是如何变动的？具体来说，我们需要考察当 PBA 增强（a 变大）时，市场是否会变得更加无效。不幸的是，我们不能得到事前市场有效性（ex ante market efficiency）（以波动性衡量）随 a 变化的一般性推论。第 1 期和第 2 期与 a 相关的价格对于噪音交易者冲击的分布非常敏感。

在我们当前的模型中，不论套利者的行为如何，价格也会在第 3 期时回归到基本价值。同样，第 2 期的噪音或消失或增加，并不会调整向基本价值回归的路径。在这种情况下，我们发现，比较大的 a 值会导致市场无效。随着 a 值的增加，当噪音交易者的冲击增加时，在均衡状态下可得到相同或较小的 p_1（如果套利者在第 1 期保留投资）及严格较小的 p_2。特别地，相比没有 PBA 的有限套利（$a=0$）来说，有 PBA 的套利（$a>0$）会导致价格更加无效。

如果我们修改模型，并允许价格可以向基本价值进行缓慢的调整，那么，在噪音交易者冲击得到部分的纠正后，通过给套利者更多的资金，比较大的 a 值会使得价格调整得更快。由于套利者得到的资金不断增加，这种部分地向着基本价值的调整是一个自我加强的过程。根据冲击在时间上的分布，部分调整将起到主导作用。一般来讲，我们不能得到一个严格的关于事前市场有效性和 PBA 强度的推论。

但是，在极端情况下，我们可以对套利的有效性做更多的论述。具体地说，我们能分析当错误定价更严重时，套利者是否变得更激进。有两种方法来考察。第一种是考察套利者在第 2 期投入的资金是否比第 1 期投入的多，即 $D_1<F_2$ 是否成立？第二种是考察套利者在第 2 期持有的资产比例是不是更大，即 $D_1/p_1<F_2/p_2$ 是否成立？在理论上，由于

---

① 该命题的证明很简单，但需要一些冗长的计算，在此省略。

$p_2 < p_1$，这是可能的，套利者在第 2 期可以持有更多的资产，即使他们支付得没有那么多。也许，最能说明第 2 期的套利者不是很激进的事实是证明：即使价格从第 1 期已经下降，套利者在第 2 期仍然会持有比较少的份额，并清算他们持有的资产。在这部分的最后，我们来讨论这些清算的问题。

我们要讨论的是，当噪音交易者的冲击加剧时，即套利者在第 1 期投入了全部资本时，套利者在第 2 期进行清算的充分条件。具体地，我们有：

命题 3：如果套利者在第 1 期投资全部资产，并且噪音交易者的错误估价在第 2 期加剧，那么，对于 $a > 1$，有 $F_2 < D_1$，$F_2/p_2 < D_1/p_1$。

命题 3 描述了我们模型中的极端情况，即完全投资的套利者受到了一个不利的价格冲击，面临撤资的危险，于是，套利者清算这些定价过低的资产。这样，当最好的机会来临时，套利者逃离了市场。

在更详细分析这个例子之前，我们应注意，第 1 期全部投资是第 2 期清算的充分但不是必要的条件。一般来讲，当 q 稍微大于 q^*，且 $F_1 - D_1$ 为正但较小时，若 $a > 1$，投资者仍会清算部分的资产。原因在于面临撤资的风险时，他们持有的现金不足以维持他们持有的资产。持有的现金能缓解撤资的影响，但不能完全消除这种影响。然而，对于更高的 q，D_1 足够高，从而使得 $F_2/p_2 > D_1/p_1$。

我们能用第二部分中的数字例子来说明，其中，$V = 1$，$S_1 = 0.3$，$S_2 = 0.4$，$F_1 = 0.2$，$a = 1.2$。回忆一下在这个例子中，我们已经得到 $q^* = 0.35$。该例可以证明，当 $q < 0.39$，即当套利者完全投资或以极高比例投资时，资产清算将发生。当 $q > 0.39$ 时，套利者在第 2 期增加资产持有。

具体地，当套利者完全投资时，命题 3 的情形很容易得到。在这种情况下，只要 $aF_1 < p_1$，我们就有

$$p_2 = [V - S - aF_1 + F_1] / [1 - aF_1/p_1] \tag{9}$$

$aF_1 < p_1$ 是这个模型的简单的稳定性条件，是指套利者并没有损失过多，以至在均衡中，他们完全离开了市场。如果 $aF_1 > p_1$，那么在第 2 期唯一的均衡价格是 $p_2 = V - S$，套利者完全离开市场。在稳定的均衡状态下，当价格降低时，套利者会损失管理中的资金，因此会清算一些资产，但还会留在市场中。

对于这个均衡，简单求导后就得到以下结论：

命题 4：在完全投资均衡下，$dp_2/dS < -1$ 且 $d^2 p_2/da\,dS < 0$。

这个命题表示当套利者在第 1 期完全投资时，随着第 2 期噪音交易

者的冲击增加，价格以大于一比一的幅度下降。准确地说，当价格偏离基本价值最远时，套利者会持有最少的资产。另外，当 PBA 加强，即当 a 增大时，随着每单位 S 的增加，价格下降得越来越快。如果我们把 dp_2/dS 看作是衡量市场复原能力的尺度（当有效市场时，取值为 0；当 $a=0$ 和没有 PBA 时，取值为 -1），那么命题 4 说明在极端情况下，由 PBA 引导的市场会失去复原能力。因此这个分析表示在极端情况下，套利交易在促使价格回到基本价值这方面无效。

这个结论与标准的模型相反，在标准的模型中，当价格偏离基本价值最远时，套利者最激进。这个结论与弗里德曼（Friedman，1953）的著名观察相一致，即"套利失去稳定作用，就相当于套利在平均上是亏损的"，这似乎不合情理。我们的模型与弗里德曼相吻合，即平均来讲，套利者是获利的，并且推动价格趋于基本价值。然而，套利者平均获利并不等于总是获利。我们的模型显示，当他们赔钱时，正是价格偏离基本价值最远时，此时，套利者稳定市场的作用最弱。

这个结果与最近对市场流动性的研究密切相关（Shleifer and Vishny，1992；Stein，1995）。在这些研究中，资产是在无意识中被清算的，这时最优的潜在的买者，即这种资产的其他套利者，也面临着资金有限且没有充足的外部资本的困境。这种大甩卖（fire sale）的结果是使价格偏离基本价值，并进一步下降（保持噪音交易者冲击不变）。套利的有限复原能力的含义就是，在极端情况下，套利不会使得价格接近至基本价值。

这里的问题也许比经营公司更严重。在公司中，撤资或清算资产受到公司负债的制约。在套利基金的情况下，除非有明确的禁止撤资的规定，否则即使是权益资本也都可以得到兑现，因为这些资产本身就是流动的，这与一般公司固定资产不同。这种管理结构上的区别使套利基金极易受到有成本清算的影响。再者，相对于了解套利者为什么会遭受损失，投资者更可能了解经营公司的产业结构。从这个角度看，基金被迫清算的风险更高。

这个分析还有一个更有趣的含义。管理中的资金对过去收益的敏感性，对于年轻的、不成熟的套利（对冲）基金比较大，而对于老的、有经验的和有着长期业绩信誉的基金就相对比较小。其结果是，较早设立的基金能获取较高的长期收益，因为当价格发生偏离时，也就是当套利者的预期收益最大时，他们有较多的资金用于投资。相反，新的套利者会在他们的潜在收益最高时失去资金，因此他们的平均回报低于老基金。

2.3 对基于业绩套利的讨论

在我们的模型中，通过切断资产的预期收益和第2期套利者的需求之间的联系，分析基于业绩的套利，得到套利行为十分有限这一结论。尽管很难否认PBA在现实世界中确实起了一些作用，但问题在于它的作用是否如我们模型中所论述的那么显著。

例如，有人反驳，即使基金规模会受其业绩影响而减少，但这种减少是有滞后性的。对于幅度适中的价格波动，套利者可以继续持有资产，直到价格回归之后再进行清算。另外，如果套利者投资分散化，他们持有的资产就不会同时遭到损失，这样，他们就可以避免强制性的清算。

尽管有这些反对，我们仍然相信，尤其是在极端情况中，PBA对价格有着重要的影响。在很多套利基金中，投资者都可以根据自己的意愿选择至少部分撤资，如果基金表现不佳，撤资有可能马上实施。在某种程度上，这个问题会被一些关于撤资的合同性的限制所缓解，这种限制可以是暂时的（例如对冲基金不允许投资者在1~3年内赎回），也可能是永久的（例如封闭式基金）。然而，这些限制会使投资者长期处于由较差的基金经理管理的风险中，这也解释了这些条款不常见的原因。[①] 另外，当抵押品价值低于（或者接近）债务水平时，尤其当债权人可以在权益投资者撤资前收回资金时，他们会要求立即偿付。在突如其来的清算（例如1994年12月的橘县）中，债权人的撤资与权益投资者的撤资相比很可能同样重要，甚至更加重要。最后，在套利组织内部可能也存在一个代理问题，如果组织的管理者对下属持有头寸的能力不确定，而这种头寸又在遭受亏损，那么管理者会在不确定性出现之前，强制清算持有的头寸。所有这些都说明在极端的情况下，清算变得十分重要。

我们的模型说明了当价格的变化不利于套利者时，套利者是如何被迫清算的。我们的模型没有包括的一种情况是，尽管没有必要，但风险规避的套利者还是会选择清算，因为他们担心万一将来价格进一步恶化，将在其后导致一个很严重的资金外流。这种套利者的风险规避特征

---

① 根据纽约证券交易所（NYSE）1993年的报告（Fact Book），在60 060亿美元的美国股权总市值中，封闭式基金持有的股权总价值仅为201亿美元，而（开放式）共同基金为6 170亿美元，私人养老基金（一般会有与外部管理者的开放式合约）为10 380亿美元。

并没有在模型中展示，但当价格远离基本价值时，会使他们更易清算，而不是加倍地投资，使问题变得更糟。这样，对未来撤资的担心和撤资本身的影响是一样的。因此我们认为，即使套利者在某个套利交易中没有全部投资，但是如果这种交易遭受了严重的损失，在极端的情况下会导致自愿清算，这看起来很像我们模型描述的非自愿的清算。

如果套利者是贝叶斯理性的，对套利策略回报的真实分布不确定，那么在极端情况下风险规避的套利者自愿清盘的可能性就会变得更大。这样，一系列比较差的收益会让套利者更新他们的估计，并放弃他们原有的交易策略。套利者对于收益估计的精确度取决于用来估计套利交易的过去收益的数据的数量和对最新数据赋予的超额权重（如果有的话）。如果套利者（不论正确与否）相信世界是不断变化的，他们会使用稍短些的时间序列的数据。这样，他们对套利交易的利润的估计就很精确（Heaton，1994），并且他们的估计对于最新收益的变化就很敏感，从而进一步限制了在极端情况下套利行为的有效性。

最后，PBA 假定所有套利者对于管理的资金对业绩的敏感度都是一样的，且他们都在最初投资于错误定价的资产。实际上，套利者是不同的。有的套利者不依靠历史业绩来获得资本，因此当价格偏离更大时可能投入更多。引进大量的这种套利者会缓解业绩导向的清算影响。如果新的套利者可以逆转价格下降的趋势，那么已经投资的套利者将获利，就无须再清盘。然而，在出现模型中所描述的巨大噪音交易者冲击后，市场中的大部分套利者会发现他们已竭尽所有了。即使有些套利者最初有所保留，一定时间后，他们中的大多数也会进入，甚至积累了大量的债务来对抗错误定价。当错误定价进一步恶化时，撤资或者对未来撤资的恐惧会导致他们进行清算。无可否认，可用于套利的资本是很大的，而且当内部投资者清算时很可能会有外部投资者的进入。但实际上，套利市场是很专业化的，套利者通常缺乏经验和声誉利用他人的钱跨多市场从事套利交易。因此，场外资金不会进入来稳定市场。在极端情况下，PBA 可能变得非常重要，且几乎没有新的资金能用来稳定市场。

2.4 实证结论

本文的模型是纯套利模型，在该模型中套利者无须防范长期基本面风险。虽然即使这种套利必定涉及可能的暂时清算问题，但在大多数现实情况中，套利者也面临一些长期基本面风险。也就是说，他们的头寸只是在平均意义上有所回报，并且是不可预计的。很多金融经济学家处理的数据（比如股市数据）来自这样的市场，市场中那些见多识广的投资者充其量是赌赢了市场。在这部分，我们描述了一些关于金融市场中专业套利方法的可能含义，在这样的金融市场中套利者要承担某些基本面风险，包括系统风险和个体风险。具体而言，我们认为这种方法同那些存在众多完全分散化的套利者的噪音交易者模型（例如 De Long et al.，1990）相比，得出了不同的结论。

2.4.1 哪个市场能吸引套利者的资金？

非正式的经验主义表明，很多专业的套利行为，例如对冲基金，只集中在少数市场中，比如债券市场和外汇市场。在这些市场上高杠杆、卖空、基于业绩收费等很常见。相反，不论在美国或国外，在股票市场上这些行为的证据就很少。① 为什么会那样呢？哪个市场更吸引套利者？

部分答案是套利者以某种信心确定价值并迅速实现价值的能力。在债券市场上，计算不同固定收益投资工具的相对价格是可行的，因为证券的未来现金流（几乎）是确定的。因此，套利几乎没有基本面风险。在外汇市场，相对价格的计算就困难得多，套利风险更大。然而，当中央银行试图维持非市场汇率时，套利者就会进行最大额的交易，获取最大量的利润，因此区分价格与基本价值不相等且快速获利是可能的。相反，在股票市场上，不同证券的绝对价值和相对价值都更难计算。因此，股票市场上的套利机会比在债券和外汇市场上难找得多。

本章的讨论揭示了某些市场比别的市场对套利者更有吸引力的更深层的原因。不像传统模型中的完全分散套利者，如果套利者是风险规避的，我们模型中的那些专业化的套利者会规避波动性极强的市场。

起初这一主张是违反直觉的，因为高波动性可能会与更频繁的极端的定价错误相联系，因此，对套利而言会有更多有吸引力的机会。假设所有的波动都是由噪音交易者情绪产生的，且套利者相对于基准而言的平均超额业绩（称为 α）与噪音交易者的需求冲击的标准差大体上成一定比例。这意味着如果套利者转向一个有着两倍噪音交易者波动性的市场，他同样可以期望每美元两倍的 α 值。在这样的市场中，通过将他的投资减半，套利者得到与第一个市场相同的期望 α 和相同的波动性。两

---

① 其中的某些行为，如卖空、杠杆的使用，是受到政府规章或基金章程限制的。很多机构，如共同基金，也受其头寸能集中于少量证券的程度以及保证其头寸秘密性的能力的约束。

个市场中的交易对他是无差异的,因为每单位风险的 α 相同,他总是能够调整头寸来达到他想要的风险水平。这说明套利者的场外借贷不是受到投资总价值的限制,而是受到投资的单位波动性的限制,这同样看起来合理。在这个简化的环境中,市场波动性并不影响其对边际套利者进入市场的吸引力。

但是,如果预期的 α 不与波动性同比例增加,高波动性确实会降低套利的吸引力。这在基本面风险是波动性的主要部分的情况下尤其正确。例如,增加个人的被低估行业的股票头寸会带来较大的基本面风险,从而减小了交易的吸引力。另一个决定套利吸引力的重要因素,是错误定价消除的时间。虽然更大的噪音交易者情绪波动会增大套利者的长期收益,但在短期,预期的 α 与波动性的比率可能会较低。同样,这对诸如股票类型的证券较为适用,因为对这类证券而言不确定性的解决较慢,并且在得到否定噪音交易者情绪的证据之前,噪音交易者情绪会导致价格远离基本价值。这样,期望 α 对波动性的长期比率会较高,但是在一年内该比率可能会较低。基本面不确定性较高而且解决得很慢的市场可能有长期较高但短期较低的期望 α 对波动性的比率。对于那些关心短期消费,且声望会持久地受未来一两年业绩影响的套利者,短期的风险收益比率与其更相关。在其他条件不变的情况下,较高的波动性会阻碍套利的行为。

对于专业的套利者,系统和个体的波动性都会有影响。实际上,特殊性波动可能影响更大,因为其不能被对冲,且套利者不是分散的。我们的文章不是最早强调个体风险在信息成本和专业化的世界里很重要的文章。[1] 默顿(Merton,1987)认为,当证券市场被细分,投资者获取信息和参与每个市场必须承担一个固定成本时,个体风险会使预期收益上升。我们对风险套利行为的观点很容易在实证上同默顿对单元市场上的个体风险的观点相区分。在默顿的模型中,没有噪音交易者。所以,个体风险高的股票被理性定价,从而赚取较高的预期收益。相反,在我们的模型中,证券未被理性定价,个体风险会阻碍套利。也就是说,有些个体风险波动大的证券会被高估,并且这种高估不会被套利消除,因为将其缩小是有风险的。与默顿的模型不同,这种波动性大的被高估的

---

[1] 个体风险在本文中的重要性在于专业化假设的后果,而不是代理问题本身。代理问题本身也是专业化收益的自然结果。

证券获取的预期收益更低。有一个很好的例子，就是所谓的魅力股，或者相对于基本价值的各种衡量（例如资产的收益或账面价值）而言市场价格较高的公司的股票（例见，Lakonishok, Shleifer, and Vishny, 1994）。由于这些股票比平均收益波动更高，单元市场的理性定价模型将会预测这些股票的预期收益更高。相反，如果我们认为这些股票价格被高估了，那么尽管波动性较大，但其预期收益还是会很低。事实证据是支持后一解释的。

2.4.2 异象

最新的金融学研究发现了很多所谓的异象，在这些现象中，特定的投资策略比那些通过系统风险进行调整的策略在历史上获取了更高的收益。其中一个已经提到的异象就是价值股比魅力股获得了更高的收益，当然还有很多其他例子。不同于标准的有效市场理论，我们的分析给出了一种不同的方法来理解这些异象。

有效市场理论分析异象的方法是认为高收益必定是高系统风险的补偿，因此那些使得实证看起来反常的资产定价模型肯定被进行了错误的说明。通过找出反常的投资组合的收益与跨期资本资产定价模型或套利定价理论的某些基本面因素之间的协方差，就可能为这些异象进行辩解。

有效市场理论方法是建立在大多数投资者都能像经济学家一样发现和利用可行的套利机会这一假设的基础上的。超额收益被大量的这种投资者的行为消除，每组证券只有有限的额外风险。特定证券的超额收益只在其与消费或财富的总边际效用等状态变量负相关时才存在。

正如我们在本文指出的，有效市场理论解释套利的方法的理论支撑是基于高度不真实的假设之上的，即假设存在大量分散化套利者。在现实中，套利资源被高度集中在少数专门投资于某些少数资产的投资者手中，根本没有分散化。因此，这些投资者关心总风险，而不只是系统风险。因为均衡的超额收益由这些投资者的交易策略决定，所以只把系统风险作为定价的唯一潜在因素是不合适的。个体风险同样阻碍了套利者，不论它是基本面风险还是噪音交易者的个体风险。

本文提供了一种理解异象的不同方法。第一步是了解可能在最初导致错误定价的噪音交易的来源。特别的，检验潜在噪音交易者的需求是非常必要的，不论这种需求是由情绪还是由持有制度限制造成的。第二步是评估市场套利成本,尤其是套利回报的总波动。对于一个给定的噪音交易过程,波动性大的证券会出现更大的错误定价,并且在均衡时会有更高的平均收益。(套利的其他成本也非常重要,如交易成本(Pontiff,1996)。)

我们能用价值—魅力股异象来说明两种方法的差异。为证明有效市场方法解释这种异象的正确性,法马和弗伦奇(Fama and French,1992)认为是资本资产定价模型错了,并且高(低)账面/市值比的股票能获取高(低)回报,是因为前者负荷了比市场更高的不同的风险因素。虽然他们没有精确地指出高账面/市值比股票所面临的独特的宏观影响因素,但他们认为高账面/市值比证券组合本身就是这种因素的代表,他们称其为困境因素(distress factor)。

相反,我们的方法是确认作为这一异象原因的投资者情绪的类型,以及会阻碍该异象被消除的套利成本。首先,价值—魅力证据是和一些投资者一致的,这些投资者预测公司的历史收益增长,但未能认识到极端的收益增长反而可能会回到平均水平(Lakonishok,Shleifer,and Vishny,1994;LaPorta,1996)。考虑风险因素后,传统的价值—魅力异象套利,即只是持有多头的价值股(高账面/市值)的分散组合,在一年期内大体上处于60∶40的观点。也就是说,投资组合在一年内胜过标准普尔500指数只有60%的可能性,尽管在5年内取得更优业绩的可能性会大得多。① 那么,在短期内价值组合的套利收益是不稳定的。即使这一风险可能是个体的,它也不能在这个市场单元中被专业化的套利者对冲。由于对冲策略的高度波动性,以及它所需要的用来确保高概率正收益的一个相对较长的期间,套利者可能会回避这一策略,尤其是那些有短期跟踪记录的套利者。

我们的方法进一步指出,在极端情况下,试图消除价值—魅力股定价错误的套利者可能损失很多钱,以至于他们不得不清算其头寸。在这种情况下,套利者在定价错误恰好最大时对其进行修正作用反而最小。1990—1991年间商业银行股票就出现了这种情况。当这些股票的价格迅速下跌时,很多传统的价值股套利者大量投资了这些股票。然而价格持续下跌,很多价值股套利者损失了他们管理下的大部分基金。结果,他们不得不清盘,这对银行股价造成了进一步的压力。这一时期过后,

---

① 准确的可能性取决于样本期间及股票范围的选取和使用。

尽管银行股的收益变得非常高，但很多价值股基金无法支撑足够长的时间来从这一复苏中获利。

价值—魅力股异象是我们的方法可以解释的几个异象之一。这种分析实际上预测了哪种市场异象类型能长期持续。这些异象必须高度不可预测，使得对异象的押注对专业套利者来说风险也很大。但是，这种风险并不必然与任何宏观因素相关（这一点与有效市场模型中的观点不同），它可能仅是个体的基本面风险或噪音交易者风险。

最后，专业套利方法假设只有相对较少的专业人员能够很好地理解收益异象并利用它。这在诸如价值—魅力股异象或小公司异象等情况下是被质疑的，现在已经有很多这方面的书出版。当更多的投资者开始理解一种异象，交易策略的超额收益会被大量的将其资产组合向价值被低估的资产倾斜的投资者行为消除。另外，投资者会对所使用的策略越来越了解，并且基于一个更准确的同行业标准（例如，其他价值股基金经理或某一价值股指数）来评价套利者，因此，即使整个行业表现不佳时，也不会马上撤资。显然，专业的套利方法对较难理解的新套利机会比对易于理解的异象（可能马上就不再是异象了）更适用。

尽管如此，我们依然认为，异象被理解是很缓慢的，并且投资人直到某一现象已经长时间被公众仔细观察后，才会根据他们的信息采取明确的行动。当收益模式中不存在这么多噪音且支付期限较短（如一月份的小公司效应）时，异象更容易被接受。即使对于相对老练的投资者，一个"噪音"的异象，比如价值—魅力异象，只能被缓慢地接受。

2.5 结　论

本文描述了这样一个市场的运行，在该市场中专业套利者用的是外部投资人的资金，并且投资者依据套利者的业绩来确定套利者投资盈利的能力。我们认为这种专业的基于业绩的套利对于推动证券价格趋向于基本价值并不是完全有效的，特别是在极端情况下。更一般地说，专业化的职业套利者会避免持有波动性大的"套利"头寸。虽然这种头寸具有诱人的平均收益，但波动性也使套利者面临蒙受损失和在基金投资人的压力下清盘投资组合的风险。套利者对波动性的回避也是理解证券价格中存在持续超额收益的另一种方法。特别地,我们希望异象不是反映难以度量的宏观经济风险的证券风险敞口,而是消除异象所需的套利交易的高个体收益波动性。总之,这种更符合实际的套利观点能解释很多常规模型难以解释的证券市场现象。

第3章 交易地点如何影响证券价格?[1]

肯尼思·A·弗鲁特（Kenneth A. Froot）和
埃米尔·M·戴博拉（Emil M. Dabora）

3.1 引　言

经典的金融范式预言资产的价格不受交易地点的影响。如果国际金融市场是完全统一的，那么，对于一组给定的风险现金流，当交易在不同的市场和投资者之间重新分配时，将会具有相同的价值和风险特性。

本文提供了一个极明显的例子，说明交易地点和归属权似乎影响价格。我们认为，世界上最大且流动性最强的三家跨国公司的证券价格强烈地受到交易地点因素的影响。具体而言，我们通过研究孪生公司股票或孪生公司来检验交易地点因素是否重要，孪生公司的各公司当前和未来股权现金流的分配已被公司章程确定。孪生公司都有自己的股票，并具有自身特定的交易场所。我们所考察的三对孪生公司分别是：皇家荷兰石油公司和壳牌运输贸易公共股份有限公司（PLC）；荷兰联合利华（联合 N.V.）和英国联合利华（联合 PLC）以及史克必成公司。在票面价值上，孪生公司的章程意味着孪生证券价格应按照由相应现金流的分配决定的一个比例同步变动。令人惊奇的是，两孪生公司的股票价格并不符合这个特征。罗森塔尔和扬（Rosenthal and Young, 1990）证

---

[1] 感谢 Richard Meyer，André Perold，Leonard Rosenthal，Rick Ruback，Jeremy Stein 以及匿名审稿人、众多专业从业人员给予我们的帮助性建议和评论。同样对 Chris Allen 和 Philip Hamilton 在搜集数据上提供的帮助，以及纽约证券交易所的 Q 小组、哈佛商学院研究部门在资金方面提供的帮助表示感谢。当然，文责自负。

明，相对于调整后的现金流比例，荷兰皇家/壳牌公司和联合 N. V. /联合 PLC 的股票价格均呈现出持续显著偏离。需要说明的是，史克必成公司的股票价格也出现了类似的偏离情况。

本文的主要目的在于阐明孪生证券的相对价格与其交易最活跃的国家的股票市场指数高度相关。例如，当美国股市相对于英国股市上涨时，皇家荷兰公司的股价（交易更多在纽约）相对于它的孪生公司壳牌（交易更多在伦敦）趋于上升。类似地，当美元相对于英镑升值时，皇家荷兰石油公司的股价相对于壳牌公司也会趋于上扬。我们考虑了大量针对这种情况的可能的解释，但没有一个能够充分解释这种现象。

类似的现象出现在封闭式的国家基金中，这种基金投资于新兴市场，却通过在发达国家的市场发行份额来筹集资金。众所周知，这些基金价格不同于该基金投资组合的净资产值。特别地，封闭式基金价格与其所在的股票市场存在强烈的联动关系，而净资产价值却与它们所投资的地区的股市存在强烈的联动关系。[1]

我们认为，孪生证券为我们提供了一个有关"过度联动"的更为确切的例子，理由如下：第一，我们所考察的孪生证券是世界范围内最大且流动性最强的。相比之下，封闭式基金（以及它们拥有的许多股票）的流动性相对较差，因此它们的价格不可能如此"清晰"（clear）。第二，我们所考察的孪生证券恰好代表对相同的基本现金流的要求权。封闭式基金的份额不仅是对外国股票的投资组合的要求权，也是对基金经理的动态交易策略的要求权。基金份额价格与净资产价值之间的差异可以由这种策略被理解的价值来解释。第三，封闭式基金份额与净资产之间的套利成本昂贵甚至是被禁止的。[2] 事实上，封闭式基金通过使投资者更好地国际化他们的投资组合来盈利，因此，这些基金倾向于在投资壁垒相对较高的地方开放。相比之下，本文所研究的孪生证券却可以非常容易地进行套利，它们在世界主要的证券交易所进行交易，并且两者

---

[1] Hardouvelis 等（1995）记录了 35 个国家的基金情况。他们发现，平均来说，基金存在折价交易，这种折价对基金在所在国、美国以及全球股市的变动极为敏感。同样，Bodurtha 等（1993）等发现，封闭式国家基金价格在美国市场的变动与美国市场相关，然而，相关股票的（underlying share）价格却与它们交易的外国市场相关。这些文章基于李等（Lee et al.，1991），其认为封闭式基金的折价反映了小型股的情绪，也可见陈等（Chen et al.，1993）、乔普拉等（Chopra et al.，1993）的文章。

[2] 庞特蒂夫（Pontiff，1993）表明，封闭式基金折价的规模和持续性在截面上与套利成本的量相关，而这种套利成本介于净资产价值和基金份额之间。

都可以被本地众多的投资者所购买。例如，一个美国（荷兰）的投资者可以在纽约（阿姆斯特丹）购买荷兰皇家石油公司和壳牌公司的股票。因此，通常与跨境交易相关的额外成本（additional costs）和信息优势，不能用来解释我们的结果。[①]

什么样的国际分割来源可以解释我们的发现呢？一种假说就是我们将要在下面讨论的跨境税收规则。在国家与投资委托人之间，股息的扣缴税是不同的。然而，在多数情况下，对任何既定投资者拥有的孪生证券所征收的税都是相同的。因此，虽然这种税负驱动假说很有帮助，但也不能充分解释我们的结果。

造成分割的第二个可能来源就是特定国家的噪音。例如，假设一个噪音冲击袭击了美国的股票市场，它就会不成比例地对经常在纽约股市进行交易的孪生公司的股票产生影响。换句话说，在本地市场交易活跃的股票对本地的噪音冲击更为敏感，而对国外的噪音冲击相对不敏感。这个例子包含着一个有趣的启示：市场运动中由孪生证券相对价格变动所解释的那部分可能就是噪音。所以，孪生证券价格的差异（可以较容易获得）可以提供关于市场范围内噪音冲击的信息，而噪音冲击是不能直接观察到的。

最后，我们观察到的联动模式可能源于制度上的摩擦，这种摩擦包含有信息和契约方面的低效率。委托人必须控制那些代表他们去投资的代理人。要做到这一点，最优的办法是严格界定代理人的自主决策权或是签订一种激励代理人限制自主决策权的合同。其结果是，股票基金经理可能被要求仅限于在美国或国际股市投资，或者他们的行为会受到考核，这种考核的方式是以一种广泛接受的指数为基准。例如标准普尔500指数（其中包括皇家荷兰和联合 N.V.）或《金融时报》Allshare指数（包括壳牌和联合 PLC），即使指数不能显示最优的风险/收益特性。在其他条件相同的情况下，这些安排可能对某些股票产生偏差，但在考虑信息和代理问题的情况下，这种安排可能是最优的。

本章的其他部分安排如下：第二部分简单地描述一下孪生公司的组织结构，第三部分检验孪生证券价格差异联动和协整方面，第四部分讨论数据，第五部分陈述我们在联动方面的发现，第六部分讨论了几种可能产生这种结果的解释，第七部分给出结论。

---

① 这种说法假定一价定律适应于世界上的每一种股票。我们的数据支持这种假定，因为对于每一笔单独的股票交易，相同的交易时间内在所有市场的价格几乎相同。

3.2 孪生公司的关系

3.2.1 皇家荷兰石油公司和壳牌运输与贸易公共有限公司（PLC）

皇家荷兰石油公司和壳牌运输与贸易公司分别在荷兰和英国独立注册。这种孪生结构产生于两家公司1907年的"结盟"，双方同意在保持各自独立实体的基础之上，按照60∶40的比例进行合并（Royal Dutch 20F，1994，p.1）。出于对整个公司税收以及控制权的考虑，所有的现金流都按照60∶40的比例分配。① 有关两家母公司之间关系的信息可以通过广泛的途径获得。除了在每年的年度报告开头作出解释外，在提交给美国证券交易委员会（SEC）的20F中也进行了详细阐述，并且成为分析师或投资者指南的主题（Royal Dutch Shell，1994）。同时，也存在大量有关皇家荷兰公司与壳牌公司之间相对价格的公共信息以及为交易者所熟知的"换手"交易，这些交易者一直在两家公司之间寻找可获利的价格差异。

皇家荷兰公司和壳牌公司在欧洲与美国的9个交易所交易，但皇家荷兰公司主要在美国和荷兰交易（纳入标准普尔500指数和几乎所有荷兰股指中），而壳牌主要在英国交易（纳入《金融时报》Allshare指数，或FTSE《金融时报》指数，又称富时指数）。两家公司的地理所有权（geographical ownership）和交易信息情况显示在表3—1中。期望价格比率的对数偏差序列在图3—1中显示。

3.2.2 联合N.V.与联合PLC

联合N.V.和联合PLC分别在荷兰和英国独立注册。1930年，两家公司签署了一份有关现金流的均等协议。根据这份协议，两家公司整合为一个集团公司并具有同一董事会。在清算时，所有的资产都被集中起来并均匀地在股东之间分配。这份协议的目的在于使两家的股份尽可

---

① 皇家荷兰和壳牌运输贸易公司将按照60∶40比例从集团分享总净资产、净总股息收入以及利息，并且进一步规定所有与所得税有关的股息和利息方面的税收将按相同比例降低（Royal Dutch 20F，1993，pp.1-2）。也可见Rosenthal and Young（1990）。

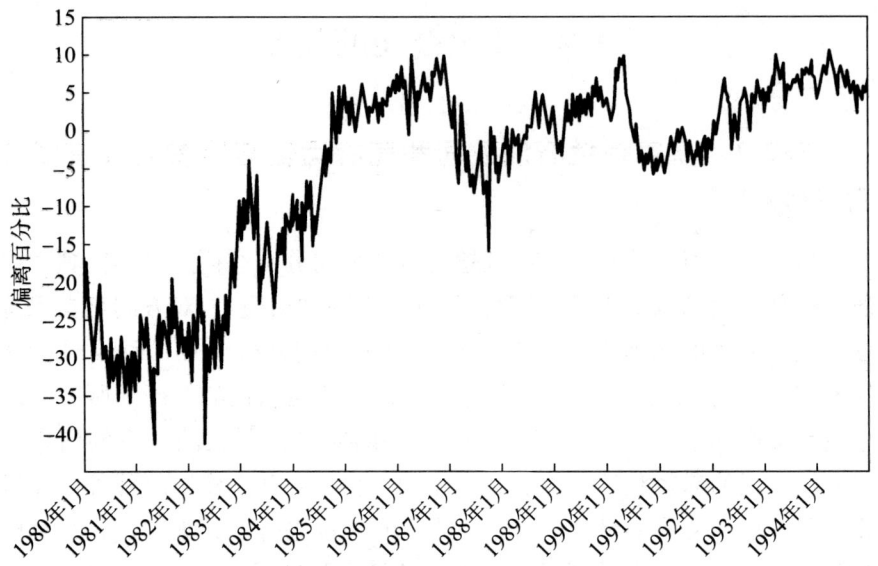

图 3—1 皇家荷兰/壳牌平价的对数偏离

注：该图显示了在纽交所交易的皇家荷兰公司和壳牌公司的股票以及美国存托证券对理论平价偏离的百分比。数据来自证券定价研究中心（CRSP）。

能地相似，就好像所有股东持有一个公司的股份一样。这份均等协议阐明分配基于这样一种原则，即"PLC 名义上每一英镑资本的股息支出应等于 N.V. 名义上每 12 荷兰盾的普通股本分配的股息"。PLC 的股票定价为每股 5 便士，而 N.V. 每股则定为 4 荷兰盾。这样每股盈利可表示为（以共同货币的方式表达）：（1/5）PLC 的每股盈利＝（12/4）N.V. 的每股盈利。①

联合利华在欧洲和美国的 8 个交易所进行交易，而 N.V. 主要在荷兰、瑞士和美国（纳入标准普尔 500 指数）进行交易。PLC 则主要在英国（纳入 FTSE）。地理所有权方面的数据见表 3—1。预期价格比率的对数偏差序列在图 3—2 显示。

---

① 1993 年，联合 N.V. 在提交给美国证券交易委员会（SEC）的议案（1993 年第 2 页）中表明："自 1930 年 N.V. 和 PLC 实际的运作就像一个整体……他们已经同意在各方面进行合作以便维持双方在各个运作领域的共同政策"，见 Rosenthal and Young (1990)。

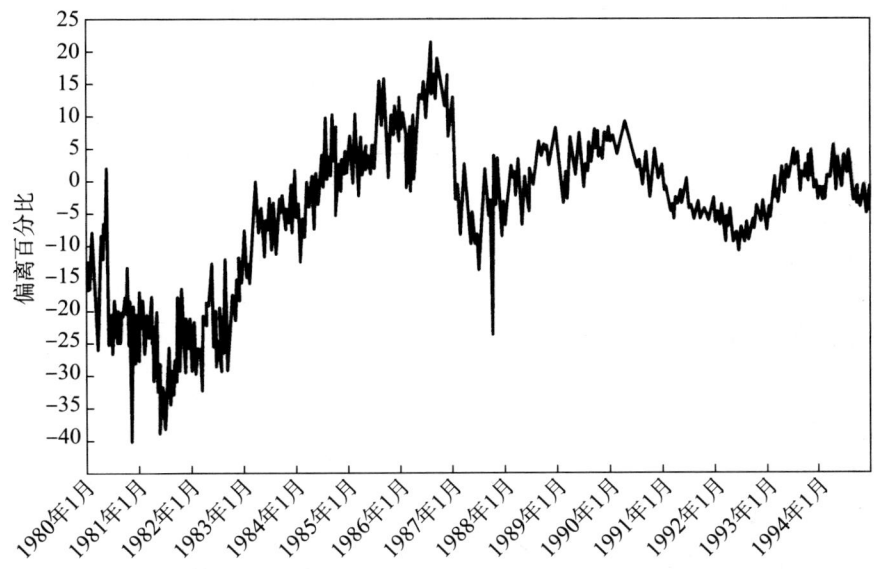

图 3—2 联合 N. V. /联合 PLC 平价的对数偏离

注：该图显示在纽交所交易的联合 N. V. 和联合 PLC 股份及美国存托凭证对理论平价偏离的百分比。数据来源于证券定价研究中心（CRSP）。

3.2.3 史克必成公司

史克贝克曼公司和必成集团于 1989 年 7 月 26 日合并形成新的史克必成公司。必成（一家英国公司）的原持有人获得 A 类股普通股，而史克贝克曼（一家美国公司）的原持有人获得的则是包括 5 份史克必成 B 类普通股和 1 份史克必成公司优先股构成的权益单位（equity units）（E 类股）。权益单位从 SB 公司（一家美国全资子公司）获得股息。这种分配基于股息均等化的原则，以至 1 股 E 类股与 1 股 A 类股提供相同的股息流。[①]

地理所有权数据是无法得到的，因此表 3—1 列出了每年交易量的百分比。A 股的交易主要在英国进行，而 H 股（A 股的美国存托凭证）和 E 股则主要在美国交易。与平价（价值对等）的对数偏差列在图 3—3 中。

---

① 由史克必成公司（SB Corp.）所支付的权益单位的收益，包括 SB 公司支付的累计优先股股息，应该等于公司 A 股股息与相关税收优惠之和（史克必成公司年度报告及说明，1993）。

表 3—1 股份所有权分布和跨市场交易量

A组：所有权（1980—1992年平均）			
公司	拥有百分比		
	美国	英国	荷兰
皇家荷兰公司	33	4	34
壳牌公司	3	96	<1
联合 N.V	16	10	46
联合 PLC	<1	99	<1
B组：交易量（1991—1995年平均）			
公司	平均每日交易量的百分比		
	美国	英国	荷兰
皇家荷兰公司	70	NA	30
壳牌公司（ADR）	31	68	NA
史克	83	17	NA

资料来源：皇家荷兰和壳牌1980—1992年20F声明；联合N.V.1980—1993年20F；联合N.V.发表的名为《1984—1994年图表》的小册子；交易量数据来源于纽约交易所和伦敦交易所。

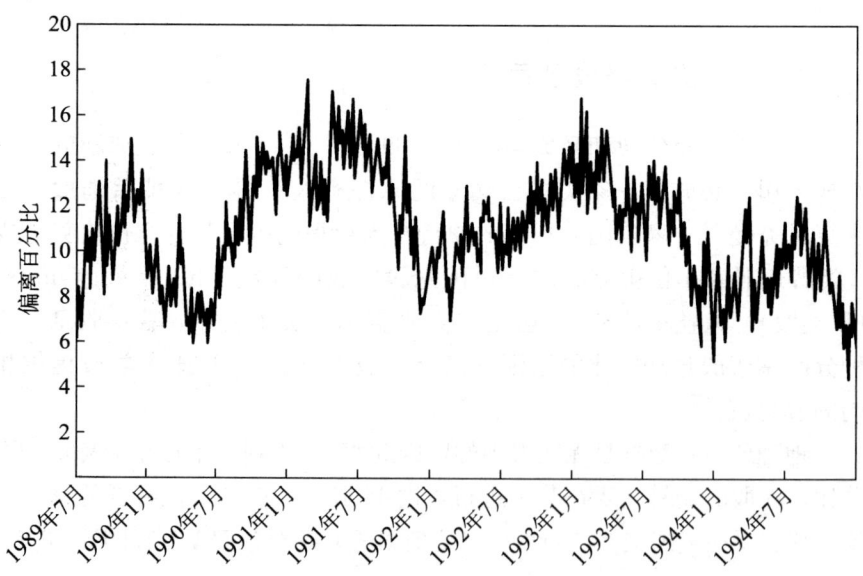

图 3—3 史克必成平价的对数偏离

注：该图显示史克必成在纽交所交易的H股和E股对理论平价偏离的百分比。数据来自证券定价研究中心（CRSP）。

3.3 实证假设和检验

我们的零假设是孪生证券的相对价格与任何事件都不相关。备择假设是市场是分割的,所以相对的市场冲击能够解释价格差异的变动。具体来说,我们假定在一个既定市场上集中交易的股票与该市场的收益和货币存在过度同向变动关系。

为了测算孪生价格的相对同向变动情况,我们以英国、美国和荷兰的市场指数的对数收益率与相关的对数汇率变化之和为数据,对孪生公司的对数回报率差异进行回归分析。如式(1)所示:

$$r_{A-B, t} = \alpha + \sum_{i=-1}^{1} \beta_i S\&P_{t+i} + \sum_{j=-1}^{1} \delta_j FTSE_{t+j} + \sum_{k=-1}^{1} \lambda_k DI_{t+k} \\ + \sum_{l=-1}^{1} r_l gl/\$_{t+l} + \sum_{m=-1}^{1} v_m gl/\pounds_{t+m} + \varepsilon_t \quad (1)$$

其中 A 和 B 代表孪生公司。出于市场跨境方面的考虑,我们在方程(1)中包含了汇率变动以及以本币表示的股票收益作为市场因素。零假设就是所有的斜率系数均为零。在备择假设下,一个既定市场上某一股票的交易量越多,则估计的斜率越大。例如,联合 N.V. 在英国市场上的交易在集中度上相对低于联合 PLC,所以根据《金融时报》指数(FTSE 指数),对联合 N.V. 较联合 PLC 的相对回报进行的回归应该产生一个负系数,而根据标准普尔指数和荷兰市场(N.V. 在这里的交易相对更集中)的数据,回归结果则为一个正系数。类似地,在荷兰盾/美元和荷兰盾/英镑的汇率下,N.V./PLC 的差异应为一个负斜率。对于既定的以本币表示的股票收益,荷兰盾的升值将会导致荷兰指数相对于其他指数的收益增加,因此加剧了 N.V./PLC 之间的差异。

很明显,在国外股市指数上,对数美元的收益可以视为以本币表示的股票收益与对数汇率变动之和。我们用这种附加的分解对等式(1)中每个市场和货币因素分别给出系数。出于以下几个原因的考虑,我们更倾向于赋予相同的系数。第一,币值和以本币表示的股票价格通常在一天的不同时段被记录,这使得以美元表示的收益出现了测量误差。通过分离出这两种因素,我们可以在其他币值变动和在本地市场的股票收益几乎不相关的情况下,使得任何一个变量的测量误差不至于影响到系数。第二，任何国外股票的美元价值的改变必定可归因于汇率变动和当地股票收益之间的某种结合。知道孪生证券的相对收益是否不同程度地受这两个因素的影响是很有用的。举个例子，如果当地居民抬高了本地股票的本地货币价值（假如这些变化是由风险规避或噪音的降低造成的），他们可能抬高"本国"的孪生证券相对于"国外"孪生证券的价格。因此在等式（1）中我们期望发现以本币表示的股票指数有一个适当的正 β 值。但是，本币的汇率变动可能是由完全不同的因素造成的，所以货币变动的 β 值可能为零。

表3—1中的数据表明，在备择假设下，皇家荷兰公司应该与美国市场、荷兰市场有着更高的相关性，而壳牌公司则应与英国市场有更高的相关性。同样的道理也适用于联合 N.V 和联合 PLC 的相对回报率。对史克必成而言，A股（或H股）/E股的差异应该与美国市场呈现正向变动，而与英国市场呈现负向变动。

我们分别使用1天、2天、5天、15天和50天的回归期限来估计方程（1）。较低交易频率下的回归值很少会受到价格观察的非完全同步性（例如，纽约市场和欧洲市场闭市时的观察价格通常会出现5个小时的差异）、停滞（staleness）、买入/卖出反弹（bid/ask bounce）等因素的影响。此外，这些检测有助于区分造成分割的各种可能的原因。例如，如果流动性冲击能解释本地股市的联动性，那么它们在更高的交易频率下会更加显著。

我们也研究了在较低交易频率下孪生价格的差异，以寻求一元均值回归的证据。具体说来，我们通过检验，看能否拒绝孪生价格差异包含有单位根的假设：

$$\Delta P_{A-B, t} = \alpha + \delta t + \beta P_{A-B, t-1} + \gamma(\Delta P_{A, t-1} - \Delta P_{B, t-1}) + \varepsilon_t$$

(2)

其中 $P_{A-B, t}$ 表示孪生价格的对数差异，Δ 表示一阶差分因子。价格差异存在单位根的零假设为 $\beta = 0$。自然地，这个零假设是不现实的：人们很难接受价格差异包含单位根这一观点，在时间充分的情况下，价格差异变得任意大的概率会趋近于1。然而，我们用方程（2）去获得价格差异衰减（decay）比率的点估计。我们也研究了价格差异与市场指数之间的多元联动情况。特别指出的是，我们也检测了价格差异是否与某些股票指数的线性组合存在协整关系。

3.4 数 据

在欧洲证券市场上，壳牌公司和联合 PLC 股票价格数据来自伦敦证券交易所，而皇家荷兰公司和联合 N. V. 的股票价格数据来自阿姆斯特丹交易所。[①] 皇家荷兰公司、壳牌公司、联合 PLC 和联合 N. V. 在美国进行美国存托证券（ADRs）交易。皇家荷兰在美国市场进行常规的证券交易。[②] 美国的回报数据来自证券价格研究中心（CRSP）。样本期是 1980 年 1 月 1 日至 1995 年 12 月 31 日。史克必成 A 股的欧洲股价来自交互数据公司（Interactive Data Corporation），而股息数据来自彭博数据服务（Bloomberg Data Service）。史克必成 E 股和 A 股（H 股）的 ADRs 数据来自 CRSP。样本期包含史克和必成的并购时期，即 1989 年 7 月 26 日到 1995 年 12 月 31 日。所有的收益均以对数形式表示。

对于美国和英国市场上的收益，我们分别采用标准普尔 500 指数和富时指数的对数收益。这些流行的指数的使用会产生一些模棱两可，因为皇家荷兰公司和联合 N. V. 在标准普尔 500 指数里，而壳牌公司、联合 PLC 和史克必成在富时指数里。因此，使用排除这些股票之后的指数计算而得到的回归系数相对于真实值会有轻微的偏差。因为这些股票只占到指数市值的一小部分，所以这个偏差很小。为了证明这一点，我们可以估计在排除自身股票效应（the own-stock effect）之后所造成的相对系数偏差的大概数值。例如，通过使用 1994 年的资本额、协方差和方差等数据，对于壳牌公司，我们可以计算出一个向上的 0.032 的系数偏差，而壳牌公司在 3 只股票中拥有最大的富时指数市值。[③] 这种来

---

① 皇家荷兰、壳牌和联合 PLC 总收益方面的数据来源于数据流（Datastream）。对于联合 N. V.，价格方面的数据来源于交互数据公司，总收益数据来自数据流（1993 年 1 月 1 日到 1995 年 12 月 31 日）。联合 N. V. 股息方面的数据取自罗森塔尔和扬（1980 年 1 月 1 日到 1986 年 5 月 16 日）、公司年度报告（1986 年 5 月 17 日到 1989 年 5 月 4 日），以及彭博（Bloomberg）（1989 年 5 月 5 日到 1992 年 12 月 31 日）。

② 美国壳牌石油（Shell Oil U. S.）处理皇家荷兰股东在美服务职责，没有必要使用 ADRs。

③ β 的偏差可以被表示为：$\beta_w - \beta_{w/o} = \left[\dfrac{\text{cov}(r_{sh}, r_{ftse})}{\text{var}(r_{ftse})}\right] - \left[\dfrac{\text{cov}(r_{sh}, r) - \alpha \text{var}(r_{sh})}{\text{var}(r_{ftse}) - \alpha^2 \text{var}(r_{sh}) - 2\alpha \text{cov}(r_{sh}, r_{ftse})}\right]$，其中，$\beta_w$ 和 $\beta_{w/o}$ 分别表示壳牌包含和没有包含在 FTSE 指数时的回归系数，α 是壳牌在 FTSE 总资金中所占的比重（1994 年时为 0.030）。用 1994 年的数据去估上面的方差和协方差，得到 β_w 和 $\beta_{w/o}$ 数据分别为 0.913 和 0.891，这就意味着 β 估计值大约高估了 0.02。

源的偏差太小，不足以影响到下文提到的结果。①

在荷兰股市指数下，自身股票效应会更严重。在阿姆斯特丹交易所，皇家荷兰公司股票是目前为止交易量最大的本地股票。为了消除任何可能造成的混淆，我们将皇家荷兰从标准 CBS Allshare 总价格指数中剔除。这一指数、所有其他的欧洲指数以及汇率方面的数据均来源于数据流（Datastream）。

另一个重要的考虑就是收益在哪里被测度。在下面的表格中，我们通过使用一对孪生公司分别在其交易最活跃市场上的对数收益差来估计两者之间的相对收益。举个例子，我们使用皇家荷兰公司和壳牌公司在阿姆斯特丹和伦敦市场上的收益。如果我们用皇家荷兰公司和壳牌公司在纽约市场上观察到的相对收益来替代，则基本结果不受影响。换句话说，对于任何给定的股票，我们报告的结果在一价定律的作用下对地区偏差是不敏感的。

最后一个问题与收益的货币种类有关。我们放弃在本地货币下的所有收益变量，增加汇率的变化作为回归式右侧单独的独立变量。在汇率和以本币表示的股票收益不相关的前提下，任何一个在非同步的汇率变动方面出现的误差将不会造成系数上的偏差。②

3.5　结　果

3.5.1　备择设定

表 3—2～表 3—4 分别显示了使用皇家荷兰公司/壳牌公司、联合 N.V./联合 PLC 以及史克必成的数据对方程（1）的估计。③ 表中的每

---

　①　在某些情况下（没有列出），我们自己构造了一种英国股票加权指数，这种指数由包括壳牌、联合 PLC 和史克必成在内的 1993 年英国最大的 20 家公司。在这种指数下所得到的系数与在 FTSE 指数下的基本相同。

　②　汇率变动和以当地货币表示的股票收益在我们的数据中表现出的相关性较小。在本文的早期版本中（可从作者处获得），我们提出了第二种处理货币的方法。我们将所有的收益统一成一种货币，并忽略了回归时汇率在右侧的变动情况。这种方法的原则相对较差，因为汇率和股票价格非同步性的测量带来了右侧变量的测量错误。然而，实际上，两种方法得出的结果却很相似。

　③　在表中，孪生证券的平衡收益可以从各自在流动性最强的国家处观察得到。我们尽力使用同一市场上的收益（例如，皇家荷兰和壳牌都包含在 NYSE 测量结果中）。看本论文的早期版本可以得到更为详细的细节。结果也非常类似于这里的情况。只是在系数上有一点小差异（特别是在 1 天的回归期时），然而，对符合一价定律的任何股票而言，这种偏差都是短暂的。

第3章 交易地点如何影响证券价格？

表3—2 皇家荷兰公司/壳牌公司价格差异与市场变动

这张表展现了对以下方程的回归估计：

$$r_{\text{RD-SH},t} = \alpha + \sum_{i=-1}^{1}\beta_i \text{S\&P}_{t+i} + \sum_{j=-1}^{1}\delta_j \text{FTSE}_{t+j} + \sum_{k=-1}^{1}\lambda_k \text{DI}_{t+k} + \sum_{l=-1}^{1}\gamma_l \frac{gl}{\$}_{t+l} + \sum_{m=-1}^{1}v_m \frac{gl}{\pounds}_{t+m} + \varepsilon_t$$

设定	收益期限（天）	R^2	DW 或 DAH	DOF	滞后因变量方差	S&P 指数	FTSE 指数	Dutch 指数	$gl/\$$	$gl/\pounds$
1. 1980—1995	1	0.247	2.37	4 155		0.207[c]	−0.428[c]	0.150[c]	−0.102[c]	−0.345[c]
						(0.032)	(0.038)	(0.032)	(0.030)	(0.047)
2. 1980—1995	1	0.218	2.35	4 164		0.135[c]	−0.516[c]	0.365[c]	−0.123[c]	−0.612[c]
3. 1980—1995	1	0.271	−0.39[c]	4 154	−0.174[c]	0.205[c]	−0.516[c]	0.213[c]	−0.113[c]	−0.439[c]
4. 1980—1995	1	0.262	0.19	4 164	−0.209[c]	0.146[c]	−0.536[c]	0.359[c]	−0.121[c]	−0.612[c]
5. 1980—1995	2	0.204	2.42	1 950		0.064[b]	−0.451[c]	0.292[c]	−0.041[a]	−0.502[c]
						(0.032)	(0.038)	(0.032)	(0.030)	(0.047)
6. 1980—1995	5	0.244	2.29	776		0.087[b]	−0.409[c]	0.246[c]	−0.068[a]	−0.440[c]
						(0.038)	(0.042)	(0.041)	(0.046)	(0.070)
7. 1980—1995	15	0.233	2.49	254		0.116[c]	−0.370[c]	0.213[b]	−0.126[b]	−0.287[c]
						(0.048)	(0.048)	(0.053)	(0.059)	(0.070)

其中，$r_{\text{RD-SH},t}$ 表示皇家荷兰公司（阿姆斯特丹）与壳牌公司（伦敦）对数收益间的差异；S&P 与 FTSE 以及 DI 分别表示用本国货币计量的 S&P 与《金融时报》Allshare 指数与荷兰指数的收益；$gl/\$$ 和 $gl/\pounds$ 表示荷兰盾对美元及荷兰盾对英镑对数变动。设定 1 中包含 S&P 与 FTSE 以及荷兰指数的超前项和滞后项。设定 2 中采用了一些更为严格的超前项和滞后项（基于实际年度时间差异。设定 3 和设定 4 与设定 1、2 相同，但包含了一个右侧的滞后因变量。设定 3 和设定 4 中用 DAH（Durbin's Alternate H）替代了 DW（Durbin-Watson）统计量。设定 5~8 采用了 2、5、15 以及 50 天的收益。在所有设定中，超前和滞后自变量都被放弃了。所有的回归都采用了 OLS 法，都考虑了序列相关和方差后的标准差。其中都只有单一系数，标准差在括号中标出。

99

续前表

设定	收益期限(天)	R^2	DW 或 DAH	DOF	滞后因变量方差	S&P指数	FTSE指数	Dutch指数	$gl/\$$	$gl/£$
8. 1980—1995	50	0.521	2.35	71	0.184[c] (0.078)	−0.489[c] (0.066)	0.285[c] (0.060)	−0.170[c] (0.072)	−0.385[c] (0.102)	
2.1980	1	0.187	2.40	250		0.074	−0.636[c]	0.450[c]	−0.114	−0.629[c]
2.1981	1	0.274	2.33	253		0.483[b]	−0.882[c]	0.817[c]	−0.449[b]	−0.885[c]
2.1982	1	0.188	2.29	253		0.186	−0.540[c]	0.356[c]	−0.152	−0.846[c]
2.1983	1	0.265	2.05	253		0.291[c]	−0.500[c]	0.141[a]	−0.065	−0.779[c]
2.1984	1	0.305	2.19	253		0.206	−0.556[c]	0.364[c]	0.024	−0.752[c]
2.1985	1	0.158	2.39	253		−0.036	−0.307[c]	0.158[b]	−0.050	−0.562[c]
2.1986	1	0.295	2.02	253		0.131[c]	−0.323[c]	0.198[c]	−0.067	−0.564[c]
2.1987	1	0.293	2.38	253		0.048[c]	−0.496[c]	0.484[c]	0.212	−0.656[c]
2.1988	1	0.270	2.69	253		0.084[b]	−0.630[c]	0.437[c]	−0.178	−0.583[c]
2.1989	1	0.362	2.16	253		0.069	−0.722[c]	0.464[c]	−0.177[b]	−0.345[c]
2.1990	1	0.256	2.43	253		0.091[b]	−0.306[c]	0.247[c]	−0.182	−0.695[c]
2.1991	1	0.189	2.09	253		0.033	−0.562[c]	0.499[c]	−0.005	−0.328[a]
2.1992	1	0.242	2.23	253		0.151	−0.428[c]	0.289[c]	−0.187[b]	−0.430[c]
2.1993	1	0.323	2.27	253		−0.097	−0.475[c]	0.266[c]	−0.009	−0.659[c]
2.1994	1	0.376	2.45	253		0.224[c]	−0.698[c]	0.388[c]	0.260[c]	−0.556[c]
2.1995	1	0.183	2.65	252		0.059	−0.270[c]	0.186[b]	−0.169[b]	−0.357[c]

a. 表示所有系数（前导和滞后）之和为零时在10%水平下的显著性水平。
b. 表示5%时的显著性水平。
c. 表示1%时的显著性水平。

第3章 交易地点如何影响证券价格？

表 3—3　联合 N.V./联合 PLC 价格差异与市场变动

这张表展现了对以下方程的回归估计：

$$r_{\text{NV-PLC},t} = \alpha + \sum_{i=-1}^{1}\beta_i \text{S\&P}_{t+i} + \sum_{j=-1}^{1}\delta_j \text{FTSE}_{t+j} + \sum_{k=-1}^{1}\lambda_k \text{DI}_{t+k} + \sum_{l=-1}^{1}\gamma_l gl/\$_{t+l} + \sum_{m=-1}^{1}v_m gl/\pounds_{t+m} + \epsilon_t$$

其中，$r_{\text{NV-PLC},t}$ 表示联合 N.V.（阿姆斯特丹）与联合 PLC（伦敦）对数收益间的差异；S&P 与 FTSE 以及 DI 分别表示荷兰 Allshare 指数与荷兰指数的收益；$gl/\$$ 和 $gl/\pounds$ 表示荷兰盾对美元及盾对英镑汇率的对数变动。设定 1 中包含 S&P 与《金融时报》的滞前项和滞后项。设定 2 中考虑了非同步交易的滞前项和滞后项（基于年度时间差异）。设定 3 和设定 4 与设定 1、2 相同，但包含了一个右侧的滞后因变量。设定 3 和 4 中采用了一些更为严格的 DAH（Durbin's Alternate H）替代了 DW（Durbin-Watson）统计量。设定 5~设定 8 采用了 2、5、15 以及 50 天的收益。在所有设定中，滞前和滞后自变量都被放弃了。所有的回归都采用了 OLS 法，都考虑了序列相关异方差后的标准差。其中都只有单一系数，标准差在括号中标出。

设定	收益期限(天)	R^2	DW 或 DAH	DOF	滞后因变量方差	S&P 指数	FTSE 指数	Dutch 指数	$gl/\$$	$gl/\pounds$
1. 1980—1995	1	0.290	2.27	4124		0.098^c	−0.490^c	0.328^c	−0.138^c	−0.463^c
2. 1980—1995	1	0.259	2.25	4133		0.046^c	−0.624^c	0.556^c	−0.125^c	−0.658^c
3. 1980—1995	1	0.298	−0.30^b	4091	−0.131^c	0.098^c	−0.571^c	0.394^c	−0.157^c	−0.552^c
4. 1980—1995	1	0.287	0.13^c	4101	−0.182^c	0.085^c	−0.640^c	0.544^c	−0.667^c	−0.132^c
5. 1980—1995	2	0.258	2.26	1950		0.041^b	−0.550^c	0.467^c	−0.090^c	−0.565^c
						(0.024)	(0.033)	(0.032)	(0.033)	(0.052)
6. 1980—1995	5	0.244	2.26	776		0.034	−0.470^c	0.341^c	−0.123^c	−0.374^c
						(0.042)	(0.044)	(0.048)	(0.039)	(0.072)
7. 1980—1995	15	0.239	2.44	254		0.095^b	−0.436^c	0.253^c	−0.146^b	−0.291^c
						(0.057)	(0.059)	(0.050)	(0.068)	(0.102)

续前表

设定	收益期限(天)	R^2	DW或DAH	DOF	滞后因变量方差	S&P指数	FTSE指数	Dutch指数	gl/$	gl/£
8. 1980—1995	50	0.352	2.16	71		0.017	−0.376[c]	0.274[c]	−0.090[a]	−0.255[c]
						(0.082)	(0.065)	(0.068)	(0.070)	(0.099)
2.1980	1	0.300	2.06	247		0.073	−0.596[c]	0.847[c]	−0.401	−0.862[c]
2.1981	1	0.313	2.18	250		0.014	−0.752[c]	0.760[c]	0.009	−0.705[c]
2.1982	1	0.331	2.03	250		−0.092	−0.687[c]	0.725[c]	−0.145	−0.777[c]
2.1983	1	0.163	2.32	250		0.166	−0.392[c]	0.247[c]	−0.070	−0.468[c]
2.1984	1	0.355	2.29	250		−0.007	−0.546[c]	0.547[c]	−0.120	−0.755[c]
2.1985	1	0.235	1.73	251		0.074	−0.506[c]	0.390[c]	0.064	−0.799[c]
2.1986	1	0.355	2.05	251		−0.010	−0.442[c]	0.512[c]	−0.417[c]	−0.940[c]
2.1987	1	0.291	2.34	251		−0.060	−0.744[c]	0.695[c]	−0.093	−0.886[c]
2.1988	1	0.395	2.45	252		0.167[c]	−0.778[c]	0.715[c]	0.101	−0.510[c]
2.1989	1	0.469	2.00	252		0.040[b]	−0.696[c]	0.688[c]	−0.214[a]	−0.838[c]
2.1990	1	0.346	2.21	250		0.188[a]	−0.629[c]	0.548[c]	−0.106	−0.454[c]
2.1991	1	0.256	2.16	250		0.080[a]	−0.635[c]	0.502[c]	−0.116	−0.432[b]
2.1992	1	0.220	2.21	251		0.199	−0.369[c]	0.309[c]	−0.127	−0.450[c]
2.1993	1	0.176	2.58	253		0.002[b]	−0.493[c]	0.202[a]	−0.069	−0.688[c]
2.1994	1	0.200	2.59	253		0.513[c]	−0.775[c]	0.199	−0.668[c]	−0.845[c]
2.1995	1	0.160	2.67	252		0.015[b]	−0.456[c]	0.230[b]	−0.213	−0.464[b]

a. 表示 F 检验在 10% 的显著性水平下的所有系数（超前和滞后）之和为零。
b. 表示 5% 的显著性水平。
c. 表示 1% 的显著性水平。

第 3 章 交易地点如何影响证券价格?

表 3—4　史克必成价格差异与市场变动

这张表展示了对以下方程的回归估计:

$$r_{\text{SKA-SKB},t} = \alpha + \sum_{j=-1}^{1} \beta_j \text{S\&P}_{t+j} + \sum_{j=-1}^{1} \delta_j \text{FTSE}_{t+j} + \sum_{l=-1}^{1} \gamma_l \, \$/ \pounds_{t+l} + \varepsilon_t$$

其中,$r_{\text{SKA-SKB},t}$ 表示史克必成 A 类股(伦敦)与史克必成 E 类股(纽约)对数收益间的差异;S&P 与 FTSE 分别表示用本国货币计量的 S&P 与《金融时报》Allshare 指数的超前项和滞后项,包含非同步交易的对数变动。设定 1 中包含了非同步交易的超前项和滞后项。设定 2 中采用了一些更为严格的对英镑汇率的对数变动。设定 3 和设定 4 与设定 1、2 相同,但包含了一个右侧的滞后因变量。设定 3 和 4 中用 DAH(Durbin's Alternate H)替代了 DW(Durbin-Watson)统计量。设定 5~设定 8 采用了 2、5、15 以及 50 天的回归期限。在所有设定中,超前和滞后自变量都被放弃了。所有的回归都采用了 OLS 法,都考虑了序列相关和异方差后的标准差。其中都只有单一系数,标准差在括号中标出。

设定	收益期限(天)	R^2	DW 或 DAH	DOF	滞后因变量方差	S&P 指数	FTSE 指数	$/£
1. 7/89—12/95	1	0.221	2.70	1665		−0.270^c	0.291^c	0.119^c
2. 7/89—12/95	1	0.216	2.69	1668		−0.390^c	0.390^c	0.215^c
3. 7/89—12/95	1	0.311	−0.54^c	1665	−0.335^c	−0.508^c	0.458^c	0.212^c
4. 7/89—12/95	1	0.307	−0.43^c	1667	−0.318^c	−0.541^c	0.365^c	0.214^c
5. 7/89—12/95	2	0.118	2.70	834		−0.466^c (0.064)	0.409^c (0.053)	0.184^c (0.045)
6. 7/89—12/95	5	0.167	2.68	330		−0.460^c	0.380^c	0.136^c

续前表

设定	收益期限(天)	R^2	DW 或 DAH	DOF	滞后因变量方差	S&P 指数	FTSE 指数	$/£
7. 7/89—12/95	15	0.112	2.57	106		−0.275^c (0.069)	0.216^c (0.055)	0.092^a (0.051)
8. 7/89—12/95	50	0.217	1.98	28		−0.299^b (0.085)	0.120^a (0.058)	−0.057 (0.067)
2. 7/89—7/90	1	0.450	2.35	253		−0.713^c (0.133)	0.629^c (0.085)	0.309^c (0.085)
2. 7/90—7/91	1	0.302	2.57	256		−0.400^b	0.242^c	0.331^b
2. 7/91—7/92	1	0.282	2.50	256		−0.167^c	0.213^c	0.232^c
2. 7/92—7/93	1	0.214	2.88	256		−0.278^c	0.544^c	0.237
2. 7/93—7/94	1	0.122	2.85	256		−0.235^c	0.382^c	−0.137^a
2. 7/94—7/95	1	0.113	2.57	256		−0.060^c	0.154^c	0.104^c
2. 7/95—12/95	1	0.143	2.41	107		−0.457^c	0.285^a	0.035^c

a. 表示 F 检验在 10% 的显著性水平下所有系数（超前和滞后）之和为零。
b. 表示 5% 的显著性水平。
c. 表示 1% 的显著性水平。

一行代表了总回归设定中的轻微的差异。前四项设定使用 1 天的收益水平，而设定 5~8 使用了长一些的收益期限。对于 1 天收益水平的情况，设定 1 和 2 代表了超前/滞后变量的轻微差异。在设定 1 中，独立变量在右侧都有一个超前项和滞后项。在设定 2 中，我们限定超前项和滞后项以显示实际市场的时间差异。例如，在表 3—2 中，因变量即皇家荷兰公司对壳牌公司的相对收益，只有在每天欧洲股市闭市时才能得到。由于欧洲股市闭市时间早于美国股市，所以只有美国股市前一天闭市时的收益包含在右侧的设定 2 中。除了在右侧增加了一个滞后因变量外，设定 3 和 4 类似于设定 1 和 2。这就使得我们能够估计孪生价格差异这一市场指标的改变所造成的短期对长期的效应：[1]

$$r_{A-B,s} = \alpha + \theta r_{A-B,s-1} + \beta r_{S\&P,s} + \delta r_{FTSE,s} + \lambda r_{DI,s} \\ + \gamma gl/\$_s + v gl/\pounds_s + \varepsilon_{A-B,s} \quad (3)$$

系数 β 可以理解为对标准普尔 500 指数（S&P500）的一个冲击所造成的收益差异的短期反应，而 $\dfrac{\beta}{1-\theta}$ 则可理解为长期反应。如果价格趋于回归等值，那么我们就能发现长期效应小于短期效应，所以有 $\theta < 0$。

设定 5~8 显示了使用设定 2 中 2 天、5 天、15 天及 50 天的收益期间得出的结果。由于在这些期间上低能力似乎不是问题，所以我们使用非重叠的收益数据使得结论更加可靠。[2]

3.5.2　估计值

表 3—2~表 3—4 的结果显著地拒绝了市场完全一体化的假设。实际上，所有的系数均符合我们的备择假设，并且它们中的大多数在 1% 的水平下显著不为零。[3] 这些估计值在经济上被认为数值较大。举例说，在表 3—2 中，1 天期限的皇家荷兰公司/壳牌公司的收益差异系数用标准普尔 500 指数、《金融时报》指数以及荷兰指数等数据拟合出的结果分别为 0.15、-0.50 和 0.30。表示汇率变动的系数也比较大，荷

---

[1] 除了滞后因变量外，方程（3）中的超前变量和滞后变量与方程（1）完全相同。它们被省略，以使表达式简单。

[2] 非重叠收益结果并没有使用数据中的所有信息。然而，它们带来了较高质量的标准差，因为残差在零假设之下并不存在连续的序列相关性。

[3] 显著性检验是对每种指数中的超前、当期以及滞后系数之和进行 F 检验。

兰盾/美元和荷兰盾/英镑的汇率变动系数分别为－0.10和－0.50。荷兰盾相对于美元和英镑升值1%，会造成皇家荷兰公司对壳牌公司的相对价格分别增加了10（0.1%）和50（0.5%）个基点。这些系数也意味着美元相对于英镑升值1%，则荷兰皇家公司对壳牌公司的相对价格增加大约40个基点（0.4%）。

我们可以有趣地发现，收益差异的方差中的大部分（按年度计算，平均标准差约为17%）可以由方程（1）进行解释。表3—2中的 R^2 出奇的高，在1天期限的收益下约为20%，而在更长期的情况下则上升到50%。

系数估计值在时间上似乎是稳定的。有意思的是，1985年壳牌公司的所有权发生了较大的改变，美国的持股比重由不到1%上升到8%。表3—2显示这次所有权的变动与标准普尔系数的下降有关，符合我们的备择假设。设定3和4中给出了独立的滞后因变量系数 θ_{AB} 的估计值，约为－0.2，这个数值在统计上是十分显著的。这就意味着短期 β 系数比长期 β 系数大约要高出20%。然而，这个估计值在经济上并不小，这就表明我们测度的"联动效应"将在更长的收益期限内持续出现。

表3—3和表3—4揭示了联合N.V./PLC和史克必成的一个相似情形。在1%的水平下，多数情况我们会拒绝零假设。

上述结果提供了在长期和短期中，相应孪生证券的价格与市场指数之间都存在联动的证据。这些数据实际上揭示了一个更强有力的发现：在我们的样本中，并没有发现证明"联动总是短暂"的统计证据。具体而言，我们并不能拒绝这些假设：（1）价格差包含有单位根；（2）价格差和股票指数之间存在协整关系。

在表3—5中，我们使用扩展的迪基-富勒（DF）检验来检查价格的差异是否存在着单位根。对于任何孪生价格而言，数据并不能拒绝单位根假设。DF检验的估计值也为我们提供了价格偏差的半衰期的情况，作为对日常数据的测量。在滞后的孪生价格差异的系数为0.004的情况下，价格偏差的半衰期几乎能恰好持续半年。然而，这个估计值是不准确的，我们不能拒绝半衰期是无限的假设。

此外，我们检验了孪生价格差异与市场指数之间的任意线性组合的协整情况。在所有的三对孪生公司的例子中，数据结果都拒绝了没有协整的零假设。① 这说明我们需要使用更长的时间序列去证明最简单的结

---

① 为了节省篇幅，在这里我们不再重复计算。详情可见Froot and Dabora（1998）。

论：在长期内，价格差异并没有随股市差异的增加而扩大，相反地，它会趋向于零。

对这些单位根检验的基本解释是，价格差异及其与市场变量之间的关系是高度持久的，以至我们不能发现价格差异存在均值回归的证据，或价格差异不遵循市场指数差异的证据。尽管我们不能对这些检验的零假设望文生义，但这些检验的确显示了孪生价格差异的高度持久性。

表 3—5　　　　　　　　　　协整和单位根检验

对数价格差异与对数价格之间扩展的 DF 检验

变量	系数	P 值	结果
$P_{RD,t} - P_{Shell,t}$	−0.003 4	0.292 6	不能拒绝单位根
$P_{UNV,t} - P_{Uplc,t}$	−0.004 2	0.872 9	不能拒绝单位根
$P_{SKA,t} - P_{SKE,t}$	−0.005 2	0.621 2	不能拒绝单位根
Dutch 指数	−0.000 2	0.984 5	不能拒绝单位根
FTSE 指数	−0.000 6	0.410 6	不能拒绝单位根
S&P 指数	−0.000 7	0.673 5	不能拒绝单位根

注：变量是孪生证券的相对的对数价格形式，如 $P_{RD,t} - P_{Shell,t}$ 是皇家荷兰相对于壳牌的对数价格。指数变量是股市总收益指数。系数是 β 在扩展的 DF 检验下的估计值，$\Delta P_{A-B,t} = \alpha + \delta t + \beta P_{A-B,t-1} + \gamma(\Delta P_{A,t-1} - \Delta P_{B,t-1}) + \varepsilon_t$。

3.6　关于相对价格与市场指数之间联动的解释

在这一部分，我们将分析价格差异及其与市场指数联动的几种可能的解释。为了节省篇幅，我们将集中分析其中最大的一对孪生公司——皇家荷兰公司/壳牌公司，尽管类似的结果可以从全部三对孪生公司中获得。虽然每一种解释都可能是相对价格变动的源泉，但它们似乎都不能对价格差异或联动模式进行有意义的解释。

3.6.1　初始问题：现金流分割的机制

皇家荷兰公司/壳牌集团按照 60∶40 的比例分割净收入。该集团的章程对跨国的公司税补偿也作出了规定，因此 60∶40 的分割比例也适用于缴纳企业税之后的原则。这项政策实施于 1972 年，当时英国引进了一种旨在消除对股息收入重复征税的税收体系——预付公司税（ACT）。ACT 给股息持有者提供了一种基于股息的公司税的补偿。具体来说，在 ACT

下，股东将获得股息以及政府的税收抵免。随着时间的推移，税收抵免发生了微小的变化，但通常约为总股息（股息加上抵免）的20%。

集团对ACT的反应就是将抵免额按照60∶40的比例分割，因而中和了ACT的分配效应。[①] 要弄明白这是如何运作的，就必须注意对皇家荷兰公司股东发放的任何抵免都必须通过集团（因为在ACT下，英国政府税收抵免只适用于壳牌公司的股东）。这样，集团向皇家荷兰公司股东支付了超过60%的分配股息。包括ACT在内，精确的分配比例是652∶435——仍然是60∶40的比例——其中ACT抵免占8.7%（即壳牌公司总股息0.435美元的20%）。抵免额的60%（0.052美元）分给了皇家荷兰公司的股东，使他们的支出达到0.652美元。剩余的0.348美元（=1美元－0.652美元）分配给了壳牌公司的股东。这样，集团对股东的直接支付比例为652∶348，但壳牌公司的股东也获得了8.7%的抵免值，使他们的税后份额达到了0.348美元+0.087美元=0.435美元。[②]

这里较重要的一点是，荷兰皇家公司/壳牌公司积极维持其60∶40的政策，甚至为此进行干预，以抵消两国公司税制度的不对称。

3.6.2 谨慎对待股息收入的使用

价格行为的一个可能解释就是母公司并没有直接向股东分派股息，相反，却自主地投资于部分基金。如果是这种情况，因为投资回报的变化，我们预期母公司价格将会偏离计算出的期望价格比率。然而，事情并非如此。1907年的合并协议明确规定母公司不能进行自己的投资，而是应当将获得的股息直接分配给股东。[③]

[①] 1907年的合并协议期望由母公司支付的股息收入税按照60∶40的比例分配。然而，由股东支付的股息收入税并不包含在内。因为ACT的实施既涉及集团股息税，也涉及壳牌股东的抵免，在最初的合并协议的宗旨下，在公司内部存在着一个争议，即壳牌股东是有权参与ACT的全部抵免额分配还是仅仅40%的那部分抵免额。从1972年ACT开始，集团决定对ACT抵免按照60∶40的比例分配。1977年，公司通过决定维持60∶40的分配比例，从而解决了争端。在考虑到壳牌股东的要求后（1977年1月13日由母公司公布），决定壳牌股东在1977—1984年期间将获得15%的追加名义股息。

[②] 分解可获得如下：a代表壳牌股东获得的股息部分，b代表每单位分配股息的税收抵免后价值。皇家荷兰的股东必须获得$0.6b=1-a$。壳牌股东获得他们税收抵免的b，$b=1+a\tau/(1-\tau)$，τ表示公司收入税率。如果$\tau=0.20$，则$a=0.348$。

[③] "皇家荷兰石油没有自己的运营业务，实际上，它的全部收入来自其在被统称为皇家荷兰/壳牌集团中的60%利益……"（皇家荷兰1994年年度报告）。"壳牌运输贸易公司，PLC没有自己的运营收入，它的全部收入来自其在被统称为皇家荷兰公司/壳牌公司中的40%利益"（壳牌运输贸易公司1994年年度报告）。

不过，这两家公司都没有将集团分配的全部收益作为将要分配给股东的股息。他们建立了一个现金储备账户，以促进资金周转的宽松并"为极端情况下的汇率波动提供一个缓冲"① （《投资与分析须知》，1994，第23页）。该政策是保持一个低的储备，但缓冲储备金的规模年年不同。年度报告和公司查询（company interviews）表明，储备账户一般有两种形式：以现金的形式存于银行或者以期限不到3个月的短期存款的形式存于银行。要明白这种储备是否重要，我们可以用共同货币积累股息，根据分配和短期利率进行调整。这就为我们提供了一个度量共同储备投资政策偏离的一个大致的方法。如果由母公司持有的储备金投资于无风险利率，那么累计股息的比率将保持不变。事实上，累计股息的比率确实偏离了60∶40的比率，但大约最多偏离75个基点（见图3—4）。这种偏差太小，以至于难以解释价格差异的重要性和波动性。然而，图3—4是有趣的，因为在低频率下，累计股息似乎与价格差异相关。

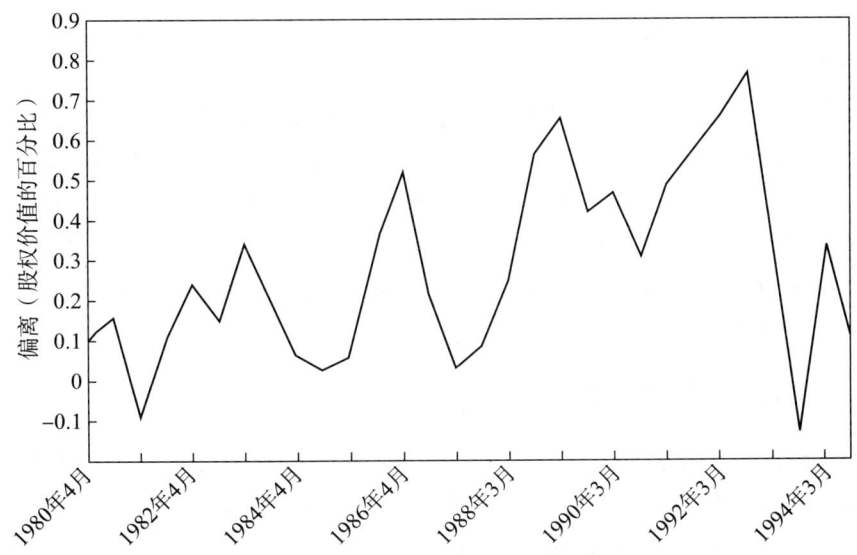

图3—4　皇家荷兰公司的股份相对于壳牌公司的累计股息的现值

注：该图显示，在现值基础上，皇家荷兰公司相对于壳牌公司的累计股息与平均股价的百分比。皇家荷兰公司的股息转化成一种共同的货币并用短期利率进行积累。

---

① "根据所要处理的投资准备金的金额已经或将被有关公司大幅用于再投资，所以对这些公司未来可能的出于保留收益的分配提供税收是毫无意义的，而且，去估计全部的税收总额或预提税部分是不切实际的"（皇家荷兰1994年年度报告）。

3.6.3 母公司之间的支出差异

价格差异的另一个可能的解释就是母公司支出的不同。如果公司支出大幅偏离了 60∶40 的比例，那么股东的净收入也将发生背离。然而，支出偏离 60∶40 的比率太小，以至于不能用于解释我们的问题。举例来说，1993 年的支出差异对每一只股票的股价的影响大约为 6 个基点。这些支出差异大量的资本化仅仅构成了股票价格差异的大约 1%。

3.6.4 投票权

公司控制力的不同也可以解释价格的差异。皇家荷兰公司在现金流和投票权方面均占有 60% 的比重，所以它有可能利用这种控制力去损害壳牌公司股东的利益。① 控制价值的波动将会导致相对价格的波动。这种情况最大的问题在于它们不能解释 1980—1986 年期间壳牌公司的股价相对比皇家荷兰公司的股价昂贵的原因。再者，只有当对整个经济的控制价值的变化能够在很大程度上说明市场走势时，皇家荷兰公司的控制权溢价才能解释其与市场指数的相关性。最后，反收购条款也使得皇家荷兰公司或壳牌公司对较大控制力的积累变得异常困难。举例说，皇家荷兰公司的普通股股东参与投票人数的上限为 12 000，这就限制了对管理委员会的冲击，这种冲击在原则上可能改变 60∶40 的比例关系。

3.6.5 股息与币种

两家母公司在同一天宣布股息情况。此时，皇家荷兰公司（壳牌公司）的股息分配将按照现行的现货汇率折算成荷兰盾（英镑）。在宣布日和支付日之间，英镑/荷兰盾的汇率波动改变了支付给皇家荷兰公司与壳牌公司股东股息的相对价值。

这些因素可以解释价格差异的变动，但只是很小一部分。汇率的波动只有在宣布日和除息日之间的短暂时间里有重大影响，而且，它们仅仅能影响当前股息的价值而不是股息的现值。举例来说，假定股息/股

---

① 公司的内部控制安排如下：每个母公司都有自己独立的管理层。皇家荷兰公司管理委员会成员和壳牌公司的常务董事也是集团董事的总经理。他们保持在三个集团控制公司董事会的职位。集团董事会成员的比率为 60∶40。

价比率为 5%，股息半年支付一次，英镑/荷兰盾每天波动 1%，并且在实践中实际的支付期与之相适应，则对于一年的总收益的变动，股息面值的货币差异最多增加 40 个基点。相对于观察到的孪生证券相对价格的大幅波动来说，这种波动是微小的。还要注意到，在回归中我们控制了货币的波动。因此，汇率的波动就不能解释与本地市场指数之间的联动情况。

3.6.6 除息日期结构

皇家荷兰公司和壳牌公司的股票可以在不同的日期进行除息。例如，1991—1993 年期间，皇家荷兰公司与壳牌公司中期和年终股息的除息日分别为 13 天和 63 天。这就意味着，当一种证券的除息日已过而另一种证券的除息日还没有到来时，这两种证券之间将存在一个价格楔子（price wedge）。这种影响也是较小的。在股息/股价比率为 5% 时（其中大约 3% 是年终股息，2% 是中期股息），价格差异至多只有几个百分点，所以也没有理由认为除息模式与市场走势相关。

3.6.7 税收引起的投资者的异质性

或许对价格行为最合理的解释可能就是税收扭曲。在这种扭曲状态下，特定国家对投资者偏好或课税的冲击将会导致孪生公司相对收益与市场指标之间的相关性。然而，这种解释倘若成立，则税收不仅在国家之间必须是分割的，而且，在每个国家内部，税收也必须在孪生公司之间进行分割。

为理解这一点，我们假定国家间的股息税是不同的，而在任何一个既定的国家内部，地方征税机构对孪生公司中两个成员的股息一视同仁。在这种情形下，对当地股息税的减免有可能导致本地股市相对于国外股市的上扬。然而，这没有理由改变孪生证券间的价格差异，因为从任何既定投资者的角度看，孪生公司成员之一的税后现金流相对于另一成员来说并没有变动。因此，对孪生公司两个成员的征税必须存在差异，至少对某些投资群体来说，这种税收解释是有效的。

为了解决此问题，我们调查了美国、英国及荷兰的特定投资者组织所能承受的税收负担。国际上对股息的征税显然是复杂的。举例来说，一个英国证券的美国持有者可能要支付预扣税（withholding tax），并且同时获得 ACT 的税收抵免和美国财政部对预扣税的一项抵免。① 但实际支付的税率可能因财务紧缩和机构重组而改变。尽管存在这样的困难，但一般而言，税法对应如何对待不同国家的投资群体的股息有着明确的规定。表 3—6 显示了对不同国家和不同投资群体（私人投资者、公司和投资信托及养老基金）的股东的包含有 ACT 在内的股息预提税率。

该表显示各国的私人投资者对皇家荷兰公司和壳牌公司的投资应该是无差异的。② 荷兰和美国的公司和投资信托对皇家荷兰公司与壳牌公司的投资也应当是无差异的，然而，英国的公司和投资信托应稍微偏爱持有壳牌公司的股份。无论如何，养老基金在孪生公司之间的投资应该没有差别。英国的养老（或"总"）基金投资于壳牌公司时无须缴纳税款，而投资于皇家荷兰公司时却面临 15% 的净股息预扣税。③ 与此相反，荷兰的养老基金投资于皇家荷兰公司时没有税收而投资于壳牌公司时却有 15% 的预扣税。在 1994 年 1 月 1 日之前，美国的养老基金持有皇家荷兰公司和壳牌公司的股份是无差异的，因为投资于两者都面临 15% 的预扣税。而在 1994 年 1 月 1 日之后，美国与荷兰的双重税收协定开始生效，使得美国养老基金更加偏好对皇家荷兰公司进行投资。

这些事实有几层含义。第一，在每个国家至少有一个投资群体对于税收效应是无差异的。这组投资者作为边际投资者能够使价格达到均等化。例如，我们预期荷兰的私人投资者和公司会在壳牌公司股价相对低于皇家荷兰公司股价时持有壳牌公司的股份。然而，在此期间，我们并没有发现壳牌公司的股份在荷兰的净持有数量有明显的增加。

---

① 这忽略了能影响孪生公司的相同税收效应。（例如，个人所得税。）

② 当持有皇家荷兰公司股票时，英国居民需要支付 25% 的预提股息税，然而在荷兰—英国的双向税收协定之下，仅可缴纳 10%。英国对股息税也给予了 5% 的优惠，这就使得总税率达到了 20%。壳牌公司的股东也得支付 20% 的股息税，结果就使得皇家荷兰公司和壳牌公司的征税比例相同。荷兰的投资者对于在皇家荷兰公司的股息要缴纳 25% 的预提股息税，这就与他们在股息上征收的收入税存在冲突。那些通过英国进行投资的壳牌公司股东将获得英国的全额税收信贷，然而，之后在英国将会支付 15% 的预提股息税。这种预提股息税与荷兰的收入税存在冲突，结果使得有效税率与两种股息收入相等。

③ 在英国的法律之下，税收减免者，包括在美国、英国和荷兰的养老基金，被给予针对 ACT 的全额抵免。

表 3—6　　　　　　　不同国家间不同投资群体的税收情况，1993[a]

国家	投资群体	对皇家荷兰的股息税率	对壳牌的股息税率	偏好	不同税收情况下年收益率的差异
英国	私人投资者	20%	20%	无差异	—
	公司	33%	20%	壳牌	−0.64%
	养老基金	15%	—	壳牌	−0.74%
荷兰	私人投资者	25%	25%	无差异	—
	公司	25%	25%	无差异	—
	养老基金	—	25%	皇家荷兰	1.23%
美国[c]	私人投资者	15%	15%	无差异	—
	公司	15%	15%	无差异	—
	养老基金[d]	15%	15%	无差异	—

a. 表中的税收指的是预提税、股息税以及 ACT。皇家荷兰公司和壳牌公司资本收益的税率对所有的股东群体都是相同的，所以没有列出。

b. 皇家荷兰公司与壳牌公司股息/价格比的平均水平（1993 年为 4.92%）乘以壳牌公司与皇家荷兰公司股息税率的差异。

c. 在美国，预提税从公司和个人的收入税中收取。对外国证券的预提税要么从美国的个人或公司的收入税中扣除，要么在当前的税收协定下，由英国与荷兰的税收机关直接返还。

d. 从历史上看，美国的养老基金和捐赠基金无法扣除对美国义务税收缴纳的外国税款。自 1994 年 1 月 1 日开始，美国的养老基金能够获得荷兰证券例如皇家荷兰公司的预提税的返还部分，将有效税率降至接近于零的水平。

第二，在除去最近两年后的所有样本期中，所有的美国投资者对皇家荷兰公司和壳牌公司在税收方面无差异。因此，我们就期望看到美国投资者更倾向于持有较便宜的证券。例如，壳牌在 1985—1992 年就相对便宜，然而，在此期间，壳牌公司的股份在美国的持有量却非常少，与此同时，皇家荷兰公司的股份持有量却非常大并在不断增长。此外，税收的无差异使得解释相对价格与美国股市收益或与美元价格的相关性变得极为困难。

第三，即使某些投资者在保留价格方面存在由税收引发的差异，也不能肯定这些差异大到足以解释 30% 或更大的价格偏差。因此，税收方面的解释尽管可能有用，但不可能解释价格差异的所有情况。

3.7 结论

本文阐明了股票价格受交易地点因素影响的证据，说明几乎具有完全相同现金流的孪生证券，其走势更像其交易最集中的市场的走势而不是它们应有的水平。价格差异与市场指数之间的联动在长期和短期都是存在的，因此交易地点对于价格决定就显得很重要。

我们的研究指出了分割的三种可能来源。第一种来源就是由税收导致的投资者的异质性。这种解释似乎并不充分。它并不能说明孪生证券价格与美国股市的相关性，因为在我们大量的样本中所有主要的美国投资群体都面临对于孪生证券相同的税收待遇。所以这个来源不能解释为什么美国持有的便宜股票没有增加，而持有的较贵股票没有减少。

分割的第二个可能的解释就是噪音。市场范围内源于非理性交易者的噪音冲击可以解释这种联动，并且这种噪音冲击对在本地交易的股票的影响比在国外交易的大。的确，这种解释能够说明与孪生证券相对价格的波动性相关的部分市场变动的原因可以归为噪音。这种情况的主要问题——在这里更一般地——就是噪音的来源或持续的非理性是难以辨识的。

第三是，制度的低效率可能解释联动。借助于较高的流动性或列入国内市场指数，孪生公司的一个成员可被归为"国内"证券。（注意，这里的因果关系能够很容易地延伸到相反方向，意指存在多重均衡的可能性。）一种证券是被划分为"国内证券"或"国外证券"在实际中似乎是很重要的，并且也有助于解决投资过程中的国际信息不对称和代理问题。

最后，存在一个套利如何惩罚价格差异的问题。在一个无摩擦市场上，很明显，套利将发生——任何单一的投资者都能多方筹集充足的资金驱使价格回归均值[1]，但是不规范的套利活动不能解释为什么从一开始就存在偏离。

---

[1] 有关交易费用和策略的具体数据，弗鲁特和佩罗尔德（Froot and Perold, 1996）曾经作过研究。

第 4 章　市场可以加减吗？论高科技股股权分拆中的错误定价[①]

欧文·A·拉蒙特（Owen A. Lamont）和
理查德·H·泰勒（Richard H. Thaler）

4.1 引　言

有效市场假说暗含两个重要的假设。一是在市场上难以获得超额收益；二是在某种意义上，价格"正确地"反映了股票的基本价值。在很多方面，第二个假设比第一个假设更加重要。资本市场能够为经济提供"在何处投资真实资源"的理性信号吗？如果一些企业的股票价格远远偏离了其内在价值，那么这些企业将会吸引过多或者过少的资本。虽然这一点十分重要，但是难以检测有效市场假说的这一方面，因为内在价值是无法观察到的。这也是相对价值检测（例如使用封闭式基金）具有重要意义的原因所在。事实上，封闭式基金通常以折价或溢价的方式进行交易，这就使得人们怀疑其他资产是否也存在被错误定价的可能。

相对价值检测的最基本方法是一价定律：在同一时间，同一资产不能以不同的价格进行交易。在金融市场交易成本较小、竞争激烈的情况

[①] 感谢 John Cochrane, Douglas Diamond, Merle Erickson, Lou Harrison, J. B. Heaton, Ravi Jagannathan, Arvind Krishnamurthy, Mark Mitchell, Todd Pulvino, Tuomo Vuolteenaho 等《政治经济学杂志》的匿名评审员，以及美国金融协会、哈佛商学院、国民经济研究与资产定价会议的与会者，另外，芝加哥大学对此进行了资助。感谢 Joe Cornell, Mark Minichiello 为股权分拆数据提供的帮助和有意义的讨论。感谢余方提供的研究帮助。拉蒙特特别要感谢阿尔弗雷德斯隆基金会、芝加哥大学商学院证券价格研究中心、国家科学基金会、美国芝加哥投资分析师协会，以及投资管理与研究协会的帮助与支持。

下，一价定律通常被认为是近似准确的。事实上，一价定律在许多方面被认为是金融经济学的核心准则。本章的目的在于研究违背一价定律的例子，某种意义上，这些例子中的股票价格几乎肯定是错误的，因为它们远远背离了市场无摩擦价格。尽管我们考察的例子较少，但这些例子对一价定律的背离程度是相当大的。

在金融市场中，套利被定义为在同一时间以不同的价格买卖同一种资产，它是促成一价定律的原动力。在套利交易中所获得的收益，激励了套利者去纠正市场价格对一价定律任何形式的背离。套利是许多现代金融理论的基础，包括莫迪格里安尼-米勒资本结构定理、布莱克-斯科尔斯期权定价准则以及套利定价理论。

套利交易真的促成了一价定律吗？这是个经验主义问题，要比与"价格是否反映了其基本价值"类似的一般性问题更容易回答。对市场效率更一般含义的检验促使考察者站在定义基本价值的立场上。法马（Fama，1991，p.1575）称此为"联合假说"问题，即"市场本身的效率是不可检验的，必须借助于一些均衡模型进行联合检验，例如资产定价模型"。相反地，我们不需要借助资产定价模型去明白"相同的资产应该具有相同的价格"这个道理。

在检验资产价格是否普遍反映其内在价值方面，经济学家面临着同样的难题，而现实世界中，不断寻找错误定价股票的套利者们也被这一难题困扰着。例如，假设相对于股票B来说，股票A的价格被高估了。A是成长股，比如科技股，B是价值股，例如石油股。套利者可以卖空A买入B。遗憾的是，这一策略面临着"不良模型"（bad-model）风险，即联合假说问题的另一个名称。也许套利者忽视了一些差异，这些差异通常将流动性、风险或税收等因素合理地反映在现有股票价格中。在这种情况下，交易是不可能获得超额收益的。研究人员一直无法解决某一些问题，例如，价值股相对于成长股是否太便宜（DeBondt and Thaler，1985；Lakonishok，Shleifer，and Vishny，1994），或者只是具有更多的风险（Fama and French，1993）。

另外，套利者面临的另一个风险是基本面风险。一个卖空科技股而买入石油股的套利者将会面临中东局势恶化导致石油价格暴跌的风险。在这种情况下，尽管最初认为石油股便宜的判断也许是正确的，但套利者在事后损失了金钱。

相反地，如果股票A和股票B的现金流相同而价格不同，则套利者能够消除基本面风险。如果股票A和B具有其他类似的特征，例如，

第 4 章 市场可以加减吗？论高科技股股权分拆中的错误定价

相似的流动性，那么"不良模型"风险也能达到最小化。对于经济学家来说，一价定律的背离可以更加容易地被观察到，这同时也使套利者能够更好地予以纠正。例如，假设 A 是一个证券投资组合，B 是一个包含 A 在内的封闭式基金。如果 B 比 A 的价格低，套利者（忽略基金费用等问题）可以买入 B 而卖空 A，以期二者价格趋于同时获利。遗憾的是，这一策略却面临着第三类风险，即噪音交易者风险。当投资者的情绪发生变化时，买入基金并卖空相关股票的套利者会承担折价继续扩大的风险。这种风险可以是系统性的（所有封闭式基金折价都扩大），也可能是非系统性的（Lee，Shleifer，and Thaler，1991）。由于无法确保 A 和 B 的价格将会趋同，所以这一策略也是有风险的。

如果在有限期内 A 和 B 的价格趋于一致，则在长期内，噪音交易者风险可以消除。例如，假设在时期 T，封闭式基金 B 将要被清算，B 基金的所有持有者将获得现金分配，其价值等于证券组合 A 的净资产值。我们知道在时期 T，A 和 B 的价格将会相同。在现在与时期 T 之间，噪音交易者风险仍会存在，但不会在长期内持续。终止日期也会消除其他一些问题，例如，在 T 时刻之前，对 B 基金持有者而言，流动性并不是一个问题。在这一例子中，即使没有基本面风险、不良模型风险或噪音交易者风险，但仍存在着另一个造成 A 和 B 价格差异的因素：交易成本（包括交易费用和持有成本）。

市场效率和一价定律均受交易成本的影响。如果交易成本不为零，套利者无法促使价格一直趋向于基本价值，那么相同的股票可能有不同的价格。在这种情况下，法马（Fama，1991，p.1575）认为一个有效率的市场是"与效率假说的极端版本背离的，并处在包含有信息和交易成本的框架下"。一个例子就是"市场不可能卖空股票"，它等同于"卖空具有无限大的交易成本"。在这个市场上，股票价格可能被严重高估，但是由于套利者没有获利的机会，市场在这个意义上仍然是有效的。但是，这里的市场效率中存在严重的错误定价。

本章探讨了几个明显背离一价定律的例子。这几个例子很少含有风险，但与卖空相关的交易成本在套利限制中发挥了重要作用。我们研究股权分拆的情况，其中母公司表示将要剥离其在子公司中的剩余股份。一个明显的例子就是 Palm 和 3Com 公司。Palm 公司是一家制造掌上电脑的公司，它是 3Com 公司的一个子公司，而 3Com 公司以销售计算机网络系统及服务盈利。2000 年 3 月 2 日，3Com 公司通过首次公开发行（IPO）的方式向公众出售了其在 Palm 的一小部分股份。这次交易实际上是一次股权分拆。在股权分拆后，3Com 公司仍保留了其在 Palm 公司 95% 的股份。3Com 公司宣布，在获得美国国税局（IRS）的批准后，它将在当年年底之前剥离其在 Palm 公司的剩余股份，并将其分配给自己的股东。3Com 公司的股东每持有一股 3Com 股票，将获得 1.5 股 Palm 股份。

这使得投资者可以通过两种方式购买 Palm 股份。比如说，直接购买 150 股 Palm 公司的股票，或者购买 100 股 3Com 的股份，这样也可间接获得 150 股的 Palm 公司股份以及 3Com 公司的其他资产的部分股权。因为 3Com 公司的股票价格不可能低于零（股票价值永远不会为负），所以在这里由一价定律就可以得出一个简单的不等式：3Com 公司的股价必须至少是 Palm 股价的 1.5 倍。由于 3Com 公司除去其他盈利的业务资产外，每股股价超过 10 美元，因此可以预见，3Com 的股价为 Palm 股价的 1.5 倍是不成问题的。

在 Palm IPO 前一天，3Com 公司每股收盘价为 104.13 美元。在上市后的第一个交易日，Palm 收于每股 95.06 美元，这就意味着 3Com 公司的股价至少应该上涨到 145 美元（与先前 1.525 的比率相符）。事实恰好相反，3Com 公司股价跌到了每股 81.81 美元。这意味着 3Com 公司的自有价值（stub value）（3Com 与 Palm 无关的资产、业务的隐含价值）为每股 -63 美元。换言之，3Com 公司在去掉 Palm 公司的业务之后，其股票市场价值是 -220 亿美元！因为公司对 IPO 进行了充分的宣传并且吸引了广泛关注，同时也进行了错误定价，所以由法马（Fama，1991）提出的"信息成本"在这一例子中的影响极小。错误定价如此明显，即使是最愚钝的市场参与者和财经记者都能够观察到。这件事发生之后，错误定价被广泛地讨论，《华尔街日报》发表了两篇文章讨论这一定价失当的现象，《纽约时报》也发表了一篇文章对其进行讨论，然而，这种错误定价现象却持续了数月之久。

这是一个显著违背一价定律的例子，前文所述的各种套利风险在这里几乎都不成立。一个套利者买入 100 股 3Com 公司股票而卖出 150 股 Palm 股票，实际上等于以每股 -63 美元的价格买入 3Com 公司的股票。如果事情按照计划进行，那么在一年之内，每股 -63 美元的价格必将至少变为零。无须依据任何资产定价模型，我们就认同"3Com 公司的股价至少应等于 1.5 倍的 Palm 股价"这个观点。因为有一个股份分配的终止日期，所以噪音交易者的风险能够最小化。当分配发生时，3Com 公司的自有价值不能为负。Palm 公司的基本面风险也完全被对

第4章　市场可以加减吗？论高科技股股权分拆中的错误定价

冲了。剩下的唯一问题就是高昂的套利成本。尽管如此，投资者仍然愿意支付超过 25 亿美元（基于已发行的 Palm 股份）来购买昂贵的 Palm 股份，而不是购买包含在 3Com 公司股份中的较为便宜的 Palm 股份。

我们并不认为这种错误定价能创造出可利用的套利机会。相反地，我们认为正是市场摩擦造成了错误定价，市场摩擦也就是卖空成本。当卖空很昂贵或根本不可能时，这些成本就会出现。尽管卖空成本在导致错误定价的过程中非常必要，但仅此还不够。卖空成本可以解释为什么一个理性的套利者不能卖空定价过高的股票，却不能解释为什么人们都愿意买入定价过高的股票。为了解释这一现象，我们必须假定投资者或是非理性（我们使用的具体例子），或是严重缺乏信息，或是具有特殊偏好，或是由于其他原因而愿意持有定价过高的股票。我们将上述条件统称为"非理性"，它们可能造成对某种特殊股票的向下倾斜的需求曲线（尽管存在便宜的且几乎相同的替代品）。① 这样，交易成本和非理性投资者共同成为错误定价出现的充分条件。交易成本通过限制套利活动创造了一个市场环境。在这个市场环境中，简单的供给和需求直觉有助于解释资产定价。在我们的例子中，相对于市场通过卖空提供股票的能力，非理性投资者对某些股票的需求过于旺盛，造成了股票价格过高。

我们用所能发现的所有例子来考察这一问题，这些例子都具有 Palm—3Com 情形下的关键要素，即母公司宣称在不久的将来要进行股权分拆。通过把自己限定在这些例子中（与所有股权分拆的更大范畴不同），我们就能够将剥离永不发生这一风险最小化，随之减少套利交易中的内在风险。

在第二节，我们将阐述股权的分拆和剥离，并说明我们如何构建样本以及如何描述它们的主要特征。在第三节，我们将解释隐含于市场价格中的高收益，描述相关的风险，并探求高收益能否由风险来解释。在第四节，我们将描述卖空方面的限制会造成错误定价持续存在这一问题。我们将阐释与一价定律背离的另一种显著情况，即与期权平价原则（put-call parity）的背离，并解释这种背离是怎样与卖空约束相一致的。

---

① 我们使用"非理性"这个词是因为找不到更好的词，我们不希望因此而陷入有关理性的哲学辩论中。如果某人买入一只股票或是在一匹马上下赌注，是因为他喜欢它们的名字，在这样的情形下放弃某些金融利益，我们称之为非理性，而不考虑从这种资产中获得的效用是否能够补偿放弃另一种名字较差而收益却较好的资产所受的损失。鉴于本文是关于金融市场的，将非理性等同于非金钱目的是合理的。

在第五节，我们将探寻自有价值为负的原因，考察 IPO 当日母公司和新股的收益，并说明母公司和新股的投资者的特点。

4.2 股权分拆的例子

我们将依次介绍股权分拆与剥离。股权分拆，也称为部分公开发行，是对子公司部分股份进行 IPO（通常是少数股权）。在一次股权分拆中，子公司通过向公众出售股票而募集资金，然后通常会将募集到的部分或全部资金返还给母公司。股权剥离是指母公司将其在子公司的剩余股份分配给母公司的股东，在这一过程中没有现金交易。

我们将研究一个股权分拆的例子，在这个例子中，母公司明确表示（在进行股权分拆后）将立即剥离其在子公司中的剩余股份。研究这个例子，是因为在这个具有负自有价值例子中，所有交易机会都有一个明确的时间。相比之下，康奈尔和刘（Cornell and Liu，2001）、席尔和周（Schill and Zhou，2001），米契尔、普尔维诺和斯塔福德（Mitchell, Pulvino, and Stafford，2002）所考察的负自有价值例子从总体上来看并没有明确地涉及股权剥离。我们集中于那些有终止日期的例子，这可以使我们忽略他们所讨论的许多问题，如代理成本（母公司浪费子公司带来的资金的可能性）。

股权剥离可以使母公司和其股东免于征税。为了免税，剥离需要符合《国内税收法》第 355 条，即要求母公司（在剥离前）拥有子公司至少 80％的股份。因此，如果公司在股权分拆后要进行免于征税的股权剥离，就有必要在其子公司中分拆出不超过 20％的股份。

一个公司在股权剥离前进行股权分拆有以下几个原因。第一，母公司可能要为自身募集资本（Allen and McConnell，1998）。第二，母公司可能要为子公司募集资本。第三，出于与公司控制相关的策略考虑，母公司希望为子公司建立一个相对分散的股东基础（Zingales，1995）。第四，一个标准的解释就是，母公司通过出售一小部分股份为新股份的发行建立一个有序的市场（Cornell，1998）。根据这一解释，母公司避免了股份完全剥离时，新股份对市场的冲击，并且 IPO 有利于鼓励投资银行参与市场和支持新股份发行。如果公司认为母公司股票价格被低估或是子公司股票价格将被高估，则通过子公司的股权分拆而不是由母公司发行股份募集资金，是特别具有吸引力的，详情可参见 Nanda

(1991); Slovin, Sushka, and Ferraro (1995)。

4.2.1 样本

我们从证券数据公司获取所有股权分拆的例子,在这些例子中,母公司至少拥有子公司 80% 的股份。这份清单包含了自 1985 年 4 月至 2000 年 5 月之间 155 个符合条件的股权分拆例子。我们自己又增加了 5 个例子,其中一个(PFSWeb)似乎被证券数据公司编错了,另外 4 个发生在 2000 年 5 月之后。利用证券交易委员会(SEC's)埃德加数据库,我们搜索了登记表 S-1 中那些明确打算尽快分配剩余股份的母公司,并排除了那些没有宣布明确分配计划的例子。一个典型的例子来自 Palm 公司,即"3Com 公司计划 6 个月内完成对 Palm 公司的剥离,将其在 Palm 公司中的普通股股份分配给 3Com 公司的股东"。公司声明提及将 IRS 的批准作为进行分配的前提条件,分配的具体期限通常是 6~12 个月。

尽管埃德加数据库在 1996 年 5 月 6 日前的数据并不完整,不能找到该日期以前的全部数据,但我们的搜集还是从 1995 年开始,我们发现 1995 年没有满足我们要求的公司,因此最终样本只包含了从 1996 年 4 月 18 日至 2000 年 8 月期间的 18 个例子。这份样本数据列在了表 4—1 中,在这些例子中,母公司通过股权分拆出售了其在子公司不到 20% 的股份,并宣布进行剩余股份的分配。

表 4—1　　　　　　　　　　　股权分拆例子

发行日	母公司	子公司	分配日	是否为负自有价值
4/3/96	AT&T	Lucent Technologies	09/30/96	否
8/21/96	Tridex	TransAct Technologies	03/31/97	极小
11/13/96	Santa Fe Energy Resources	Monterey Resources	07/25/97	否
3/6/97	Odetics	ATL Products	10/31/97	极小
8/12/98	Cincinnati Bell	Convergys	12/31/98	否
12/3/98	Creative Computers	UBID	06/07/99	是

续前表

发行日	母公司	子公司	分配日	是否为负自有价值
2/4/99	General Motors	Delphi Automotive Systems	05/28/99	否
8/10/99	Viacom	Blockbuster	Canceled	否
11/17/99	Hewlett-Packard	Agilent Technologies	06/02/00	否
11/17/99	HNC Software	Retek	09/29/00	是
12/1/99	Daisytek	PFSWeb	07/06/00	是
12/15/99	Metamor Worldwide	Xpedior	取消	是
3/1/00	3Com	Palm	07/27/00	是
4/3/00	Cabot Corp.	Cabot Microelectronics	09/29/00	否
6/26/00	Methode Electronics	Stratos Lightwave	4/28/01	是
6/26/00	Deluxe	Efunds	12/11/00	否
7/10/00	Eaton	Axcelis Technologies	12/29/00	否
8/9/00	Sea Containers	Orient Express Hotels		极小

注：1995—2000年18个股权分拆案例列表。在这些分拆中母公司说明了将其在子公司中的剩余股份分配给它的股东的意向。发布日是 IPO 定价日，即交易前一天。分配日是股权剥离完成日，即分配报告日后的某一日。

4.2.2 构建自有价值

我们将自有价值定义为：在分配日，被分配给母公司股东的子公司股份的比率。这一比率表示为，在分配记录日由母公司发行在外的普通股股数除以母公司持有的子公司的股份。遗憾的是，这一比例在发行日

第4章 市场可以加减吗？论高科技股股权分拆中的错误定价

是不确定的，因为母公司发行在外的普通股股数是波动的，例如可转换债券的变动或内部认股权的执行。

设母公司与子公司在时刻 0 每股股价分别为 P_0^P 和 P_0^S，x 表示分配日子公司股份分配给母公司股东的的比例。负自有价值意味着，$S_0 = P_0^P - xP_0^S < 0$。我们也可以将自有价值表示为母公司股价的分数形式（记为小写的 s）：

$$s_0 = \frac{P_0^P - xP_0^S}{P_0^P} = \frac{S_0}{P_0^P}$$

因此，要计算出自有价值，我们需要估计每一时点上的预期比率。我们分两步进行。首先，我们仅仅使用母公司发行在外的股份数除以母公司持有的子公司股份数这一简单比率，其中，发行在外的股份数数据来自证券价格研究中心（CRSP）。由于各种意外事件通常会提高母公司的股份数，所以这一比率有可能夸大了实际比率，这样就使计算出的负自有价值的绝对值变大。其次，在考察了这 18 个例子的自有价值模式后，我们更仔细地研究其中具有潜在负自有价值的例子。

我们专注于负自有价值，目的是考虑那些明显违背一价定律的例子。当然在其他情况下也可能存在错误定价，但在这些例子中存在错误定价的有争议的证据。因此，负自有价值例子应被视为存在明显错误定价的极端情况。对于存在潜在负自有价值的例子，我们收集实时的信息以构建估计比率。除了一个例子以外，最终比率的不确定性似乎都比较小。①

在这 18 个例子中，9 个具有明显的正自有价值。另外我们划分出 3 个具有极小的负自有价值的例子。在这 3 个例子中，可以观察到它们极小的负自有价值仅持续了一到两天，或是由于股份数量的变动造成正确比率偶尔不明晰这些现象。在所有可用的信息之下，对于这些例子，我们认为一个理性的人不会相信自有价值为负。在这三个负自有价值极小的例子中，其负值都没有出现在 IPO 当日或离 IPO 较近的日期中。

我们确定 6 个具有明确负自有价值的例子：UBID，Retek，PF-

---

① 在 Retek 的例子中，最终比率具有极大的不确定性，因为母公司的股份数量有变动。Retek 的母公司最终决定加快内部认股权。

SWeb，Xpedior，Palm，Stratos Lightwave。① 6个例子全部都是科技股。UBID是一个在线拍卖公司。Retek生产企业对企业的商业库存软件。PFSWeb为电子商务提供交易管理服务。Xpedior是一家电子商务咨询公司。Stratos Lightwave是一家光学网络公司。这6家母公司及其子公司均在纳斯达克交易。

如表4—2所示，对于这6个具有负自有价值的公司，4个在首交日结束时自有价值为负，另外两个公司的负自有价值出现在首个交易日两天之后。有5个例子，负值至少出现了2个月，其中持续时间最长的Stratos更是达到了187天。对于Xpedior公司，负自有价值在转为正值之前仅仅持续了2天。Xpedior公司的最低自有价值也较小，仅占母公司价值的−19%，而不像其他5个公司那样，最低自有价值占母公司的比重达到−39%，甚至−137%。因此，Xpedior公司在错误定价的持续性和规模上相对较弱。

表4—2以不同方式显示了错误定价的程度。也许最相关的就是子公司股票交易的市场价值。对Palm而言（这里使用的是公开交易的股票数量，而不是发行在外的股票数量），它的最高市值达到25亿美元，这意味着投资者认为持有Palm比持有3Com更有利。

4.2.3 负自有价值的时间模式

图4—1~图4—4分别显示了6个负自有价值例子的自有价值时间序列。除了图4—2，实线表示分配前的自有价值，虚线表示分配后母公司的股价。有几种情况是显而易见的。首先，自有价值开始为负，并逐渐接近于零，最终变为正值。其次，IRS的批准，以及随后分配日的公布（发生在同一天）引起自有价值由负转正，这样的例子有两个，即UBID和Palm。因此，在这些例子中，市场的表现就好像这些天有重大消息一样。②

---

① 在这6个例子中，我们用如下方法计算估计的分配比率（早于实际分配比率的公布日）。对于UBID和Retek，我们使用的是CPRS发行在外的股份数。而Palm和Stratos采用股权剥离方提供的数据。对于PFSWeb，在2000年前我们使用股权剥离方提供的数据，之后采用CPRS发行在外的股份数。对于Xpedior，我们使用公司网站上的实时数据。

② 在Retek的例子中，自有价值很少出现这种趋势。由于最终的分配比率是不确定的，所以Retek的实际自有价值在2000年7月并不完全清晰。对Retek公司而言，自有价值对分配比率的宣布具有不同的意义，因为这种宣布包含重要的定量信息。已公布的比率为1.24，而10天前的一份分析报告中估计为1.40。

第4章 市场可以加减吗？论高科技股股权分拆中的错误定价

表 4—2 IPO 与分配日期间的自有价值和市场价值

	最小自有价值（以母公司每股股价表示）	最小自有价值（以母公司价值的比例表示）	发行股份的最大市场价值（百万美元）	交易天数			分配公布日
				首次为负值	首次为正值	最后一次为负值	
Creative/UBID	−74.81	−1.37	342	1	114	113	113
HNC/Retek	−49.01	−.56	594	2	50	178	181
Daisytek/PFSWeb	−13.72	−.63	157	1	82	81	131
Metamor/Xpedior	−5.26	−.19	315	3	5	92	67
3Com/Palm	−63.16	−.77	2 514	1	48	47	47
Methode/Stratos	−20.95	−.39	499	1	133	146	187

注：以每股股价表示的自有价值为 $S_t = P_t^i - xP_t^S$。以母公司价值比率表示的自有价值为 $S_t = (P_t^i - xP_t^S)/P_t^i = S_t/P_t^i$。交易第一天作为开始日期。最小自有价值为 IPO 与分配日期间的自有价值。发行股票的最大市场价值为首次为正值期间的最高市场价乘以发行的股票数（非流通在外的）。首次为负值是第一次出现负值的交易日。首次为正值是随后第一次出现正值的交易日。最后为负值是最后出现负值的交易日。所有的计算均基于收盘价。对于 Metamor/Xpedior，第 67 天为母公司 Metamor 宣布其被兼并的日期。

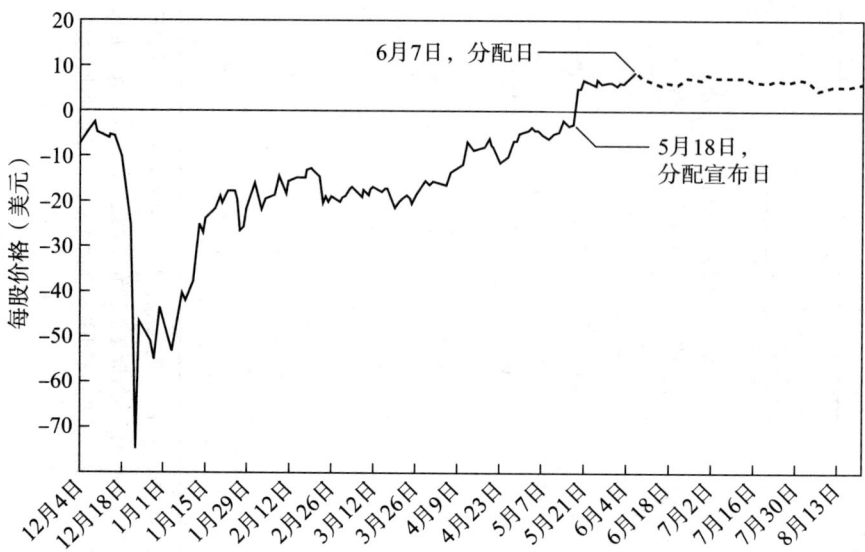

图4—1 Creative Computers/UBID 的自有价值，
1998年12月4日—1999年8月24日

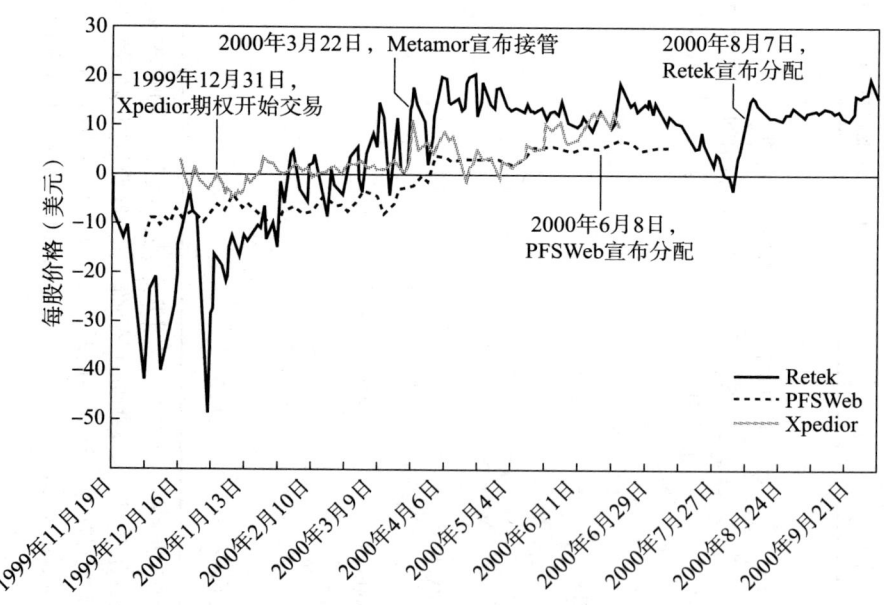

图4—2 HNC/Retek、Daiseytek/PFSWeb 和
Metamor/Xpedior 的自有价值

第 4 章 市场可以加减吗？论高科技股股权分拆中的错误定价

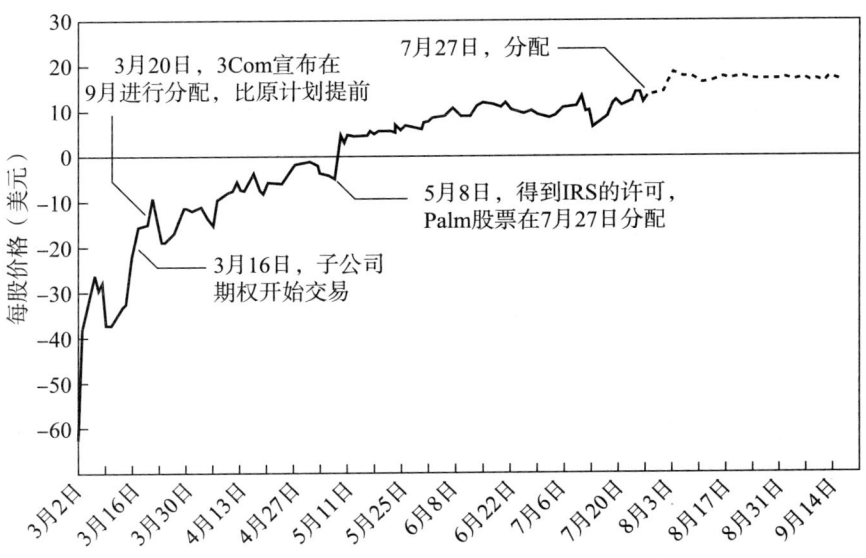

图 4—3 3Com /Palm 的自有价值，
2000 年 3 月 2 日—2000 年 9 月 18 日

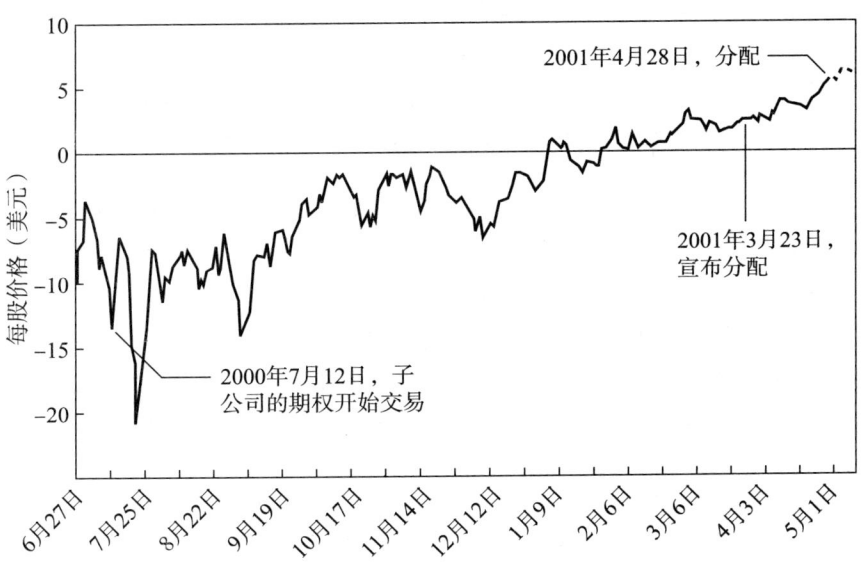

图 4—4 Methode /Stratos 的自有价值，
2000 年 6 月 27 日—2001 年 5 月 7 日

在其中一个例子 Xpedior 中，从未进行过分配。在 2000 年 3 月 22 日，母公司 Metamor 宣布另一家公司正打算收购它。Xpedior 的自有价值在这一天显著上升。然而,人们认为,在公布日当天以及之后,Xpedior 的自有价值就意义不大了,因为分配有可能被取消。在公布日,虽然没有明确表示取消股权剥离,但是收购方也未能确认剥离,而只是宣布它已获得了对 Xpedior 的控制,并将追加投资。

图中显示了自有价值可预测的特定运动。自有价值开始为负值,进而转为正值。这种情况随着时间的推移不断重复,似乎没有反映一些常见的因素的系统性公开,而是体现了特有的发展。

到目前为止,我们从分析中得到两个结论。首先,可以确认 6 个例子都具有明确的负自有价值。我们认为,所考察的具有负自有价值的例子中,有三分之一是不显著的。正如上文所强调的,负自有价值表明总体上存在严重的错误定价。仅仅有一个这样的例子存在,我们就可以质疑市场的效率。事实上,我们发现了 6 个这样的例子,这说明之前一直被公众所熟知的 Palm 的例子并不是唯一的。①

其次,我们所研究的所有例子都表明了一个类似的收益时间模式,即随着时间的推移,负自有价值的绝对值逐渐减小并最终转变为正值。这表明,市场自身的力量可以修正错误定价,但这个过程非常缓慢。在第四节,我们将回到这种缓慢的调整,这种调整也反映出由于市场供给股票的能力不足而导致卖空交易十分困难这一现象。

4.3 自有价值的风险与收益

在本节,我们将探讨一种投资策略的收益,即在买入母公司股票的同时卖空子公司股票。我们发现,这一策略会带来高收益,且具有较低的风险(其中较大部分是非系统性风险)。不过,我们提醒读者不要急于利用这种现象进行套利;正如我们在下一节中显示的,这种在理论层面发现的高收益在实践中很难获得,这是由于卖空子公司的股票存在着较大困难(尽管我们知道很多投资者在这种情况下的确赚到了钱)。因

---

① 很难说三分之一的比率是高估了还是低估了错误定价的普遍性。一方面,企业有可能在其子公司股价被高估时倾向于进行股权分拆,我们所考察的 18 个公司的例子并没有明显地体现出这种情况(公司在股票价格被高估时应该发行股票,如斯坦(Stein,1996)所认为的)。此外,在 1998—2000 年期间,错误定价较为普遍,但在大多数年份错误定价是少见的。里特和韦尔奇(Ritter and Welch,2002)表明,这一时期进行首日上市的公司有异常的收益;奥费克和里查德森(Ofek and Richardson,2001)也认为,这一时期,与互联网有关的新股在首日交易中往往具有较高的收益。另外,错误定价在超过三分之一的时间里发生。我们表明 18 个例子中,有 6 个具有负自有价值,另外的 12 个自有价值或者过低或者过高。所以,在这个意义上说,也许三分之一是相对错误定价的下限。

此,我们的问题是,这种策略如果被实施,能否获利?

这一投资策略涉及金融中的几个有争议的概念:价值、IPO 以及多样化折价。第一,它是一种买入便宜股票而卖出较贵股票的策略。第二,它是一种卖空 IPO 股票的策略。里特(Ritter,1991)提出了 IPO 通常具有较低的后续收益,但这一发现在统计上是否得到支持一直存在着激烈的争论,参见法马(Fama,1998)、洛克伦和里特(Loughran and Ritter,2000)的总结。在这一争论中,维吉(Vijh,1999)发现进行股权分拆的股票随后并没有出现较低后续收益率。第三,它是一种买入公司多样化折价股票的策略。拉蒙特和波尔克(Lamont and Polk,2001)表明,多样化折价部分体现了多元化企业的后续收益,所以多样化折价并非仅仅反映了代理问题,如管理者浪费。我们的 4 个例子明确体现了错误定价对收益模式的驱动,所以我们有确凿的例子证明价值/IPO/多样化效应是由错误定价造成的。

4.3.1 自有价值头寸收益

在下面的分析中,我们忽略红利,并且假设在时间 T,分配以一个固定比率进行。第一,因为自有价值在时间 T 之前必须由负值转为正值,所以有 $R_T^P > R_T^S$,其中 R_T^P 和 R_T^S 分别代表 0 时期到 T 时期之间母公司和子公司的收益。所以,如果一个投资者买入母公司股票,并同时卖出等价的子公司股票,他将获得一个正收益,即 $R_T^P - R_T^S$。在一个无摩擦的市场上,投资者容易获得卖空收益,因为这一策略是零成本或是自筹资策略。对于这一策略,确切的分配比率并不重要,只要知道最初的自有价值是负值就可以了。在本文中,这一策略存在着一个套利的机会,因为它是零成本的,且在未来会产生一个严格的正现金流。

假设分配以已知比率 x 进行,投资者可以建立头寸,并全部押注自有价值。第二个策略消除了子公司价值波动的效应,也严格地确保投资者获得正收益。每买入一股母公司股票,同时卖出 x 股子公司股票,并在最初的时期以无风险利率 R_F(再次忽略卖空收益)投资$-S_0$ 美元现金。同样,这一策略在理论上是自筹资形式,并将等量数额的资金投入长期投资组合(由无风险资产及母公司股票组成)和短期投资组合(由子公司股票组成)之中。这一策略的收益表达可表示为:

$$\frac{1}{1-s_0}R_T^P + \frac{-s_0}{1-s_0}R_T^F - R_T^S$$

表 4—3 说明了这一买入母公司股票并同时卖出子公司股票的策略在第一个交易日闭市时的收益(即当天的自有价值)为负值。我们考察

表4—3 自有价值首次为负与公布日/分配日期间的总收益

	自有价值首次为负	宣布后一日				分配前一日		
		自有价值	R_T^P	R_T^S	$R_T^P - R_T^S$	自有价值	R_T^P	R_T^S	$R_T^P - R_T^S$
Creative/UBID	−8.09	5.17	0.49	0.00	0.49	6.32	0.25	−0.22	0.47
HNC/Retek	−8.04	14.94	−0.19	−0.34	0.15	17.80	0.23	0.09	0.13
Daisytek/PFSWeb	−13.72	5.64	−0.48	−0.84	0.36	5.39	−0.59	−0.90	0.31
Metamor/Xpedior	−3.65	7.75	0.15	−0.22	0.37	9.89	−0.06	−0.48	0.41
3Com/Palm	−63.16	4.09	−0.41	−0.69	0.28	13.43	−0.17	−0.61	0.44
Methode/Stratos	−10.06	2.42	−0.59	−0.72	0.13	5.79	−0.59	−0.78	0.20
平均	−17.78	6.67	−0.17	−0.47	0.30	9.77	−0.16	−0.48	0.33
	(−1.94)	(3.70)	(−1.02)	(−3.46)	(5.21)	(4.79)	(−1.03)	(−3.20)	(5.78)
不包括 Xpedior 的平均	−20.61	6.45	−0.24	−0.52	0.28	9.75	−0.18	−0.48	0.31
	(−1.93)	(2.94)	(−1.23)	(−3.36)	(4.18)	(3.90)	(−0.95)	(−2.62)	(4.69)

注：总收益指的是，自有价值首次出现负值到公布日的后一日或分配日的前一日之间的收益。对于 Xpedior，我们将终止公布日定为其母公司公布 Xpedior 被兼并的日期，而分配日定为其母公司终止交易的日期。t 统计量的平均值列在括号里。

两个持有期，一是持有到公布日结束的后一天，二是持有到分配日的前一天。表4—3中，对于Xpedior，我们使用其被收购时的公布日作为公布日，收购完成之日作为分配日。表4—3显示，在公布日之前，持有母公司股票的收益要比子公司高出30%，而在分配日之前则高达33%。这种差异在统计上是十分显著的。单凭这一项，我们还不能肯定是子公司的股价被高估了，还是母公司的股价被低估了。在下文中，我们将从期权市场中得到能够证实子公司的股价被高估的证据。

4.3.2 风险的传统度量

表4—4显示了买入母公司而卖空子公司股票的月度投资组合收益。在该月的最后一个交易日，如果子公司呈现负的自有价值，我们就买入母公司股票，卖出子公司股票。维持这一策略，直到分配日前一个月的最后一天。我们计算了这一策略下投资组合的平均加权收益。该策略每月平均有1~3对符合条件的例子，且这种情况维持了21个月，即从1999年1月至1999年5月（UBID）和1999年12月至2001年3月（对于其他4个子公司而言，Xpedior不适合这一策略）。

在此期间，买入母公司和卖空同等数额子公司股票的简单策略，每月平均有10%的收益率（显著不为零），标准差为每月14%，月度夏普比率为每月0.67。全部押注自有价值的对冲策略，月度夏普比率稍高一些，为0.70。同期，市场平均超额收益（加权后的纽约证券交易所/美国证券交易所/从CRSP获得的纳斯达克收益减去伊博森提供的国库券收益）为负。从1927年7月至2001年3月，市场的夏普比率为0.12，因此自有价值策略的风险收益权衡要比市场的风险收益权衡有利4倍多。

表4—4显示了对资本资产定价模型（CAPM）方程的估计。尽管这一策略具有一个正的且显著的市场β值（这样子公司比母公司具有更多的市场风险），α在简单策略下为每月10%，在对冲策略下为每月9%。对α的t统计量的显著性检验证明了自有价值交易策略可以得到比市场高的夏普比率。即使只使用单一的投资组合在21个月内的观察结果，我们也可以肯定地拒绝α为零的假设。利用法马和弗伦奇（Fama and French, 1993）三因素模型也得到了这样的结论。

表4—4　　　　　CAPM及对月度交易策略的三因素回归

	简单策略		对冲策略	
	(1)	(2)	(3)	(4)
α	0.10 (0.03)	0.10 (0.03)	0.09 (0.03)	0.09 (0.03)
RMRF	1.22 (0.53)	1.41 (0.60)	0.89 (0.47)	1.06 (0.53)
HML		0.46 (0.45)		0.42 (0.40)
SMB		0.47 (0.63)		0.43 (0.56)
R^2	0.22	0.27	0.16	0.21

注：对两策略收益的月度回归。计算采用收盘价。策略采取如下立场：如果月末的最后一天自有价值为负值，则一直将其持续到分配前一个月的最后一天。5个例子都是开始于第一个交易月的最后一日。Metamor/Xpedior 在这一月没有出现负的自有价值，所以没有包括在这一策略当中。用相等的权数进行加权之后，每月的收益在1～3的范围内波动。简单策略是 $R_T^P - R_T^S$，对冲策略是 $\frac{1}{1-s_0}R_T^P + \frac{-s_0}{1-s_0}R_T^F - R_T^S$，其中，$R_T^P$ 是母公司股票月度收益，R_T^S 是子公司股票月度收益；$S_0 = (P_0^P - xP_0^S)/P_0^P$ 是在交易第一个月时以母公司股票价格的百分比表示的自有价值。RMRF 是 CRSP 价值加权市场收益减去伊博森国库券收益。HML 和 SMB 是法马和弗伦奇（Fama and French, 1993）所认定的价值和规模因素，两者来自弗伦奇网页。HML 是高账面/市值比股票收益减去低账面/市值比股票收益后的收益。SMB 是小盘股的收益减去大盘股的收益。观察值为21个月。标准差列在括号中。

4.3.3　自有价值的特定风险

尽管我们的样本较小，但它对讨论一些在大样本之中尚未发生但是可能发生的事件是有益的。这些事件可能会对套利投资者产生负面影响，包括取消股权剥离，或是通过降低母公司股东持有的子公司的股份数目而改变分配比率。当预期比率变化时，自有价值可能在价格不变的情况下从负值转为正值。

取消分配可能有以下几种原因。第一，如果公司没有获得IRS的批准，股权剥离是不能免税的，因而可能取消分配。我们认为IRS拒绝的概率是较低的。第二，即使获得了IRS的批准，公司也可能改变初衷，取消分拆。虽然我们样本中的母公司声称要进行所有权分配，但这一声明是没有法律约束力的。我们18个股权剥离的样本中的一个例子就是

Blockbuster。在提交给 SEC 的备案中，母公司 Viacom 在股权分拆的 4 个月后声明，除非 Blockbuster 的股价走高，否则将不进行股权剥离。在这个例子中，Viacom 的决定对卖空子公司股票的自有价值策略而言称不上是负面事件，因为只有在子公司股价持续较低的情况下才取消分配。然而，取消股权剥离总是有可能使交易策略获得负收益。

分配被取消的另一个原因可能源自第三方的收购或股东的压力。我们已经讨论了 Xpedior 母公司被收购的例子。如表 4—3 所示，这次收购并没有阻止自有价值策略获取高额收益。另外一个例子发生在我们样本当中的 PFSWeb，股权分拆前，母公司收到有条件的自发收购出价，条件即是取消股权剥离，之后又有一位母公司的大股东公开反对剥离，并威胁采取法律行动。尽管出现这些事件，股权的分拆和分配仍然按计划进行。

这些例子强调，交易策略不是无风险的。然而，值得注意的是，许多不可预测的事件似乎对"购买母公司股票而卖出子公司股票的策略"有益。对母公司的收购（通常有收购溢价），股东的压力为母公司的股东增加价值或是因子公司股价过低而取消分配，这些对该策略都具有正面影响。

既然收益较高，而风险似乎相当低并且几乎完全是特定的，那么这些子公司的股价相对于其母公司就过高了。然而，仅仅使用 6 对公司的例子和 21 个月的收益情况还不足以证实这一结论。也许在我们研究期间存在一些尚未出现的负面事件，这些事件能够使得套利策略产生较大亏损。为了解决这些问题，我们将转向期权市场，寻找有关错误定价的其他证据。

4.4　卖空约束和持续性错误定价

上一节显示，负自有价值的情况可以产生极具吸引力的投资机会。那么，为什么理性的套利者没有通过买入母公司股票和卖出子公司股票来纠正错误定价呢？总体上存在着各种原因阻止理性投资者对错误定价的纠正。这些原因包括基本面风险、噪音交易者风险、流动性风险、制度或监管限制以及税收方面的问题。史莱佛和维什尼（Shleifer and Vishny，1997）在委托资产组合管理中讨论了非系统性风险和代理问题

(Pontiff，1996)。在我们研究的例子中，主要的非系统性风险是不进行分配的可能性。与这个观点相一致的是，当分配日公布时，自有价值有时会由负转正。这也符合那些不愿意承担大量非系统性风险的套利者的情况。

在许多情况下，噪声交易者风险、制度约束等可能导致资产被错误定价。然而，在我们的例子中，这些因素影响较小，套利的最主要障碍是卖空约束。一是卖空根本不可能；二是卖空可以进行，但存在比较大的交易成本。

4.4.1 卖空过程的描述

由于各种法律上和制度上的原因，卖空股票并不简单地是购买股票的镜像。为了能够卖空股票，就必须首先借入它；又因借入股票的市场并不是集中市场，所以对许多股票而言，借入可能存在困难或甚至根本不可能。为了借入股票，投资者需要寻找愿意出借股票的机构或个人。许多金融机构如互助基金、信托或资产管理公司，通常从事这方面的出借业务。这些出借者获得一笔费用收入，即借出股票所获得的利息收入减去借出方给予借入方的各种利息回扣。那些主要有由散户持有的股票、低市值的股票以及流动性较差的股票通常不容易借到。

尽管有证据证明，机构投资者存在不能卖空股价过高的子公司股票的情况，但这种情况对个体散户投资者而言更为可能。由 SEC、美联储、各证券交易所及经纪公司制定的条例和管理都在机械地限制卖空，特别是在 IPO 刚刚发生之后。在某些情况下，公司要求它们的股东不要出借他们的股票，以防止卖空者压低股票的价格。在 Palm 的例子中，《华尔街日报》报道，"有可能在下周的某个时候卖空……掌控了大部分 Palm 股票的经纪公司和机构投资者同意不立即向卖空者出借股票，直到 IPO 之后的一段时间"（2000 年 3 月 6 日，p. C15）。

对于那些能够借入股票的金融机构，卖空成本体现在他们所获收益的利息回扣上。在股票出借市场上，这种利息回扣起到使供给与需求均衡的作用。回扣可以为负，这意味着借入方要向出借股票的机构每日进行一定的支付，以体现股票的出让权（而不是每日从出借方获得卖空收益的利息返还）。这种回扣显然只是部分程度上使供应和需求均衡，因为股票借贷市场并不是一个会出现"出清价格"的集中市场。相反地，利息回扣只体现了在股票持有者与愿意卖空的交易者之间的个人交易，并且交易者必须互相寻找。这种寻找是有成本的，并且耗费时间达菲

(Duffie，1996）认为，股票借贷市场可以通过一个寻找模型来进行描述）。

4.4.2 卖空成本与过高估价

卖空约束，长期以来被认为是影响市场有效运行的关键因素。戴蒙德和维雷基亚（Diamond and Verrecchia，1987）构建了一个模型，这个模型包括获得信息的交易者、未获得信息却理性的交易者，以及一些可能的卖空约束。在他们的模型中，尽管卖空约束阻碍了私人信息的传输，但它没有导致股票价格被高估的情况。未获得信息的交易者理性地考虑到卖空约束，并且在设定价格时意识到了负面观念可能没有在交易中得到体现。

然而，对于非理性交易者，卖空约束却可能导致一些股票的价格被高估。由于卖空约束，理性的套利者会避免买入价格高估的股票，如果非理性的交易者足够多，则股票价格就可能被高估（Miller，1977；Russell and Thaler，1985；Chen，Hong，and Stein，2002）。有相当多的证据可以证实这种定价过高的情况。菲格维斯基和韦伯（Figlewski and Webb，1993）、德乔等（Dechow et al.，2001）认为，具有较高卖空利率的股票之后往往具有较低的收益。琼斯和拉蒙特（Jones and Lamont，2002）显示，卖空或进入出借市场的成本比较高的股票往往具有较高的价值，并在随后有较低的收益。

米勒（Miller，1977）阐述了卖空约束是如何导致价格仅仅体现乐观投资者的观点的。在描述因观点分歧而造成股价被高估时，他预见性地列出了我们样本中的许多特点：IPO具有较短的经营历史和令人兴奋的新产品。他讨论了卖空约束是如何解释多样化折价的；而我们的例子都是这种折价的极端情况。

卖空的一个可能令人混淆的方面是，借用股票者的成本恰好是股票出借者的收益。这就很难说，因为仅有非理性投资者才会购买定价过高的股票。如果一个理性的投资者可以从出借股票中获得足够多的收益，那么他可能愿意购买定价过高的股票。基于这一事实，人们可能会倾向于认为，我们所观察的情况是"理性"的，理性的投资者愿意购买子公司股票。沿着这一思路，人们认为所观察到的收益，例如，Palm的例子，不是"真正"的收益，因为真正的收益应该包括借出股票所获得的收益（体现了借出股票所得的便利收益或股息），而"边际"投资者设定的交易价格包括股票产生的所有收入。

这样的解释是错误的。承认非理性，或至少是造成向下倾斜的股票需求曲线的非标准现象是解释我们所研究的事例的关键要素，这一点十分重要。考虑一个例子，一个公司有100美元现金资产，并发行100股股份。公司第二天将要进行清算，每股将支付1.00美元的清算股利。这些股份被发行，并由拍卖商卖给了投资者I，该投资者直接从公司购买了100股。投资者I错误地认为，第二日的每股股价将会为2.01美元，他通过报价每股2.00美元"赢得"了拍卖。很明显，在这个例子中，投资者I高估了股价，2.00美元是"实际价格"。

现在假设有另外两个投资者Y和Z进入市场。投资者Y从公司以每股2.00美元的价格买入全部的100股，并借给了Z。Z每股支付给Y1.00美元出借费用，之后以每股2.00美元的价格将股票卖给I。现在，在这个例子中，Y和Z都是理性行事。然而，作为"边际"投资者，Y和Z的定价是没有意义的。当每股为200美元时，投资者Y和Z同样会感到很高兴（相应的出借费用为199美元）。投资者I按意愿设定股票的价格。2.00美元是一个实际价格，公司应该理性地作出反应，即通过增发股票来纠正错误定价。Y和Z在公司和股票拥有者之间扮演了干预者角色这一事实，在这个例子中是无关紧要的。

没有借出的股票数目必须等于发行在外的股票数目；总有某些人拥有公司发行的股票；并非所有股票持有者都能出借他们的股票。如果公司发行100股，那么这100股必须由不愿意出借股票的人持有。因此，Palm股票的持有者愿不愿意借出股票就不是一个经验问题，而仅仅是一个简单的事实：25亿美元价值的股票被那些不愿由出借股票而获得收益的投资者持有。

更一般地说，在任何情况下，卖空市场都是不完善的，许多投资者对特定股票的需求曲线呈现向下倾斜的形状，均衡价格取决于供给和需求。例如，达菲（Duffie,1996）和克里斯纳默西（Krishnamurthy, 2002）对国债市场进行了研究。在某些时间，新国债要比旧国债价格高，这反映了流动性方面的问题。在此期间，卖空成本反映了这种价格上的差异。因此，卖空昂贵债券而买入便宜债券未必能够获利，但是买入昂贵债券以获得出借收益却可能是一种理性选择。这些价格的变动说明了新债券需求曲线的存在性。在一个无摩擦的市场上，套利者将会提供债券以满足对新债券的需求。同样，在我们的例子中，如果投资者Z能够制造新股票，他也许就能够满足投资者I的需求。

4.4.3 卖空方面的证据

考虑到负自有价值例子中错误定价的明显特征,以及如 Palm 那样进行相关公布的情况,就不难理解为什么许多投资者有兴趣卖空子公司的股票。表 4—5 显示了母公司和子公司卖空收益水平的情况。显然,子公司的卖空收益水平要高于母公司,这也符合子公司股价被高估的特点。对于母公司,我们是用卖空收益除以母公司发行在外的股票数,而子公司则是用卖空收益除以 IPO 时出售给公众的股票数量,因为只有这些股票是在市场上进行交易的。

表 4—5 显示,在 IPO 之后的第一个报告期,母公司的平均卖空收益水平为 3.7%,而子公司则高达 19.1%,后者显著大于前者。在一个月之后的第二个报告期,子公司股份的卖空收益水平为 43.41%。这种一段时间后的显著的增长可能由两个因素共同造成。第一,对于投资者而言,他们从意识到股票的错误定价到试图利用其进行套利,需要一段时间。第二,更为可信的是,卖空市场调整缓慢。对于卖空者来说,只有那些愿意出借的机构的股票是可用的,并且这些可出借股票进入卖空市场也需要时间。

表 4—5 还显示了在 IPO 与分配日之间,子公司卖空收益的最高水平。在峰值,全部股票交易的卖空收益最高水平为 79.5%,Palm 更是达到了 147.6%,多过所有被卖空的流通股。如果股票被借走,然后卖给一位投资者,而这位投资者之后又将其再次出借,这也是可能的。同样,因为股票出借市场存在着摩擦,所以这一乘数过程的运行需要时间。Palm 的卖空峰值出现在 2000 年 7 月 14 日,即在公布分配日前的两周,当时的自有价值是正值且处于上升阶段。

表 4—5		卖空收益的百分比		
	第一个月		第二个月:	峰值:
	母公司	子公司	子公司	子公司
Creative/UBID	4.2	8.5	54.7	70.9
HNC/Retek	7.5	19.8	37.4	53.4
Daisytek/PFSWeb	1.6	17.7	48.6	63.7
Metamor/Xpedior	4.9	17.2	24.6	26.8
3Com/Palm	2.6	19.4	44.9	147.6
Methode/Stratos	1.5	31.8	50.3	114.7

续前表

	第一个月		第二个月：	峰值：
	母公司	子公司	子公司	子公司
平均值	3.7	19.1	43.4	79.5
和前一列的差		15.3	24.3	36.1
t 统计量		4.4	4.5	2.3

注：卖空收益是作为母公司发行在外的股数或子公司交易的股票数百分比计算的。卖空收益的水平来自证券交易商协会，通常在每月 15 日或之前公布。母公司发行在外的股票数从 CRSP 处获得，IPO 发行的股票数从 SEC 文件中获悉。第一个月是 IPO 之后第一次观察到卖空收益的月份，第二个月是之后的一月。峰值是 IPO 日与分配日之间的最高值。

图 4—5 和图 4—6 分别显示了 Palm 和 Stratos 在相应时期内的卖空收益（用占发行股份总额的百分比表示）和自有价值（用母公司每股股价的美元形式表示）情况。图表表明，随着通过卖空而使可用股票供应量增加时，自有价值为正值且逐渐增加。有人可能认为依据这种情况，大致可以解释子公司股票在过高定价情况下的需求曲线。随着股票供给通过卖空不断增加，我们降低非理性投资者的需求曲线，并且，子公司的股价相对母公司的股价降低。

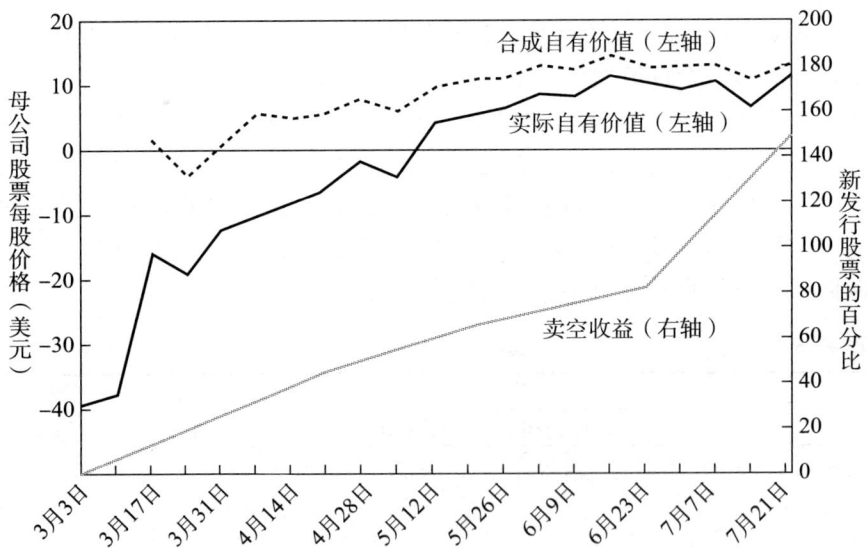

图 4—5　3Com/Palm：实际自有价值、合成自有价值与卖空收益，2000 年 3 月 3 日—2000 年 7 月 21 日

第 4 章　市场可以加减吗？论高科技股股权分拆中的错误定价

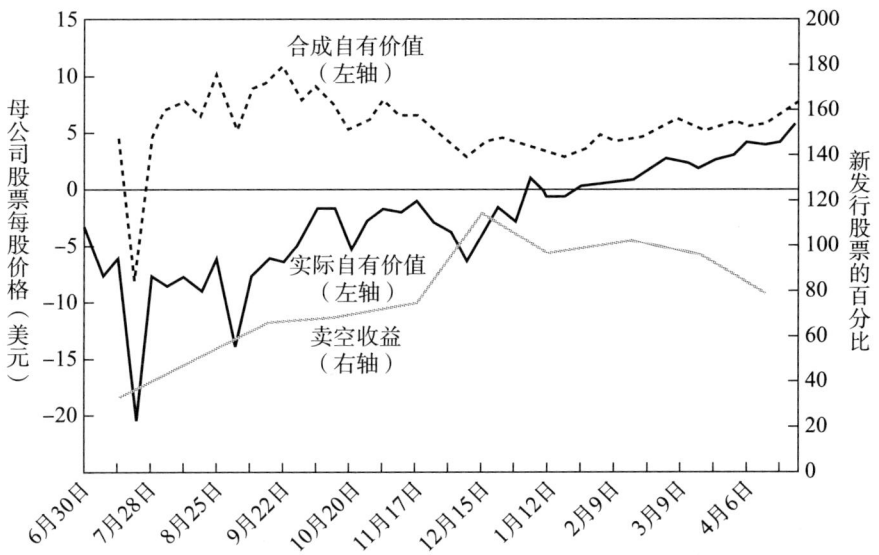

图 4—6　Methode /Stratos：实际自有价值、合成自有价值与卖空收益，
2000 年 6 月 3 日—2001 年 4 月 27 日

虽然在卖空市场上股票数量方面的数据是可得的，但价格数据很难获得。我们并不确切地知道，卖空股价过高的子公司股票的成本是什么。在 6 个子公司中，我们有 4 个子公司的较为零散的证据。德沃里奥（D'Avolio，2002）的研究表明，2000 年 12 月，Stratos Lightwave 的最高借入成本为 50%（以年度表示），Palm 在 2000 年 7 月为 35%，PF-SWeb 在 2000 年 6 月和 Retek 在 2000 年 9 月均为 10%。[①]

鉴于借入费用如此之高，人们就很难理解，为什么股票持有者向出借市场提供股份还需要如此长的时间。这种较容易获得的收益反映了股票出借市场非正常运转的特性。这一体系的设立并不是为了便于股票零散持有者的出借。此外，子公司发行在外的股票大多为母公司持有，有几个原因使得母公司不愿出借它们持有的子公司股票。第一，母公司持有的股份在年度分配给股东之前通常没有登记，因而不能进行公开交易。第二，借出股票可能会违反该母公司董事对母公司或子公司的受托责任。第三，借出股票可能会影响股权剥离时的免税，因为这会引起人们质疑股权剥离的"独立的商业目的"，或降低了母公司达到重要税收

---

① 除 Stratos Lightwave（分配日发生在德沃里奥的例子结束时）外，其他的子公司中，借入日都是在分配日当日或者接近分配日。

门槛的能力。

接下来我们看看期权市场,以获得卖空成本高昂的更完整的量化证据。

4.4.4 卖空约束:来自期权市场的证据

期权为卖空提供了便利:一方面,期权是获得空头头寸的成本较低的方式;另一方面,期权也使得卖空受到约束的投资者能够与那些受限较小的投资者进行交易。菲格维斯基和韦伯(Figlewski and Webb,1993)认为,能进行期权交易的股票通常具有较高的卖空收益。索里斯(Sorescu,2000)发现,在1981—1995年期间,引进特定股票期权会导致其价格下降,这一事实与"期权会使负面信息影响到股价"的思想相符。[①]

在一个无摩擦市场上,人们预计期权平价理论成立。欧式期权符合这种理论(含有交易成本),美式期权也与其大致相吻合。期权平价理论说的是,合成股票(由期权和股票的借入借出构成)应该与实际股票(加上或减去交易成本,如买卖价差)具有相同的价格。这个等式只是一价定律的另一种体现形式。一个较期权平价理论较弱的情况就是不派息美式认购股权,它满足以下不等式:看跌期权价格减去看涨期权价格的差大于股票价格减去执行价格的差。对于平值状态期权(期权的执行价格等于股票的现价),这个不等式意味着看跌期权价格应该大于看涨期权价格。

在我们考察的具有负自有价值的6个例子中,有3个在相应时间内进行场内美式期权交易:Xpedior,Palm和Stratos。其中,我们使用东部时间每周五下午4:00的股票价格和期权价格。

表4—6显示了引入最接近平价的期权(IPO两周后)后一周的Palm期权交易情况。Palm的期权交易情况严重违背了期权平价理论以及弱条件下的不等式。相反,看涨期权价格几乎两倍于看跌期权价格。我们也计算了合成股票的隐含价格。例如,在3月17日,通过买入一份11月的看跌期权(以卖出价)、卖出一份11月的看涨期权(以买入价)并借入美元,我们可以对Palm产成合成空头。如果持有到11月,无论是合成空头还是实际空头,在11月对Palm而言,都会获得相同的负收益。这些计算是在假定一个人在3—11月之间都可以用6个月伦敦

[①] 对于我们的3个具有负自有价值的例子,这种情况是存在的,但引入场内期权交易后,自有价值均出现显著增加。3个例子中,在期权交易的当天,其子公司股价均出现下跌。

银行同业拆借利率借入股票的前提下进行的。3月16日Palm的合成空头价格约为39.12美元,远远低于实际交易的55.25美元的价格。这种合成价格显然是对一价定律的违背,因为合成股票的价格比实际股票的价格要低29%。尽管5月和8月的期权交易更小,但也较为显著地违背了平价期权关系。

表4—6　　　　　　　　2000年3月17日Palm的期权

	A. 期权价格							
	看涨期权		看跌期权		合成空头	偏离率	合成多头	偏离率
	买入	卖出	买入	卖出				
5月55	5.75	7.25	10.625	12.625	47.55	−14	51.05	−8
8月55	9.25	10.75	17.25	19.25	43.57	−21	47.07	−15
11月55	10	11.5	21.625	23.625	39.12	−29	42.62	−23
	B. 其他价格							
伦敦银行同业拆借利率								
3个月	6.21							
6个月	6.41							
股票价格								
Palm	55.25							
3Com	69							

注:5月份期权2000年5月20日到期;8月份期权2000年8月19日到期;11月份期权2000年11月18日到期。组合空头为买入看涨期权(以卖出价)、卖出看跌期权(以买入价),并且借入执行价的现值。组合多头为卖出看跌期权(以买入价)、买入看涨期权(以卖出价),同时借出执行价的现值。我们用伦敦3个月的拆借利率折现5月份现金流,用6个月的同业拆借利率折现6月份和8月份的现金流。期权价格数据来源:芝加哥期权交易所。伦敦银行同业拆借利率来源:数据流。

表4—6中,不同期限的合成空头可以用来计算借入Palm股票所隐含的持有成本。如果一个投资者觉得从3月到5月间卖空Palm实际股票与创造合成空头是无差异的,那么对于他来说,这两个月期间的持有成本为14%,年持有成本约为119%。对于一个计划卖空8个月的投资者来说,直到11月,其持有成本为29%,或年持有成本为147%。因此,期权价格表明卖空Palm是相当昂贵的,或是意味着对借入Palm股票具有过度的需求。由于某些制度上的原因,市场尚不能满足这种需求。

德沃里奥(D'Avolio,2000)在同一时期的证据表明,在研究期间，Palm 的卖空成本较低，为 35%。显然，存在着其他风险以及与卖空 Palm 相关的成本。第一，在实际中，存在寻找借入股票的成本。第二，就像刘和朗斯塔夫（Liu and Longstaff，2000）及米契尔等（Mitchell et al.，2002）讨论的那样，如果 Palm 的价格上升，卖空者必须增加额外的抵押品。第三，像米契尔等人讨论的，存在"买入"风险，因为 Palm 的出借者有权随时收回股票。如果在价格上升后，Palm 股票的出借者决定出售其股份，对卖空者而言，如果此时不能借入其他的股票，他们将被迫在出现损失的情况下结束卖空。第四，即使股票没有收回，如果折扣利率变动，卖空成本可能也会增加。

我们现在有三种方法可以对 Palm 的市场价值进行估计：反映在 3Com 股价中的隐含价值，反映在期权价格中的价值，以及实际股价。期权市场和 3Com 公司的股东似乎都认同：Palm 的价值要远低于其市场价格。对一价定律的偏离与卖空 Palm 时存在的困难相一致。为了利用合成股票和认购股票之间的差异获利，投资者需要卖空 Palm 并买入合成多头。合成空头的价格反映了借入 Palm 股票的高需求和低供给。类似地，菲格维斯基和韦伯（Figlewski and Webb，1993）发现，在一般情况下，具有较高卖空收益的股票，通常其看涨期权价格要高于看跌期权价格（尽管其更符合波动率而不是期权平价理论）。

同样，尽管这里的价格与高昂的卖空成本相一致，我们可以将这一不等式翻转过来，并质疑为什么所有人都只买入 Palm（而并不出借）。3月17日，通过买入看涨期权和卖出看跌期权，投资者可以创造 Palm 的合成多头，这种合成多头结果比买入 Palm 的实际股票并持有到11月的价格便宜 23%。[1] 未进行股权剥离的风险与合成期权多头毫不相关。为什么直接购买 Palm 股票的投资者愿意支付更多，而不是利用期权市场减少支出呢？一个可能的解释是，购买 Palm 的投资者对期权市场一无所知，没有意识到这种更便宜的方式。[2]

---

[1] 当然，期权平价公式仅适应于不分配股息的股票。拥有 Palm 的一个好处是，通过出借给卖空者可以获得"红利"。然而，有人持有全部 Palm 股票而不出借；这位持有者拥有合成空头会更好。

[2] 在达菲、加莱鲁和佩德森（Duffie, Garleanu, and Pedersen, 2001）所构建的模型中，所有投资者都在寻求出借股票以获得收益。尽管每个人都在试图出借股票，但股票出借市场运行缓慢，所以并不是所有人都能出借成功，并且在任何时候所有股份都被某人所拥有。目前尚不清楚这种解释是否能够定量地说明 Palm 的例子，因为出借所获收入显著低于使购买者对持有实际股票和合成股票无差异的数量。

可以使用 Palm 的合成空头价格创造一种合成自有价值。在 2000 年 3 月 17 日，Palm 的实际自有价值为每股 −16.26 美元。以 6 个月的平价期权所隐含的合成空头价格所表述的 Palm 的合成自有价值，是正的 1.56 美元。尽管这一自有价值较低（相对于 3Com 公司持有的现金来说），但至少是正值，因此就不再是一个如此纯粹的套利机会。

之前我们已经知道，随着时间的推移，实际负自有价值的绝对值会逐渐变小并最终转为正值。图 4—5 显示了在分配日的前一段时间内，实际自有价值与合成自有价值的时间序列（合成自有价值用最近 6 个月的平价期权来表示）。实线表示实际自有价值，从较大的负值开始逐渐转为每股 10 美元。虚线表示合成自有价值，除了一周外其他时间一直为正值。到分配日，两条线之间的差异接近于零，大致符合期权平价理论。该模式表明，期权价格的调整几乎消除了获利的交易机会。看跌期权则不相同，隐含的卖空成本降低会导致卖空意愿也随之降低。

图 4—6 显示了 Stratos 的情况。情况类似，在开始的一周里，合成自有价值为负，其他时间基本在每股 5 美元左右波动，最终正确地预测了母公司的价格。随着负自有价值的绝对值逐渐减小，实际自有价值与合成自有价值的差异也逐渐缩小。因此，Stratos 的例子也支持这一观点，即高昂的卖空成本使得子公司新的股价被高估。

我们关于场内期权交易的第三个例子是 Xpedior。遗憾的是，Xpedior 是一个较为勉强的例子。当开始期权交易之后，Xpedior 负自有价值的绝对值较大且仅仅持续了一周。我们在研究实际价格和合成价格之间的差异（未列在图中）时发现，Xpedior 并没有呈现出较高的卖空成本，尽管我们很难予以肯定，因为实际自有价值的负值是如此之小。

耐人寻味的是，图 4—5 和图 4—6 中存在自有价值为负的情况，因而就似乎存在着可以利用的套利机会。我们认为，这些机会的确可以利用，并且这种机会也反映了实际价格，因为本文的一位作者（拉蒙特）就利用了这个机会并获得了收益。然而，我们怀疑这些机会出现的次数是相当有限的，因为个人的股票期权流动性差，并且持有量低，未平仓合约数量少并面临着较高的价格冲击。如果套利者试图购买数百万美元的看跌期权，很可能看跌期权的价格将会上升并消除获利机会。但是，套利者为什么直到价格调整时才买入股票仍然是个谜。

在表 4—7 中，我们对 Palm 和 Stratos 平价期权（对合成自有价值的背离）关于实际自有价值的背离情况进行了回归。对于 Palm 来说，合成自有价值与实际自有价值存在高度相关，我们甚至只用 19 周的观察数据，就可以拒绝两者不能一起移动的假设。R^2 更是高达 0.96，表明对期权平价理论的背离，与表面上的套利机会高度相关。对于 Stratos 来说，R^2 值稍低，为 0.70，但我们可以很容易地再次拒绝"自有价值与实际自有价值对合成自有价值的背离之间毫不相关"的假设。

这种对期权平价理论背离的情况很少出现吗？大多数对期权价格的实证研究证明期权平价理论上是成立的，其中可能会由于交易成本或非同步价格出现小幅或短暂的背离（Klemkosky and Resnick，1979；Bodurtha and Courtadon，1986）。人们可能会有疑问，使用我们的样本期的数据、数据来源以及方法等，期权平价理论是否也会成立呢？尽管对所有进行期权交易的股票做一个期权平价理论方面的彻底的调查已超出了本文的研究范围，但我们还是做了一个简短的评述。我们随机选择了一个日期，2000 年 10 月 10 日，并比较了 Stratos 公司和其他期权合成空头的情况。Stratos 公司在芝加哥期权交易所（CBOE）进行期权交易始于 2000 年 7 月 12 日。我们也考察 2000 年 6 月 11 日到 7 月 12 日在 CBOE 上市的其他 28 个公司。这些企业大多像 Stratos 一样，都是最近才进行技术 IPO 的。我们忽略了那些分派股息，或是股价低于 10 美元的公司。10 月 10 日，Stratos 公司的自有价值为每股-1.66 美元，6 个月期权构成的合成空头价格比 Stratos 的实际价格要低 24%（与表 4—6 中 Palm 出现的偏离情况相似），或是每股比实际价格低 5.89 美元。对于其他的 28 个公司，平均合成空头价格仅比实际价格低 3%，或每股低 87 美分，这很容易用买入/卖出期权的价差来解释。其中，最大幅度的偏离是低于实际价格的 8%，这仅是 Palm 和 Stratos 偏离情况的三分之一。根据这一事实，可以认为 Palm 和 Stratos 呈现出对期权平价理论不同寻常的大幅偏离。

表 4—7　合成自有价值对实际自有价值偏离的回归

	Palm	Stratos
截距	-8.15 (0.24)	-5.95 (0.50)
S_t	0.50 (0.02)	0.83 (0.08)

续前表

	Palm	Stratos
观测值	19	42
R^2	0.96	0.71

注：因变量是实际自有价值对合成自有价值的偏离，以母公司每股股价表示。实际自有价值 S_t 使用实际的股票价格。合成自有价值使用母公司股票实际价格和子公司的合成空头价格。合成空头价格是通过以买入价格卖出 6 个月期平值状态看涨期权，以卖出价买入平值状态看跌期权，同时以 6 个月的伦敦银行同业拆借利率借入行使价的现值来构建的。对 Palm 的回归，我们使用 2000 年 3 月 17 日到 2000 年 7 月 21 日每周五共 19 周的观察值；对 Stratos 的回归则使用 2000 年 7 月 14 日到 2001 年 4 月 27 日每周五共 42 周的观察值。

总之，对于 Palm 和 Stratos 的例子，我们有来自期权市场的强有力的证据证实，新发行股票的价格被高估了，没有人应该买入它们（至少不会出借它们，这并不是每个人在均衡时都能做到的），因为存在便宜的替代品。尽管母公司股票并非子公司股票的完美替代品（由于存在股权剥离的风险），但合成股票几乎相同。这虽然不是一个可以利用的套利机会，却也是明显错误定价的例子。

4.5 是什么引起了错误定价？

我们希望能够向最懈怠的读者证实，我们所考察的例子是对一价定律的明显背离。鉴于套利无法消除错误定价，为什么人们都愿意购买定价过高的股票呢？为什么当市场上存在更便宜的替代品时，有些投资者还会愿意购买 Palm 的股票，或者为什么在期权市场合成购买母公司或者子公司的股票呢？本节我们将探讨这个问题，首先问一个简单的问题：谁会购买昂贵的子公司的股票，以及他们将会持有多久？然后，我们再研究一下 IPO 当日收益，来看看这些投资者是如何影响母公司的股票价格的。

4.5.1 投资者特性

表 4—8 中的第 1、2 栏显示了我们之前研究负自有价值的 6 个例子中，母公司和子公司成交量方面的数据。我们显示了头 20 个交易日的成交量，对母公司而言，成交量定义为日均交易量除以发行在外股份数；在 IPO 情况下，成交量定义为日均交易量除以出售给公众的总股

份。成交量并不包括首日交易量。所有的 12 只股票均在纳斯达克上市交易。由于纳斯达克是一个自营商市场，所记载的交易量包含了代理交易，所以投资者之间实际交易产生的交易量大约是表 4—8 中所列的一半。

表 4—8　　　　　　　　成交量、流动性及机构持股

	成交量		买入/卖出价差		机构持股
	母公司 (1)	子公司 (2)	母公司 (3)	子公司 (4)	母公司 (5)
Creative/UBID	23.98	106.47	0.69	0.93	17.71
HNC/Retek	3.68	22.19	0.32	0.26	96.38
Daisytek/PFSWeb	2.42	25.53	0.62	0.81	71.88
Metamor/Xpedior	2.13	11.79	0.42	0.49	53.06
3Com/Palm	4.54	19.18	0.09	0.14	52.22
Methode/Stratos	2.63	41.67	0.42	0.20	69.47
平均值	6.56	37.80	0.43	0.47	60.12
母公司与子公司之间的差异	31.24		0.04		−14.92
t 统计量	2.83		0.62		−3.06

注：成交量是每日的成交量占母公司发行在外的股票数或子公司的股票交易量的百分比。子公司交易的股票量是在 IPO 中出售给公众的股票数。每日的成交量是 IPO 之后头 20 天（不包括交易的第一天）的平均交易量。母公司发行在外的股票数从 CRSP 处获悉，IPO 中发行的股票数从 SEC 文件中获得。买卖价差是 IPO 之后头 20 天（不包括交易的第一天）的价格平均百分比。机构持股可从提交给 SEC（通过证券数据公司）的 13F 文件中得知，该文件是 IPO 之后第一季度的文件。机构持股指的是母公司发行在外的股票数量或子公司交易股票数量的百分比。

我们首先注意到，子公司的成交量是母公司成交量的 5 倍多，日均成交量为全部可交易股票成交量的 37.8%。较高的成交量意味着子公司股东的持有期较短，因而也短于母公司股东的持有期。例如，因为成交量超过 100%，所以 UBID 的非代理股东的平均交易期限为 2 天（意味着 50% 的成交量，自营商交易除外）。

这些成交量的数字表明，子公司股票比母公司股票具有更高的流动性。如果投资者注重流动性，那么流动性高的股票应该具有更高的流动性和更高的成交量。为了研究这种可能性，表 4—8 中第 3 栏和第 4 栏列出了在头 20 天交易中，买入/卖出价差所占的价格百分比。与具有更大的流动性的假设相反，买入/卖出价差在母公司和子公司之间并没有显著差异。

对较高成交量的另一种解释就是"傻瓜理论"，这种理论认为投资者之所以明知股票价格过高还要购买，是因为他们侥幸地希望价格会继

第 4 章 市场可以加减吗？论高科技股股权分拆中的错误定价

续上升。如果只持股几天，他们可能并不关心在 6 个月内（从现在起）可以获得比相同收益的价格更便宜的替代品（Cochrane，2002）。对这一思想进行形式化论述的包括哈里森和克雷普斯（Harrison and Kreps，1978）和德隆等（De Long et al.，1990）。哈里森和克雷普斯构建了一个模型，在这个模型中，行为人具有不同的信念并基于这些信念有条件地理性行事，但是卖空约束意味着只有那些持乐观态度的投资者才会持有股票。这一模型有一个显著特性，即股票价格可以高于那些最乐观投资者所认为的价值。在某些情况下，所有投资者都认为股票价格被高估，然而，仍有一部分人愿意持有它。原因在于，他们认为他们持有的股票在遵循一个动态策略，这种策略使得他们能够在股票价格真正被高估时将股票变现。这种解释的关键在于，动态交易策略能够产生较高的成交量和较短的持有期。

表 4—8 中的第 5 栏和第 6 栏也显示了机构投资者对母公司和子公司的持股比例，数据来自季度 13F 文件，它们反映了所管理的股权资产在 1 亿美元及以上时机构投资管理者对股票的持有情况。在 IPO 后的第一个季度，机构投资者对母公司持股比例高出子公司大约 15%（这种差异被低估了，因为在子公司中存在大量卖空收益）。①

错误定价的一个可能的解释涉及某些限制，即哪些机构可以持有股票的限制。例如，弗鲁特和戴博拉（本书第 3 章）认为，荷兰皇家公司与壳牌公司（2 只股票代表同一家公司）之间就存在错误定价。近几年，那些纳入标准普尔 500（皇家荷兰公司）的公司相对于那些没有纳入（壳牌公司）的公司出现了溢价交易，这可能反映了指数基金被迫购买昂贵的股票，而不能用便宜的进行替代这一事实。同样，一位资金经理告诉我们（讨论自有价值的一般情况），尽管他清楚地知道，一个特定子公司的股价相对于其母公司已经过高，他也不能购买便宜的母公司股票，因为他经营的是一家成长型基金，而根据定义，更便宜的母公司股票是价值型股票！然而，表 4—8 显示，这种机构的情况不能解释定价过高，因为股票的持有者大多为个人。

表 4—8 中的信息也有助于解释为什么可借出卖空的股票供给如此

---

① 我们将机构持股定义为其占母公司发行在外的股票的百分比或子公司交易股份的百分比。例如，2000 年 3 月 2 日，Palm 在 IPO 时发行了 2 650 万股，在 3 月 15 日，有 510 万股具有卖空收益，3 月底，机构投资者持有 1 210 万股。虽然发行了 2 650 万股，但是由于卖空者的借入和卖出，外界持有的股票达到了 3 160 万股。因此，机构投资者持有已发行股份的 46%，但仅占所有持有股份的 38%。

迟缓。首先，较高的成交量阻碍了股票的出借，因为当出借方出售股票时，股票的借入方被迫归还股票，并且不得不寻找一个新的出借者。其次，与机构投资者相比，个人投资者更不愿借出持有的股票。

总之，表4—8显示，子公司具有相当高的成交量、不算高的流动性以及较少地被机构投资者持有等情况。这一证据很好地证明了"非理性或无知的投资者抬高了子公司的股价"这一情况，并且对套利的限制也阻碍了理性投资者对错误定价的纠正。我们接下来将从IPO当日收益情况寻找其他证据。

4.5.2 IPO当日收益

汉德和斯坎策（Hand and Skantz，1998）在考察股权分拆的例子后，认为非理性投资者能够影响到股权分拆时的定价。就像斯基皮和史密斯（Schipper and Smith，1986）以及艾伦和麦康奈尔（Allen and McConnell，1998）所阐述的，当宣布股权分拆时，母公司会获得大约2%的超额公布收益。汉德和斯坎策认为，在IPO当日，母公司的超额收益为－2%。对此，一种解释是，那些愿意持有子公司股份的乐观投资者驱动了公布日当日母公司股价的上涨，之后又在子公司IPO当日抛售母公司股份以支持子公司。

表4—9显示了股权分拆后IPO当日的收益情况。表中比较了IPO当日具有正自有价值的14家子公司和具有负自有价值的4家子公司的收益情况（对Xpedior和Retek而言，交易后仅仅几天自有价值就变为负值）。表4—9也显示出，在IPO当日，形成负自有价值的子公司的收益要比其他子公司高，其中收益是以新子公司的发盘价相对于收盘价计算的。这种差异并不稀奇，因为出现负自有价值的一种方式就是子公司具有较高的股价。

表4—9　　　　股权分拆样本的IPO当日收益

	子公司			母公司	
	发行价	收盘价	变动百分比	IPO前价格	收盘价
HP/Agilent	30.00	42.75	43	78.00	94.31
Odetics/ATL	11.00	11.88	8	19.63	18.25
Eaton/Axcelis	22.00	23.94	9	69.50	69.50

第4章 市场可以加减吗？论高科技股股权分拆中的错误定价

续前表

	子公司			母公司	
	发行价	收盘价	变动百分比	IPO前价格	收盘价
Viacom/Blockbuster	15.00	15.00	0	40.56	39.94
Cabot Corp/Cabot Micro	20.00	24.88	24	29.50	28.00
Cincinnati Bell/Convergys	15.00	16.63	11	29.75	28.69
GM/Delphi	17.00	18.63	10	87.06	85.94
Deluxe/Efunds	13.00	12.00	−8	23.88	23.31
AT&T/Lucent	27.00	30.63	13	64.13	62.88
Santa Fe/Monterey	14.50	16.50	14	14.75	15.00
Sea Containers/Orient Express	19.00	19.75	4	28.13	26.25
HNC/Retek	15.00	32.56	117	61.00	60.88
Tridex/TransAct	8.50	8.75	3	10.44	10.63
Metamor/Xpedior	19.00	26.00	37	33.19	29.00
首日交易有正自有价值的14个子公司的平均值			20		
3Com/Palm	38.00	95.06	150	104.13	81.81
Daisytek/PFSWeb	17.00	44.13	160	22.63	21.94
Methode/Stratos	21.00	34.13	63	43.94	41.88
Creative/UBID	15.00	48.00	220	35.25	26.25
首日交易有负自有价值的4个子公司的平均值			148		
上述两类例子平均值差异的 t 统计量			5.69		

注：每日的收盘价从 CRSP 获悉。IPO 前价格是母公司在 IPO 之前一天的价格。

出现负自有价值的另一种方式就是母公司具有一个较低的股价。表 4—9 还表明，具有负面自有价值的母公司，从 IPO 之前到 IPO 当日闭市，价格下跌了 14%。对于 IPO 当日具有正自有价值的 14 个例子而言，母公司股价平均下跌了 1%。无论是对母公司还是子公司，IPO 当日正自有价值和负自有价值之间的差异都是很大的，而且在统计上也是十分显著（如果将 Xpedior 和 Retek 归入第二组，即这两个例子在 IPO 之后的几天出现负的自有价值，这种差异在统计上的显著性仍没有改变）。

在负自有价值的例子中，拥有如此多新发行股份的母公司股价出现大幅下降是令人吃惊的。有人可能会认为，当子公司在发行日极为成功时，母公司也会从持有股份的价值增加中获利。例如，在发行之前，Palm 公司的承销商最初预计发行价格为每股 14~16 美元，在估计了投资者的需求之后，他们将预计的发行价格提高到每股 30~32 美元。最后，在发行的前一晚，他们将最终的发行价格定为每股 38 美元。在交易的第一天，Palm 股价立即升到每股 145 美元，之后又上升到 165 美元，在闭市前每股为 95.06 美元。因此，子公司有这么高的收益是令人吃惊的，这使得 3Com 公司当天的价格神秘地下降。[①]

这些情况与非理性投资者是一致的。在 IPO 之前，那些愿意持有 Palm 股份的非理性乐观投资者必须先持有 3Com 作为替代。3Com 公司股票在乐观的市场交易。一旦 IPO 发生，这些乐观者便会直接购买 Palm 的股票（忽略 3Com 公司这种较为便宜的替代品）。3Com 公司此时在更加理性的市场上交易，它的股价也降到了合理的区间。

4.6 结 论

我们曾经有一位同事，在给一年级的工商管理硕士讲授金融课程时，总是提到一个有名的游戏，以证明市场效率的一个关键结论：价格是正确的！他很难对这种主张提供实证上的支持，但是确信这一主张很难被反驳。要检测"价格是正确的"这一假设，需要找到一个明确的相对价格进行比较，例如封闭式基金。

尽管错误定价非常明显，但在本文中负自有价值的例子中却存在相似之处。与封闭式基金不同，基金经理的代理成本、税务责任以及对净资产价值不良估计能够解释封闭式基金的现象。而在我们的例子中，任何一个会乘以 1.5 的投资者都可以明白地讲出 Palm 的股价相对于 3Com 公司被高估了。期权市场的证据也显著地表明这些股票的价格被高估了，但很难解释为什么在均衡时人们还持有这些股票。这种错误定

[①] 更一般地讲，伯格斯特拉瑟和卡伦（Bergstresser and Karlan, 2000）所研究的跨公司股权持有，类似于我们这里所讨论的情况（但没有终止日期），他们发现母公司股价对自身所持股票价值的变动反应滞后。同样，那些持有外国股票却在美国交易的封闭式基金的价格，对国外市场的变动也总是反应不足（Klibanoff, Lamont, and Wizman, 1998）。

价能够持续是因为卖空市场运作缓慢。

本文有两个关键点需要指出。第一，我们看到了显著违背一价定律的例子。第二，因为卖空子公司股票存在着较高的成本，所以不存在可以利用的套利机会。换句话说，尽管宣扬"没有免费午餐"的有效市场假说没有遭到否定，但"价格等于内在价值"的结论又一次遭到了质疑。

不过，有人可能质疑，我们仅有6个例子，只不过反映了美国股市非常小的一部分，也许其他的例子都没有出现这种情形，我们为什么予以考虑呢？换句话说，这些明显错误定价的例子是一个更大冰山的一角或整个冰山吗？在一个方面，我们所研究的错误定价的股票显然与大多数股票不同。借入它们之所以存在困难或是成本较高，是因为这些股票的供给并没有对这种错误定价予以及时的反应。相反，对大多数股票、尤其是那些高市值股票而言，借贷是很容易的。里德（Reed，2001）和德沃里奥（D'Avolio，2002）认为仅有少数股票的卖空成本较高，菲格维斯基和韦伯（Figlewski and Webb，1993）证实，平均的卖空利益占公司发行在外股份数的比例仅为0.2%。虽然奥费克和里查德森（Ofek and Richardson，2001）的研究表明，在这一时期，互联网股票平均而言有较高的卖空利益，并且相对于那些非互联网股票有着更高的卖空成本，但这种成本差异每年仅为1%。因此，由于卖空成本高昂而导致错误定价的例子是比较少见的。这是对我们的研究成果的一种乐观的诠释。

也存在另一种解释，尽管不太乐观，但更合理。任何一个认真读过我们证据的人都会怀疑这样一种说法，即市场价格反映了股票的理性价值，因为对于市场来说，我们所研究的例子很容易弄清楚。考虑一下1998—2000年间，互联网股票价格过高的可能性。标准的有效市场假说认为这是不可能发生的。如果非理性投资者哄抬价格，套利者将会参与进来卖空股票，这样的结果是使得价格回落到理性价值的范围内。本章的一个结论是：套利并不总是能够促成理性定价。在Palm的例子中，套利者面临的风险很小，但无法寻找到足够的Palm股票来满足非理性投资者的要求。我们也已证实在这些例子中，套利者无法利用相对的错误定价进行套利。更一般地讲，在这些错误定价的例子中，套利者不愿建立头寸，因为存在着基本面风险或噪音交易者风险。许多投资者认为，在狂热期间，当网络股的价格被严重高估时，仅有少数人愿意持有空头，这些卖空者的供给不足促使价格下降到理性价值上。此外，许多金融机构要么没有被许可卖空，要么因各种原因不愿卖空。阿尔梅赞等（Almazan et al.，2001）发现，大约只有30%的共同基金被允许卖空，但实际上进行卖空的只有2%。

套利限制造成了市场的分割。如果非理性投资者愿意在Palm股价异常高时买进，而理性但风险厌恶的投资者不愿或无法提供足够的股票，就会出现两种不同价格共存的情况。这种论证同样可以适用于任何明显错误定价的情形，从封闭式基金折价或溢价到价值股和成长股收益的差异。传统的观点是，预期收益较低的股票必然具有较低的风险。这里所列的例子蕴含着另一种可能性，即那些购买价格明显过高的股票的投资者只是犯了一个错误。

我们得出的结论是，经济学的一个法则仍然成立：供需法则。价格的设定使得股票的需求等于股票的供给。在Palm的例子中，由于用于卖空的股票供给迟缓，导致供给不能满足需求。类似地，如果乐观投资者愿意抬高某些"时尚股票"，但没有足够的投资者有勇气通过卖空增加供给，以至于供给不能满足需求，那么乐观投资者将会决定股票的价格。

第二部分
股票收益和股权溢价

第5章 估值比率和股票市场长期展望：一项修正[①]

约翰·Y·坎贝尔（John Y. Campbell）和
罗伯特·J·希勒（Robert J. Shiller）

当股票市场的各个估值比率处于历史的极端水平时，如股利/价格比和价格/收益比在美国数年来的表现一样，人们自然会想知道这对股票市场的未来意味着什么。人们猜想相对于基本价值的各指标而言，比如股利和收益，价格不会偏离其正常水平太远，这是合理的。最近，当股票价格相对这些指标而言非常高时，人们自然给予均值回归理论一定的重视。也就是说，价格在未来最终会回落，以使得各估值比率回归历史正常水平。这一想法是直观而基本的。比如一个人爬山，在山顶他可以欣赏迷人的风景，也可能期望发现一条抵达更高山峰的路。但是在现实中，我们可以预见，他会在将来的某个日子回到地面。

尽管有证据表明股票收益在短期内很难预测，在1996年12月3日，美联储董事会召开之前，我们声明这种简单的均值回归理论基本上是正确的，也确实断定了股票市场长期走低的前景。我们扩大了研究范围并在1998年发表声明，继续坚持市场长期悲观的论调。[②]

股票市场的走向不会立刻印证我们的理论。从实际的（校正通胀后的）标准普尔指数来看，相对于1996年我们声明时，股票市场已经增

[①] 本章在2001年年初作为NBER的工作论文（8221）写成。我们的依据有：1996年12月3日我们在联邦储备委员会的联合证词以及Shiller（1996）、Campbell和Shiller（1998）。另外，我们得到了Elena, Ranguelova与Daniel Waldman的帮助，Robert J. Gordon的数据支持，以及Paul Samuelson有价值的评论。在这一卷中，我们更新了参考文献，但与NBER工作论文8221相比，并没有实质性的改变。

[②] 在这一间隔期内，我们还发表了一些相关的文章，Campbell（1999）和Shiller（1999），并写了两本书，Campbell and Viceira（2001）以及Shiller（2000），进一步扩充了我们的观点。

长了80%，相对于1998年声明发表时，股票市场增长了30%。

除了以上提到的以外，我们相信我们原先的声明和文章更加契合当今的情况。在2000年，估值比率毫无预兆地飙升；在2001年初，即本文开始写作的时候，估值比率同样很高。即使考虑到经济和金融市场经历了一些结构上的变化，这些估值比率还是印证了一个前所未有的弱市前景。为了令人信服，我们使用2000年的新数据对1998年的文章做进一步论述。

5.1 估值比率的历史行为

首先，我们应该明白估值比率自身的稳定对均值回归的意义。如果我们假定将来的估值比率会继续在其历史范围内波动，既不总是向外围运动，也不在某个历史极值上停滞，那么，当估值比率处于极端水平时，其分子或分母一定会变动以使得该估值比率回归到比较正常的水平。基于这个估值比率，包括分子或分母，一定可以预测出某种结论。比如，相对于股利的高价格——较低的股利/价格比率——可能预示着一些非正常的股利增长或价格下跌（或者至少是非正常的低增长）。

股票市场中，传统随机游走理论认为股票价格的变化是不可预测的。所以，无论是股利/价格比率还是其他的估值比率都不能预测股票价格的变动。但是，如果该理论不能证明股利/价格比率会超出其历史范围或停滞在一个现有的极端值上，那么该理论则表明股利/价格比率能够预测未来的股利增长。[①]

股利/价格比率是否正如随机游走理论所表明的那样能预测未来的

[①] 随机游走理论是股票价格的有效市场理论的特例。大体上，有效市场理论准许投资者的必要回报率的均衡值随时间变动（Campbell and Cochrane, 1999）。随机游走理论假设这一必要回报率是恒定的。实际上我们在本文中过分简化了随机游走理论，因为这一理论实际上是说股票收益（而不是股票价格）是不可预测的。既然股利/价格比率本身就是股票收益的一部分，那么随机游走理论指出，一个低的股利/价格比率应该伴随稍微更快的股票价格增长来抵消收益中的低股利部分。换句话说，这理论认为股票价格的运动方向应是使股利/价格比率偏离其历史均值；而在把股利/价格比率拉回其历史均值时，相对于其他的必要的调整而言，股利一定起了更大的作用。然而，股票收益和股票价格变化之间的差异很小，实际上，股票收益的预测值和股票价格变化的预测值很相当。见我们的文章（1988a），在有效市场理论的对数线性的数学陈述的上下文中，有对股利预测的谨慎分析，或见我们最近的教材 Campbell, Lo 和 MacKinlay（1997）的第7章。

第 5 章 估值比率和股票市场长期展望：一项修正

股利变动，还是能预测未来的股票价格变动呢？我们使用 1872 年至今的长期美国年度数据来解答这个问题。①

答案在图 5—1 中用散点图来表示，其中散点表示股利/价格比率，由上一年的股利除以 1 月份的股票价格而得，其刻度标注在横轴上（横轴实际上是对数数值，用百分比作标注是为了引用方便）。在这一阶段中，股利/价格比率的历史平均值是 4.65%。

在此图的上半部分，纵轴是一定间隔期内的实际股利增长率（以实际股利的自然对数表示）。此间隔期足以使股利/价格比率回归到其历史均值，即 4.65% 的水平上。如果我们所测的股利增长率是从所显示年份的前一年到股利/价格比率再次跨越 4.65% 之前的那一年，这样计算更精确一些。因为计算股利/价格比率时使用的是后一年的股利，所以这只是一个大致的测算方法，即计算从股利/价格比率在基准水平的某年至该比率跨越其历史均值期间的股利增长。②

自 1872 年以来，股利/价格比率已 29 次跨越其均值，每次间隔 1 年至 20 年不等（20 年的时间间隔发生在 1955—1975 年）。在散点图上，用两位数字表示各年份；数字后带 * 号表示 19 世纪的日期。显示的最后一年是 1983 年，因为这是下一年的股利/价格比率跨越其均值的最后一个年份（此后，股利/价格比率一直低于其均值）。我们用一条回归线连接这些数据点，画一条竖线表示 2000 年年初的股利/价格比率。我们过竖线和回归线的交点做一条水平虚线，则这条虚线预测了股利的增长。

从图 5—1 中的上半部分看很明显，该股利/价格比率跨越其均值时，用它来预测的未来股利增长很不准确。这条回归线几乎是水平的，意味着不管股利/价格比率是多少，未来的股利增长几乎处于同一水平。此回归的 R^2 统计值是 0.25%，表明对于股利增长变化的每 1% 来说，最初的股利/价格比率只能解释其中的 0.25%。

---

① 本文使用的数据是自 1872 年以来每年 1 月份的标准普尔综合的股票价格，而收益和股利是前一整年的。1926 年之前的数据是基于 Cowles（1939）。用来紧缩名义价值至实际价值的价格指数是生产者价格指数。见希勒（Shiller，1989）对这些数据的描述。

② 可以使股利/价格比率回到其均值的时间间隔通常超过一年，所以任何一年的股利增长率会影响几个相继的观测值。这种相继时间间隔的重叠暗示散点图中的各点在统计意义上是不独立的。然而，在我们的样本中有 29 个非重叠的时间间隔，所以这个数据是很大的。关于固定时间内相似关系的重要性的统计测试考虑了重叠的时间间隔，这发表在 Campbell and Shiller（1988b，1989）。

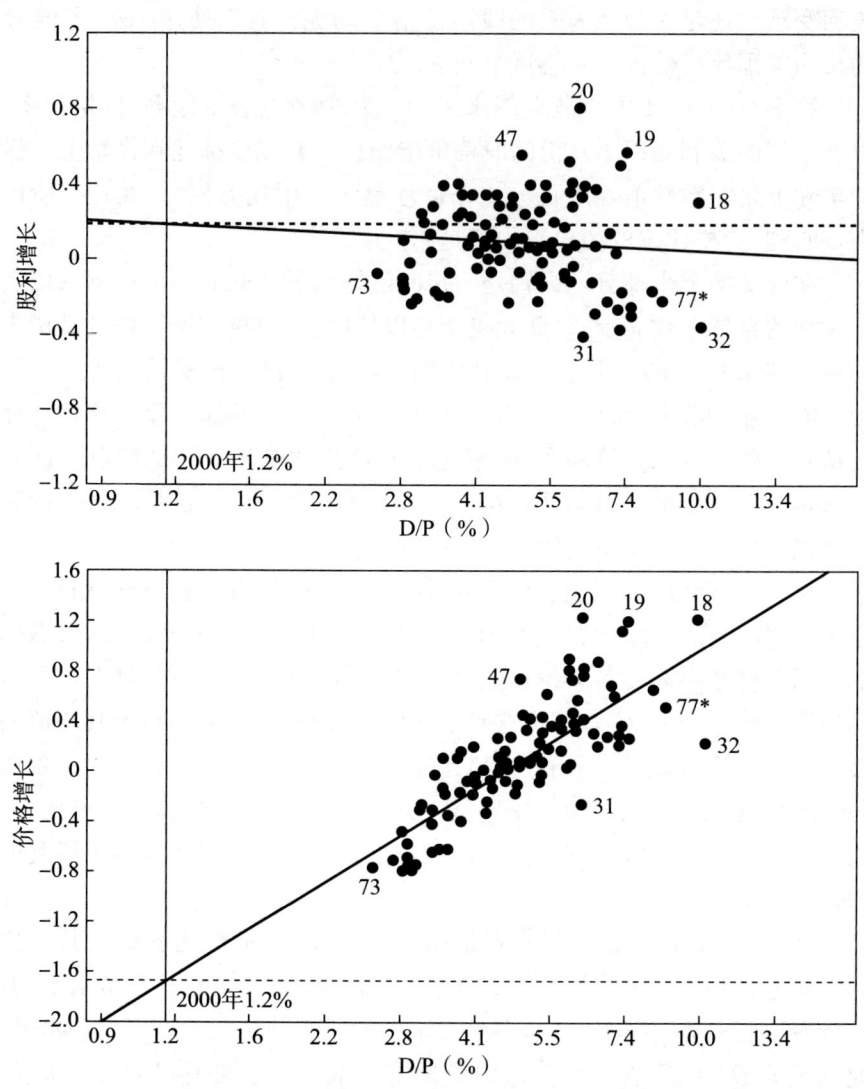

图5—1　直到下一次 D/P 比例超过其均值时的股利增长以及价格增长

这样，我们用股利/价格比率可以预测其分母，即股票价格的运动，并且可以推出正是股票价格的运动使得股利/价格比率回归到其均值。在图5—1的下半部分，纵轴是从所显示年份到股利/价格比率跨越其均值的下一年之间的实际股票价格的增长率（以实际股票价格的对数的变化表示）。散点图表明了一个强烈的趋势，即股利/价格比率可以预测未来股票价格的变动。此回归线有很大的正斜率，而且此时回归的 R^2 统计量是 63%。至此，我们已经回答了这个问题：是分母而不是分子使股利/价格比率回归到均值。

在 2000 年年初，股利/价格比率仅为 1.2%，分布在散点图中任何点的左侧。图 5—1 的下半部分表明当股利/价格比率低于 3.4% 时，在实际意义上，股票市场总会下滑直至股利/价格比率再次跨越其均值；股票价格的实际下滑总会在股利/价格比率从极端低值恢复到均值水平的过程中起重要作用。回归线上对应 2000 年的值是股利/价格比率下一次回到其均值的时间。到那个时候，股票市场实际价值的对数值会比现在低 1.6 或更多。如用百分比表示，则股票市场的实际价值会损失 3/4 以上！我们可以把这样的预测当真吗？我们需要对此预测作出怎样的改进？

5.1.1 固定时段内股利/价格比率的预测

图 5—1 显示了股利/价格比率下一次跨越其均值时，股利/价格比率预测股票价格变动的强大能力。我们回到图中看看是什么促使股利/价格比率回归到均值水平：是分子还是分母。但是，在预测时遇到的问题是，我们不知道什么时候股利/价格比率会再次与其均值交叉；从历史上看，这个时间间隔是 1~20 年不等。我们现在来做一个类似于图 5—1 的散点图，但此时纵轴数值的含义是：当横轴数值一定时，股利和价格的增长率。在图 5—2 中，横轴刻度所代表的时间间隔是一年，而在图 5—3 中是 10 年。相对于图 5—1 而言，图 5—2 和图 5—3 的契合度当然更差一些，因为在这两个图中，我们没有计算在股利/价格比率回归其均值的过程中股利和价格的增长率。

图 5—2 的上半部分表明，在一年内，股利/价格比率确实可以预测股利的增长。并且根据有效市场理论，它们呈负相关关系。如果该年 1 月份的股票价格相对高于其上一年的股利，那么该年的股利相对于上一年的股利而言也较高。股利/价格比率可以解释股利增长年变化量的 13%。这样的短期预测能力不值得惊讶，股利是可以提前数个季度预测的，并且，既然上一年大部分的股利已经支付，那么 1 月份的股票价格是可以被很好地计算出来的。前提是，这一时期的市场参与者可以相对容易地预测来年的股利水平。

图 5—2 的下半部分表明股利/价格比率很难预测第二年的股票价格变化。我们可以看出，相对于股利而言的股票价格很高时，股票价格就会在这一年出现微弱下降态势，但这只能解释股票价格的年方差不到

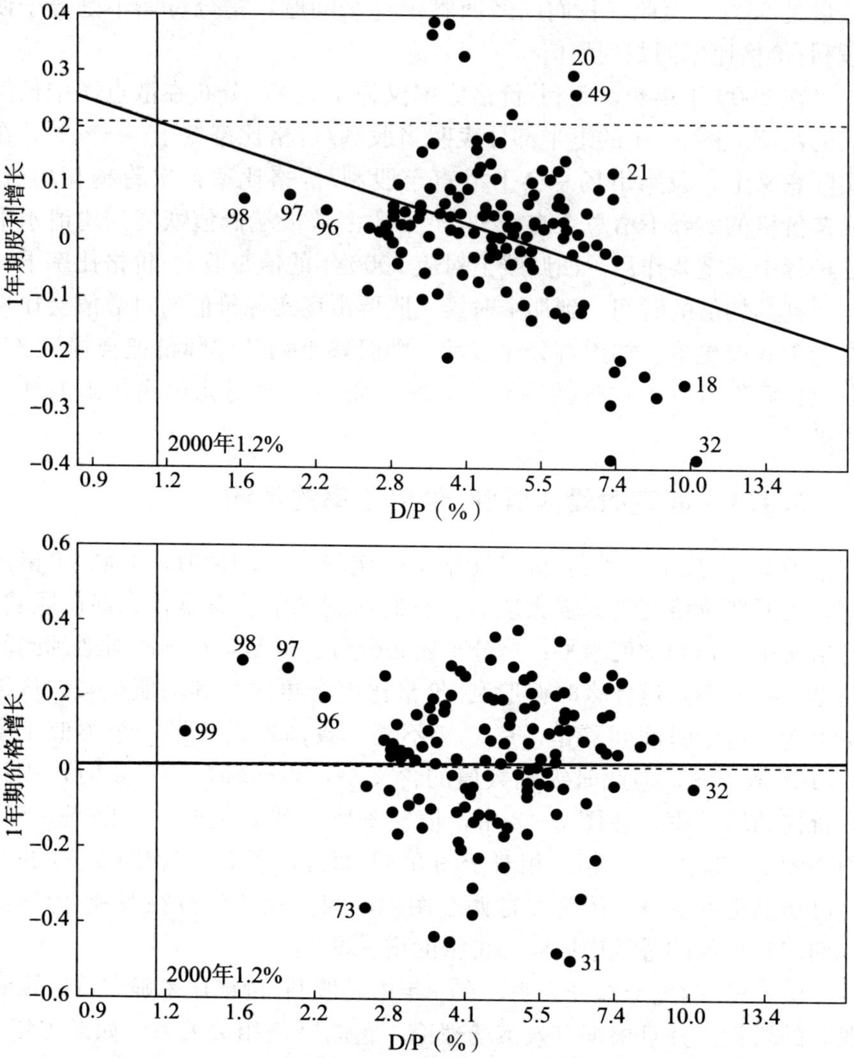

图 5—2 1 年期股利增长、1 年期价格增长与 D/P 的关系

1%的变化。股票价格的短期噪音抵消了如图 5—1 所示的可预测的变化。①

然而在图 5—3 中，横轴刻度表示的时间间隔是 10 年而不是 1 年，图 5—1 中所显示的特征又明显体现出来。正如图 5—1 所示，股利/价格比率和随后 10 年的股利增长率之间的相关性很弱。事实上，图 5—3

---

① Campbell，Lo 和 MacKinlay（1997）的第 7 章用更正式的术语解释了 R^2 统计值的由来、时段长度的选择和对应回报的计算。

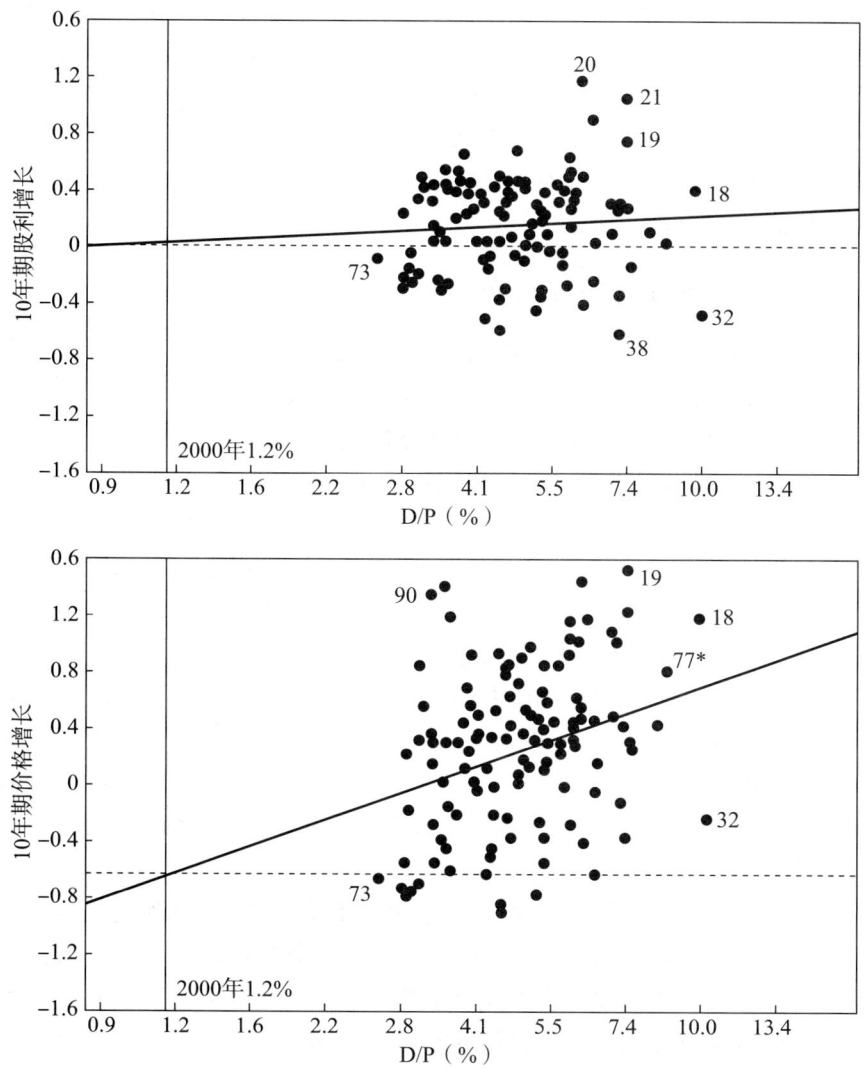

图 5—3　10 年期股利增长、10 年期价格增长与 D/P 的关系

中的相关性比图 5—1 中的相关性更不符合有效市场理论，因为图 5—3 中的相关关系是正向的，表明为使股利/价格比率恢复其历史均值，股利倾向于向错误的方向运动。在图 5—1 中，股利/价格比率和随后 10 年的价格增长存在很明显的正向相关。股利增长的 R^2 统计值是很微小的 1%，而股票价格增长的 R^2 统计值则为 9%。

从图 5—2 和图 5—3 的下半部分可以很明显地发现近期股票市场的行为不同寻常。在图 5—2 中，可以看到左上角有 5 个明显的点，代表从 1995 年到 1999 年的低股利/价格比率和高价格增长。在图 5—3 中，20 世纪 90 年代的价格增长效应不大，但图中左上角有 3 个分别代表 1988 年、1989 年和 1990 年的点说明了较小的价格增长效应。

由于 2000 年年初的股利/价格比率值低，图 5—3 下半部分的回归线表明了实际股票价格的对数值在随后 10 年中下降了 0.6。这相当于实际价值的 55% 的损失。[①]

5.1.2 其他的估值比率

股利/价格比率是一个被广泛应用的估值比率，但它有缺陷，即它的行为会受到公司财务政策的影响，这一点本文后面会论述。所以，花时间去寻找计算股票价格水平的替代方法是值得的。

图 5—4 列出了我们的长期美国年度数据组中的一些主要的估值比率。图中左上部分是市盈率，是用每年 1 月份的股票价格除以上一年的收益计算出来的。左下部分是股利/价格比率，是用上一年的股利除以 1 月份的股票价格得到。这些比率并不代表实际情况，因为我们假设收益、股利和股票价格使用相同的通用价格指数。

图 5—4 表明价格/收益比率通常在 8～20 之间浮动，均值是 14.5，偶尔会低至 6 或高达 26。在 2000 年年初，价格/收益比率非常高，达到 29.6，但没有创纪录。股利/价格比率通常在 3%～7% 的范围内浮动，均值 4.65%，偶尔会高达约 10%。最近，股利/价格比率已低至 1.2%，远远低于其历史范围。

因为股票价格的增长在提高市盈率的同时降低了股利/价格比率，所以，我们并不奇怪在图 5—4 中可以看到两个序列彼此反向相关。然而，有一些市盈率的波峰没有出现在股利/价格比率上。这些波峰发生在经济衰退暂时降低了公司收益的时候。因为我们使用上一年的收益来计算市盈率，那么例如发生在 1921 年、1933 年和 1991 年的不景气的收益就体现在 1922 年、1934 年和 1992 年的市盈率的序列上。

如果把几年的收益平均一下，我们可以更清楚地看到股票市场的变

---

① 正如前面所提及的，股票收益和股票价格变化不同，因为股票收益包含股利的直接贡献。图 5—3 暗示股票收益在 2000 年非同寻常地差，有三个原因。首先，起初股利相对于价格很低。其次，图 5—3 的上半部分表明股利在其后 10 年预计增长缓慢。再次，图 5—3 的下半部分表明其后 10 年实际股票价格预计会下跌。在纵轴有 10 年实际股票回报的散点图看起来很像图 5—3 的下半部分，但更契合（R^2 统计值是 16% 而不是 9%）。由 2000 年 1 月份的股利/价格比率可以预测连续累计复利计算的 10 年股票收益是 −44%。

第 5 章 估值比率和股票市场长期展望：一项修正

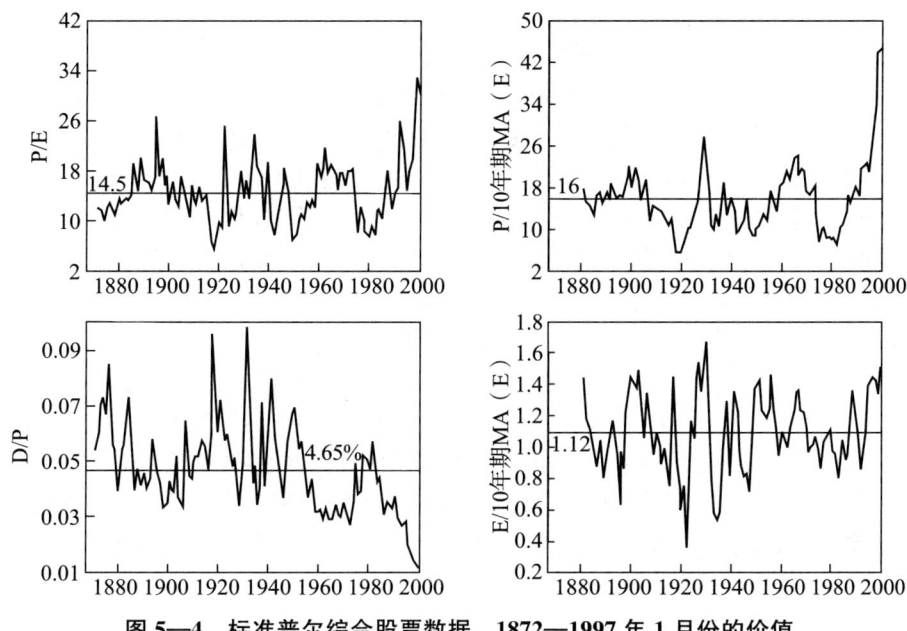

图 5—4　标准普尔综合股票数据，1872—1997 年 1 月份的价值

化。在 1934 年出版的著名教材《证券分析》中，本杰明·格雷厄姆和戴维·多德（Benjamin Graham and David Dodd）指出应该使用一个"不少于 5 年，最好是 7 年或 10 年"（p.452）的平均收益值来检测估值比率。根据他们的建议，我们把收益调整为过去 10 年的平均实际收益。[①] 图 5—4 的右上部分是 1 月份实际股票价格与调整过的上一年的实际收益的比率。这一价格/平滑收益比率适应于长期的股票价格水平的变化。其变化范围大致和传统的市盈率的变化范围一样，只是均值稍高，为 16.0，但其最高纪录值为 44.9，发生在 2000 年年初。这个纪录使得原先在 1929 年发生的最高纪录 28.0 相形见绌。

图 5—4 的右下角是当前的实际收益与调整后的实际收益之比。此图表明在 2000 年，对于过去 10 年的平均水平而言，实际收益确实增长很多，但收益增长率没有打破纪录，这样类似的情况在历史上发生许多次——价格的增长而不是收益的增长创造了近期的所有纪录。

[①] 我们起先在我们的文章（1988b）中注意到平滑的真实收益。那时，我们对真实收益的对数而不是对真实收益取平均（即，我们用的是几何平均而不是算术平均），但这对结果而言差异不大。我们比较了 10 年和 30 年的移动平均收益值，发现它们性质相似。

5.1.3 用价格/平滑收益比率来预测

除了散点图的横轴代表价格/10 年移动平均实际收益值比率之外，图 5—5、图 5—6 与图 5—2、图 5—3 的布局相同，这是因为我们需要看的是 10 年移动收益平均值的增长率而不是股利的增长率。用价格/平滑收益比率很难预测平滑收益的未来增长；R^2 统计值在研究期间为 1 年时是 1％，在研究期间为 10 年时是 5％。但是，此比率可以很好地预测 10 年期股票价格的增长，因为在这种情况下 R^2 统计值是 30％。这种关联的契合明显好于我们在图 5—3 中所见的股利/价格比率。①

我们注意到，2000 年 1 月份的价格/平滑收益比率是创纪录的 44.9，图 5—6 所示的回归线显示了实际股票价格的对数值将在未来 10 年发生了灾难性的下降。我们不认为这样极端的预测是可信的；当此独立变量已经偏离其历史观测范围很远时，我们不能信赖线性的回归线。然而，我们认为，在某种程度上，这种极端的预测确实可以暗示股票价格的未来增长率会很小或者为负。

5.1.4 比率对生产率的预测

大部分股评家在为高的估值比率辩护时，往往会提到生产率的未来增长期望，即每工时生产量的未来增长，好像生产率已经成为了公司价值的另一个指标。他们指出生产率在 20 世纪 90 年代后期曾经快速增长，并断定股票市场会按照这个趋势继续下去，甚至加速这个趋势。②这一论点的问题在于，未来较高的单位人工产出会充分体现在工人或新创立公司的企业家身上，而不是体现在现存公司的所有者身上。虽然如此，股票市场在历史上是否预测过生产率增长速度的变化仍是一个有趣的问题。我们可以扩充了一下先前的分析，用生产率的增长代替收益的增长作为待预测的变量。

图 5—7 上半部分显示的是在非农业私有经济中，每小时实际产出的对数值，以及和图 5—4 一样的实际收益的对数值。③注意，实际上

---

① 相对传统的市盈率，价格/平滑收益比率是更好的预测量。年收益值中的噪音扭曲了图 5—6 所示的基本关系。价格/平滑收益比率优良的预测能力延续至 10 年期的实际收益；价格/平滑收益比率的 10 年期回报的回归的 R^2 统计值是 40％，而股利/价格比率 10 年期回报的回归的 R^2 统计值只有 16％。

② 尽管热门的讨论通常强调几个新经济领域的生产率增长，诺德豪斯（Nordhaus, 2000）则表明 20 世纪 90 年代的生产率的增长是普遍的，不是仅仅局限于这几个领域。

③ 罗伯特·J·戈登（Robert J. Gordon, 2000, figure 3, p.66）提供了生产率序列。他的多因素生产率与此处用到的每小时的产出序列十分类似。

生产率的增长速度和标准普尔的实际收益率一样,但生产率的波动性更小,更近似于一条趋势线。图5—7下半部分显示的是10年期的每小时产出的增长率和10年期的实际收益的增长率。这两个系列存在一些短期共同运动,这或许说明了衰退对利润和生产率的短期影响。

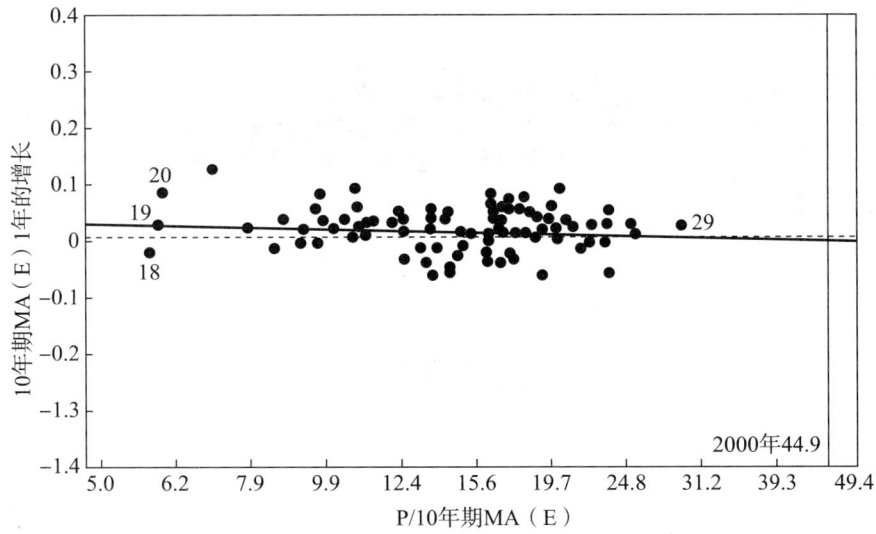

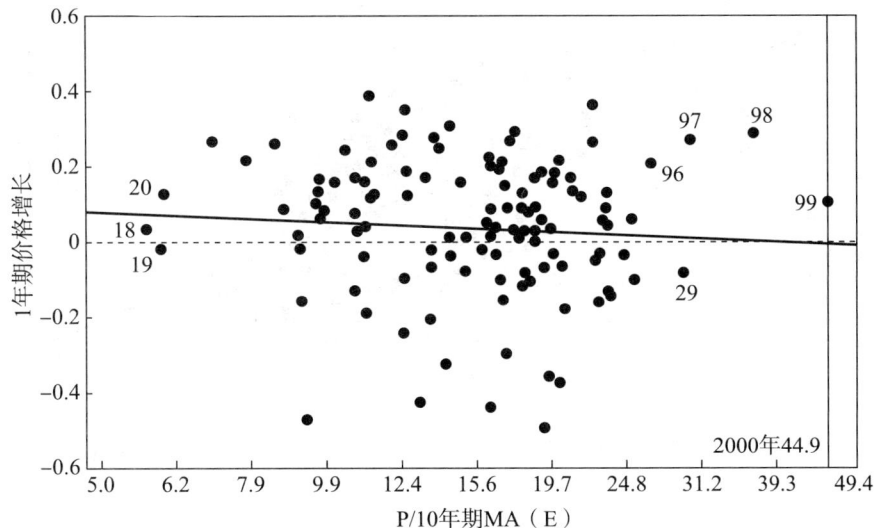

图5—5 10年期MA(E)的1年增长与P/10年期MA(E)的关系,
1年期价格增长与P/10年期MA(E)的关系

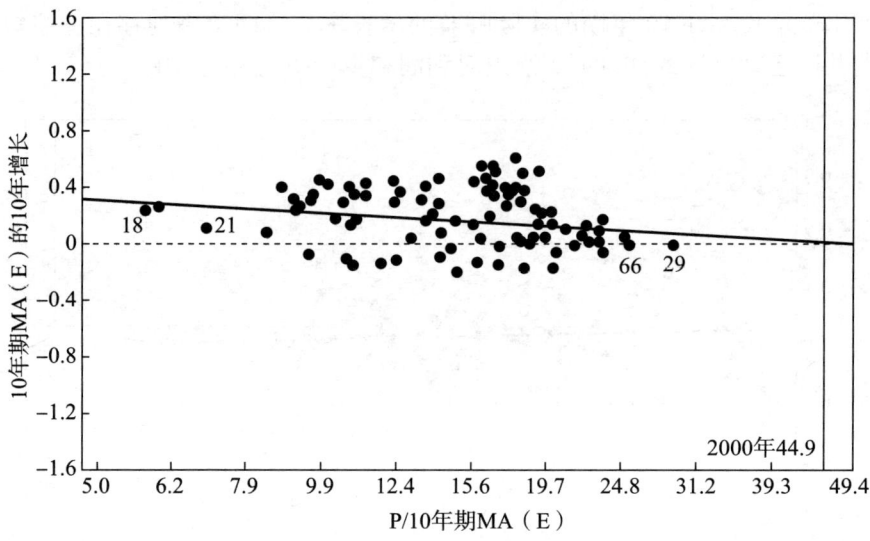

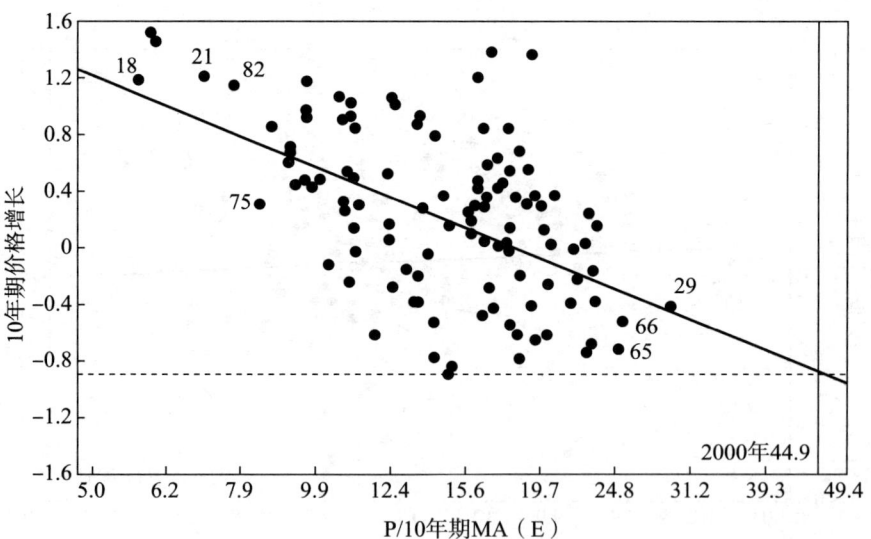

图 5—6

第 5 章 估值比率和股票市场长期展望：一项修正

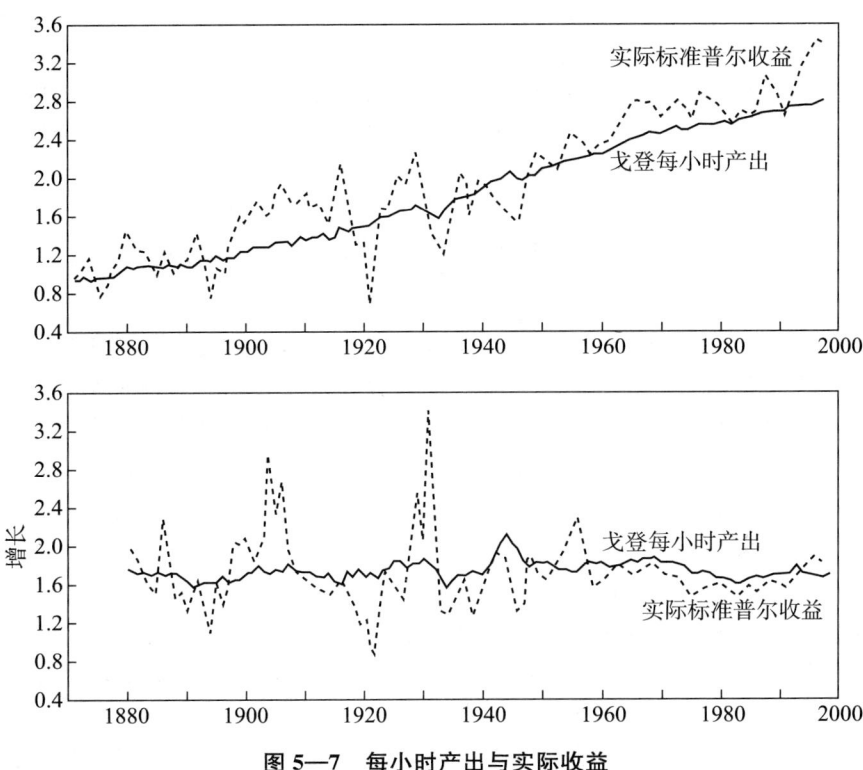

图 5—7 每小时产出与实际收益

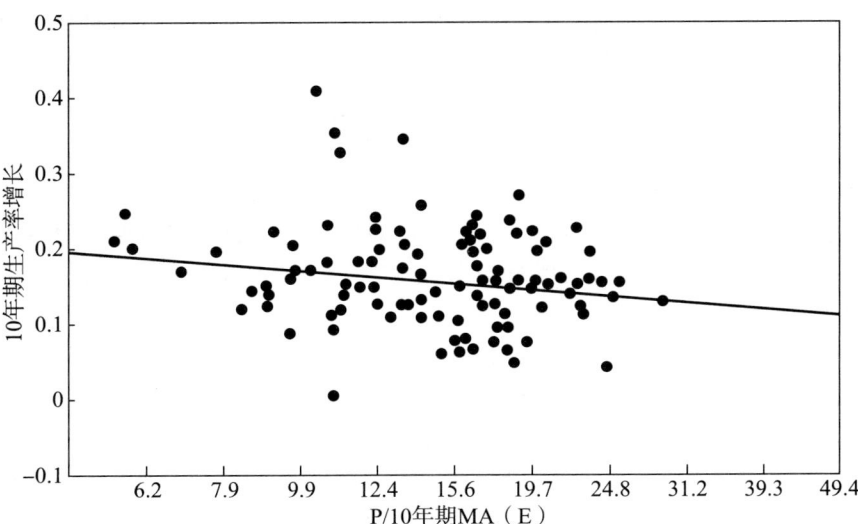

图 5—8 10 年期的生产率增长与 P/10 年期 MA（E）的关系

图 5—8 是一个散点图，其横轴是价格对 10 年期平滑收益的比率，纵轴是随后 10 年期生产率的增长。实际上，我们可以看出价格/平滑收益比率不能预测未来的生产率增长。而以传统的市盈率作为横轴的散点图（此处未画出）更不能成功预测。这些结果不支持"根据股票价格运动可以有效合理地预测未来生产率增长"这一论点。

5.2　21 世纪会是一个新纪元吗？

在过去的一个世纪中，美国经济的许多基本方面发生了变化。农业让位于工业，而工业正让位于服务业，服务业成为经济的领头军。汽车和飞机已经使交通发生了一场革命，同时，无线电、电视和现在的互联网已经改变了通信业。曾经出现许多大公司参与经济中的批量生产，而这些公司正被一些更小、更灵活的组织取代，从而达到更有效地开发信息技术的目的。

和经济中的其他部分一样，金融领域也深深地受到了这些变化的影响。金融市场行为的某些方面在整个 20 世纪的喧嚣中显著地保持稳定。我们看到，股票市场的一些估值比率在一个明确定义的范围内上下运动，没有明显的趋势或突然的中断。

尽管历史上的一些估值比率很稳定，一些市场观察家仍然质疑用历史模式判断未来模式的可靠性。人们提出各种论点来证明金融市场已进入一个"新纪元"。其中一些论点与公司的金融政策有关，而其他则关注投资者行为或美国经济结构。我们现在简要评论一下其中的一些论点。

5.2.1　回购行为和股利/价格比率

股利是付给现有股票持有人的现金，这一特点使股利成为股票基本价值的重要指标。实际上，当持有期限足够长时，股利占股票持有人的回报的绝大部分，因为在持有期末，从末期贴现到初期的股票价格变得微乎其微。

然而，对股利/价格比率的一个重要的批评是，该比率会受到公司金融政策的影响。在支付股利的过程中，出于税务上有利的考虑，公司会选择回购它们的股票。回购使得现金流回到出售股票的股票持有人手中，同时现有股票持有人从中获益，因为将来的股利发放会基于更少的股票数。如果一个公司从股利中持久分流资金去回购股票，这样虽然降低了目前的股利，同时也降低了股票数量，但提高了每股股利的长期增长率。这反过来可以长久地降低股利/价格比率，使其偏离正常的历史范围。许多评论家认为是回购行为而不是极端的股票价格应为 20 世纪 90 年代末期股利/价格比率的创纪录的最低值负责。

根据公司金融政策的转变来调整股利/价格比率的一个方法是把净回购（用于回购股票的钱减去新发行股票所得的钱）和股利相加。科莱、赫尔维格和拉斯特（Cole, Helwege, and Laster, 1996）对 1975—1996 年间标准普尔 500 公司的数据做了这样的处理，发现 20 世纪 80 年代中期和 90 年代中期的股利/价格比率应该大幅向上调整，如 1996 年应调整 0.8%。这个方法是假设股票回购和发行新股都以市场价进行，这样所花的钱和收到的钱直接与回购、新发行的股份相对应。然而，实际操作中，许多公司以低于市场价发售股票给它们的雇员，以此作为股票期权激励计划的一部分。在对标准普尔 500 中最大的 144 家公司的研究中，梁和夏普（Liang and Sharpe, 1999）对上述数据作出修正；他们认为这些公司的股利/价格比率在 1997 年应向上调整 1.39%（他们认为这个数字不会长期持续），在 1998 年应向上调整 0.75%。

图 5—4 表明这个量级的调整使得股利/价格比率更加接近其正常历史范围的下限，但是没有使其接近其历史中部的任何位置。因为这个原因，并且由于回购行为并不影响市盈率，所以公司的金融政策不会是最近几年所观测到的一些非正常估值比率的唯一解释。

5.2.2 无形投资和市盈率

使用传统的市盈率作为股票市场的估价指标常常受到人们的诟病，其原因是新经济中出现了大量的无形资产投资，使得市盈率的分母（即收益）被人为地压低。依据传统的会计程序，这些投资往往作为当前费用从收益中被扣除。例如，在新经济中，一个标志现象是，许多公司计划吸引大量的客户但连年亏损，他们期望高水平的活动能帮助他们建立有效的高科技商业机构，同时巩固大众对其产品的认知。评论家认为，这些活动的成本可以提高无形资本，故这些成本不应该直接从收益中扣除，因为它们实际上是有效的长期投资。

霍尔（Hall, 2000）称这些无形资本为"e-资本"，并认为在 20 世纪 90 年代存在大量投资于"e-资本"的资金，它们"至少部分导致形成 e-资本的技术进步"。[①] 他讲了一个故事，其中 20 世纪 90 年代 e-资本的积累可以解释较高的价格/收益比率，以及相对于非大学毕业生而言，付给大学毕业生（他们创造了 e-资本）的较高工资。他的故

---

① Hall "e-资本……"（2000，76 页）。也见 Hall（2001）。

事符合以下事实，即20世纪90年代末期由生产率衡量的收益已经不高，远低于20世纪50年代和60年代的收益。

麦格拉坦和普雷斯科特（McGrattan and Prescott，2001）已经提出对20世纪90年代收益的修正估计，这种收益修正是由于企业部门对无形资本的投资，他们首先通过估计非企业部门的资本回报来估计收益修正。随后，他们假设这一估计回报（接近于无风险利率）同样适用于企业部门，由此估计不能用有形可测资本来解释的那部分企业收益。他们将这部分企业收益归因于无形资本的回报。他们分析指出，能够解释无形资本投资的正确量度的企业收益是27%或者更多。①

这些新经济的故事可能可以解释股票市场，但这些只是故事：相对于前些年而言，对于近些年更加显著的无形投资，至今还没有进行令人信服的推证。无论是霍尔、麦格拉坦还是普雷斯科特都不能证明，他们的模型与历史上长期的时间序列相符合。他们的模型只能解释近来的观测，用来判断当前的估值比率没有多少说服力。霍尔的模型显示美国大部分公司在1980—1987年间的e—资本为负值。②

邦德和卡明斯（Bond and Cummins，2000），使用459家独立公司在1982—1998年期间的数据，用公司研发和营销费用来部分测算无形资本投资。考虑无形资本对投资等式的影响，他们认为无形资本投资不能证明当前市场上的高估值。③

5.2.3 "婴儿潮"、市场参与和股票的需求

许多观察家认为公众对股票市场的投资态度已发生长期转变。当"婴儿潮"这一代成为经济和金融活跃群体的主流，同时上一代人态度的权重在下降时，他们的态度变得更重要。人们认为"婴儿潮"那一代人更能承受风险（大概因为他们对20世纪30年代的极端经济状况没有记忆），他们倾向于投资股票而不是债券（大概因为他们受到债券在通

---

① 见McGrattan and Prescott (2001)。他们围绕式（17）展开讨论，认为当20世纪90年代NIPA公司的利润占总国民产出7.3%的时候，正确度量的利润将更高，约占无形资本的3%，是年度GNP的64.5%。

② 见Cummins (2000, p.109)。

③ 邦德和卡明斯（Bond and Cummins，2000）发现在投资等式中包括他们附加的无形资本后，托宾Q的系数通常不大，除非我们不用通常的托宾Q比率，而改用分子是未来收益的预测的现值（而不是实际价格）的比率。所以，公司行为说明了经理们本身并不信奉对市场的估价，即使是对无形投资部分修正后的估价。

货膨胀的 20 世纪 70 年代非常糟糕的表现的影响)。因此，如今一些估值比率处于极端值的原因在于："婴儿潮"这一代人愿意高价购买股票；只要这种人口统计效应存在（正好进入 21 世纪），这些比率会一直保持在极端状态。如果这种人口效应加强，这些估值比率甚至可能会进一步冲破其历史范围。

该论点的另一个说法强调的是，在使股票的历史价格水平和标准的均衡资本定价模型一致时，经济学家们遇到了很大的困难。梅拉和普雷斯科特（Mehra and Prescott，1985）指出，股票价格已经远低于标准模型所预测的值；他们启动了关于"股权溢价之谜"的研究，但没有找到完整的令人信服的解释。或许，"婴儿潮"这一代人首次意识到一些历史的估值比率是错误的，并且最近的股票价格变动体现了对这一错误的修正。①

同样地，"婴儿潮"这一代人可能从机制创新中获益，这使得不那么富有的人可以更容易地参与股票市场，并持有多样化的证券。希顿和卢卡斯（Heaton and Lucas，1999）以及维森-乔根森（Vissing-Jørgenson，1998）指出更广泛的市场参与和更便宜的分散投资能够提升股票需求，并进而提高股票价格。然而，这些效应未必能解释股票市场的大规模变动，因为大部分财富不仅在现在，而且一直都被富人控制，这些人进入股票市场和分散投资几乎没有障碍。

为支持这一观点，人们指出在整个第二次世界大战期间，股利/价格比率出现下降的趋势。一方面，如果图 5—4 开始于 20 世纪中期而不是 1872 年，那么图中所显现的股利/价格比率的长期稳定性会大大减弱。② 另一方面，股票市场参与的长期趋势不能合理地解释 20 世纪 90 年代末期股票价格的急剧上涨。

也许股票的需求真的在增加，这和本章前面提到的悲观股票市场前景并不必然矛盾。我们的观点是，股票的需求已经驱使股票价格相对于股利和收益上涨。但因为对股票的需求没有改变对未来的股利和收益的

---

① 西格尔（Siegel，1994）提出的观点是较为温和的，而格拉斯曼和哈西特（Glassman and Hassett，1999）提出的观点是较为激进的，认为股票根本不应有风险报酬，而且一旦投资者认识到这一点，股票的价格会进一步大幅上扬。西格尔和格拉斯曼-哈西特都强调在历史上长期的股票回报比短期的风险低。这就是本文已说明的相同均值回归的现象，但西格尔和格拉斯曼-哈西特没有强调均值回归所隐含的低回报的预测。

② 布兰查德（Blanchard，1993）强调战后股利/价格比率以及投资者持股所需的风险报酬的其他多个测量指标都处于下降趋势。巴基什和陈（Bakshi and Chen，1994）认为人口统计效应能够解释 20 世纪 60 年代和 80 年代股票市场的高位以及 70 年代股票市场的低位，但他们没有探寻这种人口统计方法是否可以解释其他的国家或其他的时间段出现的现象。

预期走势,所以如今较高的股票价格一定会降低随后的股票回报,除非在持有末期,股票需求更加旺盛。正如本文所强调的,在一个10年持有期,找不到什么很好的理由可以期待股票需求会比今天更旺盛。

而且,根据长期的人口统计变化,认为投资者的态度只有缓慢变化这一看法也许不正确。经济状况也很重要。很明显,在经济高度增长的情况下,股票价格相对于基本价值指标呈现冲高态势,图5—4中可见这一趋势;一些时期的特点是高市盈率和高价格/平滑收益比率以及低的股利/价格比率,如20世纪20年代、60年代和90年代中期,这时,实际收益增长很快使得当前收益远高于平滑收益。如果总体上经济处于增长态势,或具体而言,收益的增长影响投资者的态度,那么较弱的经济形势会快速把价格拉回到较正常的水平。①

5.2.4 通货膨胀

其他的观察家认为,20世纪80年代初期以来出现的持续下降的通货膨胀导致了如今的高股价。这些观察家指出,自1960年以来,股利/价格比率的变动一直紧跟通货膨胀率和长期政府债券的收益变动,而这二者与预期的未来通货膨胀紧密相连。所以,鉴于目前的低通货膨胀,出现高股价并不奇怪。

这一论点有两个缺陷。首先,股票价格和通货膨胀之间的关联在20世纪90年代的中期要比在90年代初期紧密得多。通货膨胀大幅改变的预期很难解释近期股票市场的上升。

其次,不清楚股票价格和通货膨胀间的关联是否和有效市场理论相一致,该理论认为股票价格反映了未来的实际股利,即按固定的实际利率折现后的股利。也就是说,低通货膨胀也许有助于解释高股价,但不能证明这样的价格是理性的。莫迪格里安尼和科恩(Modigliani and Cohn,1979)提出,在20年前,股票市场中用名义利率折现的实际股利是不合理的,这样会导致在高通货膨胀时低估股票价格而在低通货膨胀时高估股票价格。② 在当时,他们的观点意味着股票价格被低估;而

---

① 这没能解答为什么投资者的态度可能会受到经济形势的影响。巴斯基和德隆(Barsky and De Long,1993)以及巴贝尔斯、史莱佛和维什尼(Barberis,Shleifer,and Vishny,1998)认为投资者非理性地把近期的收益增长推延至将来,这样当收益稳步增长时,股票市场会被高估。坎贝尔和科克伦(Campbell and Cochrane,1999)认为当经济很强时,投资者更能承受风险,因为他们的财富取决于相对于过去标准的消费水平而不是绝对消费水平。

② 里特和沃尔(Ritter and Warr,2002)最近重温了此假说。

今，同样的观点则表明股票价格被高估。不管是否接受他们的假设，有一点很明显，即通货膨胀和股价的关系并不一定违背我们悲观的长期股票回报预测。

5.3 国际证据

我们已经强调，在美国数据中，是价格而不是股利或收益的调整使得异常的估值比率回归历史平均水平。这和其他国家股票市场的行为一样呢，还是美国是一个特例？

遗憾的是，几乎找不到大部分其他国家股票市场的长期数据。一个标准数据的来源是摩根士丹利国际资本，但这些数据只是追溯到1970年左右。要体会这个样本期的短暂，注意图5—4，自20世纪70年代早期以来，美国的股利/价格比率的时间序列图是单一的突出圆丘状。对少于30年的数据来说，使用10年期为横坐标间隔不太合理，所以我们把横坐标间隔降为4年。

图5—9的散点图与图5—2、图5—3类似，但是它使用季度数据和4年期间隔作为横坐标。每个散点图的横轴表示股利/价格比率，纵轴是每4年的股利或价格的增长。图中显示了12个国家的结果：澳大利亚、加拿大、法国、德国、意大利、日本、荷兰、西班牙、瑞典、瑞士、英国，以及作为对比的美国。①

在图5—8中，这些国家主要分为三组。说英语的国家如澳大利亚、加拿大和英国，在此短期样本中，它们的行为表现和美国非常相似。股利/价格比率和其后的价格增长是正向联系，而和其后的股利增长相关性微弱。在同一样本期间，几个欧洲大陆国家，如法国、德国、意大利、瑞典和瑞士，在这段样本期的表现与前面一组有很大不同。正如有效市场理论所指出的，这些国家的高股利/价格比率往往伴随着随后的微弱股利增长。日本和西班牙则代表中间状况，它们的股利/价格比率既和随后的股利增长相连，也和随后的价格增长有关。最后，荷兰的股利/价格比率和随后的股利增长率或价格增长率都无明显关联。

这些近期的国际数据表现相互矛盾。近期的价格走势，尤其是使得当前估值比率如此反常的价格走势，对图5—9中的散点图有着巨大的影响，在某种程度上，这使得它们很难被解释。

---

① 对这些国际数据更详细的分析见 Campbell（1998）。

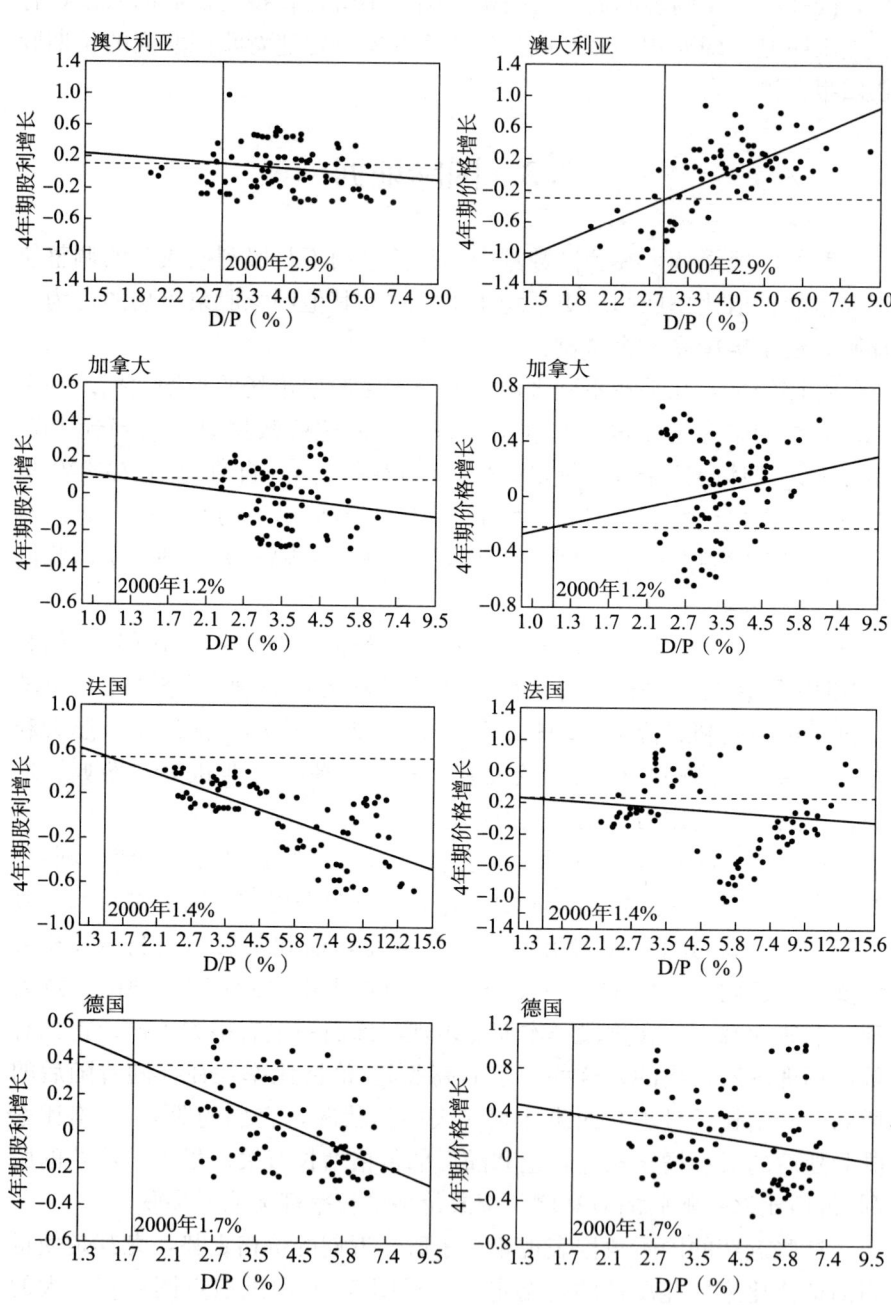

图 5—9

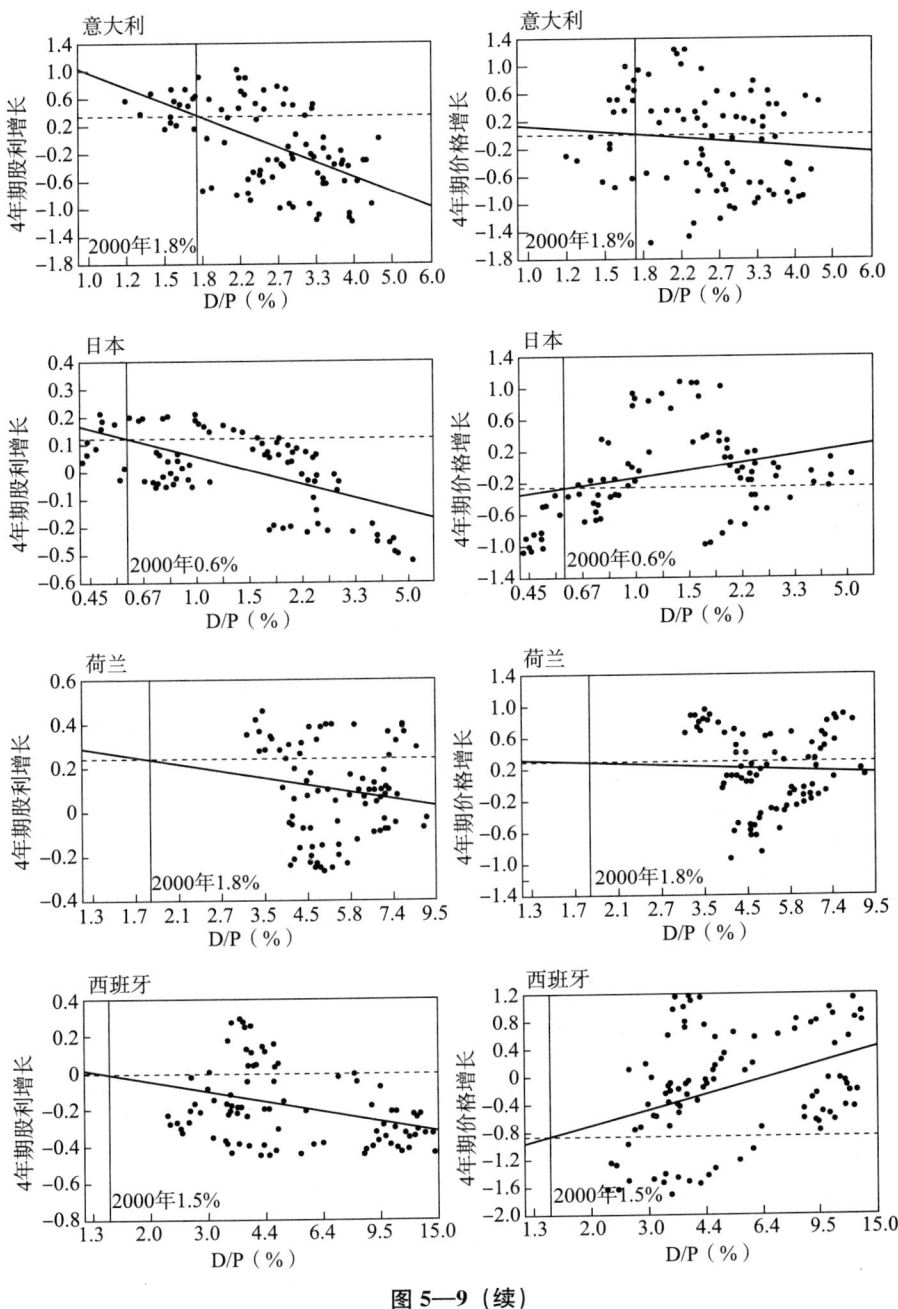

图 5—9（续）

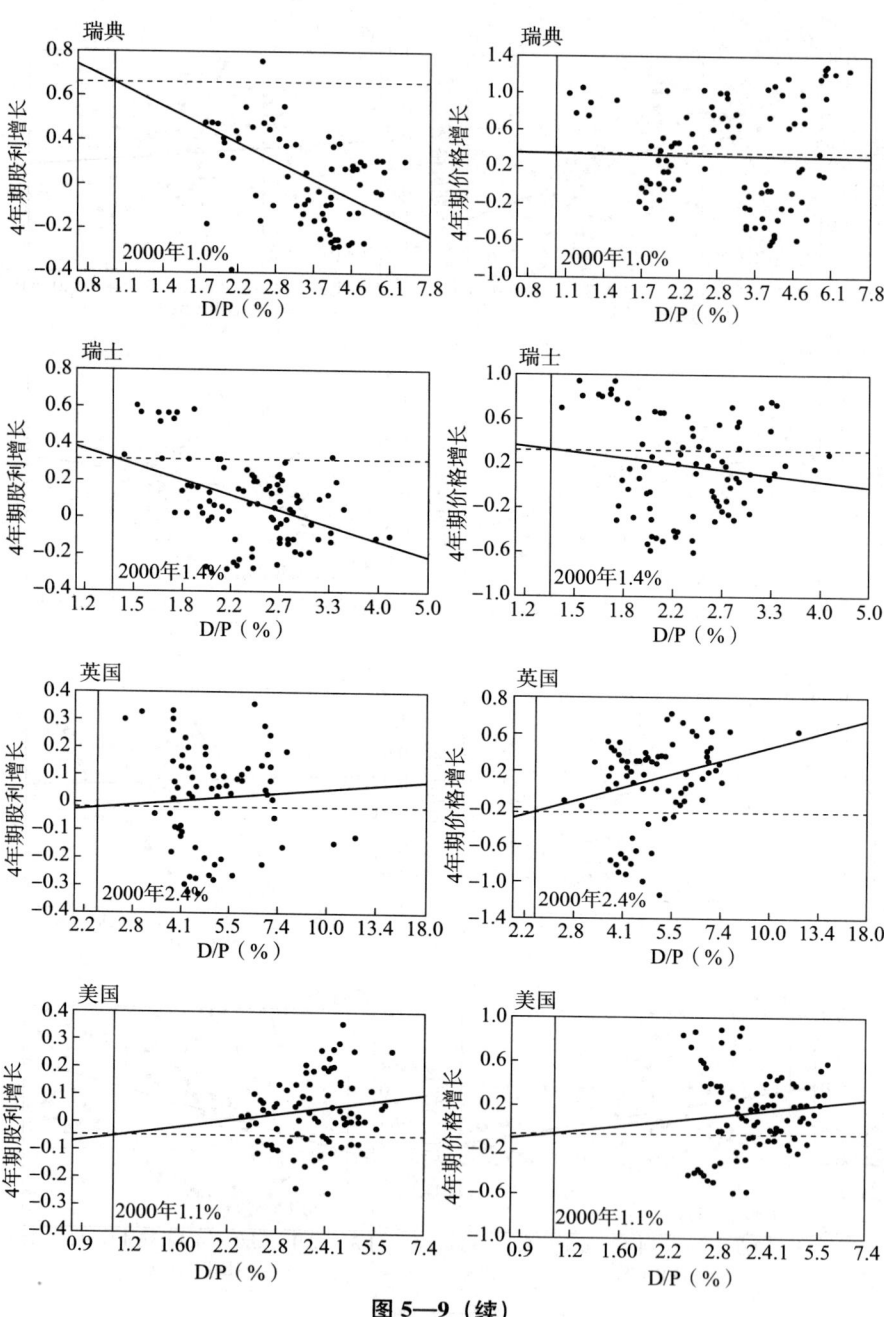

图 5—9（续）

5.4 一些统计上易犯的错误

当我们尝试从以上的散点图得出结论时，就产生了一些微妙的统计问题。既然只要时段长于一年（或图5—9中超过一个季度），观察现象就会重叠，那么，不同点在统计上并不彼此独立。在对研究结果的统计显著性进行判断时，我们必须对这一问题进行修正。而且，估值比率是随机的而不是确定的，众所周知，在小样本中用随机回归参数进行回归分析会得出有偏的系数。

细想一下从图5—1中所得的结论，我们注意到上半部分的回归线，其斜率的经济含义是股利/价格比率两次跨越其均值期间实际股利增长的对数，这一斜率并没有如有效市场理论所预示的那样明显是负值。我们能推出实际股利的行为和有效市场理论不一致这个结论吗？还是我们的回归结果可能不合逻辑？

为研究这个问题，在这一章1998年的版本中我们做了一个简单的蒙特卡罗实验。我们虚构数据使得股利/价格比率在固定时段内不能预测未来价格变化。换句话说，我们构造的数据满足有效市场理论的预测，即实际股票价格符合随机游走模型。[①] 同时，我们的人造数据和美国实际年报数据的几个重要特点相匹配。

首先，我们对从1872年到1997年间的125个观测结果中得到的股利/价格比率的对数值估算一阶自回归AR［1］模型。对小样本的偏移现象，我们用肯德尔修正法修正了回归系数，得到的系数是0.81。我们使用随机正态数字生成器估算偏倚修正回归中误差项的标准差，同时使用随机正态初始值（其方差等于AR［1］模型的非条件方差），这样产生了125个模拟AR（1）模型的股利/价格比率对数值的观测结果。下一步，我们使用随机正态数字生成器，对实际价格对数变化的标准差进行估算，针对实际股票价格的对数模拟随机游走现象，产生125个观测结果。在实际数据中，股票价格变化和股利/价格比率的变化之间有

---

① 正如以前，我们忽视了价格变化和回报的区别，这样过分简化了有效市场理论。在坎贝尔和希勒（Campbell and Shiller, 1989）的论文中，我们用人造数据做了一个蒙特卡罗研究，其中，回报而不是股票价格的变化是不可预知的。这个过程明显更加复杂，然而，这样也只是使得实际数据中见到的模式更加异常。

着负协方差关系；这与我们的人造数据相匹配。最后，通过加上股利/价格比率的对数和股票价格的对数，可以得到上一年的实际股利对数。

我们重复这种练习 100 000 次。在每一次迭代中，根据类似图 5—1 上半部分所示的 125 个观测结果，我们使用人工数据产生各散点和各回归线。我们发现股利/价格比率跨越其均值的平均次数是 26.5，与根据实际数据而得的数字 29 相差不大。但是，在 100 000 次迭代中，我们发现图 5—1 上半部分所示的回归线的斜率几乎总是比用实际数据所估算的斜率更陡峭（二者都为负斜率）。用人造数据所估算的斜率比根据实际数据所估算的斜率（-0.04）仅仅大 0.02%，即一个百分点的 2%。这些用蒙特卡罗迭代得到的回归系数的估计值接近-1，和图中的几乎是 0 的斜率系数相差很远。在这方面，我们的蒙特卡罗结果和用实际数据所得的结果完全不同。我们的结论是：图 5—1 的上半部分所示的结果从有效市场理论的立场看，确实是异常的。

接下来，在蒙特卡罗实验中，我们使用股票实际价格对数值的变化量作为因变量，这样在每次迭代中可以得到如图 5—1 下半部分所示的回归线。在100 000次迭代中，我们未曾得到任何一个高达 1.25 的回归系数（如图 5—1 下半部分所示的斜率系数）。尽管蒙特卡罗实验所得的平均斜率系数估计值是正值，但该平均值只有 0.18，远低于用实际数据所得的估算系数。①

本文中其他的相关蒙特卡罗实验在坎贝尔和希勒（Campbell and Shiller，1989）、戈茨曼和乔恩（Goetzmann and Jorion，1993）、尼尔森和金（Nelson and Kim，1993），以及柯比（Kirby，1997）的论文中有阐述。尼尔森和金从对股票收益和股息收益率的向量自回归（VARs）中产生滞后股票收益和滞后股息收益的人造数据。人造的股票收益序列是不可预测的，但和股息收益的变化相关。坎贝尔和希勒（Campbell and Shiller，1989）也沿用了类似方法。② 尼尔森和金发现如

---

① 图 5—1 下半部分的蒙特卡罗结果和图 5—1 上半部分的结果相关。如果我们有连续的数据，那么至下一次与均值交叉时的股利/价格比率的变化正好是目前股利/价格比率的负值，图 5—1 下半部分的价格回归系数和上半部分的股利回归系数相差 1。实际上，我们的数据不是连续的，而是每年测量一次，这样，至下次与均值交叉时的股利/价格比率的变化的绝对值就超过目前的股利/价格比率，以上两个回归系数相差比 1 稍多。然而，如果价格回归系数接近 1，则股利回归系数一定接近零，这一结论还是正确的。

② 坎贝尔和希勒使用 VAR，其中包含股利增长、股息收益率和平滑的市盈率。他们根据股利增长率和股息收益率构造股票回报的对数线性近似值。

果股票期望回报真的不变，用人造数据得到的 10 年期回归系数和 R^2 统计值不可能与用实际数据得到的结果一样大。坎贝尔和希勒的结果与此发现一致。

戈茨曼和乔恩用的是另一种方法。他们用随机产生的收益和历史股利构造人造数据，这样结果当然会和不同的蒙特卡罗结果相交叉。他们结合使用这两种数据序列得到股息收益率的随机模式。问题是，这种方法产生了不平稳的股息收益率，它没有回归历史平均水平的趋势。这样，戈茨曼和乔恩避免了使用股息收益率去预测股利增长或价格增长；他们的模拟股票价格对基本价值和未来回报方面同样没有信息价值。而且戈茨曼和乔恩关注的是 4 年期或更短间隔期的情况。戈茨曼和乔恩的蒙特卡罗研究比尼尔森和金的蒙特卡罗研究更经常出现大的长期回归系数和 R^2 统计值，但从实际数据中得到的 4 年期短期的结果还是很异常。

柯比（Kirby，1997）使用蒙特卡罗方法进一步证明了对市场效率进行统计检验的传统方法会产生偏差。然而，柯比的结果和我们的回归分析并不十分相关。他使用了只有 58 个观测结果的样本，回报期只有 4 年，也没有试图制造一个与实际数据观测到的特点相同的数据生成机制。

这些研究都认为，在评估长期股票市场绩效方面存在统计陷阱。但令人惊奇的是，在经历了本文所提到的各种校正和调整后，股票市场的可预测性证据完好无损。

5.5 结　论

在本章 1998 年的版本中，我们的推论是：相对于许多其他的用于预测股票价格的统计数据，传统的估值比率如股利/价格比率和价格/平滑收益比率有特殊的重要性。在 1998 年，美国股市的这些比率都不同寻常地下跌。在本文写作的 2001 年年初，这些比率的下跌甚至更加严重。

在各种预测变量中，这些估值比率占据特殊位置，因为我们有这些比率的长期数据，并且这些比率使股票价格和公司基本价值的谨慎评估联系起来。美国公司计算并公布收益已经超过 100 年历史，这也使我们得以更加方便地判断内在价值。公司的股利分配决策依据使股利能够合理持续下去的原则来安排。

股票价格变化和总收益对估值比率对数值的线性回归表明，在下一个 10 年，实际股票价格会大幅回落，实际股票价格的回报会低于零。这样的结果当然必须谨慎地解释。现在，这些估值比率远低于历史平均值，以至于我们找不到可以与之相比的历史数据；我们用历史正常时期的估值比率对数值和长期收益水平之间回归关系的线性外延来预测目前的历史上非正常的状况。实际上，估值比率对数值和长期收益之间的关系很可能不是线性的，这样线性回归的预测可能会非常悲观。尽管这一点可以缓和我们线性回归得到的极端悲观结果，但依然不能支持乐观的股票市场前景预测。

可能过去行得通的预测关系现在行不通了。但是这些估值比率不是昨天才刚刚发明的，它们已经在过去一个世纪中持续地发挥了作用。

然而，这些比率已经远远超出其历史范围，这个事实既对"股票价格反映了未来现金流的合理预期"的传统观点提出了挑战，也对我们的"股票价格受均值回归理论支配"这一观点提出了挑战。无论持哪种观点的观察家都必定面对的事实是，极端不寻常的事情已经发生。在这种情况下，对我们在历史中的位置、近期技术进步和投资模式的唯一性，以及市场心理状态作出的清晰判断，在判断股票市场前景时显得非常重要。没有纯粹的统计方法能最终解决下列问题，即这些数据是否表明我们已经进入一个新纪元，以及旧的关联是否不再适用，或我们是否依然处于各种比率会回归旧水平这种规律之下。在我们的判断中，尽管我们不能期望这些比率会完全回归传统的价值水平，但我们还是认为大量的各种证据预示股票市场长期走低的前景。

第6章 短视的损失规避和股权溢价之谜[①]

什洛莫·博纳茨（Shlomo Benartzi）和
理查德·H·泰勒（Richard H. Thaler）

6.1 引　言

在股票和固定收入证券的收益之间存在巨大差异。自1926年以来，股票的真实年收益大约为7%，而国库券的实际收益则少于1%。正如梅拉和普雷斯科特（Mehra and Prescott，1985）指出的，貌似合理的投资者风险规避水平很难解释高股权溢价和低无风险利率以及平稳消费的同时存在。梅拉和普雷斯科特估计投资者的相对风险规避系数应超过30才可以解释历史上的股权溢价，然而，之前的估计和理论观点表明其实际数值接近1.0。我们剩下两个问题：为什么股权溢价这么大？或者，为什么有人愿意持有债券？

基于决策心理学中的两个概念，本文对以上问题作出解答。第一个概念是风险规避。风险规避指的是个体对他们财富水平的减少比增加更敏感的倾向。这个概念在卡尼曼和特沃斯基（Kahneman and Tversky，

[①] 这项研究的某些部分当泰勒在罗素智慧基金会做访问学者时就做过。他感谢该基金会的慷慨资助。在那里他也就这个题目与许多人进行了十分有益的交谈，尤其值得一提的是与Colin Camerer和Daniel Kahneman的交流。Olivier Blanchard, Kenneth French, Russell Fuller, Robert Libby, Roni Michaely, Andrei Shleifer, Amos Tversky, Jean-Luc Vila和罗素智慧—国家经济研究局行为金融研讨班的参加者也给出了评议。这项研究也得到了国家科学基金的支持（批准号：SES—9223358）。

1979）的对不确定条件下做决策的描述性理论（即前景理论[①]）中起到关键性的作用。在他们所提出的模型中，效用是基于与某中性的参照点相比的获利和损失来定义的，例如参照点是现状而不是预期效用理论中的财富。这个效用函数在坐标原点处有一个扭转，损失函数的倾斜度比获利函数的倾斜度更陡。这两个倾斜度在原点处的比率是对损失规避的衡量。损失规避的经验估值主要在 2 附近，意味着放弃某东西的负效应是得到该东西的正效应的两倍（Tversky and Kahneman, 1991；Kahneman, Knetsch, and Thaler, 1990）。

我们采用的第二个行为学概念是心理核算（Kahneman and Tversky, 1984；Thaler, 1985）。心理核算指的是个人用来对财务结果（如交易、投资、赌博等）进行编码和评估的内在方法。人们遵循的动态从众规则是心理核算的一个方面，在本研究中起到了极其重要的作用。因为损失规避的存在，这种从众规则并不中立。最好用例子来解释这一点。

这个问题由萨缪尔森（Samuelson, 1963）首先提出。萨缪尔森问他的一个同事是否愿意接受以下赌博：以 50% 的几率赢 200 美元和以 50% 的几率输 100 美元。他的同事拒绝了这个赌博，但宣布乐于接受 100 次这样的赌博。这个交易驱使萨缪尔森证明一个定理来表明他的同事是非理性的。[②] 更有趣的是，他的同事对拒绝这种赌博所提出的根据是："我不赌，因为损失 100 美元比得到 200 美元让我感觉更深刻"。这种情感就是损失规避概念所隐含的直觉。可以用一个简单的效应函数表达这个观念：

$$U(x) = \begin{matrix} x & x \geqslant 0 \\ 2.5x & x < 0 \end{matrix} \tag{1}$$

其中，x 是财富相对于现状的改变。心理核算的作用表现为，萨缪尔森的同事如果符合这个效用函数，只要他不必亲历赌博的进行，那么他会拒绝一次赌博但会接受两次或更多次的赌博。根据设定的效用函数，两

[①] 人们对待获利和损失的态度不同这一观念由来已久。例如，斯沃姆（Swalm, 1966）在对作出管理决策的研究中提到这个现象。可参见莉比和菲什伯恩（Libby and Fishburn, 1977）其他的早期参考文献。

[②] 具体地，该定理认为，如果某人不愿接受任何财富水平下的单次赌博，该财富水平下这一赌博可以重复多次（本例中，相关范围是该同事的现有财富加上 20 000 美元到现有财富中去，再减去 10 000 美元），那么，接受多次赌博的行为与预期效用理论是相违背的。

种赌博组合（400 美元，25%；100 美元，50%；－200 美元，25%）产生的结果的分布有着正的预期效用，当然，尽管在每次都要估值时单个赌博的简单重复并不具有吸引力。正如本例所示，当决策者为风险规避时，如果他们较少地评估自己的业绩（或者让他人评估其业绩），他们将更愿意冒风险。

上述论点和股权溢价之谜的相关性可通过分析投资者所面临的问题而看出来，该投资者应有以上定义的效用函数。假设投资者必须在风险资产（如股票）和安全资产中选择，其中风险资产的期望年收益是7%，标准方差是20%，而安全资产的年收益确定为1%。和萨缪尔森的同事的逻辑一样，风险资产的吸引力取决于投资时间段。只要不经常评估，投资者持有时间越长，风险资产越具有吸引力。也就是说，两个因素使得投资者不愿承受持有股票的风险：损失规避和短评估周期。我们称这两个因素的组合为短视的损失规避。

短视的损失规避能够解释股权溢价之谜吗？当然，没有办法论证某个特定解释是正确的。因此，在本文中，我们用各种试验来确定我们的假说是否合理。首先，我们问一个问题，什么样的损失规避和评估周期组合才是解释历史收益模式的必要条件？在个体决策模型中，我们使用最近更新的前景理论（Tversky and Kahneman，1992），因为该理论的作者提出了被看作描述代表性的决策者的参数。那么我们提出这样的问题，为了在股票和债券收益的历史分布中保持中立，拥有这一系列偏好的投资者要多长时间评估一下其投资组合？虽然我们用多种方法进行研究（用实际收益和名义收益，既比较股票和债券，又比较股票和国库券），但得到的结果都是一年左右，显然这是个可信的结果。因此我们假定评估期为一年，并提出这样的问题，对这样的投资者而言，什么样的资产配置（即怎样的股票和债券的组合）才是最优的？我们再次得到一个可信的结果：股票和债券接近五五分割。

6.2 股权溢价之谜是真实的吗？

在我们开始去解答一个所谓的迷局之前，我们可能应该复查一下与是否真的存在这个需要解释的迷局相关的证据。我们用两种方式处理这个问题。首先，我们问梅拉和普雷斯科特所研究的1926年之后的时间段是否为特殊的时间段？然后，我们回顾一下已经提出的其他解释。正如任何有洞察力的读者从本文所论述的事实中可推测到的,我们推断出这个迷局是真实的,而且现有的解释差强人意。

股权溢价的稳健性是由西格尔(Siegel, 1991, 1992)提出的,他检测了 1802 年以来的收益。他发现真实的股票收益一直相当稳定。例如,真实的复合股票收益在 1802—1870 年、1871—1925 年和 1926—1990 年三个时期分别是 5.7%、6.6% 和 6.4%。然而,短期政府债券收益却大幅下降,三个相同时期的数值分别是 5.1%、3.1% 和 0.5%。所以,19 世纪的前 2/3 时段,没有股权溢价(因为债券收益高),但是股票在过去的 120 年里有显著优势。股权溢价不是最近出现的现象。

麦柯迪和肖文(MaCurdy and Shoven, 1992)用一种极其不同的方式记录了 1876—1990 年间的股票投资优势。他们从全体教员的退休储蓄的角度来看待历史证据。他们假定所假设的教员们每年将其工资的 10% 进行投资,并研究教员们在其工作生涯中会在所有的股票和债券中如何选择投资组合。他们发现,实际上在任何时间段,那些把所有资金都投到股票上的教员们都会有较好的业绩,且往往收益差距很大。对于只有 25 年的工作生涯的教员而言,全债券投资偶尔会表现较好(例如,对在 20 世纪 30 年代和 40 年代前半段时期退休的人而言),但收益差距从没有超过 20%。而与此相对的是,全股票投资组合的收益经常会好很多。而且,自 1942 年以来,25 年的职业生涯内都是全股票投资的收益会更好。对于有 40 年的工作生涯的教员而言,则没有一个全债券投资能赢的案例(尽管对于 1942 年退休的人会打个平手),并且对那些 20 世纪 50 年代末期和 60 年代初期退休的人而言,股票积聚者将比债券积聚者拥有多 7 倍的财富。麦柯迪和肖文从他们的分析中推出人们一定会对"长期的不同投资的相对安全性感到困惑"(12 页)。

大幅股权溢价和经济行为中的理性预期效用最大化模型一致吗?梅拉和普雷斯科特表明,仅风险厌恶不可能得到一个满意的答案,这是他们的独特贡献。他们发现人们必须有超过 30 的相对风险厌恶系数才能解释历史上的收益模式。在理解这个数字时,记得对数函数的相对风险厌恶系数是 1.0 是很有用的。同时,曼昆和泽尔德斯(Mankiw and Zeldes, 1991)提出了下列有用的计算。假设一个人面对这样的赌博:以 50% 的几率消费 100 000 美元和以 50% 的几率消费 50 000 美元。对于一个相对风险厌恶系数是 30 的人来说,该赌博和 51 209 美元的确定消费没有区别。很少有人会如此害怕风险。

以前提出对该迷局的替代性解释的努力至多只是部分成功的。例如，赖茨（Reitz，1988）认为股权溢价可能是对随时间变化的经济灾难风险的理性反应。尽管这个解释有无法验证的优势，但它看起来并不合理。（见梅拉和普雷斯科特（Mehra and Prescott（1988））的回复。）首先，自1926年以来的数据都包括了1929年的经济崩溃，所以所提到的灾难一定有比这更大的影响力。其次，在假设中，灾难一定会影响股票而不是债券，这和事实不符。例如，在一场极度通货膨胀中，债券很可能比股票受创更大。

另外一个研究途径是旨在放松相对风险厌恶系数和跨期替代弹性之间的联系，在标准贴现的预期效用框架中，它们是彼此反向的。例如，韦尔（Weil，1989）引入了克雷普斯-波蒂厄斯（Kreps-Porteus）的非预期效用偏好，但发现股权溢价之谜只是被转化成了"无风险利率之谜"。也就是说，这个迷局不再是为什么股票收益这样高，而是为什么国库券收益这么低。爱泼斯坦和津（Epstein and Zin，1990）也采用亚里（Yaari，1987）的"双重"选择理论中用到的非预期效用框架。亚里的理论和我们下面用到的前景理论（即概率权重的等级依赖方法）有相通之处，但没有损失规避和短评估期这两个我们解释中的关键因素。爱泼斯坦和津发现，他们的模型只能解释大约1/3所观测到的股权溢价。相似地，曼昆和泽尔德斯（Mankiw and Zeldes，1991）探讨了群体消费者的同质性假设是否为股权溢价之谜的原因。他们指出，小部分美国人持有股票，且他们的消费模式和非股票持有者不同。然而，他们也指出，尽管这种不同能解释股权溢价的一部分，但大部分的迷局还有待解释。

康斯坦丁尼德斯（Constantinides，1990）给出了另一种解释。他提出了一个习惯形成模型，其中假设消费效用依赖于过去的消费水平。具体而言，假设消费者不愿意降低他们的消费水平。康斯坦丁尼德斯认为这个模型可以解释股权溢价之谜。可是，费尔森和康斯坦丁尼德斯（Ferson and Constantinides，1991）发现，尽管习惯形成规范能提高此模型对跨期动态收益的解释能力，却不能帮助该模型来解释各资产间平均收益的差别。

虽然康斯坦丁尼德斯在强调获利和损失的不对称性方面是正确的，但我们认为他的模型并没有完全捕捉正确的行为直觉。问题在于股票收益和消费之间的联系是很脆弱的。除了退休金，绝大多数美国人没有股票。而且，大多数退休金属于固定福利品种，意味着股票价格下跌对退休金受益人的影响微不足道。实际上，大部分股票市场有三类投资者：

退休基金、捐赠和非常富有的个人。很难理解为什么习惯形成模型应该适用于这些投资者。①

6.3 前景理论和损失规避

习惯形成解释的问题在于其对消费的强调。我们把康斯坦丁尼德斯提出的有关行为的本能和偏好结合起来,这一方法是为了假设投资者是对获利本身有偏好而不是对由获利带来的消费有偏好。具体而言,我们使用卡尼曼和特沃斯基(Kahneman and Tversky,1979,1992)的前景理论,其中效用是针对获利和损失(即回报)而不是针对财富水平而定义的。他们提出如下的价值函数:

$$v(x) = \begin{cases} x^\alpha & x \geq 0 \\ -\lambda(-x)^\beta & x < 0 \end{cases} \tag{2}$$

其中,λ 是损失规避系数。② 他们估计 α 和 β 为 0.88,λ 为 2.25。注意,损失规避的概念捕捉到了与康斯坦丁尼德斯所用过的相同的直觉,即财富减少是痛苦的。③

赌博的"预期效应"G,它付清 x_i 的概率为 p_i,用公式表达如下:

$$V(G) = \sum \pi_i v(x_i) \tag{3}$$

其中,π_i 为分配给产出 i 的决定权重。在前景理论的原版中(Kahneman and Tversky,1979),π_i 是 p_i 的简单非线性转换。和其他等级依赖模型一样,在该理论的累积版本中(Tversky and Kahneman,1992),1 为累积概率而不是单个概率。因此,权重 π_i 不仅取决于 p_i,也取决于赌博的累积分布。更具体一点,用 w 代表 G 的累积分布的非

---

① 我们在之前的句子里强调"应该"。公司关于退休金财产的会计准则可能产生退休基金资产对短期波动的敏感性问题,基金会也可能有产生类似效果的支出准则。在下面有关于这一点的研究。

② 注意,由于 x 是衡量目前财富和上一次财富的变化,因此现状是会随时间而变化的。

③ 此处 λ 的值和在不同情况下评估损失规避的其他衡量方法是一致的。例如,卡尼曼、尼奇和泰勒(Kahneman, Knetsch, and Thaler (KKT),1990)研究了完全确定情况下的损失规避的重要性。在一次实验中,试验对象是一群康奈尔大学的学生,给其中一半学生每人一个康奈尔徽章咖啡杯,而另一半试验对象则没有。这样关于杯子的市场就形成了,在该市场中有杯子的人可以把杯子卖掉,而没有杯子的人可以购买杯子。KKT发现两组的预定价格差别很大。具体而言,卖者的预定价格的中位数大约是买者的2.5倍。

线性转换，用 P_i 代表得到一个至少和 x_i 一样好的结果的概率，用 P_i^* 代表得到严格比 x_i 更好的结果的概率。这样，附属于 x_i 的决定权重就为 $\pi_i = w(P_i) - w(P_i^*)$。（这一步骤也分别适用于获利和损失。）

卡尼曼和特沃斯基提出了下列单因素估计式：

$$\omega(p) = \frac{p^\gamma}{(p^\gamma + (1-p)^\gamma)^{1/\gamma}} \tag{4}$$

获利时，γ 的估计值为 0.61；而损失时，γ 的估计值则为 0.69。

正如在引言部分所讨论的一样，前景理论的应用必须和收益评估的频率规格相结合。我们称投资者聚集收益的时间长度为评估周期。无论如何，这不能与投资者的计划区间相混淆。例如，一个年轻的投资者可能会为未来 30 年后的退休而存钱。但当他每个季度打开来自其共同基金的信时，他仍会经历与其投资有关的获利或损失的效用。在这个例子中，他的时间区间是 30 年，而评估周期是 3 个月。

也就是说，根据这个模型，评估周期为 1 年的投资者，他的行为与他的计划区间为 1 年的行为是一样的。为了理解这一点，我们对两个投资者进行比较。X 先生每年 1 月 1 日会收到红利并把它投资于来年的圣诞假期花费，他的计划区间和评估周期都是 1 年。Y 女士收到一份红利并想将其投资于她 30 年后的退休。她每年都对其投资组合进行评估。所以，她的计划区间是 30 年，而评估周期是 1 年。尽管 X 和 Y 面对的是极其不同的问题，但根据该模型，他们的行为几乎是相同的。原因就是，在前景理论中我们假设效用的载体是财富或收益的变化，并且假设财富水平的影响是次要的。所以，每年 Y 通过选择使她 1 年后的预期效用最大化的资产组合来解决其资产配置问题，这与 X 所做的是一样的。[①] 从这个意义上讲，当我们估计投资者的评估周期时，我们也是在估计他们的隐含时间区间。

当然，在损失规避模型中，投资者越频繁地评估投资组合，或者其计划区间越短，他将会觉得高均值和高风险的投资（如股票）越不具有吸引力。这和众所周知的默顿（Merton，1969）和萨缪尔森（Samuelson，1969）的结果不同。他们研究的是如下问题。假设投资者在一固定时间区间 T 内必须在股票和债券之间进行选择。随着时间区间的加

---

① 一个重要的潜在限制条件是，最近的获利或损失是否会影响随后的决定。例如，泰勒和约翰逊（Thaler and Johnson，1990）发现了"私房钱效应"的证据。也就是说，刚赢钱的人对不会危及其最近全部所赢款项的赌博会显示出较弱的风险规避水平。

长，投资配置应如何变化？凭直觉，一个理性的风险厌恶型的投资者在临近退休且 T 趋近于零时会减少股票在其资产中的比例。这个直觉来自下述看法，即当 T 很大时，股票收益超过债券收益的概率趋近于1.0，但在短期中，股票投资有着大量的不足。然而，默顿和萨缪尔森指出这种直觉是错误的。具体而言，他们认为只要股票和债券收益是随机游走的[1]，在任何时间区间内，一个风险厌恶型投资者——他的效用函数显示其相对风险厌恶系数是常数（比如，一个对数或指数函数）——都应该选择相同的资产配置。如果一个投资者 35 岁时希望在他的资产组合中主要持有股票，那么他 64 岁时仍会想要相同的资产配置。我们不是质疑默顿和萨缪尔森的结论的规范有效性，只是提出一个模型来揭示为什么大多数投资者认为这个结果其实是非常违反直觉的。

6.4 评估投资组合要多久进行一次？

梅拉和普雷斯科特提出的一个问题是，有代表性的投资者要具有多大程度的风险厌恶水平才能解释历史上的股权溢价？我们提出了一个不一样的问题。如果投资者有前景理论偏好，那么他们要多久评估一次他们的投资组合才能解释股权溢价？我们用两种方式来提出问题。首先，怎样的评估周期才能让投资者觉得全股票或全债券投资无差别？其次，我们采用这个评估周期，并提出更具理论依据的问题。对于有该评估周期的投资者，怎样的股票和债券组合才能使预期效用最大化？

我们用模拟方法回答这两个问题。我们从 CRSP 提供的股票、债券和国库券的历史（1926—1990 年）月收益数据中抽出一些样本。然后计算在评估周期持有股票、债券和国库券的预期效用，评估周期由开始的一个月然后每次增加一个月。

这个模拟方法如下：首先，通过从 CRSP 的时间序列[2]中抽取

---

[1] 相反，如果股票收益是均值回归的，那么直觉的结果是，对长期持有的投资者而言，股票更具有吸引力。

[2] 在构建我们的方法中，除掉了资产价格收益的序列相关性。由于一些研究确实发现长期而言股票价格有均值回归现象，一些读者担心我们的结果会不会受此影响。这个没有关系。我们模拟研究中的区间相对较短（一年左右），而且短期内只有微不足道的均值回归。例如，法马和弗伦奇（Fama and French, 1988）对 t 年和 $t-1$ 年价值加权指数收益进行回归并估计斜率系数为 -0.03。由于均值回归现象降低了长期投资者的风险，在较长区间内股票价格有明显均值回归（3 年同一个系数为 -0.25）这一事实仅强调了股权溢价之谜。

100 000个 n 月收益数据（通过替换），得到不同时间区间内的收益分布。然后，把这些收益数据按照从最好到最差分等级，沿着累积分布分成 20 个间隔来计算收益。①（这样做是为了适用前景理论的累积或等级依赖公式。）运用这些数据，可以计算出某指定资产在特定的持有期内的预期效用。

我们已经用 4 种不同的方式来进行这一模拟。CRSP 的股票指数既和国库券收益又和 5 年期债券在真实和名义收益方面进行了比较。为了完整性以及为了读者能够有机会验证这个方法的稳健性，我们把这 4 种模拟方法都做了一遍，认为重点应该放在对股票和债券名义收益的比较上。相对于国库券，我们偏向于债券，因为我们认为对长期投资者而言，债券是最接近的替代品。基于两个原因，我们偏向名义收益的比较而不是实际收益的比较。首先，收益往往是以名义美元报告出来的。即使计算了经通胀调整的收益，但在大多数年报中还是突出名义收益。所以，在描述性模型中，应该使用名义收益作为假定的记账单位。其次，模拟研究指出，如果投资者从真实美元角度考虑，则无论评估期为多少，他们都不愿意持有国库券，因为国库券总是产生负的预期效用。②

股票和债券的比较结果显示在在图 6—1 中的 A 和 B 部分。各条线代表不同评估期的投资组合的预期价值。曲线的交叉点显示的是股票和债券具有同等吸引力的评估周期。对名义收益而言，这个均衡评估周期是约 13 个月，而对实际收益而言，则在 10~11 个月之间。③

应该如何解释这些结果？显然，没有任何一个评估周期可以适用于每个投资者。实际上，即使是同一个投资者，也可能会采用不同的评估周期组合：每季较随便的评估，每年更为认真的评估，数年一次的关系到长期计划的评估。然而，如果必须要投资者为评估周期选择一个合理的长度，一年可能较适合。个体投资者会每年报税，每年一次收到其经纪公司、共同基金和退休金账户的最为全面的报告，而机构投资者也是非常认真地对待年报。作为一个可能的评估周期，一年至少是非常合

---

① 我们也尝试把产出分成 100 个间隔而不是 20 个，其结果大体上相同。

② 将框架效应和货币幻觉相结合，这为"无风险利率之谜"提供了一个解决办法。在名义收益层面上，国库券有确定获利的幻觉，这对前景理论的投资者而言非常具有吸引力，而在真实收益上，国库券几乎没有正的收益均值且有显著的损失风险，这并不是具有吸引力的组合。

③ 无论从名义美元还是真实美元角度，股票和国库券的均衡评估周期都是约少于一个月。

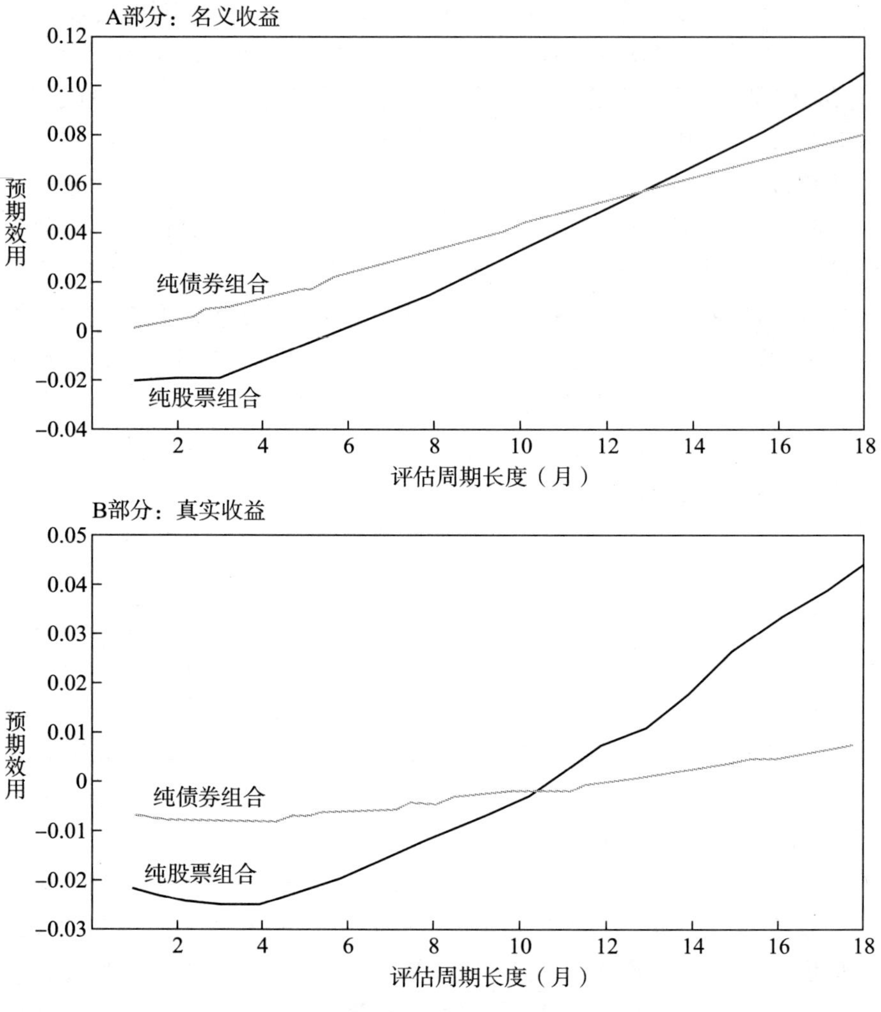

图6—1 预期效用作为评估周期的函数

理的。

可以提出两个与这些结果有关的合理的问题。前景理论中的哪些方面产生了以上这些结果？这些结果对其他替代性指标有多敏感？对第一个问题的回答是，损失规避是这些结果的主要决定因素。价值函数和加权函数的具体函数形式并不重要。例如，如果用实际概率代替加权函数，那么债券和股票的预期效用相同的评估周期会从11～12个月降至10个月。与之类似，如果采用实际概率并用损失规避系数为2.25的分段线性形式（即，$v(x)=x, x \geqslant 0$；$v(x)=2.25x, x<0$）来取代价

值函数，那么均衡评估周期是 8 个月。在这个模型中（分段线性价值函数和线性概率），损失规避系数为 2.77 所对应的评估周期为 12 个月。

投资者形成投资组合而不是在全债券或全股票之间选择，人们根据这一点来批判先前的结论。所以，我们要进行基于潜在的优化问题的第二次模拟研究。我们以此作为对先前结果的可靠性检验。假设投资区间为 1 年的投资者正对其预期效用进行最大化。怎样的股票和债券组合才是最优的？对这个问题，我们的研究步骤如下：我们计算每种组合的预期效用，这些组合是在 100% 的债券和 100% 的股票之间的混合，增量为 10%。图 6—2 显示了使用名义收益的结果。（重申一次，与使用实际收益的数据结果类似。）如图 6—2 所示，股票占比为 30%~55% 之间的投资组合都有着几乎相同的预期价值。这个结果又一次大致和已观察到的行为一致。例如，格林威奇（Greenwich）协会报告指出，平均而言，机构（主要是退休基金和捐赠）投资的分布是资产的 47% 为债券和 53% 为股票。对个体而言，考虑美国教师退休基金会（TIAA-CREF）的参与者，TIAA-CREF 许多大学里的确定的供款退休计划也是美国最大的退休计划。在 CREF（股票）和 TIAA（主要是债券）间最常见的配置是 50—50，股票的平均配置低于 50%。[①]

6.5 短视和股权溢价的程度

根据我们的理论，股权溢价是由损失规避和频繁评估的结合而引起的。在标准模型中，损失规避起到风险厌恶的作用，可以认为这是生活的一个事实（或，可能是偏好的事实）。与之相反的是，评估的频率是一种投资策略的选择，假定是可以更改的，至少原则上可以。而且，如图 6—1 所示，当评估周期延长时，股票更具有吸引力。由这一现象自然会想到一个问题：如果评估周期延长，均衡股权溢价会降低多少？

[①] 见麦柯迪和肖文（MaCurdy and Shoven，1992）的说明性数据。有趣的是，我们注意到新供款的平均分配现在是且以前一直都是超过一半的 TIAA，但因为 CREF 的高增长率，现在这两种基金的规模几乎相等。正如萨缪尔森和泽克豪瑟（Samuelson and Zeckhauser，1988）指出的，典型的 TIAA-CREF 的参与者作出一个资产配置决定后不会再改变。这看起来和相关的最优化不一致。假设一个一直将其资金均等地分配在 TIAA 和 CREF 的供款者，现在因为 CREF 较高的增长率，他会有 2/3 的资产属于 CREF。如果他喜欢持有的资产中股票和债券的比例为 2∶1，为什么不改变一下新的资金流呢？但如果 50—50 的资产配置是最优的，为什么不把现存的一部分 CREF 持有量转换为 TIAA（这个转化是无成本的）？

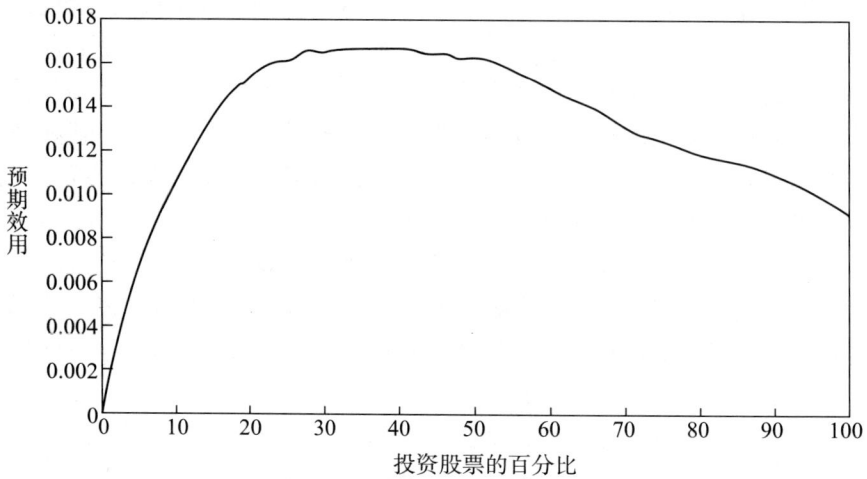

图 6—2 预期效用作为资产配置的函数（评估周期为 1 年）

图 6—3 表明了对这一问题的分析结果，这里用股票的实际收益和 5 年期债券的实际收益作为对比资产。使用我们一直在用的参数，数据中的实际股权溢价（每年 6.5%）符合评估周期为一年的结果。如果评估周期为两年，股权溢价会降至 4.65%。如果评估周期为 5 年、10 年和 20 年，相应的数据为 3.0%、2.0% 和 1.4%。理解这些结果的一种方法是，对于一个投资区间为 20 年的人而言，评估投资组合的心理成本是每年 5.1%！也就是说，如果股权溢价只有 1.4%，而剩下的 5.1% 是对那些能抵制经常计算其财产诱惑的人所支付的潜在租金，那么对于一个投资区间为 20 年的人而言，持有股票还是债券是无差别的。在某种意义上，5.1% 是过度警惕的代价。①

6.6 机构也有短视的损失规避表现吗？

有人可能批评我们的解释是基于个体决策模型，而我们所关心的大量资产是由机构所持有的，尤其是退休基金和捐赠。这是一个合理的担忧，而且我们的回答会帮助指出我们对该解释的理解方法。

正像上面所强调的一样，我们解释中的关键因素是损失规避和频繁

---

① 布兰查德（Blanchard, 1993）最近认为股权溢价已经下降。如果这样，那么我们对他的结果的解释是，平均评估周期的长度已经延长了。

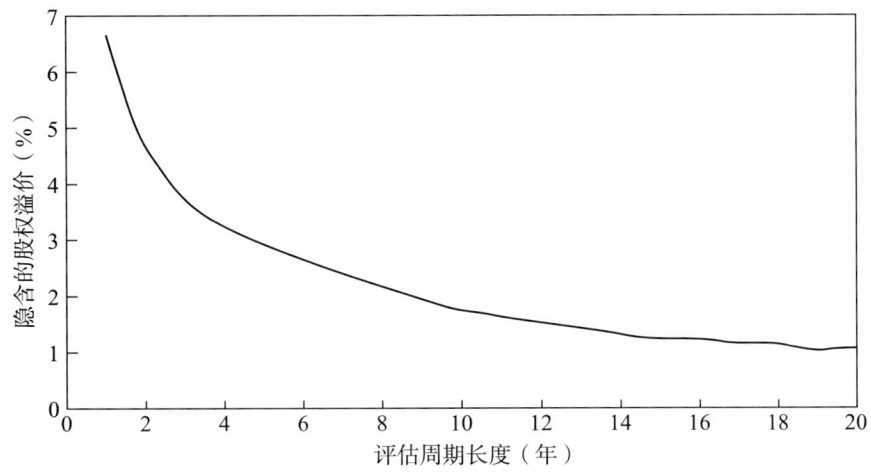

图 6—3　隐含的股权溢价作为评估周期的函数

的评估。我们在模拟测试中使用的是累积前景理论中的特定参数，之所以这样做是因为我们认为它提供了一个有益的准则。我们不奢望选择最适合我们数据的参数。也就是说，几乎任何有损失规避和频繁评估的模型在解释股权溢价之谜方面都有很长的路要走，因此，对机构要问的正确问题是：它们是否显示了这些特征？

6.6.1　退休基金

首先考虑福利确定的退休基金这一重要案例。在这个最常见的退休金计划中，公司承诺为每一个既定员工提供退休金福利，这种福利通常是最后工资和服务年限的函数。在这些计划中，剩余索偿人是公司而不是雇员。如果该计划的资产有高收益，公司在未来几年就可以向这个计划少供一些款，然而，如果这些资产没有产生足够高的收益，公司的供款比例就必须提高以满足基金的规则要求。

尽管不同的公司有不同的资产配置，一个常见的配置方式是约60%的股票和40%的债券与国库券。考虑到历史的股权溢价和退休基金实质上有无限的时间区间这一事实，我们会有一点困惑，即为什么退休基金不提高股票投资的比例。① 我们认为短视的损失规避可以为此提供解释。在这个背景下，短视的损失规避是由代理问题产生的。

---

① 另外一个不同的观点见 Black（1980）。他认为应该把退休基金全部投在债券上，因为债券有税收套利机会。然而，他的观点是基于有效市场的前提，在此前提下没有股权溢价之谜；也就是说，股票收益只是刚好弥补风险。

尽管只要公司在营业，退休基金事实上会一直存在（除非计划终止），而退休基金经理（经常是公司财务主管、首席财务官（CFO），或向CFO报告的职员）却不会永远在这个岗位上。他或她必须定期报告退休金计划的资金水平和基金资产的收益。这种短期评估使得退休基金经理和股票持有人的利益产生矛盾。[①] 两个著名的华尔街顾问似乎也持有这一观点。莱博维茨和兰格蒂格（Leibowitz and Langetieg，1989）做了无数个关于不同资产配置决策的长期回报的计算。他们的结论如下：

> 如果我们把对"股票"和"债券"的选择局限于标准普尔500和BIG指数，那么实际上在任何合理的假设下，当投资区间无限延伸时，股票几乎一定会胜过债券。遗憾的是，我们中的大部分人没有无限的时间来解决近期的损失。大多数投资者和投资经理设定的是个人投资目标必须在3～5年的时间框架内实现。（14页）

在所谓有利的假设（例如，历史上的股权溢价和股权收益的均值回归会一直持续）下，讨论20年投资区间的模拟结果时，他们给出了下列结论："（我们的分析）表明在'有利'的假设条件下，在大多数时间，股票/债券（收益）比率会超过100%。然而，对那些必须考虑近期损失的投资者而言，这些长期的结果意义可能不大"（15页，新增的重点）。换句话说，代理成本产生了短视的损失规避。[②]

6.6.2 基金会和大学捐赠

另外一个重要的投资机构是大学和基金会创立的捐赠基金。同样，尽管捐赠基金明显是永久投资，但在股票和债券间的均等分配仍很常

---

① 史莱佛和维什尼（Shleifer and Vishny，1990）强调了金融背景下短投资区间的重要性。兰科尼肖克、史莱佛和维什尼（Lakonishok, Shleifer, and Vishny，1992）对福利确定的退休金计划中的代理问题作了很好的描述。我们对代理问题中的短视的损失规避的解释和他们对另外一个不同的迷局的解释实质上是一致的：为什么退休基金股权投资部分表现如此之差？退休基金的股权投资部分的系统表现劣于市场基准如标准普尔500。尽管退休基金经理有意避免指数基金，但因为他们总是变换具有不同风格的基金经理，所以他们经常在不经意间得到的是一个更劣等的指数基金。这些基金经理的投资组合更差有两个原因：更低的业绩和更高的费用。

② 当然，许多观察家指责美国公司短视。退休基金资产配置决策可能是测试公司眼界的一个有用的方法。

见。然而，在此种情况下，短视的损失规避好像有两个原因。首先，存在和退休金计划相似的代理问题。考虑一个把 50% 资产投在股票上的基金。假设基金会董事长想把股票的资产配置提高到 100%，他认为在无限投资区间内股票的表现几乎一定会超过债券。这个董事长会再次面临的问题是，他个人的时间区间和董事会成员一样明显是有限的。实际上，根本没有人能够代表基金会在 22 世纪的潜在受益人的利益。这是一个没有委托人的代理问题！

另外一个同样重要的短视的损失规避的来源是大多数大学和基金会使用的支出准则。一个有代表性的准则详细说明了组织可以花费捐赠价值的 n 年移动平均数的 $x\%$，其中 n 经常是 5 或更少。[①] 尽管使用移动平均数的目的在于平滑股票市场波动的影响，但是一个突然下跌或一个长期的熊市市场还是会对支出有显著影响。机构被迫要在无限时间区间内实现最大化支出现值的目标以及保持稳定的业务预算这两方面二选一。在经历了大部分机构仍然记忆犹新的名义收益为零的 10 年之后，历史上每个 20 年时段的股票表现均优于债券这个事实是一个于事无补的慰藉。

大学（和运营基金会）和个人退休储蓄间存在一个重要的不同之处。对个人退休储蓄而言，可以认为她应该关心的唯一问题是在退休时她可购买的年金数量，也就是说，最终财富。暂时的波动只会影响心理成本。然而，对大学和运营基金会而言，既有看到捐赠价值下降的心理成本，也有在某些年现金流减少时削减计划的真实成本。这会增强短视的损失规避对股权溢价的解释能力。其实，引起损失规避的各种经济因素的存在也巩固了这一观点。不过，机构在构建其支出准则方面可以做得更好，以便承受风险资产的更高风险。

6.7 结 论

在标准预期效用最大化范例中，股权溢价是一个谜。正如梅拉和普雷斯科特所强调的一样，股票的高收益率和很低的无风险利率相协调看起来是不可能的。投资者怎能一面极不情愿接受收益的变动，如同股权溢价所暗示的一样，同时又愿意延迟消费来获得每年 1% 的微弱收益？

---

① 基金会也有最低支出准则，必须遵守这些才能继续保留免税待遇。

我们对这个迷局的解释办法是,把对损失的高敏感性和对经常观察个人财富的谨慎倾向两方面结合起来。前者把效用函数从消费领域转向收益领域,而后者使得人们需要大量溢价才能接受收益变动。在我们的模型中,即使短期收益不影响消费,投资者也不情愿接受收益变动。

在他们对赖茨、梅拉和普雷斯科特(Reitz,Mehra,and Prescott,1988)的答复中,提出了他们认为组成股权溢价之谜的解决方案的如下准则:

> 也许引入其他的偏好结构可以解决这个问题……但是,要使这些努力能够成功,他们必须让同行相信他们所提的替代性偏好结构比现在的标准偏好结构更有用,不仅体现在组织和解释平均资产收益的观测现象上,而且体现在组织和解释增长理论、商业周期理论、劳动力市场行为等其他方面的观测现象上。(134 页)

尽管不是所有梅拉和普雷斯科特所引用的内容中都使用了前景理论,但对不确定情况下的决策的研究已经广泛证实和支持了前景理论,并且损失规避似乎可作为用来解释失业[①]和在许多法律背景下的问题[②]的一个组成部分。由于这个原因,我们认为,作为梅拉和普雷斯科特的股权溢价之谜的一个合理解释,短视的损失规避值得我们关注。

附录:实验检验

在本文中有关短视的损失规避被一直重复,我们用这一概念来试着"解释"股权溢价之谜。我们是通过估计使得投资者无差别地看待股票和债券的评估周期来做到这一点的。答案是一年。但在文章中,除了提出这一评估周期是否合理的问题,我们并没有真正地"检验"我们的解释。自从本文发表以来,研究者们已经做了许多对短视的损失规避的实验检验,我们将其总结在这一附录中。

泰勒等(Thaler et al.,1997)在允许学习的背景下探究了短视和损失规避各自的影响。具体而言,他们让 80 个本科生在股票类基金和债券类基金中分配捐赠。然而,这两个基金并没有标明,实验对象必须

[①] 例如,卡尼曼、尼奇和泰勒(Kahneman, Knetsch, and Thaler, 1986)认为行动是否会增加损失或减少获利,这一点可以强烈影响对劳动力市场领域的公平的感受。

[②] 见 Hovenkamp(1991)。

通过模拟的 25 年的经验来了解基金的风险和收益特征。该实验包括 4 个条件,且实验对象被随机指定其中一个条件。在"月度"条件中,实验对象做 200 个投资决策,每个(大约)与 1 个月的期间相对应。在"年度"条件中,实验对象做 25 个年度决策,而在"五年度"条件中,他们做 5 个决策。还有另一个条件,在该条件中通过引入一个高的通胀水平来消除损失。然而,实验对象们并不知道具体的通胀率,因此他们只能从名义收益层面来思考。此后,由于该条件是基于月度数据的,我们称其为"通胀的月度"条件。在学习经验的第 25 年年底,实验对象们要作出接下来 50 年的最终分配决策。

结果与短视行为相一致。特别地,随着总时期的延长,对股票的分配也是如此。在月度、年度、五年度条件下对股票的最终分配分别为 40.9%、69.6% 和 66.2%。年度和五年度分配间的微小差别是错误的,这可归因于在五年度条件下(5 次试验)有限的学习机会。这些结果也与损失规避相一致。在通胀的月度条件下对股票的最终分配是 72.4%,与之相对的是,在无通胀的月度条件下为 40.9%。

内尼兹和波特斯(Gneezy and Potters,1997)进行了其他的检验,表明综合数据看起来像什么的想法能自动地减少短视行为。具体地,他们给 83 个本科生三个独立抽奖的序列。每个抽奖有 2/3 的概率失去投资金额和 1/3 的概率赢得 2.5 倍的投资金额。在实验中提供给实验对象一个捐赠,他们必须决定投资多少在上述抽奖上。有一半的实验对象进行了 12 轮单独的抽奖,而另一半则以 3 轮为一段进行抽奖。以 3 轮为一段进行的抽奖在第 3、6、9、12 轮末提供反馈消息。这些反馈消息包括 3 轮单独的结果的共同显示,尽管这 3 个金额的总和并没有显示出来。同样,这些结果与短视的损失规避相符。那些以 3 轮为一段进行赌博的人承受了更高的风险,因此,也获得了更高的收益。分配给抽奖的差异在 10% 和 20% 之间变化,这取决于每轮的具体情况。

我们还进行了许多关于短视的损失规避的实验(Benartzi and Thaler,1999)。在其中一个检验中,我们让 39 名本科生在一个确定金额和多次赌博之间进行选择。我们提供给实验对象 3 次赌博,这种赌博若仅进行一次,则有不同的收益,但实际上若重复进行,则最后的收益是同分布的。具体的赌博进行如下,并且确定的金额为 3 美元。虽然单次进行第 1 个赌博要比第 3 个赌博承担高 50 倍的损失,但是在重复进行多次后,3 次赌博的最终收益分布实际上是相同的。

1. 90% 的机会赢得 0.10 美元,

10％的机会失去 0.50 美元，
进行 150 次。
2. 50％的机会赢得 0.25 美元，
50％的机会失去 0.15 美元，
进行 120 次。
3. 10％的机会赢得 0.75 美元，
90％的机会失去 0.01 美元，
进行 90 次。

传统的经济分析预测 3 个赌博的吸引力是大致相同的，因为它们都有着相同的最终收益分布。然而，短视的损失规避观点预测，单次进行这些赌博的特征是不同的。具体而言，短视的损失规避观点预测，单次进行赌博的潜在损失在决策中有着重要作用。实验结果是与短视的损失规避相一致的。相对于确定的金额，仅 49％的实验对象更偏好第一个赌博，在这个赌博中他们面临每轮 0.5 美元的潜在损失。相比之下，相对于确定的金额，分别有 64％和 75％的实验对象更偏好第 2 个和第 3 个赌博，在这些赌博中分别有着 0.15 美元和 1 美分的潜在损失。我们应强调，损失规避自身并不能解释这些结果，因为 3 个赌博最后收益的分布实际上是相同的。事实上，是损失规避和短视的结合描述了所观察到的行为。

我们还向实验对象表明了 3 个赌博所带来的最后结果的明确分布。一旦实验对象知晓最后结果的分布，几乎所有人（95％）都会偏好赌博而不是确定的金额。因此，当为维护他们的利益而汇总数据时，实验对象会发现赌博的吸引力大很多。仅这一结果就说明，实验对象高估了输钱的可能性。在第 1 次赌博的所有 150 次尝试都完成后，通过让实验对象来估计输钱的可能性，我们直接检验了这一假说。平均数（中位数）答案是 0.237（0.150），然而，正确的答案是 0.003。对输钱可能性的显著高估与短视的损失规避是一致的。然而，这与萨缪尔森所谓的"大数谬论"是完全相反的。我们将在下文阐述这一问题并讨论新的实验数据。

你可能还记得，萨缪尔森给他的同事提出了以下赌博：正面则你赢 200 美元，反面则你输 100 美元。萨缪尔森的同事拒绝了这个赌博的单次进行，但表达了肯进行 100 次的意愿。萨缪尔森认为这种反应的组合是自相矛盾的，并指责其同事为大数谬论。具体而言，萨缪尔森认为，他的同事并不理解最后结果的方差会与进行的次数成比例地增加。如果萨缪尔森的同事是典型的，那么大多数人都将更偏好于赌博的多次进行而不是单次进行。另外，一旦提供明确的分布，人们有可能会改变其想法并拒绝多次赌博。我们的观点恰好是相反的。人们倾向于接受单次赌博，但拒绝多次赌博。而且，一旦提供多次赌博的明确分布，实际上每个人都会接受它。我们认为萨缪尔森的同事是非典型的。我们认为大多数人倾向于遵循"小数谬论"。他们不仅不理解最后结果的方差会与赌博进行的次数成比例地增加，而且总认为它增加得比赌博进行的次数要快很多。

我们通过转向短视的损失规避的一个重要含义来结束我们的检验，这个含义与投资者自治的世界性趋势有关。例如，在美国，人们有责任通过401（k）计划——确定供款的储蓄计划——来管理他们的退休基金。一个有趣的问题是，业绩评估频率是否影响投资选择？特别是，短视的损失规避观点预测频繁的报告将会突出股票的可感知风险，因为在短期中股票经历损失的可能性是相当高的。

为了检验短视的损失规避在退休储蓄计划中的作用，我们向南加州大学（USC）的工作人员提供了股票和债券的历史年度收益或者同一资产类别的模拟的30年收益的分布。两个投资选择——股票和债券，没有被标明，且要求实验对象在两个基金间分配他们的退休供款。结果与短视的损失规避相符。平均来看，查看年度收益的分配41%在股票上，查看长期收益的则分配82%。在中位数的分配上差异则更大：40%比90%。"相同"数据的替代性演示模型在投资选择上会产生巨大差异，这非常令人烦扰。这一结果给雇主和监管者带来了有关业绩报告的适当频率的难题。

在附录中，我们回顾了一些有关短视的损失规避的检验，所有这些检验都有概念的支持。短视损失规避的证据与卡尼曼和洛瓦洛（Kahneman and Lovallo，1993）所称的"窄框架"（例如，考虑到每次仅进行一次赌博或投资一种资产而不是将它们聚集成一个资产组合）这一更为普遍的现象相符。换句话说，聚集可以减少恶化。遗憾的是，我们对于人们设定评估频率的方式，或者更为普遍地，人们界定框架的方式，所知甚少。这些问题在未来研究中有着光明的发展前景。

第7章 前景理论和资产价格[①]

尼古拉斯·巴贝尔斯（Nicholas Barberis）、
黄明（Ming Huang）和塔诺·桑托斯（Tano Santos）

7.1 引 言

近年来，思考整体股票市场行为的标准模式已经成为以消费为基础的方法。众所周知，这个方法表现出许多困难。在其最简单的形式中，既没能体现股票收益的高历史均值和高波动性，也没能体现股票预期收益随时间变化而发生巨大变化的现象。[②] 在过去十年间，研究人员使用了更复杂的消费效用分类来试图更准确地估算数据。[③] 这些努力已经取得了某些成功。然而，股票收益的某些基本特征依然让人难以理解，比如和消费增长的低相关性。

在本文中，我们采用另一种方式来研究整体股票市场。与尝试着进

[①] 感谢 John Cochrane，George Constantinides，Kent Daniel，Darrell Duffie，Lars Hansen，Sendhil Mullainathan，Canice Prendergast，Andrei Shleifer，Kenneth Singleton，Richard Thaler，Stanley Zin，《经济学季刊》的三个匿名推荐人，编辑 Edward Glaeser 和美国及英国大量研究机构的参与人员对原先草稿的评论，这些评论对我们非常有帮助。

[②] 例如，可参见 Hansen and Singleton（1983），Mehra and Prescott（1985）以及 Hansen and Jagannathan（1991）。

[③] 最近与此研究相关的文章有 Abel（1990），Campbell and Cochrane（1999），Constantinides（1990），Epstein and Zin（1989，1991）以及 Sundaresan（1989）。本研究的另一支派强调的是由不确定收入冲击引起的市场非完整性，例如，可参见，Heaton and Lucas（1996）以及 Constantinides and Duffie（1996），Cochrane（1998）和 Kocherlakota（1996），这些书都提供了完美的调研。

一步改善以消费为基础的模型不同,我们提出一种特殊的方式来与之相区别。在下文所示的模型中,投资者的直接效用不仅源自消费,而且源自其金融财富的价值变化。当决定投资多少在股票市场时,投资者要同时考虑到两种效用类型:要最大化的目标函数中包含了一个额外项,它反映了对金融财富变动的直接关注。这和传统的资产定价方法不同,传统的资产定价方法认为,人们在选择投资组合时唯一要考虑的因素是,他们的财富所带来的未来消费效用。

我们对效用的另一来源的说明,在理解投资者行为方面抓住了两点在我们看来很重要的观点。首先,投资者对其金融财富的损失比对金融财富的增加更敏感,有时这一特征被称为损失规避。其次,投资者的损失规避程度取决于先前投资的表现。在先前投资获利后,投资者的损失规避程度减弱:先前的获利可以缓冲其后的任何损失,使得投资者更能忍受损失。相反,在先前投资损失后,投资者会提高损失规避程度:在被先前的投资损失灼伤后,他对额外的损失会更加敏感。

通过这样的方式来扩展传统的资产定价模型,我们发现我们能理解综合数据的某些原先令人费解的特点了。具体来说,从一个低方差的潜在消费增长过程开始,同时保持低且稳定的无风险利率,我们的模型可得到股票收益的高均值、高波动、显著可预测性以及和消费增长的低相关性等特点。

实质上,一切都是围绕风险规避程度的变化而进行的。经历了一轮股票价格上升之后,行为人的损失规避程度降低,因为那些利得会缓和后来的任何损失。而经历了一轮股票价格下跌之后,他会对进一步的损失更加谨慎并因此更厌恶风险。这种风险厌恶水平的变化使得我们模型中的股票收益比潜在股息更加不稳定:一个不同寻常的高股息会提升股票价格,这种价格的提升也会让投资者的风险厌恶水平降低,从而进一步推动股票价格。我们得到的股票收益的可预测性和实际数据的观察结果相似:股票价格显著提升之后,投资者会降低风险厌恶水平,因此随后的股票平均收益就会较低。

这个模型也得出了存在巨大的股权溢价的结论:股票收益的高波动率表明股票经常表现很差,使得损失规避型的投资者很不安。这样,就需要高额的溢价来说服他持有股票。

我们的模型提供了一种与以消费为基础的模型截然不同的替代性方法来尝试理解股票收益的高均值、高波动率和显著的可预测性特点。坎贝尔和科克伦(Campbell and Cochrane,1999)提出使用外部习惯消费水平来解释这些经验特点，随着当前消费靠近或远离习惯水平，这些经验特点会产生随时间变化的风险厌恶。虽然我们的模型以不断变化的风险厌恶为基础，但我们是通过引入金融财富波动引起的损失规避以及允许损失规避程度受先前的投资表现影响的方式来得出的。

以消费为基础的模型，如坎贝尔和科克伦（Campbell and Cochrane，1999）模型，和我们的模型之间的突出区别表现在各自不同的预测上。在以消费为基础的模型中，股票收益的波动很大部分来自风险厌恶水平的变化，而风险厌恶水平的变化又最终受消费的影响。所以，股票收益和消费之间必然是显著相关的，但这和实际数据不符。在我们的模型中，风险厌恶水平的变化是由过去的股票市场变化引起的，因此最终是由与股息有关的消息引起的。因为股息和消费只是弱相关，所以在我们的模型中，股票收益和消费也只是弱相关。

我们的方法也与一阶风险厌恶的文献有关，正如爱泼斯坦和津（Epstein and Zin，1990）等介绍使用的递推效用。到目前为止，这一文献并没有考虑到风险厌恶是随时间变化的，所以不能解释股票收益的高波动性，尽管把这一点考虑进来并不困难。更为根本的差别是，大部分一阶风险厌恶的履行能有效影响投资者对全部财富波动的损失规避而不是如本文强调的对金融财富波动的损失规避。这一差别很重要，因为这是我们许多预测的基础，包括股票收益和消费增长的低相关性。

在更根本的层面上，我们的模型在定义风险的方式上和传统的以消费为基础的模型不同。在以消费为基础的模型中，只有资产收益和消费增长达到共同变化的程度，才认定资产是有风险的。在我们的模型中，投资者始终关心金融财富的波动，不管这些波动是否和消费增长相关。既然我们衡量风险的标准不同，那么我们需要用来解释收益数据的风险厌恶水平也受影响就不足为奇了。虽然我们假定一个相当大的风险厌恶水平，但仍远不如许多以消费为基础的方法要求得那么极端。

我们根据心理学上两个经久不衰的观点来设计模型。其一是人们关心金融财富的变化，而且他们对这些变化持损失规避的态度，这是卡尼曼和特沃斯基（Kahneman and Tversky，1979）的前景理论的中心特点。前景理论是针对风险决策的描述性模型，它起初被用来帮助解释多年来记载的众多违背预期效用的范例。

另一个观点是，先前的结果会影响后来的风险承担行为，这一点受到心理学领域的另一支派的支持。例如，泰勒和约翰逊（Thaler and Johnson，1990）发现，在面对连续赌博时，先前赌博中赢了钱的人相对于先前输了钱的人更愿意冒险。他们对此的解释是：如果损失发生在获利之后，则它对人们造成的痛苦更轻；而如果损失发生在损失之后，则它对人们造成的痛苦更重。在获利之后风险厌恶水平降低，这一结论在其他的研究中也得到了证实，并被称为"私房钱效用"，反映的是赌徒在获利时会增强赌博的意愿。

我们的工作与博纳茨和泰勒（Benartzi and Thaler，1995）相关，他们研究了具有预期型效用特点的投资者对单期投资组合的选择。他们认为，即使面对大规模的股权溢价，损失规避特点也会使得投资者不愿投资股票。这表明，在正规的定价模型中引入前景理论也许能帮助我们理解平均收益水平。虽然我们的工作证实了这一点，但我们发现损失规避并不能单独地解释股权溢价，另一个关键因素是要结合先前结果的影响。为了证明这一点，我们同样检验一个更简单的模型，其中先前的结果被忽略了，这样不管过去的历史如何，损失所带来的痛苦是一样的。那么，投资者的风险厌恶水平是固定的，不随时间改变，并且股票价格也失去了一个重要的波动来源。由于股票收益波动降低且随之风险降低，显著的股权溢价不再存在。

另外一系列文章，包括巴贝尔斯、维什尼和史莱佛（Barberis, Vishny, and Shleifer，1998）以及丹尼尔、赫什莱佛和苏巴曼亚姆（Daniel, Hirshleifer, and Subrahmanyam，1998），通过假设投资者在做量的预测（如预测现金流）时会表现出非理性来解释资产收益的一些经验特点。其他的文章，包括洪和斯坦（Hong and Stein，1999），则假设投资者只能处理现有资料的一部分。这里，我们使用另一种方法。虽然我们确实通过调整投资者的偏好来反映有关效用来源的实验证据，但投资者始终是理性和动态稳定的。[①]

在第二部分，我们讨论了如何在资产定价模型中引入损失规避的概念，其中损失规避建立在金融财富的波动以及先前结果的影响之上。在第三部分，我们讨论了在设定模型时所引用的心理学著作的研究成果。在第四部分，我们刻画了均衡资产价格的一些特点并提出结果中隐含的直觉。在第五部分，通过详细的数值分析方法，我们研究了该模型对综合数据的解释能力。在第六部分，通过对忽略先前结果的简单模型进行分析，我们检测了考虑先前结果影响的模型的重要性。第七部分是总结。

---

① 见史莱佛（Shleifer，1999）最近对金融市场的非理性的处理方法。

7.2　投资者偏好

我们从卢卡斯（Lucas，1978）提出的以消费为基础的传统资产定价模型开始研究。在经济体中，存在完全相同的且生命力无限的行为人。这些行为人有的持有一种大量资产，有的持有两种大量资产。这两种资产分别为：净供给为 0 的无风险资产，其在 t 和 $t+1$ 时间内的毛利率是 $R_{f,t}$；1 单位风险资产，其在 t 和 $t+1$ 时间内的毛收益是 R_{t+1}。通常而言，风险资产（股票）是对由股息序列 $\{D_t\}$ 所代表的可消失的产出流的债权，其中股息增长见下式：

$$\log(D_{t+1}/D_t) = g_D + \sigma_D \epsilon_{t+1} \tag{1}$$

其中，$\epsilon_{t+1} \sim i.i.d. N(0, 1)$。

直到这里，我们的模型是完全标准的。我们在对投资者偏好建模的方式上与通常的安排不一样。具体而言，我们的行为人选择了一个消费水平 C_t 和风险资产 S_t 的配置方式来最大化下式：

$$E\left[\sum_{t=0}^{\infty}\left(\rho^t \frac{C_t^{1-\gamma}}{1-\gamma} + b_t \rho^{t+1} v(X_{t+1}, S_t, z_t)\right)\right] \tag{2}$$

这个偏好设定的第一项——消费效用 C_t——是各种资产定价模型的一个标准特点。然而在我们的模型中并不需要它，我们专注于研究动力效用，这是本文研究的基准情况。参数 ρ 是时间贴现因子，$\gamma > 0$ 则控制了消费效用的曲度。[①]

第二项是源自金融财富价值波动的效用。变量 X_{t+1} 是行为人在 t 和 $t+1$ 时间内在其金融投资上所经历的获利或损失，正值代表获利而负值代表损失。投资者从获利或损失所获得的效用为 $v(X_{t+1}, S_t, z_t)$。这不仅是获利或损失 X_{t+1} 本身的函数，也是在 t 时投资者持有的风险资产价值 S_t 的函数，还是状态变量 z_t（z_t 作为 S_t 的一部分，衡量了投资者在 t 时以前的获利或损失）的函数。通过将 S_t 和 z_t 纳入对 v 的讨论，我们承认投资者先前的投资业绩会影响其感受后期损失的方式和承担风险的意愿。最后，b_t 是外生换算系数，我们稍后会进行设定。

---

① 当 $\gamma = 1$ 时，我们用 $\log(C_t)$ 代替 $C_t^{1-\gamma}/(1-\gamma)$。

可以用很多不同的方式来解释源自金融财富波动的效用。我们倾向于认为这种效用表达的是和消费无关的一些情绪。在经历股市的重大损失之后，投资者可能会为其投资股票的决定感到后悔；他可能会将损失理解为自己是次等投资者的标志，并因此给其自尊心一个严重的打击。当消息泄露出去后，在家人或朋友面前，投资者会感到丢脸。[①]

总之，式（2）中的偏好设定表明人们可能会从除消费以外的其他来源得到直接效用，也说明，投资者做决定时也预料到了这些其他的效用源。这和传统的方法有区别，传统的方法认为，在选择投资组合时，人们唯一考虑的是他们的财富会带来的未来消费效用。虽然我们的偏好是非标准的，但这并不意味着它们在任何意义上都是非理性的：人们从除消费以外的其他来源得到效用，这不是非理性的；在做决策时人们预料到了这些情感，也不是非理性的。

引入建立在金融财富的获利和损失之上的效用会引起一系列问题：(1) 投资者如何衡量其获利或损失 X_{t+1}？(2) z_t 如何跟踪先前的获利和损失？(3) 效用 v 如何取决于获利或损失 X_{t+1}？以及 (4) z_t 如何随时间改变？下面我们依次处理这些问题。最后，我们讨论换算系数 b_t。

7.2.1 衡量获利和损失

在我们的模型中，获利和损失指的是投资者的金融财富价值的变化，即使金融财富只是其所有财富的一部分。为了简单起见，我们多走一步。尽管有两种金融资产，我们仍假设投资者只关心风险资产价值的波动。[②]

接下来，我们需要对衡量获利和损失的时间区间进行设定。换一种

[①] 也可以把式（2）中的第二项间接解释为预期消费带来的效用：当投资者发现他的财富增加了，他可能得到因财富增加带来的未来消费增加的效用。这个解释的困难之处在于：它只是解释了人们为什么可能从总体财富波动中获得效用。为了激发金融财富波动基础上的效用，人们会认为投资者要对他们财富的不同部分分别进行跟踪并从各部分的波动中获得效用。这样，就自然会在式（2）中加上一项代表人力资本的价值波动，这是另一个重要的财富来源。实际上，只要构成人力资本基础的劳动收入过程是外生给定的，这样做就不会影响我们的结果。

[②] 对此的简单解释可以是这样的：既然无风险资产收益可以提前预知，那么无风险资产价值的变化不会像风险资产价值的变化一样给投资者带来效用，这一点可以作为本处的一个简单例证。之后我们还会指出，对于一个衡量获利和损失的合理方法而言，获利和损失是基于总体金融财富还是仅基于风险资产来计算是无差别的。

说法就是，行为人多长时间正式评估一次其投资表现？我们采纳博纳茨和泰勒（Benartzi and Thaler，1995）的建议，即最通常的评估周期为一年。正如他们所指出的，我们每年报一次税，每年收到一次最全面的共同基金报告；此外，机构投资者在年度基础上对资金经理的表现进行仔细核查。由于一年评估期是一个重要的假设，因此我们随后会在本章来研究这个假设对我们结果的影响。

因此，投资者每年都会对其股票组合价值的波动进行监督，并从这些波动中得到效用。为确切说明，我们假设 S_t，即时间 t 时投资者持有的风险资产价值是 100 美元；到时间 $t+1$ 时，假设这个价值上升到 $S_t R_{t+1} = 120$ 美元。投资者衡量这一获利的精确方式取决于与 120 美元相比的参考水平。一个可能的参考水平是现状或初始价值 $S_t = 100$ 美元，这样获利就是 20 美元，或更为普遍地表示为 $X_{t+1} = S_t R_{t+1} - S_t$。

这基本上就是我们的方法，但是针对实际情况，还需要进行修改。修改方法是认为参考水平是现状乘以无风险利率，即 $S_t R_{f,t}$。在我们的例子中，若无风险利率是 5%，这意味着参考水平是 105。风险资产末期价值是 120 美元表明，投资者的获利是 15 美元，而如果风险资产末期价值是 100 美元，则导致损失为 -5。总而言之，投资者的获利或损失由下式表达：

$$X_{t+1} = S_t R_{t+1} - S_t R_{f,t} \tag{3}$$

以上观点表明，如果处在无风险收益为 5% 的经济环境里，投资者很可能对投资收益仅为 4% 的股票市场感到失望。我们认为，尽管无风险收益作为参考水平是合理的，但无风险收益可能不是投资者唯一的参考。接下来，我们会检测我们的结果对这一选择的敏感性。①

7.2.2 跟踪先前的投资结果

既然我们已经解释了如何衡量获利和损失，接下来我们需要详细说明它们给投资者带来的效用。最简单的方法是，认为获利或损失 X_{t+1} 的效用是 $v(X_{t+1})$，也就是说，仅仅是获利或损失规模的函数。

在我们的模型中，我们承认损失的痛苦不仅取决于损失的程度，而

---

① 注意，如果投资者确实使用无风险利率作为参考水平，那么就无所谓以全部金融财富还是单独以风险资产来计算获利和损失：如果用 B_t 和 S_t 分别代表投资者持有的无风险资产和风险资产，那么 $(B_t R_{f,t} + S_t R_{t+1}) - (B_t + S_t) R_{f,t}$ 和 $S_t(R_{t+1} - R_{f,t})$ 一样。

且取决于损失之前的投资表现。在巨额前期获利之后的损失可能比正常的痛苦程度更轻,因为先前的获利冲淡了这种痛苦。换句话说,投资者可能不太关心在巨额前期获利之后的股市下跌,因为他仍可以告诉自己,他"相对于一年前是获利的"。

而与此相反的是,对投资者而言,在巨额前期损失之后的损失会比平均水平更痛苦。如果投资者经历过一次痛苦的损失,也许他会对额外的挫折尤其敏感。

为了研究先前结果的影响,我们引入风险资产价值的历史基准水平 Z_t。[①] 我们认为,在判断某只股票的最近表现时,投资者会比较所持有股票的目前价值 S_t 和他们记得的以前股票交易的价格 Z_t。不同的投资者会以不同的方式来形成其基准。对一些投资者而言,它也许是最近股票价格的均值;对另外一些投资者而言,它可能是过去某个突出时刻(如年末)的具体股票价格。无论基准的形成方式如何,$S_t - Z_t$ 的差,当它是正值时,代表在时间 t 时投资者对其投资"获利"多少的个人衡量;相反地,当它是负值时,则代表"损失"多少。

引入 Z_t 对建立先前结果对随后获利和损失的影响的模型很有用。当 $S_t > Z_t$ 时,代表投资者先前有获利,其后的损失就不会那么痛苦,投资者的风险厌恶水平就会降低;相反地,当 $S_t < Z_t$ 时,代表投资者先前有损失,其后的损失会更痛苦,而且投资者的风险厌恶水平会比平常加深。

由于 S_t 和 Z_t 总结了投资者如何理解其过去的投资表现,则用 $v(X_{t+1}, S_t, Z_t)$ 表示金融财富波动带来的效用会是表达这种先前结果的影响的一个简单方式。出于建模的目的,写成 $v(X_{t+1}, S_t, z_t)$ 更为方便,其中 $z_t = Z_t / S_t$。

7.2.3 源自获利和损失的效用

在定义 $v(X_{t+1}, S_t, z_t)$ 时,分别有三种情况:$z_t = 1$,即先前投资既没有获利也没有损失;$z_t < 1$,即先前投资有获利;$z_t > 1$,即先前投资有损失。

我们从 $z_t = 1$ 开始。我们做一个模型表达投资者对金融财富减少比

[①] 我们使用"基准水平"来区分 Z_t 和参考水平 $S_t R_{f,t}$。参考水平决定获利或损失的多寡。基准水平 Z_t 决定获利或损失带来的效用大小,我们很快将精确其决定方式。尽管我们坚持这一区分术语,但一些读者可能会认为把 Z_t 当作也会影响投资者的决策的次级参考水平是有帮助的。

对金融财富增加更敏感，有时称这一特点为损失规避。用下式表达：

$$v(X_{t+1}, S_t, 1) = \begin{cases} X_{t+1} & X_{t+1} \geqslant 0 \\ \lambda X_{t+1} & X_{t+1} < 0 \end{cases} \quad (4)$$

其中，$\lambda > 1$。这是一个分段线性函数，在图7—1中如标明"$z_t = 1$"的线所示。它的起始点与横轴重合，是获利等于零时的情况。

现在我们转到 $z_t < 1$，即投资者先前股票市场投资为获利。图7—1中上升最快的线代表 $v(X_{t+1}, S_t, z_t)$ 这种情况。这和 $v(X_{t+1}, S_t, 1)$ 在损失受罚的方式上不同。小的损失并不会受到严厉的惩罚，但一旦损失超过一定数量，它将以更为严重的速率受到惩罚。其直观解释就是，先前的获利可能减缓其后的小损失带来的冲击，尽管这些获利不足以抵抗大的损失。

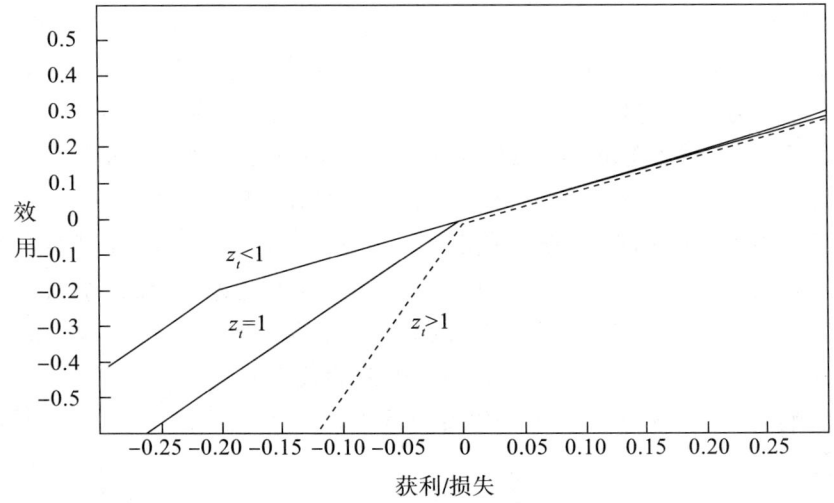

图7—1 获利和损失的效用

顶部的线表示投资者有先前获利的情况；虚线表示投资者有先前损失的情况；中间的线是投资者既没有先前获利也没有先前损失的情况。

可以用一个例子帮助我们理解这种解释。假设现在的股票价值 $S_t = 100$ 美元，而投资者最近在其投资上积累了一些获利。既然最近股票价值上扬，那么用 $Z_t = 90$ 美元作为历史基准水平是合理的。正如以上所讨论的一样，我们可以认为投资者仍记得的 90 美元的价格是股票一年前的价值。$S_t - Z_t = 10$ 美元，则代表先前获利为投资者带来的积累储备或缓冲。最后，假设无风险利率为零。

假设下一年年末，股票价值从 $S_t=100$ 美元下跌到 $S_tR_{t+1}=80$ 美元。在 $z_t=1$ 时，即投资者先前既没有获利也没有损失时，等式（3）和（4）表示，我们计算损失的效用为

$$(80-100)(\lambda)=-40$$

其中 λ 为 2。

当投资者先前有获利时，这个计算也许夸大了实际的不快。我们提出一个更现实地衡量所带来痛苦的方法：由于最初的 10 美元下跌——从 $S_t=100$ 美元跌到 $Z_t=90$ 美元——完全被先前的 10 美元获利储备缓冲掉，我们采用的惩罚比率只是 1，而不是 λ。损失的第二部分——从 $Z_t=90$ 美元跌到 $S_tR_{t+1}=80$ 美元——会更痛苦，因为先前的获利已经被耗尽，则我们以更高的比率 λ 对它进行惩罚。再次，我们采用 λ 为 2，20 美元损失带来的总体负效用为

$$(90-100)\times 1+(80-90)(\lambda)=(90-100)\times 1+(80-90)\times 2$$
$$=-30$$

或用公式表达为

$$(Z_t-S_t)(1)+(S_tR_{t+1}-Z_t)(\lambda)$$
$$=S_t(z_t-1)(1)+S_t(R_{t+1}-z_t)(\lambda)$$

注意，如果损失足够小，以至于可以完全被先前的获利缓冲掉，换句话说，如果 $S_tR_{t+1}>Z_t$，或等价地，$R_{t+1}>z_t$，就没有必要将损失分为两个部分。而总体损失 $S_tR_{t+1}-S_t$ 就以更为温和的比率 1 进行惩罚。

总而言之，先前有获利，或 $z_t\leqslant 1$ 时，我们对 $v(X_{t+1},S_t,z_t)$ 做如下表示：

$$v(X_{t+1},S_t,z_t)=\begin{cases}S_tR_{t+1}-S_t & R_{t+1}\geqslant z_t\\ S_t(z_t-1)+\lambda S_t(R_{t+1}-z_t) & R_{t+1}<z_t\end{cases} \quad (5)$$

更为恰当的情况是当无风险利率 $R_{f,t}$ 不为零时，我们把参考水平 S_t 和基准水平 Z_t 上浮，加上无风险利率，这样[①]

[①] 尽管 v 的表达式也取决于 R_{t+1}，但我们没将收益明确用 v 表示，因为它可以还原到 X_{t+1} 和 S_t。

$$v(X_{t+1}, S_t, z_t)$$
$$= \begin{cases} S_t R_{t+1} - S_t R_{f,t} & R_{t+1} \geqslant z_t R_{f,t} \\ S_t(z_t R_{f,t} - R_{f,t}) + \lambda S_t(R_{t+1} - z_t R_{f,t}) & R_{t+1} < z_t R_{f,t} \end{cases} \quad (6)$$

最后，我们看 $z_t > 1$ 时，即投资者先前投资有损失时的情况。图7—1中虚线显示了 $v(X_{t+1}, S_t, z_t)$ 这种情况时的形式。这和 $v(X_{t+1}, S_t, 1)$ 不同，在 $v(X_{t+1}, S_t, 1)$ 中损失所受到的惩罚加剧，也就是发生在损失之后的损失比平常更痛苦。更正式的表达为：

$$v(X_{t+1}, S_t, z_t) = \begin{cases} X_{t+1} & X_{t+1} \geqslant 0 \\ \lambda(z_t) X_{t+1} & X_{t+1} < 0 \end{cases} \quad (7)$$

其中，$\lambda(z_t) > \lambda$。注意，惩罚值 $\lambda(z_t)$ 是关于先前损失大小的函数，用 z_t 计量。为了简单起见，我们设

$$\lambda(z_t) = \lambda + k(z_t - 1) \quad (8)$$

其中 $k > 0$。先前损失越大，或者相等地，z_t 越大，其后的损失就越痛苦。

我们用另外一个例子说明这一点。假设现在股票价值 $S_t = 100$ 美元，而且投资者最近经历了损失。那么，$Z_t = 110$ 美元就是一个合理的历史基准水平，比100美元高，因为股票已经下跌。定义 $z_t = 1.1$。现在假设 $\lambda = 2, k = 3$，无风险利率是零。

假设下一年年末，股票价值从 $S_t = 100$ 美元降到 $S_t R_{t+1} = 90$ 美元。当 $z_t = 1$ 时，即投资者先前既无获利也无损失，等式（3）和（4）表明我们将损失的痛苦衡量为：

$$(90 - 100)(\lambda) = (90 - 100) \times 2 = -20$$

而在我们的例子中，因为先前有损失，且设定 $z_t = 1.1$。那么，现在这种痛苦效用是

$$(90 - 100)(\lambda + 3 \times 0.1) = (90 - 100) \times (2 + 3 \times 0.1) = -23$$

这表明发生在先前损失之后的损失更加痛苦。

7.2.4 动态的基准水平

为了完成我们对模型的描述，我们需要讨论投资者先前获利的缓冲作用是如何随时间变化的。更正式的说法是，我们必须详细说明 z_t 是如何随时间变化的，或者相等地，历史基准水平 Z_t 针对股票价值 S_t 的

变化是如何作出反应的。投资者所持有的股票价值有两种变化方式。首先，在时间 t 时，会由于投资者的行为而发生变化：投资者可能取出并消费掉股息，或者他可能买进或卖出他的一些股份。对于这种变化类型，我们假设这种 Z_t 的变化和 S_t 是成比例的，这样 z_t 就保持不变。例如，假设投资者持有股票的起初价值是 $S_t=100$ 美元，且 $Z_t=80$ 美元，则表明他积累的先前获利为 20 美元。如果为了消费，他卖了 10 美元股票，使得 S_t 降到 90 美元，假设 Z_t 降至 72 美元，这样 z_t 就保持常数 0.8 不变。换句话说，当投资者以消费为目的而卖出股票时，我们就假设他消耗了先前获利的一部分。

对规模适中的交易，或更准确地说，对投资者持有固定数量股票并每期消费掉股息的策略只有适度的偏离，我们就假设投资者的行为不会影响 z_t，这是合理的。然而，如果偏离很远（例如，完全退出股票市场），投资者的行为很可能会影响 z_t 变化的路径。要认为没有影响，我们需设定一个强的假设，这个假设有助于使我们的分析易于处理。在第四部分，我们计算均衡价格时，会进一步讨论此假设的经济学解释。

股票价值可能变化的第二种方式是通过在时间 t 和 $t+1$ 间发生的收益。在这种情况下，我们对 Z_t 唯一要强调的是它对风险资产价值的变化的反应迟缓性。我们的意思是，当股票价格上升很多时，基准水平也会上升，但幅度较小。相反地，如果股票价格急剧下跌，基准水平也不会向下调整那么多。

强调迟缓性其实是非常符合直觉的。要理解这一点，我们回顾一下 S_t-Z_t 是投资者对先前获利储备的衡量，作为股票市场水平变化的结果，这个数量是如何变化的？如果股票市场的收益很好，投资者会感到好像他们先前获利储备增加了一样。从数学意义上讲，这表明基准水平 Z_t 上涨的幅度应小于股票价格本身，这样，在 $t+1$ 时的缓冲作用（即 $S_{t+1}-Z_{t+1}$）比 t 时的缓冲作用（S_t-Z_t）要大。相反地，如果股票市场收益很差，投资者应会感到好像他先前的获利储备被耗尽了一样。在这种情况下，Z_t 的下跌幅度会小于 S_t。

一种对基准水平 Z_t 的迟缓性模型化的简单方法是，将动态值 z_t 表达为下式：

$$z_{t+1}=z_t\frac{\bar{R}}{R_{t+1}} \tag{9}$$

其中，$\bar{R}$ 是一个固定参数。这个等式是说，如果风险资产收益特别好，

那么 $R_{t+1} > \overline{R}$，状态变量值 $z=Z/S$ 会下降。这和基准水平 Z_t 的迟缓表现相符，即上升幅度会低于股票价格的上升幅度。相反地，如果收益很差且 $R_{t+1} < \overline{R}$，那么 z 会上升。这和基准水平的下跌幅度小于股票价格的下跌相符。①

在我们的模型中，$\overline{R}$ 不是一个自由参数，而是通过强加一个合理要求而内生决定的，这个合理要求是在均衡状态时 z_t 的中位数值等于 1。换句话说，投资者一半的时间有先前获利，剩下一半时间有先前损失。这表明，$\overline{R}$ 和股票平均收益有着相似的幅度。

考虑到动态历史基准水平的不同程度的迟缓性，我们可以把式（9）稍稍归纳一下。如下所示：

$$z_{t+1} = \eta \Big(z_t \frac{\overline{R}}{R_{t+1}} \Big) + (1-\eta)(1) \tag{10}$$

当 $\eta = 1$ 时，该式可简化为式（9），代表一个迟缓基准水平。当 $\eta = 0$ 时，该式可简化为 $z_{t+1} = 1$，意思是基准水平 Z_t 完全一对一地跟踪股票价值 S_t，这时基准水平变动得非常快。

根据投资者的记忆，参数 η 可以这样理解：它衡量的是当投资者回忆过去的获利和损失时会记得多久以前的事。当 η 接近于零时，基准水平 Z_t 总是接近于股票价值 S_t，表明先前的获利和损失很快就被忘掉了且不会影响投资者很长时间。实际上，就是说投资者有短期记忆，只能回忆起最近的结果。尽管基准水平变动迟缓，但当 η 接近于 1 时，过去的获利和损失会继续逗留且影响投资者很长时间，换句话说，投资者有长期记忆。②

7.2.5 换算项 b_t

我们用效用函数量化前景理论来保证即使综合财富随时间的增加而增加，诸如价格/股息比和风险资产的风险溢价等数量也会保持稳定。如果没有一个换算系数，情况就不会是这样，因为随着综合财富的增加，目标函数中的第二项就会控制第一项。对换算式的一个合理表达如下：

$$b_t = b_0 \overline{C}_t^{-\gamma} \tag{11}$$

---

① 式（9）中的动态基准水平是描述迟缓性的一种简单方法。更普遍地，我们可以假设 $z_{t+1} = g(z_t, R_{t+1})$，其中 $g(z_t, R_{t+1})$ 随 z_t 严格递增并随 R_{t+1} 严格递减。

② 可以用一个简单的数学观点来表明投资者记忆的"半衰期"为 $-0.693/\log\eta$。换句话说，经过这一时间，投资者的记忆会丢失一半。当 $\eta = 0.9$ 时，这个数字是 6.6 年，而当 $\eta = 0.8$ 时，是 3.1 年。

其中，$\overline{C}_t$ 是时间 t 时的人均消费总数，所以对投资者而言是外生的。通过使用外生变量，我们可以确保 b_t 仅是一个中立的换算系数，不会影响前文中的经济直觉。

参数 b_0 是一个非负的常数，它使得我们能控制来自金融财富的获利和损失的效用相对于来自消费的效用的总体重要性。通过设 $b_0 = 0$，可将我们的模型简化成被广泛研究过的以消费为基础的模型。

7.3 心理学证据

我们模型的设计受到心理学中一些经久不衰的观点的影响。人们关注金融财富的变化以及他们对这些变化持损失规避的态度，这两个观点是卡尼曼和特沃斯基（Kahneman and Tversky，1979）提出的前景理论的中心特点。前景理论是风险决策的描述性模型，最初被用来帮助解释许多年来大量违背预期效用的典型案例。

虽然我们的模型受到卡尼曼和特沃斯基（Kahneman and Tversky，1979）之前研究的影响，但我们并不试图全面剖析前景理论的各个方面。图 7—2 是卡尼曼和特沃斯基的获利和损失效用函数：①

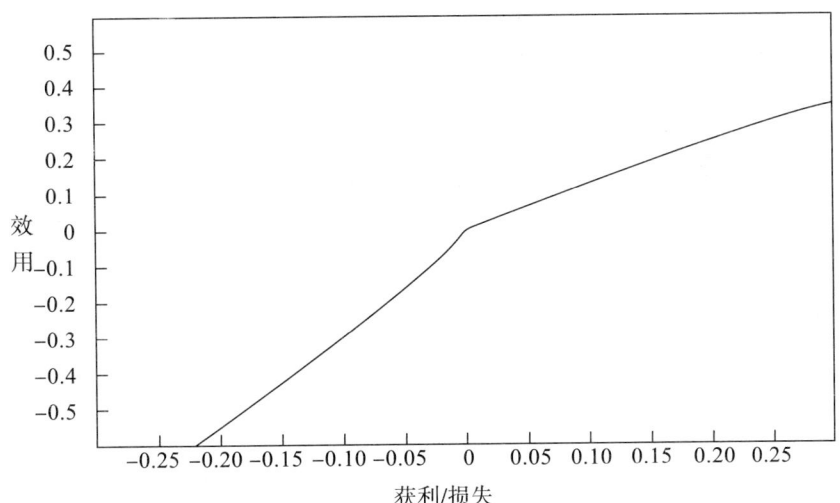

图 7—2 卡尼曼-特沃斯基价值函数

---

① 这个函数形式是由特沃斯基和卡尼曼（Tversky and Kahneman，1992）提出的，且建立在实验调查的基础之上。

$$w(X) = \begin{cases} X^{0.88} & X \geqslant 0 \\ -2.25(-X)^{0.88} & X < 0 \end{cases} \qquad (12)$$

这和 $v(X_{t+1}, S_t, 1)$——图 7—1 的中间曲线——相似，但也在获利时有适度的凹性，在损失时有适度的凸性。这种曲度特点对在仅有获利前景或仅有损失前景中做选择时是最恰当的。① 对既会产生获利也会产生损失的赌博，比如我们的行为人进行评估周期为一年的股票投资，拐点处的损失规避远比拐点的弯曲度更为重要。为简单起见，我们对获利和损失都进行 v 线性化。

在我们的框架中，通过使用预期价值 v 来计算投资者从获利和损失中所得到的"预期效用"，换句话说，就是通过获利和损失的概率对其进行价值加权。为了理解预期效用的阿莱悖论，卡尼曼和特沃斯基（Kahneman and Tversky, 1979）提出，不以获利和损失本身的概率而以这些概率的非线性转化来对获利和损失进行价值加权。同样，为了简单起见，我们把前景理论的这个特点抽离掉，并且相信我们的结果不会在根本上受到这种简化的影响。②

先前的结果会影响人们承受风险的意愿，这一观点受到心理学最近研究成果的支持。泰勒和约翰逊（Thaler and Johnson, 1990）以大量的康奈尔的本科和 MBA 学生为样本，通过实验来研究冒险行为。他们给实验对象提供一系列赌博，并发现先前的赌博结果会影响其后的行为：如果先前赢了，人们接下来更愿意冒险，从而接受平时不会接受的赌注。这个结果就是所谓的"私房钱效应"，因为这让人们想起用于描述赌博者在获利时赌博意愿提高的表达——"用私房钱玩"。泰勒和约

---

① 实际上，通过给实验对象提供纯损失或纯获利的赌博，卡尼曼和特沃斯基（Kahneman and Tversky, 1979）推导出了价值函数的形状。他们得到凹形获利曲线，因为实验对象倾向于接受 1/4 的概率赢得 2 000 美元、1/4 的概率赢得 4 000 美元和 1/2 的概率赢得 0 美元的赌博，而不是倾向于 1/4 的概率赢得 6 000 美元、否则赢得 0 美元的均值保持展形（mean-preserving spread）赌博。当符号改变，偏好也会改变，这意味着凸形的损失曲线。

② 在我们的模型中还有两个内在假设值得注意。首先，我们假设投资者能理性预测未来他们将感受到的损失规避。洛温斯坦、奥多诺格和雷宾（Loewenstein, O'Donoghue, and Rabin, 1999）提出现实更加复杂，因为人们很难预测他们对未来事件的感受如何。尽管我们不打算对此进行讨论，但更完整一些的模型应该考虑到这一点。其次，我们假设投资者能够理性预测未来的参考水平 $S_t R_{f,t}$ 的变化。有时，人们认为这种理性和损失规避是不相符的：如果人们知道市场下滑之后要重新设定参考水平，他们为什么会首先产生损失规避心理？对此，利维和维纳（Levy and Wiener, 1997）给出了一个答案，参考水平的改变强迫投资者正视和接受损失，且这是痛苦的一部分。

翰逊认为这些结果说明了，对投资者而言，获利之后的损失不那么痛，可能是因为这些获利缓冲了其后的挫折感。

泰勒和约翰逊还发现，实验对象在损失之后，接受冒险的赌博时表现得更不情愿。他们对此的解释是，损失之后的损失比平时更痛。①

泰勒和约翰逊（Thaler and Johnson，1990）所用的赌注很小——主要是两位数的美元。有趣的是，盖特纳（Gertner，1993）使用更大的赌注研究时得到的结果与其类似。他通过一个"扑克牌鲨鱼"电视游戏节目研究参与者的冒险行为。该节目要求，参赛者依据从桌子上随机抽取的扑克牌比目前显示的扑克牌更大或更小来下注。他发现，如果参赛者赢了，其所下的赌注是一个严格递增函数。这个证据再次说明，大量获利之后，人们表现出更为激进的冒险行为。

我们所列出的证据表明，发生一系列的获利和损失时，获利之后人们的风险厌恶水平较小，而损失之后风险厌恶水平较大。那些熟悉卡尼曼和特沃斯基最初的价值函数的读者会最先对此感到困惑，在最初的价值函数中，获利部分是凹函数而损失部分是凸函数。尤其是，损失部分的凸面偶尔会被解释为"损失之后，人们更愿意冒险"，这和泰勒和约翰逊的证据相反。然而，这个解释的背后存在一个关键的假设，即人们会把一系列冒险结果整合或"合并"。假设你刚损失了1 000美元，正想着参与一个赢或输200美元的概率相等的赌博。结果合并的意思是，通过把$\omega(-1\,200)$和$\omega(-800)$的均值与$\omega(-1\,000)$进行比较来决定是否参与这个赌博，其中ω由等式（12）定义。当然，在这个假设下，损失部分的凸性会导致损失之后的风险寻求。

尽管看起来很简单，但人们会合并一系列赌博结果这个观点只是一个假设。特沃斯基和卡尼曼（Tversky and Kahneman，1981）自己注明，起初的前景理论只为了阐明基本的、一次性的赌博；而那些动态环境下的应用需要进一步的有关人们对一系列获利和损失的想法的证据。有许多论文，包括泰勒和约翰逊（Thaler and Johnson，1990），已经着手进行这一挑战，就人们是会合并还是分离的一系列结果，或者进行其他活动而展开实验。这些实验已经发现，损失之后的风险厌恶水平增加

---

① 用风险厌恶水平随财富的增加而减低的效用函数来解释这些结果是很有吸引力的。然而，不论原先的财富水平如何，任何效用函数在获利20美元后都有足够的曲率来产生更低的风险厌恶水平，这不可避免地导致对大型赌博态度的预测与事实相反。

并不违背前景理论,只是违背人们会合并结果这个假设。①

泰勒和约翰逊(Thaler and Johnson,1990)确实发现了一些先前的损失会导致之后的风险寻求行为的情况。在这些情况中,在损失之后,实验对象会参与很可能损益平衡或只有有限损失的赌博。这和其他的证据一起,证明了尽管损失之后的损失会更痛,能够使有前期损失的人们损益平衡的获利仍是很受欢迎的。我们还无法通过一种容易理解的方式将损益平衡效应引入我们的模型。尽管如此,值得指出的是,除了泰勒和约翰逊所发现的一些特殊情况之外,损失之后的风险厌恶水平的增加似乎已是准则。

7.4 均衡价格

现在,我们假设某个经济环境中的投资者都具有在第二部分提到的偏好,以此来计算资产均衡价格。在此总结这些偏好是有帮助的。每个投资者选择消费 C_t 和风险资产 S_t 的配置来最大化

$$E\left[\sum_{t=0}^{\infty}\left(\rho^t \frac{C_t^{1-\gamma}}{1-\gamma}+b_0 \overline{C}_t^{-\gamma}\rho^{t+1}v(X_{t+1},S_t,z_t)\right)\right] \tag{13}$$

这受标准预算的限制,如下所示:

$$X_{t+1}=S_t R_{t+1}-S_t R_{f,t} \tag{14}$$

当 $z_t \leqslant 1$ 时,

$$v(X_{t+1},S_t,z_t)=\begin{cases} S_t R_{t+1}-S_t R_{f,t} & R_{t+1} \geqslant z_t R_{f,t} \\ S_t(z_t R_{f,t}-R_{f,t})+\lambda S_t(R_{t+1}-z_t R_{f,t}) & R_{t+1} < z_t R_{f,t} \end{cases} \tag{15}$$

当 $z_t > 1$ 时,

$$v(X_{t+1},S_t,z_t)=\begin{cases} S_t R_{t+1}-S_t R_{f,t} & R_{t+1} \geqslant R_{f,t} \\ \lambda(z_t)(S_t R_{t+1}-S_t R_{f,t}) & R_{t+1} < R_{f,t} \end{cases} \tag{16}$$

---

① 存在另一种见解:在多阶段背景下,合并一系列结果不是履行前景理论的一个合理的方法。如果投资者对股票市场多年来的获利和损失进行合并,那么他们实质上是在评估绝对财富水平而不是评估对前景理论很重要的财富水平的变化。我们感谢 J. B. Heaton 对这一点的观察。

且
$$\lambda(z_t)=\lambda+k(z_t-1) \tag{17}$$

图 7—1 所示的是等式（15）和（16）。最后，状态变量 z_t 的动态等式为

$$z_{t+1}=\eta\left(z_t\frac{\overline{R}}{R_{t+1}}\right)+(1-\eta)(1) \tag{18}$$

我们在两种不同的经济体下计算股息所有权的价格 P_t，也就是股票价格。第一个经济体，我们称其为"经济Ⅰ"，就是卢卡斯（Lucas,1978）分析过的经济。它把消费和股息等同看待，这样股票就被模型化为未来消费流的所有权。

因为其简单性，第一个经济体是本文的主要研究对象。然而，我们也在更加现实的经济体（即"经济Ⅱ"——其中消费和股息作为两个单独的过程来建模）中计算股票价格。届时我们允许消费增长波动和股息增长波动之间存在巨大的差别，这一点符合现实数据。消费和股息存在区别是因为投资者有除了股息之外的收入来源。也就是说，在金融资产之外，他们有其他形式的财富，比如人力资本。

在我们的模型中，风险厌恶水平的变化是由股票市场水平的变化引起的。在这方面，我们的方法和以消费为基础的习惯形成模型不同，在那个模型中，风险厌恶水平的变化由消费水平的变化引起。尽管这两种观点不同，但在诸如经济Ⅰ的经济体中，要阐述它们的不同影响并不容易。其中，经济Ⅰ中的消费和股票市场只受单一冲击驱动，所以完全是条件相关的。这就是我们为什么会强调经济Ⅱ：因为在均衡中消费和股息并不必然相等，我们就可以将它们看成单独的过程来建模，受不完全相关的冲击的驱动。那么，我们的方法和以消费为基础的方法之间的差异就变得更加鲜明。

在这两个经济体中，我们构建单因素马尔可夫均衡式，其中，无风险利率是常数，而马尔可夫状态变量 z_t 决定了未来股票收益的分布。具体而言，我们假设股票的价格/股息比率是状态变量 z_t 的函数：

$$f_t \equiv P_t/D_t=f(z_t) \tag{19}$$

然后依次证明在每个经济中确实存在一个均衡状态可以满足这个假设。考虑到单因素的假设，股票收益 R_{t+1} 的分布由 z_t 和其函数 $f(\cdot)$ 决定：

$$R_{t+1}=\frac{P_{t+1}+D_{t+1}}{P_t}=\frac{1+P_{t+1}/D_{t+1}}{P_t/D_t}\frac{D_{t+1}}{D_t}=\frac{1+f(z_{t+1})}{f(z_t)}\frac{D_{t+1}}{D_t} \tag{20}$$

7.4.1 经济 I 中的股票价格

我们考虑第一个经济体,消费和股息被当成相同的过程来建模。我们将总消费 $\overline{C}_t$ 的过程写为:

$$\log(\overline{C}_{t+1}/\overline{C}_t) = \log(D_{t+1}/D_t) = g_C + \sigma_C \epsilon_{t+1} \tag{21}$$

其中,$\epsilon_t \sim i.i.d.N(0,1)$。注意,在等式(1)中股息增长的均值 g_D 和方差 σ_D 被分别限制等于 g_C 和 σ_C。这个和单因素的马尔可夫假设一起表明股票收益由下式得出:

$$R_{t+1} = \frac{1+f(z_{t+1})}{f(z_t)} e^{g_C + \sigma_C \epsilon_{t+1}} \tag{22}$$

直觉上,风险资产价值会因为有关消费 ϵ_{t+1} 的消息或价格/股息比率 f 的变化而发生变化。f 的变化由 z_t 的变化引起,z_t 是对过去的获利和损失的衡量:过去的获利使得投资者风险厌恶水平降低,f 值提高;而过去的损失使得投资者风险厌恶水平增加,f 值降低。

在均衡状态下,以及对股票收益和总体消费水平的合理预期下,我们经济体中的行为人发现总是消费掉股息现金流以及持有零单位无风险资产和一单位股票的市场供应是最理想的情况。① 命题1指出了这个均衡状态的特点。②

命题1:对于式(13)~(18)中所给出的偏好而言,存在一个均衡状态,其中无风险净利率是常数,表示为:

$$R_f = \rho^{-1} e^{\gamma g_C - \gamma^2 \sigma_C^2/2} \tag{23}$$

其中,价格/股息比率 $f(\cdot)$ 是状态变量 z_t 的函数,并满足所有 z_t:

$$1 = \rho E_t \left[\frac{1+f(z_{t+1})}{f(z_t)} e^{(1-\gamma)(g_C + \sigma_C \epsilon_{t+1})} \right] + b_0 \rho E_t \left[\hat{v} \left(\frac{1+f(z_{t+1})}{f(z_t)} e^{g_C + \sigma_C \epsilon_{t+1}}, z_t \right) \right] \tag{24}$$

当 $z_t \leqslant 1$ 时,

---

① 因为行为人的效用包含总消费因素作为换算项,所以我们需要对总消费进行合理预期。

② 我们假设 $\log\rho + (1-\gamma)g_C + 0.5(1-\gamma)^2 \sigma_C^2 < 0$,这样,在 $t = \infty$ 时均衡状态会有很好的表现。

$$\hat{v}(R_{t+1},z_t)=\begin{cases}R_{t+1}-R_{f,t} & R_{t+1}\geqslant z_t R_{f,t}\\ (z_t R_{f,t}-R_{f,t})+\lambda(R_{t+1}-z_t R_{f,t}) & R_{t+1}<z_t R_{f,t}\end{cases} \quad (25)$$

当 $z_t > 1$ 时,

$$\hat{v}(R_{t+1},z_t)=\begin{cases}R_{t+1}-R_{f,t} & R_{t+1}\geqslant R_{f,t}\\ \lambda(z_t)(R_{t+1}-R_{f,t}) & R_{t+1}<R_{f,t}\end{cases} \quad (26)$$

在附录中,我们会正式证明这一点。在不那么正式的层面上,通过使用标准的扰动参数,我们直接由欧拉方程得到均衡状态下的最优化结果:

$$1=\rho R_f E_t[(\overline{C}_{t+1}/\overline{C}_t)^{-\gamma}] \quad (27)$$

$$1=\rho E_t[R_{t+1}(\overline{C}_{t+1}/\overline{C}_t)^{-\gamma}]+b_0\rho E_t[\hat{v}(R_{t+1},z_t)] \quad (28)$$

读者们可能会发现,把这些方程和来自标准资产定价模型(有着基于消费的效用)的方程进行比较是很有帮助的。无风险利率的欧拉方程是常见的一个方程:今天少消费一点并把储蓄以无风险利率进行投资并不会改变投资者在风险资产中损失的风险。风险资产的欧拉方程中的第一项也是熟悉的一项,首先是由梅拉和普雷斯科特(Mehra and Prescott,1985)提出的。然而,现在还有另外一项,今天消费较少而且把收入投在风险资产上会使投资者面临更大损失的风险。其危险程度由状态变量 z_t 决定。

在命题1中构建均衡状态时,我们遵循了第二部分提出的假设,也就是说,由投资者作出的买入和卖出决策不影响状态变量 z_t 的演变,也即投资者认为他的行为对 z_t 的未来演变没有影响。正如我们先前讨论的一样,对投资者可能采取的很多行动而言,这是一个合理的假设,但对完全脱离股票市场的行为而言就不那么合理了。实际上,我们的假设的意思是投资者在策略上不考虑运用先前获利的缓冲,而可能是等着缓冲变大,脱离股票市场以便保持该缓冲,然后在市场崩盘后再次进入市场,这时预期收益很高。[①]

7.4.2 经济Ⅱ中的股票价格

在经济Ⅱ中,消费和股息遵循不同的过程。这使得我们可以针对股

[①] 准许投资者考虑这些策略并不会从性质上改变我们的结果。但可能会从数量上影响结果,这取决于在投资者离开股市后他如何对前期获利的缓冲演变进行说明。

票的实际意义来建模，也就是说，股票是对股息现金流的所有权，而不是对消费的所有权。从公式上，我们假设

$$\log(\overline{C}_{t+1}/\overline{C}_t)=g_C+\sigma_C\eta_{t+1} \tag{29}$$

以及

$$\log(D_{t+1}/D_t)=g_D+\sigma_D\epsilon_{t+1} \tag{30}$$

其中，

$$\begin{pmatrix}\eta_t\\ \epsilon_t\end{pmatrix}\sim i.i.d.N\left(\begin{pmatrix}0\\0\end{pmatrix},\begin{pmatrix}1 & \omega\\ \omega & 1\end{pmatrix}\right) \tag{31}$$

这个假设（$\log \overline{C}_t/D_t$ 是随机游走的）使得我们在无风险利率是常数且股票的价格/股息比为状态变量 z_t 的函数①的情况下能构建单因素马尔可夫均衡式。那么，股票收益如下式所示：

$$R_{t+1}=\frac{1+f(z_{t+1})}{f(z_t)}e^{g_D+\sigma_D\epsilon_{t+1}} \tag{32}$$

考虑到消费和股息的过程不同，我们需要通过假设每个行为还收到非金融收入 $\{Y_t\}$（如劳动力收入）的现金流来完善对模型的设定。假设 $\{Y_t\}$ 和 $\{D_t\}$ 形成一个联合的马尔可夫过程，其分布使得 $\overline{C}_t\equiv D_t+Y_t$ 和 D_t 符合式（29）~（31）的分布。

通过欧拉最优方程（27）和（28），我们来构建均衡等式。无风险利率是常数，且给定等式（27）。等式（19）和（32）中的单因素股票价格的马尔可夫结构满足欧拉方程（28）。在下一个命题中，我们会指出这种均衡状态的特点。在附录中，我们会给出更详细的计算，并证明欧拉方程确实是最优的。②

命题 2：在经济 II 中，无风险利率是常数，其表达式为

$$R_f=\rho^{-1}e^{\gamma g_C-\gamma^2\sigma_C^2/2} \tag{33}$$

且股票的价格/股息比率 $f(\cdot)$ 可由下式得出：

---

① 在另外一个方法中，将 $\overline{C}_t$ 和 D_t 作为一个合并的过程来建模，但是这样我们至少还需要另外一个因素来描述均衡价格。

② 我们假设 $\log\rho-\gamma g_C+g_D+0.5(\gamma^2\sigma_C^2-2\gamma\omega\sigma_C\sigma_D+\sigma_D^2)<0$，这样，在 $t=\infty$ 时均衡状态会有很好的表现。

$$1 = \rho e^{g_D - \gamma g_C + \gamma^2 \sigma_C^2 (1-\omega^2)/2} E_t \left[\frac{1+f(z_{t+1})}{f(z_t)} e^{(\sigma_D - \gamma \omega \sigma_C)\epsilon_{t+1}} \right]$$

$$+ b_0 \rho E_t \left[\hat{v} \left(\frac{1+f(z_{t+1})}{f(z_t)} e^{g_D + \sigma_D \epsilon_{t+1}}, z_t \right) \right] \tag{34}$$

其中，$\hat{v}$ 的定义见命题1。

7.4.3 模型的直觉

在第五部分，我们求出价格/股息比率，并通过模拟数据来证明我们的模型提供了一条理解总体股票收益中众多令人困惑的经验特征的途径。具体而言，在保持一个低而稳定的无风险利率时，我们的模型一方面符合消费增长低波动的特点，另一方面符合股票收益高均值、高波动的特点。此外，模型对股票收益的长期预测和经验研究中所观察到的现象是相似的，并预言了消费增长和股票收益的低相关性。

在进行模拟前，略述隐含在结果背后的直觉知识是很有帮助的。从收益波动开始：我们的模型如何产生比基础股息波动更大的收益？假设现阶段有积极的股息创新。这产生了高股票收益，提高了投资者的先前获利储备。这使得投资者降低了风险厌恶水平，因为未来损失将会被前期获利所缓冲，这里的前期获利比之前要大很多。因而，投资者会用较低的利率折现未来的股息现金流，得到一个显著上扬的股票价格。如果有消极的股利创新，其过程类似。结果是产生低的股票收益，消减先前的获利或增加先前的损失。投资者的风险厌恶水平比之前更高，而风险厌恶水平的提高又推动了股票价格进一步降低。所有这些影响使得股票收益的波动性远大于股息增长的波动性。

相同的机制也可产生长期的可预测性。简单地说，既然投资者风险厌恶水平根据其投资业绩随时间变化，风险资产的预期收益也在变化。为了更详细地理解这一点，再次假设存在对股息积极的冲击。这会产生高股票收益，从而降低投资者的风险厌恶水平并推动股票价格继续上涨，导致一个较高的价格/股息比率。既然投资者风险厌恶水平降低，那么之后的股票收益在平均水平上也会降低。因此，价格/股息比率和未来收益就呈负相关，这一点完全符合很多研究中记录的情况，包括 Campbell and Shiller（1988）以及 Fama and French（1988b）。

如果损失规避确实会导致不稳定的股票价格，那么我们可能得到显著的股权溢价。通常，投资者是损失规避的，并且害怕股票市场的频繁下跌。因此，他可能要求高溢价作为持有风险资产的补偿。早期的研究提供了这样一种情况：博纳茨和泰勒（Benartzi and Thaler，1955）对损失规避型投资者的单阶段投资组合进行了分析，这是一种局部均衡分析，其中股票市场的高历史均值和波动性都是外生给定的。他们发现，即使面对大幅的历史溢价，这些投资者也不会投资很多财富在股票上。这表明损失规避可能是为理解股权溢价而构建的均衡模型中一个有用的因素。

最后，我们的模型也得到和消费仅存在微弱相关的股票收益，这符合实际数据的结论。[①] 要理解这一点，就要注意在我们的模型中，股票收益由两个因素构成：一是有关股息的消息，另一个是股票市场的变化引起的风险厌恶水平的变化。这两个因素最终都受对股息的冲击的驱动。所以，在我们的模型中，收益和消费的关联性与股息和消费的关联性非常类似，都是一个非常低的值。这个结果和坎贝尔和科克伦（Campbell and Cochrane，1999）的以消费为基础的股票市场的习惯形成模型的结果不同。在那些模型中，风险厌恶水平的变化由消费水平的变化引起，理所当然地使得收益和消费冲击显著相关，这和我们在数据中的发现相违背。

以消费为基础的模型遇到的另外一个著名的困境就是，使这些模型和股票市场的特点匹配的努力常常导致对无风险利率的预测值违背事实。例如，这些模型通常用含高曲率 γ 的消费效用解释股权溢价。然而，这个高曲率 γ 会导致强烈的使跨期消费变平滑的意愿，从而产生高利率。而且，许多以消费为基础的模型所用的以解释股票市场波动性的习惯形成特点也使得利率波动率违背事实。[②]

在我们的模型中，我们采用针对金融财富波动的损失规避而不是消费效用的高曲率来解释股权溢价。因此，我们并没有得到违背事实的高利率。此外，因为风险厌恶水平的改变是受股票市场过去的表现影响而不是受消费驱动，所以，我们可以保持稳定的且实际上固定不变的利率。

我们的模型和以消费为基础的模型，如坎贝尔和科克伦（Campbell

---

① 这是经济Ⅱ中独有的特点，用它可以对消费和股息进行有意义的区分。
② 坎贝尔和科克伦（Campbell and Cochrane，1999）的论文可能是仅有的规避了无风险利率问题的以消费为基础的模型。对消费习惯水平函数形式的明智选择使他们能用预防性储蓄来平衡使跨期消费变平滑的强烈意愿。

and Cochrane，1999），有相同之处，即投资者的反向期望。当投资者风险规避程度较低时，或者投资者要求以及预期的收益比平均收益低时，模型中的股票价格就会很高。

迪雷尔（Durell，1999）研究过投资者对未来股票市场行为的预期，发现了外推期望而不是反向期望的证据。换句话说，在市场巅峰时，一些投资者恰恰期望获得高于平均值的收益。希勒（Shiller，1999）调研了在 20 世纪 90 年代后期美国牛市时期的投资者期望，他没有发现外推期望的证据；也没有发现反向期望的证据。迪雷尔和希勒的样本能否代表投资群体，这一点没有清晰的结论。但他们都表明，本章模型的叙述——或事实上，以消费为基础的模型的叙述——也许不能完整地描述事实。

7.4.4 关于群体的一个标注

第四部分表述的均衡定价方程来自这样一个假设，即我们的经济体中的投资者是完全同质的。这当然是一个强假设。投资者可能是多维的、异质的。这就引发了一个问题，即一旦意识到投资者的异质性，我们的模型在直觉上还说得通吗？对于任何异质性的特定形式而言，我们都需要验证损失规避仍存在于群体中，另外，总体损失规避还随先前股票市场的变动而变化。如果这两个因素还存在，我们的模型则仍然会得到股票收益的高溢价、高波动性和高预测性的结果。

异质性的一种形式能完美地聚集起来：这是一种投资者具有不同的财富水平但具有相同的财富/收入比的情况。我们对几个同类投资者群体进行模型化，每个同类群体都包含连续的同等富有的投资者。由于财富是一个重要的状态变量，我们得到的结果还能说得通。[①]

有理由希望我们的模型在直觉上也适合异质性的其他形式。比如，投资者在前期的获利或损失的程度可能不同，这也许是因为他们进入股票市场的时间不同。换句话说，投资者可能有不同的 $z_t s$。

注意，即使 z_t 因投资者而异，个体投资者对损失仍然比对获利更敏感，而且没有理由相信这在投资群体中会消失。所以，没有理由认为这种异质性的存在会使股权溢价降低很多。况且，如果股票市场持续上升，大部分投资者先前投资获利会增加，这样，他们的风险厌恶水平就

[①] 唯一有点微妙的是，由于群体消费 $\overline{C_t}$ 进入了偏好，我们需要假设人们用具有同等财富水平的参照群体的平均消费，而不是用在经济作为一个整体时的平均消费来设定 C_t。

会降低。因此，认为群体中风险厌恶水平也会下降是非常合理的。如果群体损失规避仍随时间变化，我们的模型应该也会得到股票收益具有显著的波动性和可预测性的结论。

7.5 数字结果及进一步的讨论

在本部分，我们提出价格/股息比率 $f(z_t)$，这是方程（24）和（34）的解。然后，我们创建一组长时间序列的模拟数据，并用以计算不同时刻的资产收益（可与历史数据进行比较）。我们是在第四部分所描述的两种经济体中来完成这一工作的：在经济Ⅰ中，股票是作为消费现金流的所有权来建模；在经济Ⅱ中，比较现实一点，股票不再是消费现金流的所有权而是股息现金流的所有权。

7.5.1 参数值

表7—1列出了经济Ⅰ中我们对各参数值的选择。对于 g_C 和 σ_C，即消费增长对数的平均值和标准差，我们遵循切凯蒂、拉姆和马克（Cecchetti，Lam，and Mark，1990）的结论。他们在从1889年到1985年的一系列年报数据中得到 $g_C=1.84$ 和 $\sigma_C=3.79$。这与梅拉和普雷斯科特（Mehra and Prescott，1985）以及康斯坦丁尼德斯（Constantinides，1990）所使用的数值相近。

表7—1　　　　　　　　　经济Ⅰ中的参数值

参数	
g_C	1.84%
σ_C	3.79%
γ	1.0
ρ	0.98
λ	2.25
k	（范围）
b_0	（范围）
η	0.9

投资者偏好参数是 γ，ρ，λ，k 和 b_0。我们选用的消费效用曲率 γ 和时间贴现因子 ρ 所派生的无风险利率明显很低。若 g_C 和 σ_C 给定，方程（23）表明 $\gamma = 1.0$ 和 $\rho = 0.98$ 使得无风险利率接近于 $R_f - 1 = 3.86\%$。

投资者没有先前获利或损失时，λ 的值决定了相对于获利，投资者对损失的敏感程度。这是在实验文献中被研究得最频繁的一种情况：通过给实验对象提供独立的冒险选择，特沃斯基和卡尼曼（Tversky and Kahneman，1992）估计出 $\lambda = 2.25$，我们也使用这个值。

参数 k 决定着损失之后的损失更痛苦的程度。它是投资者随时间变化的损失规避的平均程度的一个重要决定因素。在我们提出的结果中，我们有两种方法选择 k。第一种方法，k 值要使得投资者的平均损失规避接近于 2.25，平均损失规避的计算方式在附录中有精确描述。先前有获利，投资者就不会那么害怕损失，所以他的有效损失规避会小于 2.25；而损失之后，他对额外的损失会更加敏感，这样他的有效损失规避就会高于 2.25，其程度受 k 控制。我们发现选 $k=3$ 时，会使平均损失规避保持在接近 2.25 的水平。要理解 $k=3$ 代表什么意思，假设状态变量 z_t 起初等于 1，之后股票市场经历了一次剧烈下跌，跌了 10%。在方程（10）中，如果 $\eta=1$，就意味着 z_t 约增加了 0.1，增至 1.1。在方程（8）中，任何额外的损失现在将会在 $2.25+3\times0.1=2.55$ 的水平下受到惩罚，比平常稍微加深。

选择 k 的第二个方法是从数据中寻找引导：我们只要找到使得预测的股权溢价值接近于股权溢价的经验值的 k 值。

参数 b_0 决定了预期效用在投资者偏好中的相对重要性。对于合理的 b_0 值的组成，我们没有先前的参考，因此我们列出一系列值的结果。①

最后两个参数 η 和 $\bar{R}$ 产生在动态状态变量的定义中。$\bar{R}$ 是一个我们无法控制的参数：它完全由其他的参数决定并且要求 z_t 均衡中值为 1。变量 η 决定 z_t 的持续，因此也决定价格/股息比率的持续。我们发现，当 $\eta=0.9$ 时，会使我们所得到的价格/股息比率的自相关系数接近于经验值。

7.5.2 方法

在展示结果之前，我们简要描述一下获得结果的方法。我们在经济

---

① 可以通过比较在股票市场损失 1 美元的反效用和少消费 1 美元的反效用来理解 b_0。在均衡状态计算时，这两个数字之比是 $b_0\rho\lambda$。通过在这一表达式中插入不同数字，可以看到 b_0 是如何控制消费效用和非消费效用的相对重要性的。

Ⅰ和Ⅱ中使用相同的方法,所以,只需描述经济Ⅰ的情况。求解方程(24)的困难在于 z_{t+1} 是 ϵ_{t+1} 和 $f(\cdot)$ 的函数。在经济意义上,我们的状态变量是内生的:它跟踪的是先前的获利和损失,而这些先前的获利或损失取决于本身就是内生的过去收益。所以方程(24)是以自身为参照的,和下式一起才能得解:

$$z_{t+1}=\eta\left(z_t \frac{\overline{R}}{R_{t+1}}\right)+(1-\eta)(1) \tag{35}$$

和

$$R_{t+1}=\frac{1+f(z_{t+1})}{f(z_t)}e^{g_C+\sigma_C\epsilon_{t+1}} \tag{36}$$

我们的方法如下:首先猜测方程(24)的解,比如为 $f^{(0)}$;然后,构建一个函数 $h^{(0)}$ 使得 $z_{t+1}=h^{(0)}(z_t,\epsilon_{t+1})$,解方程(35)和(36)时,令 $f=f^{(0)}$。函数 $h^{(0)}$ 决定在 z_t 条件下 z_{t+1} 的分布。

给定函数 $h^{(0)}$,我们通过下列递归式得到一个新解 $f^{(1)}$:

$$1=\rho E_t\left[\frac{1+f^{(i)}(z_{t+1})}{f^{(i+1)}(z_t)}e^{(1-\gamma)(g_C+\sigma_C\epsilon_{t+1})}\right]$$
$$+b_0\rho E_t\left[\hat{v}\left(\frac{1+f^{(i)}(z_{t+1})}{f^{(i+1)}(z_t)}e^{g_C+\sigma_C\epsilon_{t+1}},z_t\right)\right],\forall z_t \tag{37}$$

有了 $f^{(1)}$,我们可以计算新的 $h=h^{(1)}$,从而在 $f=f^{(1)}$ 时解方程(35)和(36)。根据 $h^{(1)}$,我们从(37)得到新解 $f=f^{(2)}$。我们持续这个过程直到发生收敛:$f^{(i)}\to f$ 和 $h^{(i)}\to h$。

7.5.3 经济Ⅰ中的股票价格

图7—3列出了价格/股息比率 $f(z_t)$ 的值,这些值是 b_0 为0.7、2和100以及 k 固定在3时,方程(24)的解。注意,在任何情况下,$f(z_t)$ 都是 z_t 的减函数。原因很简单:低的 z_t 值代表最近的资产收益很高,给投资者先前的获利储备。这些获利可缓冲随后的损失,使得投资者的风险厌恶水平降低。这样,投资者就会以较低的利率贴现未来股息,从而价格/股息比率升高。相反地,高的 z_t 值代表投资者最近经历了一连串的损失,他对进一步的损失就特别敏感,这使得风险厌恶水平加深而且导致价格/股息比率降低。

图7—3本身并没有表明我们在均衡状态下可能见到的价格/股息比

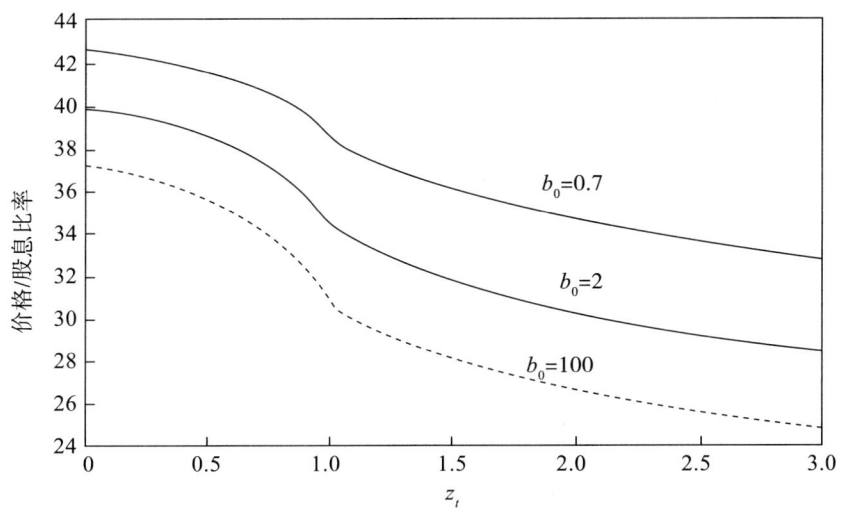

图7—3 经济Ⅰ中的价格/股息比率

图中所示为价格/股息比率与 z_t 的关系，z_t 是对先前获利和损失的衡量；低 z_t 值表示先前获利，参数 b_0 决定了投资者对金融财富波动的关注程度。我们把参数 k 固定为3，这使得在任何情况下损失规避均值都接近于2.25。

率的范围。所以，我们需要知道状态变量 z_t 的均衡分布。图7—4显示了我们稍后将要更详细考虑的一种情况：$b_0=2$ 和 $k=3$ 时。为了得到它，我们从标准正态分布中抽出 50 000 个独立值，画出一个长期时间序列 $\{\epsilon_t\}_{t=1}^{50\,000}$，并且从 $z_0=1$ 开始，我们使用第五部分描述过的函数 $z_{t+1}=h(z_t,\epsilon_{t+1})$ 来得到一个 z_t 的时间序列。从图7—4中，我们注意到 z_t 的平均值接近1，这不是偶然的。我们严格地选择方程（10）中的 $\overline{R}$ 值，使得 z_t 的中值尽可能地接近1。

在我们逐期产生 z_t 的时间序列的同时，我们也按照方程（20）的方法来计算收益。现在，我们呈现从这些模拟收益计算出的样本矩。这个时间序列要足够长，以保证样本矩可以作为实际矩的很好的近似。

对于不同的 b_0 和 k 值，表7—2列出了股票收益的重要矩阵。在顶部，我们固定 k 为3，变动 b_0，这样保证平均损失规避任何时候都接近2.25。在极端情况下，我们设 $b_0=0$，这就是梅拉和普雷斯科特（Mehra and Prescott, 1985）所研究过的经典情况。当我们推动 b_0 上升，资产收益矩最终达到一个极限（非常接近于 b_0 为100的情景）。该表还表明了投资者的平均损失规避，其计算方法在附录中有描述。

注意，当我们使 b_0 升高而 k 固定不变时，股权溢价是上升的。这有

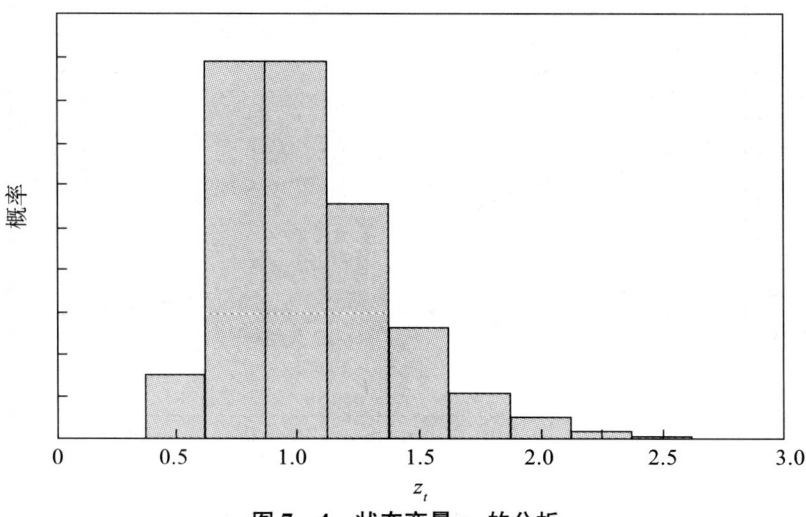

图 7—4 状态变量 z_t 的分析

在经济 I 中 $b_0=2$ 且 $k=3$ 时的分布。

两方面原因：当 b_0 增加时，先前的投资结果会对投资者的影响更大，使得他的风险厌恶水平变化更大，这样就产生了波动更为剧烈的股票收益。另外，当 b_0 增加时，损失规避成为投资者偏好中的一个更重要的特点，从而夏普比率增高。较高的波动性和较高的夏普比率一起驱使股权溢价上升。

尽管从定性的角度看，表 7—2 的结果让人振奋，但其重要性并不大。风险厌恶水平的变化确实使得收益的波动比所假设的股息增长波动（3.79%）高，但这个影响并没有大到足以符合历史波动性。由于投资者没有遇到任何特别大的市场暴跌，他就不会要求非常高的股权溢价。在这一固定 k 值时，我们所能得到的最高的股权溢价为 1.28%。

表 7—2 的下半部分表明，我们可以通过提高 k 值使股权溢价接近历史值。由于现在在某些情况下投资者是极度损失规避的，所以损失规避的平均值也陡然上升。然而注意，这里收益的波动性依然很低。

表 7—2　　　　　　　　　经济 I 中的资产收益

	$b_0=0$	$b_0=0.7$ $k=3$	$b_0=2$ $k=3$	$b_0=100$ $k=3$	经验值
无风险利率对数	3.79	3.79	3.79	3.79	0.58
超额股票收益对数 均值	0.07	0.63	0.88	1.26	6.03

续前表

	$b_0=0$	$b_0=0.7$ $k=3$	$b_0=2$ $k=3$	$b_0=100$ $k=3$	经验值
标准差	3.79	4.77	5.17	5.62	20.02
夏普比率	0.02	0.13	0.17	0.22	0.3
平均损失规避程度		2.25	2.25	2.25	
		$b_0=0.7$ $k=150$	$b_0=2$ $k=100$	$b_0=100$ $k=50$	
无风险利率对数		3.79	3.79	3.79	
超额股票收益对数					
均值		3.50	3.66	3.28	
标准差		10.43	10.22	9.35	
夏普比率		0.34	0.36	0.35	
平均损失规避程度		10.7	7.5	4.4	

资产收益矩阵以年百分比表示。经验值是以1926—1995年的国库券和纽约股票交易市场数据为基础的。参数b_0决定了投资对金融财富波动的关注程度，而k决定了在前期损失后损失规避的增加。

经济Ⅰ中一个不现实的特点是消费和股息被限定为遵循相同的过程。这意味着我们将股票看成是非常平稳的消费现金流的所有权，而不是事实上的波动更剧烈的股息现金流的所有权。所以，我们转向经济Ⅱ，其中允许我们放宽这个限制。

7.5.4 经济Ⅱ中的股票价格

现在，在一个更通常的经济情况下，我们来计算股票价格，其中将消费和股利作为不同的过程来建模。在表7—3中，我们列出一些在这个经济体下的参数选择。同时，为了更容易比较，我们也列出了在经济Ⅰ中用过的一些参数。

要使消费和股息遵循不同的数据模型，需要引入三个新参数：股利增长率均值g_D、股利增长波动率σ_D，以及股利增长和消费增长冲击的相关系数ω。为了简单起见，我们设$g_D=g_C=0.0184$。从CRSP记载的1926—1995年间的纽约股票市场数据中，我们发现$\sigma_D=0.12$。依据美国过去一个世纪的数据，坎贝尔（Campbell，2000）估计出ω值，基于他的结论，我们设$\omega=0.15$。如表7—3所示，我们保留了在第五部分讨论过的其他参数值。

图7—5显示的是价格/股息比率，这些值是当k固定在3，而b_0的

值分别为 0.7、2 和 100 时，方程（34）的解。在表 7—4 中，针对不同的 b_0 和 k 值，我们列出了股票收益的无条件矩阵。在表 7—4 的上半部分，保持 k 为 3，平均损失规避接近于 2.25。把表 7—4 和表 7—2 进行比较，我们可以看出，把消费和股息分开能显著改善结果。现在，收益的波动率远高于经济 I 中得到的结果。因为现在股利增长的波动率已经是 12% 而不是 3.79% 了。股权溢价也更高了：现在，投资者经历了股票市场更剧烈的下跌，就要求更高的股权溢价作为补偿。

表 7—3　　　　　　　　　经济 II 中的参数值

参数	经济 II	经济 I
g_C	1.84%	1.84%
g_D	1.84%	—
σ_C	3.79%	3.79%
σ_D	12.0%	—
ω	0.15	—
γ	1.0	1.0
ρ	0.98	0.98
λ	2.25	2.25
k	（范围）	（范围）
b_0	（范围）	（范围）
η	0.9	0.9

为便于比较，在此对表 7—1 中所列的经济 I 中使用的参数值进行了重复。

在以消费为基础的模型中，比如坎贝尔和科克伦（Campbell and Cochrane, 1999），对消费和股息分别建模也会导致较高的收益波动。然而，股权溢价上升这个事实却是我们模型所独有的：正如坎贝尔和科克伦所证实的，在以消费为基础的模型中，把消费和股息分开对股权溢价没有影响。原因是，在以消费为基础的模型中，衡量一只股票风险的标准方法是其与消费增长的协方差。把消费和股息分开，股票收益波动会上升，但股票收益和消费的关联性降低，这是因为股息和消费之间是弱相关。总之，如果和消费的协方差保持不变，股权溢价就和原来一样难以解释。

我们模型中的投资者不仅关心消费，还关心其投资价值的波动。股息波动的增加使得股票更加变幻莫测,投资者就会要求更高的股权溢价。现在,股票和消费的相关性减弱是事实,但这不影响我们的模型,因为投资者关心的是股票市场本身的波动性,而不仅是这些波动如何与消费增长共同改变。

表7—4证实了我们的模型中的股票收益和消费增长只是弱相关。如先前所讨论的一样,这一预测是我们模型特有的:由于以消费为基础的模型把相当一部分价格波动归因于消费的变化,股票收益就不可避免地表现出和消费增长的高相关性。

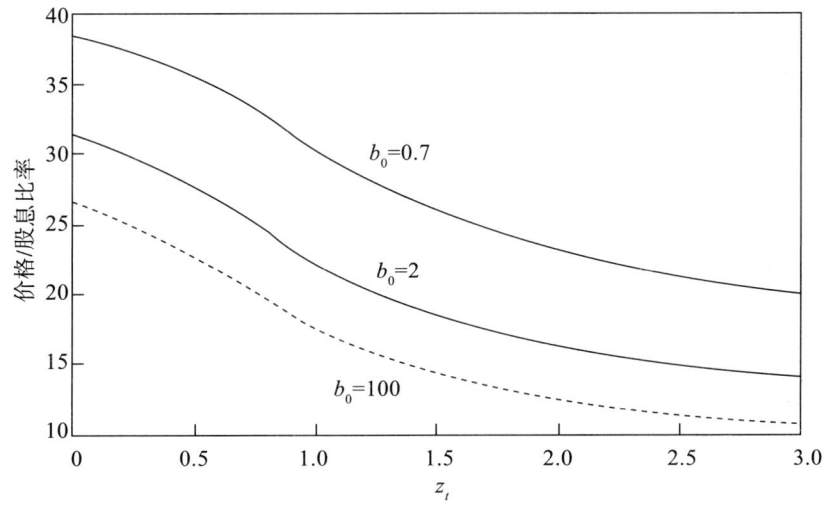

图7—5 经济Ⅱ中的价格/股息比率

图中所示为价格/股息比率与z_t的关系,z_t是对先前获利和损失的衡量;低z_t值表示先前获利,参数b_0决定了投资者对金融财富波动的关注程度。我们把参数k固定为3,得到在任何情况下损失规避均值都接近于2.25。

我们也列出了模拟的价格/股息比率的平均值和标准差。令人吃惊的是,尽管我们成功匹配了收益的波动性,但明显低估了价格/股息比率的波动性。要理解价格/股息比率的波动性是如何被低估的,考虑下述的近似关系会有帮助,这是由坎贝尔、罗和麦金利(Campbell, Lo, and MacKinlay, 1997)在对数线性近似关系的帮助下得到的[①]:

$$r_{t+1} \approx A + \log f_{t+1} - \log f_t + \sigma_D \epsilon_{t+1}$$

---

① 更具体一点,这可由本书第7章的公式(19)得到。

表 7—4 经济 Ⅱ 中的资产价格和收益

	$b_0=0$	$b_0=0.7$ $k=3$	$b_0=2$ $k=3$	$b_0=100$ $k=3$	经验值
无风险利率对数	3.79	3.79	3.79	3.79	0.58
超额股票收益对数					
均值	−0.65	1.3	2.62	3.68	6.03
标准差	12.0	17.39	20.87	20.47	20.02
夏普比率	−0.05	0.07	0.13	0.18	0.3
与消费增长间的相关系数	0.15	0.15	0.15	0.15	0.1
价格/股息比率					
均值	76.6	29.8	22.1	17.5	25.5
标准差	0	2.9	2.7	2.4	7.1
平均损失规避程度		2.25	2.25	2.25	

	$b_0=0.7$ $k=20$	$b_0=2$ $k=10$	$b_0=100$ $k=8$
无风险利率对数	3.79	3.79	3.79
超额股票收益对数			
均值	5.17	5.02	5.88
标准差	25.85	23.84	24.04
夏普比率	0.2	0.21	0.24
与消费增长间的相关系数	0.15	0.15	0.15
价格/股息比率			
均值	14.0	14.6	12.7
标准差	2.6	2.5	2.2
平均损失规避程度	5.8	3.5	3.2

资产收益矩阵以年百分比表示。经验值是以 1926—1995 年的国库券和纽约股票交易市场数据为基础的。参数 b_0 决定了投资者对金融财富波动的关注程度,而 k 则决定了在前期损失后损失规避的增加。

用语言描述就是,A 为常数,收益 r_{t+1} 的对数近似等于价格/股息比率对数的变化加上股息增长 $\sigma_D \epsilon_{t+1}$ 的创新。这可以推出:

$$\mathrm{var}(r_{t+1}) \approx \mathrm{var}\left(\log \frac{f_{t+1}}{f_t}\right) + \sigma_D^2 + 2\mathrm{cov}\left(\log \frac{f_{t+1}}{f_t}, \sigma_D \epsilon_{t+1}\right)$$

我们模拟的价格/股息比率的波动幅度不够大,使得我们模型中的 $\mathrm{var}(\log(f_{t+1}/f_t))$ 值相对于其在实际数据中的值而言太低了。而我们仍能够匹配收益的波动性 $\mathrm{var}(r_{t+1})$ 的原因在于,我们模型中的 $\mathrm{cov}(\log(f_{t+1}/f_t), \sigma_D \epsilon_{t+1})$ 值相对于其在实际数据中的值而言太高了:

在我们的模型中，价格/股息比率的变化和股息的变化完全条件相关。

因为我们的模型只依赖单个因素来得到价格/股息比率的变化，所以，低估了其波动性也就不足为奇。在一个更现实的模型中，其他的因素也会影响价格/股息比率：关于习惯形成的文献中指出的与习惯有关的消费是一个可能因素。加上这样的因素，会在提高价格/股息比率的波动性的同时降低它和股息变化的相关性，模型和数据的吻合度就提高了。然而，值得强调的是，纯粹以消费为基础的方法效果不是很好，因为它预测到的结果是价格/股息比率的变化和消费变化完全条件相关，而且股票收益和消费也高度相关。将与消费有关的习惯形成和对金融财富波动的直接关注相结合的模型可能会更有效。

表 7—4 的下半部分表明，我们可以通过提高 k 值（也就是提高有先前损失的投资者的损失规避）来显著改善我们的结果。在经济 I 中，为了尽可能地匹配股权溢价，我们必须假定一些情况下的投资者有极端不寻常的损失规避。有趣的是，我们所需要的 k 值的增加现在温和很多。例如，当 $b_0=2$ 时，对溢价为 5.02% 同时波动率为 23.84% 而言，k 的值为 10 就足够了；同样要注意的是，所对应的平均损失规避的值仅为 3.5，这样的风险厌恶水平不小，但也不是极端大。

图 7—6 列出了其他一些有趣的结果。左图所示是作为 z_t 函数的条件期望股票收益。函数 z_t 是当变量 z_{t+1} 的条件分布给定为 $z_{t+1}=h(z_t, _{t+1})$ 时，通过对收益方程（32）进行数学整合而得到的。此时，b_0 值为 2 而 k 值为 3，条件期望收益是状态变量的递增函数。低 z_t 值表明投资者有可以缓冲未来损失的累积先前获利。这样，投资者的风险厌恶水平降低，均衡期望收益较低。作为对比的虚线部分是无风险利率为常数时的情况。

图 7—6 的右图所示是作为状态变量函数的条件收益波动率。因为在我们的模型中，许多收益波动率是通过改变风险厌恶水平而得到的，而任何状态下的条件波动率取决于在那种状态下投资者的风险厌恶水平对股息变化的敏感度。从经验上讲，市场暴跌之后的波动率比暴涨时更高，这在我们看来就意味着一条向上倾斜的条件波动率曲线。对大部分状态变量而言，这正是我们所发现的。然而，这个结果对我们如何使损失规避程度取决于先前的投资结果较敏感，所以我们赋予它的权重不高。

表 7—5 列出的是股票收益的对数和价格/股息比率的自相关系数。正如所预测的一样，在所有时间间隔内，我们模型得到的收益是负自相关的，即高价格降低风险厌恶水平并导致平均收益降低。这种负的自相

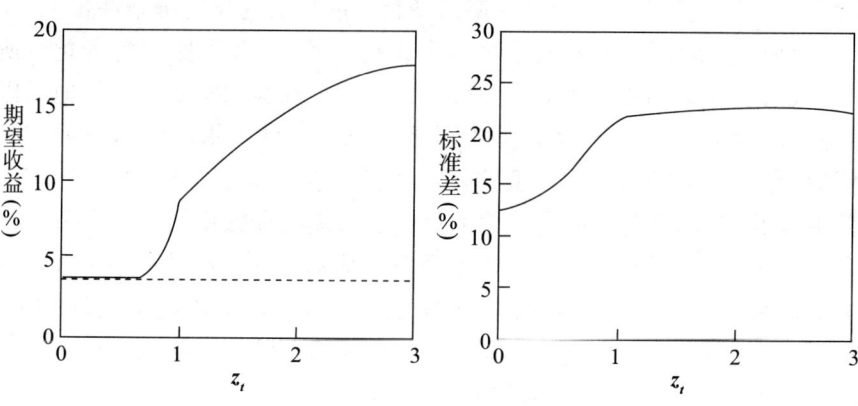

图 7—6　股票收益的条件矩阵

图中所示是条件股票收益均值和波动性与 z_t 的关系，z_t 是对先前获利和损失的衡量；低 z_t 值表示先前获利，这是在 $b_0=2$ 且 $k=3$ 时经济Ⅱ的结果。左图虚线表示的是无风险利率水平。

关说明，长期均值回归是必然的，这种均值回归在波特巴和萨默斯（Poterba and Summers，1988）以及法马和弗伦奇（Fama and French，1988a）中也有记载。而且，在我们的模型中，价格/股息比率是高度自相关的，这和实际行为相符。

表 7—5　经济Ⅱ中收益对数和价格/股息比率的自相关系数

	$b_0=2$ $k=3$	$b_0=2$ $k=10$	经验值
corr(r_t, r_{t-j})			
$j=1$	−0.07	−0.12	0.07
$j=2$	−0.05	−0.09	−0.17
$j=3$	−0.04	−0.06	−0.05
$j=4$	−0.04	−0.04	−0.11
$j=5$	−0.02	−0.03	−0.04
corr($(P/D)_t$, $(P/D)_{t-j}$)			
$j=1$	0.81	0.72	0.70
$j=2$	0.66	0.52	0.50
corr($(P/D)_t$, $(P/D)_{t-j}$)			
$j=3$	0.53	0.38	0.45
$j=4$	0.43	0.28	0.43
$j=5$	0.35	0.20	0.40

经验值以 1926—1995 年的纽约股票交易市场的数据为基础。

因为投资者的风险厌恶水平随时间变化,期望收益也在变化,所以收益是可预测的。为了证明这一点,我们使用模拟数据对在 j 年时间区间内的累积收益对数进行回归,建立在 $j=1$,2,3 和 4 时的滞后价格/股息比率基础上:

$$r_{t+1}+r_{t+2}+\cdots+r_{t+j}=\alpha_j+\beta_j(D_t/P_t)+\epsilon_{j,t} \tag{38}$$

其中,r_t 是收益对数。表 7—6 所示为从模拟数据以及经验值得到的斜率系数 β_j 和 $R^2(j)$。注意我们的模拟结果和经验研究的主要特点相符,包括 R^2 随收益区间增长而增长的特点。

表 7—6　　　　　　　　　经济 II 中的收益预测回归

β_j, $R^2(j)$	$b_0=2$ $k=3$	$b_0=2$ $k=10$	经验值
β_1	4.6	4.4	4.2
β_2	8.3	7.5	8.7
β_3	11.6	9.7	12.1
β_4	13.7	11.5	15.9
$R^2(1)$	2%	6%	7%
$R^2(2)$	4%	10%	16%
$R^2(3)$	5%	12%	22%
$R^2(4)$	6%	14%	30%

对 j 年累积收益对数与滞后的价格/股息比率进行回归所得的相关系数和 R^2,$r_{t+1}+r_{t+2}+\cdots+r_{t+j}=\alpha_j+\beta_j(D_t/P_t)+\epsilon_{j,t}$。经验值以 1926—1995 年的纽约股票交易市场的数据为基础。

7.5.5　敏感性分析

现在,我们分析一下我们的结果对各种有趣的参数的敏感性。对于我们所要变动的每一个参数,其他参数保持固定在表 7—3 中所列的数值。

表 7—7 列出的是变动 k 而得到的结果,这控制着在先前损失后损失规避的上升程度。对股权溢价而言,提高 k 值有很大的影响,因为这提高了平均损失规避程度。在某种程度上,它也提高了波动率。因为较高的 k 值代表的是风险厌恶水平变化得更快。

表 7—7　　　　　　　　　　资产收益对 k 的敏感性

	$k=3$	$k=5$	$k=10$	经验值
超额股票收益对数				
均值	2.62	3.15	5.02	6.03
标准差	20.87	20.93	23.84	20.02
夏普比率	0.13	0.15	0.21	0.3
平均损失规避程度	2.25	2.6	3.5	

参数 k 控制了损失规避在先前损失之后所增加的程度。资产收益矩阵以年百分比表示，表中结果为 $b_0=2$ 且其他参数固定在表 7—3 所列数值时，经济 II 的结果。

在分析中，我们始终把 λ 固定在 2.25，因为许多独立实验研究得到的估计值都在这个值附近。表 7—8 表明了这些结果是如何随 λ 的变动而变化的。λ 增加，股权溢价就会提高，因为现在的平均损失规避程度较高。

表 7—9 显示的是变动 η 的结果。这个参数决定了今年的巨幅获利或损失将影响投资者到多远的未来。η 的主要影响是其对波动率的影响：如果 η 很高，今年的损失会让投资者在未来许多年提高损失规避程度，并使其在未来许多年都用较高的利率贴现，从而引起现在更剧烈的价格下跌。再直接一点说，η 影响状态变量的持续性并因而影响价格/股息比率的自相关。

表 7—8　　　　　　　　　　资产收益对 λ 的敏感性

	$\lambda=1.5$	$\lambda=2.25$	$\lambda=3$	经验值
超额股票收益对数				
均值	3.8	5.02	5.6	6.03
标准差	25.68	23.84	23.21	20.02
夏普比率	0.15	0.21	0.24	0.3
平均损失规避程度	3.2	3.5	3.9	

参数 λ 控制了投资者的损失规避程度。资产收益矩阵以年百分比表示。表中结果为 $b_0=2$，$k=10$ 且其他参数固定在表 7—3 所列数值时，经济 II 的结果。

表 7—9　　　　　　　　　　　资产收益对 η 的敏感性

	$\eta=1$	$\eta=0.9$	$\eta=0.8$	经验值
超额股票收益对数				
均值	7.68	5.02	3.91	6.03
标准差	34.54	23.84	19.12	20.02
夏普比率	0.22	0.21	0.2	0.3
价格/股息比率的自相关系数				
自相关系数	0.81	0.72	0.65	0.7
平均损失规避程度	4.5	3.5	3.0	

参数 η 控制了先前的获利和损失持续作用时间的长短。资产收益矩阵以年百分比表示。表中结果为 $b_0=2$，$k=10$ 且其他参数固定在表 7—3 所列数值时，经济 II 的结果。

到此为止，我们采用的投资者评估获利和损失的时间区间为一年。表 7—10 分析了改变评估周期的影响。如该表所示，评估周期的长度主要影响股权溢价：如果投资者评估更频繁，就会更容易经历损失，并且因为他是损失规避型的，所以会要求更高的溢价。

正如在第二部分所描述的一样，在计算获利和损失时，我们假设投资者使用无风险利率作为基准水平。表 7—11 显示的是我们的结果对这个假设的敏感性。假设参数值如表 7—3 所示，则无风险利率是 $R_f-1=3.86\%$。表 7—11 列出的是用比该值低 1% 或 2% 的基准水平的结果。注意，当我们使用较低的基准水平时，股权溢价下降：较低的基准水平意味着投资者将股票市场运动看成损失的可能性更小，所以也不太会要求持有股票的高溢价。

表 7—10　　　　　　　　　　资产收益对评估周期的敏感性

	6 个月	1 年	2 年	经验值
超额股票收益对数				
均值	7.63	5.02	2.85	6.03
标准差	27.78	23.84	20.15	20.02
夏普比率	0.27	0.21	0.14	0.3
平均损失规避程度	3.5	3.5	3.6	

评估周期是投资者衡量其获利和损失的时间长度。资产收益矩阵以年百分比表示。表中结果为 $b_0=2$，$k=10$ 且其他参数固定在表 7—3 所列数值时，经济 II 的结果。

表 7—11　　　　　　　　资产收益对基准水平的敏感性

	0%	−1%	−2%	经验值
超额股票收益对数				
均值	5.02	4.11	3.43	6.03
标准差	23.84	24.25	25.20	20.02
夏普比率	0.21	0.17	0.14	0.3
平均损失规避程度	3.5	3.5	3.7	

"0%"的基准水平意味着，投资者在衡量获利和损失时，将股票收益与无风险利率相比较。"−1%"则意味着基准水平比无风险利率低1%，资产收益矩阵以年百分比表示。表中结果为 $b_0=2$，$k=10$ 且其他参数固定在表7—3所列数值时，经济Ⅱ的结果。

7.6　先前结果的重要性

在第二部分中的模型使用了损失规避和先前结果的影响来匹配资产价格。也许，读者想知道这两点是不是真的必要。毕竟，博纳茨和泰勒（Benartzi and Thaler，1995）指出，即使面对大幅股权溢价，损失规避型的投资者也不是很愿意在股票上投资很多。这就表明，也许损失规避因素自身就足够解释这些数据。那么，还有必要考虑先前结果的影响吗？

我们通过检验第二部分的一个模型中的预测来回答这个问题，该模型忽略了先前结果的影响。具体而言，我们把获利或损失的效用 v 只看作获利或损失 X_{t+1} 的函数，而不考虑它对状态变量 z_t 的依赖。在这一模型中，损失规避的程度在任何情况下都是一样的，不受投资者先前投资表现的影响。

更正式地表示为，投资者会选择消费 C_t 和风险资产分配 S_t 来使下式最优化：

$$E\left[\sum_{t=0}^{\infty}\left(\rho^t\frac{C_t^{1-\gamma}}{1-\gamma}+b_t\rho^{t+1}v(X_{t+1})\right)\right] \tag{39}$$

其中，受标准预算限制的约束：

$$X_{t+1}=S_tR_{t+1}-S_tR_{f,t} \tag{40}$$

同时，

$$v(X_{t+1})=\begin{cases}X_{t+1} & X_{t+1}\geqslant 0\\ \lambda X_{t+1} & X_{t+1}<0\end{cases} \quad (41)$$

在下一个命题中，我们列出控制一经济体（如经济Ⅱ，其中消费和股息是分离的）中均衡价格的方程。我们认为，存在一个均衡状态，其中无风险利率和股票的价格/股息比率都是常数，并且股票收益是独立同分布的。

命题3：对式（39）～（41）中所给出的偏好，存在一个均衡状态，其中无风险毛利率是常数，见下式：

$$R_f = \rho^{-1} e^{\gamma g_C - \gamma^2 \sigma_C^2/2} \quad (42)$$

而且股票的价格/股息比率 f_t 恒定为 f，见下式：

$$1 = \rho e^{g_D - \gamma g_C + \gamma^2 \sigma_C^2(1-\omega^2)/2} \frac{1+f}{f} E_t\left[e^{(\sigma_D - \gamma\omega\sigma_C)\epsilon_{t+1}}\right]$$
$$+ b_0 \rho E_t\left[v\left(\frac{1+f}{f} e^{g_D + \sigma_D \epsilon_{t+1}}\right)\right] \quad (43)$$

其中，

$$v(R_{t+1}) = \begin{cases} R_{t+1} - R_{f,t} & R_{t+1} \geqslant R_{f,t} \\ \lambda(R_{t+1} - R_{f,t}) & R_{t+1} < R_{f,t} \end{cases} \quad (44)$$

价格/股息比率为常数，这个事实直接导致收益是独立同分布的。要理解这一点，我们注意股票收益和股票的价格/股息比率相关，定义为 $f_t \equiv P_t/D_t$，用公式表达为：

$$R_{t+1} = \frac{P_{t+1}+D_{t+1}}{P_t} = \frac{1+P_{t+1}/D_{t+1}}{P_t/D_t}\frac{D_{t+1}}{D_t} = \frac{1+f_{t+1}}{f_t}\frac{D_{t+1}}{D_t} \quad (45)$$

考虑到股利增长为独立同分布的假设（见命题1），价格/股息比率为常数 $f_t = f$ 则意味着股票收益也为独立同分布。

我们在表7—12中列出了对各参数值的选择。先前模型中的许多参数现在不再使用，还保留的参数有 g_C，g_D，σ_C，σ_D，γ，ρ，λ 和 b_0，我们赋予它们和先前模型中所选择的完全一样的值。我们也把先前的参数值列出以便比较。

图7—7所示的是不同的 b_0 值时的价格/股息比率值和股权溢价值，表7—13显示的是无条件收益矩。把表7—13和表7—4的下半部分结

果进行比较,就可以分离出先前结果的影响。

表7—12　　　　　先前结果对模型没有影响的各参数值

参数	第六部分	第五部分
g_C	1.84%	1.84%
g_D	1.84%	1.84%
σ_C	3.79%	3.79%
σ_D	12.0%	12.0%
γ	1.0	1.0
ρ	0.98	0.98
λ	2.25	2.25
k	—	(范围)
b_0	(范围)	(范围)
η	—	0.9

列出了第五部分所用的经济Ⅱ的参数值作为比较。

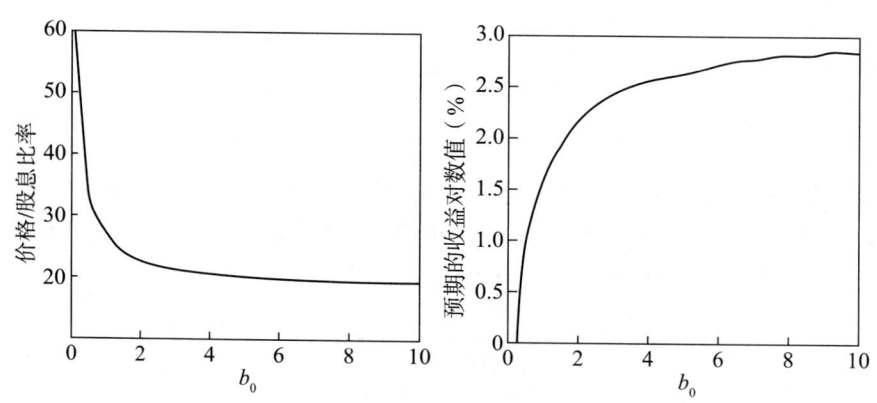

图7—7　先前结果对模型没有影响时的股价和收益

图中所示的是不同的 b_0 值对应的价格/股息比率值和股权溢价值,这影响了投资者对金融财富的关注度。

我们的结果表明,只依赖损失规避的模型不能完全描述总体股票市场行为。这种模型的根本缺陷在于对波动率的解释:表7—13中的收益标准差值远低于经验值和表7—4中的数值。造成这个错误的原因很简单,因为:

$$R_{t+1}=\frac{P_{t+1}+D_{t+1}}{P_t}=\frac{1+f_{t+1}}{f_t}\frac{D_{t+1}}{D_t}=\frac{1+f}{f}e^{g_D-\sigma_D\epsilon_{t+1}} \tag{46}$$

此模型中,收益对数的波动率等于股利增长对数的波动率,即 12%。这不是本部分介绍的模型所独有的,而是所有贴现率为常数的以消费为基础的模型所共有的。[①]

模型中所得到的不合实际的低股票收益波动率还限制了它对股权溢价的解释能力:表 7—13 中所列的平均股票收益大大低于经验值。直观上,尽管投资者是损失规避的,但是股票市场的波动幅度没有大到让投资者提出高股权溢价要求作为补偿的地步。更通常地讲,我们的结果表明,损失规避对理解股权溢价有帮助,但只有与这样一种机制相结合才行,这种机制使得股票收益的波动比基础现金流的波动更剧烈。在我们的模型中,这个机制是损失规避程度的变化,但也可能基于风险观念的变化或未来现金流的过度推断。

表 7—13　　　　　　先前结果对模型没有影响的资产收益

	$b_0=0$	$b_0=0.7$	$b_0=2$	$b_0=100$	经验值
无风险利率对数	3.79	3.79	3.79	3.79	0.58
超额股票收益对数					
均值	−0.65	1.30	2.17	2.88	6.03
标准差	12.0	12.0	12.0	12.0	20.02
夏普比率	−0.05	0.11	0.18	0.24	0.3

资产收益矩阵由年百分比表示。经验值以 1926—1995 年的国库券和纽约股票交易市场数据为基础,参数 b_0 控制了投资者对金融财富波动的关注程度。

7.7　结　论

在本章,我们在这样一种经济体中研究了资产价格,在这种经济体中投资者的直接效用不仅来自消费,也来自他们的金融财富价值波动。对这些波动,投资者持损失规避态度,而损失规避程度则取决于投资者

[①]　这一类别包括一些使用一阶风险厌恶的文章,比如 Epstein and Zin (1990)。可参见坎贝尔(Campbell,2000)对此问题的讨论。

先前的投资表现。

我们的主要发现是，在这一经济体中，资产价格所显示的现象和所观察到的历史数据很吻合。具体来讲，股票收益特点为高均值、过度波动、有很高的可预测性，而且和消费增长只是弱相关。

本章的分析引发了一系列问题尚待进一步研究。为了简单起见，我们研究只含一种风险资产的经济体。而在含多种风险资产的更现实的经济体中，什么会让投资者产生损失规避的态度并没有这么直接清楚：他们是对他们所拥有的个人证券价值的变化还是仅仅投资组合的波动而产生损失规避态度？实际上，这个问题就是投资者如何总结并思考其投资表现，或者用心理学语言来讲，就是他们如何进行"心理核算"？至于心理核算是如何影响资产价格的，这一问题还是一个未开发的研究领域。

需要进一步研究的另外一个问题是，在何种程度上我们的偏好既可以解释金融数据，又可以解释有关风险赌博态度的实验证据？要解释高股权溢价，在以消费为基础的模型中，通常假设消费效用具有高曲度。众所周知，这种高曲度和小额赌博的态度一致，但也预言了人们会拒绝有极端吸引力的大额赌博。[①] 在我们的模型中，我们没有采用消费效用的高曲度，并且我们假设的损失规避值和实验估值相差不多。这带来了有趣的可能性，此处研究的这种偏好有可能使得人们对大额和小额赌博的态度一样，都符合股票收益的经验事实。

附 录

命题 1 的证明：对所有的 t，命题 1 是命题 2 在 $Y_t=0$ 和 $C_t=D_t$ 情况下的特例。

命题 2 的证明：首先，我们指出，如果无风险利率由式（33）决定，股票收益由式（18）、（19）、（32）和（34）得出，那么消费 $C_t=D_t+Y_t$ 以及持有金融证券的决策确实可以满足欧拉优化方程（27）和（28）。然后，我们指出，这些欧拉方程是最优化的必要和充分条件。

设式（29）成立，式（33）中的利率 R_f 满足欧拉方程（27）。对欧拉方程（28）而言，z_{t+1} 仅由式（18）到（32）中的 z_t 和 ϵ_{t+1} 决定，因此我们有下式：

[①] 例如，可参见，Epstein and Zin（1990）以及 Kandel and Stambaugh（1991）。

$$E_t\left[R_{t+1}\left(\frac{\overline{C}_{t+1}}{C_t}\right)^{-\gamma}\right]=E_t\left[\frac{1+f(z_{t+1})}{f(z_t)}e^{g_D+\sigma_D\epsilon_{t+1}}e^{-\gamma(g_C+\sigma_C\eta_{t+1})}\right]$$

$$=e^{g_D-\gamma g_C}E_t\left[E_t[e^{-\gamma\sigma_C\eta_{t+1}}|\epsilon_{t+1}]e^{\sigma_D\epsilon_{t+1}}\frac{1+f(z_{t+1})}{f(z_t)}\right]$$

$$=e^{g_D-\gamma g_C+\gamma^2\sigma_C^2(1-\omega^2)/2}E_t\left[\frac{1+f(z_{t+1})}{f(z_t)}e^{(\sigma_D-\gamma\omega\sigma_C)\epsilon_{t+1}}\right]$$

运用这一公式，我们发现消费 $\overline{C}_t$ 和持有市场证券的决策确实满足欧拉方程（28）。

欧拉方程是最优化的必要条件。要证明它也是充分条件，我们使用达菲和斯凯达斯（Duffie and Skiadas，1994）以及康斯坦丁尼德斯和达菲（Constantinides and Duffie，1996）使用过的方法来证明。

为了简单起见，设 $u_t(C_t)=\rho^t C_t^{1-\gamma}/(1-\gamma)$ 和 $\overline{b}_t=\rho^{t+1}b_t$。假设决策 (C^*,S^*) 满足欧拉方程，

$$u'_t(C_t^*)=R_f E_t[u'_{t+1}(C_{t+1}^*)] \tag{47}$$

$$u'_t(C_t^*)=E_t[R_{t+1}u'_{t+1}(C_{t+1}^*)]+\overline{b}_t E_t[\hat{v}(R_{t+1},z_t)] \tag{48}$$

考虑任何替代决策 $(C^*+\delta C,S^*+\delta S)$，满足预算限制

$$\delta W_{t+1}=(\delta W_t-\delta C_t)R_f+\delta S_t(R_{t+1}-R_f) \tag{49}$$

使用替代决策得到的预期效用的增加为：

$$E\left[\sum_{t=0}^{\infty}[u_t(C_t^*+\delta C_t)-u_t(C^*)+\overline{b}_t\delta S_t\hat{v}(R_{t+1},z_t)]\right] \tag{50}$$

$$\leqslant\Delta(\delta C,\delta S)\equiv E\left[\sum_{t=0}^{\infty}[u'_t(C_t^*)\delta C_t+\overline{b}_t\delta S_t\hat{v}(R_{t+1},z_t)]\right] \tag{51}$$

其中我们用到了 $u_t(\cdot)$ 的凹性和预期效用与 S_t 的线性关系。这样，就足够证明，在预算限制（49）下，$\Delta(\delta C,\delta S)=0$。

用（49）乘以 $u'_{t+1}(C_{t+1}^*)$，并运用欧拉方程（47）和（48），得到

$$E_t[u'_t(C_t^*)\delta C_t+\overline{b}_t\delta S_t\hat{v}(R_{t+1},z_t)]$$
$$=u'_t(C_t^*)\delta W_t-E_t[u'_{t+1}(C_{t+1}^*)\delta W_{t+1}] \tag{52}$$

把所有 t 值下的式（52）相加，并取期望，得到

$$\Delta(\delta C,\delta S)=u'_0(C_0^*)\delta W_0-\lim_{T\to\infty}E[u'_T(C_T^*)\delta W_T]$$

预算限制表明 $\delta W_0 = 0$。如果我们的参数满足 $\log\rho - \gamma g_C + g_D + 0.5(\gamma^2 \sigma_C^2 - 2\gamma\omega\sigma_C\sigma_D + \sigma_D^2) < 0$，这一条件在本书前面的脚注中有注释。[①] 通过要求切实可行的策略来使用有限单位的金融证券，且一单位的无风险证券价格为 1，我们可以得到限制项也为零。所以，对其他任何可行的 (C^*, S^*) 替代分布，都得到 $\Delta(\delta C, \delta S) = 0$。

这表明任何其他预算可行的策略都不会增加效用。所以，欧拉方程就是最优化的必要和充分条件。

命题 3 的证明：这是在 $\eta = 0$ 和 $z_t = 1$ 时，命题 1 的特例，而反过来，命题 1 是命题 2 的特例，这一点已在上面得到证明。

计算平均损失规避。许多表都列出了随时间推移的投资者的平均损失规避。要计算这个数量，只有一个困难，即当 $z_t < 1$ 时，换句话说，当投资者有先前获利时，一部分随后损失以 1 的比率受到惩罚，而一部分则以 2.25 的比率受到惩罚。在这种情况下，我们不清楚该用哪个数字来描述投资者的损失规避。当 $z_t \geqslant 1$ 时，就没有这个问题，因为损失仅以单一的比率受到惩罚：在 $z_t = 1$ 时为 2.25，在 $z_t > 1$ 时大于 2.25。

我们采用下述方法处理 $z_t \leqslant 1$ 时的情况，即把损失规避作为投资者效用的一部分，也就是

$$v(X_{t+1}, S_t, z_t) = \begin{cases} S_t R_{t+1} - S_t R_{f,t} & R_{t+1} \geqslant z_t R_{f,t} \\ S_t(z_t R_{f,t} - R_{f,t}) + \lambda S_t(R_{t+1} - z_t R_{f,t}) & R_{t+1} < z_t R_{f,t} \end{cases}$$

在 $S_t = 1$ 且风险利率 $R_{f,t} = 3.86\%$ 时，当超额股票收益符合下述分布时，计算期望损失规避 $E(v)$，

$$\log R_{t+1} - \log R_f \sim N(0.06, 0.2^2)$$

和历史超额股票收益分布相近似。然后，我们计算 $\bar{\lambda}$ 计量的值，投资者的效用函数如下：

$$\bar{v}(X_{t+1}, S_t) = \begin{cases} S_t(R_{t+1} - R_{f,t}) & R_{t+1} \geqslant R_{f,t} \\ \bar{\lambda} S_t(R_{t+1} - R_{f,t}) & R_{t+1} < R_{f,t} \end{cases}$$

在这种超额股票收益分布下，当 $S_t = 1$ 时，得到完全相同的期望损失规避。这个 $\bar{\lambda}$ 计量的是，在任何 $z_t < 1$ 时，投资者的有效损失规避。

[①] 如有需要，可以提供最后一步的证明。

第三部分

过度反应和反应不足的实证研究

第8章 反向投资、推测和风险[①]

约瑟夫·兰科尼肖克（Josef Lakonishok）、安德瑞·史莱佛（Andrei Shleifer）和罗伯特·W·维什尼（Robert W. Vishny）

许多年来，学者和投资专家都认为价值策略能跑赢市场（Graham and Dodd，1934；Dreman，1977）。价值策略是指购买价格较低的股票，这里的价格是相对于利润、股利、历史价格、账面资产或其他价值尺度（measures of value）而言。最近几年，价值策略也引起了学术界的关注。巴苏（Basu，1977），贾菲、凯姆和韦斯特菲尔德（Jaffe，Keim，and Westerfield，1989），查恩、哈毛和兰科尼肖克（Chan, Hamao, and Lakonishok，1991）以及法马和弗伦奇（Fama and French，1992）发现市盈率（earnings/price ratio）较高的股票收益较高。德邦特和泰勒（DeBondt and Thaler，1985，1987）认为超级输家[*]在接下来几年其收益高于市场平均收益。尽管饱受诟病（Chan，1988；Ball and Kothari，1989），德邦特和泰勒的分析还是通过了实证检验（Chopra, Lakonishok, and Ritter，1992）。罗森伯格、里德和兰斯廷（Rosenberg, Reid, and Lanstein，1984）发现账面/市值比较高的股票收益高于市场。后来的研究

[①] 感谢 Gil Beebower，Fischer Black，Stephen Brown，K. C. Chan，Louis Chan，Eugene Fama，Kenneth French，Bob Haugen，Jay Ritter，René Stulz 和《金融学杂志》两名匿名评审人的评议。这项研究成果已提交伯克利金融项目、加州大学伯克利分校、证券价格会议研究中心、芝加哥大学、伊利诺伊大学、麻省理工学院、国家经济研究局（资产定价和行为金融组）、纽约大学、退休金和投资会议、金融量化研究所（美国和欧洲）、定量分析师协会、斯坦福大学、多伦多大学和特拉维夫大学。该研究得到了国家科学基金会、布拉德基金会、罗素智慧基金会、国家经济研究局资产管理研究咨询组、国家超级计算应用中心和伊利诺伊大学的资助。

[*] 超级输家这里指过去收益极差的股票。——译者注

(Chan, Hamao, and Lakonishok, 1991; Fama and French, 1992) 进一步拓展和修正了这些结论。最后，查恩、哈毛和兰科尼肖克（Chan, Hamao, and Lakonishok, 1991）认为现金流股价比较高的股票收益也较高。有趣的是，以上许多结论同时得到了美国和日本市场的验证。那么，某些价值策略类型看似确实能击败市场。

虽然学术界对于价值策略能获得超额收益的观点已达共识，但对为什么会产生这种结果仍充满争议。价值策略能获得更高收益是因为它与其他投资者的"稚拙策略"（naive strategies）[1] 恰好相反。这些"稚拙策略"包括用公司过去的利润增长来过度推测未来、假设股价具有一定的趋势、对好消息或者坏消息过度反应、不顾价格简单地把一项好的投资等同于一个运营良好的公司。不管出于什么理由，一些投资者对过去表现良好的股票过度乐观，过多买入，所以这些"热门"股（glamour stocks）会被高估。类似地，投资者对过去表现糟糕的股票过度悲观，过量抛售，从而使这些冷门的"价值"股被低估。反向投资者和这类幼稚投资者相反。因为反向投资策略在低估股票上投资较多、在高估股票上投资较少，因此能跑赢市场（DeBondt and Thaler, 1985; Haugen, 1994）。

价值策略能获得超额收益的另一种解释是它们风险更高，这个观点得到了法马和弗伦奇（Fama and French, 1992）强有力的支持。这个解释认为投资价值股（比如较高账面/市值比股票）的投资者需要承担某类更高的基本面风险，他们获得的较高平均收益只是对风险的补偿。这个观点也被用来驳斥德邦特和泰勒关于市场过度反应的论断（Chan, 1988; Ball and Kothari, 1989）。价值策略能获得较高收益是因为其与"稚拙策略"相反还是因为其风险较高仍是一个待解决的问题。

在这一章，我们试图对价值策略起作用的两种可能原因作进一步的考察。我们的研究分为两个方面。一方面，我们更仔细地检验了反向模型的预测能力。尤其是，对反向模型的一种自然理解是：高估的热门股指那些在过去表现良好，且市场预期在将来还会表现良好的股票；同样，低估的冷门股或者价值股是指过去表现糟糕，且预期将来同样表现不好的股票。价值策略能击败那些用股票过去表现过度推测未来收益的投资者，赢得超额收益。原则上，反向模型的这种诠释是可以检验的，因为过去业绩和预期未来表现是热门股和价值股的两个不同的、可分别

---

[1] 我们所谓的"稚拙策略"有时也指"传统模型"（popular models）(Shiller, 1984) 和噪音（noise）策略（Black, 1986）。

度量的特征。在本章中，过去业绩用过去收入、利润和现金流的增长率度量，预期未来表现用现期市盈率以及现金流股价比度量。

我们检验了反向模型最明显的应用，即价值股能跑赢热门股。我们首先用简单的单变量（很多情况下主要采用过去增长率或者预期未来增长率）来区分热门股和价值股。接着，我们同时采用过去增长率和预期未来增长率来区分这两类股票。此外，我们还比较了热门股和价值股的过去增长率、预期未来增长率和未来实际增长率。我们认为反向模型预测的热门股和价值股的预期未来增长率差异，与两类股票的过去增长率差异以及高估的实际未来增长率差异有关。我们发现很多价值策略获得了较高的收益，而股票的过去、预期和实际未来增长率的特征支持了反向模型。

我们要问的第二个问题是：价值股是否确实比热门股基本面风险高？价值股基本面风险高意味着在某些情形尤其在财富的边际效用较高的情况下，价值股必然比热门股表现差。我们的检验就是基于这种风险的观点。我们考察了价值策略出现好（坏）表现的频率，以及它们在市场低迷、经济衰退等坏情况下的表现。我们同时也考察了价值和热门策略的 β 系数和标准差。我们的研究结果不支持价值策略风险更高的观点。

我们的研究结论引起了一个明显的疑问：如果价值策略风险并不是更高，那么价值策略的高预期收益如何维持？我们从个人投资者的行为特征和机构投资者的代理问题角度提供了一些解释。

接下来的部分简单讨论了我们的研究方法。第二部分检验了许多简单区分价值股和热门股的方法，包括账面/市值比、现金流股价比、市盈率和销售收入过去增长率。第二部分的结果表明，所有这些简单价值策略都获得了超额收益，这也促使我们接下来采用过去和预期增长率双重指标来区分热门股和价值股。第三部分检验了价值策略的业绩表现，但这里的价值策略同时采用过去增长率和现在度量指标界定。这个双维度价值策略比热门策略每年收益高约 $10\%\sim11\%$，而且价值策略相对于热门策略的这种高收益在范围限定到市值规模前 50% 或者前 20% 股票时仍然成立。第四部分提供证据支持了反向策略起作用是由于其修正了隐含在股价中的预期误差的观点。特别地，研究发现，隐含在热门股和价值股各种价值指标中的预期增长率差异会显著高估实际增长率差异。第五部分检验了价值策略的风险特征，我们发现在更长期间内价值策略收益仍高于热门策略，且在"坏"状态下也是如此。这个证据不支持价值策略风险更高的假设。最后，第六部分我们对实证结果进行了解释。

8.1 研究方法

本文的样本期间是从 1963 年 4 月底至 1990 年 4 月底。由于我们的一些组合构建策略需要过去 5 年的会计数据,所以我们考察的资产组合每年构建且构建期始于 1968 年 4 月底。* 我们利用证券数据研究中心(CRSP)的收益数据,以及 COMPUSTAT 的会计数据(包括研究文件)来考察资产组合构建之后长达 5 年的业绩和其他特征。研究股票主要来自纽约证券交易所(NYSE)和美国证券交易所(AMEX)。

这种样本存在一个主要问题:股票收益会受到向前看偏差(look-ahead bias)或者存活偏差的显著侵蚀(Banz and Breen,1986;Kothari,Shanken,and Sloan,1992)。潜在的最严重偏差源于 COMPUSTAT 数据库 1978 年的扩容,其涵盖的公司从 2 700 家 NYSE/AMEX 公司和较大规模 NASDAQ 公司增加到大约 6 000 家。大部分新增公司需追溯添加前 5 年的财务数据。正如科思纳里、尚肯和斯隆(Kothari,Shanken,and Sloan,1992)指出的这会导致向前看偏差。尤其对于之前规模较小或股价较低,因表现好而被加入数据库的公司。所以,在 COMPUSTAT 数据库中选择的公司市值规模越小,越会发现这类公司过去 5 年的财务业绩良好。这能潜在地解释公司低初始价值与低未来收益的正相关关系。而低价值公司高收益的潜在偏差却是由于公司被 COMPUSTAT 数据库收录后第一个 5 年左右的数据引起的。

我们的研究结果也会受到这种偏差的潜在影响,但我们采用了与最近其他研究不同的缓解偏差的方法。首先,我们研究的策略在计算收益之前需要用过去 5 年数据对公司进行分类。这意味着我们并不采用公司出现在 COMPUSTAT 数据库的头 5 年数据来评价我们的策略,而头 5 年收益数据是产生收益向前看偏差的原因。第二,我们只研究 NYSE 和 AMEX 公司。COMPUSTAT 数据库的扩容主要是增加了(成功的)NASDAQ 公司。最后,我们也考察了在 NYSE 和 AMEX 规模最大前 50% 的公司。在这些大公司中这种选择偏差就不那么严重(LaPorta,

---

* 我们在 4 月份构建资产组合是为了确保组合构建时能获得前一年的会计数据(根据相关规定,公司上财年会计报告往往直到次年 4 月份才对外披露。——译者注

1993)。

在每个资产组合内,我们等权处理所有股票并对+1,+2,…,+5年采用每年购买并持有策略(buy-and-hold strategy)计算组合构建期的年收益率。如果某股票在某一年从 CRSP 数据库去除,那么到该年底该股票收益由与之相应规模的十分位资产组合的收益代替。每年年底,资产组合重新调整,每个现存股票的权重相同。

我们的许多结果同时列示了规模调整收益和原始收益。为了对组合收益进行规模调整,需在上一年结束时确定样本中每个股票所在的市值规模分组。然后构建每个资产组合的规模基准收益如下:对于资产组合中的每个股票,它每年的收益由那年该股票所在规模分组中所有股票的等权购买并持有年收益替代;接着,等权计算原先组合中所有股票收益;最后,原先组合的年规模调整收益由组合收益减去该年规模基准资产组合的收益计算得到。

除了不同组合的收益,我们还计算了增长率以及销售收入、利润和现金流等会计指标。所有会计变量均来自 COMPUSTAT 数据库。利润用不扣除异常项目前的利润度量,现金流等于利润加上折旧。

接下来我们用组合构建前 4 年和前 3 年的利润增长数据举例说明组合增长率的计算过程。我们考虑在-4 年末对每个股票投资 1 美元的资产组合。根据 1/市值规模可以确定资产组合中持有每个公司的比例,其中市值规模在-4 年末计算得到。接着我们采用如下的方法计算-4和-3 年该资产组合产生的每一美元投资的收益:对于资产组合中的每只股票,我们用公司总利润乘以资产组合中拥有该公司的比例;然后,我们加总该年资产组合中所有股票的该项值;最后,除以资产组合中的股票数。由于有些年度某些资产组合的利润(和现金流)为负,用这些数值计算增长率会比较复杂。[1] 在所有 22 个组合形成期(formation periods)中,由于一些组合形成期的基年的利润为负,我们不能将-4 年至-3 年的平均利润增长率当作(-4,-3)的增长率平均。即使没有负利润的年份,当基期利润非常接近零时,每年的增长率也会高度波动。这会使每年的平均增长率不可靠。为了解决这些问题,我们先对所有 22 个组合形成期-4 年和-3 年的资产组合利润求平均,然后再计算增长率。所以,-4 年到-3 年的利润增长率等于$(AE_{(-3)} - AE_{(-4)})/$

---

[1] 很明显,对于销售收入不存在这样的问题。但为了保持一致,我们采用同样的方法计算销售、收益和现金流增长率。

$AE_{(-4)}$，其中 $AE_{(-3)}$ 和 $AE_{(-4)}$ 是资产组合在所有组合形成期-3年和-4年的平均利润。采用这种方法，我们也计算了每个资产组合形成前后每年的利润、现金流和销售收入增长率。

最后，我们计算了会计比率，比如现金流股价比、市盈率。这些比率也用来对股票划分组合。所有分组中要求股票现金流股价比、市盈率均为正，因为负比率不能用预期增长率解释。[①] 除了划分组合中的单个股票之外，这些会计比率都是基于整个等权组合计算的（然后对所有构建期求平均），不从资产组合中去除会计比率为负的股票。比如我们先得到每个股票的现金流股价比，然后计算组合中所有股票的平均值。当资产组合中每个股票获得的投资额相等时，我们能得到每投资 1 美元到资产组合所产生的现金流。

8.2 简单热门—价值策略

表 8—1A 部分列示了最近广受关注的投资策略（也就是账面/市值比策略）的收益情况（Fama and French，1992）。我们按年账面/市值比（B/M）把所有股票进行分组，其中账面值取上财年末的数值，来自 COMPUSTAT 数据库，而市值是投资组合构建时的股票市场价值，取自 CRSP 数据库。一般而言，我们关注不同策略的长期收益（长达 5 年）。考察那么长期间是因为我们感兴趣的是适合长期投资者的不同投资策略的业绩表现。此外，与之前多数研究假设的月购买并持有期间不同，我们采用年购买并持有期间。由于存在各种市场微观结构问题和执行成本，我们获得的收益更接近投资者实际可获得的收益。我们把价值组合与热门组合收益差异的统计性检验推迟到表 8—6 中进行（表 8—6 报告了 1968 年 4 月至 1990 年 4 月的每年收益差异）。

表 8—1A 部分展示了组合构建后 1~5 年的收益（R_1 到 R_5），5 年收

[①] 虽然我们最终对负盈利公司的未来收益作了评论，但是研究中不包含这些样本不应看作是产生偏差的原因。只要我们的策略可行，一定意义上，在组合形成时根据可观察的特征构建组合（见我们关于向前看偏差的讨论），正盈利公司组中次样本组之间的估计收益差异应视作实际收益差异的无偏估计。虽然包含负盈利公司的策略可能产生不同收益，但是这种策略与我们研究的方法完全不同。我们在表 8—4 的回归中确实包含了盈利或者现金流为负的公司，采取的方法是：当公司利润或现金流为负时用一个哑变量替代，而当公司利润或现金流为正时采用实际 E/P 或 C/P 值替代。

益的年平均值（AR），5 年累积收益（CR_5）以及经规模调整后的 5 年收益的年平均值（SAAR）。这里的数值是样本所有组合形成期的均值。我们的实证结果支持和拓展了罗森伯格、里德和兰斯廷（Rosenberg, Reid, and Lanstein, 1984），查恩、哈毛和兰科尼肖克（Chan, Hamao, and Lakonishok, 1991），法马和弗伦奇（Fama and French, 1992）的研究。从组合构建后期平均来看，低 B/M 股票（热门股）的年平均收益为 9.3%，而高 B/M 股票（价值股）的年平均收益为 19.8%，两者相差 10.5%。假设如前所述，持有只做有限调整的资产组合，那么 1~5 年价值股累积收益比热门股高出 90%。尽管规模调整降低了价值股和热门股的估计收益差异，但是两者的差异仍然较大。热门股的规模调整的年平均收益为 -4.3%，而价值股为 3.5%，两者相差 7.8%。

表 8—1 基于不同价值指标的单向度分类法下的十分位资产组合收益

	热门								
	1	2	3	4	5	6	7	8	9
A 部分：B/M									
R_1	0.110	0.117	0.135	0.123	0.131	0.154	0.154	0.170	0.183
R_2	0.079	0.107	0.140	0.145	0.153	0.156	0.169	0.164	0.182
R_3	0.107	0.132	0.155	0.167	0.165	01.72	0.191	0.207	0.196
R_4	0.081	0.133	0.136	0.160	0.170	0.169	0.188	0.204	0.213
R_5	0.088	0.137	0.163	0.175	0.171	0.176	0.216	0.201	0.206
AR	0.093	0.125	0.146	0.154	0.158	0.166	0.184	0.189	0.196
CR_5	0.560	0.802	0.973	1.045	1.082	1.152	1.320	1.375	1.449
SAAR	-0.043	-0.020	-0.003	0.004	0.006	0.012	0.024	0.028	0.033
B 部分：C/P									
R_1	0.084	0.124	0.140	0.140	0.153	0.148	0.157	0.178	0.183
R_2	0.067	0.108	0.126	0.153	0.156	0.170	0.177	0.180	0.183
R_3	0.096	0.133	0.153	0.172	0.170	0.191	0.191	0.202	0.193
R_4	0.098	0.111	0.146	0.159	0.166	0.172	0.182	0.192	0.223
R_5	0.108	0.134	0.161	0.162	0.187	0.177	0.191	0.209	0.212
AR	0.091	0.122	0.145	0.157	0.166	0.171	0.180	0.192	0.199
CR_5	0.543	0.779	0.969	1.074	1.158	1.206	1.283	1.406	1.476
SAAR	-0.049	-0.025	-0.006	0.005	0.013	0.019	0.025	0.034	0.037

续前表

	热门								
	1	2	3	4	5	6	7	8	9
	C部分：E/P								
R_1	0.123	0.125	0.140	0.130	0.135	0.156	0.170	0.180	0.193
R_2	0.101	0.113	0.124	0.143	0.167	0.164	0.180	0.185	0.183
R_3	0.118	0.138	0.157	0.171	0.171	0.191	0.198	0.188	0.188
R_4	0.111	0.124	0.145	0.151	0.157	0.159	0.198	0.199	0.205
R_5	0.119	0.129	0.151	0.167	0.171	0.168	0.196	0.201	0.211
AR	0.114	0.126	0.143	0.152	0.160	0.167	0.188	0.191	0.196
CR_5	0.717	0.808	0.953	1.031	1.102	1.168	1.370	1.393	1.446
SAAR	−0.035	−0.024	−0.009	−0.001	0.005	0.013	0.026	0.026	0.029
	D部分：GS								
	价值								
	1	2	3	4	5	6	7	8	9
R_1	0.187	0.183	0.164	0.169	0.162	0.157	0.159	0.164	0.142
R_2	0.181	0.180	0.186	0.169	0.166	0.162	0.152	0.157	0.174
R_3	0.204	0.206	0.194	0.186	0.181	0.180	0.168	0.178	0.157
R_4	0.205	0.193	0.201	0.190	0.181	0.174	0.160	0.153	0.167
R_5	0.197	0.213	0.194	0.199	0.168	0.184	0.185	0.168	0.163
AR	0.195	0.195	0.188	0.183	0.171	0.171	0.165	0.164	0.155
CR_5	1.434	1.435	1.364	1.134	1.205	1.206	1.144	1.136	1.057
SAAR	0.022	0.027	0.025	0.024	0.015	0.015	0.008	0.008	0.000

从1968年至1989年每年4月底，把样本按B/M，C/P，E/P和GS升序排列，分成10个十分位组合。B/M是账面/市值比；C/P是现金流与股价之比；E/P是利润与股价之比；GS指的是组合构建前5年平均销售增长率。表中的收益数据是所有组合形成期的平均值。R_t是组合构建后t年的平均回报，这里取$t=1,\cdots,5$。AR是组合形成期后5年内的平均年收益。CR_5是每年对组合进行调整假设下的5年累积收益。SAAR是组合构建后5年的年平均规模调整收益。热门组合是指B/M，C/P，E/P值最低或GS值最高的十分位资产组合；价值组合指的是B/M，C/P，E/P最高或GS值最低的十分位资产组合。

自然而然的问题是：B/M 真正反映了什么？遗憾的是，这个比率反映了很多不同因素。B/M 值较低可能反映公司拥有很多无形资产，如研发资本，因为研发资本已经消耗，所以并不反映在会计账面价值上。B/M 值较低也可能反映公司拥有诱人的增长机会，而增长机会会反映在市场价值上但不计入账面价值。也有可能反映自然能源公司比如石油生产商虽没有好的增长机会但是拥有较高的暂时利润，其在油价上涨之后可能拥有较低的 B/M 值。风险较小以及未来现金流折现率较低的公司也会具有较低的 B/M 值。最后，较低的 B/M 值可能反映被高估的热门股票。观点很简单：尽管基于 B/M 策略的收益令人印象深刻，但是 B/M 不是唯一与公司的经济上可解释特征（economically interpretable characteristics）相关的"干净"变量。

本文中最重要的经济上可解释特征是公司的市场预期未来增长率和过去增长率。我们用各种盈利股价比指标（measures of profitability to price）替代预期增长率，该比率越低，公司预期增长率越高。这个想法主要来自戈登公式，戈登公式是指 $P=D(+1)/(r-g)$，其中 $D(+1)$ 是下一期股利，p 是股票现在的价格，r 是股票必要报酬率，g 是股利预期增长率（Gordon and Shapiro, 1956）。对现金流和利润我们采用了类似的公式。比如，为了获得现金流的预期值，我们得到 $D(+1)=pC(+1)$，其中 $C(+1)$ 是下一期现金流，p 是股利支付率，即现金流中以股利形式对外支付的固定部分。然后，我们可以改写成 $P=pC(+1)/(r-g)$，其中股利增长率 g 也等于现金流增长率，因为假设股利与现金流成比例。同样的公式也可应用于利润，只是股利支付率不同。根据这些公式，保持折现率和股利支付率不变①，高现金流股价比（C/P）的公司其现金流预期增长率较低，而低现金流股价比（C/P）的公司其现金流预期增长率较高，对于市盈率（C/P）也类似。② 虽然股利按固定比例增长、现金流（利润）与股利严格成比例的假设具有限制性，但戈登公式背后的意义具有普遍性。不同股票 C/P 或者 E/P 差异应该能替代预期增长率的差异。③

---

① 在第五部分，我们比较了不同资产组合的风险特征和适宜折现率（appropriate discount rates）。
② 另一种方法是利用分析师预测来替代预期未来增长率。拉波塔（LaPorta, 1993）曾采用过这种方法。
③ 我们采用现期现金流和利润而不是上一期数值，是因为我们需要投资策略只是可观察变量的函数。

表 8—1B 部分列示了根据 C/P 排列的结果。高 C/P 的股票被看作是价值股，因为它们的预期现金流增长率较低或者是每一美元现金流对应的股价较低。相反，低 C/P 的股票被认为是热门股。平均而言，在组合构建后 5 年，C/P 最小的十分位资产组合年收益率为 9.1%，然而 C/P 最大的十分位资产组合年收益率为 20.1%，两者相差 11%。5 年累积收益分别是 54.3% 和 149.4%，两者相差 95.1%。对于规模调整收益，两者年平均收益差异为 8.8%。按 C/P 分组得到的热门股和价值股收益差异大于按 B/M 分组得到的收益差异。这一结果与更直接度量市场预期的未来增长率能产生更好的价值策略的观点相一致。[1]

另一个通用的指标是 E/P，巴苏（Basu, 1977）曾研究过该指标。表8—1C 部分列示了 E/P 的结果。平均而言，在组合构建后 5 年，E/P 最小的十分位资产组合年收益率为 11.4%，E/P 最大的十分位资产组合年收益率为 19.0%，两者相差 7.6%。对于规模调整收益，两者年平均收益差异为 5.4%。虽然该差距小于 B/M 或者 C/P 分组得到的极值组收益差异，但低 E/P 组股票的收益仍远大于高 E/P 组股票。可能的原因是，暂时低利润的股票和表现良好的热门股被一起放在高预期增长率（低 E/P）分组。因为暂时低利润的股票被市场低估的程度较小，所以其未来市场表现并没有热门股那么糟糕。

另一种区分热门股和价值股的方法是根据过去增长率而不是预期未来增长率。我们用销售增长率（GS）来度量过去增长率，是因为尤其在我们比较感兴趣的极值分组中，比起现金流或利润，销售收入波动较小。具体来说，先计算组合构建前 −1, −2, …, −5 年每个股票每年的 GS。然后，每一年根据 GS 对所有公司进行排序。接着，计算每个公司的加权平均排名，其中 −1 年的权重为 5，−2 年的权重为 4 等等。最后，我们根据每个股票的加权平均销售增长率排名划分组别。在排序时，无论是挑选过去 GS 值一直较高的股票还是给近期的收入增长赋予较高的权重，都是一种粗略的处理方法。[2]

表 8—1D 部分列示了 GS 策略的结果。平均而言，在组合构建后 5 年，过去收入增长率最小的组合中的股票年平均收益率为 19.5%，而过去收入增长率最大的组合中的股票年平均收益率为 12.7%。对于规

---

[1] 拉波塔（LaPorta, 1993）发现比起采用财务比率，直接基于分析师对公司未来增长率预测的反向策略能产生更大收益。

[2] 我们也尝试对过去 5 年销售增长率排序进行等权处理，获得了非常类似的结果。

模调整收益，低 GS 策略的年平均超额收益率为 2.2%，而高 GS 策略的年平均超额收益率为 -2.4%。这与更直接度量市场预期未来增长率能获得更好的价值策略的观点相一致。这里的收益差异虽比不上 B/M 和 C/P 策略，但也已足够大。

在这部分，我们主要确认和拓展了其他反向策略的结果。根据一个基础变量对公司进行分组得到的一系列简单价值策略，在 1968 年 4 月至 1990 年 4 月的 22 年间产生了较大的收益。与之前的研究不同，我们的策略是根据基础变量对公司分组并对公司购买并持有 5 年。在下一部分，我们将引入更复杂的双维度策略，以纠正单变量方法带来的公司分组不当问题。比如，被当作热门股的低 E/P 股票包括许多暂时低利润而后预期能恢复的股票。下一部分对二维度策略的说明旨在更直接地揭示幼稚投资者可能犯的错误。

8.3　解析反向策略

8.3.1　反向策略的表现

许多心理学证据表明，个人在形成未来预期时并不完全符合均值回归模式。也就是说，个人倾向于根据个案的过去数据形成预期，并不根据心理学家所谓的"基准率"或者组平均（class average）对其进行合理加权。卡尼曼和特沃斯基（Kahneman and Tversky，1982，p. 417）解释道：

> 统计预测的一个最基本也最不依赖直觉的原理是，预测极值需要根据预测能力对其进行适中处理。只有拥有完美的预测能力时，预期才会与印象相匹配。在一般情形下——自然也是最普通的情形下，预期应该会回归；也就是说，它应该落在组平均和对案例最好的印象值之间。预测能力越低，预期值越靠近组平均。直觉预测具有典型的非回归性，人们经常根据信息作极端预测，其可信度和预测有效性较低。

为了弥补直觉预测的不足，反向投资者应该出售过去增长率和预期未来增长率都较高的股票，购买过去增长率和预期未来增长率都较低的股票。这些股票的价格最可能反映投资者预测增长率时没有考虑均值回归的事实。相应地，我们把热门股定义为过去增长率和预期未来增长率都较高的股票。价值股票为那些过去增长率较低和市场预期其未来仍将较慢增长的股票。在这一部分,我们仍然采用高 C/P(E/P)值来替代低预期增长率。

表 8—2A 部分列示了同时根据 GS 和 C/P 分类的策略结果。我们同时需要按两个变量分组,把所有股票根据每个变量分为 10 组显得不切实际。相应地,我们分别根据 GS 和 C/P 把股票分为 3 组(第 1 组为最小 30% 的股票,第 2 组为中间 40% 的股票,第 3 组为最大 30% 的股票),然后两类分组相互交叉。因为分组是独立进行的且 GS 和 C/P 负相关,所以最热门(高 GS,低 C/P)和最具价值(低 GS,高 C/P)组合包含了多于平均数的股票。

这些样本在组合构建后,热门组合每期平均收益为 11.4%,价值组合收益为 22.1%,两者相差 10.7%。在组合构建后 5 年内,累积收益相差 100%。从规模调整收益来看,两者年收益差异为 8.7%。正如图 8—1 所示,GS 和 C/P 在两变量分类中都具有较大解释力。比如,低 C/P、低过去收入增长率的股票(这类股票并不是我们定义的热门股票),它们未来年平均收益为 16.2%,但是低 C/P、高过去收入增长率的股票(我们把它们定义为热门股票),它们未来年平均收益只有 11.4%。

表 8—2B 部分列示了同时根据过去 GS 和 E/P 分类的收益结果。这两类极端组合在过去 5 年的年平均收益差异为 11.2%,过去 5 年的累积收益差异为 104.2%。与 C/P 和 GS 类似,(E/P,GS)策略比单独采用 E/P 或 GS 策略能获得更大的收益。比如,在 E/P 最低的公司,未来平均年收益率从过去收入增长率最高公司的 10.9%,变动到过去收入增长率最低公司的 18.3%。比 C/P 策略更甚,采用 E/P 策略要求区别暂时低收益预期未来会反转的股票与真正的热门股票。[①] 采用这种更好的分类后,基于 E/P 和基于 C/P 的双维度策略能获得一样高的收益。

表 8—2C 部分列示了同时根据 B/M 和 GS 分类得到组合的收益结果。结果显示即使根据 B/M 分类后,GS 对收益仍具有显著的解释力。比如,在 B/M 最高的公司组,高过去收入增长率公司和低过去收入增长率公司的年平均收益差异约为 4%(21.2% 比 16.8%)。根据 B/M 分类的其他两组也能获得类似结果。B/M 在 GS 次分组中差异不大。

---

① 这个结果可能是由于利润比现金流的年变动幅度更大。

第8章 反向投资、推测和风险

表8—2 基于不同价值指标的二维分类法下的资产组合收益

从1968年至1989年每年4月底,构建9组股票。股票按照两个变量独立分类升序排列分为三组,分别是组(1)最小的30%,组(2)中间的40%和组(3)最大的30%。最小组涉及5对变量:C/P和GS,B/M和GS,E/P和GS,以及B/M和C/P,C/P和B/M中的表中的收益是所有组合形成期的平均值。B/M是账面价值与市值的比率,E/P是利润与股价的比率,E/P是利润与股价的比率,GS是组合构建前五年的平均销售增长率。表中的R_t是每年对组合进行调整后的5年累积收益,$t = 1, \cdots, 5$。AR是组合形成期后5年内的平均年收益,CR_5是组合形成期后5年累积收益。$SAAR$是组合构建后5年的平均规模调整收益。价值组合是同时根据C/P,E/P或B/M中任意两个变量排序得到的组(3)的股票,或者根据C/P,E/P或B/M中一个变量排序得到的组(3)同时根据GS排序得到完全相反排序的股票。热门组合包含完全相反排序的股票。

A部分: C/P和GS

C/P	1	1	1	2	2	2	3	3	3
GS	1	2	3	1	2	3	1	2	3
	热门						价值		
R_1	0.157	0.131	0.113	0.181	0.156	0.139	0.215	0.202	0.137
R_2	0.147	0.120	0.100	0.191	0.165	0.167	0.213	0.188	0.165
R_3	0.165	0.140	0.121	0.197	0.190	0.165	0.227	0.195	0.172
R_4	0.164	0.124	0.114	0.198	0.169	0.166	0.231	0.204	0.17
R_5	0.179	0.135	0.121	0.200	0.173	0.151	0.218	0.216	0.184
AR	0.162	0.130	0.114	0.193	0.171	0.157	0.221	0.201	0.167
CR_5	1.122	0.843	0.712	1.419	1.200	1.076	1.711	1.497	1.163
$SAAR$	−0.006	−0.020	−0.033	0.030	0.014	0.003	0.054	0.036	0.008

续前表

B部分：E/P 和 GS

	热门						价值		
E/P	1	1	1	2	2	2	3	3	3
GS	1	2	3	1	2	3	1	2	3
R_1	0.184	0.148	0.118	0.188	0.153	0.139	0.224	0.205	0.174
R_2	0.167	0.134	0.100	0.204	0.174	0.154	0.214	0.187	0.190
R_3	0.185	0.153	0.119	0.222	0.189	0.169	0.221	0.198	0.189
R_4	0.190	0.138	0.103	0.205	0.175	0.160	0.232	0.217	0.188
R_5	0.189	0.163	0.104	0.201	0.180	0.157	0.215	0.210	0.199
AR	0.183	0.147	0.109	0.204	0.174	0.156	0.221	0.203	0.188
CR_5	1.315	0.986	0.674	1.533	1.230	1.063	1.716	1.532	1.365
SAAR	0.005	−0.011	−0.037	0.033	0.013	0.002	0.040	0.034	0.017

C部分：B/M 和 GS

	热门						价值		
B/M	1	1	1	2	2	2	3	3	3
GS	1	2	3	1	2	3	1	2	3
R_1	0.147	0.141	0.132	0.160	0.159	0.121	0.204	0.185	0.135
R_2	0.127	0.138	0.127	0.175	0.166	0.150	0.200	0.172	0.163

续前表

C 部分：B/M 和 GS

	热门				价值			
B/M	1	1	2	2	3	3		
GS	1	2	2	3	1	2	1	3
R_3	0.149	0.137	0.190	0.186	0.152	0.221	0.192	0.182
R_4	0.147	0.130	0.191	0.176	0.154	0.222	0.190	0.195
R_5	0.158	0.124	0.203	0.180	0.165	0.216	0.211	0.164
AR	0.146	0.130	0.184	0.173	0.148	0.212	0.190	0.168
CR_5	0.974	0.842	1.325	1.224	0.996	1.618	1.387	1.171
SAAR	−0.009	−0.021	0.022	0.015	−0.009	0.039	0.030	0.017

D 部分：E/P 和 B/M

	热门				价值			
E/P	1	1	2	2	3	3		
B/M	1	2	2	3	1	2	1	3
R_1	0.116	0.118	0.186	0.143	0.142	0.174	0.135	0.189
R_2	0.086	0.120	0.194	0.163	0.146	0.192	0.173	0.185
R_3	0.114	0.154	0.201	0.184	0.157	0.220	0.177	0.204
R_4	0.093	0.151	0.218	0.166	0.150	0.193	0.188	0.214
R_5	0.093	0.188	0.218	0.169	0.168	0.209	0.241	0.204

续前表

D部分：E/P 和 B/M

	热门							价值
E/P	1	1	2	2	3	3		
B/M	1	2	1	2	1	2		
AR	0.100	0.146	0.152	0.165	0.183	0.187	0.198	0.199
CR_5	0.613	0.976	1.032	1.146	1.311	1.354	1.464	1.479
SAAR	−0.039	−0.009	0.002	0.009	0.003	0.023	0.033	0.030

E部分：B/M 和 C/P

	热门						价值
B/M	1	1	2	2	3	3	3
C/P	1	2	1	2	1	2	3
R_1	0.111	0.153	0.101	0.144	0.170	0.161	0.194
R_2	0.085	0.164	0.111	0.160	0.174	0.173	0.189
R_3	0.111	0.172	0.147	0.177	0.192	0.206	0.207
R_4	0.101	0.153	0.155	0.168	0.177	0.195	0.219
R_5	0.108	0.162	0.184	0.178	0.233	0.201	0.209
AR	0.103	0.161	0.139	0.165	0.189	0.187	0.203
CR_5	0.633	1.108	0.917	1.148	1.378	1.355	1.524
SAAR	−0.037	0.007	−0.021	0.011	0.006	0.020	0.037

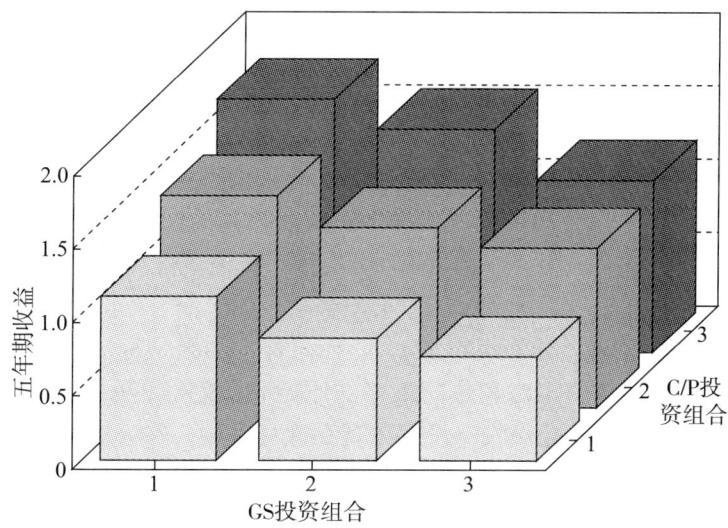

图 8—1 以 C/P 和 GS 为基础构建的投资组合的 5 年累积收益

从 1968 年至 1989 年每年 4 月底，构建 9 组股票。股票按照现金流股价比（C/P）和销售增长率（GS）分别升序排列并依次分为三组，分别是组（1）最小的 30%，组（2）中间的 40% 和组（3）最大的 30%。列示的收益是组合形成期后 5 年的累积收益，假设每年对 9 个资产组合进行调整。

表 8—2D 部分和 E 部分分别列示了（B/M 和 E/P）和（B/M 和 C/P）的结果。结果再次证实了更精确分组的作用。比如，在 C/P 最低的公司中，其未来收益随着 B/M 变化而产生较大波动。未来收益从真实热门公司的每年 10.3%，提高到低 C/P、高 B/M 公司的每年 18.6%。B/M 的引入增加了信息量，因为它能度量公司过去增长率，它与预期未来增长的指标配合使用时非常有用。

这部分的结果可以总结和解释如下。第一，在 1968 年 4 月至 1990 年 4 月，双维度策略构建的价值组比热门组多获得 10%～11% 的年平均收益。这里的双维度策略是指把公司样本根据两个基础变量独立分为三个次分组。第二，以上结果表明，同时根据过去业绩和预期未来业绩获得的价值策略比更随兴策略（如只依赖 B/M）能获得更高的收益。

8.3.2 这些结果是否适合大股票？

虽然我们已经显示价值策略的高收益性即使在采用规模调整后仍然存在，但是这些策略收益仍然可能受小股票驱动。大公司受可执行交易策略（implementable trading strategies）的青睐，尤其受机构投资者喜欢。大公司也受到更严密的监督，所以其定价也可能更有效。最后，大公司股票较少受到班茨和布林（Banz and Breen，1986），科思纳里、尚肯和斯隆（Kothari，Shanken，and Sloan，1992）所讨论的向前看和生存偏差的影响。

表 8—3 给出了表 8—2 的简要版本，它采用了由 NYSE/AMEX 公司中规模最大前 50% 公司构成的次样本。我们得到的结果与采用总样本的结果相似。比如，采用（C/P，GS）分类法，价值策略和热门策略的年平均规模调整收益差异为 7.7%，这与总样本的结果完全一样。采用（E/P，GS）分类法，两者差异为每年 8.3%，而总样本结果是每年 7.7%。对于大公司次样本，价值策略和热门策略的原始收益差异稍小，因为小于平均规模的价值公司其超额收益没有出现在次样本中。在大规模次样本中，价值股和热门股的公司规模更接近。我们也分析了规模最大前 20% 的公司（能有效模仿标准普尔 500 公司），得到的热门股和价值股收益差异与前面类似。结论很明确：我们的结果也适用于大股票。

8.3.3 回归分析

前面的分析已经发现很多变量能区分热门组合和价值组合。在这部分，我们要问哪些变量在多元回归中是显著的。表 8—4 给出了每个股票的原始收益和我们前面确认的股票特征的回归结果。回想我们分析中拥有 22 个组合形成期。对于组合构建后的每一期，从 +1 年到 +5 年，我们分别进行回归。所以，对于组合构建后 +1 年，我们做 22 个独立的截面回归，其中以股票 i 的年收益率为因变量，以年初观察到的 i 股票的特征变量为自变量。然后，采用法马和麦克贝思（Fama and MacBeth，1973）方法，得到 22 个截面回归的系数均值和统计量。我们对于组合构建后的 +2，+3，+4 和 +5 年采用同样的方法。表 8—4 给出了 +1 年的结果。

我们用 C/P 和 E/P 进行回归分析。然而，有些股票这些比率是负值，不能被合理解释为预期增长率。我们采用了与法马和弗伦奇（Fama and French，1992）一样的方法。具体来说，我们定义了 C/P+ 和 E/P+ 变量，当 C/P 和 E/P 为负值时，C/P+ 和 E/P+ 为零，当 C/P 和 E/P 为正值时，它们就等于 C/P 和 E/P。我们也在回归方程中加入了哑变量，叫做 DC/P 和 DE/P，当 C/P 或 E/P 为负时，DC/P 和 DE/P 分别取 1，否则取零。这种方法能使我们对 C/P 和 E/P 为正观测值和负观测值时进行不同的处理。

表 8—3 最大的 50%股票二维分类法下的资产组合收益

从 1968 年至 1989 年每年 4 月底,将市值规模最大 50%的股票分为 9 组。股票按照两个变量独立分类升序排列并分为三组,分别是(1)最小的 30%,(2)中间的 40%和(3)最大的 30%。分组涉及 5 对变量:C/P 和 GS、B/M 和 GS、E/P 和 GS、E/P 和 B/M,以及 B/M 和 C/P。C/P 是现金流与股价的比率,B/M 是账面价值与市场价值的比率,E/P 是利润与股价的比率,GS 是组合构建前五年的销售平均增长率。表中的收益是所有组合构建成期后 5 年内的平均年收益。CR_5 是组合形成期后 5 年累积收益。AR 是每年对组合进行调整假设下的 5 年累积收益。SAAR 是组合建后 5 年的平均年规模调整收益。价值组合是指根据 C/P、E/P 或 B/M 中任意两个变量排序得到的组(3)同时根据 GS 排序得到的组(1)的股票,或者根据 C/P 或 B/M 中一个变量排序得到的组(3)同时根据 GS 排序得到的组(1)的股票。热门组包含排序完全相反的股票。

A 部分:C/P 和 GS

	热门						价值		
C/P	1	1	1	2	2	2	3	3	3
GS	1	2	3	1	2	3	1	2	3
AR	0.159	0.125	0.106	0.178	0.161	0.153	0.184	0.174	0.141
CR_5	1.094	0.799	0.654	1.270	1.106	1.040	1.328	1.226	0.934
SAAR	0.001	−0.020	−0.039	0.030	0.010	0.001	0.048	0.021	−0.010

B 部分:E/P 和 GS

	热门						价值		
E/P	1	1	1	2	2	2	3	3	3
GS	1	2	3	1	2	3	1	2	3
AR	0.068	0.136	0.103	0.182	0.163	0.148	0.186	0.181	0.163
CR_5	1.176	0.894	0.631	1.307	1.126	0.997	1.344	1.301	1.124
SAAR	0.012	−0.011	−0.037	0.034	0.012	−0.002	0.046	0.031	0.007

续前表

C部分: B/M 和 GS

	热门						价值		
B/M	1			2			3		
GS	1	2	3	1	2	3	1	2	3
AR	0.149	0.140	0.124	0.158	0.176	0.186	0.131	0.172	0.153
GR_5	1.001	0.922	0.793	1.080	1.248	1.347	0.849	1.211	1.039
SAAR	0.000	−0.008	−0.025	0.006	0.027	0.043	−0.020	0.022	0.005

D部分: E/P 和 B/M

	热门						价值		
E/P	1			2			3		
B/M	1	2	3	1	2	3	1	2	3
AR	0.104	0.146	0.185	0.155	0.156	0.184	0.178	0.170	0.175
CR_5	0.636	0.979	1.335	1.054	1.163	1.318	1.265	1.190	1.244
SAAR	−0.035	0.000	0.028	0.006	0.006	0.014	0.037	0.021	0.031

E部分: B/M 和 C/P

	热门						价值		
B/M	1			2			3		
C/P	1	2	3	1	2	3	1	2	3
AR	0.109	0.166	0.148	0.139	0.157	0.168	0.173	0.182	0.178
CR_5	0.675	1.152	0.991	0.909	1.074	1.175	1.222	1.301	1.264
SAAR	−0.031	0.015	−0.007	−0.011	0.010	0.019	0.029	0.028	0.037

表8—4的第一个结果是，分别来看，除 SIZE 外，GS、B/M、E/P、C/P 中每个变量都对收益具有统计上显著的预测力。这些结果支持了法马和弗伦奇（Fama and French，1992）的结论，尽管单独来看，C/P 而不是 B/M 是最显著的变量。当我们综合使用自变量时，B/M 与 E/P、C/P、GS 相比较的弱点开始显现，B/M 的系数显著下降。比如，当 GS，C/P 和 B/M 同时包括在回归方程时，前两个变量显著，但 B/M 不显著，类似地，当 GS，E/P 和 B/M 包括在同一回归方程时，GS，E/P 显著，但 B/M 不显著。在多变量回归中，GS，C/P 是最显著的变量。

表8—4　　　　　　　　收益对公司特征的回归

从1968年至1989年每年4月底，我们计算样本中每个企业持有一年的收益。然后，我们以每个组合形成期的股票收益为因变量进行 22 次横截面回归分析。自变量包括：（1）GS，为组合构建前五年销售增长的加权平均排名；（2）B/M，前一年底的账面价值与市场价值之比；（3）SIZE，4月底的权益市场价值的自然对数（单位为百万美元）；（4）E/P+，E/P 为前一年利润与4月底权益市场价值之比，如果大于零，E/P+等于 E/P，如果小于零，E/P+等于零；（5）DE/P，当 E/P 为负时，DE/P 值为 1，当 E/P 值为正时，DE/P 值为 0；（6）C/P+，C/P 是前一年现金流与4月底权益市场价值之比，如果 C/P 大于零，C/P+等于 C/P，如果 C/P 小于零，C/P+等于零；（7）DC/P，当 C/P 值为负时，DC/P 等于 1，当 C/P 值为正时，DC/P 等于零。表中的系数均为 22 个组合形成期的平均值。报告的 t 统计量是根据 22 个系数的时间序列变动情况得到的。

	Int.	GS	B/M	SIZE	E/P+	DE/P	C/P+
均值	0.180	−0.061					
t 统计量	3.251	−2.200					
均值	0.108		0.039				
t 统计量	2.167		2.132				
均值	0.185			−0.009			
t 统计量	2.140			−1.095			
均值	0.110				0.526		
t 统计量	2.029				2.541		
均值	0.099						0.356
t 统计量	1.873						4.240
均值	0.129	−0.058	0.006				0.301

续前表

	Int.	GS	B/M	SIZE	E/P+	DE/P	C/P+
t 统计量	2.584	−2.832	0.330				3.697
均值	0.143		0.009	−0.009			0.280
t 统计量	1.562		0.565	−1.148			4.223
均值	0.169	−0.044	0.000	−0.009			0.296
t 统计量	1.947	−2.125	0.005	−1.062			4.553
均值	0.172	−0.051	0.016	−0.009	0.394	−0.032	
t 统计量	1.961	−2.527	1.036	−1.065	2.008	−1.940	

8.4 外推模型的检验

到现在为止，我们已经证明了外推反向策略能获得相对于市场和外推策略更高的超额收益。然而，我们还没有提供任何关于过度外推和预测误差确实是导致热门和价值股收益差异的直接证据。① 在这一部分，我们提供了这样的证据。外推的关键在于由于投资者把预期未来增长率与过去增长率联系在一起，投资者对于热门股票过于乐观，对价值股票过于悲观。但是，如果投资者是错误的，这些错误大致能从数据观察到。那么，对外推模型的直接检验方法就是直接查看实际未来增长率，然后把它们与过去增长率和预期未来增长率作比较。

表 8—5 给出了热门组合和价值组合的基础变量、过去增长率和未来增长率的一些描述性特征。A 部分说明价值组合的基础变量股价比（ratios of fundamentals to price）较高。② 我们可以用价值股预期收益率较低来解释。B 部分列示了包括利润、现金流、收入和股票收益在内的一些过去增长率，表明在组合构建前 5 年热门股增长率远快于价值股。最后，C 部分显示在组合构建后 5 年，热门股的基础变量增长率小

---

① 德邦特和泰勒（DeBondt and Thaler，1987）用过去股票收益研究了反向策略，为预测误差观点提供了一些证据。

② 只有 B/M 分类法中的 E/P 例外。很明显，这是因为很多暂时利润较低的股票落在 B/M 最大前 10% 组，所以这组的 E/P 很低。当考察 B/M 最大前 20% 组或者考察我们的公司最大前 50% 样本中的 B/M 最大前 10% 组时，这个结果就不存在。

于价值股。确实，在组合构建后+2年至+5年价值组合的基础变量增长率更高。我们将针对热门股增长率的恶化（相对于过去增长率和预期未来增长率）在下面作更系统的阐述。

为了用预期增长率来理解财务比率如C/P和E/P的差异，我们要回到戈登公式（Gordon and Shapiro，1956）。回想对于现金流，这个公式可以改写为$\rho C(+1)/P = r - g$，其中$C(+1)$是下一期现金流，P是股票现在价格，r是股票必要报酬率，g是现金流预期增长率，ρ是现金流的股利支付率，是现金流中以股利形式对外支付的固定部分。假设股利也是按利润的固定比例支付，类似的公式也适用于利润。具体来说，保持折现率和股利支付率不变，这些公式说明我们能根据C/P或者E/P比率差异直接计算预期增长率差异。因为这些简单公式背后的假设很严格（如固定的增长率、股利、现金流和利润严格成比例，相同的股利支付率等），我们并不能得到价值组合和热门组合预期增长率差异的准确估计值。相反，考虑到与这些假设的偏离，我们可以采用更稳健的方法分析过去增长率、基础变量和预期未来增长率的差异。但是，分析的主旨是一样的。我们想问价值股和热门股之间C/P和E/P的较大差异能否被未来增长率差异所调整。

我们以根据（C/P，GS）来分类的资产组合数据开始。因为我们已经知道，不管采用什么变量，热门股的过去增长率都大于价值股。比如，在组合构建前5年，热门股的现金流年增长率为21.0%，而价值股为7.8%。价值股和热门股的现金流指标差异说明市场预期这个增长率差异能持续许多年。投资1美元到价值组合能获得27.9美分的现期现金流，而投资1美元到热门组合只能获得8美分。忽略任何股票必要回报率差异（这种可能性我们在第五部分分析），C/P这么大的差异必须被价值股和热门股之间的股利支付率差异或者在很长一段时间的增长率差异所调整。通过快速查看价值和热门组合的各自股利支付情况，发现这个差异并不是由股利支付率差异引起的。投资1美元到价值组合可以带来现期3.9美分的股利，而投资1美元到热门组合只能带来1.4美分的股利。就C/P而言，在三组中这些差异大致是由相同的因素引起的。然而，热门股的现金流股利支付率略高（0.175对0.140）[1]，这不足以解释C/P的大部分差异。

---

[1] 我们通过用D/P除以C/P来计算股利支付率。

表 8—5　热门股和价值股的基础变量、过去表现和未来表现

第 1 部分：从 1968 年至 1989 年每年 4 月底，根据前一年末账面价值与 4 月末市场价值之比（B/M）构建十分位投资组合。表中展示了最低 10% 的投资组合（最低的 B/M 值）和最高 10% 的投资组合（最高的 B/M 值）的数值。这些投资组合分别叫作热门组合和价值组合。

第 2 部分：从 1968 年至 1989 年每年 4 月底，构建 9 组股票。股票按照现金流与股价之比（C/P）以及组合构建前五年销售增长的加权平均排序（GS）独立分类升序排列并分为三组，分别是组（1）最小的 30%，组（2）中间的 40% 和组（3）最大的 30%。表中展示了（C/P_1, GS_3）和（C/P_3, GS_1）的数据，其中（C/P_1, GS_3）表示 C/P 值最大的 30% 和 GS 值最小的 30%；（C/P_3, GS_1）表示 C/P 值最小的 30% 和 GS 值最大的 30%。这些投资组合分别叫作热门组合和价值组合。

表中的这些数字是所有组合形成期的平均值。

下面定义的 E/P, C/P, S/P, D/P, B/M 和 SIZE 是基于 4 月末权益市场价值以及组合构建前期的会计数字计算得到的。E/P 是指利润与股价之比。B/M 是指账面价值与市场价值之比。SIZE 是指权益总价值（以百万美元计算）。$AEG_{(i,j)}$ 是指投资组合从 i 年至 j 年的收益的几何平均增长率。类似地，$ACG_{(i,j)}$ 和 $ASG_{(i,j)}$ 分别是对现金流和销售额的类似定义。$RETURN_{(-3,0)}$ 是组合构建前 3 年的股票累计收益。

	第 1 部分		第 2 部分	
	热门 B/M_1	价值 B/M_{10}	热门 C/P_1, GS_3	价值 C/P_3, GS_1
A 部分：基础变量				
E/P	0.029	0.004	0.054	0.114
C/P	0.059	0.172	0.080	0.279
S/P	0.993	6.849	1.115	5.279
D/P	0.012	0.032	0.014	0.039
B/M	0.225	1.998	0.385	1.414
SIZE	663	120	681	390
B 部分：过去表现——增长率和过去收益				
$AEG_{(-5,0)}$	0.309	−0.274	0.142	0.082
$ACG_{(-5,0)}$	0.217	−0.013	0.210	0.078
$ASG_{(-5,0)}$	0.091	0.030	0.122	0.013
$RETURN_{(-2,0)}$	1.455	−0.119	1.390	0.225

续前表

	第1部分		第2部分	
	热门	价值	热门	价值
	B/M_1	B/M_{10}	C/P_1, GS_3	C/P_3, GS_1
C部分：未来表现				
$AEG_{(0,5)}$	0.050	0.436	0.089	0.086
$ACG_{(0,5)}$	0.127	0.070	0.112	0.052
$ASG_{(0,5)}$	0.062	0.020	0.100	0.037
$AEG_{(2,5)}$	0.070	0.215	0.084	0.147
$ACG_{(2,5)}$	0.086	0.111	0.095	0.088
$ASG_{(2,5)}$	0.059	0.023	0.082	0.038

在股利支付率和折现率近似相等的假设下，在某个未来时间每一美元投资到热门股获得的预期现金流必须大于价值股。相应的，我们会问：需要多少年每一美元投资到热门股获得的现金流（0.080）等于投资到价值股的现金流（0.279）？假设过去现金流增长率差异能够保持（如21.0%对7.8%）。这个答案是需要大约11年。假设过去的增长率差异不变，如果我们做类似计算，用D/P来分析股利支付率差异，那么需要花费9年时间使1美元投资到热门股获得的股利（0.014）追上价值股（0.039）。请注意，这里所谓的相等是一个流量概念而不是一个现值概念。如果是现值意义的相等，热门股需要以更高的增长率追赶更长期间。

现在我们比较热门股和价值股的预期增长率和实际现金流增长率的差异。在组合构建后第一个5年，热门股的现金流以每年11.2%的速度增长而价值股的增长率是5.2%。所以，每1美元投资到热门股获得的现金流从0.08增长到5年末的0.136，而每1美元投资到价值股获得的现金流从0.279增长到0.360，5年内两种组合的现金流差异仍然很大。更重要的是，组合构建后热门股较高的增长率几乎都是由于组合构建后第一至第二年的高增长率所带来的。组合构建后+2年到+5年，热门股和价值股的现金流增长率分别为9.5%和8.8%。虽然市场能准确预期在短期内热门股增长率更高，但是较高增长率的持续性被过高估计。[1] 如果5年之后的增长率与组合构建后+2年到+5年的增长率一样，那么10年后，1美元投资到热门股的现金流只有0.214，而价值股

---

[1] 收益增长率的均值回归的结果并不新鲜，利特尔（Little，1962）在他开创性的文章中非常明确地阐述过这一点。

是 0.549。这些数据支持了这样一个观点：市场过度乐观地估计了热门股相对于价值股的未来增长率。

对利润的分析我们也能得到类似的结论。在组合构建前 5 年，每一美元投资到热门组合获得利润增长率为 14.2%，而价值组合为 8.2%。在组合构建时，热门股的 E/P 为 0.054 而价值股为 0.114。E/P 差异看似并不是由于利润股利支付比率差异引起的，因为价值股的股利支付率实际上高于热门股（0.34 对 0.26）。再次，我们可以通过考察组合构建后的增长率研究热门股之后较高的增长率能否调整其较低的初始 E/P。这里的数字比现金流结果更富戏剧性。在组合构建后 5 年，投资 1 美元到两个组合获得的利润累积增长率几乎相同。热门股每年平均利润增长率为 8.9%，而价值股每年为 8.6%。热门股在第一年至第二年的增长率较高，但是高增长率在接下来的 9 年中得到修正。虽然投资者预期热门公司的高增长率能够持续（正如 E/P 比率差异所表明的），但我们的数据显示，他们高估了热门股和价值股的未来增长率差异。

根据 B/M 划分组合的分析结果也列示在表 8—5 中。我们只关注现金流，因为两端十分位组的 E/P 值太低，在计算预期增长率的时候会出现问题。比如，第 10 个十分位组的 E/P（价值股）只有 0.004，说明有很大部分公司其暂时利润较低。因为现金流波动性较小，也不常出现负值，因此 C/P 指标的表现要好得多。对于热门组（B/M_1），C/P 等于 0.059，价值组（B/M_{10}）为 0.172。这些值与（C/P，GS）分组很接近。

C/P 差异大概至少部分反映了市场预期热门股票的高增长率可以持续。在之前 5 年，热门股的现金流每年增长了 21.7%，而价值股现金增长率为 −1.3%。热门股和价值股的估计的现金流股利支付率非常接近（分别为 0.203 和 0.186）。所以，只是股利支付率差异不足以解释很大部分的 C/P 差异。

组合构建后期（post formation）现金流数值说明组合构建后 5 年热门股增长率确实超过价值股，但是要归因于组合构建后期开始阶段热门股较高的增长率。在组合构建后期最后 3 年，价值股的现金流实际增长更快（每年 11.1% 对每年 8.6%）。总之，到第 5 年底每一美元投资到热门股的现金流从起初的 0.059 增长到 0.107，价值股从 0.172 增长到 0.241。如果组合构建后期 +2 至 +5 年现金流增长率预示着 5 年后的增长率，热门股现金流收益不能接近价值股。这个结果与（C/P，GS）分类相仿。以上结果支持这样的观点：价值股在组合构建后期的较高收益是价值和热门股的相对预期增长率向上修正的结果。

与法马和弗伦奇（Fama and French，1993，section 5）的结论相反，市场只能很慢地意识到自己的错误，因为单个热门股相对较高的市场预期增长率只出现在短期，在更长的期间不能实现。所以，我们并不能必然看到收益或 E/P 值出现清晰的峰值。从这方面来看，本文所讨论的反向策略动机与贾格迪什和蒂特曼（Jegadeesh and Titman，1993），伯纳德和托马斯（Bernard and Thomas，1989），吉夫里和兰科尼肖克（Givoly and Lakonishok，1979）研究的策略动机存在较大差异。那些文章讨论的动量策略有赖于市场短期内不能识别趋势。相反，本文讨论的价值策略高收益的出现，是因为市场持有长期趋势能够持续的不恰当信念和对那种信念的逐渐放弃。

总之，表 8—5 的结果支持了外推模型。热门股相对于价值股具有较高的过去收入、利润和现金流增长率。根据我们的许多变量，市场预期热门股的高增长率能持续多年。在很短的期间，热门股的预期高增长率得到证实。然而，在头几年之后，热门股的增长率与价值股基本相近。这一证据表明市场将预期与过去增长率捆绑在一起，且相对于价值股，市场对热门股过度乐观。这正是外推模型所预测的。从这个方面来看，表 8—5 的证据与传统的收益证据不同，因为它显示的过去、预期和实际未来增长率的关系很符合外推模型预期。

8.5　反向策略风险更高吗？

有两种理论解释了为什么价值策略在过去获得了更高回报。第一种理论认为，价值策略之所以能成功，是因为它们利用了幼稚投资者的错误。前面部分已表明投资者倾向于用过去过度推测未来，即使未来无法保证这种推测。对于价值策略能获得超额收益的第二种解释是，它使投资者暴露在更高的系统基本面风险之下。在这一部分，我们将直接检验这种解释。

价值股比热门股具有更高风险是指：第一，它们在某些情况下比热门股表现差；第二，在状况较差、财富的边际效用较高的情形下，价值股对风险厌恶型投资者缺乏吸引力。这个简单理论促使我们设计了实证方法。

首先，我们考察了价值策略和热门策略随时间变化业绩是否保持一致，以及价值策略表现逊于热门策略的频率。然后，我们检查价值策略业绩欠佳期是处于经济衰退期、市场严重萧条期，或是其他"糟糕"状态，在这些时期消费边际效用都比较高。这些检验并未为价值策略风险更高的观点提供支持证据。最后，我们考察一些传统的风险度量指标例如 β 系数和收益标准差来比较价值策略和热门策略的风险特征。

表 8—6 和图 8—2 展示了从 1968 年 4 月至 1990 年 4 月期间价值策略相对于热门策略的逐年表现。我们考虑了每年（例如 1968 年、1969 年等）C/P 和 B/M 分别在（9，10），（1，2）十分位组，以及（C/P，GS）处于（3，1）和（1，3）组持有 1 年、3 年和 5 年的累积收益差异。每个持有期间的收益算术平均值以及假设检验（假设价值组合和热门组合收益差异为 0）的 t 统计量都列示在每列底部。分别假设年 $MA_{(2)}$ 和 $MA_{(4)}$ 过程，t 检验标准误差中 3 年期和 5 年期重叠部分已采用汉森-霍德里克（Hansen-Hodrick）方法进行了处理。

结果表明，价值策略的市场表现始终胜过热门策略。持有一年期时，如使用 C/P 对股票进行分类，价值策略在 22 年中有 17 年跑赢热门策略；如使用 C/P 和 GS 指标，价值策略在 22 年中有 19 年跑赢热门策略；如使用 B/M，价值策略在 22 年中有 17 年跑赢热门策略。当考虑更长的持有期间，价值策略相对于热门策略的市场表现优势更明显。对于所有以上三种分类方法，在样本期的 5 年持有期间内价值组合都跑赢了热门组合。

这些数据都对价值股高回报的风险解释提出了严峻挑战。考虑（C/P，GS）分类法，在持有 3 年期内，价值策略收益只有 2 次低于热门策略。在那些情况中，对价值策略的相对高收益均值 46.4% 而言，价值策略低于热门策略的收益值也较小。在样本持有 5 年期中，价值策略毫无疑问是赢家。甚至对于 1 年持有期，价值策略跑输的概率也是相当低的。为了用多因子风险模型来解释这些数据，就需要证明价值策略收益相对较差的少数例子与糟糕状态（糟糕状况用一些收益相关因素定义）密切相关。换言之，价值策略与热门策略之间负的回报差额和这个收益相关因素之间的协方差应较高，并且该因素的风险溢价应当是相当高的。

尽管我们很难驳斥根据未明确定义的多因子模型得到的风险解释，但是我们可以检验一系列与高风险溢价相关的重要收益因素。如果在检验了价值策略负的相对收益与这些因素的相关性后，我们仍无法确定价值策略拥有更高平均收益的原因，那么我们便可得出这样的结论：除非把上述情况归结为与收益先验相关性较低因素的高风险溢价引起的，否则风险解释无法成立。

表8—6 逐年回报：价值策略—热门策略

第1部分：从1968年至1989年每年4月底，基于C/P（即前一年现金流与4月末股价之比）构建十分位资产组合。对于每个投资组合，计算持有期为1年、3年和5年的收益。对于每个组合形成期，第1部分显示了2个最高C/P（价值策略）和2个最低C/P（热门策略）的投资组合在1年期、3年期和5年期的收益差异。

第2部分：从1968年至1989年每年4月底，股票按照现金流与权益市场价值之比（C/P）以及组前5年销售增长的分类标准交叉标准排序（GS）分别升序排列并分为三组，如下构建9组资产组合。对于每个投资组合，计算持有期为1年、3年和5年的收益。（1）最小的30%，（2）中间的40%和（3）最大的30%，两个独立的分类标准交叉产生了9个资产组合，分别是组最低C/P（价值策略）以及最高GS，最低GS，最高C/P（价值策略）以及最高GS。第2部分显示了每个组合形成期、3年期和5年期的收益差异。

第3部分：从1968年至1989年每年4月底，基于B/M（即前一年末账面价值与4月末市场价值之比）构建十分位资产组合。对于每个投资组合，计算持有期为1年、3年和5年的收益。第3部分显示了最高B/M（价值策略）和最低B/M（热门策略）的投资组合在1年期、3年期和5年期的收益差异。

最后两行分别显示了不同期间的算术平均值以及假设检验的t统计量（假设价值策略和热门策略收益差异等于0）。这些t统计量是基于汉森和霍德里克（Hansen and Hodrick, 1980）的标准误差计算得到的。

	第1部分			第2部分			第3部分		
	(C/P: 9, 10−1, 2)			(C/P−GS: 3, 1−1, 3)			(B/M: 9, 10−1, 2)		
	1年	3年	5年	1年	3年	5年	1年	3年	5年
1968	0.022	0.287	0.474	0.144	0.153	0.267	0.098	0.201	0.344
1969	0.123	0.195	0.410	0.065	−0.143	0.283	0.074	0.070	0.303
1970	0.135	0.246	0.428	0.002	0.160	0.356	0.023	0.032	0.279
1971	−0.078	0.231	0.478	−0.144	0.196	0.531	−0.108	0.156	0.463
1972	0.155	0.319	0.693	0.134	0.362	0.932	0.098	0.328	0.784
1973	0.021	0.382	0.846	0.152	0.702	1.416	0.042	0.450	0.925

续前表

	第 1 部分 (C/P: 9, 10—1, 2)			第 2 部分 (C/P—GS: 3, 1—1, 3)			第 3 部分 (B/M: 9, 10—1, 2)		
	1年	3年	5年	1年	3年	5年	1年	3年	5年
1974	−0.007	0.496	1.343	0.069	0.650	1.597	0.050	0.642	1.726
1975	0.262	0.816	1.310	0.379	1.115	1.229	0.418	1.034	1.182
1976	0.174	0.673	1.468	0.217	0.715	1.235	0.132	0.727	0.993
1977	0.193	0.247	0.764	0.219	0.149	0.844	0.195	0.181	0.614
1978	0.048	−0.106	0.272	0.039	−0.072	0.581	0.037	−0.264	0.286
1979	−0.168	−0.102	0.274	−0.176	0.098	0.757	−0.207	−0.123	0.569
1980	0.039	0.745	1.225	0.110	1.246	2.000	−0.034	1.066	1.676
1981	0.203	0.650	1.584	0.236	0.940	2.134	0.185	0.810	1.955
1982	−0.032	0.338	1.253	0.118	0.539	1.886	0.240	0.589	1.477
1983	0.204	0.332	0.851	0.252	0.578	1.470	0.221	0.256	0.648
1984	0.192	0.552	0.888	0.052	0.641	1.092	0.043	0.324	0.640
1985	0.014	0.322	0.576	−0.032	0.531	0.708	−0.007	0.237	0.299
1986	0.108	0.339		0.196	0.427		0.051	0.149	
1987	0.093	0.170		0.111	0.290		0.078	0.015	
1988	0.092			0.089			−0.037		
1989	−0.063			0.010			−0.207		
均值	0.079	0.357	0.841	0.102	0.102	1.073	0.063	0.344	0.842
t 统计量	3.379	6.164	7.630	3.746	3.746	5.939	2.076	3.475	7.104

在检验收益相关因素时，我们并未把检验限制在严格的参数化模型中，例如，夏普-林特纳（Sharpe-Lintner）模型或消费 CAPM 模型（采用了消费数据），这些模型很可能不能拒绝风险解释。例如，我们并不假设 β 系数是市场因子风险暴露的合适度量手段。相反，我们采用非参数研究法检验了价值策略在市场极端下行情况下的表现。而且，我们允许股票回报分布未能体现市场良好或糟糕状态全部特征的可能性。巴罗（Barro，1990）和其他学者发现，虽然股票市场能有效预测经济总量例如 GNP 增长，但 R^2 在战后期间仅为约 0.4。

表 8—6 和图 8—2 中展示了价值策略和热门策略在糟糕状态下的表现。根据美国经济研究局（National Bureau of Economic Research）的说法，在我们的样本期内经历了四次衰退：首先是发生在 1969 年 12 月至 1970 年 11 月的一次轻微衰退，其次是发生在 1973 年 11 月至 1975 年 3 月的一次严重衰退，以及发生在 1980 年 1 月至 1980 年 7 月和 1981 年 7 月至 1982 年 11 月的严重衰退。表 8—6 表明，在之前以及 1970 年衰退期中，价值策略表现的确不逊于热门策略。在 1973—1975 年的严重衰退中，价值策略表现远胜热门策略。但是在 1979—1980 年间，价值策略表现稍逊热门策略，而在 1981—1982 年间，前者表现明显胜过后者。[①] 所以，价值策略在衰退期（此时消费的边际效用尤其高）表现更差的结论似不成立。

第二种方法就是比较价值组合和热门组合在股市萧条月份的表现。表 8—6 第 1 部分展示了投资组合在四种状态下的表现：基于等权市场指数，把所有月份分为 25 个股票收益最差的月份（W_{25}），去除 25 个收益最差月份后剩下的 88 个市场收益为负的月份（N_{88}），剔除 25 个收益最好月份后剩下的 122 个市场收益为正的月份（P_{122}），以及 25 个收益最好月份（B_{25}）。我们也报告了每种状态下价值组合与热门组合的收益差异以及两者收益差异为零假设检验的统计量。表中的结果非常清晰。在同时采用 B/M 和(C/P,GS) 分类方案下，价值组合在市场最疲软的 25 个月中跑赢了热门组合。例如，使用 (C/P，GS) 分类方案，价值组合在市场最疲软的 25 个月中平均损失 8.6%，而热门组合损失 10.3%。类似地，在同时使用两种分类方案下，价值组合在市场次疲软的 88 个月中（此时市场指数下滑）平均跑赢热门组合和市场指数。在使用 (C/P，GS) 分类情况下，价值组合在上述月份（此时市场指数轻

---

① 记住收益是从列示年度的 4 月份开始计算，直到下一年 4 月。

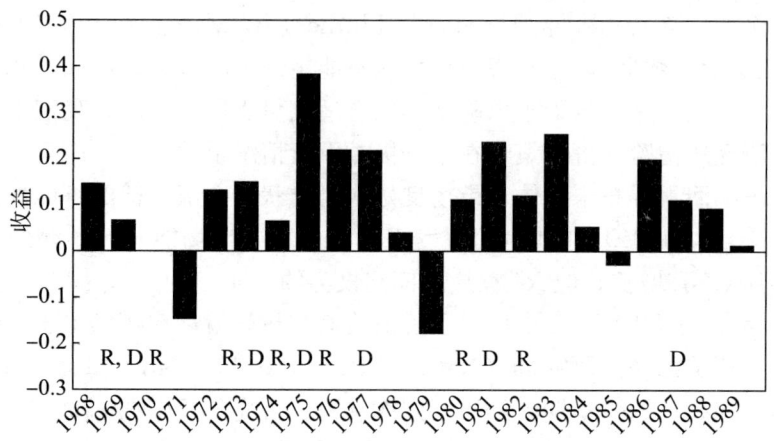

图 8—2 价值策略减去热门投资的逐年收益

从 1968 年至 1989 年每年 4 月底,如下构建 9 个资产组合。股票按照现金流与股价之比 (C/P) 以及销售增长率 (GS) 分别升序排列并分为三组,分别是组 (1) 最后的 30%,组 (2) 中间的 40% 和组 (3) 最前的 30%。价值组合包含了最高 C/P 和最低 GS 两个组内的股票。热门组合包含了最低 C/P 和最高 GS 两个组内的股票。图中显示的数据是价值策略与热门策略年持有收益的差异。年持有收益于该年 4 月末开始计算。字母 R 表明美国经济研究局所认定的衰退年份。字母 D 表示 CRSP 等权市场指数下降的年份。

微下滑)平均损失 1.5%,而热门组合损失了 2.9%,市场指数本身下滑了 2.3%。所以当市场衰退时,价值策略表现较好。在剔除 25 个市场表现最佳月份后剩余的 122 个市场收益为正的月份,价值策略收益接近于热门策略。在市场表现最佳的月份中,价值策略收益显著高于热门策略和市场指数,但是收益差距没有市场衰退时那么大。然而考虑到统计量较小,我们在对市场收益为正的月份的收益差异进行解释时需要多加小心。总之,价值策略在所有状态的收益都高于热门策略,在某些状态下表现更好。如果有什么的话,那就是价值策略的高收益偏向市场回报为负的月份而不是市场回报为正的月份。因此,表 8—7 第 1 部分的证据表明,价值策略没有使投资者暴露在更高的下行风险中。

表 8—7 第 2 部分提供了与第 1 部分相似的证据,只是这里的状态用实际 GNP 增长率来定义。[①] 我们采用季度数据,所以我们的样本拥

---

① 在本文的草稿中我们包括了一个采用了失业率的变化的结果。这些结果与采用 GNP 增长得到的结果非常相似。

有 88 个季度。这些季度被划分为四种状态：10 个真实 GNP 增长最慢的季度、34 个增长次慢的季度、34 个增长稍快的季度和 10 个增长最快的季度。有证据表明股市比 GNP 先行大约一个季度，所以将价值组合和热门组合的季度回报与一季度前的真实 GNP 变化量相匹配。然后计算每种状态下每个投资组合的平均季度回报率。

第 2 部分的结果与第 1 部分的基本结论相似，即价值策略并不比热门策略拥有更高的基础风险。对于两种分类方案而言，价值策略在四种状态中至少与热门策略表现得一样好，在很多情况下甚至表现得更好。与第 1 部分的结果不同，价值策略的相对回报在好状态下比在坏状态下更高，尤其在极端好的状态下。粗略地讲，就经济形势来说，价值股相对于热门股可以描述为拥有更高上行市场 β 系数和更低下行市场 β 系数的股票。重要的是，尽管价值策略在极端好的市场状态下表现还能更好，但是它在极端糟糕的市场状态下的良好表现令人印象深刻。极端糟糕状态下的市场表现是"高回报策略必然伴随高风险"观点支持者的最后避难所，即使传统的风险度量工具如 β 系数和标准差没有反映这种情况。以上证据表明，价值策略的相对收益与市场繁荣程度存在某种正向关系，但是并没有明显迹象表明存在传统资产定价均衡，即价值策略的高回报是对其高系统性风险的补偿。

最后，为了完整起见，表 8—8 展示了一些更传统的组合风险度量指标。对于组合构建后期，我们每年计算这些风险度量指标，因为采用组合构建前期数据会带来一些问题（Ball and Kothari，1989）。我们能利用组合构建后期的 22 个年收益观测数据计算收益标准差。我们也能利用价值加权 CRSP 指数和无风险资产的收益数据计算每个投资组合的 β 系数。

首先，价值组合相对于价值加权市场指数的 β 系数比热门组合高约 0.1。正如我们之前所看到的，价值组合的高 β 系数可能是因为其拥有更高的"上行市场" β 系数[①]，并且价值策略在股市糟糕期仍然有良好表现。即使有人坚决支持 β 系数能影响收益的观点，0.1 的 β 系数差异也只能顶多解释 1% 的年收益率差异（假设年市场风险溢价为 8%），这显然大大小于我们所观察到的 10%～11% 的收益率差异。

[①] 德邦特和泰勒（DeBondt and Thaler，1987）对于购买过去低收益股票构建的反向策略的研究得到了类似的结论。

表 8—7　投资组合在市场最好和最糟时候的表现

第 1 部分：根据等权市场指数样本中所有的月份被分为 25 个股票收益最差的月份 (W_{25})，去除 25 个收益最差月份后剩下的 88 个市场收益为负的月份 (N_{88})，剔除 25 个收益最差月份后剩下的 122 个月份 (P_{122})，以及 25 个收益最好月份 (B_{25})。

第 1A 部分：从 1968 年至 1989 年每年 4 月底，如下构建 9 组股票。股票按照现金流量与股价之比 (C/P) 以及销售增长率的加权平均排序 (GS) 分别升序排列并分为三组，分别是组 (1) 最小的 30%，(2) 中间的 40% 和组 (3) 最大的 30%。两个独立的分类标准交叉产生 9 个资产组合。第 1A 部分展示了每个资产组合（每到 4 月进行调整）在 W_{25}，N_{88}，P_{122}，B_{25} 月份的平均收益。

第 1B 部分：从 1968 年至 1989 年每年 4 月底，基于 B/M（即前一年末账面价值与 4 月末市场价值之比）构建十分位资产组合。第 1B 部分展示了每个投资组合（每到 4 月进行调整）在 W_{25}，N_{88}，P_{122}，B_{25} 月份的平均收益。

第 2A 部分和第 2B 部分有同样的结构，但是根据 GNP 增长率的季度数据来定义最好和最差状态。样本中所有的季度被划分为四种状态：10 个真实 GNP 增长最慢的季度，34 个增长稍慢的季度，34 个增长稍快的季度和 10 个增长最快的季度。

在第 2A 部分中，价值组合包含处于在 C/P 上最领先的股票而 GS 上最落后的股票组，热门组合包含 C/P 上最落后和 GS 上最领先的股票。在第 2B 部分，价值组合包含 B/M 排名前 20% 的股票，而热门组合包含排名后 20% 的股票。表中最右边一列展示了假设检验（假设价值组合与热门组合的收益差异为 0）的 t 统计量。

第 1 部分：投资组合在市场最好和最糟月份的收益

第 1A 部分

	热门						价值			价值－热门	
C/P	1	1	1	2	2	2	3	3	3	(1,3－3,1)	
GS	1	2	3	1	2	3	1	2	3	指数	t 统计量
W_{25}	-0.114	-0.103	-0.103	-0.090	-0.091	-0.100	-0.086	-0.080	-0.105	-0.102	0.018	3.040
N_{88}	-0.023	-0.025	-0.029	-0.016	0.020	-0.025	-0.015	-0.016	-0.022	-0.023	0.014	4.511
P_{122}	0.039	0.039	0.038	0.040	0.038	0.039	0.040	0.038	0.038	0.037	0.002	0.759
B_{25}	0.131	0.111	0.110	0.110	0.104	0.115	0.124	0.113	0.124	0.121	0.014	1.021

续前表

第1B部分

B/M	热门 1	2	3	4	5	6	7	8	价值 9	10	价值−热门 指数	t统计量
W_{25}	−0.112	−0.110	−0.104	−0.100	−0.097	−0.091	−0.093	−0.092	−0.098	−0.102	−0.102	1.802
N_{88}	−0.029	−0.028	−0.026	−0.025	−0.023	−0.020	−0.021	−0.020	−0.018	−0.022	−0.023	2.988
P_{122}	0.038	0.040	0.039	0.037	0.036	0.037	0.038	0.037	0.038	0.037	0.037	−0.168
B_{25}	0.114	0.114	0.119	0.113	0.112	0.113	0.117	0.126	0.133	0.121	0.121	1.729

第2部分：投资组合在GNP增长最好和最糟季度的收益

第2A部分

	热门 1	2	3	4	5	价值 2	3	1	价值 2	3	价值−热门 GNP (1,3−3,1)	t统计量
最差10	0.032	0.014	−0.009	0.037	0.009	0.016	0.013	0.041	0.020	0.008	−0.017	2.485
次差34	0.021	0.010	0.011	0.018	0.008	0.014	0.011	0.027	0.023	0.012	0.000	1.473
次好34	0.026	0.029	0.026	0.040	0.030	0.033	0.029	0.046	0.046	0.034	0.012	2.176
最好10	0.122	0.107	0.103	0.140	0.117	0.123	0.139	0.133	0.136	0.031	1.786	

第2B部分

	热门 1	2	3	4	5	6	7	8	价值 9	10	价值−热门 GNP (9,10−1,2)	t统计量
最差10	−0.004	0.001	0.012	0.018	0.009	0.016	0.017	0.028	0.021	0.015	−0.017	0.983
次差34	0.011	0.008	0.011	0.009	0.008	0.010	0.010	0.016	0.017	0.012	0.000	0.494
次好34	0.022	0.028	0.027	0.025	0.030	0.035	0.036	0.035	0.041	0.039	0.012	1.555
最好10	0.092	0.102	0.118	0.117	0.117	0.135	0.132	0.141	0.145	0.151	0.031	2.685

表8-8 投资组合传统风险度量指标

对下面每个投资组合，我们使用22个组合构建后期的回报观测值计算了它对于价值加权市场指数的β系数。使用22个组合形成期，我们也计算了组合构建后规模标准差以及规模标准差的收益标准差。

第1部分：从1968年至1989年每年4月底，基于C/P（即前一年度现金流与4月末股价之比）构建十分位资产组合。第1部分展示了每个投资组合的β系数，收益的标准差以及经规模调整的收益标准差。

第2部分：从1968年至1989年每年4月底，如下构建9组股票。股票按照现金流与股价之比（C/P）以及组合构建前5年销售增长的加权平均排序（GS）分别升序排列并分为三组。分别是组（1）最小的30%，组（2）中间的40%和组（3）最大的30%。两个独立的分类标准交叉产生9个资产组合。第2部分展示了每个投资组合的β系数，收益的标准差以及经规模调整的收益标准差。

第3部分：从1968年至1989年每年4月底，基于B/M（即前一年末账面价值与4月末市场价值之比）构建十分位资产组合。第3部分展示了每个资产组合的β系数，收益的标准差以及经规模调整的收益标准差。

第1部分

C/P	1	2	3	4	5	6	7	8	9	10	等权市场指数
β	1.268	1.293	1.321	1.333	1.318	1.237	1.182	1.247	1.224	1.384	1.304
收益标准差	0.224	0.227	0.239	0.237	0.232	0.221	0.212	0.223	0.224	0.252	0.250
经规模调整的收益标准差	0.037	0.044	0.049	0.036	0.033	0.034	0.042	0.036	0.048	0.058	—

第2部分

C/P	1	2	3	1	2	3	1	2	3	等权市场指数
GS	3	3	3	2	2	2	1	1	1	
β	1.249	1.296	1.293	1.239	1.184	1.214	1.330	1.258	1.322	1.304

续前表

C/P	1	2	3	1	2	3	1	2	3	等权市场指数
GS	3	3	3	2	2	2	1	1	1	
收益标准差	0.216	0.232	0.241	0.215	0.207	0.213	0.242	0.224	0.241	0.250
经规模调整的收益标准差	0.061	0.040	0.066	0.049	0.033	0.047	0.066	0.047	0.065	—

第 3 部分

B/M	1	2	3	4	5	6	7	8	9	10	等权市场指数
β	1.248	1.268	1.337	1.268	1.252	1.214	1.267	1.275	1.299	1.443	1.304
收益标准差	0.223	0.223	0.236	0.225	0.221	0.214	0.225	0.233	0.248	0.276	0.250
经规模调整的收益标准差	0.076	0.050	0.040	0.035	0.031	0.040	0.035	0.043	0.046	0.071	—

表8—8也展示了各种投资组合收益的年平均标准差。结果表明，价值组合的标准差略高于热门组合。在使用（C/P，GS）分类方法下，价值组合的平均收益标准差为24.1%，而与此相对的热门组合为21.6%。我们对这些数据依次作三点评论。首先，我们已经说明由于价值策略拥有更高的平均收益，其高标准差并未转化为更大的下行风险。其次，价值股拥有更高的标准差，主要是由于价值股平均规模较小，因为价值策略和热门策略经规模调整的收益标准差基本相同。但是表8—3的结果显示，投资者关注规模较大的价值股仍可以获得大部分超额收益而不需承担更高的收益标准差。所以由较大规模价值股组成的投资组合其超额收益不能用其较高的标准差来解释。最后，相对于平均收益的差异（每年10%），价值组合和热门组合在收益标准差上的差异（每年24.1%对每年21.6%）是相当小的。例如，在1926—1988年期间，S&P500比国库券（T-bills）的收益每年高约8%，然而S&P500与国库券的平均标准差分别是21%和3%。把股票的收益风险比率与国库券相比，我们发现投资价值股的收益风险比率很高。所以，基于标准差差异的风险模型无法解释价值股的高收益。

8.6 对实证结果的解释和结论

本章的实证结果（详略程度不同）给出了三个观点。第一，在1968年4月到1990年4月期间很多购买冷门股（价值股）的投资策略的收益要高于热门策略。第二，价值策略比热门策略表现更好是因为相对于价值策略，热门策略的收益、现金流量等未来实际增长率远低于它们的过去增长率，或者未来实际增长率不如这些股票的一些变量所暗含的市场对它们的预期。换言之，相对于价值股，市场参与者似乎习惯于高估热门股的未来增长率。第三，采用传统的风险度量方法，价值策略的风险并不高于热门策略。对风险的补偿不能解释价值股相对于热门股的平均高收益。

诚然，我们无法否认关于风险理论的形而上学的说法，该理论认为高收益证券的风险更高，但我们的证据给出了一个更直接的模型。在此模型中，相对于风险和收益特征，冷门股（价值股）的价值被低估，而投资在这样的股票上确实会获得超额收益。

这一结论会引发这样的问题：到底是什么原因使价值股收益在过去

相当长的时间里比热门股收益每年高出 10~11 个百分点？一个可能的解释是，投资者压根儿不知道有这么一回事。这个解释似有一定道理，因为很多定量的投资组合选取和评估方法最近刚刚兴起。直到最近，本文所讨论的方法还不为大多数投资者所采用。当然，提倡价值策略的主张已经问世数十年之久了，我们至少可以追溯到 Graham and Dodd (1934)。但这种提倡往往不辅以正当的统计工作，所以可能不具有完全的说服力，尤其考虑到市面上还有很多其他的策略被推荐，事情就更是如此了。

另一个可能的解释是我们往往热衷于数据探测（data snooping）（Lo and MacKinlay, 1990），并且仅仅是确认数据过去的态势。很明显，这些数据已被研究过，因为在我们之前很多人已经考察过类似的数据。另外，我们有理由相信本文所报告的截面收益差异（cross-sectional return differences）反映了一个重要的经济规律而不是抽样误差。第一，很多研究都得到了价值策略能获得超额收益的类似结论。戴维斯（Davis, 1994）利用 1931—1960 年美国大公司的子样本获得了类似的结论。查恩、哈毛和兰科尼肖克（Chan, Hamao, and Lakonishok, 1991）利用日本数据获得了类似的结论。卡泊尔、罗林和夏普（Capaul, Rowley, and Sharpe, 1993）对法国、德国、瑞士、英国、美国和日本的研究也得到了类似的结论。

第二，我们不仅仅展示了收益的截面特征。有证据表明，部分投资者预期误差的系统性特征能解释价值股和热门股的收益差异。投资者对未来增长的预期过度依赖过去增长率，尽管未来增长率是高度均值回归的。尤其是，投资者预期热门股增长率会持续高于价值股，但他们往往会大失所望。拉波塔（LaPorta, 1993）发现采用分析师 5 年收益增长预期而不是采用财务指标（例如 E/P 或 C/P）也能得到价值策略期望误差和收益的类似特征。期望误差的证据支持了这样的观点：截面收益差异反映了一种真实的经济现象。

我们可以断定个人投资者和机构投资者对热门股的偏爱和对价值股的漠视能很好地解释本章发现的结果。下面，我们将提出产生这种偏好的一些理由，他们或许能解释我们观察到的收益异象。

散户倾向于热门策略的理由有很多。首先，他们会对热门股比如沃尔玛（Walmart）和微软（Microsoft）作出错误判断并以其过去增长率过度推测未来，即使这种高增长率极不可能在未来得以持续。这种过分注重历史数据而不是根据先验理性的现象不单单出现在股票市场，它是心理学实验中的典型判断误差。相反,散户也可能不问价格把运营良好的公司等同于一项好的投资。毕竟,投资微软和沃尔玛怎么可能让你赔钱?确实,经纪人总是推荐具有"稳定"收益和股息增长的"好"公司。

机构投资者很有可能不会像散户那样犯判断误差和过度热衷"好"公司的错误,他们可能会集中于价值策略。① 但是机构投资者也有自己青睐热门股的理由。兰科尼肖克、史莱佛和维什尼(Lakonishok,Shleifer,and Vishny,1992b)从代理理论框架来分析机构资金管理问题。机构投资者偏好热门股,因为这更像是"谨慎"投资,更容易获得委托人的支持。热门股在过去表现良好,不大可能在不远的将来陷入财务困境,而价值股则不然,其过去表现糟糕,未来很可能陷入财务危机。实际上很多机构投资者选择股票时会有意识地剔除一些陷入财务困境的公司股票,而这些股票中很大一部分就是价值股。事实上,尽管价值股组合并不具有更高风险,基金委托人还是错误地相信热门股比价值股安全。热门股票投资策略尽管看起来谨慎,实际上并不如此,原因是预期收益较低且风险也不低。然而,机构投资者的基金经理和雇员出于保住职位考虑还是会促使基金经理人青睐热门股。

另一个不容忽视的因素在于大多数投资者的投资周期短于价值股给他们持续不断回报所需要的期限(De Long et al.,1990;Shleifer and Vishny,1990)。很多散户乐于寻找数月就能带来超常回报的股票,而不是那些未来5年每年带来4%收益的股票。而基金经理的投资周期更短。基金经理在任何时候都不能容忍其持有的基金收益低于市场指数或其同行,原因在于一旦表现不佳,委托人会抽逃资金。一项价值策略获得收益通常要3~5年的周期,在此期间可能低于市场收益(有比较大的跟踪误差),从职位角度考虑这种策略对于基金经理来说风险太大,尤其当委托人很难对这项投资策略进行评价时。如果基金经理担心在价值策略获得回报前会被解雇,他就不会采用这个策略。重要的是,考虑到价值股明显的风险和收益优势,虽然跟踪误差可以解释基金经理不将大量资金投资在价值股的原因,但是它无法解释经理人不对价值股作任何投资的原因。所以,投资周期和跟踪误差可以解释基金经理不在价值股和热门股的收益差异上大胆套利的原因,却不能说明价值策略与热门策略的收益差异为什么一开始就存在。我们的观点是,价值策略与热门策略的收益差异最终可以由投资者容易犯判断误差以及机构投资者为了

---

① 根据德雷曼(Dreman,1977)的研究发现专业基金经理人也会犯同样的错误。

生存而青睐热门股的理由来解释。

  价值股的超额收益可以持久吗？时间有可能会让更多的投资者意识到长期反向操作的价值，并使价值策略的收益下降。也许最近增多的规范的定量投资策略（该策略只评价业绩而不评价单个股票的选择）会增加价值股的需求，并缓解导致挑选热门股的代理问题。然而，如此巨变不可能瞬间形成。时间序列证据和跨国证据支持了这样的观点：价值股高收益中隐含的行为因素和制度因素使股市特征得以流行和持续。

  机构投资者热衷热门股的一个可能最有趣的应用是它可以解释机构投资者的不佳业绩。在早期的一篇文章中，我们研究了基金经理管理的养老基金收益远差于市场指数的问题（Lakonishok，Shleifer，and Vishny，1992b）。热门股与价值股的巨大收益差异至少在原则上可以解释为什么基金在扣除管理收费前的收益低于市场收益 100 个基点。通过考察机构基金经理人实际的资产组合，就能发现他们是不是对热门股过度投资，而对价值股投资不足。我们计划在接下来的文章中对这个问题进行研究。

第9章 股票收益截面变动特征的实证[①]

肯特·丹尼尔（Kent Daniel）和谢里登·蒂特曼（Sheridan Titman）

现有大量证据表明，股票收益的截面规律能被诸如企业规模、杠杆率、过去收益、股息率、市盈率以及账面/市值比等特征所解释。[②] 法马和弗伦奇（Fama and French，1992，1996）同时检验了所有这些变量，得出如下结论：除了贾格迪什和蒂特曼（Jegadeesh and Titman，1993）所描述的动量策略，预期收益的截面变动只能被这些特征中的两个所解释，即企业规模和账面/市值比。一旦考虑了企业规模时，传统的资本资产定价模型（CAPM）度量风险的指标——贝塔系数（β），几乎完全不能解释预期收益的截面离散程度。[③]

关于给小规模、高账面/市值比企业指定高折扣率，一直存有大量

[①] 感谢达特茅斯学院、哈佛商学院、麻省理工学院、西北大学、加州大学洛杉矶分校、芝加哥大学、伊利诺伊大学厄巴纳-香槟分校、密歇根大学、南加州大学、东京大学、沃顿商学院的学术研究会的参与者们以及1995年2月的NBER行为金融学研讨班、太平洋资本市场、亚太金融协会和美国金融协会会议的参与者们，感谢Jonathan Berk，Mark Carhart，Randy Cohen，Douglas Diamond，Vijay Fafat，Wayne Ferson，Kenneth French，Narasimhan Jegadeesh，Steven Kaplan，Mark Kritzman，Josef Lakonishok，Craig MacKinlay，Alan Marcus，Chris Polk，Richard Roll，Robert Vishny，尤其要感谢Eugene Fama的讨论、意见和建议。我们也想感谢《金融学杂志》编辑René Stulz，以及一名匿名审稿人的建议。丹尼尔感谢芝加哥大学证券价格研究中心（CRSP）的研究资助。蒂特曼也特别感谢国际金融的S.J.主席John L. Collins先生的研究资助。当然，文中的任何错误均由我们负责任。

[②] 规模异象在班茨（Banz，1981）和凯姆（Keim，1983）中有所记录，杠杆效应在布汉达里（Bhandari，1988）中有论及，德邦特和泰勒（DeBondt and Thaler，1985）及贾格迪什和蒂特曼（Jegadeesh and Titman，1993）都提到历史收益效应，巴苏（Basu，1983）提出过盈余/价格比效应，斯塔特曼（Stattman，1980）及罗森伯格、里德和兰斯廷（Rosenberg, Reid, and Lanstein，1985）论及账面/市值比效应。

[③] 另参见Jegadeesh（1992）。

争议。由法马和弗伦奇（Fama and French，1993，1996）给出的对这个现象的传统解释是：更高的收益是对更高的系统风险的补偿。法马和弗伦奇（Fama and French，1993）认为，账面/市值比和规模大小能代表（企业的）困境程度，陷入困境的企业可能对于某些商业周期因素（比如信用环境的变化），比那些财务上更稳定的企业要敏感一些。此外，高成长企业盈余的久期应当比低成长企业盈余的久期多少要长一些；因此，期限结构变动对这两类企业的影响应当是不同的。

相反，兰科尼肖克、史莱佛和维什尼（Lakonishok, Shleifer, and Vishny（LSV），1994）则认为，高账面/市值比（或价值股）的股票伴随着高收益，是由于投资者错误地使用企业过去的盈余增长率来预测未来造成的。他们提到，投资者对过去表现好的企业过于乐观，对过去表现差的企业则过于悲观。他们三人还认为，低账面/市值比（或成长股）的股票比价值股更具有吸引力（例如有更好的基本面信息），也许这就造成了经验不足的投资者推高其价格，降低这些证券的预期收益。①

法马和弗伦奇（Fama and French，1993）提供的几个检验表明，企业的账面/市值比和规模大小实际上代表了其所负载的定价风险因素。首先，他们证明了高账面/市值比和小规模企业的股票价格通常同升降，而这往往暗示着其有某一个共同的风险因素。其次，他们发现，基于规模（他们将小市值投资组合收益率减去大市值投资组合收益率称为SMB）和账面/市值比（他们称高账面/市值投资组合收益率减去低账面/市值投资组合收益率为HML）的零成本因素负载的投资组合与一个价值加权的市场投资组合（Mkt）解释了所有按账面/市值比和规模分类的投资组合的超额收益。②

---

① 还有第三种可能的解释：科思纳里、尚肯和斯隆（Kothari, Shanken, and Sloan，1995）认为，在构造账面/市值比投资组合时的选择性偏误也可能是影响（收益）溢价的另一个因素。然而，查恩、贾格迪什和兰科肖尼克（Chan, Jegadeesh, and Lakonishok，1995）的近期研究表明：选择性偏误并不大。此外，科恩和波尔克（Cohen and Polk，1995a）采用了一种完全消除了COMPUSTA选择性偏误的方法构造出投资组合，发现了相似的证据。最后，戴维斯（Davis，1994）构造了1940—1963年期间（相对法马和弗伦奇1963—1992年的样本期间来说，该样本是一个样本外区间）按账面/市值比分类的无选择性偏误投资组合，并发现了与法马和弗伦奇（Fama and French，1992）同等重要程度的账面/市值比效应。

② 作为进一步的证据，法马和弗伦奇（Fama and French，1993）表明，从CRSP股票样本中的一半构造的Mkt，HML和SMB投资组合可以解释另一半股票构造的投资组合的收益。另外，法马和弗伦奇（Fama and French，1995）表明相同的收益因素出现在一个企业的盈利中，科恩和波尔克（Cohen and Polk，1995a）表明基于个体企业的协方差和SMB与HML因素构造的投资组合同原来按规模和账面/市值比分类的组合表现出同样的溢价。

虽然 LSV 并未否认可能存在和价值（或成长）股相关的定价因素，但是他们认为，这些因素投资组合的收益溢价太大了，它们和宏观因素的协方差如此之小（在某种情况下是负值），以至于不被视作系统风险的补偿。① LSV 三人提供了很具说服力的证据来支持他们的结论；然而他们的结论与诸如默顿（Merton，1973）和罗斯（Ross，1976）的多因素模型是不一致的。这些多因素模型都考虑了与市场整体收益无关的定价因素。基于默顿模型中的例子，一个对这些收益异象给出的解释就是我们必须找到一个与市场无关但会影响到未来投资机会的定价因素。

尽管我们预计到要证明按规模大小和账面市值分类的投资组合的收益确实满足以上条件是相当困难的，但要证明其收益不满足这个条件也同等困难。要证明这些收益并不是默顿模型下的影响因素，要求我们先证明该因素并不能解释与市场收益无关的消费增长。考虑到把整体市场中观测到的风险溢价和比如总消费这样的宏观变量联系起来的难度，这难以证明。

总而言之，现有的文献并没有直接质疑"高账面/市值比和小规模企业股票的收益溢价可以被单因素模型所解释"的推想，而且，争论集中于这些因素是否可能代表与经济相关的总体风险。与此相反，本章强调了更为基本的问题，即按特征分类的投资组合的收益模式是否确实同单因素模型一致。具体来说，我们提出这样两个问题：（1）是否真的存在与规模及账面/市值比直接相关的系统因素；（2）是否存在与这些系统因素相关的风险溢价。换言之，我们直接检验高账面/市值比、小规模类股票的高收益能否归因于其所负载的因素。

我们的结论显示：（1）并没有单独可辨识的风险因素与高或低账面/市值比（特征的）企业相关；（2）并没有收益溢价与法马和弗伦奇（Fama and French，1993）提到的三个因素中的任何一个相关，这意味着与这些投资组合相关的高收益并不能被视作因素风险的补偿。详细来说，我们发现，尽管高账面/市值比的股票间有很强烈的联动关系，但是其协方差并非来自与困境相关的特别风险，而是反映出这样一个事实，即高账面/市值比的企业趋向于拥有相同的特征；比如，他们可能

---

① 麦金利（MacKinlay，1995）做了一个相似的论证；他从法马和弗伦奇（Fama and French，1993）投资组合的收益中计算出了均值一方差有效的投资组合，并计算出其事前夏普比率的统计分布，得出结论：在有效市场理论背景下，该夏普比率值太高，因而无法解释。

处于相关的商业链上、位于相同的行业，或者来自相同的地区。特别地，我们发现尽管高账面/市值比的股票之间确实彼此联动，但它们之间的协方差在企业陷入困境前同样地强。为判定是特征还是协方差决定了预期收益，我们调查研究了有相似特征但有不同于法马和弗伦奇（Fama and French，1993）的因素负载的投资组合的收益是否不同。我们发现答案是否定的。一旦我们控制了企业的特征变量，预期收益似乎并没有同市场、HML 或 SMB 因素负载有正向的联系。

我们惊讶地发现，如法马和弗伦奇（Fama and French，1992）所认为的那样，传统的风险度量法并不能决定预期收益。在均衡资产定价模型中，收益的协方差结构决定了预期收益。然而，我们发现，那些能可靠地预测未来协方差结构的变量却不能预测预期收益。我们的结论表明，不论它们是否具备其他高账面/市值比和小企业股票的收益模式（即，协方差），高账面/市值比的股票和市值低的股票的平均收益都较高。类似地，在控制规模和账面/市值比后，一只"表现"如债券（即低市场贝塔系数）的普通股和其他有高市场贝塔系数的普通股具有相同的预期收益。

本文结构如下：在第一部分，我们对基于规模和账面/市值比分类的股票投资组合的收益特征进行重新检验，同时特别注意这些收益的季节性特征，因为这对于我们下文中的分析特别重要。在第二部分，我们提出一个简单的、纯描述性的收益生成模型，它能够为我们在第三、四部分中的实证经验提供一些理论框架。该模型也能解释为什么法马和弗伦奇（Fama and French，1993）不能在因素定价模型错误的情况下拒绝它，以及为什么像罗尔（Roll，1994）提出的因素分析检验可能会错误地拒绝一种因素定价模型。在第三部分，我们对该模型的一个特征提供了证明：高账面/市值比的企业并不存在额外的因素风险。然后，在第四部分，我们对该描述性模型的另一个结论进行了一系列实证检验，证明了在控制了企业特征变量后，估计的因素负载不能解释收益。第五部分总结全文。

9.1 按规模和账面/市值比分类的投资组合的收益模式概要

在此部分，我们对基于规模和账面/市值比分类的投资组合的收益模式重新进行了检验。我们发现，规模效应和账面/市值比效应有着重要的相互影响和作用，同时，在1月和非1月时期，收益模式是不同的。如我们下文所讨论的，这两个观测在我们的研究设计中都起到了至关重要的作用。

在表9—1的子表A中，我们展示了1963年7月到1993年12月这段时间25个基于规模和账面/市值比分类的投资组合的平均超额收益。这些数据来自Fama and French（1993）。[①] 这些投资组合都是使用纽约证券交易所（NYSE）的分段点进行分类的。* 例如，既是小规模又是低账面/市值比的投资组合类是由纽约证券交易所、美国证券交易所（Amex）或纳斯达克（NASDAQ）里的所有具有如下两个特征的企业组成的：（1）纽约证券交易所企业中账面/市值比最低的1/5；（2）纽约证券交易所企业中市值最低的1/5。此处所有的收益都是每年度重新调整的、价值加权的投资组合，因此结论应当不受买入—卖出价波动的影响。[②]

子表A列示了投资组合间的收益差别。首先，我们可以看到，在此期间内，同规模大小的高账面/市值比的投资组合和低账面/市值比的投资组合的收益差距每月超过50个基点（那些超大的企业除外，它们股票间的收益差异每月仅为34个基点）。[③] 单看规模一栏，规模最小的投资组合的收益溢价每月会比规模最大的投资组合的收益高30～50个基点。一个例外是低账面/市值比的投资组合，在该类组合里，规模最小的投资组合与规模最大的投资组合的收益是一样的。

---

① 感谢尤金·法马和肯尼思·弗伦奇给我们提供了这些组合的收益。法马和弗伦奇（Fama and French，1993）的模型中对这些投资组合的构造有详细的描述。

* 每年，我们把纽约证券交易所（NYSE）企业的最低账面/市值比和最高账面/市值比找出来。最低账面/市值比和最高账面/市值比之间的区间等分为5部分。该区间的1/5、2/5、3/5、4/5处定义为账面/市值比分段点。其中，定义低账面/市值比一类为账面/市值比小于和等于1/5分段点的企业，高账面/市值比一类是账面/市值比大于4/5分段点的企业。同理，企业规模大小的分类类似。按照纽约证券交易所（NYSE）的企业特征确定好分段点后，美国证券交易所（AMEX）和纳斯达克（NASDAQ）的企业也按照该分段点进行归类。——译者注

② 需着重指出的是，相比于其他研究中得到的结论，这些溢价可能看上去很小，特别是根据规模分段时。这是由于使用了按价值加权和纽约证交所的分段点的缘故。

③ 有趣的是，我们也发现了，低账面/市值比和高账面/市值比股票的市场β系数均低于相应的低账面/市值比股票。

第9章 股票收益截面变动特征的实证

表 9—1   1963 年 7 月—1993 年 12 月按规模和账面/市值比分类的
投资组合的月平均超额收益（百分比）

我们首先在 $t-1$ 年末对所有在纽约证券交易所上市的企业按账面/市值比进行排名，同时亦按其在 t 年 6 月末的市值（ME）进行排名。依据这些排名，我们分别找到账面/市值比和市值的 5 个分段点。在 t 年 7 月初，基于以上分段点，我们把所有纽约证券交易所（NYSE）、美国证券交易所（AMEX）和纳斯达克（NASDAQ）股票分别归类于账面/市值比的五个组和规模的五个组。这些企业自 t 年 7 月初至 $t+1$ 年 6 月末都保留在这些组合中。

子表 A 给出了每个组合的按价值加权的月平均超额收益。该超额收益是每个组合的按价值加权的月平均收益减去从 CRSP RISKFREE 数据库里得到的 1 个月的国库券收益。子表 B 给出了仅是 1 月份的平均超额收益，而子表 C 则给出了排除 1 月份收益后的月平均超额收益。

	低		账面/市值比		高
		子表 A：所有月份			
小	0.371	0.748	0.848	0.961	1.131
	0.445	0.743	0.917	0.904	1.113
规模	0.468	0.743	0.734	0.867	1.051
	0.502	0.416	0.627	0.804	1.080
大	0.371	0.412	0.358	0.608	0.718
		子表 B：仅包括 1 月			
小	6.344	6.091	6.254	6.827	8.087
	3.141	4.456	4.522	4.914	6.474
规模	2.397	3.374	3.495	3.993	5.183
	1.416	1.955	2.460	3.515	5.111
大	0.481	1.224	1.205	2.663	4.043
		子表 C：不包括 1 月			
小	−0.162	0.271	0.365	0.438	0.510
	0.204	0.412	0.595	0.545	0.635
规模	0.296	0.509	0.488	0.588	0.682
	0.420	0.278	0.463	0.562	0.720
大	0.361	0.340	0.283	0.424	0.421

对这些收益的分析表明，在控制账面/市值比变量后，大企业的表现比小企业的表现更不规则。尽管收益与规模大小几乎有单调递减性，但在任何依据账面/市值比分类的投资组合中，小规模、中规模企业的收益在数值上没有明显差异。然而，最大规模的企业收益确实要明显低于其余企业，这在高账面/市值比一类的股票里最明显。[1] 这就暗示着，

---

    [1] 此处的结果和通常其他研究所得到的结论之间的差别缘于我们使用了按价值加权的投资组合。那些相当小的企业的确有更高的收益，但这些企业在投资组合中的权重并不高。

简单地用规模和账面/市值比对收益进行简单的线性回归或对数线性回归，将不能充分刻画观测到的股票收益特征。这种设定将会忽略重要的相互影响和作用。为此，我们将继续使用我们的方法对按各特征分类的投资组合的收益规律进行分析。

因为常见的 1 月份效应，故而人为地加入一个结构因素也是可能的。基于这个原因，我们分别分析了按规模和账面/市值比分类的投资组合在 1 月和非 1 月的收益。表 9—1 中的子表 B 和 C 分别给出了相同的 25 组法马和弗伦奇投资组合在 1 月和非 1 月的平均收益。该表显示，规模效应几乎是 1 月的特有现象，同时，账面/市值比效应多数在 1 月发生在那些较大规模的企业上，而中等规模和小规模、高账面/市值比的企业在 1 月表现出 3% 的收益溢价，排除 1 月后的 11 个月又有 3% 的溢价。对于最大规模企业，高账面/市值比的股票在 1 月份也比低账面/市值比的股票多 3% 的溢价；然而，对于这些股票，在另外 11 个月内，高账面/市值比和低账面/市值比的投资组合的收益差异却是负的。①

9.2 一个收益生成过程的模型

在这一部分，我们会提出三个模型来阐明我们的实证检验。它们应当仅被视作纯描述性的模型，同时也为描述我们在引言中所提及的对立观点提供了具体的理论框架。我们把第一个模型看作原假设，它与法马和弗伦奇（Fama and French, 1993, 1994, 1996）所描述的是一致的，即存在一个"困境"因素，这个"困境"因素有正的风险溢价。第二个模型给出了一个备择假设，即因素结构不随时间变化而变化，同时，预期收益取决于一个企业的因素负载，这些因素负载有随时间改变的收益溢价。在第三个模型中，企业特征而不是因素负载决定了预期收益。虽然现存的经验证据和这三个模型都是一致的，但在本文第三、四部分中，我们将提供仅支持第三个模型即企业特征决定预期收益的经验证据。

除了激发我们的研究设计以外，本部分给出的模型指出了过去对因素组合负载能否解释特征投资组合收益的研究中可能存在的一些陷阱。首先，我们认为，那些基于主成分或任何其他形式的因素分析作为基准

---

① 戴维斯（Davis, 1994）发现了相似的结论。我们也注意到，这同德邦特和泰勒（DeBondt and Thaler, 1985）的结论也是一致的，尽管他们观测的是历史收益，而不是账面/市值比。

的经验研究可能会错误地拒绝一个线性因素定价模型，该模型实际上给所有资产正确地定了价。这些主张不但适用于最近罗尔（Roll，1994）的研究（他证明了从主成分分析得到的因素负载不能解释账面/市值比效应），也同样适用于更早使用了因素分析法的套利定价模型。[①] 此外，我们认为，当一个因素定价模型实际上错误时，把基于特征分类的投资组合收益用作自变量的研究，可能无法拒绝该错误模型。这种设计研究包括 Fama and French（1993）；Chan，Chen，and Hsieh（1985）；Jagannathan and Wang（1996）以及 Chan and Chen（1991）。

9.2.1 模型1：原假设

原假设是收益按如下因素结构得到的：

$$\tilde{r}_{i,t} = E_{t-1}[\tilde{r}_{i,t}] + \sum_{j=1}^{J} \beta_{i,j} \tilde{f}_{j,t} + \theta_{i,t-1} \tilde{f}_{D,t} + \tilde{\varepsilon}_{i,t}$$
$$\varepsilon_{i,t} \sim N(0, \sigma_{ei}^2), f_{j,t} \sim N(0,1) \quad (1)$$

其中，$\beta_{i,j}$ 为企业 i 负载的不随时间变化的因素 j，$\tilde{f}_{j,t}$ 为 t 时期因素 j 的收益。另外，在此方程中，我们分离出企业 i 在 $t-1$ 时负载的困境因素 $\theta_{i,t-1}$（loading on distress factor）以及困境因素在 t 时期的收益 $\tilde{f}_{D,t}$。在此因素定价模型中，预期收益为所有负载因素的线性函数：

$$E_{t-1}[\tilde{r}_{i,t}] = r_{f,t} + \sum_{j=1}^{J} \beta_{i,j} \lambda_j + \theta_{i,t-1} \lambda_D \quad (2)$$

在这里，$\theta_{i,t-1}$ 即负载的困境因素，企业的账面/市值比是它的代表。与此困境因素对应的溢价 λ_D 为正，意味着负载该困境因素的企业（即，高账面/市值比的企业）获得正的风险溢价。

同样需要重视的是，当企业陷入或走出困境时，$\theta_{i,t-1}$ 是会随时间变化的。这就意味着，在一个实验当中，如果通过纯统计学的因素分析法来估计出该因素，然后判断高账面/市值比的投资组合的溢价是否能够被这些因素负载所解释，该实验可能会得到无效的结论：因为不存在持续负载这种困境因素的企业组，该因素不能通过纯统计学的因素分析法提取出来。[②]

---

① 这包括莱曼和莫迪斯特（Lehmann and Modest，1988）以及康纳和科拉杰西克（Connor and Korajczyk，1988）的文章，他们虽然都把按规模大小分类的投资组合用作自变量，但依照各企业的收益来构造因素变量。

② 然而，在主成分分析过程中，如果收益中包含困境企业的可变权重的投资组合，要正确地提取出困境因素还是有可能的。

9.2.2 模型2：时变因素风险溢价模型

我们的第一个备择假设是：在一个模型中没有单独的困境因素，同时其收益的协方差矩阵是稳定而不随时间变化的。这意味着因素的负载不会因为企业受困而改变。然而，受困企业通常对有负面消息的因素具有高负载，看上去就好像存在一个困境因素。比如，如果石油因素有一系列负面消息，那么一个由高账面/市值比企业构建的组合会有大量的石油股票。作为计量经济学者，此时，我们可能会认为石油因素的变动即困境因素的变动，而实际上，这是"陷入困境的或受困的"（distressed）石油因素的变动。

在模型2中，如果一个因素出现了一系列负面消息，那么该因素的风险溢价会增加。因为高账面/市值比值组合中的许多企业均负载着受困的因素，所以高账面/市值比组合就会有更高的期望收益。在上一段的例子中，高账面/市值比企业构建的组合能赚取一个高收益是因为它含有许多石油企业，这些石油企业负载着"陷入困境的或受困的"石油因素，现时这些"陷入困境的或受困的"石油因素有一个高的收益溢价。

更正规地，我们假设一个非时变的 J 因素模型来刻画收益的方差—协方差矩阵。

$$\tilde{r}_{i,t} = E_{t-1}[\tilde{r}_{i,t}] + \sum_{j=1}^{J} \beta_{i,j} \tilde{f}_{j,t} + \tilde{\varepsilon}_{i,t} \quad \varepsilon_{i,t} \sim N(0, \sigma_{ei}^2) \quad f_{j,t} \sim N(0,1)$$

上述方程与方程（1）的区别在于没有单独的困境因素 $\tilde{f}_D$。另外，我们假设模型中的 β 是常数、不随时间变化，这样协方差结构就不会随着企业陷入或走出困境而改变。与方程（1）类似，因素结构决定了期望收益：

$$E_{t-1}[\tilde{r}_{i,t}] = r_{f,t} + \sum_{j=1}^{J} \beta_{i,j} \lambda_{j,t-1} \tag{3}$$

与方程（2）不同，现在 J 因素的风险溢价随时间变化而变化。而且，溢价的改变与负载这个因素的企业历史表现负相关。这意味着，当一个因素经历负面消息时，那些负载此因素的企业会陷入困境（它们的账面/市值比增加），而它们的期望收益会增加。这是因为与此因素关联的收益溢价变量 λ 会增加。

最后，我们再次假设有一个可观测到的变量 $\theta_{i,t}$（即，账面/市值比)。θ 服从一个缓慢的均值回复过程,而且,θ 的随机干扰项与历史收益负相关(因此受困企业具有较高的 θ 值)。这意味着,各企业 θ 都应该与受困因素的负载相关。因此,如果一个组合是由具有较高 θ 值的企业构建的,那么股票很可能就对(现期的)高 λ 值的因素具有高负载。换句话说,高 θ 值组合成功地在时间上记录了该因素。这个特征与贾根纳塞恩和王(Jagannathan and Wang,1996)提出的理论很相似,他们认为,小企业有高收益是因为当市场的期望收益较高时,它们有较高的市场 β 值。[①]

9.2.3 模型3:一个基于特征的定价模型

与9.2.1小节和9.2.2小节中的因素定价模型相反,本小节中的基于特征的定价模型假定高账面/市值比股票实现的收益溢价与潜在的协方差结构没有关系。模型3也因此与默顿(Merton,1973)或者罗斯(Ross,1976)相异,因为模型3允许渐进套利。

在模型2中协方差是平稳的,而且可以由一个因素结构来描述。[②] 特别地,我们再次假定一个非时变的近似 J 因素结构来描述收益的方差—协方差矩阵。

$$\tilde{r}_{i,t} = E_{t-1}[\tilde{r}_{i,t}] + \sum_{j=1}^{J} \beta_{i,j} \tilde{f}_{j,t} + \tilde{\varepsilon}_{i,t} \quad \varepsilon_{i,t} \sim N(0, \sigma_{ei}^2) \quad f_{j,t} \sim N(0,1) \tag{4}$$

然而,与前两个模型不同,因素负载不能描述期望收益。相反,我们假定期望收益是一个可观测到的、缓慢变化的企业特征变量 $\tilde{\theta}_{i,t}$ 的函数:

$$E_{t-1}[\tilde{r}_{i,t}] = a + b_1 \cdot \tilde{\theta}_{i,t-1} \tag{5}$$

如模型2所示,θ 的随机扰动项与股票的收益是负相关的,但是 θ 并不与困境因素的负载直接相关。模型3的特别之处是:存在这样一类企业即负载着非本企业受困的受困因素,因而这类企业有一个低 θ 值和相应的低收益(反之亦然)。如果模型3成立,那么在石油因素的一连串消

---

① 然而,这里的设定略有不同:在贾根纳塞恩和王(Jagannathan and Wang,1996)的设定中,单个(小的)企业关于市场因素的负载是随时间变化的,而这里的模型中,因素负载是个常数,但是高账面/市值比企业的比例是随时间变化的。

② 尽管在本小节中我们关注账面/市值比和收益的相关性,但该分析方法亦可用于研究规模与收益的关系。

极冲击后,尽管有些股票的石油因素负载很高,但这些股票仍然不会陷入困境。但模型 2 认为这些企业应该可以赚取困境溢价,因为它们的表现和其他受困企业是一样的。相反,模型 3 则认为它们的收益不受影响:如果企业不受困,它们就赚不到溢价。另外还需要注意的是,模型 3 暗示了一个聪明的投资者可以赚取账面/市值比收益溢价,而不需要负载任何共同因素。

9.2.4　模型的实证分析

法马和弗伦奇(Fama and French,1993)的经验证据可以总结为两个经验事实:(1)高账面/市值比组合的股票间有很强的共变性;(2)高账面/市值比股票有高收益。从该证据容易得到的结论是:高账面/市值比这一类组合里的企业都负载了一个高溢价的因素;这实际上是前两个模型的直觉知识。

模型 2 和模型 3 论证了为什么这个结论不需由上述证据得来。的确,由于受困企业相互之间会共变,一般来说,这些企业一定会负载共同的因素,我们称之为受困因素。当然,当一个企业所负载的一个因素有强负面消息时,它将会陷入困境。利用贝叶斯推断的逻辑,一般来说,那些受困企业将会负载相同的因素。这就是为什么在模型 2 和模型 3 中,受困企业相互之间会有共变,不是因为出现了一个单独的困境因素。区分模型 1、2、3 的一个方法是:当一个组合的股票同时陷入困境时,它们的收益的标准差是否增加。如果因素结构稳定,并且没有单独的困境因素(即,当模型 1 错误时),那么收益的标准差应该近似为常数。

模型 3 还表明现有的经验观察结果未必就说明收益是由因素负载决定的。在基于特征的模型中,所有的受困企业都赚到了高收益,而不论它们是否负载着困境因素。一些企业陷入困境是由于个体独特的负面消息而并非由于一个共同因素的负面消息。模型 1 和模型 2 预测这样的企业没有溢价;然而,如果基于特征的模型正确,那么它们应该有溢价。

在检验中,如果检验组合的收益是由依特征分类的组合构建的(例如 Fama and French,1993),因素似乎会与一个高溢价有关:因为受困组合的企业一般来讲的确都负载该因素,所以受困因素负载和收益溢价之间会有很强的关联性。因此,为了区分模型,必须用一个检验方法区分出高账面/市值比,但行为表现并不像高账面/市值比的企业。这正是我们在第四部分所要检验的。

协方差矩阵的稳定性对于检验特征模型的定价非常重要。如果因素结构相当稳定，我们可以用历史的因素负载来预测未来的因素负载，并且决定是特征还是因素负载决定收益。然而，如果协方差矩阵不稳定，就很难决定企业在未来会怎样，并因此发现，比如，价值型企业的行为很像成长型企业。

9.3 具有类似特征的股票的共变

9.2.3小节中的特征定价模型与我们在9.2.1小节中提出的原假设在两个重要的方面有不同。首先，特征模型没有"困境"因素；高账面/市值比股票产生共同的变化是由于负载共同因素的股票很可能同时陷入困境。其次，模型指出了收益是由企业特征，比如账面/市值比和规模等决定，而不是由因素负载决定。

模型的第一个方面之所以重要，是因为价值型与成长型的股票之间的共同变化已被理解为困境因素存在的一种证据。这是基于下列逻辑：如果你随机选择1 000只股票，并且每一只都买进1美元，同时再随机选择1 000只股票并每且一只都卖出1美元，那么得到的组合将会有效地过滤掉许多因素风险的来源，你应该得到一个具有非常小的收益方差的组合。假设单个股票残差的标准误差是每个月大约为10%，那么这个随机组合的收益的标准误差应该为每个月0.25%。但是，HML组合每个月的标准误差为2.5%，这表明这个组合承受着相当大的因素风险。法马和弗伦奇（Fama and French，1993）用下面的方式来解释这个证据："为了模仿与规模和账面/市值比有关的风险因素而构建的组合捕捉到收益有很强的共变性，而不论时间序列回归中的其他是什么。这表明规模和账面/市值比真的代表了股票收益中共同风险因素的敏感性。"

相反，特征模型假设这种共同变化的产生是由于HML组合包含的"类似"的企业有类似的因素负载，而不论它们是否陷入困境。换句话说，虽然收益生成模型被假定是相当稳定的，但是有相似因素负载的企业可能会在同一时间陷入困境。

9.3.1 投资组合收益

在本小节，我们将检验股票的风险特征在考察期内是如何变化的。

这些特征导致股票被纳入各个特征组合中。如果模型 1 对数据有良好的描述，那么一般来看，高账面/市值比组合的股票的协方差要比其他组合的高。然而，在模型 2 和模型 3 的设定中，协方差是个常数。

法马和弗伦奇（Fama and French，1993）一样，我们基于三个账面/市值比分类（高、中、低）和两个规模类别（小、大）的交叉构建了 6 个组合。这些组合分别为低小（LS）、中小（MS）、高小（HS）、低大（LB）、中大（MB）、高大（HB）。另外我们构建两个零投资组合（zero-investment portfolios）：HML（高减低）和 SMB（小减大），这两个组合是法马和弗伦奇（Fama and French，1993）用来捕捉账面/市值比和规模效应的。[①] 然后，对组合成立日前 5 年和成立日后 5 年的每一年，我们计算出组合的成立前（preformation）和成立后（postformation）的收益标准差。这些组合为假想的组合，其权重为常数，等于上述 8 个组合在成立时的权重。[②]

在分析成立之前和之后的标准差前，需要考察成立之前 HML 组合所包含股票的平均收益。把 1963 年 6 月—1993 年 6 月作为成立期集合，我们计算了所对应的成立前平均收益，见图 9—1。该图表明 HML 组合的成立前收益显著为负。这支持了法马和弗伦奇的观点：历史上高账面/市值比的企业是陷入困境的企业，低账面/市值比的企业是之前运行良好的企业。图 9—1 反映的另一个重要特征是：成立之前，每年 1 月份的平均收益相对较高。成立之前，每年 1 月份的平均收益为正，而其他月份的平均收益为负。同时也要注意，在成立当年的 1 月份平均收益有一个大的"阶跃"。这是由于正如之前所描述的，证券投资组合是基于上年末账面/市值比形成的。

为了确定成立之前和之后协方差是如何变化的，我们先要分析 8 个投资组合成立之前和之后的收益标准差。分析的一个难点是：HML 投资组合中的相当一部分企业在投资组合形成之前或之后的五年里并没有交易。例如，约一半的小型成长股（L/S 投资组合）在纳入投资组合前的五年里在证券价格研究中心（CRSP）或标准普尔企业会计数据库

---

① SMB 组合收益的定义是：$r_{SMB}=(r_{HS}+r_{MS}+r_{LS}-r_{HB}-r_{MB}-r_{LB})/3$，HML 组合的定义是：$r_{HML}=(r_{HB}+r_{HS}-r_{LB}-r_{LS})/2$。同时，价值加权的组合 Mkt 也构建起来，而且它包含了所有组合中的股票，加上由于账面/市值比为负而被剔除的企业。

② 注意，这给了我们一个与标准 HML 组合略有不同的、从 t 年 7 月到 $t+1$ 年 6 月的收益；这里，我们保持权重不变，所以我们不能产生购买并持有的收益。在文章的其他地方，我们计算购买并持有的真实收益。

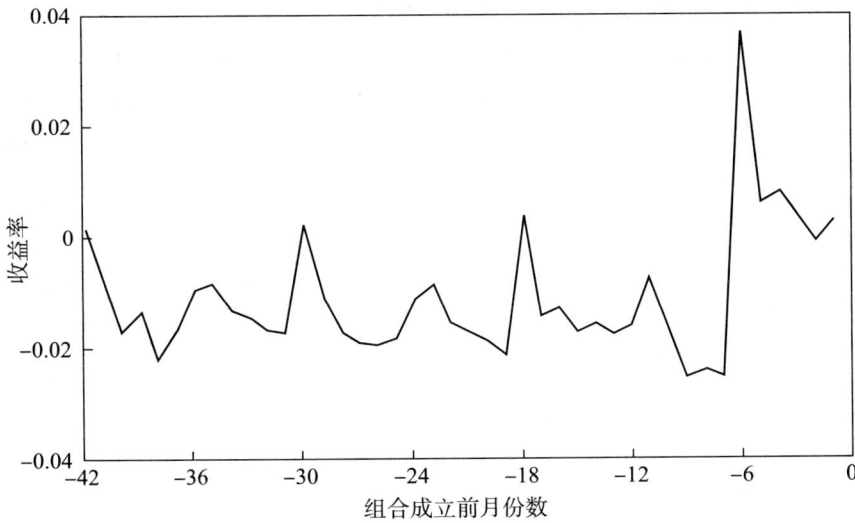

图 9—1 HML 投资组合成立前的收益

首先，如附录中所说的，我们根据 $t-1$ 年年底的账面/市值比以及 t 年 6 月底的市值规模（ME）对纽约证券交易所（NYSE）上市的企业进行排序。基于排序结果，我们找到账面/市值比的 30% 和 70% 分段点以及市值规模的 50% 分段点。然后，基于这些分段点，我们将自 t 年 7 月开始的所有纽约证券交易所/美国证券交易所（NYSE/AMEX）和纳斯达克（NASDAQ）股票划分为三个账面/市值比组（高、中、低）和两个市值规模组（小和大）。然后，HML 组合的收益定义为 $r_{HML}=(r_{HB}+r_{HS}-r_{LB}-r_{LS})/2$。如图所示，我们计算了组合成立前的 42 个月每月的 HML 组合收益。对 1963 年 6 月至 1993 年 6 月期间的每一成立期都这么做，最后成立前收益被平均，以得到图中标出的收益。计算 HB、HS、LB 和 LS 等组合的成立前收益时，每一个的组合权重均是 t 年 6 月最后一个交易日相应企业的市值除以相应组合包含的所有企业的市值之和。

(COMPUSTAT) 中没有数据。同样的，约 25% 的小型价值股（H/S）在纳入投资组合后的五年里没有相关数据。为了得到表 9—2，我们增加了一个要求：对于后顾分析，分析的企业必须有 $(t-5)$ 年 6 月份的 CRSP 数据；对于前瞻分析，必须有 $(t+5)$ 年 6 月份的数据（其中 t 年 6 月为组合成立日）。若没有这个限制，$(t+5)$ 年、$(t-5)$ 年投资组合中所包含的企业将比 t 年投资组合中所包含的企业要少得多。①

---

① 我们也生成了没有该要求的表，结果没有显著变化。

表 9—2 给出了标准差数据。* 首先，观察子表 A 最左边的一列，"5"表示在该年股票组合的构建中，使用了未来第 5 年所确定的组合权重来计算组合收益率。该列数据为投资组合的超额收益标准差，且该投资组合是基于未来五年的特征形成的。例如，1963 年 7 月到 1964 年 6 月的投资组合构成是基于 1968 年 6 月底的企业规模和 1967 年 12 月底的账面/市值比确定的。

表 9—2   成立前组合月收益的标准差

该表呈现了规模和账面/市值比集合的组合成立前的特征。6 个投资组合是基于账面/市值比（B/M）（高、中和低）和规模（小和大）的无条件分类形成的。Mkt、SMB、HML 组合也被构建（法马和弗伦奇（Fama and French, 1993）利用账面/市值比的 30%和 70%分段点以及规模的 50%分段点构建）。对于该表，我们也增加了额外的条件：为了进行（前瞻/后顾）分析，仅选取那些 CRSP 能够提供成立日（前/后）五年有效收益的企业。基于 $t-1$ 年年底的账面/市值比和 t 年 6 月的市值，成立年份为零的收益是由从 t 年 7 月到 $t+1$ 年 6 月的收益构成，价值加权（value-weighted）组合在 t 年 6 月底逐年更新。这些收益与法马和弗伦奇（Fama and French, 1993）得到的结果近似相等。对于成立年份（FY）非 0 的投资组合的收益序列同样包括从 t 年 7 月到 $t+1$ 年 6 月的收益，但是现在投资组合是基于 $t-1+FY$ 年底的账面/市值比和 $t+FY$ 年 6 月的市场价值确定的分段点形成的。计算过程中，投资组合的权重根据 $t+FY$ 年 6 月的市场价值得到。

子表 A 给出了每一投资组合的序列标准差。后顾投资组合有 6 个滞后期，收益时间序列从 1963 年 7 月到 1989 年 6 月；而前瞻投资组合是从 1968 年 7 月至 1993 年 12 月。子表 B 同样给出了排除所有时间序列中 1 月份收益后的组合的时间序列标准差。

规模与 B/M 组合	组合成立年										
	后顾						前瞻				
	5	4	3	2	1	0	0	−1	−2	−3	−4	−5
子表 A：标准差											
L/S	7.01	6.94	6.95	6.97	6.74	6.61	6.56	6.60	6.70	6.62	6.57	6.41

---

* 后顾分析是指，从 t 年往后 i 年看，故此处使用符号 $t-i$（$i=1, 2, 3, 4, 5$）。同时，因为后顾分析在计算 $t=i$ 年的股票组合的收益率时，利用了 t 年的投资权重。即对 $t-i$ 年的组合来说，其利用了 i 年后的信息。为强调该特征，作者在表 9—2 中使用 i，而不是 $-i$。前瞻分析是指从 t 年往前 i 年看，故此处使用符号 $t+i$（$i=1, 2, 3, 4, 5$）。同时，因为前瞻分析在计算 $t+i$ 年股票组合的收益率时，利用了 t 年的投资权重。即对 $t+i$ 年的组合来说，其利用了 i 年前的信息。为强调该特征，作者在表 9—2 中使用 $-i$，而不是 i。——译者注

续前表

规模与 B/M 组合	组合成立年											
	后顾						前瞻					
	5	4	3	2	1	0	0	−1	−2	−3	−4	−5
M/S	5.73	5.77	5.74	5.67	5.61	5.55	5.25	5.36	5.46	5.45	5.43	5.42
H/S	5.74	5.73	5.69	5.70	5.97	5.67	5.25	5.18	5.38	5.48	5.47	5.40
L/B	4.89	4.92	4.84	4.88	4.91	4.82	4.61	4.66	4.79	4.83	4.81	4.79
M/B	4.42	4.40	4.47	4.49	4.47	4.37	4.16	4.27	4.37	4.46	4.48	4.42
H/B	4.61	4.68	4.59	4.58	4.77	4.55	4.23	4.23	4.27	4.34	4.37	4.46
Mkt	5.13	5.13	5.09	5.07	5.05	4.96	4.74	4.80	4.92	4.94	4.93	4.88
SMB	3.04	3.02	2.96	2.88	2.78	2.80	2.63	2.68	2.76	2.79	2.78	2.75
HML	2.20	2.29	2.53	2.88	3.30	2.55	2.51	2.28	2.12	2.13	2.20	2.21
子表 B：标准差——不包含 1 月												
L/S	6.63	6.54	6.60	6.66	6.59	6.31	6.22	6.15	6.20	6.17	6.06	5.90
M/S	5.32	5.37	5.33	5.28	5.27	5.16	4.84	4.92	5.03	5.00	5.01	5.01
H/S	5.30	5.26	5.13	5.09	5.21	5.11	4.63	4.67	4.91	5.03	5.07	4.99
L/B	4.83	4.85	4.76	4.77	4.82	4.73	4.46	4.48	4.58	4.62	4.62	4.61
M/B	4.33	4.30	4.34	4.37	4.27	4.21	3.90	4.08	4.17	4.27	4.25	4.21
H/B	4.42	4.45	4.33	4.27	4.32	4.27	3.88	3.87	4.05	4.14	4.23	4.27
Mkt	4.89	4.87	4.82	4.79	4.76	4.68	4.40	4.45	4.59	4.62	4.62	4.57
SMB	2.74	2.71	2.66	2.60	2.62	2.56	2.39	2.41	2.47	2.54	2.54	2.52
HML	2.20	2.31	2.46	2.76	2.92	2.45	2.38	2.24	2.09	2.09	2.15	2.18

由于数据有限，对于后顾投资组合，我们只研究 1963 年 7 月至 1989 年 6 月这一阶段；若要将研究扩展到 1989 年 7 月，则需要 1994 年 6 月的数据，而目前无法获取该数据。对于表中右侧的前瞻分析，我们采用的样本为 1968 年 7 月至 1993 年 12 月，因为 1962 年 12 月之前的账面/市值比无法得到。我们共计算了 54 个序列（6 期滞后乘以 9 个投资组合）的标准差，记入表 9—2 的子表 A 中。可以看出，除了 HML，所有序列滞后 0±5 期和滞后 0 期的标准差差别接近于 0；而 HML 的标准差从 2.2 增长到 2.5。* 然而，如图 9—1 所示，HML 投资组合的标准差的增加，部分是由于 1 月份呈现出显著的季节性特征。如表 9—2

---

* 确切值应为 2.55。——译者注

的子表 B，我们从样本中排除了 1 月份，进行了同样的标准差计算。当从成立年滞后 5 年到滞后 0 期时，标准差仍然存在轻微的增加（当从成立年滞后－5 到 0 时，标准差减少），但仅增加了约 10%。①

综上，高账面/市值比股票有强的共变性，并非由于其负载着一个独立的困境因素。若是如此，当我们考察企业陷入困境之前或之后时，共变性应该消失。然而，我们发现，这些企业在受困/成长的投资组合之前和之后的五年里，共变性仍然存在。这表明，对于高账面/市值比和低账面/市值比企业来说，共变性一直存在，并非在受困/成长阶段负载一个独立困境因素的结果。②

9.4 因素模型的横截面检验

若因素定价模型正确，那么具有低账面/市值比因素负载的高账面/市值比股票应当有低的平均收益。相反，如果价格是基于特征而非因素负载，那么无论何种因素负载，高账面/市值比股票应当有高的期望收益。本部分对两个因素定价模型（模型 1 和 2）和备择的基于特征的模型（模型 3）进行了检验。

正如在后面将讨论的，在这些模型中进行识别，需要因素负载和特征呈现低相关关系的投资组合（例如，高的账面/市值比但是低 HML 因素负载）。为了构建这样的投资组合，我们首先形成基于特征（规模和账面/市值比）的投资组合，接着根据企业在组合成立前的因素负载将这些投资组合划分为子投资组合。在这一点上，我们的分析与法马和弗伦奇（Fama and French, 1992）以及贾格迪什（Jegadeesh, 1992）

---

① 我们注意到，HML 投资组合的收益在－1 和－2 年呈现高的标准差。记住，这些投资组合是基于事后信息形成的：在成立年 1 和 2，它们将（平均）获得高的正收益（对于 H 投资组合）或负收益（对于 L 投资组合）。或许，这是高标准差的部分原因。注意成立年份为－1 和－2 的投资组合没有此效应，它们是基于事前信息形成的。

② 我们认为收益标准差变化非常小可能是因为 6 个投资组合的账面/市值比变化很小。然而，计算表中 6 个投资组合的平均账面/市值比，发现其变化非常明显（如需要这些数据可以提供）。另外，我们将表 9—2 中子表 A 的收益序列对三个法马和弗伦奇提出的因素模拟组合进行了回归。对于 HML 投资组合，当时滞从 0 移动到 5 或－5 的过程中，β_{HML} 系数显著减少。当成立期年份为 5 时，系数为 0.46，当成立期年份为－5 时，系数为 0.36；而时滞为 0 时，系数接近于 1。这表明超前或滞后 HML 投资组合收益的高标准差并非归因于当前价值/成长企业的联动。

的做法非常相似,他们构建了规模和 β 系数独立变化的投资组合。像这些文章一样,本文将进一步分析这些子投资组合的收益是否会依照模型 1 和 2 所预测的,随因素负载的改变而改变。

9.4.1 检验投资组合的构建

正如附录中描述的,我们首先根据 $t-1$ 年末的账面/市值比和 t 年 6 月底的市值规模(ME)对所有的 NYSE 企业排序。基于排序,形成账面/市值比和市值规模的 33.3% 和 66.7% 分段点。依据这些分段点,我们将所有纽约证券交易所/美国证券交易所(NYSE/AMEX)和纳斯达克(NASDAQ)股票从 t 年 7 月开始,划分为 3 个账面/市值比组和 3 个规模组。从 t 年 7 月到 $t+1$ 年 6 月,企业将持续被包含在相应的投资组合中。

利用事前观察的信息,基于股票预期未来的 HML 因素负载,这 9 个投资组合中的股票都将被划分到更小的投资组合中。这样产生的投资组合里的股票,有近乎相同的规模和账面/市值比,但是有不同的 HML 因素负载。这些投资组合可以用来检验平均收益在多大程度上由因素负载而非特征产生。

我们将股票成立前的因素负载作为其未来预期的因素负载。为了得到估计量,我们将每一只股票的收益对三个成立前的因素投资组合(将在下段中进行描述)进行回归;样本区间为相对于投资组合成立期前 42 个月到前 7 个月。我们没有使用包括前 6 到 0 月份的观察值去估计因素负载,是因为这些因素投资组合是基于 6 个月前的股票价格形成的。这在图 9—1 中可以看出。当账面/市值比计算出来后,直到 $t=-6$,收益显著为负。然而,投资组合收益在 $t=-6$ 至 $t=-1$ 期间都比较大。收益模式中的这种"阶梯函数"会对我们的因素负载的估计增加干扰,因而将其从估计期间中剔除。

用来计算成立前的因素负载的因素投资组合与法马和弗伦奇(Fama and French)的因素投资组合有一个重要的区别。法马和弗伦奇的因素投资组合权重每年均随企业规模和账面/市值比的改变而改变。我们所做的是取法马和弗伦奇因素投资组合在 t 年 6 月底的投资组合权重,如前面所描述的,将这些不变权重应用到 -42 到 -7 期的收益中,计算不变权重因素投资组合的收益。基于协方差矩阵稳定的假设,通过该方式构建因素投资组合得到的因素负载,应当能够更好地预测负载 HML 因素的企业的未来协方差。上一节中有证据表明,高账面/市值比投资组合中包含的股票之间的协方差是相对稳定的。①

基于预先估计得到的因素负载，我们将 9 组依账面/市值比和规模分类的投资组合中的每一组等分成 5 组价值加权的投资组合。可惜，以这种方式得到的 45 个投资组合中，有几个在 1963—1973 年期间仅有一只股票。所以，必须将我们的时间序列检验限定在 1973—1993 年这段期间，这样每个投资组合内的股票基本都在 10 只以上。

9.4.2 实证结果

表 9—3 显示的是前一部分描述的 45 个投资组合的平均超额收益。表中的第 1 列到第 5 列的投资组合是按投资组合中 HML 因素事前预期负载（ex-ante loading）从低到高排列的。这个表揭示了因素负载和较小规模股票投资组合的收益之间没有明显的关系，但是在因素负载和较大规模股票投资组合收益之间有相对的弱正相关关系；不过第 1 列至第 5 列因素负载对应的投资组合的平均收益之间差别仅有每月 0.07%。而且，弱正相关关系的产生很有可能是因为在对因素负载 HML 进行分类排序时，我们是在一个相对宽泛的范围内去挑选相异的账面/市值比的。

我们在表 9—4 中去检验这种可能性。表 9—4 提供了 45 个投资组合中每个的平均账面/市值比和规模。每个投资组合的平均账面/市值比和规模都是在每个成立日，相对于纽约证券交易所（NYSE）企业的中值计算出来的。我们会发现，对不同的因素负载投资组合，在任意一个账面/市值比和规模的分组中，平均账面/市值比和 HML 因素负载都有一些共变性。确实，对于大企业规模（SZ=3）的投资组合，该模式表现得最强，同时，我们也看到此情况下因素负载和收益之间有最强的正相关关系。② 这种因素/特征的共变性会降低我们拒绝因素模型（模型 1）而支持特征模型（模型 3）的检验功效；不过，我们在随后会看到这个检验仍有足够的功效去拒绝原假设。

---

① 为进一步证明这一点，我们还基于股票与 HML 收益的协方差对其进行分类并构造投资组合。通过这种方式形成的投资组合的成立后因素负载的离差（dispersion）明显比用上述方式构建的投资组合的事后因素负载的离差小。

② 在因素负载投资组合中，规模均值大体上是不变的。仅有的规律是：更多极端因素负载的组合（投资组合 1 和 5）稍微小一些。可能是因为小规模股票有更高的收益标准差，因此这些企业计算的 β 比大规模企业有可能极端一些。

表 9—3　按规模、账面/市值比和预测的 HML 因素负载构造的 45 个组合的月平均超额收益（百分比）

我们首先将纽约证券交易所上市的企业按它们在 $t-1$ 年年底的账面/市值比和 t 年 6 月底的市值规模进行排序。基于对账面/市值比和市值规模的排序，我们分别形成 33.3% 和 66.7% 两个分段点。从 t 年 6 月开始，我们把所有纽约证券交易所/美国证券交易所和纳斯达克上市的股票归类于上述分段点所划分的 3 个账面/市值比组和 3 个规模组中。从 t 年的 7 月开始直到 $t+1$ 年的 6 月，这些组合中的企业保持不变。这 9 个组合中的每个企业又被进一步分配到 5 个次级组合中。这 5 个次级组合分类是基于它们在下面回归中得到的 β_{HML} 系数：

$$\widetilde{R}_{i,j,k} - R_f = \alpha + \beta_{HML} \cdot \widetilde{R}_{HML} + \beta_{SMB} \cdot \widetilde{R}_{SMB} + \beta_{Mkt} \cdot (\widetilde{R}_{Mkt} - R_f)$$

回归是在成立日（t 年的 6 月）之前 6~42 个月的时间段内进行的，这在前面进行了描述。对于 1973 年 6 月至 1993 年 12 月间的每个月，我们均计算了投资组合中每一个的价值加权收益值。成立过程意味着组合买入并持有，并且在每年 6 月底进行调整。

这个表列示了在 1973 年 6 月至 1993 年 12 月基于规模（SZ）、账面/市值比（B/M）和估计的 HML 组合的因素负载构造的 45 个投资组合的超额收益均值。五列中的每一列都提供了投资组合的月超额收益，组合的股票是按照对 HML 因素负载五等分（第 1 列是最低的，第 5 列是最高的）的结果排序。每个组合中的股票按企业规模和账面/市值比排序，在表中列为 9 行。举例来说，表左上端的数值（0.202）就是那些规模最小、账面/市值比最低并且估计的 HML 因素负载最低的股票按价值加权组合的平均超额收益。

特征组合		因素负载投资组合				
B/M	SZ	1	2	3	4	5
1	1	0.202	0.833	0.902	0.731	0.504
1	2	0.711	0.607	0.776	0.872	0.710
1	3	0.148	0.287	0.396	0.400	0.830
2	1	1.036	0.964	1.014	0.162	0.862
2	2	0.847	0.957	0.997	0.873	0.724
2	3	0.645	0.497	0.615	0.572	0.718
3	1	1.211	1.112	1.174	1.265	0.994
3	2	1.122	1.166	1.168	1.080	0.955
3	3	0.736	0.933	0.571	0.843	0.961
均值		0.740	0.817	0.846	0.866	0.806

表 9—4 受测组合中的平均账面/市值比和规模

投资组合是基于规模（SZ），账面/市值比（B/M）以及成立前的 HML 因素负载分类的。在每一年的成立日，每个组合的平均规模和账面/市值比都会使用如下的价值加权公式计算：

$$\overline{SZ}_t = \frac{1}{\sum_i ME_{i,t}} \sum_i ME_{i,t}^2, \quad \overline{BM}_t = \frac{1}{\sum_i ME_{i,t}} \sum_i BM_{i,t} \cdot ME_{i,t}$$

然后，在每一时点，$\overline{SZ}_t$ 和 $\overline{BM}_t$ 都除以此刻纽约证券交易所的企业市值规模（ME）的中值和账面/市值比的中值。这两个时间序列随后被平均，得到的数值列示在下表中。

特征组合		因素负载组合				
B/M	SZ	1	2	3	4	5
子表 A：账面/市值比相对于中值						
1	1	0.415	0.466	0.492	0.501	0.440
1	2	0.404	0.453	0.487	0.501	0.505
1	3	0.360	0.399	0.457	0.507	0.542
2	1	0.980	0.991	1.013	1.017	1.011
2	2	0.963	0.996	1.003	1.013	1.021
2	3	0.949	0.975	0.998	1.027	1.025
3	1	1.908	1.841	1.876	1.941	2.242
3	2	1.624	1.725	1.708	1.732	1.890
3	3	1.568	1.563	1.554	1.638	1.747
均值		1.019	1.045	1.065	1.097	1.158
子表 B：规模相对于中值						
1	1	0.239	0.262	0.255	0.251	0.212
1	2	1.178	1.235	1.280	1.239	1.240
1	3	34.716	42.269	55.325	30.111	24.842
2	1	0.226	0.248	0.265	0.264	0.239
2	2	1.194	1.171	1.197	1.205	1.204
2	3	23.951	41.405	27.428	25.675	21.163
3	1	0.173	0.207	0.227	0.237	0.205
3	2	1.146	1.187	1.215	1.217	1.191
3	3	10.615	27.661	21.152	11.626	15.288
均值		8.160	12.849	12.038	7.981	7.287

在负载和收益间缺少联系反映了一个事实，那就是成立前的 β 值对未来（或成立后）的负载是一个弱的预测。不过，在表 9—5 中所显示

的结果表明我们的方法在成立后的因素负载上得到了很大的离差（dispersion）。表 9—5 显示的是 45 个投资组合中的每一个成立后的超额收益对截距和零投资组合 Mkt、HML 及 SMB 的收益回归的结果。

表 9—5　根据特征和预测的 HML 因素负载分类的投资组合

投资组合是基于规模（SZ）、账面/市值比（B/M）以及成立前的 HML 因素负载进行分类构造的。这个表显示了这些组合的收益对市场超额收益、SMB 和 HML 组合收益的时间序列回归的估计系数和 t 统计量，回归式如下：

$$\widetilde{R}_{ss,bm,fl} - R_f = \alpha + \beta_{HML} \cdot \widetilde{R}_{HML} + \beta_{SMB} \cdot \widetilde{R}_{SMB} + \beta_{Mkt} \cdot (\widetilde{R}_{Mkt} - R_f)$$

特征组合		因素负载投资组合					因素负载投资组合				
B/M	SZ	1	2	3	4	5	1	2	3	4	5
		$\hat{\alpha}$					$t(\hat{\alpha})$				
1	1	−0.58	0.14	0.06	−0.17	−0.67	−3.97	1.04	0.48	−1.34	−4.00
1	2	0.16	0.05	0.13	0.16	−0.08	0.94	0.47	1.12	1.33	−0.63
1	3	0.02	0.05	0.06	−0.06	0.28	0.15	0.42	0.50	−0.55	2.26
2	1	0.13	0.08	0.06	0.21	−0.31	1.05	0.87	0.73	2.13	−2.31
2	2	0.03	0.20	0.22	0.01	−0.31	0.24	1.71	2.05	0.14	−2.66
2	3	0.19	−0.08	0.05	−0.10	−0.07	1.13	−0.50	0.35	−0.67	−0.46
3	1	0.08	0.05	0.10	0.01	−0.47	0.70	0.55	1.06	0.10	−3.27
3	2	0.17	0.22	0.25	0.05	−0.31	1.25	1.67	1.94	0.36	−1.63
3	3	−0.01	0.16	−0.23	−0.12	−0.18	−0.04	1.13	−1.45	−0.74	−0.90
均值		0.02	0.10	0.08	0.00	−0.24	0.16	0.82	0.75	0.08	−1.51
		$\hat{\beta}_{HML}$					$t(\hat{\beta}_{HML})$				
1	1	−0.40	−0.38	−0.11	−0.04	0.25	−7.09	−7.09	−2.32	−0.84	3.91
1	2	−0.60	−0.32	−0.18	−0.05	0.05	−9.13	−7.15	−3.98	−1.02	1.01
1	3	−0.70	−0.44	−0.22	−0.11	−0.02	−12.85	−9.85	−4.72	−2.48	−0.44
2	1	0.02	0.19	0.32	0.35	0.48	0.39	5.51	9.69	9.06	9.13
2	2	0.17	0.23	0.28	0.36	0.49	3.23	5.14	6.59	8.67	10.98
2	3	0.03	0.24	0.22	0.31	0.49	0.50	3.90	4.03	5.53	8.40
3	1	0.42	0.50	0.57	0.75	0.91	9.74	13.00	16.26	19.74	16.11
3	2	0.40	0.58	0.56	0.72	0.82	7.32	1−1.40	11.07	13.91	11.26
3	3	0.45	0.56	0.67	0.81	1.00	6.69	10.03	10.91	12.81	12.90
均值		−0.02	0.13	0.23	0.34	0.50	−0.13	2.77	5.28	7.26	8.14

续前表

特征组合		因素负载投资组合					因素负载投资组合				
B/M	SZ	1	2	3	4	5	1	2	3	4	5
		$\hat{\beta}_{SMB}$					$t(\hat{\beta}_{SMB})$				
1	1	1.23	1.07	1.07	1.18	1.39	23.27	21.29	24.34	26.33	22.97
1	2	0.81	0.55	0.62	0.55	0.61	13.06	13.04	14.93	12.78	14.18
1	3	−0.14	−0.17	−0.16	−0.08	0.04	−2.84	−4.16	−3.59	−1.88	0.83
2	1	1.19	0.95	0.94	0.89	1.15	27.05	29.40	30.56	24.74	23.63
2	2	0.54	0.45	0.44	0.47	0.72	10.99	10.87	11.09	12.10	17.112
2	3	−0.22	−0.25	−0.15	−0.10	−0.07	−3.63	−4.39	−3.02	−1.96	−1.21
3	1	1.24	1.01	0.95	1.04	1.25	30.74	27.73	28.97	29.27	23.67
3	2	0.61	0.43	0.37	0.43	0.69	12.08	9.09	7.86	8.80	10.17
3	3	−0.06	−0.15	−0.17	0.05	0.10	−1.02	−2.90	−3.04	0.82	1.35
均值		0.58	0.43	0.43	0.49	0.65	12.19	11.11	12.01	12.33	12.52
		$\hat{\beta}_{Mkt}$									
1	1	1.12	1.03	1.07	1.04	1.15	33.32	32.30	38.04	36.38	29.66
1	2	1.14	1.03	1.03	1.07	1.08	28.90	38.38	38.90	39.26	39.07
1	3	0.99	0.98	0.95	1.04	1.04	30.72	36.77	33.61	38.47	36.39
2	1	0.99	0.93	0.95	0.95	1.08	35.45	45.11	48.49	41.54	34.84
2	2	1.06	0.96	0.94	1.01	1.06	33.42	35.91	37.40	41.19	39.56
2	3	0.97	1.02	0.96	1.04	1.07	25.56	28.22	29.97	31.22	30.42
3	1	1.01	0.92	0.94	1.05	1.17	39.10	39.96	45.23	46.16	34.94
3	2	1.05	0.99	0.98	1.02	1.20	32.59	32.78	32.32	32.82	27.74
3	3	1.02	1.03	0.99	1.03	1.15	25.81	31.25	26.97	27.20	24.96
均值		1.04	0.99	0.98	1.03	1.11	31.65	35.63	36.77	37.14	33.06

我们知道，无条件下，账面/市值比和 HML 因素负载应该是高度相关的。从表 9—5 中我们可以看到该事实：不同的账面/市值比组中的

HML 系数是明显不同的。但更重要的是：在一个账面/市值比/规模组中，成立前的 HML 因素负载的排序会产生一个具有单调性的成立后的因素负载。而且，在低因素负载和高因素负载投资组合间出现了非常显著的差异，这些我们随后将会证实。①

我们现在特别感兴趣的是估计出的截距。模型 1 和模型 2 预测回归的截距项（α）应该是 0，而模型 3 则指出投资组合的收益均值应仅依赖于特征（规模和账面/市值比），并应独立于因素负载的变化。因此，模型 3 也预测低因素负载投资组合的 α 应该为正，高因素负载投资组合的 α 应该为负。表 9—5 中的 α 值表明情况基本上是这样。9 个高负载投资组合中仅有 1 个（见第 5 列）正的 α，低负载投资组合中仅有 2 个负的 α（见第 1 列）。此外，因素负载投资组合 1 的平均 α 是每月 0.02%，而因素负载投资组合 5 则是每月 －0.24%。差异是每个月 －0.26%。回顾表 9—3，这些投资组合的平均收益差别在每月仅仅是 0.07%。

在表 9—6 中，我们正式检验了与高因素负载和低因素负载相关的 α 彼此是否有显著差别。为此，我们构造了如下投资组合：对于 9 个按账面/市值比和规模分类的组合，我们在因素负载投资组合 1 与 2 中均投资 1 美元，同时在因素负载投资组合 4 与 5 中均卖出 1 美元。计算出这些投资组合的收益。我们把这些新构造的组合称为"特征平衡的"（characteristic-balanced）投资组合，因为投资组合中的多头和空头都有近乎相等的账面/市值比和规模。截距项的 t 统计量以及 9 个投资组合中每一个组合的 3 个回归系数都显示在表中。在表中最后一行，我们把 9 个零成本投资组合合并成一个零成本特征平衡的投资组合。② 我们列出了该投资组合的系数和 t 统计量。

基于特征的模型预测这些零成本特征平衡投资组合的平均收益应该与 0 差异不大。此外，基于特征的模型预测这些零成本投资组合收益对法马和弗伦奇的因素投资组合的回归中，估计出的截距项应该是正的。相反，在模型 1 和模型 2 中描述的因素定价模型预测平均收益不为 0，但截距项应该为 0。

---

① 我们注意到成立前的因素负载的离差（dispersion）非常大。这是因为成立前的因素负载离差（dispersion）是由测量误差效应和因素负载的实际变异所导致的。成立后的离差则几乎完全来自因素负载的真实变异。

② 我们也通过在投资组合 1 投资 1 美元，同时在投资组合 5 卖掉 1 美元来构建投资组合，得到的结论非常类似。

表 9—6 中的结果揭示，除了 1 个以外，9 个特征平衡投资组合收益对因素收益的时间序列回归中的所有 α 都是正的，而 9 个中有 3 个的 t 统计量大于 2。更进一步，合并的特征平衡投资组合收益对因素投资组合回归的截距项很大（每月 0.354% 或者每年超过 4%）且统计上显著不为 0[①]，该截距项列示在表的最后一行。与此相反，这个投资组合收益的均值只有每月 0.116%（t 统计量是 −0.60），只有因素模型截距的 1/3，且统计上与 0 的差异不显著。这些结果与基于特征的定价模型一致，与因素定价模型（模型 1 和 2）不一致。

表 9—6   特征平衡投资组合的回归结果

该表列示了零投资组合的收益对市场超额收益、SMB 和 HML 组合的收益的时间序列回归的每个系数和 t 统计量，回归式如下：

$$\widetilde{R}_{i,j,k} - R_f = \alpha + \beta_{\text{Mkt}} \cdot (\widetilde{R}_{\text{Mkt}} - R_f) + \beta_{\text{HML}} \cdot \widetilde{R}_{\text{HML}} + \beta_{\text{SMB}} \cdot \widetilde{R}_{\text{SMB}}$$

样本区间是 1973 年 7 月到 1993 年 12 月。

左边的投资组合是基于规模、账面/市值比和成立前的 HML 因素负载的分类而构造。它们的收益计算如下：从已有的 45 个收益序列中，9 个规模和账面/市值比类别中的每一个都产生一个零投资收益序列。每一个零投资收益序列的收益按如下方法计算：将因素负载组合从小到大排序后 5 等分，然后用第一和第二因素负载组合的收益之和减去第四个和第五个因素负载组合的收益之和。

表最开始的 9 行显示的是特征平衡投资组合的 t 统计量，在相同的规模和账面/市值比排序下，这些投资组合在低预期因素负载投资组合（low expected factor loading portfolios）上持多头和在高预期因素负载投资组合上持空头。将上述 9 种零投资组合按等权重加权，得到一个合并的组合。将该合并的组合按上式回归后的系数估计值和 t 统计量列在表最下面一行。

特征组合		特征平衡投资组合：t 统计量				
B/M	SZ	$\hat{\alpha}$	$\hat{\beta}_{\text{Mkt}}$	$\hat{\beta}_{\text{SMB}}$	$\hat{\beta}_{\text{HML}}$	R^2
1	1	1.43	−0.43	−2.69	−9.21	31.48
1	2	0.50	0.18	1.98	−8.99	31.48
1	3	−0.48	−1.62	−2.52	−8.57	27.11
2	1	1.37	−2.02	1.31	−7.13	18.43

---

① 截距项 α 是对所有三因素的 β 系数都为零的投资组合的收益。它的构造方法是：买入 1 美元合并的投资组合（combined portfolio），同时卖出零投资因素模拟（zero-investment factor-mimicking）投资组合（Mkt，SMB 和 HML），卖出的数量与表 9—6 底部显示的回归系数相等。

续前表

特征组合		特征平衡投资组合：t 统计量				
B/M	SZ	$\hat{\alpha}$	$\hat{\beta}_{\text{Mkt}}$	$\hat{\beta}_{\text{SMB}}$	$\hat{\beta}_{\text{HML}}$	R^2
2	2	2.12	−0.99	−2.07	−4.69	10.96
2	3	0.79	−1.41	−2.34	−3.96	9.11
3	1	2.53	−5.30	−0.48	−8.00	23.36
3	2	2.01	−2.30	−0.63	−4.52	8.58
3	3	1.08	−1.30	−2.36	−4.98	12.39
合并的投资组合		0.354 (2.30)	−0.110 (−3.10)	−0.134 (−2.40)	−0.724 (−12.31)	41.61

9.4.3 按照其他因素负载分类

这一部分给出类似的检验让我们来确定在控制了规模和账面/市值比等特征后，SMB 和 Mkt 因素是否影响定价。首先，我们按照上一小节的方法构建一个投资组合的集合，不同的是，我们是在成立前的 SMB 因素负载基础上而不是在 HML 因素负载基础上将 9 种投资组合五等分。表 9—7 的上部分列示了对这 9 个组合进行三因素模型回归的截距、SMB 因素的回归系数和相应的 t 统计量。左下部分的表列出了这些组合的平均收益。可以从 SMB 的 β 系数看出，我们的分类方法能分离出 SMB 因素负载在按规模分类的投资组合中的离散程度。

表 9—7 的右下部分给出了这 9 个特征平衡投资组合收益的三因素模型回归的 t 统计量。特征平衡投资组合的收益是两个最低因素负载投资组合（表上部第 1 列和第 2 列）和两个最高因素负载投资组合（表上部第 4 列和第 5 列）的收益之差，即零成本投资组合的收益，这里买入和卖出成分（components）有相似的特征。首先，列给出的对 SMB 因素的截距的 t 统计量说明，SMB 投资组合有大量负面因素负载。其次，基于特征的模型意味着截距应为正，实际情况也是如此：除了一个之外，其他都为正，尽管它们的 t 统计量并不大。表的最底行以 "单一投资组合"（single portfolio）命名的部分，给出了特征平衡投资组合收益之和对三因素回归的系数和 t 统计量。尽管系数的数值大，意味着每年高于 3% 的超额回报，但这一结果不是非常显著（only marginally significant）。

表 9—8 中给出的分析相同，区别只是现在我们根据 Mkt 因素负载分类。再一次地，特征平衡投资组合的 t 统计量表明因素模型被拒绝，

表 9—7　时间序列回归——按预测的 SMB 因素负载分类的组合

前面两个子表给出了截距，r_{SMB} 的系数估计值以及从下面多元时间序列回归得到的 t 统计量，β_{HML} 和 β_{Mkt} 的系数估计值没有在这里列出。

$$\tilde{R}_{SMB} + \beta_{Mkt} \cdot (\tilde{R}_{Mkt} - R_f) = \alpha + \beta_{HML} \cdot \tilde{R}_{HML} + \beta_{SMB} \cdot \tilde{R}_{ss\text{-}bm,\widetilde{\Pi}} - R_f$$

等式左边的组合是基于规模（SZ）、账面/市值比和成立前的 SMB 因素负载的分类而构造的。注意采用的是 SMB 因素负载分类构造组合（而不是 HML 因素负载）。

表的下半部分的左边列出了这 45 个组合的月平均收益（%），而下半部分的右边则是特征平衡组合对各因素回归的 t 统计量。右下部的最后一行给出了合并特征平衡组合 (the combined characteristic-balanced portfolio) 对各因素回归得到的回归系数和 t 统计量（在括号内）。

| 特征组合 | | $\hat{\alpha}$ | | | | | $t(\hat{\alpha})$ | | | | |
B/M	SZ	1	2	3	4	5	1	2	3	4	5
1	1	-0.28	-0.01	-0.06	-0.10	-0.65	-1.94	-0.06	-0.44	-0.75	-3.58
1	2	0.07	0.20	0.13	0.01	0.01	0.57	1.79	1.10	0.08	0.03
1	3	0.25	0.06	0.01	-0.08	0.05	2.40	0.55	0.06	-0.67	0.38
2	1	0.16	0.07	0.06	-0.05	0.06	1.38	0.73	0.69	-0.48	0.37
2	2	0.11	-0.10	0.06	0.12	-0.05	0.84	-0.87	0.54	1.05	-0.38
2	3	0.08	0.01	-0.16	0.10	-0.03	0.50	0.08	-1.04	0.88	-0.27
3	1	0.02	0.11	-0.06	-0.13	-0.11	0.21	1.14	-0.63	-1.14	-0.75
3	2	0.19	0.23	-0.12	-0.01	0.15	1.20	1.79	-0.91	-0.07	0.75
3	3	0.23	-0.10	-0.16	-0.38	0.08	1.29	-0.67	-1.09	-2.58	0.45
均值		0.09	0.05	-0.03	-0.06	-0.05	0.72	0.50	-0.19	-0.41	-0.33

| 特征组合 | | $\hat{\beta}_{SMB}$ | | | | | $t(\hat{\beta}_{SMB})$ | | | | |
B/M	SZ	1	2	3	4	5	1	2	3	4	5
1	1	1.01	1.06	1.18	1.20	1.45	19.14	24.93	26.04	25.18	21.96
1	2	0.49	0.54	0.59	0.71	0.84	11.33	13.21	13.38	15.00	15.40

第9章 股票收益截面变动特征的实证

续前表

特征组合		$\hat{\beta}_{SMB}$					$t(\hat{\beta}_{SMB})$				
B/M	SZ	1	2	3	4	5	1	2	3	4	5
1	3	−0.29	−0.11	−0.11	−0.03	0.15	−7.81	−2.58	−2.50	−0.69	2.89
2	1	0.84	0.85	0.91	1.17	1.57	20.58	26.15	26.53	29.86	28.18
2	2	0.25	0.45	0.47	0.67	0.86	5.29	10.74	12.01	16.38	18.15
2	3	−0.38	−0.26	−0.14	0.06	0.25	−6.38	−5.46	−2.54	1.44	5.44
3	1	0.89	0.93	1.06	1.23	1.49	21.34	26.51	30.70	28.70	27.07
3	2	0.12	0.34	0.57	0.65	0.91	2.05	7.43	11.53	12.56	12.96
3	3	−0.33	−0.11	0.05	0.00	0.20	−5.27	−2.04	0.87	0.01	3.21
均值		0.29	0.41	0.51	0.63	0.86	6.70	10.99	12.89	14.27	15.03

特征组合		平均收益					特征平衡投资组合:t 统计量				
B/M	SZ	1	2	3	4	5	$\hat{\alpha}$	$\hat{\beta}_{Mkt}$	$\hat{\beta}_{SMB}$	$\hat{\beta}_{HML}$	R^2
1	1	0.52	0.80	0.79	0.75	0.38	1.76	−3.85	−6.15	0.75	25.84
1	2	0.64	0.84	0.81	0.65	0.75	0.96	−3.37	−5.47	2.10	24.16
1	3	0.49	0.38	0.30	0.35	0.46	1.21	−3.82	−5.12	0.13	20.98
2	1	1.09	0.93	1.03	0.94	1.22	0.86	−5.51	−11.72	2.82	52.98
2	2	0.85	0.69	0.87	1.00	1.01	−0.22	−5.74	−8.56	0.53	40.82
2	3	0.57	0.54	0.42	0.80	0.86	0.08	−4.23	−8.19	−1.56	33.03
3	1	1.13	1.23	1.14	1.15	1.27	1.43	−6.15	−9.29	0.78	44.85
3	2	1.01	1.23	0.96	1.09	1.29	0.76	−4.81	−8.25	2.11	39.09
3	3	0.84	0.72	0.77	0.69	1.08	1.15	−6.02	−4.80	−2.13	26.41
均值/系数		0.79	0.82	0.79	0.82	0.92	0.258	−0.331	−0.790	0.057	
(t 统计量)							(1.68)	(−9.25)	(−14.10)	(0.96)	

表9—8 时间序列回归——按预测的 Mkt 因子负载分类的组合

本表上部分的两个子表给出了多元时间序列回归的截距、r_{Mkt} 的系数估计值和 t 统计量。回归式如下：$\widetilde{R}_{ss,bm,fl} - R_f = \alpha + \beta_{HML} \cdot \widetilde{R}_{HML} + \beta_{SMB} \cdot \widetilde{R}_{SMB} + \beta_{Mkt} \cdot (\widetilde{R}_{Mkt} - R_f)$。这里没有列出 β_{HML} 和 β_{SMB} 的系数估计值。等式左边的组合是基于规模(SZ)、账面/市值比(B/M)和成立前的 Mkt 因素负载构造的。这里进行组合分类采用的是 Mkt 因素负载（而不是 HML 因素负载）。

表左下部分列出了这45个组合的平均月收益(%)，而右下部分是特征平衡组合对这些因素回归的 t 统计量。右下部分的最后一行给出了合并特征平衡组合对这些因素回归得到的系数和 t 统计量(在括号内)。

特征组合		$\hat{\alpha}$					$t(\hat{\alpha})$				
B/M	SZ	1	2	3	4	5	1	2	3	4	5
1	1	−0.22	−0.11	−0.07	−0.16	−0.39	−1.30	−0.89	−0.54	−1.22	−2.46
1	2	0.31	0.26	0.08	−0.10	−0.17	2.76	2.42	0.64	−0.72	−1.17
1	3	0.31	0.07	0.05	0.00	−0.30	2.40	0.66	0.42	0.03	−2.16
2	1	−0.02	0.16	0.25	−0.06	−0.08	−0.19	1.64	2.30	−0.69	−0.60
2	2	0.16	0.09	−0.02	−0.01	−0.01	1.22	0.82	−0.14	−0.10	−0.10
2	3	0.04	−0.03	−0.01	0.01	−0.21	0.24	−0.18	−0.07	0.04	−1.23
3	1	0.25	0.07	0.09	−0.05	−0.36	1.77	0.69	1.05	−0.50	−3.63
3	2	0.21	0.39	−0.06	0.19	−0.31	1.18	2.65	−0.43	1.36	−1.57
3	3	0.08	−0.11	0.05	−0.06	−0.25	0.38	−0.66	0.32	−0.39	−1.45
均值		0.12	0.09	0.04	−0.03	−0.23	0.94	0.79	0.39	−0.24	−1.60

特征组合		$\hat{\beta}_{Mkt}$					$t(\hat{\beta}_{Mkt})$				
B/M	SZ	1	2	3	4	5	1	2	3	4	5
1	1	1.00	0.96	1.07	1.11	1.20	25.90	32.58	38.44	36.26	32.20
1	2	0.95	0.98	1.07	1.16	1.20	36.16	39.08	35.77	34.41	35.14
1	3	0.90	0.95	1.00	1.07	1.16	30.51	38.71	36.38	40.47	35.94

续前表

特征组合		$\hat{\beta}_{Mkt}$					$t(\hat{\beta}_{Mkt})$				
B/M	SZ	1	2	3	4	5	1	2	3	4	5
2	1	0.79	0.87	0.94	1.04	1.19	27.77	37.87	37.78	47.48	39.26
2	2	0.81	0.91	0.99	1.07	1.23	26.48	34.61	40.70	42.46	34.61
2	3	0.82	0.91	1.05	1.15	1.21	21.27	25.42	27.76	35.02	30.03
3	1	0.84	0.85	0.97	1.08	1.26	25.44	34.55	46.30	45.87	54.38
3	2	0.84	0.94	1.04	1.13	1.30	20.44	27.72	32.63	35.62	28.09
3	3	0.84	0.94	1.09	1.19	1.20	18.06	25.15	28.39	33.62	30.59
均值		0.87	0.92	1.02	1.11	1.22	25.78	32.85	36.02	39.02	35.58

特征组合		平均收益					特征平衡投资组合：t统计量				
B/M	SZ	1	2	3	4	5	$\hat{\alpha}$	$\hat{\beta}_{Mkt}$	$\hat{\beta}_{SMB}$	$\hat{\beta}_{HML}$	R^2
1	1	0.69	0.73	0.81	0.63	0.49	0.73	−4.86	−0.14	4.19	24.61
1	2	0.91	0.86	0.70	0.67	0.52	2.98	−6.56	−3.74	1.43	30.54
1	3	0.54	0.31	0.39	0.35	0.22	2.20	−5.36	−5.46	−0.16	27.78
2	1	0.80	1.04	1.16	0.98	1.07	1.11	−9.76	−7.41	0.87	51.41
2	2	0.88	0.86	0.84	0.87	0.98	0.91	−8.22	−5.24	1.63	41.88
2	3	0.59	0.46	0.59	0.71	0.58	0.56	−7.16	−3.60	0.47	30.88
3	1	1.33	1.13	1.23	1.20	1.03	2.87	−10.89	−5.53	−0.03	49.85
3	2	1.06	1.36	0.95	1.31	0.84	1.66	−6.40	−4.95	1.53	33.44
3	3	0.77	0.73	0.89	1.00	0.74	0.60	−5.72	−4.63	0.59	27.70
均值/系数		0.84	0.83	0.84	0.86	0.72	0.474	−0.540	−0.540	0.150	
(t统计量)							(2.19)	(−10.78)	(−6.87)	(1.78)	

而支持特征模型。并且,由于合并的特征平衡投资组合的月平均收益率是 0.10%（t 统计量为 0.3）①,该数据并没有给出拒绝模型 3 而支持因素模型的证据。令人惊奇的是,尽管该投资组合的市场 β 系数为 -0.54,但是其平均收益为正。这里我们再次发现是特征而不是因素负载对股价有影响。换言之,股票赢得"股票"溢价,即使它的收益模式与债券的相似。（比如说,它有低的 β_{Mkt}。）

这些结论与法马和弗伦奇（Fama and French,1992）以及贾格迪什（Jegadeesh,1992）的研究结论相似,他们发现：在控制规模后,β 系数与股价存在轻微的负相关关系。② 我们也可以从表的最后一行看出,因为该投资组合的 t 统计量为 2.2,这说明三因素模型被拒绝了。

9.4.4　因素负载、特征、成交量和历史回报

如下事实值得深入研究：有些股票有相似的规模和账面/市值比,但却有不同的因素负载。我们并不认为这很令人惊奇,因为不同行业的企业在这两个指标上也能相似。不过,我们想知道这些因素负载的不同是否与历史上最近的交易量或收益显著相关,因为有证据表明,动量（Jegadeesh and Titman,1993）和流动性（Amihud and Mendelson,1986）是股票收益的重要影响因素。

一种可能解释是低因素负载的股票的流动性低。（可能的情形是,低流动性股票的因素负载被低估了,这是因为在因素组合中他们的回报相对于高流动性股票滞后。）如果事实如此,并且存在流动性溢价,人们就会期待与较低因素负载伴随的较低的期望收益会被与非流动性相关的收益溢价所补偿。

相似的,我们可能会认为低因素负载的股票是那些近几年表现不好,最近刚进入高账面/市值比组合中的投票。然而,这会导致我们的检验偏向于支持因素模型,因为动量效应会降低这些低因素负载股票的收益。为了使我们的结论偏向拒绝因素模型,过去几年的股票收益必须要与因素负载负相关。

为了探究这些可能性,我们分别计算了成立前 12 个月这 45 个组合每个的平均交易量和平均收益。它们列在表 9—9 和表 9—10 中。这两

---

①　在表 9—8 的左下方,该值是第 1 列和第 2 列的平均收益之和减去第 4 列和第 5 列的平均收益之和的加总。

②　注意,我们使用多元回归来看市场系数,而这两篇引用的文献使用的是一元回归。

个表显示的结果说明既不是动量也不是流动性造成对因素模型缺乏支持证据。的确，有着最低因素负载的组合似乎有着最高的成交量，这表明如果流动性确实对收益有影响，这会偏向于使我们发现因素负载和收益之间有某种关系。此外，历史收益和因素负载之间似乎没有任何显而易见的关系。

表 9—9　由规模、账面/市值比和 HML 因素负载排序分类的组合的平均换手率

投资组合是基于规模（SZ）、账面/市值比（B/M）和成立前的 HML 因素负载得到的。表中的数据是每个组合的平均换手率，样本期为 1973 年 7 月至 1993 年 12 月。在这里平均换手率被定义为月交易量（VOL）（由 CRSP 提供）除以月初的流通股数（NS），再乘以 1 000。这些平均换手率是价值加权的，ME 是市场价值（market equity），故 t 月的平均换手率定义如下：$\text{Turnover}_t = \dfrac{1}{\sum_i \text{ME}_{i,t}} \sum_i \left(\dfrac{\text{VOL}_{i,t}}{\text{NS}_{i,t}}\right) \cdot \text{ME}_{i,t}$。

特征组合		因素负载投资组合				
B/M	SZ	1	2	3	4	5
1	1	75.6	66.1	60.3	60.1	58.7
1	2	96.6	61.8	50.6	47.4	56.3
1	3	52.7	39.3	37.9	41.1	45.8
2	1	61.9	43.7	40.2	40.2	46.2
2	2	62.3	42.5	38.4	39.9	42.8
2	3	44.6	39.3	37.6	38.7	39.9
3	1	49.1	38.6	38.2	42.0	45.4
3	2	56.2	43.1	44.7	44.2	51.6
3	3	49.0	41.5	38.8	45.9	44.5
均值		60.89	46.21	42.97	44.39	47.91

表 9—10　检验的组合过去 12 个月的平均回报

组合是基于规模、账面/市值比和成立前的 HML 因素负载得到的。在每年的成立日，每个组合过去 12 个月的平均收益按价值加权：

$$\bar{r}_{t-r1,t-r2} = \dfrac{1}{\sum_i \text{ME}_{i,t}} \sum_i \text{ME}_{i,t} \cdot r_{i,t-11,t}$$

最后一列是因素负载组合 5 和组合 1 之差。

特征组合		因素负载投资组合					
B/M	SZ	1	2	3	4	5	5−1
1	1	1.74	1.83	1.79	1.77	1.50	−0.24
1	2	2.59	2.15	1.79	1.88	1.93	−0.66
1	3	1.88	1.62	1.41	1.40	1.52	−0.36

续前表

特征组合		因素负载投资组合					
B/M	SZ	1	2	3	4	5	5−1
2	1	1.25	1.31	1.17	1.15	1.24	−0.02
2	2	1.30	1.17	1.12	1.26	1.37	0.06
2	3	1.09	1.26	1.03	1.08	1.25	0.17
3	1	0.87	0.96	0.90	0.84	0.61	−0.26
3	2	0.97	1.01	0.96	1.04	0.89	−0.08
3	3	0.85	1.02	1.23	1.14	1.09	0.24
均值		1.39	1.37	1.27	1.28	1.27	−0.13

9.5 结 论

本章的分析证明了两件事：第一，没有证据表明存在一个单独的困境因素。高账面/市值比股票的共变大部分并不是因为陷于困境的股票有一个独特的"困境"因素，而是因为有相似因素敏感性的股票更可能同时陷入困境。第二，我们的证据显示是特征而不是因素负载决定了期望收益。我们证明了，因素负载不能超过它们作为这些特征代表的程度来解释与小规模和高账面/市值比股票伴随的高收益。进一步地，我们的结果显示，对权益资产，即使是在控制了规模和账面/市值比的情况下，市场贝塔值对收益也没有解释力。尽管我们的分析专注于法马和弗伦奇（Fama and French, 1993）提出的因素组合，但我们推测，一旦考虑了特征，查恩、陈和海赫（Chan, Chen, and Heieh, 1985）、陈、罗尔和罗斯（Chen, Roll, and Ross, 1986）以及贾甘纳坦和王（Jagannathan and Wang, 1996）用各种宏观因素来测量的因素负载也无法解释股票收益。这些文献解释了依规模和（或）账面/市值比分类的投资组合的收益，因此也要受到我们对法马和弗伦奇（Fama and French, 1993）的分析一样的批评。

我们的一些同事指出，尽管我们能显示法马和弗伦奇的因素不起作用，但没有驳倒如下更普遍的说法：规模和账面/市值比效应能被因素模型解释。① 这个论点是基于这样的想法：HML 组合包含噪声以及因素风险。如果这是事实，并且如果账面/市值比很好地代表了定价的因

---

① 感谢肯尼思·弗伦奇使我们注意到了这种可能性。

素负载，那么在控制了账面/市值比之后，β_{HML}可能就几乎不能提供任何关于真实因素负载的额外信息。在这些假设下，我们在表9—5中按因素负载分类，提取出测量的β_{HML}的变化，该变化并不与定价的因素负载的变化相关联。因此，我们不能预期收益随着β_{HML}而变化。

尽管我们不能排除因素模型可以解释这些数据的可能性，我们仍然认为这个论点并不令人信服。有以下几点原因：第一，这个论点表明，如果模型由更少的噪声因素估计，我们拒绝因素模型的可能性将降低。然而，很多新近的证据显示事实并不如此。科恩和波尔克（Cohen and Polk，1995b）以及弗兰克尔和李（Frankel and Lee，1995）的研究显示，改良后的对账面/市值比特征的变量相比标准的账面/市值比更能预测未来收益。更重要的是，科恩和波尔克的研究说明，当他们用更有效的行业调整后的 HML 因素复制我们的截面检验时（见表9—5）①，他们发现因素模型仍被拒绝了。他们的数据支持我们的特征模型。②

另外，如果陷入困境的股票的超额回报确实因为它们对一个不可观测因素的敏感性而提高，那么这个不可观测因素组合一定有一个更高的夏普比率，不仅仅是相对于法马和弗伦奇组合，而且是相对于更有效的科恩和波尔克的组合以及弗兰克尔和李的组合。换言之，承担和这些困境因素有关的风险的报酬一定明显高于持有规模和账面/市值比决定的组合的报酬。麦金利（MacKinlay，1995）指出，采用法马和弗伦奇（Fama and French，1993）的三因素组合得到的夏普比率已经"太大"，以致无法被有效市场理论解释。为了解释表9—5中的组合的回报，我们需要因素组合能产生更高的夏普比率。

如果预期收益确实由特征而不是风险决定，那么组合分析、绩效评估和公司金融的含义就是惊人的。正如我们已讨论过的，我们的结果表明，可以构建不负载共同因素而获得账面/市值比溢价的组合。这意味着，可以得到比之前的研究更高的夏普比率。关于绩效评估，我们的结果表明，比较基于总市值、账面/市值比，或许也包括（比如考虑贾格迪什和蒂特曼（Jegadeesh and Titman，1993）的动量效应的）历史收

---

① 在这里"更有效"是指它有一个更高的夏普比率。
② 具体来讲，科恩和波尔克（Cohen and Pock，1995b）基于单个企业的账面/市值比与该企业所在行业的平均账面市场比的比值来计算修正的（adjusted）账面/市值比。他们基于这种方法构造了一个 HML 投资组合，发现该组合比法马和弗伦奇（Fama and French，1993）的 HML 组合有明显更高的夏普比率（也因此更有效）。他们用更有效的组合重做了这里给出的检验，发现仍然是支持特征模型而拒绝因素模型。

益所形成的匹配样本的评估收益，好于采用对因素组合的回归的截距。一个最近使用匹配样本方法的例子是 Ikenberry, Lakonishok and Vermaelen (1995)。大体上，我们在探索我们的结论对公司金融的启示。然而，应该指出的是，特征模型与莫迪格里安尼和米勒 (Modigliani and Miller, 1985) 定理并不一致。因此如果我们确实想认真对待特征定价模型，我们需要重新思考我们所知的公司金融的大部分。

不过，在开始思考这些结论的含义之前，值得我们思考的是为什么可能是特征而不是风险决定收益。兰科尼肖克、史莱佛和维什尼 (Lakonishok, Shleifer, and Vishny, 1994) 提出了一个基于行为的解释：投资者可能会错误地对过去的增长率进行外推 (extrapolate)。兰科尼肖克、史莱佛和维什尼 (Lakonishok, Shleifer, and Vishny, 1992) 提出了一个基于代理人的解释：投资基金的基金经理或许能意识到价值股的期望收益，尽管如此，他们却喜欢成长股，这是因为购买成长股使投资者更容易为自己辩护。流动性理论也可能是合理的，这是由于交易量可能与规模和历史收益相关，不过表9—9表明，账面/市值比和交易量的关系相对地弱。

另一种可能性是投资者固守陈见，即规模和账面/市值比是系统性风险的代表，并因此给予具备这些特征的股票更高的折现率。比如说，他们可能坚持认为拥有这些特点的股票会对整个经济或信用状况更敏感，这也是很多金融经济学家持有的观点。带着后见之明的好处，我们现在可以说账面/市值比似乎并不能很好地代表这种系统性风险。然而，我们认为20世纪60年代和70年代的投资者会错误地持有这种观点却很合理，他们具备有限的能力，不能获得和利用本研究中使用的收益/会计数据。如果事实如此，那么我们在数据中观察到的模式将不会在未来重现。

附录 组合的构造

账面/市值比和规模的组合的构造是依据法马和弗伦奇 (Fama and French, 1993) 的方法。通过使用从 CRSP 获得的 CRSP/COMPUSTAT 文件，我们构建了基于账面/市值比 (B/M) 和市值规模 (ME) 的普通股的组合。账面值被定义为股东权益加上所有递延税项和投资税减免，减去所有优先股的价值，这些都是从 COMPUSTAT 获得的。为了得到优先股价值，如果数据可以获得，我们使用赎回价，否则我们使用破产清算价，如果这些数据都无法获得，我们使用账面价值（carrying value）。在计算账面/市值比时，我们使用 $t-1$ 年中任一时间点的账面值，而市值规模则是 $t-1$ 年中最后一个交易日的数据，这里从 CRSP 获得的市值规模被定义为已发行股票（shares outstanding）乘以其股价。被用于构建规模组合的市值规模（ME）指标是 t 年 6 月最后一个交易日的市值规模。我们的分析仅包括了被列于 COMPUSTAT 中至少两年以及在 $t-1$ 年 12 月和 t 年 6 月价格在 CRSP 可获得的企业。由此确定的企业的账面/市值比和市值规模接下来被用于构建股票组合，时间范围是从 t 年 7 月到 $t+1$ 年 6 月。正如法马和弗伦奇（Fama and French，1993）讨论过的，6 月末被用来作为组合成立日是因为包含上一财年账面价值的年报几乎可以肯定会在这个时候向公众公开。

为了构建我们的组合，我们首先从所有样本中排除了所有账面/市值比小于零的企业。根据上面所述的方法，我们把所有在纽约证券交易所上市的股票纳入样本并按账面/市值比和规模排序。依据排序的结果，我们计算了账面/市值比和规模的分段点。在前面的分析中，我们遵循法马和弗伦奇（Fama and French，1993）的方法并使用了 30% 和 70% 作为账面/市值比的分段点，以及 50% 作为规模的分段点。为了构建 9 个账面/市值比或规模的组合，我们使用 1/3 和 2/3 分别作为规模和账面/市值比的分段点。

要注意的是，因为这些分段点仅是针对纽约证券交易所上市的企业，在按这种方式构成的这 9 个组合里，每个组合里所包含的企业数目有很大的变化。例如，由于在纳斯达克（NASDAQ）和美国证券交易所（AMEX）有更多的小型企业，因此小企业组合所包含的企业数目远大于大企业组合所含企业的数目。

第10章 动 量[*]

纳拉辛汉·贾格迪什（Narasimhan Jegadeesh）和
谢里登·蒂特曼（Sheridan Titman）

越来越多的文献证实了可以用各种公司特有的变量来预测股票的收益率。在这些异常现象中，价格的动量效应可能是在传统的基于风险的资产定价范式背景下最难解释的。比如，贾格迪什和蒂特曼（Jegadeesh and Titman, 1993）的研究显示，那些在3~12月内表现最好（最差）的股票，倾向于在接下来的3~12个月里继续有良好（较差）的表现。表现最好的股票似乎比表现最差的股票风险更小。因此，标准风险调整倾向于增加而非减少过往的赢家与输家的收益差。而且，正如我们在图10—1中所看到的，从1940年开始，每个5年期内，赢家的多头与输家的空头所组成的零成本组合都是赚钱的。很难发展一种基于风险的理论来解释赢家（组合）一直比输家（组合）有良好表现的原因。

资金管理产业的从业者们意识到了动量效应，而且看起来他们至少会基于价格动量来筛选股票。比如，格林布拉特、蒂特曼和沃默斯（Grinblatt, Titman, and Wermers, 1995）以及查恩、贾格迪什和沃默斯（Chan, Jegadeesh, and Wermers, 2000）均发现共同基金倾向于购买过去的赢家组合并卖出过去的输家组合。而且，沃马克（Womack, 1996）以及贾格迪什、吉姆、克里什和李（Jegadeesh, Kim, Krische, and Lee, 2003）特别指出，比起低动量的股票，分析师们普遍推荐高动量股票。然而，尽管动量策略在投资领域很风靡，在学术圈里也很耀眼，却并没有证据显示动量效应正在消失。贾格迪什和蒂特曼（Jegadeesh and Titman,

---

[*] momentum 应译为"动量"，而不能译为"惯性"，这亦是文中本意。在英文中动量 momentum 和惯性 inertia 是不同含义的两个词。前者应译为：动量、动力、冲力，有主动之意；后者译为：惯性、惰性、无力，有被动之意。——译者注

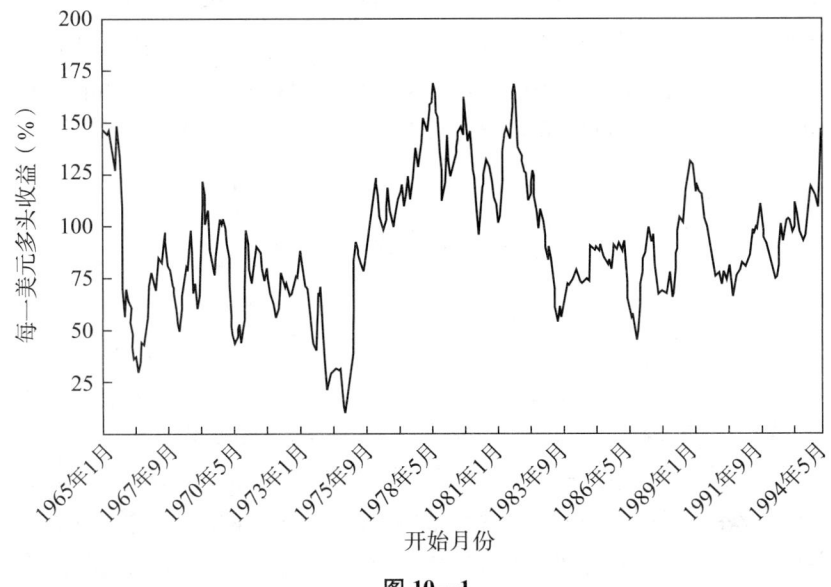

图 10—1

注：该图显示的是如下策略的五年累积收益：买入之前 6 个月收益最高的 10% 的股票，卖出之前 6 个月收益最低的 10% 的股票。持有期为 6 个月。该图显示的是 X 轴上的月份开始的累积收益。

2001）证实动量策略在 20 世纪 90 年代也同样盈利，而这个时期正是贾格迪什和蒂特曼（Jegadeesh and Titman，1993）的文章中所用样本期的后续。

动量策略在美国以外也同样有利可图。比如罗文霍斯特（Rouwenhorst，1998）报告称，贾格迪什和蒂特曼（Jegadeesh and Titman，1993）考察的美国市场的动量策略在欧洲市场也同样可以赚钱。事实上，日本是唯一没有表现出动量效应的大的发达市场（见 Chui，Titman，and Wei，2000）。在由一些较不发达的股票市场的股票组成的样本上实施动量策略也同样表现出动量（见 Rouwenhorst，1999；Chui，Titman，and Wei，2000），尽管动量策略在个别国家并不总是有利可图。另外，查恩、哈米德和唐（Chan，Hameed，and Tong，2000）以及博吉拉吉和斯沃敏纳坦（Bhojraj and Swaminathan，2003）最近的文章发现，国际股票市场的指数也表现出动量效应。

本章回顾了动量策略的一些证据，以及为了解释动量效应所提出的假设。第一部分对价格动量存在的证据提供了一个简单总结。第二部分讨论了动量收益的潜在来源。第三部分简单描述了动量效应的一些行为解释。这些行为解释对动量组合的长时限收益（long horizon returns）以及动量收益的截面差异均有启示。第四部分和第五部分在这些预测的背景下回顾了经验证据。第六部分总结了关于收益动量（earnings momentum）以及收益与价格动量的关系，第七部分给出我们的结论。

10.1 动量的证据

如果股票价格对信息反应过度或者反应不足，那么根据其历史收益来选择股票的交易策略将有利可图。在一篇很有影响力的文章中，德邦特和泰勒（DeBondt and Thaler，1985）检验了反向交易策略（contrarian strategies）的收益，这种策略是买入前期表现差的股票并卖出表现好的股票。具体来讲，他们考虑策略的形成时期（在这个时期内测算过去的收益率）与1~5年的持有期，研究发现，在多数情况下，反向交易组合赚取了显著的正收益。[①] 贾格迪什和莱曼（Jegadeesh and Lehmann，1990）研究了基于1周到1个月的收益的交易策略的表现，并发现这种短时限策略在接下来的1周到1个月内产生了反向收益。由这些非常长期与非常短期产生反转的研究可以得出结论：股票价格对信息反应过度。

贾格迪什和蒂特曼（Jegadeesh and Titman（JT），1993）检验了形成与持有时期在3~12个月的交易策略的表现。他们的策略是，依据过去 J 个月的收益选择股票，并持有 K 个月，这里的 J 和 K 在3~12个月中间取值。JT是按照如下方法构建其 J－月/K－月策略的：在每个月 t 的开始，他们依据前 J 个月收益将股票按升序排列。依据这个顺序，他们构建了10个组合，这些组合在每个十分位的股票都有相等的权重。由收益排在最高十分位和最低十分位的股票构成的组合分别叫作"赢家"组合和"输家"组合。动量策略就是买入赢家组合，并卖出输家组合。

JT利用1965—1989年间在纽约证券交易所（NYSE）和美国证券交易所（AMEX）上市交易的股票检验动量策略的表现。表10—1给出了不同的买入和卖出组合、零成本组合以及盈利减亏损组合的平均收益。所有的零成本组合都获得了正收益。该表同时给出了该策略的第二

[①] 德邦特和泰勒（DeBondt and Thaler，1985）的证据表明对于一年构建期与一年持有期来说，以前的赢家比输家有更多的收益。由于德邦特和泰勒主要关注长期的反向交易策略，他们并没有对明显超过一年时限的动量效应进行进一步的讨论或分析。

组收益,这组收益是在组合构建与开始持有之间间隔一周所得到的。通过间隔一周,这些策略可以避免一些买卖价差、价格压力以及滞后反应效应(lagged reaction effects),这些都是构成贾格迪什和莱曼(Jegadeesh and Lehmann,1990)文章中的短时限收益反转证据的原因。

除了没有间隔一周的 3 个月/3 个月策略,所有零成本组合的收益在统计上都具有显著性。最成功的零成本策略是依据过去 12 个月的收益选择股票,然后持有该组合 3 个月。当组合构建与持有期之间无间隔时,这种策略产生了每月 1.31% 的收益率(见子表 A)。不算持有期,6 个月构建期的组合带来的收益大约是每月 1%。

10.1.1 世界范围内的证据

动量策略不仅在美国有利可图,而且在整个世界的许多主要市场也是如此。比如,罗文霍斯特(Rouwenhorst,1998)对欧洲 12 个国家复制了 JT 的检验,发现了非常相似的结论。表 10—2 列示了他的发现。在欧洲股票市场上,6 个月/6 个月策略的收益为每月 1.16%,而美国市场为 0.95%。尽管罗温霍斯特的样本期比 JT 的短,但是他得到的 t 值更大。所以动量策略在欧洲市场的波动性比美国市场更小。

在一项更近的研究中,格里芬、吉和马丁(Griffin, Ji, and Martin, 2003)检验了来自全世界 40 个国家的动量策略。该文章发现动量策略在北美、欧洲以及拉丁美洲都有利可图,但是在亚洲,却不是那么明显有利可图。崔、蒂特曼和魏(Chui, Titman, and Wei, 2003)的一篇更早的研究同样发现在日本及其他亚洲国家,动量收益确实没有大于零。

10.1.2 季节性

动量策略在 1 月份表现出有趣的季节性规律。表 10—3 列示了 6 个月/6 个月的动量策略在 1 月份与其余月份的收益,表中数据根据贾格迪什和蒂特曼(Jegadeesh and Titman,2001)重新计算。本章中这个基本策略与 JT 中的是一样的,尽管所用样本有一点不同。贾格迪什和蒂特曼(Jegadeesh and Titman,2001)的样本期是从 1965 年到 1998 年,并且包括 NASDAQ 股票,而 JT 仅仅考虑了 NYSE 和 AMEX 登记上市的股票。不过,贾格迪什和蒂特曼(Jegadeesh and Titman,2001)在 NYSE 股票等级分类的基础之上,通过剔除价格低于 5 美元以及(根据 NYSE 股票市值规模十分位分段点)市值最低的那十分之一股票排除了流动性低的股票。

动量组合的收益

表 10—1

本表依据过去 J 个月的收益构建动量组合并持有组合 K 个月。将股票依据 J 个月滞后的收益按升序排列,而且历史收益最高十分位的股票的等权重组合是买入组合,历史收益最低十分位的股票的等权重组合是卖出组合。本表列示了这些组合的平均月收益(%)。子表 A 中的动量组合在滞后收益被测量之后立即形成。子表 B 中,为了构建这些组合,在滞后收益被测量从而得以构建这些组合的一周之后,动量组合才形成。本表给出了这些组合的平均月收益(百分比)。括号里是 t 统计量。样本期为 1965 年 1 月到 1989 年 12 月。

J		子表 A				子表 B			
	K =	3	6	9	12	3	6	9	12
3	卖出	1.08	0.91	0.92	0.87	0.83	0.79	0.84	0.83
		(2.16)	(1.87)	(1.92)	(1.87)	(1.67)	(1.64)	(1.77)	(1.79)
3	买入	1.40	1.49	1.52	1.56	1.56	1.58	1.58	1.60
		(3.57)	(3.78)	(3.83)	(3.89)	(3.95)	(3.98)	(3.96)	(3.98)
3	买入—卖出	0.32	0.58	0.61	0.69	0.73	0.78	0.74	0.77
		(1.10)	(2.29)	(2.69)	(3.53)	(2.61)	(3.16)	(3.36)	(4.00)
6	卖出	0.87	0.79	0.72	0.80	0.66	0.68	0.67	0.76
		(1.67)	(1.56)	(1.48)	(1.66)	(1.28)	(1.35)	(1.38)	(1.58)
6	买入	1.71	1.74	1.74	1.66	1.79	1.78	1.75	1.66
		(4.28)	(4.33)	(4.31)	(4.13)	(4.47)	(4.41)	(4.32)	(4.13)
6	买入—卖出	0.84	0.95	1.02	0.86	1.14	1.10	1.08	0.90
		(2.44)	(3.07)	(3.76)	(3.36)	(3.37)	(3.61)	(4.01)	(3.54)
9	卖出	0.77	0.65	0.71	0.82	0.58	0.58	0.66	0.78
		(1.47)	(1.29)	(1.43)	(1.66)	(1.13)	(1.15)	(1.34)	(1.59)

续前表

J		子表 A				子表 B			
	$K=$	3	6	9	12	$K=$	3	6	9	12
9 买入		1.86 (4.56)	1.86 (4.53)	1.76 (4.30)	1.64 (4.03)		1.93 (4.72)	1.88 (4.56)	1.76 (4.30)	1.64 (4.04)
9 买入—卖出		1.09 (3.03)	1.21 (3.78)	1.05 (3.47)	0.82 (2.89)		1.35 (3.85)	1.30 (4.09)	1.09 (3.67)	0.85 (3.04)
12 卖出		0.60 (1.17)	0.65 (1.29)	0.75 (1.48)	0.87 (1.74)		0.48 (0.93)	0.58 (1.15)	0.70 (1.40)	0.85 (1.71)
12 买入		1.92 (4.63)	1.79 (4.36)	1.68 (4.10)	1.55 (3.81)		1.96 (4.73)	1.79 (4.36)	1.67 (4.09)	1.54 (3.79)
12 买入—卖出		1.31 (3.74)	1.14 (3.40)	0.93 (2.95)	0.68 (2.25)		1.49 (4.28)	1.21 (3.65)	0.96 (3.09)	0.69 (2.31)

资料来源：Jegadeesh and Titman (1993).

表10—2 动量组合的收益：欧洲的证据

在每个月月末，所有的股票都根据之前 J 个月表现按升序排列。那些处于最高 10%（历史表现最好）的股票被划入赢家组合（winner portfolio），那些处于最低 10%（历史表现最差）的股票被划入输家组合（loser portfolio）。组合在最初是等权重的，并被持有 K 个月。该表列示了 1980—1995 年这段期间这些组合的月平均购买并持有收益（buy-and-hold returns）。子表 A 中，组合得以构建。子表 B 中，在排序与组合构建之间，组合直接根据排序构建。子表 A 中，组合得以构建。t 值是平均收益除以其标准误差。样本包含了 12 个欧洲国家（奥地利、比利时、丹麦、法国、德国、意大利、荷兰、挪威、西班牙、瑞典、瑞士以及英国）2 190 个公司以本国货币表示的月总收益，样本公司占每个国家市值规模的 60%~90%。

		子表 A				子表 B			
J	$K=$	3	6	9	12	3	6	9	12
3	输家	1.16	1.04	1.08	1.09	0.77	0.87	0.94	1.05
	赢家	1.87	1.92	1.90	1.91	1.85	1.91	1.90	1.84
	赢家－输家	0.70	0.88	0.82	0.82	1.09	1.05	0.95	0.79
	t 统计量	(2.59)	(3.86)	(4.08)	(4.56)	(4.29)	(4.74)	(4.99)	(4.64)
6	输家	0.95	0.90	0.92	1.04	0.72	0.76	0.88	1.06
	赢家	2.08	2.06	2.04	1.95	2.04	2.05	2.00	1.87
	赢家－输家	1.13	1.16	1.12	0.91	1.31	1.28	1.12	0.81
	t 统计量	(3.60)	(4.02)	(4.35)	(3.94)	(4.27)	(4.59)	(4.50)	(3.62)
9	输家	0.88	0.83	0.97	1.11	0.64	0.77	0.95	1.14
	赢家	2.12	2.13	2.04	1.93	2.09	2.07	1.97	1.84
	赢家－输家	1.24	1.29	1.07	0.82	1.45	1.30	1.02	0.70
	t 统计量	(3.71)	(4.19)	(3.78)	(3.19)	(4.50)	(4.36)	(3.77)	(2.83)
12	输家	0.84	0.94	1.08	1.21	0.77	0.93	1.10	1.25
	赢家	2.19	2.09	1.97	1.85	2.08	1.98	1.88	1.76
	赢家－输家	1.35	1.15	0.89	0.64	1.31	1.05	0.78	0.51
	t 统计量	(3.97)	(3.66)	(3.07)	(2.40)	(4.03)	(3.48)	(2.80)	(1.98)

资料来源：Rouwenhorst（1998）。

表 10—3　　　　　　动量组合在 1 月份和其他月份的收益

本表格给出了动量组合的平均月收益。样本包括在纽约证券交易所、美国证券交易所和纳斯达克上市交易的所有股票，但不包括在持有期一开始时定价低于 5 美元的股票以及市值最小的 10% 的股票（根据纽约证券交易所市值的十分位分段点）。该动量组合是根据过去 6 个月的收益构建的，并被持有 6 个月。P1 是之前 6 个月收益最高的 10% 的股票的等权重组合，P10 是之前 6 个月收益最低的 10% 的股票的等权重组合。样本期是 1965 年 1 月到 1998 年 12 月。

	P1	P10	P1—P10	t 统计量	正的百分比
1 月	3.40	4.95	−1.55	−1.87	29
2—12 月	1.49	0.01	1.48	7.89	69
所有月份	1.65	0.42	1.23	6.46	66

资料来源：Jegadeesh and Titman (2001).

动量策略在 1 月亏损，但在除 1 月之外的每个月均获得了正收益。1 月份的收益为 −1.55%，非 1 月的平均收益为每月 1.48%。① 更早的研究发现 1 月份的季节性也同样适用于其他异常现象，比如规模效应 (Keim, 1983) 与长时限收益的反转 (DeBondt and Thaler, 1985)。事实上，这些异常现象几乎全部集中在 1 月份，在其他月份并不显著。与此形成鲜明对比的是，动量影响却完全是一个非 1 月份现象，而且 1 月份的收益不利于动量策略 (hurt the momentum strategy)。

10.2　动量收益的可能来源

以前的赢家与输家保持各自趋势的一个自然的解释就是股票价格对信息反应不足。比如，一个公司发布了一个利好消息，但是股票价格只是对这个利好消息产生了部分反应。当这个消息发布时，股票价格会上涨，但即便是这个消息完全公开之后，股价仍会继续上涨，此时市场已经对这个新消息进行了充分的调整。因此，反应不足可能是动量收益的一个原因。然而，这并不是以前的赢家表现得比输家好的唯一可能的原因。另外一个可能的原因是，过去的赢家比过去的输家风险更高，而且赢家与输家投资组合收益的差异可能只是风险的补偿。而且，如果承受

---

① JT 的报告称动量策略在 1 月份的收益为 −6.86%，而贾格迪什和蒂特曼 (Jegadeesh and Titman, 2001) 的文章中所得到的负收益之所以比 JT 的小，是因为他们的样本剔除了最小的公司，而这些小公司很大程度上解释了 1 月份收益的反转。

某种类型的风险的报酬（premiums）以一种序列相关的方式随时间变化，那么动量策略将有利可图。我们可以用下面的单因素模型来正式地检验这些原因对动量收益的贡献：[①]

$$r_{it}=\mu_i+b_if_t+e_{it}$$
$$E(f_t)=0$$
$$E(e_{it})=0 \tag{1}$$
$$\text{cov}(e_{it},f_t)=0, \forall i$$
$$\text{cov}(e_{it},e_{jt-1})=0, \forall i\neq j$$

其中，μ_i 是证券 i 的无条件期望收益，r_{it} 是证券 i 的收益，f_t 是因素模拟（factor-mimicking）组合的非预期收益（unexpected return），e_{it} 是 t 时收益中的具体公司的部分，b_i 是证券 i 的因素敏感系数。

动量策略的出色表现意味着能够在一个时期内产生高于平均水平收益的股票也可以在接下来的时期中同样获得高于平均水平的收益。换句话说，这个结论可以表示如下：

$$E(r_{it}-\bar{r}_t|r_{it-1}-\bar{r}_{t-1}>0)>0$$

以及

$$E(r_{it}-\bar{r}_t|r_{it-1}-\bar{r}_{t-1}<0)<0$$

上面标有横杠的变量代表变量的横截面均值。

因此，

$$E\{(r_{it}-\bar{r}_t)(r_{it-1}-\bar{r}_{t-1})\}>0 \tag{2}$$

式（2）里面的横截面协方差等于一种交易策略的期望收益。这种交易策略用各只股票的历史收益与等权重的指数之差来为股票加权。具体地，对于这种交易策略，股票 i 在 t 月的组合权重为：

$$w_i=r_{i,t-1}-\bar{r}_{t-1}$$

这种加权相对强度加强策略（WRSS）与表 10—1 里的策略很相近，而且它与 P1—P10 的收益的相关系数为 0.95。然而等权重十等分组合在大多实证检验中被使用，这种与 WRSS 很相近的方法为我们检验分析动量收益的来源以及评估这些来源的相对重要性提供了便于操作的框架。

[①] 我们这里讨论的模型来自 JT。为了弄明白短时限反向交易盈利的原因，类似的模型也被罗和麦金利（Lo and MacKinlay，1990）以及贾格迪什（Jegadeesh，1990）所采用。

在给定了式（1）定义的单因素模型以后，（2）中给出的 WRSS 的利润可以分解成下面三个部分：

$$E(\sum_{i=1}^{N} w_i r_{it}) = \sigma_\mu^2 + \sigma_b^2 \text{cov}(f_t, f_{t-1}) + \frac{1}{N}\sum_{i=1}^{N} \text{cov}(e_{it}, e_{it-1}) \quad (3)$$

其中，N 表示股票数，σ_μ^2 和 σ_b^2 分别表示期望收益和因素敏感度（factor sensitivities）的横截面方差。

在这个分解式里，等号右边的三项分别与我们之前讨论的动量收益的三个可能来源相对应。第一项是期望收益的横截面离差。直觉上，由于实现的收益包含一个与期望收益相关的部分，所以在一个时期获得相对较高收益的证券很可能在接下来的时间里赚取高于平均水平的收益。第二项是与时间相关的潜在获利因素。如果因素组合的收益是序列正相关的，一个时期的重大因素实现将在接下来一个时期出现比平均水平更高的因素实现。动量策略倾向于选择具有高因素敏感度的股票，并在接下来的时期中有大因素实现，进而将会从更高的预期未来因素实现中获益。上面表达式的最后一项是证券收益特殊组成部分的序列协方差均值。如果股票价格对公司的信息反应不足，这一项将会是正值。

为了检验动量收益的存在是否表示市场无效，识别利润的来源是非常重要的。如果利润来自方程（3）中的第一项或第二项，它们可能是由于承受系统风险所得到补偿，而且也不能表明市场非有效。然而，如果动量策略的利润来源于第三项，那么结果就表示市场是无效的。

10.2.1　期望收益的横截面差异

一些论文检验动量组合收益的横截面差异是否可以用特定的资产定价模型中风险的不同来解释。JT 用 CAPM 修正了风险，法马和弗伦奇（Fama and French，1996）、格伦迪和马丁（Grundy and Martin，2001），以及贾格迪什和蒂特曼（Jegadeesh and Titman，2001）利用法马和弗伦奇的三因素模型修正了风险。

表 10—4 列示了动量组合的规模十等分的排序以及法马和弗伦奇的因素敏感系数。这个表格基于 NYSE 的规模十等分分段点对规模十等分并排序，其中的规模排序 1 是最小的十分位，10 是最大的十分位。赢家与输家都倾向于选择样本中小于平均水平的股票，因为小公司的收益波动更大，也因此，小公司更可能归属于极端收益分类的组合里。赢家组合的平均规模排序比输家组合的更大。

表 10—4　动量组合的特征

该表列示了动量组合的一些特征。样本包括在纽约证券交易所、美国证券交易所和纳斯达克上市交易的所有股票，但不包括在持有期一开始时定价低于 5 美元的股票以及市值最小的 10% 的股票（根据纽约证券交易所市值的十分位分段点）。P1 是之前 6 个月收益最高的 10% 的股票的等权重组合，P2 是之前 6 个月收益第二高的 10% 的股票的等权重组合，依此类推。平均的规模十分位排序是持有期一开始时每个组合中股票的股本（equity）（依据纽约证券交易所规模的十分位分段点）的总市值的平均排序。FF 因素敏感系数是法马-弗伦奇三因素模型时间序列回归的斜率系数。"市场"是市场因素，"SMB"是规模因素，"HML"是账面/市值比因素。样本区间是 1965 年 1 月到 1998 年 12 月。

平均的规模十分位排序		FF 因素敏感系数		
		市场	SMB	HML
P1	4.81	1.08	0.41	−0.24
P2	5.32	1.03	0.23	0.00
P3	5.49	1.00	0.19	0.08
P4	5.51	0.99	0.17	0.14
P5	5.49	0.99	0.17	0.17
P6	5.41	0.99	0.19	0.19
P7	5.36	0.99	0.22	0.19
P8	5.26	1.01	0.24	0.16
P9	5.09	1.04	0.30	0.11
P10	4.56	1.12	0.55	−0.02
P1−P10	0.25	−0.04	−0.13	−0.22

资料来源：Jegadeesh and Titman (2001).

在表 10—4 中的因素敏感系数意味着对于赢家与输家来说，市场的 β 系数实际上是一样的。然而输家对于 SMB 和 HML 因素或多或少更敏感。输家与赢家对于 SMB 因素的敏感系数分别为 0.55 和 0.41，对于 HML 因素的敏感系数分别为−0.24 和−0.02。

极端动量组合对于 SMB 和 HML 因素的相对敏感度反映了历史收益、公司规模以及 B/M 比率之间直观的关系。赢家增加了排序时期的市值规模，因此往往是大公司，并且相对于输家账面/市值比更低。所以，输家对 SMB 和 HML 的敏感度比赢家大。总体而言，表 10—4 说明，由于输家对所有三个法马和弗伦奇因素更为敏感，因此它们也风险更大。

表 10—5 报告了由贾格迪什和蒂特曼（Jegadeesh and Titman, 2001）估计的动量组合的 α 系数，他们用月动量收益（除了零投资的 P1−P10

组合都减去了无风险利率）对价值加权指数减去无风险利率（CAPM α）和法马-弗伦奇三因素（法马-弗伦奇 α）进行回归。赢家组合减去输家组合的 CAPM α 系数项大约等于原始收益之差，因为赢家和输家拥有相同的 β 系数。法马-弗伦奇 α 系数是 1.36%，大于贾格迪什和蒂特曼（Jegadeesh and Titman，2001）报告的相应的原始收益率 1.23%。产生这个差距的原因是输家对法马-弗伦奇因素更加敏感。

表 10—5   CAPM 和法马-弗伦奇 α 系数

该表列示了动量组合的风险调整收益。样本包括在纽约证券交易所、美国证券交易所和纳斯达克上市交易的所有股票，但不包括在持有期一开始时定价低于 5 美元的股票以及市值最小的 10% 的股票（根据纽约证券交易所市值的十分位分段点）。P1 是之前 6 个月收益最高的 10% 的股票的等权重组合，P2 是之前 6 个月收益第二高的 10% 的股票的等权重组合，依此类推。本表报告了市场模型回归的截距（CAPM α）以及法马-弗伦奇三因素回归的截距（FF α）。样本区间是 1965 年 1 月到 1998 年 12 月。括号里是 t 统计量。

	CAPM α	FF α
P1	0.46	0.50
	(3.03)	(4.68)
P2	0.29	0.22
	(2.86)	(3.51)
P3	0.21	0.10
	(2.53)	(2.31)
P4	0.15	0.02
	(1.92)	(0.41)
P5	0.13	−0.02
	(1.70)	(−0.43)
P6	0.10	−0.06
	(1.22)	(−1.37)
P7	0.07	−0.09
	(0.75)	(−1.70)
P8	−0.02	−0.16
	(−0.19)	(−2.50)
P9	−0.21	−0.33
	(−1.69)	(−4.01)
P10	−0.79	−0.85
	(−4.59)	(−7.54)
P1−P10	1.24	1.36
	(6.50)	(−7.04)

资料来源：Jegadeesh and Titman (2001)。

这里的结果表明，在 CAPM 和法马-弗伦奇三因素模型下预期收益的横截面差异无法解释动量收益。当然，也可能是因为这些模型中遗漏了某些定价因素，所以对风险差异没有进行足够的修正。为了避免需要构建一个均衡的资产定价模型来确定一个基准，康拉德和考尔（Conrad and Kaul，1998）假设无条件收益是常数，用每只股票实现的收益（包括排序期的收益）的样本均值作为他们对股票期望收益的测定。然后，他们利用方程（3）中的分解来检验期望收益中的横截面差异（方程右边的第一项）对动量收益的贡献。他们发现样本平均收益的截面方差与 WRSS 的动量收益相近。这个发现导致他们错误地认为，观察到的动量收益可以完全被期望收益的截面差异所解释，而不是任何"股票收益中的时间序列模式"。

但是，贾格迪什和蒂特曼（Jegadeesh and Titman，2002）指出，当样本均值是无条件期望收益的无偏估计时，样本均值的横截面方差不是真实的期望收益方差的无偏估计。因为样本均值包含了收益的预期和非预期的成分，样本均值的方差是这些成分的方差和。因此，样本均值的方差夸大了真实期望收益的离差，因此，康拉德和考尔的方法高估了方程（3）右端第一项的贡献。

贾格迪什和蒂特曼（Jegadeesh and Titman，2002）详细地阐述了这个偏差，并且提出了一些方法来避免该偏差。在他们的一个检验中，他们用排序和持有期之外的样本平均收益来获得持有期内无条件期望收益的无偏估计。他们发现，利用这种估计，持有期内的期望收益的截面差异事实上完全不能解释动量收益。[①] 他们其他的检验也支持这一结论。

10.2.2　因素收益的序列协方差

JT 检验因素收益的序列协方差，也就是方程（3）中分解的第二项，是否可以解释动量收益。在模型（1）下，多只股票的等权重组合的序列协方差是：[②]

$$\text{cov}(\bar{r}_t, \bar{r}_{t-1}) = \bar{b}_i^2 \text{cov}(f_t, f_{t-1}) \tag{4}$$

如果因素收益的序列协方差影响动量收益，那么因素实现（factor realizations）应该呈序列正相关（见方程（3））。虽然潜在的（underlying）

[①] 也可参见 Grundy and Martin（2001）。
[②] 随着指数中股票数量变得任意地大，e_{it} 的序列协方差对等权重指数的序列协方差的贡献变得任意地小。

因素是观察不到的，方程（4）表明，等权重的市场指数的序列协方差与普通因素的序列协方差有相同的符号。JT 对这个结论进行了检验，并且发现等权重指数的 6 个月收益的序列协方差是负的（-0.002 8）。因为动量策略仅能从因素收益的序列协方差为正中获利，这里的发现表明，因素收益的序列协方差无助于解释动量收益。

10.2.3 超前—滞后效应和动量收益

除了方程（3）中的三个来源，动量收益的产生也可能是因为股票价格对共同因素的反应有延迟。直觉上，如果股票价格对共同信息的反应有延迟，投资者就可以基于现在的因素实现预期未来价格的趋势并设计出盈利的交易策略。在一些情况下，这种延迟反应将会导致有利可图的反向投资策略，在其他一些情况下，它将会导致有利可图的动量策略。为了看清这一点，考虑以下收益产生过程：

$$r_{it} = \mu_i + \beta_{0,i} f_t + \beta_{1,i} f_{t-1} + e_{it} \tag{5}$$

系数 $\beta_{0,i}$ 和 $\beta_{1,i}$ 表示即时和滞后的（contemporaneous and lagged）因素实现的敏感系数。一些论文，包括罗和麦金利（Lo and MacKinlay, 1990），贾格迪什和蒂特曼（Jegadeesh and Titman, 1995）以及布伦纳、贾格迪什和斯沃敏纳坦（Brennan, Jegadeesh, and Swaminathan, 1993）利用这个滞后—反应模型来刻画股票收益的动态过程。如果股票 i 部分地对因素的反应有一个滞后，那么 $\beta_{1,i} > 0$。并且，如果它对即时因素实现反应过度，同时这种反应过度在接下来的时期被修正，那么 $\beta_{1,i} < 0$。经验上讲，当以价值加权的市场指数被当作共同因素时（参见 Jegadeesh and Titman, 1995），$\beta_{1,i} > 0$，因此股票似乎对这个因素反应不足。

这个模型下的 WRSS 收益是：

$$E\left(\sum_{i=1}^{N} w_i r_{i,t}\right) = \sigma_\mu^2 + \delta \sigma_f^2 \tag{6}$$

其中，

$$\delta \equiv \frac{1}{N} \sum_{i=1}^{N} (\beta_{0,i} - \hat{\beta}_{0,i})(\beta_{1,i} - \hat{\beta}_{1,i}) \tag{7}$$

$\hat{\beta}_0$, $\hat{\beta}_1$ 分别是 $\beta_{0,i}$ 和 $\beta_{1,i}$ 的截面均值。

方程（6）表明当 $\delta > 0$ 时，延迟的反应将会产生正的动量收益。直觉上，当那些即时 β 系数较大的公司同时也表现出大的滞后 β 系数时，

$\delta > 0$。这里，即时的这些 β 系数不如即时和滞后的 β 系数之和分散。当 $\delta > 0$，股票价格倾向于过于同向变动。换句话说，如果市场处于上升期，具有高 β 值的股票的价格将会比低 β 值的股票升幅更大，但没有当市场对因素实现同时充分反应时升幅大。因此，同样是因为延迟的反应，β 值越高的股票在随后的时期会有更高的收益。因为动量策略是当市场上扬时买入高 β 值的股票，这样他们将从随后时期的延迟的反应中获利。

当超前—滞后效应由这种方式产生时，大的因素实现将伴随着大的反应延迟，因此在任何时期的收益将会依赖于前一期因素实现的程度。正式地，JT 表明，预期的 WRSS 收益取决于过往的因素组合收益：

$$E(\sum_{i=1}^{N} w_i r_{i,t} \mid f_{t-1}) = \sigma_\mu^2 + \delta f_{t-1}^2 \tag{8}$$

方程（8）意味着如果超前—滞后效应对动量收益有影响，那么收益的大小应该与前一期的因素组合收益的平方正相关。

为了研究这个因素的重要性，JT 用价值加权指数作为因素组合的代理指标，对下面的方程进行了估计：

$$r_{pt,6} = \alpha_p + \theta_p r_{mt,-6}^2 + u_{it}$$

其中，$r_{pt,6}$ 是 WRSS 收益，$r_{mt,-6}$ 是从 $t-6$ 月到 $t-1$ 月价值加权指数的保守的回报（demeaned return）。从 1965 年到 1989 年的样本期，θ_p 的估计值和相对应的自相关——致的（autocorrelation-consistent）t 统计量分别是 -1.77 和 -3.56。这一显著为负的斜率系数表明，伴随着大的因素实现的动量收益更低。因此，市场范围的超前—滞后效应无助于动量收益。

10.2.4 行业动量

上一部分讨论的结果清楚地表明，用市场指数作为单因素模型中的共同因素无法解释动量收益。因此，动量收益可归因于收益的非市场成分的可预测性。收益中的异质成分（idiosyncratic component）是单因素模型中唯一的非市场成分，但是在多因素模型中，有可能动量与其他共同因素有关。比如，如果我们引入行业因素，行业收益的序列协方差而非公司层面的部分的收益的序列协方差，可能能够解释动量收益。

莫斯科维茨和格林布拉特（Moskowitz and Grinblatt，1999）估计了行业收益中的动量。他们构建了价格加权的行业组合，并依过去的行业收益对股票进行排序。他们发现，组合构建之后的6个月中，高动量行业比低动量行业表现更好。为了估计出行业动量对整体的动量收益的贡献程度，他们检验了一个"随机行业"策略的表现。具体来讲，他们用不在这些行业的其他企业代替了在这些行业的赢家和输家企业，但仍保证替换的企业的排序期收益与替换掉的公司相同。这个随机行业组合与原来的有赢家和输家行业组合的收益水平近似。但是，莫斯科维茨和格林布拉特发现，他们的随机行业动量策略获得的收益接近于零。主要是基于这个证据，他们得出结论：动量策略收益是来自行业动量，而不是不同企业层面的动量。

格伦迪和马丁（Grundy and Martin，2001）重新检验了行业动量的重要性。他们复制了莫斯科维茨和格林布拉特的做法，发现尽管随机行业策略获得零收益（见表10—6子表A），但是对6个月的排序期和接下来的6个月持有期，实际的行业策略获得明显为正的收益，每月0.78%。另外，格伦迪和马丁考虑了一个在排序期和持有期间隔一个月的策略，这么做是为了避免买卖价差可能带来的偏差。当行业组合以这种方式构建时，无论是对于实际的行业策略还是模拟的行业策略，动量策略没有获得明显的收益。相反，包含单只股票的行业策略获得了明显为正的收益，每月0.79%。

回忆表10—1，当排序期和持有期有间隔时，相对于无间隔来说，包含单只股票的行业策略获利更多。当持有期和排名期无间隔时，买卖价差和短时限的收益反转导致收益呈序列负相关，这使得动量策略的获利减少。格伦迪和马丁指出，随机行业组合的股票数要比真实行业组合中的股票少，因此，有可能随机行业策略的收益更多地受到买卖反弹（bid-ask bounce）的不利影响。同时，基于行业收益选出的股票倾向于比基于本身收益选出的股票更少受到由买卖反弹所导致的反转的影响。

但是，在行业动量这个例子中，当排名期和持有期有间隔时，6个月排名期的获利全部消失了。因此，行业动量似乎是受益于行业收益的正一阶序列相关，而单只股票动量却被短时限的收益反转所损害。这些结果表明，虽然动量策略也可能得益于行业动量，但文献中经常用到的动量策略显然得益于公司层面的收益的可预测性。

表10—6 真实的和随机的行业动量策略

在每一个月份 t，所有在纽约证券交易所和美国证券交易所上市的股票被分入20个行业组合中的一个，即 $I_{i t}$。组合根据 $\sum_{\tau=t-7}^{t-2} r_{I \tau}$ 这一标准进行排序，其中 $r_{I t}$ 是行业 I 在第 θ 到 $t-1$ 月的收益。真实的行业动量策略根据这种排序将顶部和底部的三个行业标记为赢家和输家。组合逐月构建。样本期从1963年7月至1995年7月（385个月）。随机的行业动量策略随后根据这种排序将顶部和底部的三个行业标记为赢家和输家，但是，组合中的股票来自所有在纽约证券交易所的所有股票 i 都根据它们在排序期的收益维持这种排序。赢家或输家组合是根据在排序期收益高低排序后，赢家组合中的股票 j 被排名比 j 高的股票替换。单只股票的策略是基于它们在排序期的收益进行排序，并且排名最高的10%股票被分入赢家组合，排名最后的10%被分入输家组合。子表B列示了排序期从 $t-6$月到 $t-1$月的结果。

	实际的行业策略			随机的行业策略			单只股票的策略		
	所有月份	1月	不含1月	所有月份	1月	不含1月	所有月份	1月	不含1月
子表 A: 基于 $t-6$ 月到 $t-1$ 月收益构建的 t 月组合									
价值加权组合									
均值 (%)	0.47	−0.34	0.55	0.00	−1.31	0.12	—	—	—
t 统计量	(2.27)	(−0.38)	(2.57)	(0.00)	(−1.33)	(0.68)	—	—	—
等权重组合									
均值 (%)	0.78	−0.42	0.89	−0.01	−1.45	0.12	—	—	—
t 统计量	(4.30)	(−0.49)	(4.92)	(−0.10)	(−3.26)	(1.39)	—	—	—
子表 B: 基于 $t-7$ 月到 $t-2$ 月收益构建的 t 月组合									
价值加权组合									
均值 (%)	0.16	−0.90	0.26	−0.01	−2.37	0.21	—	—	—
t 统计量	(0.79)	(−1.03)	(1.23)	(−0.03)	(−2.61)	(1.25)	—	—	—
等权重组合									
均值 (%)	0.37	−1.24	0.52	0.07	−1.65	0.22	0.76	−7.79	1.54
t 统计量	(2.09)	(−1.47)	(2.92)	(0.71)	(−3.66)	(2.40)	(2.39)	(−3.82)	(6.04)

资料来源：Grundy and Martin (2001)。

在最近的一篇由卢埃林（Lewellen，2002）所写的论文中，也发现行业组合产生了显著的动量收益。但是，卢埃林认为，行业动量主要是由行业中的超前—滞后效应驱动的。具体来说，他的证据表明行业组合收益的变动倾向于非常同步。另外，他发现规模和账面/市值比组合同样呈现出动量。所有的证据都表明，无论是行业动量还是公司层面的动量都不能容纳对方，但是它们两个都很重要。

10.3 行为模型

就像引言中提到的，用一个基于风险的模型很难解释观察到的动量收益。因此，研究人员就转向用行为模型来解释这种现象。因为这些方法在本书的其他章节已被描述得更加详细，为了激发对动量更多更新的经验研究，我们仅对这些行为模型作一个简要的介绍。

这类模型中的大多数都假设动量效应是由单只股票收益的序列相关性引致的，就像我们上面讨论的，这似乎与经验事实相符。但是，不同之处在于，序列相关是否是由反应不足或者延迟的过度反应所引致。如果序列相关性是由反应不足引致的，那么我们将会看到在持有期会有正的超常收益，在接下来的时期收益恢复到正常的水平。但是，如果超常的收益是由延迟的过度反应引致的，那么我们将会看到在持有期超常的动量收益后紧跟着的是负的收益，因为延迟的过度反应最终会反转。因此，这些行为模型表明我们应该检验动量策略的长期盈利性（long-term profitability），从而弄清楚动量是由反应不足还是延迟的过度反应引致的。

德隆、史莱佛、萨默斯和瓦尔德曼（De Long, Shleifer, Summers, and Waldman，1990）率先对非理性组合策略如何影响资产价格进行正式的建模。尤其是，他们认为投资者倾向于遵循"正反馈交易策略"（指买入过去的赢家并卖出过去的输家的投资策略）。他们证明这种投资行为将会导致市场价格在短期偏离基准价值并产生动量效应。当价格恢复到基准价值时，长时限收益表现出反转。后续的文献很大程度上都是构建行为模型将不同的行为偏差如何导致投资者遵循正反馈策略形式化。

巴贝尔斯、史莱佛和维什尼（Barberis, Shleifer, and Vishny, 1998）讨论了"保守主义偏差"是如何导致投资者对信息的反应不足进而产生动量收益的。保守主义偏差是由爱德华兹在试验中发现的，是指当投资者更新他们的信息时倾向于低估新信息。如果投资者如是行动，价格吸收新信息就会变得缓慢,但是一旦价格完全吸收了信息,股票收益就不再有可预测性了。

另外,巴贝尔斯等人假定投资者也存在"代表性启发式"(representative heuristic)偏差,这导致了延迟的过度反应。正如特沃斯基和卡尼曼(Tversky and Kahneman,1974)最早所描述的,代表性启发式偏差是指个体在判断"不确定事件,或者一个样本时,是根据其与总体(parent population)类似的程度"的这种倾向。针对股票价格的情形,巴贝尔斯等人认为这种偏差会导致投资者错误地认为现在持续快速增长的公司在将来也会有类似的快速增长。他们认为,虽然单独的保守主义偏差只是导致反应不足,但是再加上代表性启发式偏差,将会导致价格在短期超过他们的基本价值并在长期发生收益反转。①

丹尼尔、赫什莱佛和苏巴曼亚姆(Daniel, Hirshleifer, and Subrahmanyam,1998)以及洪和斯坦(Hong and Stein,1999)提出了另一类模型,这一类模型也能解释短期的动量和长期的反转。丹尼尔等人认为那些消息灵通的交易者的行为具有"自我归因"偏好("self-attribution" bias)的特点。在他们的模型中,投资者观察到一组股票的积极信号(positive signals),在信号抵达后,这组股票中仅有一些表现得好。因为他们的认知偏好,消息灵通的交易者将事后盈利的股票的表现归因于他们选择股票的能力,将事后亏损的股票的表现归因于运气不佳。于是,这些投资者对他们选择盈利股的能力过度自信,因此高估了他们所掌握的关于这些股票的信号的准确度。基于他们对掌握的信号方面不断膨胀的自信,他们将盈利股的价格推得高于其基本价值。该模型中延迟的过度反应导致动量收益随着价格反转到基本价值而最终反转。

洪和斯坦(Hong and Stein,1999)没有直接将任何投资者的行为偏差引入模型,但他们考虑了两类基于不同信息集进行交易的投资者。消息灵通的投资者,或者他们的模型中的"消息观察者",获得了关于未来现金流的信息,但是忽视了历史价格的信息。他们模型中的另一类投资者基于有限的历史价格进行交易,另外,他们无法观察到消息观察者可以观察到的基本面信息。消息灵通的投资者获得的信息缓慢扩散,因此当信息扩散到市场后,仅有部分信息在价格中得到反映。这类模型是反应不足的原因之一,最终带来动量收益。技术类交易者(technical

---

① 在巴贝尔斯等人的模型中(以及其他行为模型中),不同的偏差开始发挥作用的时限并不明确。有人可能争辩说这篇论文中所采用的6个月排序期对于源于代表性启发式效应的延迟过度反应可能不够长。在这种情况下,我们将仅观察由保守主义偏差引起的反应不足。

traders）基于历史价格预测收益，这倾向于将之前盈利的股票的价格推高到超过它们的基本价值。当价格最终反转回基本价值时，收益也发生了反转。该模型中的两类交易者理性地行动：他们基于他们的信息集更新预期。但是因为每类交易者仅利用部分信息更新他们的预期，这一事实使得收益具有可预测性。

10.4 动量组合的长时限收益

正如我们前面讨论过的，动量效应既与投资者对信息反应不足一致，又与投资者对过往信息有延迟的过度反应一致，也许是因为正反馈交易。和 10.3 节描述的一些行为模型相符的正反馈效应意味着动量组合在前面部分考虑的持有期之后的时期中应该产生负收益。

JT 以及贾格迪什和蒂特曼（Jegadeesh and Titman，2001）检验了动量策略的长时限收益以检验证据是否表明在后持有期（post-holding periods）有收益反转。我们将贾格迪什和蒂特曼（Jegadeesh and Titman，2001）的图 10—2 复制过来，这个图显示了在组合形成后 60 个月的持有期内的累积动量收益。在 1965—1998 年的样本区间里，结果显示从第二年到第五年，收益有一个大的反转。累积动量收益一直单调上升，直到第 12 个月末达到了 12.7%。从第 13 个月到第 60 个月动量收益平均为负。在第 60 个月末累积动量收益降至 -0.44%。观察发现，大多数反转出现在组合成立后的 4~5 年。

长时限收益反转的稳健性可以通过检验动量组合在两个分开的时间段的表现来评估。这两个时间段即 1965—1981 年和 1982—1998 年两个子时段（subperiods）。除了作为分段点，1981 年多少还表示了法马和弗伦奇因素收益的分段点。相比于 1981 年之后的时期，法马-弗伦奇的 SMB 和 HML 因素在 1981 年之前的时期有更高的收益。SMB 和 HML 因素的平均收益率在 1981 年之前的时期分别为每月 0.53% 和 0.48%，而在 1981 年之后的时期分别为 -0.18% 和 0.33%。因为动量组合显著受这些因素的影响（见表 10—4），所以与因素相关的反转在 1981 年之前的时期要大于 1981 年之后的时期。

这些证据表明，无论对哪一个子时段，在成立后的前 12 个月内动量策略明显盈利，并且盈利的大小近似相等。不过，在两个子时段的后持有期，收益完全不同。在 1965—1981 年的子时段，累积动量收益从 12

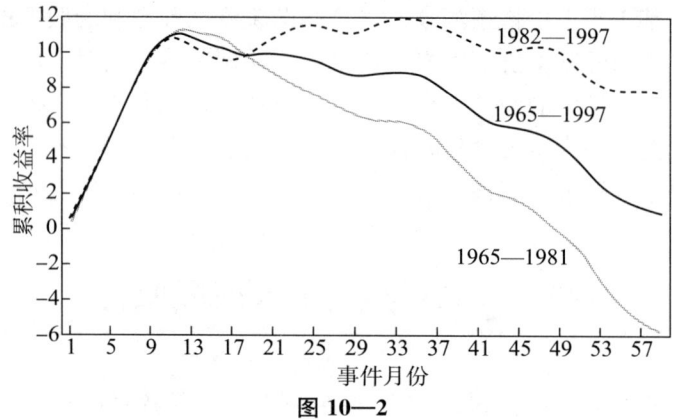

图 10—2

注：该图显示了动量组合的累积收益，样本股是在纽约证券交易所、美国证券交易所或纳斯达克上市交易的。样本包括在事件期（the event period）一开始时所有那些市值高于纽约证券交易所交易股票中市值最低的10%的股票。在每一事件月份（event month）开始时定价低于5美元的股票被排除在样本之外。动量组合的构建请参见表10—1的描述。

资料来源：Jegadeesh and Titman (2001a)。

个月底的12.10%下降到第36个月月末的5.25%，随后在第60个月月底进一步降至 -6.29%。在1982—1998年的子时段，累积动量收益从第12个月月底的12.24%急剧降到第36个月月底的6.68%，在接下来的24个月内基本上维持在相同的水平上。不过，第二个子时段的证据不支持行为模型。总之，正的动量收益有时与后持有期反转相关，有时则不然。因此，动量组合的长时限表现没有对行为模型提供强有力的支持。

10.5　动量的截面决定因素

行为模型的深刻洞见还表明，有不同特征的股票应该有不同的动量程度。例如，在多大程度上动量效应源于股票价格对公司层面信息的非有效反应，这似乎与公司产生的信息的质量和类型的不同指标有关；与信息在被公开披露和私人获取之间的比重有关；也与和套利交易有关的成本有关，该成本会抵消动量收益。

经验证据表明这些因素中的每一个都很重要。例如，JT 和一些最近的文献发现小公司有更大的动量。在最新的一篇工作论文中，莱斯蒙德、席尔和周（Lesmond, Schill, and Zhou, 2001）报告说，动量效应最重要的横截面预测变量是股票价格水平。公司规模和价格水平都与交易成本相关。因此，这些论文中的证据表明，不同股票间动量效应的差异很可能至少有部分是源于交易成本的差异。

洪、利姆和斯坦（Hong，Lim，and Stein，2000）发现即使控制了规模，那些有更少股票分析师关注的公司表现出更大的动量。表10—7是从洪、利姆和斯坦（Hong，Lim，and Stein，2000）的论文中复制过来的，该表显示在那些分析师报道量（analyst coverage）相对较低的股票上应用动量策略的收益相当大。因为对那些低分析师报道量的股票，公开信息更少，将公司信息反映到它们的股价中可能会更慢。因此，该发现与洪和斯坦（Hong and Stein，1999）关于公共信息缓慢传播会增加动量收益的预测一致。不过，这个结论也与过度自信假说一致。因为对分析师报道量低的股票，可以获得的公开信息更少，因此人们可能会预期这些股票会有相对更多的私人信息。丹尼尔、赫什莱佛和苏巴曼亚姆（Daniel，Hirshleifer，and Subrahmanyam，1998）表明，当人们更加活跃地收集私人信息时，过度自信会更加严重。

丹尼尔和蒂特曼（Daniel and Titman，1999）发现，对成长股（账面/市值比低）采用动量策略时，动量收益明显比对价值股（账面/市值比高）采用动量策略更高。表10—8是从丹尼尔和蒂特曼的论文中复制过来的，该表显示，当对高账面/市值比股票采用动量策略时，动量收益并非显著不为零。成长股比价值股可能更难估值。心理学家指出人们对于完成更不明确的任务的能力往往更容易过度自信。因此，成长股的动量效应更强的证据符合过度自信假说。

表10—7　基于价格动量和分析师报道量的组合的月收益

该表仅包括那些高于纽约证券交易所或美国证券交易所第20个百分位的股票。动量组合是基于滞后6个月的原始收益构建的，并被持有6个月。这些股票根据滞后6个月的收益按升序排列。组合P1是表现最差的30%股票的等权重组合，组合P2包括中间的40%，组合P3包括表现最好的30%。本表列示了这些组合的月平均收益率（%）以及下述组合的月平均收益率（%）：组合是利用模型1分析师报道量对规模对数和一个纳斯达克工具变量的回归残差进行单独的分类来构建的（参见引文）。最低报道量的企业归入Sub1，中间报道量的企业归入Sub2，最多报道量的企业归入Sub3。规模均值（中值）按百万计，括号内是 t 统计量。

历史	所有股票	报道量残差分类			
		低：Sub1	中：Sub2	高：Sub3	Sub1－Sub3
P1	0.62	0.27	0.67	0.97	－0.70
	(1.54)	(0.66)	(1.70)	(2.31)	（－5.16）

续前表

历史	所有股票	报道量残差分类			
		低：Sub1	中：Sub2	高：Sub3	Sub1－Sub3
P2	1.37	1.26	1.40	1.44	－0.18
	(4.40)	(4.20)	(4.58)	(4.29)	(－2.11)
P3	1.56	1.40	1.58	1.69	－0.28
	(4.35)	(3.95)	(4.52)	(4.45)	(－2.80)
P3－P1	0.94	1.13	0.92	0.72	0.42
	(4.89)	(5.46)	(4.64)	(3.74)	(3.50)
规模均值		962	986	455	
规模中值		103	200	180	
分析师报道量均值		1.5	6.7	9.7	
分析师报道量中值		0.1	3.5	7.6	

资料来源：Hong, Lim, and Stein (2000).

表 10—8 按账面/市值比和动量分类的组合的收益

该表列出的来自纽约证券交易所、美国证券交易所和纳斯达克的普通股都归入根据市值规模、账面/市值比和上年度收益所划分的三个五等分组中。子表 A 列示了 1963 年 7 月到 1997 年 12 月期间根据上年度收益和账面/市值比分类的 25 个组合的月平均收益率。这 25 个组合被构建时对五个相应的按规模分类组合同等加权。子表 B 考察了排除最大和最小五分位股票后的类似策略。

	子表 A：原始收益，所有五分位						
	低	账面/市值比			高	高－低	t 统计量
低	0.45	0.71	1.07	1.17	1.39	0.94	(5.27)
	0.73	0.98	1.14	1.29	1.46	0.73	(4.75)
历史收益率	0.92	1.06	1.17	1.30	1.37	0.45	(2.73)
	1.04	1.14	1.16	1.36	1.40	0.36	(1.93)
高	1.21	1.42	1.37	1.51	1.49	0.23	(1.45)
高－低	0.75	0.71	0.30	0.35	0.11	高高－低低	
t 统计量	(3.84)	(4.03)	(1.87)	(2.18)	(0.59)	1.04	(5.66)

	子表 B：原始收益，仅包含 2 到 4 五分位						
	低	账面/市值比			高	高－低	t 统计量
低	0.55	0.65	1.06	1.16	1.53	0.98	(5.02)
	0.69	0.97	1.16	1.17	1.51	0.82	(4.63)
历史收益率	0.90	1.03	1.12	1.33	1.42	0.52	(2.74)
	1.00	1.10	1.15	1.40	1.43	0.43	(1.99)
高	1.34	1.50	1.41	1.52	1.61	0.27	(1.11)

续前表

	子表 B：原始收益，仅包含 2 到 4 五分位						
	低		账面/市值比		高	高一低	t 统计量
高一低	0.79	0.85	0.34	0.36	0.08	高高一低低	
t 统计量	(3.33)	(4.26)	(1.96)	(2.13)	(0.42)	1.06	(5.02)

资料来源：Daniel and Titman (1999).

李和斯沃敏纳坦（Lee and Swaminathan，2000）检验了动量收益与换手率之间的关系，他们发现换手率更高的股票动量收益也更高。表 10—9 列示了他们论文中的一些结果，表明换手率最高的股票的动量收益几乎是换手率最低的股票的三倍。如果站在交易成本的角度看，这个发现多少有点让人吃惊。换手率更高的股票更便于交易，因此交易成本也应该更低。同时，相对于换手率低的股票，换手率高的股票分析师关注得更多，机构持股也更多，因此我们将预期投资者对这些股票过度自信的程度较低。

对于他们的发现，一个可能的解释是，人们对换手率更高的股票的意见分歧也更大，这可能源于评估这些股票的基本价值的困难。因此丹尼尔和蒂特曼对于为什么成长股表现出更大的动量的解释可能也适用于高换手率的股票。另外一个解释就是，换手率与股票吸引的注意力多少有关。因此，高换手率股票可能更容易遇到德隆、史莱佛、萨默斯和瓦尔德曼（De Long，Shleifer，Summers，and Waldman，1990）指出的正反馈交易策略。

表 10—9　　基于价格动量与交易量的组合的月收益

该表列示了基于 1964—1995 年期间的历史收益率和历史日平均成交量的独立双因素分类的组合策略的月平均收益率。在每个月月初，所有在纽约证券交易所或美国证券交易所上市的可得股票都根据过去 6 个月的收益率独立分类，并被划分成 10 个组合。R1 代表输家组合，R10 代表赢家组合。随后股票根据过去 6 个月的平均日成交量进行单独分类，同样被划分为 3 个组合，这里用成交量（turnover）代表交易量（trading volume）。V1 代表最低的交易量组合，V3 代表最高的交易量组合。两种分类的交集中的股票被分在一起就形成了基于历史收益率和历史成交量的组合。月收益率按如下方式计算：这个月月初和过去几个月开始的（initiated）策略的收益率的等权重平均。括号里是简单的 t 统计量。

	V1	V2	V3	V3—V1
R1	1.12	0.67	0.09	−1.04
	(2.74)	(1.61)	(0.20)	(−5.19)
R10	1.67	1.78	1.55	−0.12
	(5.30)	(5.41)	(4.16)	(−0.67)
R10—R1	0.54	1.11	1.46	0.91
	(2.07)	(4.46)	(5.93)	(4.61)

资料来源：Lee and Swaminathan (2000).

我们在这部分回顾的证据表明,分析师报道量低的股票的动量收益高于分析师报道量高的股票,成长股的动量收益高于价值股,换手率高的股票的动量收益高于换手率低的股票。这些行为模型为理解动量收益的截面差异奠定了基础。不过,这种截面差异可被这些模型背后的多种行为偏差所解释。因此,很难根据这些发现去评估哪一个特定的行为偏差带来了动量收益。很可能所有偏差都起了一定的作用。

10.6 收益动量

到目前为止,结果都关注基于过去收益的动量策略的盈利能力。当然,收益是由股票背后的基本面变化带来的。比如,当盈利增长超出预期并且一致预测未来盈利向上调整时,股票收益倾向于变高。大量的文献基于过去收益的动量和未来收益预期的动量来检验收益的可预测性,未来收益的预期用分析师预测的调整来代表。本部分选择性地回顾了一些收益动量文献中的证据,并且阐述了收益动量和价格动量之间的相互作用。

那些研究过去收益动量与未来收益之间关系的文献包括:Jones and Litzenberger (1970);Latane and Jones (1979);Foster, Ohlsen, and Shevlin (1984);Bernard and Thomas (1989);Chan, Jegadeesh, and Lakonishok (1996)。这些论文经常用标准化非预期收益(SUE)的方法来测度收益动量。SUE 定义如下:

SUE=(季度收益-期望季度收益)/季度收益增长的标准差

这些论文采用了时间序列模型的不同变换来确定收益预期。通常,这些论文假设季度收益服从带漂移项的季节随机游走过程,但他们关于收益增长的假定并不相同。具体而言,琼斯和利曾伯格(Jones and Litzenberger,1970)以及拉坦和琼斯(Latane and Jones,1979)假定季度收益以固定速度增长,福斯特等(Foster et al.,1984)、伯纳德和托马斯(Bernard and Thomas,1989)将季度收益率增长建模为 AR(1)过程,而查恩等(Chan et al.,1996)假定季度收益预期增长为 0。

在这些季度收益增长的统计模型中,AR(1)模型是最现实的设定,因为它捕捉到了收益增长中的均值回归。① 然而,不同论文的结论的稳健性表明,对测量非预期收益以预测收益这一目的来讲,用来刻画

---

① 对不同统计模型刻画季度收益的时间序列特征的相对准确性的评估,参见 Foster et al. (1984)。

预期收益增长的模型的准确性并不是那么重要。

表 10—10 归纳了基于 SUE 方法构建的组合的收益。拉坦和琼斯检验了 SUE 策略的获利能力，相应的样本区间为 1974—1977 年，他们发现在 6 个月的期间，极端 SUE 组合之间的收益差距大约为 7.3%。拉坦和琼斯文章中的极端投资组合包括 SUE 大于 2 的高 SUE 投资组合以及 SUE 小于 −2 的低 SUE 投资组合。在这样的分类下，样本中大约 15% 的股票被分配到了各极端组合之中。伯纳德和托马斯（Bernard and Thomas, 1989）报告发现中小型公司的极端 SUE 十分位之间收益之差处于近似相等的水平。对于大型公司，极端十分位组合之间的收益之差有 4.1%。

查恩等（Chan et al., 1996）发现，极端 SUE 投资组合之间 6 个月的收益之差为 7.5%，相应的样本区间为 1973—1993 年。12 个月的持有期的收益之差为 7.5%，只是比最开始 6 个月的收益差异略高。因此，与价格动量投资策略相比，SUE 策略的优异表现相对更短暂。

表 10—11   基于标准化非预期收益（SUE）构建的组合的收益

该表列示了不同论文中的极端 SUE 投资组合的收益。SUE 被定义如下：

SUE＝（季度收益−期望季度收益）/季度收益增长的标准差

拉坦和琼斯（Latane and Jones, 1969）论文中的高 SUE 组合和低 SUE 组合分别包括 SUE 大于 2 和 SUE 小于 −2 的股票。伯纳德和托马斯（Bernard and Thomas, 1989）以及查恩、贾格迪什和兰科尼肖克（Chan, Jegadeesh, and Lakonishok, 1996）论文中的高 SUE 组合和低 SUE 组合分别包括 SUE 最高的 10% 的股票和最低的 10% 的股票。拉坦和琼斯、伯纳德和托马斯报告了超额收益率（abnormal returns），查恩等报告了原始收益率（raw returns）。

文献	样本期	持有期	样本	收益率 高 SUE	收益率 低 SUE
Latane and Jones (1979)	1974—1977	6 个月	所有公司	3.1	−4.2
Bernard and Thomas (1989)	1974—1986	120 天	小公司 中型公司 大公司	2.6 2.3 2.0	−5.4 −4.8 −2.1
Chan, Jegadeesh, and Lakonishok (1996)	1973—1993	6 个月 12 个月	所有公司 所有公司	11.9 21.3	5.1 13.8

对分析师盈利预测修正的部分文献的回顾归纳在表 10—11 中。吉夫利和兰科尼肖克（Givoly and Lakonishok, 1979）进行的一项研究检验了样本期为 1967—1974 年且包括 67 家企业的样本，他们考虑了从标准普尔收益预测（Standard and Poors Earnings forecaster）得到的收益预测数据。他们构建了向上修正和向下修正组合（up and down revision portfolios），所包含的股票分别是收益预测向上或向下调整了5%的股票。他们发现向上修正组合比向下修正组合收益高出大约3.1%。斯蒂克尔（Stickel，1991）检验了样本期在1981—1984年，扎克斯投资研究数据库中的纽约和美国股票交易所上市公司组成的样本。他根据个别分析师的预测修正以及一致的预测修正考虑了向上修正和向下修正的不同测度。斯蒂克尔的向上和向下修正组合由5%的最高和最低预测修正的股票构成。他发现用一致的预测修正和用个别分析师的预测修正，向上修正减向下修正组合获得的收益分别为7.07%和6.36%。

查恩、贾格迪什和兰科尼肖克（Chan，Jegadeesh，and Lakonishok，1996）采用了I/B/E/S所包含的公司组成的样本，样本区间为1977—1993年。他们将预测修正定义为一致的收益预测修正与股票价格比率的6个月移动平均值。查恩等的向上和向下修正组合分别包括10%的最高和最低预测修正的股票。他们发现向上比向下修正组合的收益率在组合成立6个月后高7.7%，12个月后高出了8.7%。分析师预测修正策略的获利能力也相对较短暂，这与SUE策略类似。

表10—11 基于分析师预测修正构建的组合的收益

该表列示了基于分析师预测修正构建的组合的收益。吉夫利和兰科尼肖克的论文中的向上修正组合由分析师预测修正大于5%的股票构成，向下修正组合由分析师预测修正低于—5%的股票构成。斯蒂克尔（Stickel，1991）论文中的向上和向下修正组合分别由分析师预测修正最高的5%股票和最低的5%股票构成。表的上部列示的是斯蒂克尔根据个别分析师的预测修正的结果，表的下部列示的是基于一致的收益预测修正的结果。查恩、贾格迪什和兰科尼肖克根据分析师预测修正与股价之比的6个月移动平均对股票进行排序。斯蒂克尔（Stickel，1991）* 论文中的向上和向下修正组合分别由分析师预测修正最高的10%股票和最低的10%的股票构成。吉夫利和兰科尼肖克以及斯蒂克尔报告的是超额收益率，查恩等报告的是原始收益率。

文献	样本期	样本	持有期	收益率		
				向上修正	向下修正	差值
Givoly and Lakonishok (1979)	1967—1974	来自标准普尔盈利预测的49家公司	2个月	2.70	−1.00	3.70
Stickel (1991)	1981—1985	扎克斯中在NYSE/AMEX上市的股票	125天	2.99 2.83	−4.08 −3.53	7.07 6.36

* 原文如此，应是笔误。根据正文此处应是Chan，Jegadeesh和Lakonishok（1996）而非Stickel（1991）。——译者注

续前表

文献	样本期	样本	持有期	收益率		
				向上修正	向下修正	差值
Chan, Jegadeesh, and Lakonishok (1996)	1973—1993	IBES 中在 NYSE/AMEX /NASDAQ 上市的股票	6 个月 12 个月	12.30 22.90	4.60 13.20	7.70 8.70

这些文献的所有证据都表明分析师预测修正策略非常稳健。这个策略的获利能力对预测修正的具体定义并不敏感，对于分析师预测的数据来源也不敏感。而且，虽然最早的证据是在二十多年前发表的，SUE策略和预测修正策略仍在继续盈利。

10.6.1 盈利与收益动量策略之间的关系

查恩等（Chan et al., 1996）对不同动量投资策略之间的相互关系进行了详细的分析，这一小节紧接着他们的论文展开。正如他们所指出的，有可能价格动量策略能够盈利主要是因为价格动量和收益动量是相互关联的，而收益动量可能是收益可预测性的主要原因。或者说，基于价格动量和收益动量的策略可以获利是因为它们利用了市场对于不同信息的反应不足。例如，收益动量策略可能利用了对公司短期前景信息的反应不足，而这最终在会近期收益里显现出来。价格动量策略可能利用了人们对更多的价值相关信息的缓慢反应，这些信息包括没有被短期收益预测或者过去收益增长捕捉到的公司的长期前景信息。如果这些解释都是正确的，那么同时基于过去收益和收益动量的策略应该比单独使用其中任何一个策略都能得到更高的利润。

查恩等（Chan et al., 1996）揭示了价格和收益动量变量之间的相关关系，他们的结论复制在表 10—12 中。并不令人吃惊的是，价格动量和收益动量指标互相正相关。最高的相关度（0.44）存在于两个收益动量变量中。过去 6 个月的收益与标准化的非预期收益以及分析师预测修正之间的相关性表明，过去收益的意外情况与对下一年收益期望的修正几乎是相等的。然而，不完全相关表明，不同动量变量并不反映相同的信息。确切地说，它们捕捉到了公司表现改进或者恶化的不同方面的信息。

表 10—12　　　先前 6 个月的收益和收益动量变量间的关系

该表列示了过去 6 个月的股票收益（$R6$）、以过去 8 个季度非预期收益的标准差（SUE）来衡量的标准化非预期收益（之前最近季度的每股收益相对于四个季度之前该值的变化量）和 IBES 分析师盈利预测在过去 6 个月的修正的移动平均与月初股票价格之比（REV6）三者之间的关系。

	$R6$	SUE	REV6
$R6$	1.00		
SUE	0.29	1.00	
REV6	0.29	0.44	1.00

资料来源：Chan, Jegadeesh, and Lakonishok (1996).

10.6.2　两因素分析

盈利和收益动量投资策略对于预测未来 6～12 个月的股票收益率都是有用的。因为这些变量倾向于一起变动，这些发现很可能并不是反映了三个独立的效应而是单个效应的不同表现。例如，正如 SUE 所反映的，如果收益动量是收益可预测性的直接原因，那么它应该包括了其他变量的预测能力。然而，如果这些动量变量之中的每一个都包含了关于未来收益的不同信息，那么每个变量应该显示出递增的预测能力。

查恩等（Chan et al., 1996）用基于双因素分类的可预测性检验讨论了这个问题。在每个月初，他们根据股票在过去 6 个月的收益将其分组，并且把它们分到三个等规模投资组合中的一个。另外，他们分别基于 SUE 和分析师预测修正将股票分到三个等规模投资组合中的一个。因此对于每一双因素分类，每一只股票都被分入 9 个投资组合中的一个。

表 10—13 的子表 A 列示了基于过去 6 个月的收益和 SUE 构建组合时的结果。最重要的发现是，过去 6 个月的收益和 SUE 能够预测后续时期的收益。特别之处在于，双因素分类使得联合排名最高和联合排名最低的股票的收益产生了很大的差异。例如，排名最高的投资组合的收益比排名最低的投资组合的收益在最初 6 个月高出 8.1%，在最初的一年高出 11.5%。

每个变量（$R6$ 和 SUE）对未来收益率的预测能力都有所贡献。在子表 A，当过去的收益保持不变时，在组合形成后最开始的 6 个月，高 SUE 的股票比低 SUE 的股票的收益平均高出 4.3%。相比之下，在

SUE 水平相同时，过去收益高的股票和过去收益低的股票间收益之差平均只有 3.1%。在最开始的 6 个月，SUE 的边际贡献高于过去收益的边际贡献。当考虑组合形成之后第一年的收益时，情形就不同了。SUE 的边际贡献只有 3.8%，而过去收益的边际贡献为 7%。

根据过去 6 个月的收益和分析师预测修正（表 10—13 中的子表 B）的双因素分类出现了类似的情形。分析师修正的边际贡献在最初 6 个月为 3.8%，相比之下，过去收益的边际贡献为 4.5%。虽然在投资组合形成后的 12 个月分析师预测修正的边际贡献几乎保持在同一水平，但是过去收益的边际贡献上升到了 9.2%。

有可能是 SUE 和分析师收益预测修正捕捉了同样的信息。例如，斯蒂克尔（Stickel，1989）以及艾维克维克和贾格迪什（Ivković and Jegadeesh，2004）发现收益预测的分析师修正集中在收益公告前后。因为预测修正倾向于与季度收益公告的意外结果同方向变动，所以检验这些分析师预测修正和 SUE 是否捕捉到了同样的效应是很重要的。查恩等讨论了这个问题，表 10—13 中的子表 C 列示了他们的结果，结论表明 SUE 和分析师预测修正对收益率可预测性都有各自的贡献，而且它们贡献的水平几乎也相同。组合形成后 6 个月和 12 个月 SUE 的边际贡献分别为 3.4% 和 3.7%。分析师修正的相应贡献分别为 3.2% 和 4.3%。

总的来说，这些动量变量中的每一个都不能把其他任何一个动量变量包含在内。相反，它们中的每一个都利用了对不同信息的反应不足。然而结果表明，与先前收益（prior returns）相关的良好表现的成分相比，与收益变量相关的良好表现的成分存在时间更短暂。

针对不同类型信息的预测成分的相对寿命，查恩等提出了一个可能的解释。收益动量策略是基于近期收入的表现——季度收益的意外结果或者分析师对当前财年盈利预测的改变。相比之下，当股票根据过去收益的高低排序时，极端投资组合包括了市场对公司未来前景的期望作出较大修正的股票。排序最前的组合的股票在收益动量策略下价格在排序期平均上升了约 70%，而排序最靠后的组合的股票价格在排序期平均下降了约 30%。如此大的变化不可能仅仅是因为盈利消息的季度变化。查恩等发现，根据分析师修正排名最高（最低）的组合相应的过去 6 个月收益大约是 25%（-7.5%）。因为对价格动量投资组合的市场信心的重新估值更大，而且考虑到市场调整不是立即发生的，那么价格动量策略的未来收益幅度更大也就不足为奇了。

表10—13 基于过去收益和收益动量分类的组合的收益：两因素分类

该表列示了组合的6个月和12个月收益率，组合构建的依据如下：以过去8个季度的股票收益，以过去8个季度非预期收益的标准差来衡量的标准化非预期收益（之前最近季度的每股收益相对于四个季度之前每股收益的变化量）以及IBES分析师盈利预测在过去6个月的修正量的移动平均与月初股票价格之比。该表首先根据这些变量中的每一个单独排序。等权重组合是用两个变量同时进行三分位排序的交集中的股票构建的。

子表 A: 标准化非预期收益和先前6个月的收益

标准化非预期收益	1 (低)	1 (低)	1 (低)	2	2	2	3 (高)	3 (高)	3 (高)
先前6个月的收益	1 (低)	2	3	1	2	3	1	2	3 (高)
最开始6个月	5.5	9.4	8.5	7.6	10.6	1.13	7.4	11.8	13.6
第一年	14.2	19.0	15.7	18.3	22.4	21.6	19.0	25.3	25.7

子表 B: 分析师预测修正和先前6个月的收益

分析师预测的修正	1 (低)	1 (低)	1 (低)	2	2	2	3 (高)	3 (高)	3 (高)
先前6个月的收益	1 (低)	2	3	1	2	3	1	2	3 (高)
最开始6个月	4.2	6.3	8.5	7.7	8.8	11.2	9.3	10.3	13.0
第一年	11.3	13.4	15.2	18.0	18.6	21.4	21.4	21.5	24.6

子表 C: 分析师预测修正和标准化非预期收益

分析师预测的修正	1 (低)	1 (低)	1 (低)	2	2	2	3 (高)	3 (高)	3 (高)
标准化非预期收益	1 (低)	2	3	1	2	3	1	2	3 (高)
最开始6个月	5.1	6.5	9.3	8.4	9.3	11.1	9.3	9.6	12.1
第一年	13.7	15.3	19.0	18.4	19.6	22.4	18.5	18.7	22.0

资料来源：Chan, Jegadeesh, and Lakonishok (1996).

第 10 章 动 量

10.7 结 论

有效市场假说隐含着这样的信念：如果收益存在任何可预测的模式，投资者会立即行动去利用它们，直到这种可预测性的原因消失。然而，不管是对基于过去收益的动量投资策略还是对基于收益的动量投资策略，情况似乎并不是这样。至少在 20 世纪 90 年代初这两种策略就广为人知并且被广泛宣传了，但它们仍在产生利润。

动量效应是相当普遍的，而且它似乎不能被风险所解释。至少在过去 60 年里，动量投资策略持续在美国带来正的收益，包括最初的动量检验并未涉及的 20 世纪 90 年代。全世界大多数主要的发达市场也已发现了动量收益。唯一引人注目的例外是日本，对它的研究只发现了很微弱的并且在统计上不显著的动量证据。

我们认为动量效应可能代表了反对有效市场假说的最强证据。因为这个原因它吸引了大量的研究。直至此刻，我们已经有了许多有趣的事实去解释它，包括若干可能的理论解释。然而金融经济学家对于到底是什么产生了动量收益还远远没有达成共识，这使它成为未来研究的一个有趣领域。

第11章 经纪商推荐股票过程中的市场效率和偏见[①]

罗尼·麦克利（Roni Michaely）和
肯特·沃马克（Kent L. Womack）

导　言

对证券分析师决策行为的研究，特别是对卖方分析师发出"买进"、"卖出"或者"持有"股票的建议的研究，提供了金融领域内最根本的一些问题的证据。[②] 这些问题包括：分析师能否甄别出未来的赢家和输家？如果能，价格能以多快的速度吸收分析师推荐信息的价值？投资者从这些推荐中所获利润能否超过交易成本？分析师们能否有目的地操控股票价格，并使之偏离市场均衡价值——即使只是短暂地偏离？而可能最重要的是，关于金融市场效率，分析师推荐的证据能告诉我们什么？

如果市场是有效的，人们就认为市场参与者不能够始终如一地预测出未来表现优异的股票和拙劣的股票。分析师的推荐对是否存在投资"技巧"提供了一个最纯粹的检验。证券分析师通常就是行业专家，通常覆盖5~25只股票。他们总是将其研究的一部分股票列在"买进名单"上，并且对他们研究的所有股票维持一个类似于数值的推荐排序。分析师的工作的一个重要内容是更新他们追踪研究的股票的相对价值信

[①] 感谢 Leslie Boni 非常有价值的评论。
[②] "卖方分析师"是由银行和经纪券商公司雇佣的证券分析师。"买方分析师"就是由机构投资公司，如养老金基金、共同基金和保险公司，雇佣的证券分析师。

息并将该信息传达给他们的客户。似乎很清楚的是,如果知情投资者(非内部人员(non-insider))确实存在,这种水平的专业化使他们有资格成为格罗斯曼(Grossman,1976)意义上的"知情投资者"。因此,有理由相信,分析师让自己努力被大众所知,这可能会使得他们推荐的股票相应地有更好的表现。在均衡状态下,由于分析师之间的竞争,搜集和获取信息的边际成本应该等于边际收益,或者等于分析师(或者其所在公司)获得的佣金。这些佣金可能是他们成功推荐的函数,尽管也可能有其他收益。

有大量证据表明,分析师推荐股票发生变化的公告具有显著的市场效应,不仅会立即对个股价格产生影响,而且在公告发布后的数周内会产生持续影响。研究表明,通过用不同的方式控制市场和行业因素,投资者可以在推荐变动时进行交易以赚取超常利润(未扣除交易成本)。[①]

如果不是全部的话,大多数经验研究表明,市场对积极正面的推荐变动有正向反应,对消极负面的推荐变动有负向反应。对经纪商推荐等级变更公告的市场反应相当可观。例如,沃马克(Womack,1996)报告称,推荐变为"买进"、"强势买进"(strong buy)或"添加到推荐名单"的股票三天期平均收益率约为3%。与之相比,新的"卖出"推荐的平均反应甚至更大:约为-4.5%。

投资者根据分析师推荐排序的上升或下降积极地进行交易,而不管推荐的变动是否与其他公司新闻发生偶然一致。因此,这些推荐被认为具有重要的信息内容。图11—1表明,当一个排名在前十五位的经纪商给出一个典型的上升推荐时,股票的日成交量大约是平均日成交量的两倍。而对于一个下降推荐(例如,从"买进"到"持仓"推荐),日成交量平均增至三倍。

如果唯一有意义的经验结果是,在短的事件发生期(event window),当分析师的估价上升和下降时,人们能(似乎也应该)得出这样的结论:市场对于经纪商的新信息的反应是十分有效的。然而,同样具有说服力的证据表明,在推荐变动发布后的一个月到几个月里,被推荐的股票价格仍然会沿着分析师推荐变动的方向持续地变动。例如,沃马克(Womack,1996),以及博奈和沃马克(Boni and Womack,2002c)发

---

① 到目前为止,对于利用经纪券商信息以及确定超额收益中多少应该"偿还"(give back)交易成本的最优交易策略是什么,仍然是一个悬而未决的问题。

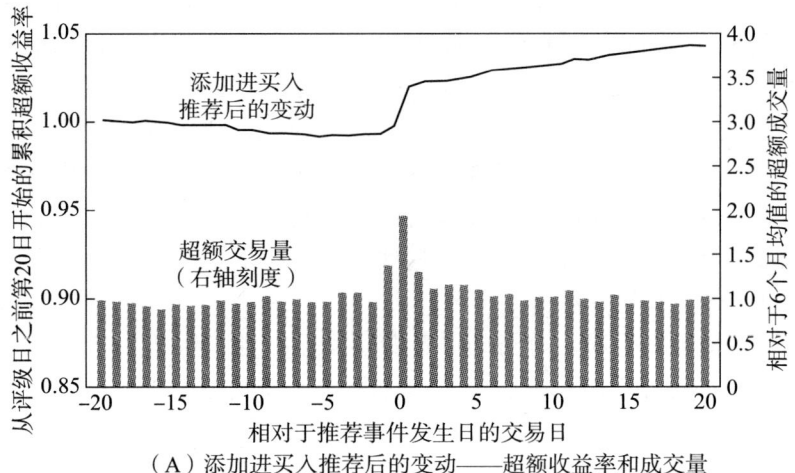

(A)添加进买入推荐后的变动——超额收益率和成交量

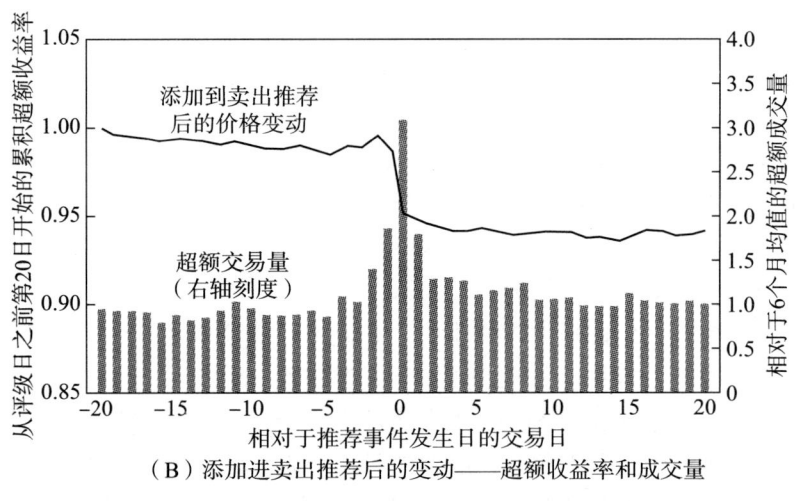

(B)添加进卖出推荐后的变动——超额收益率和成交量

图 11—1

资料来源：Womack, Kent L. 1996. Do Brokerage Analysts' Recommendations Have Investment Value? *The Journal of Finance* L1 (no. 1): 137-167.

现对于新的"买进"推荐，从推荐后第三天开始计算的 1 月期超额收益率超过了 1.5%，而在 6~8 周以后，股价的继续变动并不明显。

市场对"买进"推荐的撤销（removals）的反应也是非常显著的。初始的超额收益率约为 -3%，而接下来 6 个月期的超额收益率在 -2% 至 -5% 之间。换句话说，平均来看，在负面推荐报告发布之后，市场反应更多地发生在短期内，而价格趋势则会持续一个更长的时期。

当推荐"立即卖出"出现的频率很低时，如"买进"的撤销一样，它们对投资者的影响甚至比"买进"推荐的发布要大得多。平均来说，市场对一个新"卖出"推荐消息的最初反应很大并且是消极的。根据所采用的基准的不同，那些由分析师给出"卖出"推荐的股票在公告发布前后 3 天内平均要经历 3‰～4‰的下降。然而，更明显的是推荐后的下降。根据所采用的基准的不同，得到新的卖出推荐的股票，其价格在推荐后 6 个月的时期内平均要多下降 4‰～7‰。

同样地，有清晰的证据表明，分析师们是带有过于乐观的偏见：买进—卖出推荐的比率在 20 世纪 90 年代早期约为 10∶1 到 20∶1，而这一比率在 90 年代后期更大了。有证据表明，无论是在一般意义上（Rajan and Servaes，1997，以及 Barber et al.，2001），还是具体地当分析师们所在的经纪商与他们所推荐的公司有投资银行关系时（Michaely and Womack，1999），分析师的推荐都过于乐观。

卖方分析师不仅试图通过他们的推荐来预测和影响个股和行业中的相对股价变动，而且他们也是他们的投资银行承销业务的重要帮手。许多情况下，借助于分析师对目标公司所在行业的了解，以及他们作为某个行业关键的意见领袖（key opinion leader）和评估专家的声誉，来帮助投资银行获得新业务。

我们也观察到，分析师们的评价错误存在系统性偏见，特别是当他们的评判遭遇到相冲突的机构部门的挑战以及像卖出和承销关系这样的动机问题时。

在这一章，我们将会对分析师信息的输入和输出进行评估，以期得出结论：分析师们提供给投资者的推荐是具有适度的投资价值的，至少在推荐发布后短期的数周或数月内是如此（不计交易成本）。累积的证据也清晰地表明，卖方分析师的推荐是有偏见的（bias），而投资者可能无法识别出这些偏见的全部内容。

本章其余部分的结构如下：第一部分从分析师试图追踪研究的股票的几个程式化事实开始，并回顾了关于对分析师推荐的短期和长期市场反应的文献。第二部分主要介绍有关分析师偏见的文献，第三部分进行总结。附录 A 包含有卖方研究环境和分析师动机的描述。分析师的动机对理解市场如何解释其推荐，以及为什么他们有这么一个动机发布带有偏见的推荐，都是非常重要的。

11.1 分析师的推荐是否具有投资价值?

11.1.1 被推荐的股票的横截面特征

分析师所研究和推荐的股票具有怎样的特征呢？首先，卖方分析师所研究和推荐的股票存在一种大盘股（large capitalization）偏见。利用对纽约证券交易所和美国证券交易所证券价格研究中心资料对股票依照规模的十分位分段点，沃马克发现，在被排名最靠前的14个经纪商所推荐的股票中，有57%的股票位于市值规模排序的前20%中，只有1%的被推荐的股票位于市值规模最低的20%内。如果分析师做研究是为了迎合大多数投资者的需要，那么这一结果不难预见。这一是因为投资者明显持有更多的高市值股票；二是因为机构投资者在低市值股票上面临着很大的交易成本和约束，所以更不愿意持有低市值的股票。

贾格迪什等（Jegadeesh et al.，2002）证实，分析师倾向于偏好那些富有魅力特征的成长型股票。特别是，分析师会对具有以下特征的股票作出更为积极正面的推荐：有高的正向价格动量、成交量大、过往销售额增长率更高以及预期的长期盈利增长率更高。因此，具有讽刺意味的是，分析师通常更偏好成长型企业，而根据传统的估值标准，这些企业的价值被高估了。更重要的是，他们的研究表明，事后来看最具投资价值的推荐是那些普遍公认的推荐水平有正向改变并且有良好定量特征的（即，价值股和有正价格动量的股票）。

韦尔奇（Welch，2000）发现，分析师的推荐会被先前分析师的推荐所影响。实际上，分析师像"羊群"一样聚拢于最新的分析师推荐变更中的短期信息。据推测，如果股票有20～30位分析师研究，分析师的意见将会正相关，这一点并不令人吃惊。

11.1.2 20世纪80年代及更早时期的推荐研究

自很早的时候起，"专家"是否能够击败市场这一根本性问题就引起了很多关注。艾尔弗雷德·考尔斯（Alfred Cowles），耶鲁大学的一位开创性的经济学家，在1933年写了一篇论文，题为《股票市场的预言家真的能预知未来吗？》，在这篇文章里，考尔斯记录了20家火灾保险公司和16家金融服务业公司在1928年1月到1932年7月间试图"对个股价格进行的预测"。他的结论是,大多数分析家的推荐并没有产生超额收益。当然,事后我们知道这是股票市场的一个特别困难的时期,因为它包含了 1929 年的大危机,并且,在那个时候,人们对相对于所发生风险的基准投资(benchmarking investment)并没有一个好的理解。因此,有可能考尔斯关于"专家"表现不佳的计算并不正确,他也可能错误地表述了被推荐股票的风险,因为他只使用了简单的市场指数基准。

在考尔斯之后,直到 20 世纪 60 年代和 70 年代,学术圈内关于分析师推荐的研究基本上都终止了。在这段时期内,有几篇文章试图对分析师或其他来源的建议或推荐的价值进行量化。科尔克(Colker,1963)尝试使用 SP425 作为一个市场基准,对 1960—1961 年间《华尔街日报》中的"市场观点——分析"版块中推荐的"成功率"进行测量。尽管他发现这些推荐的表现要略优于市场,但其结论是,"要么是艺术的状态不允许专业的证券交易商将他们金融上的敏锐判断转化为令人印象深刻的预言,要么是他们那些最好的预测没能变得众所周知。"

洛格和塔特尔(Logue and Tuttle,1973)用《华尔街记录报》(这在当时是较为综合的资料)对六家主要的经纪商在 1970—1971 年间的股票推荐进行了检验。他们发现:"在给定获取这些股票推荐的成本的前提下,经纪商的推荐并不能带来人们所期望的更好的投资业绩。"有趣的是,他们确实发现:"抛出"的建议更有价值,因为那些股票在随后的 3~6 个月内的表现明显落后于市场。这也是我们将在下文深入讨论的一个普遍主题。

比德韦尔(Bidwell,1977)对 11 个经纪商的股票推荐采用了一种 β —调整基准,发现利用推荐并不产生更高的投资回报。格罗思等(Groth et al.,1979)分析了单个经纪商从 1964 年到 1970 年所有推荐的集合,发现了一个有趣的现象:在正面的股票推荐之前比之后有更多的超额收益。

然而,直到 80 年代,研究人员还是很难用一种系统的、无偏见的方式来检测基本的想法。首先,没有全面的数据库,很难找到一个不受幸存者或可得性偏好影响的代表性样本。其次,整个 90 年代,对相对于基本面风险的股票恰当基准问题的研究取得了快速的进展,因此,即便样本合理合法,并且也没有受到偏好的影响,仍然很难知道:"不能拒绝市场有效性的原假设"是名副其实的结论,还是没有合适地采用基准。

在 20 世纪 80 年代这十年间,值得关注的是,两篇关于分析家股票推荐的重要论文脱颖而出。迪姆森和马什(Dimson and Marsh,1984)

通过一位英国投资经理收集了一个庞大数据集,主要内容是英国主要经纪商未公开的股票收益预测。这项研究的优点之一是不存在事后选择偏见,因为着手这项研究的决定是在数据收集和分析之前作出的。他们收集了 35 个经纪商在 1980—1981 年间对英国 206 只股票所做的 4 187 份一年期的预测。这项分析不是就事件本身的研究,而是对预测的收益和实际的收益相关性的测度。迪姆森和马什的发现揭示,尽管带有某种程度的过度自信,分析师还是能够辨别会盈利的股票和会亏损的股票。五分位的预测收益率分别是 −10%、−1%、3%、8%和 18%,而实际收益率分别是 −3.6%、1%、4.4%和 4.5%。因此,当经纪商预测方向正确时,在如下意义上存在夸大的趋势:高的预测倾向于被高估,而低的预测又倾向于被低估。

埃尔顿、格鲁布和格罗斯曼(Elton, Grube, and Grossman, 1986)检验了一个由 33 家经纪商的 720 位分析师自 1981 年到 1983 年间数据构成的更大数据库。他们选择主要考察高市值股票,排除了那些至多只有两个分析师研究的公司的股票。数据是卖方分析师在月末的推荐,等级是从 1 至 5。毫不奇怪的是,48%的推荐是购买(1 级或 2 级),而只有 2%是卖出(5 级)。大约有 11%的推荐每月会发生变动。

埃尔顿等的研究中重要的分析集中在每个月推荐从一个更低("升级")或一个更高("降级")变为一个新的推荐。升级,特别向最有利的等级排序("1")的推荐变动,将会在推荐公布的当月及接下来的两个月里带来明显的(经过 β 系数调整的)3.43%的超额收益。降级(降到"5"或"卖出")将会带来 −2.26%的负的超额收益。尽管埃尔顿等的分析(的超额收益)很大,并且经过了 β 系数调整,但他们研究的一个潜在的弱点是采用了月度收益。如果市场对新信息反应迅速,仅使用月度收益数据,并不能清楚地看出对股票推荐变动的实际反应是什么,看出其他相关信息,譬如盈利公告,是否在相同的月份出现。如果不采用日收益,用来确定市场对推荐变动的信息(相对于其他信息)的反应的检验功效就被弱化了。

11.1.3　20 世纪 90 年代及以后分析股票推荐的新领域

通过采用更全面的数据库和进行更细致的经验分析,斯蒂克尔(Stickel, 1995)和沃马克(Womack, 1996)能够对卖方推荐环境提供新的洞见。在 90 年代,这些更加新近的研究的益处是以往的数倍。

首先,这些分析更精确地确认了推荐变动的日期,并且采用日收益以提高结果的精确性。在更早一些的综合性论文里，如 Elton，Gruber，and Grossman（1986）和 Dimson and Marsh（1984），使用的是月度收益数据。与其他干扰信息发布后的反应相比，月度数据掩盖了市场对经纪业务信息反应的精确性。20世纪90年代的研究的另一个优点是，将其他信息整合到事件研究中来，例如，包括盈利公告发布日期、公司和作出推荐的分析师的横截面特征。

斯蒂克尔（Stickel，1995）采用了一个大的数据库，包括了从1988年到1991年间约17 000份推荐变动。他的数据库是由扎克斯（一家投资研究机构）提供的，也是试图通过收集各家经纪商的股票推荐信息而得到股票推荐变动。在这个特殊的时间范围内（1988—1991年），该数据库的缺点是，股票推荐变动的准确日期并不总能很好地确定。在扎克斯数据库中，通常实际的推荐信息公布之后的几天到一周，甚至更久，才被标记为推荐变更日期。在一个所有信息都被反映到股票价格中大约需要超过4~12周的环境中，对推荐变动日期的报告有一周甚至更久的误差可能会导致一些不正确的推断。沃马克（Womack，1996）所采取的纠正日期问题的方法就是找到一个不同的实时数据库，即 First Call。对14家最主要的美国经纪商的所有"评论"，用关键词搜索去检查和确定所有关于"买进"和"卖出"的推荐变动。采用这种方法，他明确地确定出了日期和经纪公告的时间。更早一些的研究（比如，Bjerring，Lakonishok，and Vermaelen，1983）受到了事后选择偏见的不利影响，在这些研究中，数据来源于（经纪商）同意它的数据被分析这一事实之后。First Call 数据库的优势之一是没有事后选择偏见的可能，因为数据是每天在经纪商提交后实时收集的。沃马克的方法潜在的缺陷是：(1) 他收集的数据远远少于斯蒂克尔（分别为1 600和17 000次股票推荐变动）；(2) 他收集数据的时间跨度大约只有斯蒂克尔（大多数样本是18个月）的一半，(3) 他只关注14家最大的经纪商，相对于那些更小的经纪商，这些经纪商可能对新信息的反应更大一些。

相应地，沃马克的方法也有优点：(1) 股票推荐变动准确日期的精确确定，(2) 专业投资经理可以获得并经常使用被分析的信息事件的可信度更高（因为大多数杰出的投资经理人都会和所分析的14家经纪商中的大多数或全部有经纪关系）。最后，利用法马-弗伦奇因素模型和行业调整的收益率来确定基准程序的新技术被沃马克和随后的论文所采用，可以将风险调整得更恰当并且能够对被推荐的股票的收益特点有一个更深入的分析。

沃马克（Womack，1996）指出，围绕着"买进""强势买进""列入推荐名单中"的推荐变动的 3 天期平均收益率要高于 3％。而被放进"卖出"推荐下的股票，平均来看，其价格要下降 4.5％。可能更为重要的是，沃马克发现，在积极正向推荐后的一到两个月内，股票的价格会表现出正向变动的趋势；如果推荐排序下降，之后股票的价格会表现出负向变动的趋势。采用规模调整的、行业调整的和法马-弗伦奇的三因素模型，沃马克发现，对新的买进推荐，1 个月期的超额收益率（从推荐作出后的第三天开始）大于 2％。博尼和沃马克（Boni and Womack，2002c）利用 1996 2001 年的数据再现了他的研究，发现推荐上升时带来的股价上涨接近于 1.5％。很显然，这些数据是许多推荐的均值，并不反映任何一个实际的推荐。个股的收益率（甚至是超额收益率）相当不稳定：平均 1 个月期事后收益率的标准差约为 8％。因此，如果这些收益在将来时期里重复出现，为执行一个超额收益的交易策略就要求用投资组合的方法。随机选择一只推荐的股票有约 40％的可能在事后 1 月期或 3 月期内表现要差于其基准。

卖出推荐作出后的股票价格长期变动趋势是负的，并且这一趋势会表现得十分显著。在降级推荐作出后 6 个月的时期里，股票价格的平均降幅大约在 4％到 9％之间（取决于所采用的基准）。

沃马克（Womack，1996）获得了两个新的发现。第一，事后超额回报率不是均值回归的。也就是说，市场沿着分析师作出预测的方向变动，而且这一变动似乎并不是短暂的价格压力，价格不能在几周或几个月后得到纠正。第二，沃马克进一步将超额收益分解为行业和个股两个部分。他发现获得悲观推荐的股票（包括列入卖出名单和移出买进名单）在事后时期里伴随着明显的行业表现不佳。然而，这一结果也说明，紧接着新的买进推荐的正的事后超额回报率，主要不是一种行业效应，更多地是源于股票本身的超额回报率。

巴伯、利哈维、麦克尼古拉斯和特鲁曼（Barber, Lehavy, McNichols, and Trueman，2001）利用特殊策略和估算的交易成本为分析师推荐的盈利性提供了证据。与斯蒂克尔和沃马克的论文主要分析事件—时间收益不同，巴伯等集中于日历—时间（calendar-time）的视角。具体地，他们分析了全体一致的推荐的变动（研究某一只股票的所有分析师的平均推荐）所获得的收益能否充分地证明为获得这些收益所付出的交易成本是合理的。

这篇论文的主要发现就是：控制了法马-弗伦奇和动量因素后，推荐排序最高的股票每年的 α 系数超过＋4%，而那些推荐排序最低的股票每年的负 α 系数大约为－5%。和沃马克（Womack，1996）的研究一样，这些结论对小公司最明显。

不过，巴伯等的研究表明这些收益的时间敏感性很强。对那些两周以后（相对于当日）才作出反应的投资者而言，超额收益最多只有一半，并且不显著地异于零。自然地，当一个人企图依靠推荐的信息内容进行交易时，交易成本必须被考虑进来。巴伯等建议，非常频繁地调整投资组合（以及相应的高交易成本）对于获得超额收益是非常关键的。他们声称，如果对买进和卖出的投资组合进行每日调整，则年成交量将会超过400%。更低频率的调整会带来更低的成交量和更低的超额收益。他们的结论是：分析师们的信息可能并不违背市场效率的半强式假说。实质上，这一研究对更早期研究的意义提供了支持，即市场明显地会对分析师们的信息作出反应，但是这些信息对投资者的价值会随着时间的推移而消失——对于买进推荐来讲，价值在 4～6 周内迅速消失，而对于卖出推荐来讲，消失可能持续得更久一些。在扣除交易成本后，根据分析师们推荐的组合投资策略是否能够表现得优于它们的参照基准，仍然是一个未决的问题。[①]

在过去的几年里（特别是 1997 年以来），许多经纪商在股票推荐之外，还发布价格目标的预测。目标价格以市场价值的形式提供，覆盖了大约90%的公司。这些就是经纪商贯彻全年的价格研究分析师项目。一个自然的问题是：除了股票推荐外，这些目标价格是否提供信息？在一篇最近的论文里，布雷夫和利哈维（Brav and Lehavy，2002）研究了这一问题。他们采用 1997—1999 年的推荐和目标价格数据，证实了对目标价格变动存在一个明显的市场反应。对那些目标价格（相对于目前的价格）具有最大变动的股票组，他们证实对价格的反应大约为2%。而对那些目标价格具有负向修正的股票组，市场的反应也是负向的，尽管两种情况都显著，但幅度较低。

与之前的研究相呼应，布雷夫和利哈维在一个上升的推荐后 6 个月的时期里，股票价格的正向变动约为 3%。似乎更有趣的是，他们发

---

① 对时间期限的敏感性在接下来的例子中得到了最好的说明：在 2000 年，那些受到分析师正面推荐最少的股票的年收益经过市场调整后仍然达到 48.66%，而那些获得分析师最高推荐的股票年收益下降了 31.20%。这一收益差距几乎有 80 个百分点。正如巴伯等（Barber et al.，2002）得出的结论：“2000 年是个灾难年。”（更详细的描述参见 Barber et al.，2002）。

现，当一只股票获得的推荐上升同时又处于"最有利的（目标）价格修正"组时，其价格变动的幅度几乎翻倍。因此，价格目标中含有股票推荐中所没有包含的信息内容。这一过度价格的正向上升与有利的价格目标修正位置（favorable price revision placement）相关，表明市场没有能认识到这一信息的全部价值。

另外一个相关的问题是分析师们的评价和股票推荐调整的速度是否依赖于受众的类型和推荐发布的方法。据推测，如果股票推荐通过大众传媒，如报纸、电视等传播，那么对价格的影响应该会更直接。巴伯和莱夫勒（Barber and Loeffler，1993）检验了当分析师们的推荐出现在《华尔街日报》的"飞镖靶"（Dartboard）专栏时对价格的影响。他们发现，在报纸发行日，分析师们的推荐对专家挑选的股票的价格有明显的影响，价格变动超过4%，而"飞镖靶"栏目挑选的股票的价格没有受到影响。类似地，专家挑选的股票的交易量有非常明显的增加（比正常交易量高出80%），但"飞镖靶"栏目挑选的股票的交易量没有异常的变动。巴伯和莱夫勒还指出，25天之后，一些超额收益本身发生了反转，但是至少有一部分的影响甚至在推荐作出一个月以后仍然是可见的。"飞镖靶"专栏在《华尔街期刊》里已经存在了14年，于2000年结束。它随机选择了一组股票来与专家们各自精心挑选的股票进行142场持续6个月的比赛。大体而言，专家组领先了，其6个月期的平均收益率为10.2%。而在相同的时期里，"飞镖靶"栏目组获得的6个月期的平均收益率仅为3.5%，而同期道琼斯工业平均指数平均也上升了5.6%。专家组在53%的比赛中都跑赢了道琼斯工业平均指数。除了明显的偏好（例如专家组倾向于选择风险更高的投资组合），该证据似乎表明投资研究具有一定的价值，尽管并不清楚在考虑交易成本后，投资者是否能够发明一种交易策略来利用它。

巴斯和格林（Busse and Green，2002）检验了通过消费者信息与商业频道的Morning Call and Midday Call节目广播分析师的观点对个股的影响。他们发现，被讨论的股票在第一次被提到的几秒钟之后，价格发生了在统计上为正且在经济上显著的变化，而且持续了一分多钟。而对负面报道的反应则更缓慢一些，持续了15分钟，这可能是因为短期出售的成本更高。总的来说，价格反应的模式与诸如沃马克（Womack，1996）提出的对传统的分析师推荐的超常表现模式类似，不同仅在于这里是以分钟度量而不是天或者月。

11.1.4 对非经纪商推荐的研究

经验研究经常会受到数据可得性的制约。在 20 世纪 90 年代之前，要收集一个不受单个企业、后见之明或回顾偏见（lookback biases）影响的经纪商数据库是很难的。[①] 因此，毫不奇怪，其他一些更易获得的数据资源就被用来检验与经纪商推荐类似的问题。

在 20 世纪 70—80 年代，价值线公司（Value Line）是全世界最大的提供咨询服务的公司。它提供了一个便捷的数据来源，对 1 700 只股票从"1"（最具吸引力的）到"5"（最不具吸引力的）进行推荐排序，同时提供每周可能发生的排序变动。布莱克（Black，1973）的一项研究表明，明显有正的超常表现的股票分级为 1 和 2，而有负的超常表现的股票分级为 4 和 5。这些结论非常有意义，似乎是对市场半强式有效假说的一个有说服力的反例。科普兰德和迈耶斯（Copeland and Mayers，1982）对价值线公司数据的一个更长的时间序列进行了重新分析，得出了同样的结论，尽管经济显著性更低。他们发现，依赖于所具体采用的市场模型基准，在推荐变动后 6 个月的时限内，推荐排序为 1 的股票的表现高于基准约 1.5%，推荐排序为 5 的股票的表现低于基准约 3%。在一年的时限内，推荐排序为 1 等的股票表现高于推荐排序为 5 等的股票表现约 6.8%。斯蒂克尔（Stickel，1985）在短期事件研究中重新检验了价值线公司的结论，并且观察到，尽管在"公告"后的几天里投资者获得了适度的收益，但推荐排序的上升和下降是对变动日期之前大的股票价格运动的反应。他同时表明，毫不奇怪的是，小市值公司对推荐排序变动的反应更有活力。实际上，推荐排序最高的约四分之一的股票的超额收益并不必然高于为获得该收益付出的交易成本。斯蒂克尔还指出在事件当日有明显超常收益的股票的价格在接下来几天时间里继续变动，但他没有集中讨论这一问题。

价值线研究的缺点是，它本身不是一个经纪商，它的推荐排序方案也是一个单一的程序（singular process）。它应该被一般化吗？也许会有更好的程序？在 20 世纪 90 年代，当其他的（尤其是在线的）数据库已经可用的时候，对价值线公司的研究努力就结束了。

[①] 毕尔林、兰科尼肖克和弗米伦（Bjerring, Lakonishok, and Vermaelen，1983）曾提到一个单个经纪券商公司试图打败市场的例子。

11.2 卖方分析师的麻烦：推荐里的偏见

11.2.1 卖方环境：经纪商分析师的多重身份

传统上，投资银行有三个主要的收入来源：（1）企业融资，证券发行，购并咨询服务；（2）券商佣金；（3）自营交易。这三个收入来源会在投行内部以及投行与顾客之间产生利益冲突。例如，一家公司的自营资金交易活动会与其受托人责任冲突，后者要求对顾客进行"最佳执行"（best execution）。潜在的更严重的利益冲突之一发生在投资银行的企业融资部门和它的经纪业务之间。一方面，投资银行的企业融资部门主要负责类似首次公开发行（IPOs）、现金增资（seasoned equity offerings）、新的和当前客户的购并等业务。而另一方面，银行的经纪业务和股票研发部门需要通过向客户及时地、高质量地、可能还要公正无偏地提供信息来最大化自己的佣金。这两个目标可能会冲突。

许多金融新闻里的报道也认为投资银行行业内部的利益冲突可能是一个很重要的问题，而且对分析师们的工作环境和股票推荐有潜在的重大影响。例如，1995年6月13日的《华尔街日报》报道，据说 Paine Webber 强迫它最好的分析师开始研究 Ivax 公司，一只被它承销上市并出售给客户的股票。根据这个故事，"这只股票股价正在盘整（reeling），需要被研究覆盖"。1996年2月1日的《华尔街日报》报道了另外一个故事，投资银行分析师们对 AT&T 公司股票的观点是 AT&T 选择朗讯科技公司 IPO 主承销商的主要影响因素。

冲突的一个来源产生于股票研究分析师的薪酬结构（compensation structure）。通常情况下，研究分析师的薪酬中相当大的一部分取决于分析师对企业融资专业人员以及他们融资努力的"有用性"（比如，可参见《华尔街日报》1997年6月19日的文章《1997年所有明星分析师调查》）。同时，分析师的外部名声至少部分地源于他们推荐的质量，并且，该外部名声是他们薪酬的另一个重要影响因素。

当分析师对与公司的企业融资部门有业务往来的公司发表观点和股票推荐时，利益冲突可能导致推荐和观点是正向有偏的。譬如，摩根士丹利公司的一份内部备忘录（1992年7月14日《华尔街日报》）显示，公司对分析师对公司一位客户作出负面报告表示不赞成："我们的目标……是要采取一项政策，一项整个公司包括研究部门都必须彻底明白的政策，那就是不对我们的客户作出不利的或会引起争议的评论，这是合理的业务实践"。这一利益冲突的另一个可能的结果就是会给跟进特定公司的分析师造成压力。分析师对投资银行的客户或潜在客户发布和维持积极正向的推荐他们会感受到无形的压力。

因此，（相对于一个没有利益冲突的完美世界来说）分析师们的工作环境和薪酬结构会导致一些扭曲。首先，公司可能会鼓励分析师们去研究那些他们可能原本不研究的上市公司。同理，公司还会要求分析师不对上市公司发布负面评论。发表负面的推荐可能会减少从该上市公司获取信息的渠道，同时也可能对分析师工作的投资银行将来和该上市公司做生意的能力产生负面影响。这些压力的结果是乐观主义偏见。而乐观主义偏见是委托人（投资公众）和代理人（总的来说是投资银行，具体来说是分析师）之间利益冲突的结果。

这一乐观主义偏见也表现为分析师们不太愿意作出卖出推荐。在20世纪80年代期间，我们观察到买进推荐与卖出推荐之间的比率是20比1，在90年代，这一比率甚至更高。这一乐观主义偏见通常也大致表现在对盈利、推荐和价格目标过于乐观的预测中。"买进"推荐要比"不受吸引"或"卖出"推荐多得多。巴伯等（Barber et al.，2001）发现，在1985—1996年这一更长的时期里，53%的推荐属于"买进"和"强烈买进"的类别。在这一相同的时期里，扎克斯记录的推荐中只有3%的推荐是"卖出"。正向的偏见似乎正在变得更严重。在更近的一段时期，即1996—2001年里，博奈和沃马克（Boni and Womack，2002c）发现约有三分之二的推荐是"买进"和"强势买进"，而只有1%的推荐是"卖出"。

在一项重要的研究里，查恩、卡彻斯基和兰科尼肖克（Chan, Karceski, and Lakonishok，2003）检验了分析师们预测的盈利增长率和实际的盈利增长率之间的差异。他们给出了分析师们存在严重的乐观主义偏见的证据。例如，在1982—1998年间，IBES盈利增长率预测值的中值约为14.5%，而五年期的实际盈利增长率中值约为9%。这个结论对于那些具有"高"历史盈利增长率的股票更为明显：预测的盈利增长率分布中值为22.4%，远高于实际盈利增长率分布中值，后者仅为9.5%。

拉津和瑟韦斯（Rajan and Servaes，1977）考察了在首次公开发行股票的背景下分析师的乐观主义偏见及其对市场的潜在影响。他们发现，首次公开发行股票时，分析师系统性地高估了这些公司未来的盈利。他们还发现，预测时期越长，这种过度乐观的程度会越高。结果是分析师大体上过于乐观，而且对公司的长远前景甚至更加过度乐观。拉津和瑟韦斯还比较了对股票价格表现的乐观主义。他们发现，有最高预期增长的公司的表现显著地低于他们的基准，而有最低增长前景的公司的表现明显好于基准。这一发现非常重要，因为这表明投资者倾向于相信夸大的预测并且会依据这些预测进行投资。①

另一个检验潜在的分析师推荐偏见的方法是通过他们对价格目标的预测值进行检验。布雷夫、利哈维和迈克尔利（Brav, Lehavy, and Michaely, 2002）将卖方分析师对价格目标一致的预测与价值线服务公司对价格目标的预测进行比较。（价值线服务公司是一个独立的研究提供者。）1997—2001年间，在控制住风险要素之后，卖方分析师对价格目标一致的预测比价值线的平均高出14%。这个证据表明，偏见不仅存在，而且，相比于独立分析师，卖方分析师的偏见问题更为严重。

当一些企业挑选投资银行协助它们进行贷款、并购和增发新股时，这一乐观主义偏见可能尤其严重。在这些情形下，当分析师所在公司对某企业融资业务进行投标时，分析师会有更强的动机为该企业描绘一个乐观的前景。

乐观主义存在的另一种解释是人们的直观推断和认知偏差。有可能分析师由衷地认为他们承销的公司比别的公司好。实际上，历史（或研究）不太可能改变这些人的成见（priors）。他们对自己的推荐深信不疑。

11.2.2　承销中的利益冲突和导致的偏见

当公司交易能为投资银行带来明显的费用收益时，公司融资部门完成交易的愿望与经纪商分析师维护和提高他们声誉的需求之间的冲突就变得特别激烈。IPO过程就是一个恰当的例子。首先，这一市场是投资银行业有利可图的业务：平均费用收益率为7%。而且，SEC（美国证券交易委员会）最近的调查报告宣称：累进（laddering）和委托佣金（commission kickback）安排使7%的收益说得保守了。②

---

① 在不同的设定下，许多其他的文章也证明分析师的预测中存在着乐观性偏见。例如可参见 Dugar and Nathan（1995），McNichols and O'Brien（1997）。

② *The Wall Street Journal*，"NASD proposes tougher rules on IPO abuses—Agency would bar brokers from allocating hot issues to curry favor with clients," July 29, 2002, p. A1.

其次,承销商和发行者之间关系中未言明的是承销商在售后市场上跟进新发行证券的意图,也就是说,发布(假设为正向的)分析师报告。对大多数新公司来说,这些报告是非常重要的,因为这些公司在市场上不为人知,而且它们相信,当投资者尤其是机构投资者听说它们后,它们的价值就会上升。例如,加兰特(Galant, 1992),以及克里格曼、肖和沃马克(Krigman, Shaw, and Womack, 1999)报告了对20世纪90年代期间负责首次公开发行股票的首席执行官和首席财务官们的调查。这些决策者中约有75%表示,研究部门的实力和承销商的证券分析师在行业内的声誉是他们选择主承销商的关键因素。因此,对承销商来说,某一知名分析师追踪某一潜在新客户的行业就是一个重要的营销工具。

最后,首次公开发行股票之后积极正面的推荐可能会提高该承销商在首次公开发行股票的公司下次证券发行时被选为承销商的可能性。因此,分析师们就受到给予客户正面积极推荐的巨大压力。研究分析师对投资客户的信托责任与他们对企业融资客户的义务之间潜在的利益冲突给了我们几点启示。首先,相比较于承销商竞争者的推荐,承销商的分析师发布的推荐可能更加乐观。其次,(相比于那些非承销商分析师,)承销商的分析师们可能被迫给 IPO 后交易市场上表现差强人意的公司更积极正面的推荐,因为正是这些公司需要一剂"加强针"(当股价下跌时给出一个积极正面的推荐)。这给人们的启示是,理性的市场参与者应该在看到推荐的时候参照非承销商的推荐对承销商的推荐打一个折扣。

迈克尔利和沃马克(Michaely and Womack, 1999)基于公司公开上市后第一年内分析师的推荐检验了上述启示。与一些潜在偏见的想法一致的是,他们发现,在静默期(不允许进行推荐的一个期间)之后的月份里,主承销商的分析师对首次公开发行的股票给出的买进推荐比那些不怎么关联的公司的分析师多 50%。

他们的结果列示在表 11—1 和图 11—2 中。第一件需要指出的事情是,市场确实会对承销商的推荐公告和非承销商的推荐公告作出不同的反应。市场对两类推荐均作出积极的反应(收益率分别为 2.7% 和 4.4%),但市场对非承销商分析师推荐的反应更强烈。至少在某种程度上,市场似乎能意识到承销商分析师推荐的潜在偏见和自利动机。但是,如果投资者能完全意识到这种偏见,我们就应该预期那些由自己承销商的分析师推荐的股票的长期表现与那些由独立分析师推荐的股票的长期表现将没有任何差异。

表 11—1 分析师发布买进推荐之前、当天和之后的超额收益率，根据承销关系进行区分

针对我们样本中的 214 个观测个体，从 First Call 数据库获得加入买进推荐这一事件的日期，在该事件之前、当时以及之后三个期间分别计算超额收益率（按规模调整的买进并持有的收益率的均值和中值）。规模调整是按照合适的价值加权的 CRSP 十分位数减去购买并持有的收益率来计算的。我们将"由承销商"定义为由 IPO 的主承销商（lead manager）的证券分析师作出的推荐，将"由非承销商"定义为由其他经纪商的分析师作出的推荐。"IPO 日期后的天数"是指首次公开发行股票第一天到加入买进推荐之间的天数。t 统计量采用超额收益率的横截面方差进行计算，并假定了独立性。由 Wilcoxon 秩和检验得到的 Z 统计量对承销商和非承销商推荐的分布进行了非参数化的比较。

添加进买入评级	所有的买入评级 $N=214$	承销商作出的买入评级 $N=112$	非承销商作出的买入评级 $N=102$	承销商评级和非承销商评级二者差异的 t 统计量或 Z 统计量
之前 30 天的超额收益率				
平均数	1.2%	−1.6%	4.1%	2.36*
中位数	0.7%	−1.5%	3.5%	2.71*
3 天事件期的超额收益率				
平均数	3.5%	2.7%	4.4%	1.55
中位数	2.5%	2.2%	2.8%	1.15
IPO 后天数，均值	83	66	102	2.60*
IPO 后天数，中位数	50	47	63	3.48*
事件后 3 个月的超额收益率				
平均数	7.8%	3.6%	12.5%	2.43*
中位数	6.3%	3.3%	8.0%	2.44*
事件后 6 个月的超额收益率				
平均数	8.2%	3.2%	13.8%	1.69
中位数	5.7%	3.9%	7.8%	1.58
事件后 12 个月的超额收益率				
平均数	3.5%	−5.3%	13.1%	2.29*
中位数	−5.1%	−11.6%	3.5%	2.71*

* 显著性水平为 0.05。

资料来源：Michaely, Roni, Womack, 1999. Conflict of Interest and the Credibility of Underwriter Analyst Recommendations. *The Review of Financial Studies* Special 1999, 12 (4): 653–686.

第 11 章 经纪商推荐股票过程中的市场效率和偏见

在推荐后接下来的一年里，由承销商分析师推荐的公司的表现比非承销商分析师推荐的公司差，差距达到 18.4%。这种超常表现的差异在统计上是显著的。买进承销商分析师推荐的股票的策略会带来 5.3% 的负超额收益。他们的结论是：承销商分析师的推荐是有偏见的，并且市场不能百分之百地意识到这种偏见。

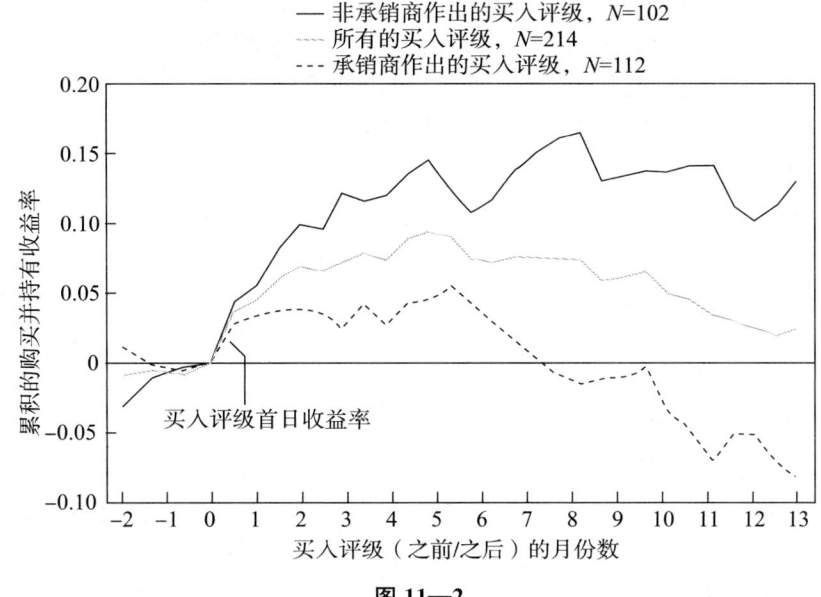

图 11—2

注：根据推荐来源的不同，在 IPO 一年之内获得新的买进推荐的公司的经规模调整的累积事件收益率均值。

资料来源：Roni, Michaely, and Kent L. Womack. 1999. Conflict of Interest and the Credibility of Underwriter Analyst Recommendations. *The Review of Financial Studies* Special 1999, 12 (4): 653-686.

如果承销商试图抬高他们已经承销发行的股票的价格，打"加强针"的恰当时间就是正当它很需要的时候——当公司的股票价格低迷时。事实上，正如在图 11—2 和表 11—1 中所看到的，在承销商和非承销商给出买进推荐之前，公司超常的价格表现明显不同。承销商推荐的公司的收益在买进推荐公告之前的 30 个交易日平均下降了 1.6%，而在同一时间，非承销商给出买进推荐的公司的收益上升了 4.1%，二者之间差异显著（t 统计量等于 2.36）。由自己承销商推荐的公司中，有 60% 在推荐公告之前的 30 天内股价下跌，相比之下，由独立的分析师给出推荐的公司中仅有 34% 股价下跌。

麦克尔利和沃马克还根据是否仅由承销商或非承销商推荐或同时由承销商和非承销商推荐分析了首次公开发行的股票的表现。依据推荐的不同来源计算了交易首日的超额收益。利用从 First Call 数据库可以获得的信息，根据推荐主体将样本中首次公开发行的股票分为五组。其中四组在图 11—3 中进行分析。首先，在首次公开发行股票发行日当年，First Call 数据库中有 191 家公司没有推荐信息。其次，有 63 家公司仅由它们的主承销商进行推荐。再次，有 41 家公司同时由承销商和非承销商进行推荐。最后，有 44 家公司仅由非承销商进行推荐。图中忽略的第五组包含了 52 家只有非买进推荐的公司。

不论是对哪一组，初始（首日）收益率平均为正 10.5% 左右。然而，在首次公开发行之后的 6 个月里，各组别表现的差别就很明显了。那些仅由主承销商推荐的 IPO 股票的收益率上升了 7.7%（包括上市首日的超额回报率则达到了 18.1%），而那些仅得到非承销商推荐的 IPO 股票的收益率平均有额外 18.6% 的超额收益（达到 28.9%）。这两个组别间表现的差异在接下来的一到两年里变得更大。仅得到承销商推荐的 IPO 股票在之后两年内的平均超额收益率是 −18.1%，相比之下，仅得到非承销商推荐的 IPO 股票两年内平均超额收益率是 45%。

这些结果证明，平均来说，承销商的推荐表现不如非承销商的推荐。他们揭示，对某一首次公开发行的股票而言，衡量其长期表现的最好的指标并非它是否得到承销商的推荐，而是那些相对更没有关联的分析师的推荐。不论有没有承销商分析师的祈祷（blessing），非承销商分析师所推荐的股票在长期内表现良好，类似地，没有得到非承销商分析师推荐的股票表现较差。

正如我们早先讨论的，这一偏见根源于投资银行与首次公开发行的公司之间的代理关系，因为前者能从后者收取一笔可观的承销费用。或者，这也可能是分析师某些认知行为的结果。也就是说，有可能承销商的分析师由衷地相信他们承销发行的公司比其他投资银行承销的公司要好，而历史（或研究）不太可能改变他们先入为主的观念。这一推理是卡尼曼和洛瓦洛（Kahneman and Lovallo, 1993）所说的"内部视角"（the inside view）的直接后果。

根据这一理论，分析师从一个独特的狭隘的视角来看待那些由他们公司承销的首次公开发行的股票（这与父母视自己的孩子是特别的非常类似）。他们不太可能接受这样一个统计事实：许多由他们承销公开发行的股票最后被证明表现一般，甚至低于平均水平。而无关联的分析师

第 11 章 经纪商推荐股票过程中的市场效率和偏见

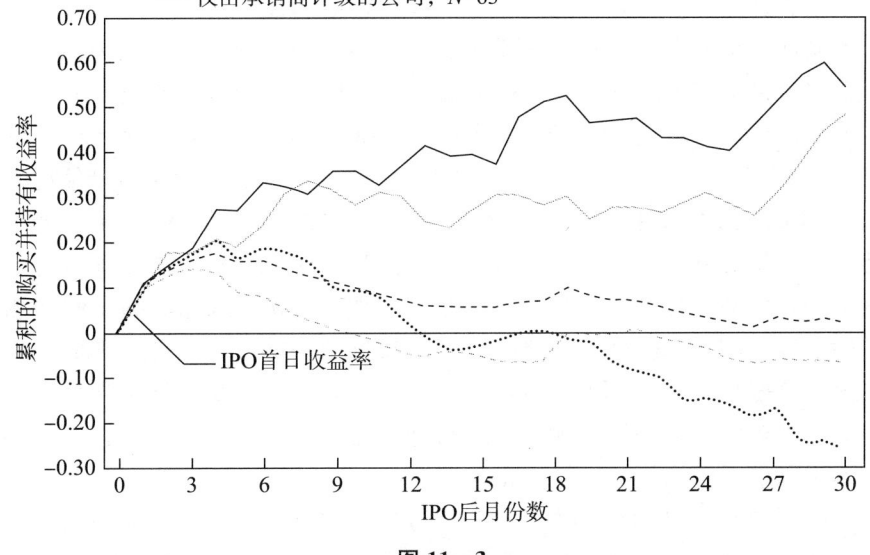

图 11—3

注：根据经纪商推荐来源的不同，在 1990—1991 年之间进行 IPO 的公司的经规模调整的购买并持有（buy-and-hold）收益率均值的累计值。累积收益率从 IPO 发行价格开始计算。

资料来源：Roni, Michaely, Kent L. Womack. 1999. Conflict of Interest and the Credibility of Underwriter Analyst Recommendations. *The Review of Financial Studies* Special 1999, 12 (4): 653-686.

采取的是"外部视角"，他们通过考虑在可比较情形下所有可能的首次公开发行的股票来对某一只首次公开发行的股票质量作出评判。因此，他们看问题更宽泛、更准确。①

---

① 一个相关的认知偏见是"锚定偏见"。承销商分析师在尽职调查阶段确定或锚定他们的看法和观点，而该阶段远早于公司公开上市。这种锚定偏见不仅解释了分析师为什么对之前价格已经下降的股票进行推荐（承销商分析师推荐的公司中有 51% 是那些从发售日起价格下跌超过 20% 的公司），而且也解释了为什么他们并不经常去对那些股价上升但是无关联的分析师在研究的股票进行推荐。无论市场说什么或做些什么，这种偏见基本上是固定的，并且不会改变。他们是如此地锚定以至于无法改变他们的看法。这种锚定思想与承销商公司在报出价格时给出一个无保留的推荐相符。事实上："如果我能在 18 美元的价格上完成首次公开发行股票，肯定比在 14 美元的价格上更有吸引力，"但是，因为"我在 18 美元的价格上卖出，并且现价是 28 美元，我现在'成功脱险'，并且不需要对它进行推荐。"据推测，无关联的分析师对报价不那么锚定，并且更愿意对新发行高动量股票进行推荐。

麦克尔利和沃马克对专业投资人员进行了一项调查，以确定被调查者对这种偏见原因的看法。调查对象都是 MBA 的学员，而且他们至少有四年投资银行或投资管理行业的从业经历。当调查参与者被要求在利益冲突解释和选择偏见解释之间进行选择时，他们几乎一致地选择了利益冲突解释。事实上，100%的投资管理经理（买方调查对象）认为利益冲突的说法能最好地解释已被证明的偏见。并且，13 位投资银行专业人员中只有 3 位，也就是 23%的专业人员，选择了良性赢家诅咒的解释。

围绕其他一些事件，比如股票增发（SEOs），承销商分析师带偏见的证据则不那么引人注目。林和麦克尼古拉斯（Lin and McNichols, 1997）报告发现推荐分类会对承销商的推荐更有利。达格尔和内森（Dugar and Nathan, 1995）发现，尽管有关联的分析师更乐观，但他们的盈利预测"平均来看同非投资银行分析师的预测一样准确"。不过，最近，德乔、赫顿和斯隆（Dechow, Hutton, and Sloan, 2000）得出结论，认为承销商分析师的盈利预测明显比无关联分析师的盈利预测更乐观，并且当股票被有关联的承销商研究时，其价格被高估（overpriced）得最多。

总的来说，如果市场参与者是充分信息和理性的，并且能够整合信息和理解动机，那么分析师推荐的偏见就是无害的。相应地，市场只需直接对有偏见的推荐打个折扣。但是，麦克尼古拉斯和沃马克的经验结论表明，市场至少在短期内没有作出恰当的反应，并且也无法百分之百认识这种偏见。

11.3 结　论

2001—2002 年间，由于可以想象的对投资者决策以及股票价格的影响，卖方分析师已经遭到投资者、政治家和监管机构（regulators）的抨击。大多数人已然声称分析师恶意操纵股价并且不诚实，他们推荐股票，并不必然是因为他们预期那些股票会表现得更加优异，更是因为这样做会增加他们公司的投资银行业务利润和交易利润、公司的薪酬，甚至是他们个人的投资。很大程度上，在科技股上遭受损失而愤怒的投资者鼓动国会在 2001 年夏天举办了名为"分析分析师"的听证会。在 2002 年初，分析师再次成为新闻的头版，他们因为对安然公司投资者所遭受的巨额损失有责任而被指控有罪。在安然公司申请破产保护 6 个星期前，研究安然的 17 位分析师中有 15 位仍然将安然公司的股票推荐为"买进"或者"强烈买进"①。分析师的雇主——那些最大的投资银行和经纪商——则已经在借贷、承销、并购咨询以及交易等业务中赚了数亿美元了。② 2002年春季,在分析师掩盖他们之前公开吹捧一些公司的股票的私人邮件被揭露之后,美林证券公司和纽约州达成协议,同意支付1亿美元的罚金并改变一些研究操作。③ 在此之后,提出了一些改革措施并制定法律,这或许有助于预防一些潜在的滥用。现在评论这些改革措施的效果还为时过早,但是许多投资专业人士认为这些改革措施中的一些将有助于提高市场的诚信度。④

那么,资本市场上证券分析师的角色是什么呢?用经济术语来说,似乎清楚的是,分析师是他们雇主首要的营销代理,而这些雇主大多同时从事证券经纪业务和投资银行业务。分析师存在的理由就是增加雇主的收益和利润。因而,他们的报告和推荐围绕增加经纪委托佣金以及投资银行业务费而进行。

不过,投资者、监管部门和政治家们早就期望分析师在有价证券的估价上为公众提供无偏见的建议方面发挥更大的作用。事实上,他们隐含地期望分析师对投资公众负起信托责任(尽管事实上他们与投资公众之间并不存在信托关系)。显然,他们设定的前提是:分析师的建议是无偏见的,并且对投资者和整个市场是有价值的。这种期望也就是说证券分析师将成为市场的金融"监管人"(watchdogs),使管理层保持诚实,同时关注他们的批评和赞扬。如果分析师是有价值信息的提供者,那么他们将会提高证券市场的诚实度和效率。

作为他们标示的努力的一部分,投资银行和分析师都声称他们的观点是无偏见的。例如,摩根士丹利针对企业融资部门"通过对公司的研究分析师施压来影响他们对股票的看法"(《华尔街日报》,1992年7月14日)这一指责的回应正是按照这种思路。摩根士丹利辩解说阅读公司股票推荐研究报告的客户都很老练,以至于不接受受投资银行施压影响的

---

① *The Wall Street Journal*, "Most Analysts Remained Plugged in to Enron," October 26, 2001, p. C1.

② *The Wall Street Journal*, "How the Street Greased Enron's Money Engine," January 14, 2002, p. C1.

③ *The Wall Street Journal*, "Merrill Lynch to Pay Big Fine, Increase Oversight of Analysts—New York Attorney General Wins $100 Million Penalty; Emails Exposed Research," May 22, 2002, p. A1.

④ 对新的进展更深入的讨论参见 Boni and Womack (2002a),这些新的进展导致针对分析师研究的新的 NASD 2711 规则的通过和对 NYSE 规则 472 的修订。

研究报告,因此,企业融资部门没有理由对研究分析师施加任何压力。

关于这些争论,经验证据能告诉我们些什么呢?平均来说,分析师作为信息收集者的价值已经被谨慎地证实了,因为他们的公告推动股票价格达到一个新的均衡,而该均衡并不是均值回归的。因此,如下说法是合理的:分析师们确实使得市场定价更加有效率。但正如我们也曾指出的,他们的推荐公告和建议并不是无偏见的。他们的预测过于乐观,他们给出的买进推荐远多于卖出推荐,至少部分地作为他们营销努力的组成部分。银行的企业融资部门、公司发行人,以及部分机构投资者都更喜欢听积极而不是消极的分析。正如现在已破产的安然公司的前总裁肯·雷(Ken Lay)公开批评美林证券研究安然的分析师维持对安然公司不吸引人的"持有"推荐(正如《华尔街日报》所报道的)时所说的:"我们是为了我们的朋友"。随后,当这位分析师被另一位提升对安然公司推荐的分析师取代后,美林从该公司得到可观的投资银行业务。①

如果投资者能意识到并能恰当地对这一营销偏见打点折扣,那么,在某种程度上,就不会有危害:分析师采集信息,发布推荐(尽管是带有偏见的),而投资者辨认出该偏见,对这些推荐打点折扣,尤其是当存在银行业务关系时。但是,经验证据表明,投资者不能完全认识到这种偏见:尽管有业务冲突的分析师作出积极正面推荐后,股票长期的表现终究将会是负面消极的,但短期内市场的反应是积极正向的。至少有一些投资者无法从有价值的信息内容中区分出偏见。

这一"错误"至少产生了两个现实的经济后果:第一,它有损于市场诚信度,因为市场上一些(私人)投资者会认为他们没有得到和其他投资者相同的信息。机构投资者可能知道买进推荐何时意味着买进,何时不是。但是,私人投资者很可能就不知道这一点。第二,从政策视角来看可能更重要的是,投资者对分析师所起的作用的认识与分析师实际所作所为之间的差距会侵蚀掉投资者对金融市场诚信度的信心,并导致最终的结果就是资本更加不足,而那些能够筹集到资金的公司资金成本也会上升。

目前,2002年,政治家、监管部门和投资者纷纷要求分析师及其公司增加对他们与其推荐的公司之间关联的披露。几乎确定的是,这是

---

① *The Wall Street Journal*, "Merrill Defends Ties to Enron Before Congress—Yet a Veteran Analyst's Perspective On the Firms' Dealings Shows Pressures From Major Clients," July 31, 2002, p. C1.

一件好事，一项重要的议程就是分析哪一项改革最有价值。这些问题的解决方案并不是没有意义的。首先也是最明显的已被采用的步骤是，强制分析师明确和明显地说明他们与所推荐的公司之间的关联。正如卫生局局长强制要求烟草公司在香烟上标明"吸烟有害于健康"一样，纳斯达克或者美国证券交易委员会要求分析师们在其报告和公众露面中表明他们个人和公司与所推荐公司的关联的类型。最近不断增加的信息披露让投资者有了一些工具来"纠偏"（debias）分析师们潜在的过于乐观或误导性的报告。

由于许多这种偏见都与首次公开发行（IPO）公司有关，作为"安抚投资者，重塑投资者信心"努力的一部分，纳斯达克正在制定新的规则，以阻断首次公开发行分配和作为承销商的投资银行未来业务之间的关联，这种关联导致投资银行获得超额报酬。[①]

行业结构方面意义更重大的变革是将投资银行业务和研究相分离，建议人之一是纽约州的首席检察官斯皮策（Spitzer）。[②] 在目前的行业结构下，并不清楚是否存在对独立、无偏见的股票研究的需求（也就是说，客户愿意支付的需求）：投资银行声称机构特别是私人投资者没有通过交易佣金支付投资研究的全部成本。回想一下，经纪商研究是一揽子商品，这意味着投资者没有为它支付"硬"美元，相反，他们会通过交易佣金和投资银行业务交易来对经纪商的研究进行偿付。机构投资者支付大约每股4～5美分，而每股交易成本据说至少占到一半。因此边际收益中可用来支付给投资研究部门的仅为每股1～2美分，远低于进行研究的成本。因此，投资银行通过支付分析师工资这一直接成本的50％以上和其他研究成本来补贴研究部门。当前，还没有令人信服的证据表明，投资者愿意为独立研究进行支付。有可能通过监管干预来产生这样一个市场并使其运转下去，但也有可能会带来意料之外的影响，即更少的信息收集和更低的价格透明度。

无论是对证券分析师的一般研究，还是对分析师推荐的特定研究均表明行为偏见至关重要。偏见影响分析师们的选择和股票推荐，甚至更重要的是，偏见影响投资者怎样对这些推荐作出解释。可能当前规则制

[①] *The Wall Street Journal*, "NASD proposes tougher rules on IPO abuses—Agency would bar brokers from allocating hot issues to curry favor with clients," July 29, 2002, p. A1. The proposed rule states that it "would prohibit the allocation if IPO shares in exchange for excessive compensation relative to the services provided by the underwriter."

[②] *The Wall Street Journal*, "Merrill Lynch Will Negotiate With Spitzer," April 15, 2002, p. C1.

定和实施最有价值的潜在后果就是使投资者更能意识到分析师公告潜在的偏见，因为似乎大多数市场参与者都不会选择为（可能的）无偏见投资研究支付全部成本。

附录 A：卖方研究环境

A. 卖方推荐交付给客户的方式

经纪商分析师（"卖方"分析师）将比如"买进推荐"的报告散布给投资者。① 这些报告为外部客户（"卖方"）提供分析师们追踪研究的具体公司的信息和深刻见解。大多数分析师关注一个特定行业，但也有一些是多面手，他们研究多个行业或股票，而这些行业或股票很难轻易归入行业分类中。

分析师具体的传播信息任务可以归为以下几类：（1）从客户、供应商和公司经理们那里收集行业或单只股票的新信息；（2）分析这些数据，并形成盈利预测和推荐；并且（3）以演讲演示和书面报告的方式向买方客户介绍推荐内容和财务模型。

分析师向投资顾客进行的信息散布发生在三个不同的时间情境下：紧急的、适时的和例行的。结果就产生了在一个给定日期交付给顾客的"信息商品"。在市场交易时，当一个意外的季度盈利公告或者其他公司公告发布后，可能有一个紧急的沟通。在这种情形下，分析师们马上告知经纪商的销售人员，这些销售人员接下来会给他们认为可能会关注（和潜在会进行交易）这一变动的顾客打电话。在通知完销售人员后，如果分析师了解一些大客户对于特定股票的兴趣，他们可能直接打电话、发传真或发电子邮件给公司的大客户。

不那么紧急但是应该适时传播的信息通常是通过一个研究电话晨会发布。在纽约，这种电话会议于股票市场开市交易之前两小时在大多数经纪商中召开。分析师和组合策略分析师谈论、解释并可能修正他们对所研究公司或领域的看法。经纪商内部的机构和零售销售人员则听会、做笔记并提问。

电话会议之后，并且通常在市场开市之前，销售人员将打电话通知

---

① 推荐不是分析师向投资客户提供的唯一的信息性输出；事实上，它们只是一个广泛的分析的产品之一，而这些产品包括：价值预期建模，预测未来盈利、现金流和价格目标。因此，尽管本章将不会对关于分析师盈利预测功能的文献进行深入评述，但是这一功能及研究它的文献早于这里讨论的对推荐的研究，并且二者有共同的主题。

他们更大或交易导向的客户（专业的买方交易者和投资组合经理），更新他们当日的重要消息和推荐变动。电话晨会上的消息以书面笔记的方式复制，分散发布给内部和外部来源，比如 First Call 数据库。重要的机构客户还可能会从许多不同的经纪商那里收到电话晨会要点的复制文件。

因此，所有经纪商的"日常消息"对大多数买方顾客来讲通常是在股市上午 9:30 开市之前早早获得。当市场上价格反应很明显时，这些消息有时还会通过道琼斯新闻社、路透社、CNN 财经频道或其他新闻途径转播。

"日常消息"的重要性和时间性变动很大。一种类型的公告是一个分析师对于一只股票的观点的变更。新的"买进"推荐通常会在发布之前受到一个研究监管委员会或者是经纪商法律部门详细的审查。所以，一个新的添加到买进（added-to-buy）的推荐可能在公告几天或几周前早已经在规划阶段了。突然的推荐变更（特别是"买进"推荐的撤销）可能是对该公司新的重大信息的反应。沃马克（Womack, 1996）发现新的推荐变动，特别是"添加到买进名单"和"剔除出买进名单"，能够在市场上引起股价和成交量的显著变动。例如，一个新的买进推荐发布的当日，目标股票通常会上涨 2% 或更多，其成交量翻倍。

对例行的信息或者报告，大多数此类信息或报告以书面形式汇编，并邮寄给顾客。在一些公司里，纸质的报告会在经纪商首次发布信息后延迟数日。因此，没有及时被电话告知的经纪商的小顾客，可能无法在收到报告之前获悉盈利预测或者推荐变更。

更广泛的研究报告，不论是对一个行业或者是对一个公司的分析，通常要经历数周或数月才能写就。给定准备一份内容更广泛的研究报告必要的时间期限，其内容通常不那么紧急和有交易倾向。分析师们的这种报告主要是通过邮件或互联网发送给顾客，也很少会引起股票价格和成交量的显著变动。

B. 卖方证券分析师的报酬、动机和偏见

推荐环境的一个重要方面是卖方证券分析师的报酬，因为这一报酬很大一部分是建立在他们通过为投资银行的企业融资部门服务获取收益的能力之上的。

在大多数经纪商中，分析师们的报酬主要基于两个因素。第一个是分析师被感知的（外在）声誉。一年一度的机构投资者全美研究团队的民意测验可能是对分析师报酬最重要的外部影响（参见 Stickel, 1992）。全美排名基于对超过 750 名基金经理和机构的问卷调查，对分析师的排名分为如下几类：挑选股票、盈利预测、书面报告以及综合服务。值得注意的是，仅前两个评判标准同准确的预测和推荐直接相关。

每个行业里顶尖的分析师的排名为第一位、第二位或第三位赢家或（有时几个）非冠军获得者（runner-ups）。当经纪商中证券研究部门的主管设定分析师的报酬水平时会参考这些结果。民意测验意味着分析师能够"切合当前情况"是无比重要的。对所研究的公司能及时发布盈利预测、买进和卖出意见和书面报告也是关键因素。民意测验还意味着及时采用最新相关信息也是一个成功（也因而被支付高报酬）分析师有价值的特征。

分析师带来收益和利润的能力也是他或她的报酬非常重要的影响因素。一位分析师最可测的利润贡献来自参与了承销和并购交易。流行的金融报刊上的文章用激烈来形容分析师对并购交易（deal-making）的竞争。在过去，那些能帮助公司招揽承销业务的分析师会获得一部分酬金，或者更可能地，他们的奖金是那些没有对承销业务有贡献的分析师的好几倍。对分析师而言，在最大的投资银行里，副总裁与总经理（或合伙人）之间的区别，与他们对承销费用的贡献高度相关。（作为一个例子，参见 Galant，1992）。尽管最近的改革旨在消除或弱化分析师报酬与投资银行业务酬金的直接关联，博奈和沃马克（Boni and Womack，2002a）的研究表明，设计如下一个报酬方案将是非常困难的：在该报酬方案下，对有更高盈利的投资银行交易进行更积极报告的隐性激励将被颠覆。① 事实是交易的佣金还不足以补偿研究部门的全部成本。根据一些人的估计，投资银行对研究部门成本的补贴超过50％。

另一个潜在的收益来源，即分析师研究的公司股票的交易所带来的佣金，也可能是分析师报酬的一个影响因素。不过，很难确定一位分析师对成交量的准确贡献。有许多其他因素会影响它，包括投资银行的交易"出席"（presence）。而且，顾客经常性地采用这家公司分析师的观点，却通过另一家公司进行交易。对机构客户来说，这已经成为惯例，而不是一个例外了。在短期内，机构的"买方"顾客挑出最吸引人的出价和要价（bids and offers），而这与分析师研究的帮助无关。经过一个季度或一年，佣金在经纪商之间的分配与研究增值的联系更紧密，但需要着重强调的一点是，推出一个新的研究推荐的经纪商通常无法获得它所推荐的股票即时交易量的大部分。

---

① 几家经纪券商公司，比如美林证券，最近宣布将来它们的分析师的报酬将会独立于分析师对投资银行部门收益来源的贡献。

第四部分
过度反应和反应不足的理论

第12章 一个投资者情绪模型[①]

尼古拉斯·巴贝尔斯（Nicholas Barberis）、安德瑞·史莱佛（Andrei Shleifer）和罗伯特·W·维什尼（Robert W. Vishny）

12.1 引　言

最近金融领域里的实证研究确认了两组普遍存在的规律：反应不足和过度反应。反应不足的证据表明，在或许是1～12个月的时间跨度上，证券价格对消息反应不足。[②]因此，消息只是缓慢地被纳入价格里，这样的价格在这些时间跨度上倾向于表现出正的自相关。指出这一点的一个相关的方法是说，当前的好消息对预测未来的正回报有用。过度反应的证据表明，在或许是3～5年的更长的时间跨度上，对指向同一方向的消息组成的一贯模式（consistent pattern），证券价格反应过度。也就是说，那些有一个好消息长记录的证券倾向于被高估并且往后具有较低的平均回报。[③]换种说法，有一连串好的业绩的证

[①] 感谢国家科学基金会提供资金支持，感谢 Oliver Blanchard, Alon Brav, John Campbell（《金融经济学期刊》的一个审稿专家），John Cochrane, Edward Glaeser, J. B. Heaton, Danny Kahneman, David Laibson, Owen Lamont, Drazen Prelec, Jay Ritter（一个审稿专家），Ken Singleton, Dick Thaler, 一个匿名审稿专家和编辑 Bill Schwert, 感谢他们的评论。

[②] 一些在这个领域的工作（在12.2节有更详细的讨论），包括 Cutler et al.（1991），Bernard and Thomas（1989），Jegadeesh and Titman（1993）和 Chan et al.（1997）。

[③] 一些在这个领域的工作（在12.2节有更详细的讨论），包括 Cutler et al.（1991），DeBondt and Thaler（1985），Chopra et al.（1992），Fama and French（1992），Lakonishok et al.（1994）和 LaPorta（1996）。

券，无论如何来衡量，都得到极高的估值，并且，这些估值平均起来会回归到均值。①

这些证据对有效市场理论提出了挑战，因为这些证据表明，在多种市场中，通过对反应不足和过度反应的利用，老练的投资者能够赚取较高的回报，而没有承担额外的风险。近来最值得关注的从有效市场的角度来解释这些证据的尝试是法马和弗伦奇的文章（Fama and French, 1996）。他们相信，他们的三因素模型（three-factor model）可以解释过度反应的证据，但是不能解释短期回报的延续（反应不足）。这些证据也对行为金融学理论提出了挑战，因为以前的模型没有成功地解释这些事实。② 这个挑战是，解释投资者可能是如何形成导致反应不足和过度反应的信念（beliefs）的。

在这一章中，我们提出一个投资者情绪的简约模型（投资者如何形成信念的模型），它和现有的统计数据一致。该模型也和不确定性条件下个人判断的失误的实验证据和实验情况下投资者的交易模式的实验证据相一致。特别是，我们模型的设定与特沃斯基和卡尼曼（Tversky and Kahneman, 1974）在被称为"代表性"（representativeness）的重要行为直觉推断（behavioral heuristic）（或者说，实验对象把事件视为某一特定的类的典型或代表，并且在事件过程中忽视概率法则这一倾向）的结果上相一致。例如，在股市里，基于盈利（earnings）持续增长的历史，投资者可能把一些股票归类为成长型股票，而忽视了一种可能性，即非常少的公司会一直保持增长。我们的模型也涉及心理学领域记载的另一种现象，即保守性，它被定义为在面对新的证据时模型的缓慢更新过程（Edwards, 1968）。反应不足的证据尤其和保守性这一现象相一致。

我们的模型是一个投资者和一项资产的模型。这个投资者应该被看作这样一个投资者，其信念反映了"共识的预测"（consensus forecasts），即使在不同投资者有不同的期望时。这个代表性的投资者的信念影响价

---

① 也存在一些在很短的时间跨度（比如说一天）上的回报自相关非零的一些证据（Lehmann, 1990）。我们不相信，由一个行为模型来面对这些证据是至关重要的，因为它们似乎可以被市场微观结构方面需要考虑的因素（比如，被记录下来的价格在买方出价和卖方报价之间的波动）所解释。

② 德隆等（De Long et al., 1999a）的模型产生了回报（return）的负自相关，德隆等（De Long et al., 1999b）的模型产生了正自相关。卡特勒等（Cutler et al., 1991）把德隆等的这两个模型的元素结合在一起，试图解释一些关于自相关的证据。这些模型只关注价格，因此没有面对12.2节所讨论到的关键的盈利（earnings）方面的证据。

格和回报。

我们没有解释为什么在模型中套利未能消除错误定价。就本章而言，我们依靠以前的工作来说明，为什么对有效价格的偏离可以持续 (De Long et al., 1990a; Shleifer and Vishny, 1997)。根据这项工作，为什么套利是有限的，一个重要的原因是，投资者情绪的波动部分地是不可预测的，因此对错误定价下赌注的套利者，至少在短期内冒了这样的风险，那些投资者的情绪变得更加极端并且使价格甚至更加远离基本价值。由于这种"噪音交易者风险"，套利头寸（arbitrage positions）在短期内可能会赔钱。当套利者是风险厌恶型时，或是使用了杠杆（leveraged）时，或者是管理别人的钱并且在业绩不佳时冒着所管理的资金会流失的风险时，错误定价深化的风险降低了他们所持有的头寸的规模。因此，套利未能完全消除错误定价，并且，投资者的情绪影响到均衡时的证券价格。在下面的模型中，投资者的情绪确实部分是不可预测的，因此，如果在模型中引入套利者，套利将是有限的。①

虽然这些以前的论文认为，错误定价可以持续下去，它们对可能观察到的错误定价的性质说得不多。为此，我们需要一个关于人们如何形成期望的模型。目前的工作提供了一个这样的模型。

在我们的模型里，这一资产的盈利遵循随机游走（random walk）过程。不过，模型里的投资者不知道这个事实。相反，他相信，某一公司的盈利行为在两个"状态"（states）或"体系"（regimes）之间移动。在第一个状态中，盈利是均值回归的（mean-reverting）。在第二个状态中，盈利有趋向性，也就是说，在一个增长后，盈利有可能会进一步上升。两个体系之间的转移概率（transition probabilities），以及每个体系中的盈利过程的统计属性，在投资者的心里是固定的。特别是，在任何给定的时期，公司的盈利更可能停留在给定的体系而不是转换到另一个体系。每一时期，投资者都会观察盈利，并利用这些信息来更新关于自己是在哪个状态下的信念。在其信念更新过程中，投资者是贝叶斯式的，尽管他的盈利过程的模型是不准确的。具体地说，当一个正面的盈利意外之后又出现另一个正面的盈利意外的时候，这个投资者提高了他处于带趋

---

① 我们的模型所蕴含的实证含义是从关于投资者心理或情绪的假设中推导出来的，而不是从关于套利者行为的假设中推导出来的。行为金融学领域里的其他模型只能产生遵循有限套利的实证含义，而没有关于投资者情绪的形式的具体假设。例如，对封闭式基金（close-end funds）的有限套利预示了平均来说对这种基金的定价过低，不管这些基金受到何种确切形式的投资者情绪的影响（参见 De Long et al., 1990a 和 Lee et al., 1991）。

向性的体系里的概率；相反，当一个正面的盈利意外之后出现一个负面的盈利意外的时候，这个投资者提高了他处于回归均值的体系里的概率。我们求出这个模型的解并且证明了，在一个看似合理的参数值范围内，该模型生成了在现实数据中所观察到的实证预测。

丹尼尔等（Daniel et al.，1998）也建立了一个投资者情绪的模型，旨在调和关于过度反应和关于反应不足的实证发现。同样，他们也使用心理学领域的概念来支持他们的框架，尽管他们模型的基础是过度自信（overconfidence）和自我归因（self-attribution），和我们所使用的心理学方面的概念并不一样。很可能他们所描述的现象和那些驱动我们模型的现象都在生成这些实证证据时发挥了作用。

第二部分总结了我们所要试图解释的实证发现。第三部分讨论激发了我们研究方法的心理学证据。第四部分介绍了模型。第五部分对模型进行了求解，并概述了模型所蕴含的数据方面的推断。第六部分做了总结。

12.2 相关证据

在本节中，我们总结证券回报中的反应不足和过度反应的统计证据。我们对加总的股票和债券的回报的行为只给予了比较少的关注，因为这些数据一般来说不提供足够的信息来拒绝有效市场假说。我们的模型所试图解释的异常的证据大部分来自股票回报的横截面。这些证据大多来自美国，虽然最近的一些研究也已经在其他市场中发现了类似的模式。

12.2.1 反应不足的统计证据

在介绍实证发现之前，我们首先解释一下我们所说的对消息公告反应不足指的是什么意思。假设在每一期，投资者听到有关某个公司的消息。我们用 z_t 来表示他在第 t 期听到的消息。这个消息可以是好的，也可以是坏的，也就是说，$z_t=G$ 或 $z_t=B$。我们所说的反应不足是指在好消息发布后的下一期中，该公司的股票的平均回报高于坏消息之后的下一期中的平均回报：

$$E(r_{t+1}|z_t=G) > E(r_{t+1}|z_t=B)$$

换句话说，股票对好的消息反应不足，这一错误在下一期得到了纠正，使得在该时期有一个相对来说更高的回报。在这一章中，好消息指的是一个高于预期的盈利公告，尽管就像我们下面讨论的那样，也存在相当多的对其他类型的消息反应不足的证据。

对加总的时间序列所作的实证分析已经发现了一些反应不足的证据。卡特勒等（Cutler et al., 1991）研究了各种指数的超额回报在不同的时间跨度上的自相关。他们研究了1960—1988年间不同市场里的股票、债券和外汇的回报，发现一般来说（虽然不是普遍的），指数的超额回报在一个月至一年之间的时间跨度上存在正的自相关。例如，世界各地股票的超额回报的一个月的自相关的平均值大约是0.1（单单在美国，也是大约0.1），对于债券的超额回报来说，这个数字是大约0.2（在美国是0左右）这些自相关许多在统计上是显著的。这些自相关的证据和反应不足的假说是一致的，这一假说所陈述的内容是，股票价格缓慢地吸纳信息，导致了回报在短时间跨度上的趋势。

对反应不足假说更加有说服力的支持来自对美国国内股票回报的横截面的研究，这些研究关注的是实际的新闻事件（actual news events）和回报的可预测性（predictability of returns）。伯纳德（Bernard，1992）回顾了一类这样的研究，这些研究涉及股票价格对公司盈利公告的反应不足。

这些研究的发现大致如下。假定根据股票的盈利公告里所包含的意外的多少，我们把股票排序分组（比如说十分位组（deciles））。衡量盈利意外的一个简单的方法是看标准化非预期盈余（SUE），它被定义为一个公司在某一季度里的盈利和它在一年前的那个季度里的盈利的差除以这个公司的盈利的标准差。另一个衡量盈利意外的方法是通过股票价格对盈利公告的反应。一个具有普遍性的（并且不令人感到意外的）发现是，随着关于盈利的信息被吸纳到价格里，带有正面的意外盈利的股票在盈利公告之前的那一期也赚得了比较高的回报。一个更令人感到意外的发现是，意外盈利更高的股票在投资组合形成后的那一期也赚得了更高的回报：市场在修正一个公司的股票价格的过程中，对盈利公告反应不足。例如，在投资组合形成后的60个交易日的时间跨度上，带有最高的标准化非预期盈余的股票，赚得的累积的风险调整后的回报比带有最低的标准化非预期盈余的股票的回报高出4.2%（参见伯纳德1992年的文章（Bernard，1992））。所以，不过时（stale）的信息，即标准化非预期盈余或者以前的盈利公告回报，具有预测未来的风险调整后的回报的能力。或者，换句话说，关于盈利的信息只是缓慢地被吸纳到股票价格里。

伯纳德也总结了关于盈利时间序列的实际属性的一些证据，并且对他的发现提供了解释。一个相关的序列是，一个公司在某一季度里的盈利相对于它在去年的同一日历季度里的盈利的变化。在1974—1986年这段时间，使用有2 626个公司的一个样本，伯纳德和托马斯（Bernard and Thomas，1990）发现，这些序列表现出了大约0.34的滞后一季度的自相关、大约0.19的滞后两季度的自相关、大约0.06的滞后三季度的自相关、大约－0.24的滞后四季度的自相关。也就是说，盈利的变化表现出了在一个季度、两个季度和三个季度的时间跨度上的轻微的趋势，以及一年后的一个轻微的逆转。在解释这些证据时，伯纳德猜测，市场参与者没有意识到盈利变化的正的自相关，并事实上相信，盈利遵循随机游走过程。这个信念导致他们对盈利公告反应不足。在12.3节里我们的模型使用一个相关的概念来生成反应不足：我们假定盈利遵循一个随机游走过程，但是同时假定投资者们通常假设盈利是回归均值的。生成反应不足的关键概念（伯纳德和我们的分析共同拥有的概念）是，投资者们通常（但是并不总是）相信盈利比实际上的更稳定。就像我们在下文表明的那样，这个概念在心理学上有牢固的基础。

反应不足的进一步的证据来自贾格迪什和蒂特曼（Jegadeesh and Titman，1993），他们研究了美国股票回报的一个横截面，并且发现了股票的回报在6个月的时间跨度上是正相关的可靠证据。和对盈利漂移的证据的解释相似，他们在解释关于股票回报中的"动量"（momentum）这一发现的时候，指向对信息的不足反应和股票价格对信息的缓慢的吸纳。[①] 罗文霍斯特（Rouwenhorst，1997）最近的工作记录了国际股票市场中动量的存在。查恩等（Chan et al.，1997）把盈利漂移的证据和动量的证据整合起来。他们使用了三个盈利意外的衡量标准：标准化非预期盈余（SUE），股票价格对盈利公告的反应，分析师对盈利预测的变化。他们发现，所有这三个衡量标准，还有以前的回报，都对预测接下来的6个月和1年的时间跨度上的股票回报有帮助。也就是说，带有正面的盈利意外的股票，也是具有高的前期回报的股票，倾向于接下来比带有负面的盈利意外和差劲的回报的股票表现得更好。与其他作者相似，查恩、贾格迪什和兰科尼肖克得出这样的结论：投资者对消息反应不足而且缓慢地把信息吸纳到价格里。

除了股票价格对盈利公告的反应不足的证据和股票价格里关于动量

---

① 早期的关于动量的证据也包含在德邦特和泰勒（DeBondt and Thaler，1985）的文章里。

的相关的证据外,还存在关于其他公告和事件之后的股票价格的漂移的一组紧密相关的证据。例如,艾肯伯里等(Ikenberry et al.,1995)发现在股份回购的公告发布的时候股票价格上升,然后在接下来的几年,股票价格继续往同样的方向漂移。迈克尔利等(Michaely et al.,1995)发现在股利初次发放和股利停发之后股票价格漂移的类似证据,而艾肯伯里等(Ikenberry et al.,1996)记录了分股(stock splits)之后这样的漂移。最后,洛克伦和里特(Loughran and Ritter,1995)、斯皮斯和阿弗莱克-格雷夫斯(Spiess and Affleck-Graves,1995)发现了股票增发(seasoned equity offerings)之后的漂移的证据。丹尼尔等(Daniel et al.,1998)和法马(Fama,1998)总结了大量说明对消息事件的这种反应不足的事件研究,由此得到的一个投资者情绪理论或许可能解释这种不足反应。

12.2.2 过度反应的统计证据

和前一小节开头处的反应不足的定义相类似,我们现在把过度反应定义为这样的事件:一系列而不是一个好消息公告之后的平均回报,比一系列坏消息公告之后的平均回报要低。使用和前文相同的符号,

$$E(r_{t+1}|z_t=G, z_{t-1}=G, \cdots, z_{t-j}=G)$$
$$<E(r_{t+1}|z_t=B, z_{t-1}=B, \cdots, z_{t-j}=B)$$

其中,j 不小于 1,并且可能高得多。在这里这个概念就是在一系列好消息公告之后,投资者变得过分乐观,认为未来的消息公告也将是好的,由此引发反应过度,把股票的价格推送到过高的水平。接下来的消息公告很可能会和他的乐观看法相矛盾,这就导致了相对更低的回报。

关于加总的在长时间跨度上的指数回报的可预测性的实证研究极其多。比较早的文章包括法马和弗伦奇等(Fama and French et al.,1988)、波特巴和萨默斯(Poterba and Summers,1988);卡特勒等(Cutler et al.,1991)研究了多种市场里的这样一些证据。这些证据的要点是:在 3~5 年的时间跨度上,在许多市场中,股票回报存在一个相对微小的负自相关。而且,在相似的时间跨度上,股票估值的一些衡量标准,比如说股息收益率(dividend yield),具有预测相同方向的回报的能力:低股息收益率或者以前的高回报倾向于预示接下来的低回报(Campbell and Shiller,1988)。

就像上文那样,更加有说服力的证据来自股票回报的横截面。在一篇比较早的很重要的文章里,德邦特和泰勒(DeBondt and Thaler,

1985）追溯到1933年的美国数据发现，由在过去五年回报极其差的股票组成的投资组合，与由在过去五年回报极其高的股票组成的投资组合相比，前者表现得更好，即使在做了标准的风险调整后也是这样。德邦特和泰勒的发现被后来的工作所支持（例如，Chopra et al., 1992）。就盈利而言，扎罗温（Zarowin, 1989）发现，有一系列差的盈利的公司，和有一系列好的盈利的公司相比，接下来表现得更好。这些证据表明，有着好消息的一贯纪录（因此有极其高的历史回报）的股票被高估了，而且，通过对一贯的消息模式（consistent patterns of news）的过度反应下赌注，投资者能够因此赚得超常的回报。同样，有着坏消息的一贯纪录的股票被低估了，而且，接下来将赚得较高的回报。

接下来的工作把焦点从历史回报转移到其他的估值衡量标准上，例如，市值对资产账面价值的比率（DeBondt and Thaler, 1987；Fama and French, 1992）、市值对现金流的比率（Lakonishok et al., 1994）和其他会计方面的衡量标准。所有这些证据都指向同样的方向。相对于它们的资产或者盈利来说估值非常高的股票（魅力股），倾向于是那些在过去几年有极高的盈利增长的公司的股票，在未来赚得相对低的风险调整后的回报；而估值低的股票（价值股）赚得相对高的回报。例如，兰科尼肖克等发现了在极端价值股十分位数和魅力股十分位数之间的8%～10%的年回报差。再次，这些证据指向对（好的或者坏的）极端业绩的一个长久纪录的过度反应：业绩极端的股票的价格，和这些股票的价值以及接下来的回报实际上提供的价值相比，倾向于过于极端。最近的研究把关于价值股的证据拓展到其他的市场，包括欧洲、日本和新兴市场（Fama and French, 1998；Haugen and Baker, 1996）。

这些证据的经济学解释已经被证明是更有争议的，因为一些作者，特别是法马和弗伦奇（Fama and French, 1992, 1996）认为，一旦风险被恰当地度量，魅力股实际上风险更小，价值股风险更大。为了设法直接把风险和过度反应区分开来，拉波塔（LaPorta, 1996）把股票根据专业分析师所做的长期增长率的预测来排序，发现分析师对他们感到最乐观的股票过分看涨（bullish），对他们感到最悲观的股票过分看跌（bearish）。特别是，增长预测最高的股票与增长预测最低的股票相比，赚得更低的未来回报。而且，平均起来，有着高增长预测的股票在它们接下来发布盈利公告的时候赚得负的回报，而有着低增长预测的股票则赚得高的回报。所有这些证据不但指向分析师们的过度反应，而且更重要的是，也指向价格上的过度反应：在一个有效的市场，有着乐观的增长预测的股票不应该赚得低回报。

最后,拉波塔等(LaPorta et al.,1997)发现了魅力股和价值股(这两个概念是用会计变量来定义的)中的反应过度的直接证据。具体地说,在它们未来的盈利公告发布日期中,魅力股赚得负的回报,而价值股赚得正的回报。当盈利被发布的时候,市场学习到,它的估值已经太极端了。

总之,就像横截面的反应不足的证据一样,横截面的过度反应的证据展示了相当可靠的规律性。全面地看,这些规律性很难和有效市场假说相一致。对这个工作来说更重要的是,这两个规律性对行为金融学提出了一个挑战,这个挑战就是,提供一个能够解释实证证据的关于投资者如何形成信念的模型。

12.3 一些心理学的证据

激发我们建立下面所介绍模型的动机是心理学家们记录的两个重要的现象:保守主义(conservatism)和代表性直觉推断(representativeness heuristic)。在本节中,我们简短地描述一下这些心理学的证据,以及最近的试图融合这些证据的尝试(Griffin and Tversky,1992)。

几位心理学家,包括爱德华兹(Edwards,1968),已经确认了一个所谓保守主义的现象。保守主义所阐述的意思是,面对新的证据时,个体改变他们的信念很缓慢。在很好地定义了证据的真实规范性值(true normative value)的实验中,对于实验对象对新的证据的反应,爱德华兹以理想化的理性的贝叶斯式的实验对象对新证据的反应作为基准。在他的实验里,个体在更新他们的后验(posteriors)时方向是正确的,但是和理性的贝叶斯式的基准相比,更新的幅度太小。新的证据客观上越有用,实验里发现的这种保守主义现象实际上就越明显。用爱德华兹自己的话说:"事实证明,看法的改变是非常有序的,并且通常和根据贝叶斯定理计算出来的数字成比例——但在数量上并不足够。作为对数据的常规初步逼近(conventional first approximation),可以这么说,需要2~5个之间的任何数量的观察才能达到一个观察[*]所产生

---

[*] 可能是在理想化的理性的贝叶斯式的实验对象的基准条件下,只需要一个观察。——译者注

的诱导实验对象改变看法的作用"(参见 Edwards,1968,p.359)。

保守主义对上文所描述的反应不足的证据是极具启发性的。受保守主义影响的个体可能会忽视一个盈利公告(或者其他公开的公告)的完整信息内容,也许是因为他们相信,这个数据包含有一个巨大的暂时性的组成部分,并且仍然至少部分地坚持他们原来对盈利的估计值。因此,当对公告作出反应时,他们只是部分地调整他们对股票的估值。爱德华兹会用贝叶斯式的术语把这种行为描述为,没能恰当地把新的盈利数字里的信息和投资者的先验信息加总起来,以形成新的后验的盈利估计值。特别是,和用来形成他们的先验的更没用的证据相比,个体倾向于给予有用的统计证据太低的权重。或者,他们可以被描述为对他们的先验信息过度自信。

心理学家记录的第二个重要的现象是代表性直觉推断(Tversky and Kahneman,1974):"一个遵循这一直觉推断的人评估一个不确定的事件(或者一个样本)的概率时,根据的是(1)它和母群体(parent population)在本质属性(essential properties)上的相似度,(2)它在多大程度上反映了生成它的过程的显著属性"(参见 Tversky and Kahneman,1974,p.33)。例如,如果对一个人性格的详细描述和实验对象关于某一具体职业的人们的经验非常匹配,那么这个实验对象倾向于显著地过高估计了这个给定的个人属于那个职业的实际概率。在给予代表性的描述过高的权重的同时,实验对象对群体(population)中只有一小部分属于那个职业这一统计的先验概率(base rate)的证据给予了过低的权重。

代表性直觉推断的一个重要的表现(被特沃斯基和卡尼曼很详细讨论过的)是,人们认为他们从实际上是随机的序列中发现了某些模式(patterns)。代表性直觉推断的这层含义解释了前文描述的过度反应的证据。当一个公司在几年时间有一贯的盈利增长历史,可能伴随它的还有对它的产品和管理的显著和热情的描绘,那么,投资者可能会得出这样的结论:过去的历史对隐含其中的盈利增长潜力具有代表性。虽然一个高增长的一贯模式可能最多只不过是几个幸运的公司抽到的一个随机抽签,在投资者们看来却是发现了"混沌中的秩序",并且从样本内的增长路径中推断出这样的结论,即这个公司属于盈利保持不断增长的一个很小的独特的公司群体。因此,采用代表性直觉推断的投资者可能会忽视一个事实,那就是,一个高盈利增长的历史不太可能自我重复;他们将会高估这个公司,并且,在未来当预测的盈利增长没能实现的时候,他们将会失望。当然,这就是反应过度的真正意思。

在最近的一个研究中，格里芬和特沃斯基（Griffin and Tversky，1992）试图去把保守主义和代表性调和在一起。在他们的框架内，人们在新证据的"强度"和"权重"的基础上更新他们的信念。强度指的是诸如证据的显著性和极端性这些方面，而权重指的是统计上的提供信息程度，例如样本的大小。① 根据格里芬和特沃斯基相对于理性贝叶斯式的个体，人们在修正他们的预测时，过多地关注证据的强度，同时过少地关注它的权重。一方面，在格里芬-特沃斯基的框架内，在面对权重高但是强度低的证据时，可能会发生像爱德华兹所记录的那样的保守主义。人们对低强度的证据印象并不深刻，所以对它反应很温和，即使根据它的权重应该对它有更多的反应。另一方面，当证据的强度很高但是权重很低的时候，过度反应就发生了。它发生的方式和代表性是一致的。实际上，代表性可以看作是对特别显著的证据所具有的强度的过度关注，即使它的权重相对来说比较低。

在当前的背景下，格里芬和特沃斯基的理论表明，人们可能会给予孤立的季度盈利公告中所包含的信息过低的权重，因为单个盈利数字看起来像雷达屏幕上提供的信息量不多的一个光点，单靠自己它显示不出具体的模式或强度。这么做的时候，他们忽视了最新的盈利消息所具有的能用来预测盈利水平的实质的权重，特别是当盈利很接近随机游走的时候。同时，人们可能会给予明显很高或者很低的盈利增长的多年一贯模式过高的权重。这样的数据会很显著，或者说具有很高的强度，但是，它们在预测盈利增长率中所具有的权重可能很低。

遗憾的是，心理学的证据没有量化地告诉我们，什么样的信息是强度大的和显著的（并因此对它反应过度），什么样的信息是权重低的（并因此对它反应不足）。例如，心理学证据没有告诉我们，需要一个多长的盈利增长的序列才能够使它的强度导致显著的定价过高。心理学的证据也没有告诉我们，对高强度高权重的信息或者低强度低权重的信息的反应（相对于一个真正的贝叶斯式的个体来说）的幅度。因为这些原因，让我们说我们的模型来源于心理学的证据（与心理学的证据只是提供了激发我们模型的动机的说法相反）是不合适的。

也存在这样一些股票交易的实验，这样一些实验与心理学的证据以

---

① 为了举例说明这些概念，格里芬和特沃斯基使用了介绍信的例子。一方面，介绍信的"强度"指的是它的内容是如何肯定和热心；另一方面，"权重"衡量的是写信的人的可信度和成就方面的高度。

及下文中介绍的模型是一致的。安德烈亚森和克劳斯（Andreassen and Kraus, 1990）给实验对象（他们是没受过金融学方面训练的本科生）看了股票价格的一个时间序列，然后要求他们根据现行（prevailing）价格来交易。在实验对象交易完以后，价格的下一个实现值出现了，然后他们可以再交易。交易不影响价格：实验对象是和时间序列交易，而不是实验对象之间相互交易。实验中用到的股票价格是改变尺度后的摘自金融报刊的真实的股票价格，有的时候也通过引入趋势来进行修改。

安德烈亚森和克劳斯的基本发现如下：实验对象从总体上来说"跟踪价格"，也就是说，当价格上升时卖出而当价格下跌时买入，即使提供给他们的时间序列是一个随机游走。这是一个相当普遍的行为模式，这一模式和市场中对消息的反应不足的现象是一致的。但是，当给予实验对象一个貌似有真实趋势的数据序列时，他们减少了对价格的跟踪，也就是说，他们更少针对价格波动做交易了。根据安德烈亚森和克劳斯的结果，实验对象是不是实际上从跟趋势对抗转变为追逐趋势，这一点不是很清楚，虽然他们的发现的确暗示了这转变。

德邦特（DeBondt，1993）很好地对安德烈亚森和克劳斯的发现做了补充。通过把教室实验和对投资者的调查结合起来，德邦特发现了人们把过去的趋势往前推延的强有力证据。在实验中，在给实验对象看了不指明是什么时候的一个时段上的股票价格后，他要求他们预测未来的股票价格水平。在调查中，他也分析了对道琼指数的定期预测的一个样本，该样本来自对美国个人投资者协会成员的调查。在两种情况中，预测的价格水平的变化在价格上升的序列之后比在价格下降的序列之后更高，显示一旦投资者认为他们发现了趋势，他们确实会追逐趋势。

12.4　一个投资者情绪的模型

12.4.1　对模型的非正式描述

本节中我们介绍的模型试图用12.3节讨论的来自心理学的概念去描述12.2节总结的实证证据。我们考虑这样一个模型，在这个模型中，只有一个代表性的风险中性投资者，其折现率是δ。我们可以把这个投资者的信念看作是对"共识"的反应，即使不同的投资者有不同的信念。只有一只证券，所有盈利完全作为红利支付；在这种背景下，就像这个代表性的投资者预测的那样，这只证券的均衡价格等于未来盈利的净现值。和异质行为主体模型相反，在我们的模型中，价格中除了盈利不再包含其他任何新信息。

给定风险中性的假设和固定折现率的假设，如果这个投资者知道盈利流所遵循的正确过程，那么回报是不可预测的。这是萨缪尔森（Samuelson，1965）首先证明的一个事实。如果我们的模型要生成 12.2 节所讨论的实证研究中所记录的那种回报方面的可预测性，这个投资者必定是使用了错误的模型来形成预期的。

我们假设，盈利流遵循随机游走。就像我们在上文中讨论的那样，这个假设并不完全准确，因为盈利增长率在一至三季度的时间跨度上是轻微的正自相关的（Bernard and Thomas，1990）。我们做这个假设是为了具体化起见，并且，这个假设对生成结果来说根本不关键。对生成结果来说必不可少的是，投资者有时候相信盈利比它实际上那样的更稳定——这个想法是伯纳德所强调的，也是我们下面模型里所描述的。这个相对的错误感知是反应不足的关键。

我们模型里的这个投资者没有意识到盈利遵循一个随机游走的随机过程。他认为世界在两个"状态"或者"体系"之间变动，并且认为在每个体系中决定盈利的模型是不一样的。当世界是在体系 1 中的时候，模型 1 决定了盈利；在体系 2 中，模型 2 决定了盈利。这两个模型都不是随机游走。相反，在模型 1 中，盈利是回归均值的；在模型 2 中，盈利是有趋向性的。为了简单起见，我们规定这两个模型是马尔可夫过程：也就是说，在每个模型中，第 t 期中的盈利变化只取决于在第 $t-1$ 期中的盈利变化。这两个模型的唯一区别在于转移概率。在模型 1 中，盈利扰动在下一期中很可能会被逆转过来，那么在一个对盈利的正扰动之后，在下一期中更有可能出现的是一个负扰动而不是另一个正扰动。在模型 2 中，一个扰动之后更有可能出现符号相同的扰动。

投资者相信世界是由两个不正确的模型中的一个来决定的，这一想法是用来描述前一节里的心理学现象的一个粗糙的方法。模型 1 生成了和保守主义所预测的效应一模一样的效应。一个使用模型 1 来预测盈利的投资者对单个的盈利公告反应不足，就像一个表现出保守主义的投资者所做的那样。从格里芬和特沃斯基（Griffin and Tversky，1992）的角度来看，对单个盈利公告的反应不足，是因为它们的强度低。事实上，当盈利遵循随机漫步的时候，这些公告具有极高的权重，但是投资者对证据的这一方面不敏感。

相反，相信模型 2 的投资者的行为就好像他是受到了代表性直觉推断的影响。在一连串正的或者负的盈利变化之后，投资者使用模型 2 来预测未来的盈利，把过去的业绩往未来推延得太远。这描述了代表性可能会导致投资者把过去的盈利增长和未来的盈利增长过于紧密地联系在一起这样一种方式。按格里芬和特沃斯基的话说，投资者们对一连串正的或者负的盈利变化中的信息反应过度，因为这个信息的强度很高；他们忽视了一个事实：当盈利仅仅遵循随机游走的时候，这个信息的权重很低。

投资者同时也相信，存在一个体系转换的过程，该过程决定了世界在任何时候所处的体系。我们规定了这个背后的过程是也是一个马尔可夫过程，这样的话，现在的体系是模型 1 或者是模型 2 只取决于上一期的体系是什么。我们把注意力集中于体系转换相对少见的情形。也就是说，如果模型 1 决定了第 t 期中的盈利变化，那么很可能它也决定了第 $t+1$ 期中的盈利。这一点也适用于模型 2。但是，在某些小的可能性下，体系会改变，然后另一个模型开始生成盈利。因为一些将会显而易见的原因，我们经常要求体系转换的概率能够使投资者更经常地认为世界是处于模型 1 的回归均值的体系中，而不是更经常地认为世界是处于模型 2 的带有趋向性的体系中。

分别和模型 1、模型 2 以及背后的体系转换过程联系在一起的各自的转移概率在投资者心中是固定的。为了对这个唯一的证券进行估值，投资者必须预测未来的盈利。为了做到这一点，他会使用已经观察到的盈利流来更新其关于哪个体系正在生成盈利的信念。一旦这个工作完成了，他将使用体系转换的模型来预测未来的盈利。这个投资者以贝叶斯方式来更新信念，即使他的盈利模型是不正确的。例如，如果他观察到两个连续的符号相同的盈利扰动，他就会更加强烈地相信他正处在模型 2 的带有趋向性的盈利体系中。如果这一期的盈利扰动和前一期的盈利扰动符号相反，他就把更多的权重放在模型 1（回归均值的体系）上。

我们的模型和典型的学习模型不同。在我们的框架内，投资者从来没有改变他用来预测盈利的模型，而是自始至终使用同样的体系转换模型、同样的体系和同样的转移概率。即使在观察了非常长的一个盈利数据流之后，他也不改变他的模型，使它更像随机游走这个真实的过程。他的唯一的任务是去弄清楚他的模型中的两个体系中的哪一个正在生成盈利。这是他从数据中学习的唯一的见识。①

关于上文中所描述的那样的投资者行为（配上真实盈利的随机游走过程）如何能产生 12.2 节所讨论的实证上的现象，我们现在提供一些初步的直觉。特别是，我们将阐明我们的框架如何能够导致对盈利公告的反应不足和长期的过度反应。

在我们的模型中描述过度反应的一个很自然的方式是说，一连串对盈利的正扰动之后已实现的回报的平均值，低于一连串对盈利的负扰动之后已实现的回报的平均值。实际上，模型中我们的投资者看到一系列正的盈利扰动之后，他把很高的概率放在模型 2 正在生成当前盈利这一事件上。因为他相信体系转换很少见，这意味着模型 2 也很可能在下一期中生成盈利。投资者因此预料，下一期中对盈利的扰动又一次是正的。但是，盈利遵循随机游走过程：下一期的盈利上升或者下降的概率是相等的。如果盈利上升，回报不会很大，因为那恰恰是投资者所预料到的，也就是盈利的上升。但是，如果盈利下降，回报就是很大的负数，因为负面的公告出乎投资者的意料。② 因此，一连串正的盈利扰动之后的已实现回报的平均值是负的；对称地，一连串负的盈利扰动之后的平均回报是正的。两种情况下平均回报的差是负的，这与实证上观察到的过度反应是一致的。

现在，我们转向反应不足的问题。根据我们在 12.2 节的讨论，我们可以把反应不足看作这么一个事实，就是对盈利的一个正扰动之后已实现的回报的平均值大于对盈利的一个负扰动之后已实现回报的平均值。只要这个投资者平均把更多的权重放在模型 1 而不是模型 2 上，反应不足就会在我们的模型中存在。想一想一个正的盈利扰动之后已实现的回报。因为根据假设，这个投资者平均相信模型 1，所以他平均相信，这个正的盈利扰动在下一期中会被部分逆转。但是，实际上，一个正扰动之后出现一个正扰动和一个负扰动的可能性是一样的。如果一个正扰动之后出现的是负扰动，那么已实现的回报不会很大，因为这是投

---

① 从数学的角度来看，如果真实的随机游走盈利模型是在投资者的先验分布的支集中，他最终会了解到这个真实随机游走盈利模型；但是，从心理学的角度来看，存在很多这样的证据，即人们学习很缓慢，并且人们发现要摆脱普遍存在的诸如保守主义和代表性的偏见很困难。

② 《金融经济学杂志》的一位审稿专家已经向我们指出，这正是德雷曼和贝里（Dreman and Berry, 1995）的实证发现。他们发现，魅力股在正面的盈利意外发生时赚得很小的正的事件回报，并且在负面的盈利意外发生时赚得很大的负的事件回报。对价值股来说，情况相反。

资者预料到的盈利的实现值。如果一个正扰动之后出现的是正扰动，那么已实现的回报会很大而且是正的，因为这个扰动是没有预料到的。同样，一个负的盈利扰动之后的已实现的回报的平均值是负的，所以一个正的盈利扰动之后已实现的回报的平均值和一个负的盈利扰动之后已实现的回报的平均值的差实际上是正的，这和关于盈利公告之后的漂移以及关于短期动量的证据是一致的。

12.2 节讨论的实证研究表明，反应不足可能是比伯纳德和托马斯（Bernard and Thomas，1989）所记录的仅仅是被推迟的对盈利的反应更加广泛的一种现象。虽然我们的模型是从盈利消息的角度来表达的，对股息以及股份回购公告的被推迟的反应在我们的框架内也能够同样容易被理解。和这个投资者面对新的盈利公告而调整信念时表现出保守主义的方式一样，他因此也可能会给予削减股息或者股份回购公告中的信息过低的权重。

我们在这里提出的预期形成机制与巴斯基和德隆（Barsky and De Long，1993）在试图解释希勒（Shiller，1981）发现的价格/股息比率（price-dividend ratio）的过度波动性时使用的预期形成机制有关。他们假设，投资者把股息的增长率看成是这样一个参数，该参数不仅是未知的，而且在时间上是变化的。

对这个参数的最优估计值和过去一期的股息增长率的分布滞后十分相似，并且权重递减。如果在几期中股息稳步上升，投资者对当前的股息增长率的估计值也会上升，这导致他对未来的股息作出更高的预测。类似地，在我们的模型中，一系列对盈利的正扰动导致投资者提高盈利变化当前由带趋向性的体系 2 所生成这一概率，导致他对未来的盈利作出更加乐观的预测。

12.4.2　正式的模型

我们现在介绍上文中所描述的投资者行为的数学模型，然后在 12.5 节，我们检查是否能够把我们的直觉正式化。假定时点 t 的盈利是 $N_t = N_{t-1} + y_t$，这里 y_t 是对时点 t 的盈利的扰动，它的值可以是 $+y$ 和 $-y$ 中的一个。假定所有的盈利都作为股息支付出去。投资者相信，y_t 的值由模型 1 或者模型 2 中的一个来决定。哪个模型决定 y_t 的值，取决于这个经济的"状态"或者说"体系"。模型 1 和模型 2 具有同样的结构：他们都是马尔可夫过程，即，y_t 的值只取决于 y_{t-1} 的值。这两个过程之间实质性的区别在于转移概率。为了准确起见，这两个模型的转移矩阵是：

模型 1	$y_{t+1}=y$	$y_{t+1}=-y$	模型 2	$y_{t+1}=y$	$y_{t+1}=-y$
$y_t=y$	π_L	$1-\pi_L$	$y_t=y$	π_H	$1-\pi_H$
$y_t=-y$	$1-\pi_L$	π_L	$y_t=-y$	$1-\pi_H$	π_H

关键是，π_L 比较小，π_H 比较大。我们应该把 π_L 看作介于 0 和 0.5 之间，π_H 介于 0.5 和 1 之间。换句话说，在模型 1 中，一个正扰动很可能会被反转；在模型 2 中，一个正扰动之后更有可能出现另一个正扰动。

这个投资者确信，他知道参数 π_L 和 π_H；他也确信，他对控制着从一个体系到另一个体系转换（或者等价地说，从模型 1 到模型 2 的转换）背后的过程的看法是正确的。它也是一个马尔可夫过程，所以今天的世界的状态只取决于上一期中世界的状态。这个转移矩阵是

	$s_{t+1}=1$	$s_{t+1}=2$
$s_t=1$	$1-\lambda_1$	λ_1
$s_t=2$	λ_2	$1-\lambda_2$

时点 t 的世界的状态被写成 s_t。如果 $s_t=1$，那么我们是在第一个体系中，并且第 t 期的盈利扰动，y_t，是由模型 1 生成的；同样，如果 $s_t=2$，那么我们是在第二个体系中，并且盈利扰动是由模型 2 生成的；参数 λ_1 和 λ_2 决定了从一个状态转换到另一个状态的概率。我们特别关注比较小的 λ_1 和 λ_2，这意味着从一个状态到另一个状态的转换很少发生。特别是，我们假定 $\lambda_1+\lambda_2<1$。我们还认为 λ_1 比 λ_2 小。因为处于状态 1 的无条件概率是 $\lambda_2/(\lambda_1+\lambda_2)$，这意味着，平均来说投资者认为模型 1 比模型 2 有更高的可能性。但是，我们的结果并不取决于 λ_1 比 λ_2 小这一点。如果 $\lambda_1>\lambda_2$，我们所记录的效应也能成立。

为了对这个证券进行估值，这个投资者需要对未来的盈利进行预测。因为这个投资者使用的模型规定，任何时点上的盈利是由两个体系中的一个体系生成的，他认为自己的任务是试图去了解这两个体系中的哪一个当前正在决定盈利。他每一期都会观察盈利，并使用这个信息来尽可能好地猜测他是处在哪个体系中。特别是，在时点 t，在已经观察到盈利扰动 y_t 之后，他计算 q_t（y_t 是由模型 1 生成的这一概率），使用新的数据来更新他的来自上一期的估计值 q_{t-1}。正式地来表达，$q_t=\Pr(s_t=1\mid y_t, y_{t-1}, q_{t-1})$。我们假定更新过程遵循贝叶斯法则，所以

$$q_{t+1} = \frac{((1-\lambda_1)q_t+\lambda_2(1-q_t))Pr(y_{t+1}|s_{t+1}=1,y_t)}{((1-\lambda_1)q_t+\lambda_2(1-q_t))Pr(y_{t+1}|s_{t+1}=1,y_t)+(\lambda_1 q_t+(1-\lambda_2)(1-q_t))Pr(y_{t+1}|s_{t+1}=2,y_t)}$$

特别是，如果第 $t+1$ 期中的盈利扰动，y_{t+1}，和第 t 期中的扰动，y_t，是相同的，这个投资者根据以下公式来把 q_t 更新到 q_{t+1}：

$$q_{t+1} = \frac{((1-\lambda_1)q_t+\lambda_2(1-q_t))\pi_L}{((1-\lambda_1)q_t+\lambda_2(1-q_t))\pi_L+(\lambda_1 q_t+(1-\lambda_2)(1-q_t))\pi_H}$$

并且我们在附录中证明在这种情况下，$q_{t+1}<q_t$。换句话说，如果这个投资者看到两个连续的符号相同的扰动，他将把更多的权重放在模型 2 上。同样，如果第 $t+1$ 期的扰动和第 t 期的扰动符号相反，

$$q_{t+1} = \frac{((1-\lambda_1)q_t+\lambda_2(1-q_t))(1-\pi_L)}{((1-\lambda_1)q_t+\lambda_2(1-q_t))(1-\pi_L)+(\lambda_1 q_t+(1-\lambda_2)(1-q_t))(1-\pi_H)}$$

并且在这种情况下，$q_{t+1}>q_t$，那么放在模型 1 上的权重就增加了。

为了使关于这个模型是如何工作的更直观，我们在表 12—1 中展示了一个简单的例子。假设在第 0 期，对盈利的扰动 y_0 是正的，并且分配给模型 1 的概率，即，q_0，等于 0.5。针对随机生成的接下来的 20 期中的一个盈利流，下表给出了这个投资者对于时点 t 上对盈利的扰动是由模型 1 生成的这一事件的信念 q_t。这里所选择的具体参数值是 $\pi_L=1/3<3/4=\pi_H$，$\lambda_1=0.1<0.3=\lambda_2$。再次注意，这个盈利流是用盈利的真实过程，即随机游走，生成的。

在第 0 期到第 4 期，对盈利的正扰动和负扰动交替出现。因为模型 1 规定，盈利扰动很可能在下一期会被逆转，我们观察到 q_t 的值（模型 1 正在生成时点 t 上的盈利扰动这一事件的概率）的增大。在第 4 期，q_t 的值增大到 0.94 那样高的一个值。从第 10 期到第 14 期，我们观察到五个连续的正扰动；因为这是模型 2 规定的典型的行为，q_t 的值一直降低到第 14 期的 0.36 那样低的一个值。以上例子中的一个明显的特征是，当第 t 期的盈利扰动和第 $t-1$ 期的盈利扰动符号相反时，q_t 的值增大，当第 t 期的扰动和第 $t-1$ 期的扰动符号相同时，q_t 的值减小。

表 12—1

t	y_t	q_t	t	y_t	q_t
0	y	0.50			
1	$-y$	0.80	11	y	0.74
2	y	0.90	12	y	0.56

续前表

t	y_t	q_t	t	y_t	q_t
3	$-y$	0.93	13	y	0.44
4	y	0.94	14	y	0.36
5	y	0.74	15	$-y$	0.74
6	$-y$	0.89	16	y	0.89
7	$-y$	0.69	17	y	0.69
8	y	0.87	18	$-y$	0.87
9	$-y$	0.92	19	y	0.92
10	y	0.94	20	y	0.72

12.5 模型的解和所蕴含的实证推断

12.5.1 基本结果

我们现在分析我们的模型所蕴含的关于价格的推断。因为我们的模型只有一个代表性的行为主体，这个证券的价格也就是这个投资者所意识到的这个证券的价值。换句话说，

$$P_t = E_t\left\{\frac{N_{t+1}}{1+\delta} + \frac{N_{t+2}}{(1+\delta)^2} + \cdots\right\}$$

注意，这个表达式中的期望是这个投资者（他没有意识到盈利的过程是一个随机游走）的期望。实际上，如果这个投资者意识到这一点，以上级数的值会很容易算出来，因为在随机游走的情况下，$E_t(N_{t+j}) = N_t$，那么价格就等于 N_t/δ。在我们的模型中，价格偏离了这个正确的值，因为这个投资者没有使用随机游走的模型去预测盈利，而是使用模型1和模型2的某种混合，而它们两者都不是随机游走。下面的这个定理（它的证明在附录中）总结了这种背景下价格的行为，并且说明了状态变量以一种特别简单的方式决定了价格的行为。

定理1 如果这个投资者相信，盈利是由12.4节所描述的体系转换的模型生成的，那么价格满足

$$P_t = \frac{N_t}{\delta} + y_t(p_1 - p_2 q_t)$$

这里 p_1 和 p_2 是取决于 π_L，π_H，λ_1 和 λ_2 的常数。p_1 和 p_2 的完整表达式在附录中给出。[①]

p_t 的表达式有一个非常简单的诠释。第一项，N_t/δ，是当这个投资者使用真实的随机游走过程去预测盈利时得到的价格。第二项 $y_t(p_1-p_2q_t)$，给出了价格偏离这个基本价值的偏离值。在本部分的后面，我们将寻找 π_L，π_H，λ_1 和 λ_2 值的范围，在这个范围内，定理 1 中的价格函数能够表现出对盈利消息的不足反应和过度反应。实际上，下面的定理 2 给出了关于 p_1 和 p_2 的充分条件来保证定理 1 中的价格函数能够表现出对盈利消息的不足反应和过度反应。在下面几个段落中，在酝酿定理 2 时，我们为了建立对这些充分条件的直觉，舍弃了数学上的严谨。

首先，注意，如果价格函数 p_t 要平均起来表现出对盈利消息的不足反应，那么相对于 p_2，p_1 不能太大。假定最近的一个盈利扰动 y_t 是正的。反应不足意味着，平均起来，股票价格对这个扰动反应不充分，这导致价格低于基本价值。这意味着，平均起来，$y(p_1-p_2q_t)$，偏离基本价值的偏离值，必须是负的。如果用 q_{avg} 来表示 q_t 的平均值，这意味着，我们必须有 $p_1<p_2q_{avg}$。就是从这个意义上说，相对于 p_2，p_1 不能太大。

如果 p_t 也要表现出对相似的盈利消息序列的过度反应，那么相对于 p_2，p_1 不可以太小。假设这个投资者刚刚观察到一系列好的盈利扰动。过度反应要求价格现在高于基本价值。而且，我们知道，在一系列符号相同的扰动之后，q_t 通常比较低，这表明模型 1 的权重比较低而模型 2 的权重比较高。如果我们用 q_{low} 来表示 q_t 的一个典型的低值，那么反应过度要求 $y(p_1-p_2q_{low})$ 是正的，或者说 $p_1>p_2q_{low}$。就是从这个意义上说，相对于 p_2，p_1 不能太小。把这两个条件放在一起，我们得到

$$p_2q_{low}<p_1<p_2q_{avg}$$

在定理 2 中，我们提供了使价格表现出反应不足和过度反应的 p_1 和 p_2 的充分条件，这些充分条件的形式和我们刚刚得到的条件非常相似。实际上，定理 2 中的论证从本质上说就是我们刚刚所做的论证，虽

[①] 要证明关于 p_1 和 p_2 的一般结果比较困难，虽然数量上的计算表明，在我们感兴趣的 π_L，π_H，λ_1 和 λ_2 的值的范围内，大部分情况下，p_1 和 p_2 都是正的。

然需要一些努力来让推理变得严谨。

在阐述这个定理之前，我们重复一下在 12.2 节给出的反应过度和反应不足的定义。反应过度可以看作数量足够大的正扰动之后的预期回报应该低于同等数量的连续的负扰动之后的预期回报。换句话说，存在某个数 $J \geqslant 1$，使得对于任何 $j \geqslant J$，

$$E_t(P_{t+1} - P_t | y_t = y_{t-1} = \cdots = y_{t-j} = y)$$
$$- E_t(P_{t+1} - P_t | y_t = y_{t-1} = \cdots = y_{t-j} = -y) < 0$$

反应不足的意思是，一个正扰动之后的预期回报应该高于一个负扰动之后的预期回报。换句话说，

$$E_t(P_{t+1} - P_t | y_t = +y) - E_t(P_{t+1} - P_t | y_t = -y) > 0$$

下面的定理 2 给出了 π_L，π_H，λ_1 和 λ_2 让这两个不等式成立的充分条件。①

定理 2 如果基本的参数 π_L，π_H，λ_1 和 λ_2 满足

$$\underline{k} p_2 < p_1 < \overline{k} p_2$$
$$p_2 \geqslant 0$$

那么定理 1 中的价格函数表现出对盈利的不足反应和过度反应；$\underline{k}$ 和 $\overline{k}$ 是取决于 π_L，π_H，λ_1 和 λ_2 的正的常数（完整表达式在附录中给出）。

现在我们研究基本参数 π_H，π_L，λ_1 和 λ_2 的值的范围，在这个范围内，反应不足和过度反应的充分条件得到满足。因为定理 2 中的条件有点复杂，在四个基本参数值的一个很大范围内，我们对这些条件从数量上进行评估。图 12—1 举例说明了这样一个评估。我们开始时先把 λ_1 和 λ_2 的值固定，$\lambda_1 = 0.1$，$\lambda_2 = 0.3$。这两个数比较小，这样能确保体系转换不经常发生。$\lambda_2 > \lambda_1$ 表示投资者的这个信念，即，世界更经常地处于模型 1 而不是模型 2 的体系中。

既然 λ_1 和 λ_2 已经被固定了，我们想知道 π_L 和 π_H 的值的某个范

---

① 为了定理 2，我们对反应不足和过度反应的数学表达式作了两个简化。首先，我们研究绝对的价格变化 $P_{t+1} - P_t$，而不是回报。其次，好的消息在这里被假定是 $y_t = +y$ 事件，即一个正的盈利变化，而不是好于预期的盈利。因为预期的盈利变化 $E_t(y_{t+1})$ 总是处于 $-y$ 和 $+y$ 之间，一个正的盈利变化实际上就是一个正面的意外。因此，在这两种情况下，结果从定性上讲是一样的。在 12.5.2 小节中的模拟中，我们用通常的方式计算了回报，以盈利意外和原始盈利变化（raw earnings changes）为条件。

围，在该范围内反应不足和过度反应的条件都成立。给定模型建立的方式，π_L 和 π_H 被限制在 $0<\pi_L<0.5$ 和 $0.5<\pi_H<1$。针对成对的（π_L, π_H），我们对定理 2 中的条件进行评估，这里，π_L 的范围是从 0 到 0.5，间隔是 0.01，π_H 的范围是从 0.5 到 1，间隔也是 0.01。

图 12—1 中，左边图的阴影部分标出了充分条件成立的所有的对。一方面，我们看到，对于一个很大范围内的值，反应不足和过度反应都成立。另一方面，这并非一个无关紧要的结果：存在很多这样的参数值，在该类参数值下，这两个现象中的至少一个不成立。

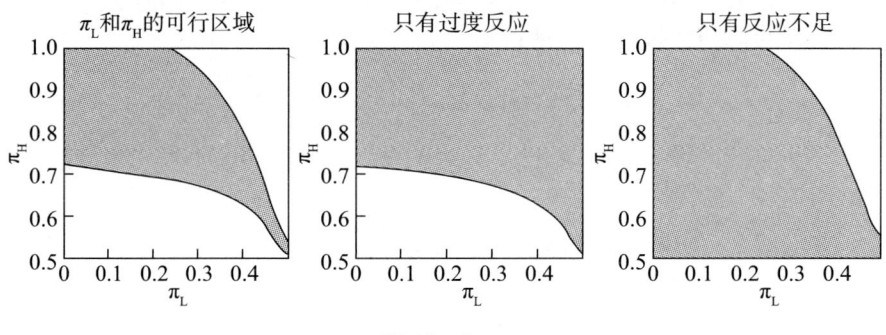

图 12—1

注：左边的图中的阴影区域标出了这样的 [π_L, π_H] 对（pairs），在这样的 [π_L, π_H] 对下，当 $\lambda_1=0.1$ 并且 $\lambda_2=0.3$ 时，过度反应和反应不足的充分条件得到了满足。中间的图（右边的图）展示了只满足过度反应（反应不足）的条件的 [π_L, π_H] 对。π_L（π_H）是，在回归均值的体系（带有趋向性的体系）中，下一期的盈利扰动和上一期的盈利扰动的符号相同的概率。λ_1 和 λ_2 规定了体系之间的转移概率。

一方面，图 12—1 表明，如果 π_L 和 π_H 都靠近它们的可行域的高端，或者如果 π_L 和 π_H 都靠近它们的可行域的低端，充分条件就不成立了。下面给出这一现象发生的原因。假设 π_L 和 π_H 都很高。这意味着，不管是处于什么体系，这个投资者都相信，相对来说，一个扰动之后更可能出现一个符号相同的扰动。结果是，虽然反应不足可能不成立，但反应过度一定会成立。在一个正扰动之后，这个投资者平均来说会预期另一个正扰动，并且因为真实的过程是一个随机游走，回报平均来说是负的。因此，一个正扰动之后的平均回报低于一个负扰动之后的平均回报，这是过度反应而不是反应不足的特征。

另一方面，如果 π_L 和 π_H 都在低端，这个投资者相信，不管什么体系，扰动相对来说更可能会被逆转：这导致反应不足，但是过度反应可能不成立。

为了确认这个直觉,我们也在图12—1中显示了只有反应不足或者只有过度反应成立的(π_L, π_H)对的范围。中间的图显示了只有过度反应成立的参数值,而它右边的图显示了只有反应不足成立的值。这两个区域的交集就是在左方的图中显示的原来的那个区域。这些图确认了这种直觉,即如果π_L和π_H都处在高端,过度反应就成立了,但是反应不足可能不成立。

图12—2显示了其他一些λ_1和λ_2的值下的(π_L, π_H)对的范围,在该范围内,(π_L, π_H)对生成了反应不足和过度反应。在所有例子中,存在不可忽视的(π_L, π_H)对的范围,在该范围内,充分条件都成立。

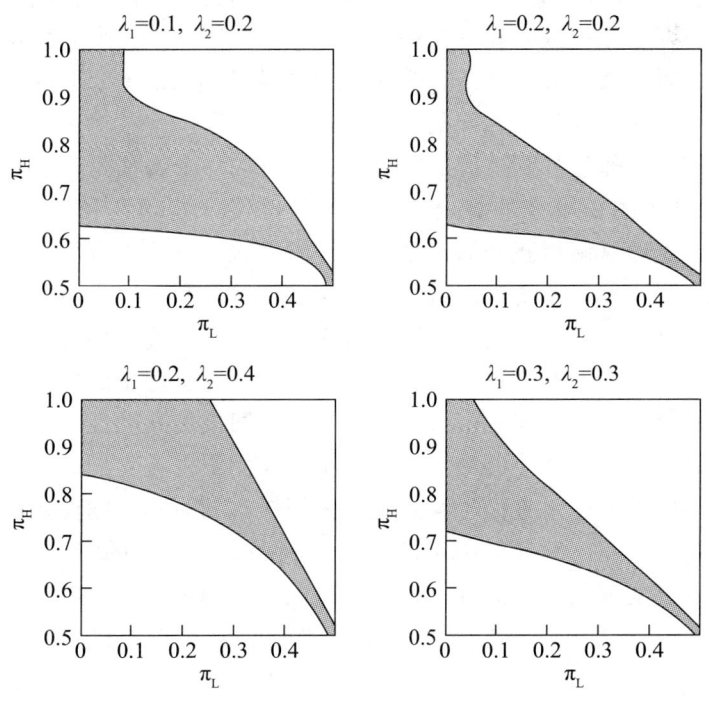

图12—2

注:对多个不同的λ_1和λ_2的值,阴影区域显示了满足反应不足和过度反应的充分条件的$[\pi_L, \pi_H]$对。π_L(π_H)是,在回归均值的(带有趋向性的)体系中,下一期的盈利扰动和上一期的盈利扰动符号相同的概率。λ_1和λ_2规定了体系之间的转移概率。

12.5.2 一些模拟实验

评估我们的框架的一个方法是，尝试使用从我们模型中模拟出来的盈利和价格的人工数据集来复制 12.2 节所讨论的文章中的实证发现。首先，我们确定参数值，设置体系转换的参数为 $\lambda_1=0.1$ 和 $\lambda_2=0.3$。为了指导我们对 π_L 和 π_H 的值的选择，可参见图12—1。设置 $\pi_L=1/3$ 和 $\pi_H=3/4$ 能使我们稳定地处于价格应该表现出反应不足和过度反应的区域。

我们的目标是模拟大量公司随时间推移而发生的盈利、价格和回报。因此，我们选择盈利的初始水平 N_1，并且使用真实的随机游走模型来模拟 2 000 个独立的盈利序列，每个盈利序列都从 N_1 开始。每个序列代表一个不同的公司并且包含有六个盈利的实现值。我们把我们模型中的一期看作大致上和一年相对应，所以我们模拟出来的数据集涵盖了六年。对于选定的参数值，我们就可以应用在 12.5.1 小节中推导出来的表达式来计算价格和回报。

我们用来作为盈利过程的随机游走模型的一个特征是，它对盈利扰动 y_t 强加了固定不变的波动性，而不是使这个波动性和盈利水平 N_t 成正比。虽然这使得我们的模型足够易于驾驭，以至于可用来计算封闭式（closed form）的价格函数，但是这也使得盈利可以是负的，并且因此也使得价格可以是负的。在我们的模拟中，我们选择相对于初始的盈利水平 N_1 来说比较小的盈利变化的绝对值，以避免生成负的盈利。因为这个选择具有降低我们模拟出来的样本中回报的波动性的作用，比起关注我们所提供的数字的绝对值的大小，我们更关注它们的正负号。

我们模型的这一方面也激发我们去把样本的时间长度设置为相对来说比较短的六年。对任何给定的初始盈利水平，样本的时间长度越长，样本中盈利变成负的可能性就越大。因此，我们选择最短的样本，这个最短的样本仍然允许我们以实证分析中典型长度的盈利和价格历史为条件。

一个很自然的起点是，使用模拟出来的数据去计算盈利的具体实现值之后的回报。对样本中的每一个 n 年的时段（这里 n 的范围可以是从1到4），我们建立两个投资组合。一个投资组合是由 n 年中每一年的盈利变化都是正的所有公司组成，而另一个投资组合是由 n 年中每一年的盈利变化都是负的所有公司组成。我们计算在这两个投资组合建立起来之后那一年中它们的回报差。我们对样本中所有的 n 年的时段重复这个程序，并且计算这两个投资组合回报差的时间序列上的平均值，我们称之为 $r_+^n - r_-^n$。

当 $n=1$ 时，计算 $r_+^n - r_-^n$ 本质上就是复制诸如伯纳德和托马斯（Bernard and Thomas，1989）研究中的实证分析。所以，这个数字应该是正的，这和我们对消息不足反应的定义相匹配。而且，为了和我们的过度反应的定义相匹配，我们需要一个长系列的连续的正盈利扰动之后的期间平均回报低于由负扰动组成的一个类似的长系列之后的期间平均回报。因此，我们希望看到，当 n 增大时（或者说，当我们以同号的盈利扰动组成的逐渐加长的系列为条件），$r_+^n - r_-^n$ 减小，表明了从反应不足到过度反应的一个转变。表 12—2 报告了这些结果。

表 12—2

盈利排序	
$r_+^1 - r_-^1$	0.039 1
$r_+^2 - r_-^2$	0.013 1
$r_+^3 - r_-^3$	−0.007 2
$r_+^4 - r_-^4$	−0.030 9

这些结果表现出我们所期望的模式。一个正的盈利扰动之后的平均回报大于一个负扰动之后的平均回报，这和反应不足相一致。随着符号相同的扰动的数量增加，平均值的差变成负的，这和过度反应相一致。

虽然表中数字的大小是相当合理的，但它们绝对值小于实证文献中所发现的绝对值。这是我们为了防止在我们的模拟中盈利变负而强加的盈利变化的低波动性的直接结果。而且，我们只报告了点估计值，并没有试图解决统计显著性问题。解决统计显著性问题需要比我们目前为止所强加的结构更多的结构，例如，关于盈利变化横截面上的协方差属性的假设。

和表 12—2 中所报告的计算不同的另一个计算可能将不以原始盈利为条件，而以盈利公告中的意外（相对于这个投资者的预测来衡量的）大小为条件。我们也尝试了这样的计算，并且得到了非常相似的结果。

12.2 节所讨论的一些研究，例如，贾格迪什和蒂特曼（Jegadeesh and Titman，1993）、德邦特和泰勒（DeBondt and Thaler，1985）等，计算回报时并不以以前的盈利实现值为条件，而是以以前的回报的实现值为条件。我们现在试图去复制这些研究。

对我们模拟出来的样本中的每一个 n 年的时段（这里 n 的范围再次是从 1 到 4），我们把 2 000 个公司按照它们在这 n 年的累积回报分成十个十分位组，并且计算投资组合建立起来之后的那一年中表现最好的十分位组的回报和表现最差的十分位组的回报之间的差。我们对样本中所有的 n 年的时段重复这个过程，并且计算这两个投资组合的回报差的时间序列平均值，$r_W^n - r_L^n$。

我们希望发现，$r_W^n - r_L^n$ 随着 n 的增大而减小，$r_W^1 - r_L^1$ 就像贾格迪什和蒂特曼的文章里那样是正的，$r_W^4 - r_L^4$ 就像德邦特和泰勒的文章里那样是负的。结果正是这样的（如表 12—3 所示）。

表 12—3

回报排序	
$r_W^1 - r_L^1$	0.028 0
$r_W^2 - r_L^2$	0.010 2
$r_W^3 - r_L^3$	−0.009 4
$r_W^4 - r_L^4$	−0.018 1

最后，我们也可以用我们模拟出来的数据来试着复制另一个被广泛报告的实证发现，即市盈率（E/P）所具有的预测回报的横截面的能力。每一年，我们把 2 000 家公司基于它们的 E/P 分成十个十分位组，并且计算投资组合建立起来之后的那一年中 E/P 最高的十分位组的回报和 E/P 最低的十分位组的回报之间的差。我们对样本中的每一年都重复这个过程，并且计算这两个投资组合的回报差的时间序列平均值，我们称之为 $r_{E/P}^{hi} - r_{E/P}^{lo}$。我们发现这个统计数值是很大的而且是正的，这和实证事实相匹配：

E/P 排序	
$r_{E/P}^{hi} - r_{E/P}^{lo}$	0.043 5

注意，这个平均回报上的差不可能是风险溢价的结果，因为在我们的模型中这个代表性的投资者被假定是风险中性的。

12.5.3 事件研究再探

我们已经讨论了保守主义这一概念（在我们的模型中体系 1 的规定）和事件研究中普遍存在的关于反应不足的证据之间的直接关系。我们相信，体系1和这个发现是一致的，该发现对不同的信息事件来说几乎都是普遍成立的，即股票价格倾向于在和事件公告回报（event announcement return）一样的方向上漂移6个月到5年的时间，这段漂移时间的长短取决于事件的类型。

一个重要的问题是：我们的整个模型，而不仅仅是体系1，是不是和事件研究的所有证据是一致的？麦克尔利等（Michaely et al.，1995）发现，削减股息的公司的股票价格在削减股息的公告发布时下跌，在随后的一段时间内继续下跌。这个发现和我们的体系1是一致的，因为它涉及对削减股息中所包含的新的有用信息的反应不足。但是，我们也知道，股息削减通常发生在一连串不好的盈利消息之后。因此，如果一长串的不好的盈利消息把投资者推向相信体系2，那么另一条不好的消息（例如股息的削减）在我们的模型中也许会导致过度反应而不是反应不足。①

虽然这肯定是对我们模型的一个理解，但另一个可供选择的针对股息公告的思考方式不仅和我们的模型而且和证据都是一致的。具体地说，当新的消息是一连串相似数字（例如盈利数字或者销售数字）的一部分时，我们的模型仅预测过度反应。一个孤立的消息事件，例如股息削减、内幕人士对股票的出售，或者这个公司首次股票发行（primary stock issue）等，并没有构成一个系列的一部分，即使它可以表面上被归类为像出现在它之前的盈利数字那样的好消息或者坏消息。投资者不需要把所有的信息事件（不管它们的性质是什么）归类为好消息或者坏消息，然后在这个归类的基础上声称他们看到了一个趋势。相反，他们可能使用盈利或者销售额这些变量的时间序列来形成对盈利或者销售额的预测，并且，他们可能把过去的趋势推延到太远的未来。在这个理解方法下，我们的模型与一长串坏的盈利消息的过度反应一致，也与一长串坏的盈利消息之后立即出现的能够提供信息的不同类型的坏消息过低的权重一致。

一个相关的实证发现是，即使对那些已经具有连续几年的正面盈利消息的极端成长型股票来说，也存在对季度意外盈利的反应不足。我们的模型不能解释这个证据，因为在这种情况下它会预测过度反应。为了

---

① 艾肯伯里等（Ikenberry et al.，1996）所做的另一项研究提出了一个类似的谜题。他们发现，对分股公告的正面的价格反应之后的几年时间内，股票价格会出现同方向的重大的漂移。但是，分股之前也经常出现一个持续的股票价格的上涨，显示过度反应应该最终被逆转。

解释这个证据，我们需要对模型进行拓展。一个可能的方法是，允许投资者对盈利的水平和盈利的增长率分开来进行估计。实际上，在现实生活中，投资者可能会用五年到七年的年度盈利数字来估计增长率，但是使用频率更高的季度盈利公告（也许和其他信息结合起来）来估计盈利的水平。假设比如说，盈利已经快速地增长了五年，所以一个使用代表性直觉推断的投资者对未来的增长率作出过分乐观的预测。假设这时候一个非常正面的盈利数字公布了。把估计的长期盈利增长率固定，即使考虑到当盈利遵循随机游走时，季度盈利数字在预测盈利的水平方面所具有的很高的权重，投资者们可能仍然会对季度盈利公告反应不足。也就是说，如果这样一个模型被构造出来，它可以预测魅力股中的对盈利消息的反应不足。因此，和我们的简单模型比起来，这样一个模型可以解释更多的现有证据。

12.6 结　论

我们提出了一个简约的投资者情绪的模型，或者说一个关于投资者们如何形成对未来盈利预期的模型。我们提出的模型是由多种心理学证据所促成的，特别是被格里芬和特沃斯基（Griffin and Tversky, 1992）的一个想法所激发，这个想法就是，在作出预测时，人们对呈现给他们的证据的强度给予过多的关注，而对它的统计上的权重给予过少的关注。我们假设，公司的公告（例如那些关于盈利的公告）代表的是强度低但是统计上的权重很大的信息。这个假设已经产生了股票价格对盈利公告和类似事件反应不足的预测。我们进一步假设，消息的一贯模式（例如一系列好的盈利公告）代表了强度大但是权重低的信息。这个假设已经产生了股票价格对好或者坏消息的一贯模式反应过度的预测。

这一章作了关于不同证据的强度和权重的合理（并且在实证上可以得到支持的）假设，并且从这些假设中推导出所蕴含的实证上的推断。但是，为了进一步推进这个研究，发展根据事件的强度和权重来对事件进行归类的先验方法并且在这个归类的基础上作出进一步的预测是很重要的。格里芬和特沃斯基的理论最重要的预测是，在把信息的权重固定后，强度更大的消息会产生投资者的更大反应。如果消息可以在先验的基础上被归类，那么这个预测是可检验的。

具体地说，这个理论预测在把信息的权重固定后，一次性的强度大的消息事件会产生过度反应。在这一章中，我们还没有讨论和这个预测有关的任何证据。但是，看起来好像确实存在一些和这个预测相一致的证据。例如，股票价格在 1987 年的大崩盘之后的几周内强烈地反弹。对这个大崩盘的一个理解是，投资者对其他投资者的恐慌性抛售（panic selling）消息反应过度，即使几乎不存在关于证券价值的基本面的消息。所以，大崩盘是一个高强度低权重的消息事件，根据这个理论，这种事件会导致过度反应。与此相关，斯坦（Stein, 1989）发现，长期期权的价格对波动性创新（innovations）反应过度，这是另一个潜在的高强度低权重的事件，因为波动性高度倾向于回归均值。并且，克利班诺夫等（Klibanoff et al., 1998）发现，当一个封闭式国家基金所持有的股票所属的国家出现在报纸头版的时候，它的价格对关于它基本面的消息的反应更加强烈。也就是说，当把权重固定时，增加消息的强度会增强价格的反应。所有这些都是和这个理论的更加广泛的含义相一致的零星信息。但是，真正的检验必须等到估计消息公告强度的更好并且更客观的方法出现之后才有可能。

附 录

定理 1 如果这个投资者相信，盈利是由 12.4 节中所描述的体系转换的模型生成，那么价格满足

$$P_t = \frac{N_t}{\delta} + y_t(p_1 - p_2 q_t)$$

这里，p_1 和 p_2 在下面的表达式中给出：

$$p_1 = \frac{1}{\delta}(\gamma_0'(1+\delta)[I(1+\delta)-Q]^{-1}Q\gamma_1)$$

$$P_2 = -\frac{1}{\delta}(\gamma_0'(1+\delta)[I(1+\delta)-Q]^{-1}Q\gamma_2)$$

这里

$$\gamma_0' = (1, -1, 1, -1)$$
$$\gamma_1' = (0, 0, 1, 0)$$
$$\gamma_2' = (1, 0, -1, 0)$$

$$Q = \begin{Bmatrix} (1-\lambda_1)\pi_L & (1-\lambda_1)(1-\pi_L) & \lambda_2\pi_L & \lambda_2(1-\pi_L) \\ (1-\lambda_1)(1-\pi_L) & (1-\lambda_1)\pi_L & \lambda_2(1-\pi_L) & \lambda_2\pi_L \\ \lambda_1\pi_H & \lambda_1(1-\pi_H) & (1-\lambda_2)\pi_H & (1-\lambda_2)(1-\pi_H) \\ \lambda_1(1-\pi_H) & \lambda_1\pi_H & (1-\lambda_2)(1-\pi_H) & (1-\lambda_2)\pi_H \end{Bmatrix}$$

定理1的证明：价格将单纯地等于这个信息不足的投资者所估计的价值，这里我们可以从现值的表达式里计算出来：

$$P_t = E_t \left\{ \frac{N_{t+1}}{1+\delta} + \frac{N_{t+2}}{(1+\delta)^2} + \cdots \right\}$$

因为

$$E_t(N_{t+1}) = N_t + E_t(y_{t+1})$$
$$E_t(N_{t+2}) = N_t + E_t(y_{t+1}) + E_t(y_{t+2}) 等,$$

我们可以得到

$$P_t = \frac{1}{\delta} \left\{ N_t + E_t(y_{t+1}) + \frac{E_t(y_{t+2})}{1+\delta} + \frac{E_t(y_{t+3})}{(1+\delta)^2} + \cdots \right\}$$

所以，关键在于计算 $E_t(y_{t+j})$。定义

$$q^{t+j} = (q_1^{t+j}, q_2^{t+j}, q_3^{t+j}, q_4^{t+j})'$$

这里

$$q_1^{t+j} = \Pr(s_{t+j}=1, y_{t+j}=y_t | \Phi_t)$$
$$q_2^{t+j} = \Pr(s_{t+j}=1, y_{t+j}=-y_t | \Phi_t)$$
$$q_3^{t+j} = \Pr(s_{t+j}=2, y_{t+j}=y_t | \Phi_t)$$
$$q_4^{t+j} = \Pr(s_{t+j}=2, y_{t+j}=-y_t | \Phi_t)$$

Φ_t 是这个投资者在时点 t 上的信息集，它是由观察到的盈利系列（y_0, y_1, $\cdots$, y_t）组成的，而（y_0, y_1, $\cdots$, y_t）可以被概括成（y_t, q_t）。

注意

$$\Pr(y_{t+j}=y_t | \Phi_t) = q_1^{t+j} + q_3^{t+j} = \bar{\gamma}' q^{t+j}$$
$$\bar{\gamma}' = (1,0,1,0)$$

关键的深刻见解是

$$q^{t+j} = Qq^{t+j-1}$$

这里 Q 是对状态（s_{t+j}, y_{t+j}）的转移矩阵的转置，即，

$$Q' =$$

	(1)	(2)	(3)	(4)
(1)	$(1-\lambda_1)\pi_L$	$(1-\lambda_1)(1-\pi_L)$	$\lambda_1\pi_H$	$\lambda_1(1-\pi_H)$
(2)	$(1-\lambda_1)(1-\pi_L)$	$(1-\lambda_1)\pi_L$	$\lambda_1(1-\pi_H)$	$\lambda_1\pi_H$
(3)	$\lambda_2\pi_L$	$\lambda_2(1-\pi_L)$	$(1-\lambda_2)\pi_H$	$(1-\lambda_2)(1-\pi_H)$
(4)	$\lambda_2(1-\pi_L)$	$\lambda_2\pi_L$	$(1-\lambda_2)(1-\pi_H)$	$(1-\lambda_2)\pi_H$

这里，例如，

$$\Pr(s_{t+j}=2, y_{t+j}=y_t | s_{t+j-1}=1, y_{t+j-1}=y_t) = \lambda_1\pi_H$$

所以，

$$q^{t+j} = Q^j q^t = Q^j \begin{pmatrix} q_t \\ 0 \\ 1-q_t \\ 0 \end{pmatrix}$$

（请注意 q_t 和 q^t 之间的区别。）所以，

$$\Pr(y_{t+j}=y_t | \Phi_t) = \bar{\gamma}' Q^j q^t$$

并且

$$E_t(y_{t+j} | \Phi_t) = y_t(\bar{\gamma}' Q^j q^t) + (-y_t)(\underline{\gamma}' Q^j q^t)$$
$$\underline{\gamma}' = (0,1,0,1)$$

把它代入初始价格的表达式，我们得到

$$p_1 = \frac{1}{\delta}(\gamma_0'(1+\delta)[I(1+\delta)-Q]^{-1}Q\gamma_1)$$

$$p_2 = -\frac{1}{\delta}(\gamma_0'(1+\delta)[I(1+\delta)-Q]^{-1}Q\gamma_2)$$

$$\gamma_0' = (1,-1,1,-1)$$
$$\gamma_1' = (0,0,1,0)$$
$$\gamma_2' = (1,0,-1,0)$$

定理 2 假设背后的参数 π_L，π_H，λ_1 和 λ_2 满足

$$\underline{k}p_2 < p_1 < \bar{k}p_2$$
$$p_2 \geq 0$$

这里

$$\underline{k} = \underline{q} + \frac{1}{2}\underline{\Delta}(\underline{q})$$

$$\overline{k} = \overline{q}^e + \frac{1}{2}(c_1 + c_2 q_*)$$

$$c_1 = \frac{\overline{\Delta}(\underline{q})\overline{q} - \underline{\Delta}(\overline{q})\underline{q}}{\overline{q} - \underline{q}}$$

$$c_2 = \frac{\underline{\Delta}(\overline{q}) - \overline{\Delta}(\underline{q})}{\overline{q} - \underline{q}}$$

$$q_* = \begin{cases} \overline{q}^e & c_2 < 0 \\ \underline{q}^e & c_2 \geq 0 \end{cases}$$

这里 $\underline{q}^e$ 和 $\overline{q}^e$ 是随机变量 q_t 的无条件平均值的上下限。那么 12.5.1 小节中给出的反应不足和过度反应的条件都得到了满足。（还没有被引入的函数和变量将在证明中被定义。）

定理 2 的证明：在我们进入这个证明的主要论证过程之前，我们给出关于 q_t（这个投资者在时点 t 上分配给处于体系 1 这一事件的概率）行为的一个简短的讨论。假设时点 $t+1$ 上的盈利扰动和第 t 期中的扰动的符号相反。让函数 $\overline{\Delta}(q_t)$ 表示分配给处于体系 1 这一事件的概率的增加值，即，

$$\overline{\Delta}(q) = q_{t+1} - q_t \big|_{y_{t+1} = -y_t, q_t = q}$$
$$= \frac{((1-\lambda_1)q + \lambda_2(1-q))(1-\pi_L)}{((1-\lambda_1)q + \lambda_2(1-q))(1-\pi_L) + ((\lambda_1 q + (1-\lambda_2)(1-q))(1-\pi_H)} - q$$

同样，函数 $\underline{\Delta}(q)$ 衡量的是 q_t 下降幅度的大小，如果第 $t+1$ 期中的盈利扰动和第 t 期中的盈利扰动的符号相同。函数 $\underline{\Delta}(q)$ 的定义如下：

$$\underline{\Delta}(q) = q_t - q_{t+1}\big|_{y_{t+1} = y_t, q_t = q}$$
$$= q - \frac{((1-\lambda_1)q + \lambda_2(1-q))\pi_L}{((1-\lambda_1)q + \lambda_2(1-q))\pi_L + ((\lambda_1 q + (1-\lambda_2)(1-q))\pi_H}$$

通过查看二阶导数的符号，很容易发现 $\overline{\Delta}(q)$ 和 $\underline{\Delta}(q)$ 都是凹函数。但是，更重要的是这两个函数在 $[0,1]$ 区间上的符号。在 $\pi_L < \pi_H$ 和 $\lambda_1 + \lambda_2 < 1$ 这两个条件下，不难证明，在 $[0, \overline{q}]$ 区间上 $\overline{\Delta}(q) \geq 0$，在 $[\underline{q}, 1]$ 区间上 $\underline{\Delta}(q) \geq 0$，这里 $\overline{q}$ 和 $\underline{q}$ 满足 $0 < \underline{q} < \overline{q} < 1$。

第 12 章 一个投资者情绪模型

上述结论所蕴含的推断是,在 $[\underline{q}, \bar{q}]$ 区间上,下面这两句话成立:

如果时点 t 上的盈利扰动和时点 $t+1$ 上的盈利扰动的符号相同,那么,$q_{t+1} < q_t$,或者说分配给体系 2 的概率增加了。但是,如果时点 t 上的扰动和时点 $t+1$ 上的扰动的符号相反,那么,$q_{t+1} > q_t$,并且体系 1 被认为更加有可能了。

注意,如果 $q_t \in [\underline{q}, \bar{q}]$,那么 $q_\tau \in [\underline{q}, \bar{q}]$,$\forall \tau > t$。换句话说,这个投资者的信念将会一直留在这个区间内。如果这个投资者看到一个非常长系列的盈利扰动,并且这个系列中的所有扰动符号都相同,那么每一期 q_t 都将会下降,同时趋近于一个极限 $\underline{q}$。根据更新公式,这意味着 $\underline{q}$ 满足

$$\underline{q} = \frac{((1-\lambda_1)\underline{q} + \lambda_2(1-\underline{q}))\pi_L}{((1-\lambda_1)\underline{q} + \lambda_2(1-\underline{q}))\pi_L + (\lambda_1\underline{q} + (1-\lambda_2)(1-\underline{q}))\pi_H}$$

同样,假设在很长一段时间上正扰动和负扰动交替出现。在这种情况下,每一期 q_t 都将会增大,同时趋近于上极限 $\bar{q}$,$\bar{q}$ 满足

$$\bar{q} = \frac{((1-\lambda_1)\bar{q} + \lambda_2(1-\bar{q}))(1-\pi_L)}{((1-\lambda_1)\bar{q} + \lambda_2(1-\bar{q}))(1-\pi_L) + (\lambda_1\bar{q} + (1-\lambda_2)(1-\bar{q}))(1-\pi_H)}$$

当参数值等于 12.4.2 小节的表中所使用的参数值时,$\underline{q} = 0.28$ 并且 $\bar{q} = 0.95$。

把 q_t 的支集限制在 $[\underline{q}, \bar{q}]$ 上并没有损害这个证明的一般性。当然,投资者可以有处于这个区间之外的先验的信念,但是,q_t 最终将会属于这个区间的概率等于 1,并且在那之后 q_t 将永远留在这个区间里。

我们现在准备好了,可以开始这个证明的主要论证过程。反应不足的意思是,一个正扰动之后的预期回报应该超过一个负扰动之后的预期回报。换句话说,

$$E_t(P_{t+1} - P_t | y_t = +y) - E_t(P_{t+1} - P_t | y_t = -y) > 0$$

过度反应的意思是,一系列正扰动之后的预期回报小于一系列负扰动之后的预期回报。换句话说,存在某个数字 $J \geq 1$,使得对所有的 $j \geq J$,

$$E_t(P_{t+1} - P_t | y_t = y_{t-1} = \cdots = y_{t-j} = y)$$
$$- E_t(P_{t+1} - P_t | y_t = y_{t-1} = \cdots = y_{t-j} = -y) < 0$$

定理 2 提供了使得这两个不等式成立的 p_1 和 p_2 的充分条件。一个对我们的分析有用的函数是

$$f(q)=E_t(P_{t+1}-P_t|y_t=+y,q_t=q)-E_t(P_{t+1}-P_t|y_t=-y,q_t=q)$$

函数 $f(q)$ 是一个正扰动之后的预期回报和一个负扰动之后的预期回报之间的差,这里我们也以等于一个具体值 q 的 q_t 为条件。写出这个函数的一个显式表达式非常简单。因为

$$P_{t+1}-P_t=\frac{y_{t+1}}{\delta}+(y_{t+1}-y_t)(p_1-p_2q_t)-y_tp_2(q_{t+1}-q_t)\\-(y_{t+1}-y_t)p_2(q_{t+1}-q_t)$$

我们发现

$$E_t(P_{t+1}-P_t|y_t=+y,q_t=q)=\frac{1}{2}\left(\frac{y}{\delta}+yp_2\underline{\Delta}(q)\right)\\+\frac{1}{2}\left(-\frac{y}{\delta}-2y(p_1-p_2q)-yp_2\overline{\Delta}(q)+2yp_2\overline{\Delta}(q)\right)\\=y(p_2q-p_1)+\frac{1}{2}yp_2(\overline{\Delta}(q)+\underline{\Delta}(q))$$

而且,很容易就能验证

$$E_t(P_{t+1}-P_t|y_t=+y,q_t=q)=-E_t(P_{t+1}-P_t|y_t=-y,q_t=q)$$

所以

$$f(q)=2y(p_2q-p_1)+yp_2(\overline{\Delta}(q)+\underline{\Delta}(q))$$

首先,我们证明,过度反应的一个充分条件是 $f(\underline{q})<0$。如果这个条件成立,从它这里可以推导出

$$E_t(P_{t+1}-P_t|y_t=+y,q_t=\underline{q})<E_t(P_{t+1}-P_t|y_t=-y,q_t=\underline{q})$$

现在当 $j\to\infty$ 时,

$$E_t(P_{t+1}-P_t|y_t=y_{t-1}=\cdots=y_{t-j}=y)\\ \to E_t(P_{t+1}-P_t|y_t=+y,q_t=\underline{q})$$

并且

$$E_t(P_{t+1}-P_t|y_t=y_{t-1}=\cdots=y_{t-j}=-y)$$

$$\to E_t(P_{t+1}-P_t\,|\,y_t=-y, q_t=\underline{q})$$

因此，对于足够大的数 J，$\forall j \geq J$，下面的这个不等式必然成立：

$$E_t(P_{t+1}-P_t\,|\,y_t=y_{t-1}=\cdots=y_{t-j}=y)$$
$$<E_t(P_{t+1}-P_t\,|\,y_t=y_{t-1}=\cdots=y_{t-j}=-y)$$

这正是我们最初的关于过度反应的定义。

把 $f(\underline{q})<0$ 这个条件改写成

$$2y(p_2\underline{q}-p_1)+yp_2(\overline{\Delta}(\underline{q})+\underline{\Delta}(\underline{q}))<0$$

我们得到

$$p_1 > p_2\Big(\underline{q}+\frac{\overline{\Delta}(\underline{q})}{2}\Big) \tag{A.1}$$

这是这个定理中给出的充分条件中的一个。

我们现在转向反应不足的充分条件。反应不足的这个定义同样可以用 $f(q)$ 来简洁地描述：

$$E_q(f(q))>0$$

这里 E_q 表示根据 q 的无条件分布计算出来的期望值。改写这个不等式，我们得到

$$2yp_2E(q)-2yp_1+yp_2E_q(\overline{\Delta}(q)+\underline{\Delta}(q))>0$$

所以

$$p_1<p_2\Big(E(q)+\frac{E_q(\overline{\Delta}(q)+\underline{\Delta}(q))}{2}\Big) \tag{A.2}$$

遗憾的是，我们还没有完成证明，因为我们还没有这个表达式中的期望的封闭式公式。为了给出充分条件，我们须要给出这些期望的范围。在剩下的证明中，我们构造一个数 $\bar{k}$ 使得

$$\bar{k}<E(q)+\frac{E_q(\overline{\Delta}(q)+\underline{\Delta}(q))}{2}$$

这使得 $p_1<p_2\bar{k}$ 成为不等式（A.2）成立的充分条件。当然，这就要假设 $p_2\geq 0$，我们就把这当作另一个需要满足的约束强加在这个模型上。实际上，我们发现，对于模型允许的 π_L，π_H，λ_1 和 λ_2 的范围，p_2 总是正的。但是，我们并不试图去证明这一点。

给出 $E(q)+\frac{1}{2}E_q(\bar{\Delta}(q)+\underline{\Delta}(q))$ 这个表达式的范围的第一步是，给出 $E(q)$ 的范围。为了做到这一点，注意

$$E(q_t)=E(q_{t+1})=E_{q_t}(E(q_{t+1}|q_t))$$
$$=E_{q_t}(\frac{1}{2}(q_t+\bar{\Delta}(q_t))+\frac{1}{2}(q_t-\underline{\Delta}(q_t)))$$
$$=E_q(g(q))$$

让我们考虑一下定义在 $[\underline{q},\bar{q}]$ 区间上的函数 $g(q)$。这个想法是，在这个区间上，用直线从上面和下面把这个函数限制在一定的范围内，这些直线平行于穿过这个函数 $g(q)$ 的两个端点（即 $(\underline{q},g(\underline{q}))$ 和 $(\bar{q},g(\bar{q}))$）的直线。换句话说，假设我们用函数 $\bar{g}(q)=a+bq$ 从上面限定 $g(\bar{q})$ 的范围。这条直线的斜率是

$$b=\frac{g(\bar{q})-g(\underline{q})}{\bar{q}-\underline{q}}=\frac{(\bar{q}-\underline{q})-\frac{1}{2}(\underline{\Delta}(\bar{q})+\bar{\Delta}(\underline{q}))}{\bar{q}-\underline{q}}<1$$

并且，a 满足以下条件

$$\inf_{q\in[\underline{q},\bar{q}]}(a+bq-g(q))=0$$

给定

$$E_q(g(q)-q)=0$$

我们必然得到

$$E_q(\bar{g}(q)-q)\geq 0$$

或者

$$E(a+bq-q)\geq 0$$
$$E(q)\leq \frac{a}{1-b}$$

因为 $b<1$。这给了我们一个 $E(q)$ 的上限，我们称之为 $\bar{q}^e$。相似的一个论证过程能推导出一个下限 $\underline{q}_e$。

完成这个论证之前的最后一步是，要注意到，因为 $\bar{\Delta}(q)$ 和 $\underline{\Delta}(q)$ 都是凹函数，所以 $\bar{\Delta}(q)+\underline{\Delta}(q)$ 也是凹函数，因此

$$(\bar{\Delta}+\underline{\Delta})(q) > \left(\frac{q-\underline{q}}{\bar{q}-\underline{q}}\right)\underline{\Delta}(\bar{q}) + \left(\frac{\bar{q}-q}{\bar{q}-\underline{q}}\right)\bar{\Delta}(\underline{q})$$

$$= c_1 + c_2 q$$

这里

$$c_1 = \frac{\bar{\Delta}(\underline{q})\bar{q} - \underline{\Delta}(\bar{q})\underline{q}}{\bar{q}-\underline{q}}$$

$$c_2 = \frac{\underline{\Delta}(\bar{q}) - \bar{\Delta}(\underline{q})}{\bar{q}-\underline{q}}$$

因此

$$E(q) + \frac{1}{2}E(\bar{\Delta}(q)+\underline{\Delta}(q)) \geqslant \underline{q}^e + \frac{1}{2}E(c_1+c_2 q)$$

$$\geqslant \underline{q}^e + \frac{1}{2}(c_1+c_2 q_*)$$

这里

$$q_* = \begin{cases} \bar{q}^e & c_2 < 0 \\ \underline{q}^e & c_2 \geqslant 0 \end{cases}$$

证明完毕。

第13章 投资者情绪与证券市场：反应不足与过度反应[①]

肯特·丹尼尔（Kent Daniel）、戴维·赫什莱佛（David Hirshleifer）和阿维尼德赫·苏巴曼亚姆（Avanidhar Subrahmanyam）

近年来，一系列有关证券收益的研究证据对证券能反映全部公开信息且能被理性定价这一观点发起了挑战。证券收益中一些较为普遍的异象可归纳如下（见赫什莱佛（Hirshleifer，2001）对相关文献的综述）：

1. 基于事件的收益可预测性（公开事件期平均股票收益与股票平均后续长期异常表现同向变化）。

2. 短期动量（momentum）现象（个股及整个市场的股票收益正向短期自相关）。

3. 长期反转现象（被长滞后期分隔的短期收益间的负向自相关，或"过度反应"）。

4. 与基本价值（fundamentals）相关的资产价格高波动性。

5. 盈利公告后股票价格在短期中按意外盈利（earnings surprise）指示的方向"漂移"（drift）；但在长期中，股票价格也可能朝着与盈利变化相反的方向变化。

[①] 感谢两位匿名评审（《金融月刊》卷LIII，12月 No.2，1918—1983）和编辑 Rene Stulz 以及 Michael Brennan, Steve Buser, Werner DeBont, Eugene Fama, Simon Gervais, Robert Jones, Black LeBaron, Tim Opler, Canice Prendergast, Andrei Shleifer, Matt Spiegel, Siew Hong Teoh 以及 Sheridan Titman 提供的有益评论，感谢 Robert Noah 在研究方面的鼎力协助。感谢经济研究局1996年资产定价和1997年行为金融会议、1997年西方金融协会会议、1997年芝加哥大学经济不确定性研究工作组以及证券与交易委托金融研究工作组参与者的宝贵建议。并感谢以下大学的支持与帮助：加州大学伯克利分校、加州大学洛杉矶分校、哥伦比亚大学、佛罗里达大学、休斯敦大学、密歇根大学、伦敦商学院、伦敦经济学院、西北大学、俄亥俄州立大学、斯坦福大学以及华盛顿大学圣路易斯分校。赫什莱佛感谢日本电信电话株式会社亚洲金融与经济计划提供的资金支持。

学界对于上述有关收益预测的研究还存在着许多不同看法。其中一个观点认为这些异象可能仅仅是在市场有效性条件下也能够预测出的偶然性偏离（Fama, 1998）。但我们相信现有的研究证据与上述说法并不一致，因为其中一些收益模式已非常具有说服力且是十分有规律的。如公司规模（size）、账面/市值比（book-to-market）以及动量效应在不同国家及不同时期内都有所体现。

上述收益模式在理性风险溢价（risk premia）中也具有多种不同的表现形式。但是，基于简单交易策略中明显可得的高夏普比率（与市场相关）（Mackinlay, 1995），任何与这些模式相符的资产定价模型都应具有极端变化的跨期边际效用。坎贝尔和科克伦（Campbell and Cochrane, 1999）发现，一个含有极端习惯持续的效用函数被要求解释市场收益中可预测的变化。同时，为了与有关截面可预测性的研究发现相一致（如在规模、B/M 比及动量现象上），一个模型需要具有更极端的变化的边际效用。而且，模型的边际效用还要与规模收益、B/M 比及动量现象较强地协同变化。但是，这种相关性在数据检验中并不明显。鉴于上述证据，以非完全理性假设为基础对上述收益模式重新进行解释看起来还是比较合理的。

此外，还有一些重要的公司融资与支出模式看起来是与市场中的异象潜在地相关的。如公司倾向于在市值升高后及 B/M 比较低时发售普通股（而非债券）。又如市场中还存在着一些或许是为了利用整个行业水平（industry-level）的错误定价获利而专门设计的融资与回购。还有一些交易，如通常取决于证券融资因素的并购（takeovers），也易于在行业繁荣及静默期（quiet periods）发生。

虽然在以投资者完全理性为基础的模型中很难明显地捕捉到由实验性证券市场中得出的现象，但心理学（"行为学"）理论对这些现象的解释同样也未得到普遍的接受。这是因为这些现象中的一些模式在某些方面是自相矛盾的，例如，某些环境下市场中会出现反应不足（underreaction），而另一些市场条件下却出现了过度反应（overreaction）。虽然对某些特殊异象已经存在一些说明，但是我们仍然缺乏一套对金融市场中异象进行解释的完整理论和对所提出的解释进行检验的样本外实验。

经济学家对心理学理论提出的批评通常是这样的，即在一个给定的经济环境中，我们能想象出的非理性模型的范围基本上是无限的。因此，经济学家有时认为，如果遵循非理性行为准则进行研究，无异于打开了一个装有各色特殊故事的潘多拉魔盒，而这些故事几乎没有样本外预测能力。但是，正如德邦特和泰勒（DeBondt and Thaler，1995）所说，一个良好的心理学金融理论是植根于能解释人们实际行为背后的心理学证据之中的。我们同意他们的观点，并相信这样一套理论同时还应该包含投资者的理性决策。此外，值得思考的理论应该是十分严谨的（parsimonious），应在不同的环境下解释一系列异象模式，并生成新的实证说明。本文的目的也正是发展这样一套有关证券市场的理论。

我们的理论以投资者过度自信（overconfidence）以及由自我归因偏好（biased self-attribution）引起的自信变化为基础。有关投资者过度自信的假设源于认知心理学中大量的实验及调查证据（见13.1节的综述），这些证据显示个体在许多环境中都会表现出高估自身能力的行为。

在金融市场中，分析师与投资者可以通过各种方式获得信息，如通过询问管理层、证实流言以及分析财务状况等，这些方式都要求一定的专业技能。如果投资者高估自身生成信息的能力，或高估自己识别出他人所忽略的现有数据重要性的能力，他就会低估自身的预测误差。如果投资者对自身参与获得的信号或评估更加过度自信时，他们就会倾向于对他们自己获得信息而非公开信号过度自信。因此，我们将过度自信投资者定义为一个在面对私人信息信号与所有人都能获得的公开信息信号时，只高估私人信息信号精确度的投资者。

我们发现过度自信的知情者（informed）相对于先验信念会过分重视私人信息，同时其交易行为会推动价格按信号的方向走得太远。当带有噪声的公开信息信号到达时，价格的低效率偏离在平均水平上将得到部分修正。接下来各个时期将出现更多的公开信息，价格平均来说将朝着完全信息价值方向运动。因此，本文的核心问题是股票价格相对于私人信息信号的过度反应与相对于公开信号的反应不足。我们将说明这种过度反应—修正（overreaction-correction）模式与股票收益的长期负自相关、无条件过度波动（unconditional excess volatility）（完全理性投资者假设下的波动之外的无条件波动）以及取决于信号类型的波动性的进一步说明都是一致的。

市场趋于对不同类型信息过度反应或反应不足使我们能说明一个值得注意的模式，即所有事件研究中的平均公告期收益实际上与平均事件后超额收益同号。假设市场观察到了一个知情方（informed party）（比如至少部分地回应市场错误定价的公司）的公开行动。例如，一家理性经营的企业可能会在管理者相信其股价被市场低估时更多地买回股票。

第 13 章　投资者情绪与证券市场：反应不足与过度反应

在这种情况下，企业的事件会反映出管理者关于市场估值错误的信念，因此能预测未来的超额收益。特别地，反映出价值低估的回购行为能预测正向的超额收益，而普通股的发售则预示相反的情况。更一般地说，任何知情方（如经理人或分析师）基于对错误定价的反应所采取的行动都能预测未来收益。与上述观点相一致，许多实证文献中研究的事件皆可以合理看作是错误定价的反应，并有上文所讨论的超额收益模式。本章中将对公司事件及公司政策的产生与相应价格模式进行另外的解释，这些解释有些没有经过检验，或只是在一些特定事件中得到了证实。

实验心理学的文献不仅揭示了过度自信，还指出了个体观察到自身行为结果时他们会以一种有偏方式更新对自己能力的自信程度。根据归因理论（attribution theory）(Bem，1965)，个体十分强烈地将确认其行为有效性的事件归结为自身较高的能力，而将未确认其行为的事件归结为外部噪声或干扰。（这一现象与认知失调概念（cognitive dissonance）有关，即个体会内在地抑制与自身以往选择相冲突的信息。）

如果一个投资者基于私人信号进行交易，且如果随后的公开信息信号与这桩交易同向变化（买入后的好消息，卖出后的坏消息），我们称这一公开信息信号确认（confirm）了该交易。我们假设当一个投资者接收到确认性的公开信息后，他的自信程度增加；但是非确认性的信息只会使其自信程度稍稍降低。因此，如果个体开始时具有无偏的信念（unbiased beliefs），平均来看，新的公开信息信号可视为是对私人信息信号的确认。这也就意味着公开信息可以在先前私人信息信号的基础上引起更多的过度反应。我们将说明这样持续的过度反应会引发证券价格中的动量现象，但是由于未来公开信息将逐渐使价格回归基本价值，最终这些动量现象会发生反转。因此，有偏自我归因（biased self-attribution）意味着证券价格变化中将会出现短期动量及长期反转。

基于有偏的自我归因的动态分析还会引申出对公司事件的滞后依赖响应（lag-dependent response）。例如现金流或意外收入起初会倾向于增加自信，并引起一个相同方向（same-direction）的平均股票价格变化趋势。随后过度自信的反转可能会引起一个相反的变化趋势。因此，这种（动态的）分析与公告后短期股票价格相同方向趋势和意外盈余以及随后的价格反转这些现象都是一致的。

在我们的模型中，投资者除了会过高估计其所谓的有效（valid）私人信息并对这一估计进行有偏更新外，他们皆为准理性（quasi-rational）的贝叶斯（Bayesian）最优化投资者。对于把价格异象解释为市场非有效性的模型的驳斥通常为：完全理性的投资者应该能够在市场错误定价的情况下通过交易而获利。如果财富从准理性的投资者流向聪明的投资者，那么最终聪明的投资者将会主导价格的设定权。但是出于多种原因，上述说法如同我们将在结论中所讨论的那样，并不能让人完全信服。

一些文献已经通过模型对不同环境下的过度自信进行了描述。赫什莱佛、苏巴曼亚姆和蒂特曼（Hirshleifer, Subrahmanyam, and Titman, 1994）检验了高估自己比他人率先获得信息的可能性的分析师／投资者是如何趋于聚集在一起选择股票进行研究的。凯尔和王（Kyle and Wang, 1997）、奥丁（Odean, 1998）以及王（Wang, 1998）均给出了一类由高估信息精确性引起的过度自信，但他们在研究中并没有对私人信息信号与公开信息信号进行区分（还可见 Caballé and Sákovics（1996））。奥丁（Odean, 1998）检验了由私人信息信号引发的过度自信及后续的过度反应。作为过度自信的结果，价格变化中将出现过度波动性以及负收益自相关。由于我们的模型假设投资者只会对私人信息信号产生过度自信，因此我们将同时观察到反应不足与过度反应所造成的影响。此外，由于我们考虑了随时间变化（time-varying）的自信，所以模型中将会出现针对私人信息信号的持续过度反应。所以，与奥丁一样，我们同时发现了正向与负向自相关的驱动力；而且我们认为过度自信可以降低围绕公开消息事件的波动性。[1]

丹尼尔、赫什莱佛和苏巴曼亚姆（Daniel, Hirshleifer, and Subrahmanyam, 1998）的研究证明，我们有关过度自信的说明可以解释很多与截面证券收益可预测性和投资者行为有关的实验难题。包括基于价格的测量方式（分红收益、收入／价格比、B/M 比以及公司规模）对未来股票收益的预测能力，基于价格变化的收益预测器——β 的可能区间以及各种基于价格的测量方式预测收益能力的差别。

近期一些文章已经开始将过度反应与反应不足作为一个整体进行研究。谢弗林（Shefrin, 1997）讨论了基础利率（base rate）所占权重的下降（underweighting）是如何解释期权市场中潜在波动性造成的异象行为的。在同时期的文献中，巴贝尔斯、史莱佛和维什尼（Barberis, Shleifer, and Vishny, 1998）通过一个学习模型对反应不足与过度反

---

[1] 最近一份奥丁文章的修订版给出了一个修正后的包含反应不足的模型。该模型是在没有公开信息的静态条件下推导出来的，因此也并没有涉及短期与长期的收益自相关和事件学习异象等内容。

应进行了分析，在该模型中实际收益服从随机游走过程，但个体投资者则相信收益流有时服从稳定的增长趋势，有时是均值回归（mean-reverting）的。由于他们的模型关注的是投资者对股票表现的时间序列（如收益时间序列）的学习过程，所以他们没有考虑大多数事件研究中的随机事件学习。此外，洪和斯坦（Hong and Stein，1999）在近期的文章中考察了另一种机制，在该机制下过度反应与反应不足是在动量交易者与消息观察者（news watcher）的互动过程中产生的。其中，动量交易者只利用包含在价格趋势中的部分消息，而忽略基础价值消息。基础价值交易者则理性地利用基础价值消息，但忽略了价格。我们的研究则以心理学证据作为投资者行为假设的基础。

本章剩余部分安排如下：第一部分描述了有关过度自信与自我归因偏好的心理学证据。第二部分将给出过度自信的具体模型。同时我们将描述经济环境并对过度自信进行定义，此外还将分析价格均衡以得出股票价格对公开信息和私人信息的反应、价格短期与长期自相关以及价格波动的含义。第三部分将检验随时间变化的过度自信，说明短期与长期收益自相关的特点。第四部分为总结，并与我们以往的文章相联系，讨论过度自信交易者在金融市场中的生存能力。

13.1 过度自信与自我归因偏好

本章我们所给出的模型依赖于两条心理学规律：过度自信与自我归因。德邦特和泰勒（DeBondt and Thaler，1995）在他们关于行为金融微观基础的综述中指出："在有关判断这一心理过程的发现中最具稳健性的也许就是'人们是过度自信的'了"。我们在很多类型的群体中都能发现有关过度自信的例子。如心理医生、内科医生与护士、工程师、律师、谈判代表、企业家、管理人员、投资银行家以及证券分析师和经济预测人员等市场专家。[①] 而且，有研究表明，相对于缺乏经验的个

---

① 分别参见 Oskamp（1965）；Christensen-Szalanski and Bushyhead（1981）；Baumann, Deber, and Thompson（1991）；Kidd, Wagenaar, and Keren（1986）；Neal and Bazerman（1990）；Cooper, Woo, and Dunkelberg（1988）；Russo and Schoemaker（1992）；Stael von Holstein（1972）；Ashlers and Lakonishok（1983）；Elton, Gruber, and Gultekin（1984）；Froot and Frankel（1989）；DeBondt and Thalar（1990）；DeBondt（1991）。同时，奥丁（Odean，1998）对过度自信研究作出了很好的综述。

体，专家更加倾向于过度自信（Griffin and Tversky，1992）。心理学的证据还显示过度自信现象在冗长且需要作出判断的工作中（如诊断各种疾病）比在机械式的工作中（解决算术问题）表现更加突出，同样的差异还出现在反馈有延迟的任务（如天气预报）和立即提供结论式反馈的任务中（如赌马），前者中更易出现过度自信现象（见 Einhorn，1980）。对证券基础价值的估值过程（预测长期现金流）要求作出有关开放式问题（open-ended issues）的判断，同时，反馈有延迟且有噪声。因此，我们将致力于研究金融市场中过度自信的含义。①

我们假设相对于自身真实能力而言，投资者觉得他能更加准确地为证券估值，从而低估了预测误差。这一假设与人们过高估计自己的能力，并比他人更加看好自己这样的证据是相符的。② 很多实验发现人们在作出预测时往往低估自身的失误，并且较之他人的预测会更加看重自己的预测。③

我们理论的第二部分是自我归因偏好：在模型中，如果公共信息与投资者私人信息一致，投资者的自信心将会增加，但是当公共信息与投资者私人信息相冲突时，投资者的自信心不会相应地降低。心理学的证据表明人们倾向于将过去的成功归功于自己，而将失败解释为外在因素（Fischoff，1982；Langer and Roth，1975；Miller and Ross，1975；Thalar and Brown，1988）。正如朗格和罗思（Langer and Roth，1975）指出的，人们经常自以为"一切尽在掌握之中"（heads I win，tails it's chance）。有关自我归因的讨论还可参见 De Long，Shleifer，Summers，and Waldmann（1991）。

13.2　基本模型：固定的自信

本节将研究静态自信模型，在第三部分将讨论随时间变化的（动态）自信。上述每种情况下都包含了大量经纪人，他们在接收到一个信号后

---

① 奥丁（Odean，1998，section 2.D）还对为什么过度自信将支配金融市场作出了很好的论述。

② Greenwald（1981）；Svenson（1981）；Cooper，Woo，and Dunkelberg（1988）；Thalar and Brown（1988）。

③ 分别参见 Alpert and Raiffa（1982）；Fischhoff，Slovic，and Lichteinstein（1977）；Batchelor and Dua（1992）；以及 Lichteinstein，Raiffa，and Phillips（1982）和 Yates（1990）。

都会高估其精确程度。我们将接收到信号的投资者称为知情投资者，I；将没有接收到信号的投资者称为不知情投资者，U；为方便起见，我们还假设知情投资者是风险中性的，不知情投资者为风险厌恶的。

模型中每个个体都被赋予一篮子风险证券与无风险证券，其中无风险证券在期末的价值为 1。我们将证券交易分为 4 个时期（分别记为 0，1，2，3）。在第 0 期，所有投资者都具有禀赋及个人先验信念，并仅以最优风险转移（risk-transfer）为目标进行交易。在第 1 期，I 将获得一个关于证券潜在价值的有噪声的私人信号，并与 U 进行证券交易。[①] 在第 2 期，市场中将出现一个含噪声的公开信号，引发进一步的交易发生。在第 3 期，确定性的公开信息到达，证券支付清算分红，消费发生。上述各期中的随机变量均为独立正态分布。

风险证券的终值为随机变量 $\theta \sim N(\bar{\theta}, \sigma_\theta^2)$，假设为正态分布，均值为 $\bar{\theta}$，方差为 σ_θ^2。通常，为了不失一般性，我们假设 $\bar{\theta}=0$。I 在第 1 期获得的私人信息信号为

$$s_1 = \theta + \epsilon \tag{1}$$

其中 $\epsilon \sim N(0, \sigma_\epsilon^2)$（信号的精确度为 $1/\sigma_\epsilon^2$）。此时 U 会正确地估计信息误差，而 I 将过高估计所获信息的准确度。即 $\sigma_C^2 < \sigma_\epsilon^2$。市场对噪声信号的方差存在不同信念这一点对所有投资者而言是一个共同知识（common knowledge）。[②] 类似地，第 2 期的公共信号为：

$$s_2 = \theta + \eta \tag{2}$$

其中噪声项 $\eta \sim N(0, \sigma_p^2)$。$\eta$ 与 θ，ϵ 独立。同时，所有投资者都能正确地估计出 η 的方差 σ_p^2。

我们所有的私人信息提前于公开信息的简单化假设对于模型而言并

[①] 以往有关普通私人信号的模型的文章还包括 Grossman and Stiglitz (1980)，Admati and Pfleiderer (1988) 以及 Hirshleifer, Subrahmanyam, and Titman (1994)。如果某些分析师或投资者使用相同的信息成功地对风险资产进行了估值与解释，那么其信息中的误差项将是相关的。为简单起见，我们假设这种相关性是统一的，但在信号噪声误差项非完全相关（但非零）的条件下也将得到类似的结果。

[②] 分析不知情投资者是如何正确地估计私人信号方差的并不十分重要，我们只需知道他们不会像知情投资者那样低估公共信息即可。同样的，由于不知情投资者不具备一个会产生过度自信的信号，我们还可以将他们视为能够在市场错误定价中进行交易而获益的完全理性交易者。而且，很多结果即使在投资者对信号与过度自信都对称的情况下也能得到。这些结果与我们假设同样的过度自信个体将接收到具有相关性的私人信号时所获得的结果类似。

不是必需的。重要的是至少要有一些带有噪声的公开信息会晚于私人信号到达。如果假设一些额外的公开信息提前于私人信号或者与私人信号同时到达，那么模型将更加贴近现实。

由于价格是风险中性的知情交易者设定的，所以不知情投资者在本研究中作用有限。过度自信假设合乎情理的根本原因在于投资者倾向于信赖自己的特有信号，这暗指其他的投资者集合并没有接收到相同的信号。也就是说，如果两组投资者都是风险厌恶的，类似的结果也会成立，两组投资者都会影响价格。我们已经在一个形式较为简单的模型中证实了上述分析。一旦不知情投资者不再是风险中性的价格制定者，过度自信的知情投资者会按本文描述的方向推动价格偏离完全理性价值。

13.2.1 价格与交易的均衡

由于知情投资者是风险中性的，所以每一期风险证券的价格满足：

$$P_1 = E_C[\theta | \theta + \epsilon] \tag{3}$$

$$P_2 = E_C[\theta | \theta + \epsilon, \theta + \eta] \tag{4}$$

下标 C 表示期望的计算基于知情投资者的自信信念。此外，$P_3 = \theta$。由正态变量的标准属性可得（Anderson，1984，chap. 2）：

$$P_1 = \frac{\sigma_\theta^2}{\sigma_\theta^2 + \sigma_C^2}(\theta + \epsilon) \tag{5}$$

$$P_2 = \frac{\sigma_\theta^2(\sigma_C^2 + \sigma_p^2)}{D}\theta + \frac{\sigma_\theta^2 \sigma_p^2}{D}\epsilon + \frac{\sigma_\theta^2 \sigma_C^2}{D}\eta \tag{6}$$

其中 $D \equiv \sigma_\theta^2(\sigma_C^2 + \sigma_p^2) + \sigma_C^2 \sigma_p^2$。

13.2.2 价格行为的含义

本节将考察过度反应与反应不足条件下静态自信和实验性证券收益的含义。13.2.2.1 小节讨论价格对公开信息与私人信息的反应。13.2.2.2 小节研究价格变化中自相关的含义。13.2.2.3 小节说明有关事件研究的内容。13.2.2.4 小节讨论了一些模型尚未经检验的实证含义。

13.2.2.1 过度反应与反应不足

图 13—1 给出了在第 1 期私人信号为正（上半部曲线）和为负（下半部曲线）时平均价格的路径（图中还未介绍第 3′期）。我们先来看实线部分，图中上半部分的曲线为一个脉冲响应函数，表示第 1 期出现一

单位大小私人信号时的期望价格。细实线表示完全理性价格水平。

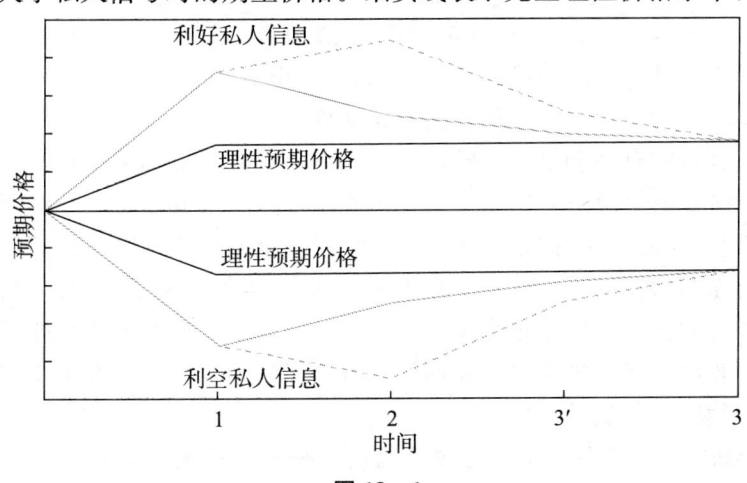

图 13—1

注：平均价格随时间变化的函数。该图还显示了 13.3 节动态模型中价格随时间变化的函数，实线代表不存在自我归因偏好，虚线代表存在自我归因偏好。

对私人信号 $\theta+\epsilon$ 的过度自信使得第 1 期的股票价格对新信息产生过度反应。在第 2 期当含噪声的公开信息到达时，价格的低效偏离平均来说部分也得到修正。后续信息到来时亦是如此。我们将价格峰值前的脉冲响应称为过度反应阶段（overreaction phase），峰值后称为修正阶段（correction phase）。

这种过度反应与修正表示第 1 期与第 2 期的价格变化之间的协方差 $\mathrm{cov}(P_2-P_1, P_1-P_0)$ 为负值。① 此外，对私人信号的过度反应在第 2 期公开信号到达后将得到部分修正，并在第 3 期公开信号发布后得到全面修正，即 $\mathrm{cov}(P_3-P_1, P_1-P_0)<0$。这种价格变化反转现象是通过对第 1 期的过度反应不断修正而得到的。最后，始于第 2 期、终于第 3 期持续的修正使得价格随时间变化且与后续公开信号正相关，即 $\mathrm{cov}(P_3-P_2, P_2-P_1)>0$。因此我们有：

定理 1：如果投资者是过度自信的，那么

1. 由私人信息到达引起的价格波动在长期平均水平上会出现部分反转现象。

2. 由公开信息到达引起的价格波动反应与后续的价格变化正相关。

定理 1 中描述的相关性模式可以通过包含公开消息事件期间内的价

---

① 见附录 A。

格反转是否小于不包含公开消息事件期间内的价格反转潜在地验证。同时，围绕公开信息公告的价格行为与公司事件研究（corporate event studies）也具有一定的联系（见 13.2.2.3 小节）。

13.2.2.2 无条件序列相关与波动性

在著名的有关动量与反转现象研究中，收益的自相关都是在没有考虑公开信号的情况下得出的。为计算不以私人与公共信息到达与否为条件的收益自相关，我们来考虑一个计量经济学家随机选取一组有关价格变化的连续数据的实验（第 1 期与第 2 期或第 2 期与第 3 期）。第 2 期与第 3 期的价格变化是正相关的，但第 1 期与第 2 期的价格变化是负相关的。假设计量经济学家以相同的概率选择这两组数据，那么总体的自相关性就应当是负的。

定理 2：如果投资者是过度自信的，价格变化的无条件自相关在短滞后期和长滞后期中都为负。

因此，固定自信模型符合的是长期反转现象（长滞后期负自相关），而非短期动量现象（短滞后期正自相关）。但是，在脉冲响应函数的极值足够平滑的条件下，短滞后期自相关将是正的，这是因为围绕一个平滑极值变化的价格的负自协方差绝对值（absolute terms）较低。这种基于自我归因偏好与结果依赖的情况我们将在 13.3 节讨论。

由于过度自信使第 1 期的价格大幅度偏离基本价值，因此也会引起如奥丁（Odean, 1998）所说的围绕私人信号的过度价格波动（$\mathrm{var}(P_1 - P_0)$）。更强的过度自信还可能降低公开信号的重要性，从而使第 2 期价格变化的方差变小。但是，第 1 期大幅度的价格波动也可能会使第 2、3 期中出现强烈的价格修正需求。所以，较强的过度自信增加或减少公开信息信号所引起的价格波动（$\mathrm{var}(P_2 - P_1)$）都是可能的（有关本部分中方差的详细推导见附录 A）。

再考虑一个不以私人与公共信息到达与否为条件的计量经济学家。他将会以相同的权重计算价格变化 $P_1 - P_0$，$P_2 - P_1$，$P_3 - P_2$ 的方差。因此，无条件价格波动只是 $\mathrm{var}(P_3 - P_2)$，$\mathrm{var}(P_2 - P_1)$，$\mathrm{var}(P_1 - P_0)$ 的算术平均。过度波动表示的是过度自信下的价格波动与 $\sigma_C^2 = \sigma_\varepsilon^2$ 时价格波动之间的差异。

以下标 R 表示全部个体都为理性时的波动，t 期过度波动比例的定义为

$$V_t^E \equiv \frac{\mathrm{var}(P_t - P_{t-1}) - \mathrm{var}_R(P_t - P_{t-1})}{\mathrm{var}_R(P_t - P_{t-1})} \tag{7}$$

定理 3：

1. 过度自信会增加围绕私人信号的波动性，能够增强或减弱由公开信号引起的价格波动，并会增强无条件波动。

2. 围绕私人信号的过度波动比例大于围绕公开信号的过度波动比例。

因此，与奥丁（Odean，1998）的发现一样，当只有私人信号时，市场中将出现过度自信产生过度波动的一般性趋势。但并不是每个带有非完全理性假设的模型都会自动产生过度波动。例如，如果投资者是过度不自信的，即 $\sigma_C^2 > \sigma_\varepsilon^2$，则会出现相对理性水平而言的波动性不足。此外，与奥丁（Odean，1998）的结论相反，定理 3 还暗示着在被各种公开消息事件破坏的样本中，出现过度波动与波动不足都是可能的。

13.2.2.3 事件研究

近期很多文章已经开始研究公开消息到达后的超额平均收益表现或"漂移"（drift）现象。如在引言中所述，实际上这些研究中全部都有一条显著的规律，即平均事件后超常价格趋势与平均初始事件期反应同号。现在，我们将这种基于事件的收益预测模型一般化。

当一个公司的股票被市场所低估时，那些不过度自信的老练经理人或分析师可能会选择性地发起一些可见的行动，如回购股票或提供购买建议等。我们将证明股票价格对某事件反应的实质主要依赖于该事件是否与第 2 期市场的错误定价有关。

我们假设第 2 期的信号不再是公开的，而是只有公司的经理人（或分析师）能私下接收到，同时这些接收到信息的个体将采取一个行动（即"事件"），这一行动将为公众所观察到并且会完全揭示出上述信息。我们以 $P_2^C(s_2)$ 表示第 2 期过度自信投资者的综合信息 s_1，s_2 对风险证券的估值。（由于我们检验的是被信息 s_2 完全披露的事件，这也就正是事件前股票价格 P_2 的均衡状态）以 $P_2^R(s_2)$ 表示完全理性投资者所估计的价格，第 2 期的错误定价（mispricing）可以定义为 $P_2^R(s_2) - P_2^C(s_2)$。我们将不同类型的事件定义为：

定义 1：事件是一个仅受信号 s_1 与 s_2 影响的随机变量。非选择性事件（nonselective event）是指一个与第 2 期错误定价 $P_2^R(s_2) - P_2^C(s_2)$ 无关的事件（如行业或宏观经济信息、产品市场需求的变化以及相关法律的颁布等）。选择性事件（selective event）是指一个发生与大小依赖于第 2 期错误定价的事件（如股票回购）。

简单的非选择性事件为只与第二个信号 s_2 线性相关的随机变量。

定理4：如果过度自信投资者观察到一个非选择性事件：

1. 预期的真实公告后超常价格变化为零。

2. 在事件前收益的基础上，公告期信号与公告后价格变化的（条件）协方差为正：即 $\text{cov}(P_3-P_2, s_2 \mid P_1-P_0)>0$。

由于非选择性事件是一种与第2期错误定价无关的行动，它不会为我们提供任何有关平均未来价格波动的信息。虽然市场会对事件作出相应的反应，但会以相等的概率出现向上或向下的反应不足。定理4的第一部分表明了与前期错误定价无关的事件后不会出现系统化的公告后漂移。因此，定理4驳斥了通常将"漂移"解释为市场对新信息反应不足的说法。

基于事件分析方法对未来收益预测能力的不足使得事件期价格变化与事件后价格变化之间存在正自相关（定理1）。但是，即便事件与之前的错误定价无关，仍会出现证券越被低估（underpriced），平均水平上价格对未来信息的反应正向程度越强这样的情况。因此，一个利好的事件期价格变化是与某个正未来平均趋势相关联的。明显地，即使事件本身不预测未来收益，市场也是非有效的。

定理4的第二部分预计事件后平均收益越大，非选择性事件（如意外现金流转）与事件前股票价格上升之间的反向程度越高（例如正事件前价格升高与负向事件①）。从直观上讲，在持有不变的私人信号时（如 P_1 中所反映的），公开信号越高，基础价值 θ 就可能越高，相应地，与基础价值相关的私人信号的不足程度在平均水平上也就越高。因此，一个较高的公开信号将与一个较大（正向程度更高）的事件后收益相对应。

定理4中的第1、2部分都可以通过特定的非选择性事件进行检验。市场中可能存在一些并非由知情方（如具有考虑错误定价动机的经理人）引发的事件。这类事件（非选择性事件）中可能会包括一些从公司外散布的有关产品需求的消息（如有关竞争对手行动的消息）或包括相关法律法规的颁布（如FDA对某制药公司所提供药品的决议）。

现在我们来说明选择性公开事件，这是一种与事件前的错误定价相关，并能预测未来价格变化的事件。让我们来考虑一个能观察到价格 P_1（并据此推断私人信号 s_1），且在第2期接收到他自己的信号 s_2 的经理人。假设他能够进行债券/股权交换发售（exchange offers），某一大

---

① 在此感谢匿名评审为我们提出研究这一问题的建议。

规模交易的吸引力取决于证券的市场价格比其基本价值高出多少。由于他同时知道 s_1 与 s_2,所以其对错误定价有着十分精确的了解,进而该经理人可以依照第 2 期的错误定价来控制发售的规模。可以很容易地证明,在这种假设下,第 2 期的定价错误(pricing error)与预期的私人信息误差(error)$\epsilon^* \equiv E[\epsilon | P_1, s_2]$ 成比例,其中预期也是就理性信念而言的。为简单起见,我们假设选择性事件为第 2 期错误定价的线性函数。

当 $\epsilon^* < 0$ 时,经理人相信市场低估某公司的价值,所以该公司可以通过举债换取股份而"获利";该公司被低估得越多,举债的规模也就越大。如果 $\epsilon^* > 0$,经理人只会偏好于出卖股份来偿还债务(equity-for-debt)的交易。可以看出:

$$E[P_3 - P_2 | \epsilon^* > 0] < 0 < E[P_3 - P_2 | \epsilon^* < 0] \tag{8}$$

即对市场低估作出响应的响应事件(如回购)与事件后高收益相关,对市场高估作出响应的事件(如发售)与事件后低收益相关。

定理 5:如果投资者是过度自信的,那么股票被市场低估(高估)时启动的选择性事件平均来说将与公告期异常价格变化正(负)相关,并且平均来说将伴随有正(负)的公告后异常价格变化。

在定理 4 中有对新信息到达的反应不足,但没有事件后漂移现象。此处,漂移是由反应不足与基于市场错误定价的事件选择共同引起的。因此,本文的模型对异常事件后漂移会集中出现在与市场错误定价有关的事件中这一现象作出了新的经验性解释。最近还有一些研究证据也支持这种解释。比如科尼特、梅拉和特拉尼恩(Cornett,Mehran,and Tehranian,1998)发现银行为满足资本需求而作出的"非自愿性"发行与事件后的漂移是没有联系的,但是"自愿"的银行发行却与负向的事件后异常表现有关。由于非自愿发行较之自愿发行选择性较低,所以上述研究证据与我们的模型是一致的。

如果一个有关即将首次公开发行(IPO)的公告,如同股票增发(SEO)的公告一样,反映了经理人的"坏消息"(bad news),那么定理 5 还暗示着股票在 IPO 后长期的低迷表现。由于 IPO 公司在事件前是不公开信息的,所以我们没有对即将到来的 IPO 公告期反应的数据。但是,有关对 SEO 的负向价格反应及 IPO 后较差的会计表现的研究一致表明(Jain,Kini,1994;Mikkelson,Partch,and Shah,1997;Teoh,Wang,and Rao,1998;Loughran and Ritter,1997),一个 IPO 的公告在平均水平上确实相当于"坏消息"①。如果这样的话，在国际范围内，IPO 显示的发售后多年内平均长期低迷表现（Ritter, 1991; Loughran, Ritter, and Rydqvist, 1994）与我们的模型也是一致的。

定理 5 中基于事件的收益预测并不等同于对公司事件"反应不足"。对公开信号的反应不足（如过度自信所示）将导致事件期收益的正向自相关。但是，事件实现（realization）（与事件期收益对比）可能无法预测未来的超常盈利，除非事件的规模或者事件的发生与之前的市场错误定价是相关的。

我们已经从公司利用错误定价来买卖股票进而获利的角度对模型进行了解释。另一种解释方式是：一个具有利好信息（$f^* < 0$）的经理人将乐于向市场发送（signal）好的信息，并采取行动（如回购、分红、举债购股或者股票分割）来披露其信息。伴随着一系列连续的信号，这类行为通常会导致信息被完全披露，这与我们关于 f^* 是在事件期被披露到市场中的假设一致。②

本节所讨论的模型与著名的盈余后公告"漂移"（drift）现象是否相符取决于盈利公告是否为选择性事件。如果经理人报告出较高的收益或市场低估该公司价值时，这份收益报告则具有良好的选择性。如果一个经理人厌恶短期低水平的股票价格或注重个人声誉③，那么他会具有作出上述行为的激励。此外，经理人可以通过账户调节（应计项目）及转换实际现金流的时间对证券的盈利水平作出多种调整。账户调整可以看作是对经理人内情信息的反映，这一点可通过收益自然增长（accruals on return）的公告效果来证明（与现金流转的效果不同），见 Wilson (1986)。大量证据表明，经理人会通过自由处置会计账户来策略性地达到目的，如履行贷款契约要求、避税等；陶、王和拉奥（Teoh, Wang, and Rao, 1998）验证了约 30 种类似的研究。如果经理人选择性地调整收益，定理 5 就可以解释盈利后（postearnings）漂移。本文 13.3 节有关动态自信的

---

① 最初与发行价格相关的正向收益，"抑价"，并非对将要发生 IPO 的公告反应；这一新闻在较早之前已经发布。

② 本文模型中的事件学习预测同样还可以应用于由具有公司信息的局外人发起的事件中。如分析师给出的购买或卖出某公司股票的建议。因此，本节的分析与赫什莱佛（Hirshleifer, 2001）所讨论的购买或卖出建议后股票价格漂移方面的证据是一致的。

③ 凹效用函数或解雇的风险会使经理人对一个较低的股票价格产生厌恶；低价格会产生负效用是一个较为普遍的模型假设（例子可见 Harris and Raviv, 1985）。如果经理人偏好于一个较高的短期股票价格，但存在的风险将引发大量过度激进的报告，那么通过报告较高收益而获得的净收益可能会更大，在股票被进一步低估时亦是如此。

内容对后收益公告漂移作出了直接的解释，即使漂移是在收益是非选择性时获得的。

由于$\bar{c}^*$第 1 期期望值与 P_1 完美正相关（它们都是 s_1 的线性增长函数），所以如市值/账面比或价格上升（run-up）（$P_1-\bar{\theta}$）等变量都可以看做潜在的对错误定价测量方式。由于我们已经假设一个选择性事件的大小取决于错误估值（misvaluation）程度的高低，由此可得，选择性事件的规模与正负号随错误定价测量值变化。因此我们有：

定理 6：

1. 一个正（负）选择性事件的期望规模随公司错误定价测量值递增（递减）。

2. 一个正（负）选择性事件发生的概率随公司错误定价测量值递增（递减）。

我们暂定以包含市场价格的变量如市值/账面（market/book）比来代表错误定价。然后，我们的分析预计回购及其他利好的事件将趋于在市场、行业，或公司市值/账面比和市盈率（price/earnings）较低时发生，而证券发行和其他不利的选择性事件则倾向于在上述比率较高时发生。这一推断和 IPOs 频率与公司所在行业板块的市值/账面比正相关（Pagano，Panetta，and Zingales，1998），以及许多国家中 IPOs 的价值与数量与股票市场水平正相关（Loughran，Ritter，and Rydqvist，1994；Rees，1996；Ljungqvist，1997）等方面的证据相符。

上述分析还暗示着事件期价格变化（对一既定类型事件而言）应与公告后收益正向相关。这正是反应不足，并符合定理 1 中的情况。[①] 同样，在模型中，由于事件前的价格上升与市场错误定价一一对应，所以较好的事件前价格表现是与较差的事件后表现相联系的（在事件期内或在事件期外）。出现上述现象是因为 $\text{cov}(P_3-P_2, P_1-P_0)<0$ 且 $\text{cov}(P_3-P_1, P_1-P_0)<0$。从直观上讲，错误定价是由对私人信息的过度自信引起的，公司基于错误定价而选择事件，这又会引起事件前收益与事件后收益相关。但是，当允许第 0 期与第 1 期有公开信息到达时，上述有关事件前后收益相关性的说明并不具有稳健性。

---

① 定理 1 是基于一个非选择性新闻事件的，即 s_2 的到达。即便此处 s_2 为私人信息，结果也是一样的。这是因为 s_2 将被公司的各种行为完全揭示，所以如果将 s_2 直接设定为公开性的，P_2 在各期的影响也都是一样的。因此，$\text{cov}(P_3-P_2, P_2-P_1)$ 在两种情况下是相同的。

让我们来考虑一个分红公告的例子。运营良好到足以产生大量现金的公司更易于提高分红。因此，分红的增加不只与第 2 期的市场低估（market undervaluation）相关（第 1 期非利好的私人信号），而且还与以往较好的表现相关（第 0 或 1 期利好的公开信号）。在本研究中，当事件期与事件后的平均超常盈利都为正时，事件前的收益均值将是不确定的。我们已经正式地说明了如果事件选择（分红）随一个以往（第 1 期）公开信号和价格被市场低估程度递增，那么该事件可能会与一个正的平均价格上涨（run-up）、一个正平均事件期收益以及一个正平均事件后收益这三者都相关。[①]

更一般地，先前的价格上升（或其他与价格有关的指标，如基本价值/价格比）能否作为一个错误定价的代理变量取决于问题中的事件对错误定价而言大体上是否具有选择性，或较强地取决于过去基本价值公开表现的测量值（如以往盈余）。许多事件，如分红和股票分割（stock split），可能是由于含有发送信号动机而具有选择性。但是涉及公司市场交易的事件，如交换报价（exchange offers）、回购以及新发行，都提供了一个赚取交易利润的动机。这就相当于在所有信号发送动机之外还存在另一种作出选择性（事件）的动机。因此，较之纯发送信号事件，价格上涨（run-up）与价格/基本价值比作为这种市场—开发（market-exploitation）事件的测量值更为合适。

13.2.2.4 经验分析

本文的模型具有下列几点实证含义，这些含义是未经检验的推论或是只经过可能事件的部分子集的检验：

1. 对于选择性事件而言，平均事件后收益与平均事件期收益同向；对于非选择性事件而言，平均事件后收益漂移为 0；

2. 对公开事件而言，事件期价格反应与公开事件后反应之间存在正相关关系；

3. 选择性事件（如回购）的规模与事件后收益间存在正相关关系，但这种情况对于非选择性事件并不成立（如被外界披露的消息，尤其是宏观经济与行业层面的信息，如有关产品需求与投入价格、生产过程以

[①] 法马（Fama，1998）指出我们的方法暗含着平均事件前超常盈利将与平均事件后超常盈利同号，但是已有证据并不支持这一观点。如上文所述，事件的发生很可能取决于以往的公开信息，该情况下的模型暗示着平均事件前价格上升既可以与平均事件后超常盈利同号，也可以相反。从有关定理 4 和 5 中的内容中我们可以看到对事件前公开信息到达具有很好的稳健性的有关事件研究的模型。经验证据也大体上支持我们的预测。

及生产规章等）；

4. 非选择性事件与事件前股价上涨背离得越远，事件后平均收益越大；

5. 股价的平均长期反转程度在没有公开的消息事件在媒体上发布的时期要比有公开消息事件发布的时期更大；

6. 当错误定价的测量值（如价格/基本价值比或以往价格升高）很高时，选择性事件的规模将更大（如较大规模的回购）；而且，

7. 风险证券价格定的越被低估（越高），一个利好（利空）的选择性事件发生的可能性越大。

过度自信理论与上述第6、7项含义中所涉及的管理策略有着更深层次的联系。我们预计当公司在确信其股票被高估时会发行证券。如果投资者是过度自信的，则这种股价高估（在过度自信者心中）可能会以最近公司、行业或平均股票市场价格的增长来衡量，抑或伴随着高价格/基本价值比。相反地，当公司股价被市场低估时，该类公司应在股价下跌后进行回购。因此，如果经理人采取行动来通过错误定价获利，市场中将会出现一般或特定行业的融资与回购繁荣。

过度自信理论还说明，当市场低估某公司时，该公司将会出现一个由分红向回购的倾斜。此外，当一只股票被低估时（可能发生在股价下跌或者公司或总市值/账面比较低时），代表当前股东意愿的公司会继续持股而非公开发售。类似地，该公司将会倾向于举债而非发售证券以避免稀释当前股本。过度自信理论被霍瓦基米亚、奥普勒和蒂特曼（Hovakimian, Opler, and Titman, 2001）认为对称为最优资本结构理论中的主要难题，即在一次市场价格的上升后公司倾向于发售更多的股份而非举债[①]，提供了一种可能的解决方案。

由于这些预测看起来十分直观，因此我们可能容易忘记其他一些有关市场错误定价的模型中的公司行为与我们的预测可能是相反的。例如，在一个市场经常反映不足的条件下，近期具有价格增长的公司，或基本价值/价格比较低的公司同样会倾向于被低估，所以（与现有证据不同）在这样的环境中我们将观察回购而非普通股的发售。

---

① 但是琼格、金和斯塔尔兹（Jung, Kim, and Stulz, 1996）研究发现由于委托—代理问题以及长期中举债和发售股份在统计上具有相似的平均超额股票收益，公司经常会偏离融资优序（pecking order，如偏好举债超过发售股份）。

13.3 结果依赖自信

到目前为止有关模型的描述都是以一个固定自信水平为基础的。但是，心理学的证据与理论都表明各种行动及其结果也会影响自信；如确认某个体的信念与行动的事件将倾向于极大地增加自信，但是非确认性事件只会将自信水平稍微降低一点（见13.1节）。将上述心理模式纳入研究范围后，除了与静态（自信）部分类似的内容外，我们还将观察到对于非选择性事件也存在股票价格的短期动量现象和基于事件的可预测性。

让我们来考虑一个初始时非过度自信的个体，他基于自身的私人信息进行买卖证券的交易。若公开信号与其交易同向（"买"与正向信号，或"卖"与负向信号），则可认为公开信号确认了其交易行为。我们假设如果后续的公开信号确认了该个体的交易，则其会变得更加自信；如果后续的公开信息没有确认该个体的交易，则其自信水平将只会稍稍降低或基本保持不变。这说明在平均水平上，公开信息可以增加自信并强化过度反应。持续的过度反应将导致初始过度反应阶段出现正向的自相关。由于公开信息重复的到达会使价格向基本价值回归，从长期来看，最初的过度自信将逐渐地发生反转。

上述过程服从于一个关于私人信息信号的驼峰型（hump-sharped）脉冲响应函数，如图13—1中的虚线所示（与第0期和第1期中实线重合的部分显示了静态模型中的脉冲响应）。图13—1显示了第1期两种可能的价格和在第1期波动基础上的预期价格的轨迹。可以看出，伴随着结果依赖自信（outcome-dependent confidence），图中出现了平滑过度反应（smooth overreaction）区域以及修正（correction）区域。这些区域中成对的收益是正相关的，分别分布（straddles）在极值两侧的成对的收益是负相关的。如果极值附近的负相关足够小，则连续价格变化的总体自相关性将是正的。但是，被长滞后期（long lags）所分割的价格变化很可能分别分布在脉冲响应函数极值的两侧，并会因此显示出负自相关性。因此，本文的模型中会自然地产生短滞后期的动量现象与长滞后期的反转现象。

接下来我们将给出两个能够印证上述动态自信的模型。13.3.1 小节给出的模型易于掌握但高度程式化。13.3.2 小节的模型能使我们拓展出更复杂的含义，但只能通过仿真的方式解决。

13.3.1 包含结果依赖自信的简单模型

我们按以下方式修正 13.2 节中的模型。我们仍将允许但不再要求初始的过度自信，即 $\sigma_C^2 < \sigma_\epsilon^2$。为了方便起见，假设公开信息信号是离散的，在第 2 期 $s_2=1$ 或 -1。我们还假设投资者在第 2 期对其先前私人信息信号精确性的估计取决于下述方式的公开信号实现。如果

$$\text{sign}(\theta+\epsilon) = \text{sign}(s_2) \tag{9}$$

自信程度将增加，那么投资者对噪音的方差的估计减小到 $\sigma_C^2 - k$，$0 < k < \sigma_C^2$。如果

$$\text{sign}(\theta+\epsilon) \neq \text{sign}(s_2) \tag{10}$$

自信程度将保持不变，投资者相信噪音的方差仍为 σ_C^2。

接收到值为 +1 的公开信号的概率为 p。由于较高的 p 值代表公开信息的利好程度较高，所以 p 值一定倾向于随 θ 值的增加而增加。但是，允许 p 随 θ 变化会产生难以处理的非正态性。因此，我们实际上检验的是信号为纯噪声的例子，此时 p 为一个常数（附录 C 中，丹尼尔、赫什莱佛和苏巴曼亚姆（Daniel，Hirshleifer，and Subrahmanyam，1998）给出了一个利用有信息价值的公开信号得出类似结果的离散模型）。

给定所有随机变量的正态性，第 1 期的价格为

$$P_1 = E_C[\theta|\theta+\epsilon] = \frac{\sigma_\theta^2}{\sigma_\theta^2 + \sigma_C^2}(\theta+\epsilon) \tag{11}$$

第 0 期的价格 $P_0 = 0$，为前期均值。如果 $\text{sign}(\theta+\epsilon) \neq \text{sign}(s_2)$，则自信程度为常数。由于公开信号实际上是非信息性的（uninformative），价格（事实上）在第 2 期是不发生波动的。但是，如果 $\text{sign}(\theta+\epsilon) = \text{sign}(s_2)$，则利用新的估计方差可得出新价格。以 P_{2C} 表示这个价格，

$$P_{2C} = \frac{\sigma_\theta^2}{\sigma_\theta^2 + \sigma_C^2 - k}(\theta+\epsilon) \tag{12}$$

可以容易地得出[①]

$$\text{cov}(P_2-P_1, P_1-P_0) > 0 \tag{13}$$

因此，模型显示不仅修正阶段，过度反应阶段也能对短期动量现象作出正向的贡献。作为结果，

$$\text{cov}(P_3-P_1, P_1-P_0) < 0 \tag{14}$$

$$\text{cov}(P_3-P_2, P_2-P_1) < 0 \tag{15}$$

这是由于第 1 期与第 2 期的过度反应在长期必然会发生反转现象。

直观上看，未来带有噪声的公开信息的到达终将使定价错误得到修正（只要自信程度不无限制地扩大）。这一过程在修正阶段将引起价格变化正自相关，就如同 13.2 节中描述的模型一样。为验证修正期价格变化是否存在正相关，我们在第 2 期与第 3 期间加入一个额外的第 $3'$ 期，这一时期出现的公开信息信号为 $\theta+\eta$。为了简单起见，我们假设过度自信不会受到第二次公开信息信号发布的影响。如在 13.2 节中的内容一样，$\eta \sim N(0, \sigma_p^2)$，并与其他随机变量相互独立。当过度自信在第 2 期没有经过修正时，第 $3'$ 期的价格 $P_{3'C}$ 由方程（6）给出。过度自信在第 2 期经过修正时，第 $3'$ 期的价格 $P_{3'C}$ 的表达式除了以 σ_C^2-k 代替 σ_C^2 以外，与方程（6）大致相同，即

$$P_{3'C} = \frac{\sigma_\theta^2(\sigma_C^2-k+\sigma_p^2)}{D}\theta + \frac{\sigma_\theta^2 \sigma_p^2}{D}\epsilon + \frac{\sigma_\theta^2(\sigma_C^2-k)}{D}\eta \tag{16}$$

其中 $D \equiv \sigma_\theta^2(\sigma_C^2-k+\sigma_p^2) + (\sigma_C^2-k)\sigma_p^2$。

当模型中加入额外的时期后，可以非常容易地证明除了 $\text{cov}(P_3-P_{3'}, P_{3'}-P_2)$ 是正的以外，其余单期价格变化的自相关都是负的。我们可以通过以下方式解释这一现象。第 2 期为脉冲响应函数的极值区间（波峰或波谷期，之后开始平均修正过程）。全部落入脉冲响应函数中过度反应阶段或修正阶段中的单期价格变化的单期滞后自相关是正的。而极值两侧的单期价格变化单期滞后自相关则是负的。[②]

在适当的参数假设下，极值附近的单期滞后自相关将趋近于零。当额外的过度反应很小或修正过程的开端很微弱时（或两者同时存在）将

[①] 有关本小节各种方差的详细推导与表述见丹尼尔、赫什莱佛和苏巴曼亚姆给出的附录 D。

[②] 形式上 $\text{cov}(P_2-P_1, P_1-P_0) > 0$，$\text{cov}(P_3-P_{3'}, P_{3'}-P_2) > 0$，同时 $\text{cov}(P_{3'}-P_2, P_2-P_1) < 0$。

第13章 投资者情绪与证券市场：反应不足与过度反应

会发生上述情况。当公开消息确认了投资者的交易时，如果自信程度只是稍稍有所提高（$k>0$，但很小），额外的过度反应会较小。如果未来带有噪声的公开信息信号的信息价值并不是很强（σ_η^2很大），最初的修正程度将很低。当参数值出现如此形式时，就说明这种偏自相关（straddling autocorrelation）并不是很强，它的权重将会被过度自信或修正状态的正自相关所超过。换句话说，一个计量经济学家在大样本中计算无条件自相关时将会得到一个正的单期滞后自相关。相反地，脉冲响应函数极值附近成对的长滞后期价格变化将会倾向于出现相反的情况，这是因为在过度反应阶段得到的价格变化与在修正阶段得到的价格变化间将是负相关的。因此，过度自信理论为短期动量现象与长期反转现象提供了一个综合性的解释。

定理7：如果投资者由于自我归因而产生自信，同时如果过度反应与修正过程具有足够的持续性（gradual），那么股票价格变化将显示出无条件的短滞后期正自相关（动量）和长滞后期负自相关（反转现象）。

在贾格迪什和蒂特曼（Jegadeesh and Titman, 1993）的研究中，他们认为动量现象的产生是由于市场价格对特定公司信息的缓慢反应造成的。定理7则给出了另一种可能的解释，即动量现象的发生并不是由于对新消息反应过慢，而是由于市场最初对新消息的反应过度，随后到达的公开消息进一步激发了对最初私人信号的过度反应。简言之，定理7反驳了一般将正负自相关与对新信息的反应不足和过度反应之间相对应的假设。虽然模型中的过度反应产生了负自相关，但是连续的过度反应同样能够产生正自相关（之后发生对修正这一误差时的反应不足）。可以说，反应不足对于解释股价的短期动量与长期反转既非必要也非充分。

心理学文献中的证据指出，较之在对信息及决策反馈（feedback）迅速且清晰的环境下，个体的过度自信程度在对其信息或决策的反馈缓慢且模糊的环境中更高。因此，错误定价在需要作出更多判断与评估的股票中，以及对所做判断的反馈在短期不是很清晰的环境中更容易出现，如成长型股票。我们这些推论与丹尼尔和蒂特曼（Daniel and Titman, 1998）近期的研究结果是一致的，他们发现动量效果在成长型股票中很强劲，但是在价值型股票中则很微弱或几乎不存在。这些结论同样说明动量现象更多地出现在难以估值的股票中，如那些具有较高R&D支出或无形资产的公司的股票中。

13.3.2 包含结果依赖自信的动态模型

现在我们将模型扩展至任意多期。分析表明证券价格变化的自相关模式与 13.3.1 小节的结论大体一致。该模式同样符合有关公开信息公告（如经理人的预测，有关销售、现金流及收益的财务报告等）与未来价格变化间关系的解释。

13.3.2.1 模型

我们在模型中保留了前面几节讨论过的基本结构。假设投资者对私人信息信号的精确度有先验信念，并且利用一个反映自我归因偏好的规则来更新自身自信水平。与前文中的分析相同，（无法观察到的）公司股票的价值为 $\tilde{\theta} \sim N(0, \sigma_\theta^2)$。公开噪声的方差 σ_θ^2 为共同知识。在第 1 期，每个知情投资者收到一个私人信息信号 $\tilde{s}_1 = \tilde{\theta} + \tilde{\epsilon}$，$\tilde{\epsilon} \sim N(0, \sigma_\epsilon^2)$。在第 2 期，一个公开信息信号 $\tilde{\phi}$ 得到发布，$\tilde{\phi} = \tilde{\theta} + \tilde{\eta}_t$，其中 $\tilde{\eta}_t$ 为白噪声且 $\tilde{\eta}_t \sim N(0, \sigma_\eta^2)$。噪声的方差 σ_η^2 同样为共同知识。在此我们以 Φ_t 代表 t 期内全部公开信息信号的平均值：

$$\Phi_t = \frac{1}{(t-1)} \sum_{\tau=2}^{t} \tilde{\phi}_\tau = \theta + \frac{1}{(t-1)} \sum_{\tau=2}^{t} \tilde{\eta}_\tau \tag{17}$$

对于 $t-1$ 期的公开信息信号 Φ_t 是一个足够稳定的统计量，同时，$\tilde{\Phi}_t \sim N(\theta, \sigma_\eta^2/(t-1))$。

如前所述，知情投资者会对除了其私人信息精确性以外的其他值都形成理性的预期（通过贝叶斯更新）。投资者会错误地感知到误差的方差 σ_ϵ^2。他将按我们接下来给出的一个特殊规则来估计 σ_ϵ^2。在第 1 期，投资者相信其私人信息信号的精确性，$v_{C,1} = 1/\sigma_{C,1}^2$，要大于实际的精确性 $v_\epsilon = 1/\sigma_\epsilon^2$。此后投资者都会随着每次公开信息的发布更新其对噪声方差的估计。如果新的公开信息信号（ϕ_t）确认了投资者的私人信号 s_1，且私人信号与公开信号并不存在很大的差距，则投资者会对私人信号变得更加自信。如果新的公开信号没有确认投资者的私人信号，投资者会将其估计的精确性下调，但不会下调很多。综上所述，我们描述的特殊规则可概括如下：

$$\begin{cases} \text{如果 } sign(s_1 - \Phi_{t-1}) = sign(\phi_t - \Phi_{t-1}) \text{ 且 } |s_1 - \Phi_{t-1}| < 2\sigma_{\Phi,t} \\ \qquad \text{那么 } v_{C,t} = (1+\overline{k})v_{C,t-1} \\ \qquad \text{否则 } v_{C,t} = (1-\underline{k})v_{C,t-1} \end{cases}$$

$$\tag{18}$$

$\sigma_{\Phi,t}$ 为 Φ 在 t 时刻的标准差,我们设定 $\overline{k} > \underline{k} > 0$。$(1+\overline{k})/(1-\underline{k})$ 为投资者自我归因偏好的一个指标。①

13.3.2.2 均衡

由于投资者是风险中性的,且无风险利率为零,那么每一时点上的股票价格都为其终值的期望:

$$P_t = E_C[\tilde{\theta}|s_1, \phi_2, \cdots, \phi_t] = E_C[\tilde{\theta}|s_1, \Phi_t] \tag{19}$$

定义 $v_\theta = 1/\sigma_\theta^2$,$v_\eta = 1/\sigma_\eta^2$。风险证券在第 t 期的价格为:

$$\tilde{P}_t = E_C[\tilde{\theta}|s_1, \Phi_t] = \frac{(t-1)v_\eta \Phi_t + v_{C,t} s_1}{v_\theta + v_\eta + v_{C,t}} \tag{20}$$

Φ_t 的精确度为 $(t-1)/v_\eta$。

13.3.2.3 仿真结果与实验说明

仿真中我们选用参数 $\overline{k} = 0.75$,$\underline{k} = 0.1$,$\sigma_\theta^2 = \sigma_\varepsilon^2 = 1$,以及 $\sigma_\eta^2 = 7.5$,同时令投资者初始估计的精确度与其私人信息信号的真实精确度相等。我们将这种参数设置下的模型仿真运行 50 000 次,每次生成不同的 θ、私人信号 $s_1 = \theta + \varepsilon$ 和公开信息集合 ϕ_t,$t = 2, \cdots, T$。

为了更好地理解模型,首先说明参数为特殊值 $s_1 = 1$ 和 $\theta = 0$ 时的动态价格路径是非常有益的。图 13—2 给出了当 $\theta = 0$ 时,私人信号 $s_1 = 1$ 时的平均价格路径,即知情投资者的私人信号是过度利好的。价格最初从 0 跳跃至 0.5,一个理性的估价。平均来看,价格继续向上移动,在第 16 期达到极大值 0.736 6。此后,平均价格开始下降,最终趋近于 0。因此,(模型中)最初存在一个过度反应状态,在该状态下,由于自我归因偏好会使投资者在平均水平上更加看重私人信息,价格将向背离其真实价值的方向运动。最终公开信息将会变得精确到足以使得投资者下调其关于风险证券的估值,这就是模型的修正阶段。类似的驼峰型模式还可用于描述随时间变化的投资者自我感知(即自信)精度。这种变化的自信正是产生过度反应平均价格趋势的源泉。

图 13—3 给出了无条件平均自相关系数(滞后期为 1~119),其中 $\tilde{\theta}$ 和 s_1 在每次仿真中都重新取样。图 13—3 再次证实了图 13—2 中得出的直观性的结论,即短期价格自相关为正,长期价格自相关为负。

---

① 其他一些与这一直观规则相似的更新规则都得到了大体相似的结果。为处理简单,我们假设在每一时点上投资者如同(as if)准确了解信息的精确度那样形成信念。他将理性地允许 $v_{C,t}$ 为一个估计值。我们预计本文中重要的结果对上述简单化并不敏感。

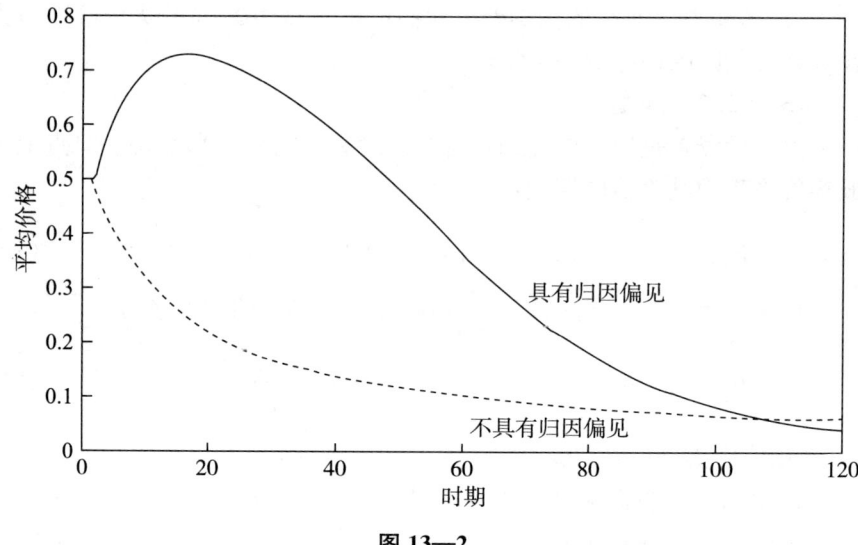

图 13—2

注：私人信息冲击下的平均价格路径。该图显示了按 13.3.2.3 小节中的方式仿真得出的在私人信息 $s_1=1$ 的冲击下，平均价格的变化路径。动态模型中的结果如实线所示，不存在自我归因的结果如虚线所示。

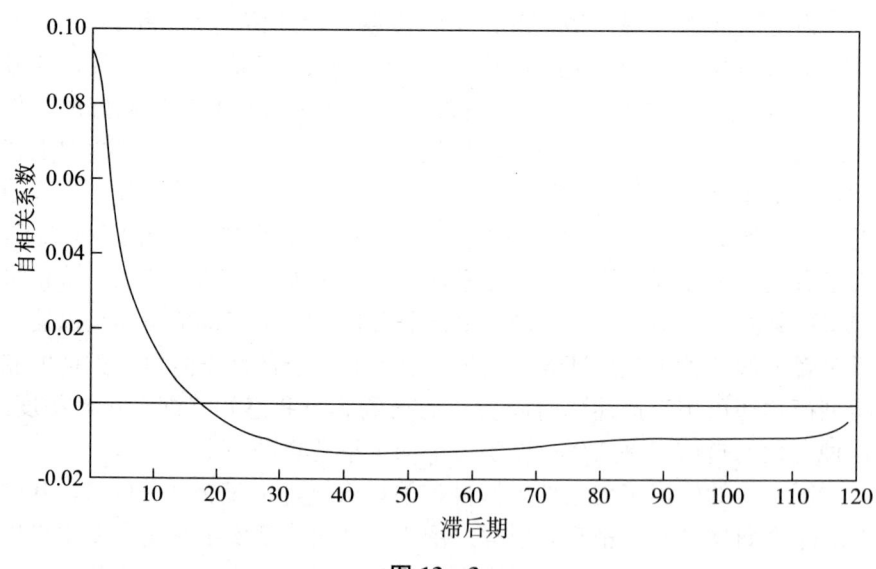

图 13—3

注：平均价格变化的自相关。图中给出了通过 13.3.2.3 小节中所描述方法计算得出的无条件平均自相关（1～119 期滞后）。

以往文献主要侧重于考察长期收益与以往收益的"长期"（long-horizon）回归（例子可参见 Fama and French，1998），而非长滞后期中短期收益自相关系数的回归。而在我们的模型中，仿真结果直接显示出价格变化自相关系数与更加标准的检验统计量，如方差或长期水平回归系数，之间存在着一一对应的关系。在没有报告的仿真结果中，这些系数显示出了与自相关参数类似的性质，即"短期"（short-horizon）回归系数为正而长期回归系数为负，这亦与我们有关动量与反转现象的实验说明是一致的。

综上，仿真的结果可总结如下：

结论 1：在 13.3.2 小节的自我归因偏好实验环境中，如果真实股票价值 $\theta=0$，初始私人信号 $s_1=1$，那么在有足够的自我归因偏好的条件下，平均价格将会先上升然后下降，这与没有归因偏好情况下稳定下降的价格路径形成了鲜明的对照。在自我归因偏好的条件下，平均自我感知精确度同样是先上升然后下降。

结论 2：在 13.3.2 小节的自我归因偏好实验环境中，（各个单期价格变化之间的）短滞后期自相关为正，长滞后期自相关为负。

结论 3：在 13.3.2 小节的自我归因偏好实验环境中，短期自相关为正，长期（long-horizon）自相关为负。

近期的研究显示，美国与欧洲市场中都存在着较强且持续的动量现象，但日本市场中只出现了微弱且不十分显著的动量现象（例子可参见 Haugen and Baker，1996 以及 Daniel，Titman, and Wei，2001）。其他一些例子中也显示出自我归因偏好在西方国家与亚洲国家之间，尤其是日本，存在一定差异。例如，北山、松本和乔木（Kitayama, Takagi, and Matsumoto，1995）回顾了 23 篇有关日本市场的文献，但并没有发现实质性的有关自我归因偏好的证据。他们的研究给出了一个更具一般性的预测，即不存在或者微弱存在自我归因偏好的文化中将只会出现微弱的动量现象（例如其他亚洲国家和地区，如韩国、中国大陆、中国台湾地区的研究见 Kitayama, Takagi, and Matsumoto，1995）。

德隆、史莱佛、萨默斯和瓦尔德曼（De Long, Shleifer, Summers, and Waldmann，1990a）根据一个包含机械性正反馈交易者的模型得出了证券收益的正自相关。与他们不同的是，我们的模型明确地描述了准理性（quasi-rational）个体的各种决策，从而为交易与以往价格波动之间相关联的随机趋势（stochastic tendency）提供了一个可能的心理学基础。

13.3.2.4　会计业绩与后续价格变化的相关性

最后，我们考虑模型中有关会计业绩（accounting performance）与未来价格变化之间的相关性。会计业绩（销售、盈利等）可以看作是关于 θ 的含噪声的公开信息信号。所以我们在此将 ϕ 解释为会计业绩变化的测量值。让我们重新考虑一下第一个公开信息信号（第 2 期）。如果它是正的，则第一个私人信息信号可能也是正的。基于本节所指出的动量现象，价格将会在公开信息信号到达后继续增加，这与有关基于盈利的收益可预测性实验证据是一致的。最终，由于累积的公开信息变得更加精确及知情投资者赋予他们的私人信息的权重逐渐降低，证券的价格将会下降。因此，本节的分析认为，基于盈利的收益可预测性，如同股票价格的动量现象一样，可能是一种持续的过度反应现象。[①] 当然，从长期来看，股票价格将会回归到其完全信息价值。这也就暗示着会计业绩与未来价格之间的长期负相关关系。这种推测与实验证据是一致的，虽然从实验的角度看，长滞后期自相关的统计功效（statistical power）有限。

为了证实这一推测，我们通过我们的仿真来重新计算平均相关性。对于每个 $\tilde{\phi}_t(t=2,120)$，我们将计算其意外"盈利"（earnings），定义如下：

$$\Delta e_t = \tilde{\phi}_t - \Phi_t = \tilde{\phi}_t - E[\tilde{\phi}_t | \phi_2, \phi_3, \ldots, \phi_{t-1}] \tag{21}$$

ϕ_t 相对其期望值的偏离以以往全部公开信息信号为基础。接下来，我们计算 Δe_t 与未来 τ 期的价格变化 $\Delta P_{t+\tau} = P_{t+\tau} - P_{t+\tau-1}$ 之间的样本相关系数，然后通过蒙特卡洛仿真方式得出平均的相关系数，结果如图 13—4 所示。这个仿真结果服从以下结论：

结论 4：在 13.3.2 小节的自我归因偏好实验环境中，单期股票价格变化与以往盈利间的短滞后期相关系数为正，而两者间的长期相关系数可正可负。

综上所述，我们的分析表明，在投资者对私人信息信号过度反应模型中得出的结论在动态模型中同样适用。尽管平均来看，投资者对公开信息信号反应不足，但是最初公开信息信号会倾向于激发出对先前私人信息信号的额外的过度反应。因此，反应不足与持续的过度反应是混合存在的。

在本部分的模型中，基于盈利的收益可预测性与动量现象都是由自我归因偏好引起的。此外，13.3.2.3 小节引用的文章中指出这种偏好的强弱程度会随国家的不同而发生变化。基于这种观察，自我归因模型

---

① 13.3.2.3 小节中有关事件研究的讨论描述了一种情况，在这种情况下，盈利公告后，漂移可以是一个反应不足效应。

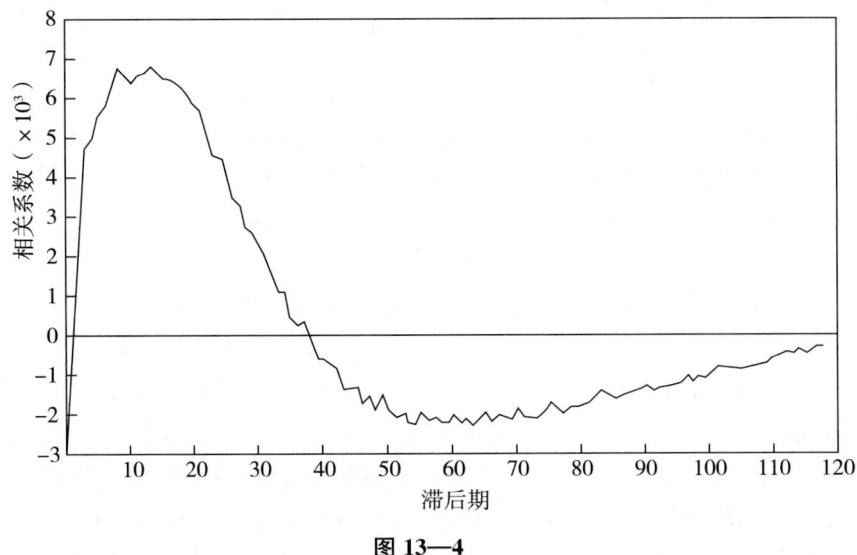

图 13—4

注：信息变化与未来价格变化间的相关系数。图中给出了 Δe_t 与未来 τ 期的价格变化 $\Delta P_{t+\tau}=P_{t+\tau}-P_{t+\tau-1}$ 之间的样本平均相关系数。以上结果是通过 13.3.2.3 小节中的动态模型仿真得出的。

指出，在国际市场中动量现象的效果强度与盈利后公告漂移间存在一种正向关系。

13.4 结 论

在过去二三十年中，实验性证券市场研究得出了大量的证据，这些证据中都包含了理性资产定价模型无法解释的系统模式。一些研究将这些模式归结为市场对信息的反应不足，而另一些研究则发现了市场过度反应的证据。因而，我们缺乏的是将上述研究证据整合到一起并能预测过度反应与反应不足将会在何时出现的一套理论。

本文正是在投资者过度自信与投资结果自我归因偏好引起的自信变化的基础上得出了这样一套理论。这一理论表明投资者将会对私人信息信号过度反应而对公开信息信号反应不足。和一般的正（负）收益自相关与对新信息的反应不足（过度反应）的关系相比，我们证明了正收益自相关可能是持续的过度反应的一个结果。这一过程后还伴随着长期修正过程。因此，短期正自相关可以和长期负自相关同时存在。

本文的理论还对平均公开事件股票价格反应与事件后长期超额收益同步的现象提供了一种解释。这种模式曾经被解释为市场对事件的反应不足。我们则证明了对新公开信息的反应不足对基于事件的可预测性既非必要也非充分条件。只有当某事件反映的是市场错误定价时，或者当公开事件引起了持续的过度反应时，这种可预测性才会从反应不足中产生。例如，盈余公告后漂移可能是由盈余公告引起的对事件前信息的持续过度反应。

基本的证券市场噪声交易研究指出（如，Grossman and Stiglitz, 1980; Shiller, 1984; Kyle, 1985; Glosten and Milgrom, 1985; Black, 1986; De Long, Shleifer, Summers, and Waldmann, 1990b; Campell and Kyle, 1993），价格变化是从看起来与有效信息无关且不可预测的交易中产生的。我们的研究前提则是一类重要的投资者误差（mistakes），包括对真实的（genuine）新私人信息的误读（misinterpretation）。因此，本文的模型内生地产生了与基本价值有关的交易误差。将准理性交易者的决策过程模型化会对交易的分布形成限制，当交易分布是外生加入时，这些限制不明显。上述结构使得资产价格的动态性质具有可预测性，而这种可预测性依赖于模型所假设的特殊的认知误差（cognitive error）。例如：自信不足（underconfidence）也可以导致与基本价值相关的准理性交易，并产生了与以往的实验性文献相反的预测。特殊地，如果知情投资者是自信不足的（$\sigma_C^2 > \sigma_\varepsilon^2$），则会出现相对于理性水平的波动性不足，长期持续收益以及选择性事件（如回购）与事件后收益间的负相关。当然，有人可能会地说任何与噪声相关的模式都需要与实验观察到的事件前、后价格模型相符。但是，这样的操作只是将我们所研究的谜团换了个标签而已，而不是另外一套理论。相反地，我们检验了一种与著名的心理偏好相符的非理性行为，我们的核心贡献是证明了以往许多实验性文章中所列举的异常价格模式都是由这种偏好引出的。

一些包括外生噪声交易的模型（如，De Long, Shleifer, Summers, and Waldmann, 1990b; Campell and Kyle, 1993）同样说明了长期反转与过度波动性，这些过度波动性是由噪声交易导致的随时间变化的风险溢价所引起的。我们的模型除此之外还协调了长期反转与短期动量间的关系，解释了基于事件的收益可预测性，并提供了一些其他独特的经验性预测。

如在引言中所述，对本文中非完全理性交易者模型一个可能的反驳是：财富将会从愚昧的交易者转移至理性的交易者，直至理性交易者完全控制价格设定权为止。例如，在我们的模型中平均水平上过度自信的知情投资者会损失金钱。这一结果与知情投资者不能从与非知情投资者的交易中获利，除非存一些"噪声"或"意外冲击"这样的标准性结果十分相似。但是，近期已经有文章指出，长期中理性交易者可能不是居于市场支配者地位的。德隆、史莱佛、萨默斯和瓦尔德曼（De Long，Shleifer，Summers，and Waldmann，1990b，1991）指出如果交易者是风险厌恶的，一个低估风险的交易者会在有风险且期望收益较高的资产上分配更多的财富。如果风险厌恶的投资者对真实信息是过度自信的（与我们的模型一样），过度自信将使他们能更有效地利用信息。因此，过度自信投资者的期望收益可以比完全理性投资者的更大（见 Daniel，Hirshleifer，and Subrahmanyam，2001）。

此外，由于自我归因偏好，通过成功投资获得财富的交易者会变得过度自信（见 Gervais and Odean，2001）。过度自信另一个明显的好处是它可以作为对过激交易的一种承诺。这是因为过度自信行为将会威慑到其他的竞争性知情投资者，这些竞争者知道过度自信投资者会赚取更高的收益（见 Kyle，Wang，and Benos，1998）。

近期的研究证据表明基于事件的收益可预测性在不同类型的股票中是不同的（如 Brav and Gompers，1997）。在不考虑模型形式的条件下，我们预计过度自信在低流动性的证券及资产中的效果会更强。假设全部投资者都为风险厌恶的且价格未被完全披露（也许是由于噪声流动性交易）。如果理性套利者面临一个固定的关于某只股票的学习成本，那么流动性大的股票比流动性小的股票更适合进行套利，因为流动性大的股票更容易弥补固定的投资成本。这就表明流动性小的股票比流动性大的股票效率更低，类似的情况还包括流动性较低的证券与资产，如房地产，比股票的效率更低。此外，由于我们的模型是以对私人信息的过度反应为基础的，所以模型预示着收益可预测性在信息不对称性最大的公司股票上最强。这也暗示着小公司的股票价格效率更低。而且，信息不对称的代理变量，如买卖价差（bid-ask spread）中的逆向选择成分，将同样与动量、反转、事件后漂移正向相关。

能否将模型中的交易者等同于一类特殊的投资者，如机构投资者、投资专家或小规模个体投资者？这是一个开放性的问题。即使具有较少的信息的小规模投资者仍然可能是过度自信的。模型中的非知情投资者可以被理解为反向交易策略（constrarian-strategy）投资者（无论机构还是个人）。（可以将某些聪明的反向投资者看作是理性且知情的交易者；以及其他一些不会改变模型预测能力的交易者。）通过对可观察的投资者策略的各种自信特征进行鉴别可以得出进一步的经验性说明，这也正是未来的研究方向之一。

附录 A：基本模型的方差与协方差计算

定理 3 的证明可以按正态多元变量特性一般的应用方式得出，详见 Daniel，Hirshleifer，and Subrahmanyam (1998)。

定理 4 的第一部分：定义第 2 期的错误定价为 M_2，抑制参数为 $P_2^R(s_2)$ 和 $P_2^C(s_2)$，我们有 $M_2 = P_2^R - P_2^C = -\mathrm{E}[\theta - P_2^C(s_2) \mid s_1, s_2]$。由一般随机变量的特性，这暗示着变量 $x = \theta - P_2^C + M_2$，为 $\theta - P_2^C$ 对 s_1，s_2 回归后的残差，与 s_1，s_2 正交。假设我们选取一个变量 $y = f(s_1, s_2)$ 与 M_2 正交。则这样一个变量将与 x 正交，因此我们有 $\mathrm{cov}(\theta - P_2^C + M_2, y) = 0$。由于我们构建 $\mathrm{cov}(M_2, y) = 0$，则它与协方差算子 $\mathrm{cov}(\theta - P_2^C, y) = 0$ 服从线性关系。一个相反的观点认为，如果我们选取变量 $y' = g(s_1, s_2)$ 与事件后收益 $\theta - P_2^C$ 正交，则 $\mathrm{cov}(M_2, y') = 0$。因此，当且仅当 s_1 和 s_2 的全部函数都与事件后收益 $\theta - P_2^C$ 正交时，这些函数与 M_2 正交。

$$P_3 - P_2 = \frac{\sigma_C^2 \sigma_p^2 \theta - \sigma_p^2 \sigma_\theta^2 \epsilon - \sigma_C^2 \sigma_\theta^2 \eta}{\sigma_\theta^2(\sigma_C^2 + \sigma_p^2) + \sigma_C^2 \sigma_p^2} \tag{A1}$$

由于 $s_2 \equiv \theta + \eta$，通过上面的表达式，其立即服从 $\mathrm{cov}(P_3 - P_2, s_2) = 0$，因此，这就说明了仅依赖于 s_2 的事件是非选择性的。

定理 4 的第一部分：由计算正态分布变量无条件方差的标准结果 (Anderson，1984)，

$$\mathrm{cov}(P_3 - P_2, s_2 \mid s_1) = \mathrm{cov}(P_3 - P_2, s_2 \mid P_1 - P_0)$$
$$= \frac{\sigma_p^2 \sigma_\theta^4 (\sigma_\epsilon^2 - \sigma_C^2)}{[\sigma_C^2(\sigma_p^2 + \sigma_\theta^2) + \sigma_p^2 \sigma_\theta^2](\sigma_\epsilon^2 + \sigma_\theta^2)} \tag{A2}$$

其值在过度自信条件下（$\sigma_C^2 > \sigma_\epsilon^2$）为正。

定理 5：由标准正态分布属性，

$$\epsilon^* = E[\epsilon \mid P_1, \theta + \eta] = \frac{\sigma_\epsilon^2(\sigma_\theta^2 + \sigma_p^2)(\theta + \epsilon) - \sigma_\theta^2 \sigma_\epsilon^2(\theta + \eta)}{\sigma_\epsilon^2(\sigma_\theta^2 + \sigma_p^2) + \sigma_\theta^2 \sigma_p^2} \tag{A3}$$

它直接地说明了对ϵ^*而言，第2期错误定价的比率为

$$\frac{\sigma_\epsilon^2[\sigma_C^2(\sigma_\theta^2+\sigma_p^2)+\sigma_\theta^2\sigma_p^2]}{\sigma_p^2\sigma_\theta^2(\sigma_C^2-\sigma_\theta^2)} \tag{A4}$$

（对于给定的过度自信水平而言，）其值为常数。因此，选择性事件也可以看作是与ϵ^*线性相关的事件。

较高的ϵ^*值意味着价格过高而较低的ϵ^*值意味着价格过低。这一命题服从于我们所观察到的

$$\begin{aligned}&\mathrm{cov}(P_3-P_2,\epsilon^*)\\&=\frac{\sigma_\epsilon^2\sigma_\eta^2\sigma_\theta^2(\sigma_\theta^2+\sigma_p^2)+(\sigma_C^2-\sigma_\epsilon^2)}{[\sigma_\epsilon^2(\sigma_p^2+\sigma_\theta^2)+\sigma_p^2\sigma_\theta^2][\sigma_C^2(\sigma_p^2+\sigma_\theta^2)+\sigma_p^2\sigma_\theta^2]}<0\end{aligned} \tag{A5}$$

$$\begin{aligned}&\mathrm{cov}(P_2-P_1,\epsilon^*)\\&=-\frac{\sigma_C^2\sigma_\epsilon^2\sigma_\theta^4[\sigma_\epsilon^2(\sigma_p^2+\sigma_\theta^2)+\sigma_p^2\sigma_\theta^2]}{(\sigma_C^2+\sigma_\theta^2)[\sigma_\epsilon^2(\sigma_p^2+\sigma_\theta^2)+\sigma_p^2\sigma_\theta^2]^2}<0\end{aligned} \tag{A6}$$

由于$\mathrm{cov}(P_3-P_2,\epsilon^*)<0$，由零均值正态分布的条件属性，$\mathrm{E}[P_3-P_2|\epsilon^*]$可以$k\epsilon^*$的形式重新表示，其中$k<0$且为常数。因此，当且仅当$\epsilon^*>0$时，$\mathrm{E}[P_3-P_2|\epsilon^*]<0$。由于这对于所有正值的$\epsilon^*$都成立，所以$\mathrm{E}[P_3-P_2|\epsilon^*>0]<0$。出于对称性，$\mathrm{E}[P_3-P_2|\epsilon^*<0]>0$。事件期价格反应的结果可用相似的方式计算。由于$\mathrm{cov}(P_2-P_1,\epsilon^*)<0$，它遵循当且仅当$\epsilon^*>0$时，$\mathrm{E}[P_2-P_1|\epsilon^*]<0$。

定理6：我们将"基本价值/价格"比率或"上涨"理解为$\bar{\theta}-P_1$。对第1部分而言，

$$\mathrm{cov}(\tilde{\theta}-P_1,\epsilon^*)=\frac{\sigma_\epsilon^2[\sigma_\epsilon^2(\sigma_p^2+\sigma_\theta^2)+\sigma_p^2\sigma_\theta^2]}{\sigma_C^2(\sigma_p^2+\sigma_\theta^2)+\sigma_p^2\sigma_\theta^2}>0 \tag{A7}$$

按我们的假设，选择性事件与ϵ^*线性相关，选择性事件与错误定价大小正相关，证明了第1部分的内容。

对第2部分而言，记$\epsilon^*=k_1s_1+k_2s_2$，其中

$$k_1=\frac{\sigma_\epsilon^2(\sigma_p^2+\sigma_\theta^2)}{\sigma_C^2(\sigma_p^2+\sigma_\theta^2)+\sigma_p^2\sigma_\theta^2} \tag{A8}$$

$$k_2=-\frac{\sigma_\epsilon^2\sigma_\theta^2}{\sigma_C^2(\sigma_p^2+\sigma_\theta^2)+\sigma_p^2\sigma_\theta^2} \tag{A9}$$

这就暗示着ϵ^*关于$\theta+\epsilon$的条件分布是正态的，其均值为

$$\frac{(k_1+k_2)\sigma_\theta^2+k_1\sigma_\epsilon^2}{\sigma_\theta^2+\sigma_\epsilon^2}(\theta+\epsilon) \quad (A10)$$

方差为

$$\frac{[(k_1+k_2)\sigma_\theta^2+k_1\sigma_\epsilon^2]^2}{\sigma_\theta^2+\sigma_\epsilon^2}(\theta+\epsilon) \quad (A11)$$

一个具有零均值的正态随机变量的标准累计正态分布函数的补集随其均值的增加而增加。由于$E[\epsilon^*|\theta+\epsilon]$与$\theta+\epsilon$成比例，则以$P_1$为条件的概率，即$\epsilon^*$超过给定阈值的概率（指正事件的发生）随$\theta+\epsilon$的增加而增加。

附录 B：结果依赖自信的离散模型

在第 0 期，θ 的值为 -1 或 $+1$，其期望值为 0。在第 1 期，参与者接收到信号 s_1，并且，在第 2 期接收到信号 s_2。s_1 可能是 H 或 L，s_2 可能是 U 或 D。在接收到每个信号后，参与者更新其先前 θ 的期望值。

$$\Pr(s_1=H|\theta=+1)=p=\Pr(s_1=L|\theta=-1) \quad (A12)$$
$$\Pr(s_2=U|\theta=+1)=q=\Pr(s_2=D|\theta=-1) \quad (A13)$$

给定 s_1 和 s_2 时，θ 的值为 $+1$ 的概率为

$$\Pr(\theta=+1|s_1=H)=\frac{\Pr(s_1=H|\theta=+1)\Pr(\theta=+1)}{\Pr(S_1=H)}$$
$$=\frac{p/2}{p/2+(1-p)/2}=p \quad (A14)$$

当 s_2 确认了 s_1 时（$s_1=H$，$s_2=U$ 或 $s_1=L$，$s_2=D$），参与者将变得过度自信并且如同其精确度为 p_C 而非 p 那样行动，所以

$$\Pr(\theta=+1|s_1=H,s_2=U)$$
$$=\frac{\Pr(s_1=H,s_2=U|\theta=+1)Pr(\theta=+1)}{\Pr(s_1=H,s_2=U)}$$
$$=\frac{p_C q}{p_C(2q-1)+(1-q)} \quad (A15)$$

当 s_2 是有信息价值的（$q>1/2$），上述概率将超过 p_C。当 s_2 没有

确认 s_1 时，参与者将不会变得过度自信，所以

$$\begin{aligned}&\Pr(\theta=+1|s_1=H,s_2=D)\\&=\frac{\Pr(s_1=H,s_2=D|\theta=+1)\Pr(\theta=+1)}{\Pr(s_1=H,s_2=D)}\\&=\frac{p(1-q)}{p(1-q)+q(1-p)}\end{aligned} \quad (A16)$$

当结合有信息价值的信号 s_2（$q>1/2$）进行估值时，这一概率将小于 p。对于一个风险中性的参与者而言，价值为 θ 的资产的价格可以通过上述概率线性地计算得出。按照定义，第 0 期的价格 P_0 等于 0。由于 θ 可以取值 -1 或 $+1$，则价格为 $(\rho)(+1)+(1-\rho)(-1)$，或 $2\rho-1$，其中 ρ 为 θ 取值为 $+1$ 的概率。

$$P_1|_{s_1=H}=-P_1|_{s_1=L}=2\Pr(\theta=+1|s_1=H)-1=2p-1 \quad (A17)$$

$$\begin{aligned}P_2|_{s_1=H,s_2=U}&=-P_2|_{s_1=H,s_2=D}=2\Pr(\theta=+1|s_1=H,s_2=U)-1\\&=\frac{p_C+q-1}{p_C(2q-1)+(1-q)}\end{aligned} \quad (A18)$$

$$\begin{aligned}P_2|_{s_1=H,s_2=D}&=-P_2|_{s_1=H,s_2=U}=2\Pr(\theta=+1|s_1=H,s_2=D)-1\\&=\frac{p-q}{p+q-2pq}\end{aligned} \quad (A19)$$

价格变化 $\Delta P_1=P_1-P_0$，同时 $\Delta P_2=P_2-P_1$。$E[P_1]=0$，所以 $\mathrm{cov}(\Delta P_1,\Delta P_2)=E[\Delta P_1\Delta P_2]$。8 个可能结果的概率分别为

$$\begin{aligned}\Pr(\theta=+1,s_1=H,s_2=U)&=\Pr(\theta=-1,s_1=L,s_2=D)\\&=pq/2\end{aligned} \quad (A20)$$

$$\begin{aligned}\Pr(\theta=-1,s_1=H,s_2=U)&=\Pr(\theta=+1,s_1=L,s_2=D)\\&=(1-p)(1-q)/2\end{aligned} \quad (A21)$$

$$\begin{aligned}\Pr(\theta=+1,s_1=H,s_2=D)&=\Pr(\theta=-1,s_1=L,s_2=U)\\&=p(1-q)/2\end{aligned} \quad (A22)$$

$$\begin{aligned}\Pr(\theta=-1,s_1=H,s_2=D)&=\Pr(\theta=+1,s_1=L,s_2=U)\\&=(1-p)q/2\end{aligned} \quad (A23)$$

在不同的信息组合的基础上，$\Delta P_1\Delta P_2$ 的乘积可以只取两个值：

$$\begin{aligned}X&\equiv[\Delta P_1\Delta P_2]_{s_1=H,s_2=U}\\&=[\Delta P_1\Delta P_2]_{s_1=L,s_2=D}\\&=(2p-1)\left(\frac{p_C+q-1}{p_C(2q-1)+(1-q)}-(2p-1)\right)\end{aligned} \quad (A24)$$

$$Y \equiv [\Delta P_1 \Delta P_2]_{s_1=H, s_2=D}$$
$$= [\Delta P_1 \Delta P_2]_{s_1=L, s_2=U}$$
$$= (2p-1)\left(\frac{p-q}{p+q-2p} - (2p-1)\right) \tag{A25}$$

$E[\Delta P_1 \Delta P_2]$ 可以重新改写为 $(1-a)X + aY$,其中 $a = p+q-2pq$。经过计算,上述表达式的两个部分变为:

$$(1-a)X$$
$$= \frac{2(2p-1)(2pq-p-q+1)(p_C p + p_C q + pq - 2p_C pq - p)}{p_C(2q-1)+(1-q)} \tag{A26}$$

$$aY = 2p(2q-1)(2p-1)(p-1) \tag{A27}$$

结合这两项以及一系列的因式分解,得出最后的结果,

$$E[\Delta P_1 \Delta P_2] = \frac{2q(2p-1)(p_C-p)(1-q)}{p_C(2q-1)+(1-q)} > 0 \tag{A28}$$

当不存在过度自信时 ($p_C = p$),这一表达式为零,且价格变化之间是不相关的。

一个二次噪声公开信息信号

模型到目前为止已经显示了过度反应可能会被由噪声公开信息信号激起的自信进一步加剧。现在我们再附加一个二次噪声公开信息信号,以此来考虑是否错误定价的修正是渐进的。信息 $s_{3'}$ 在 s_2 后到达,且可以取值为 G 和 B。其精确度如下:

$$\Pr(s_{3'}=G|\theta=+1) = r = \Pr(s_{3'}=B|\theta=-1) \tag{A29}$$

这一信号不会影响自信。如果参与者在 s_2 后变得过度自信(且以 p_C 取代 p),则无论 $s_{3'}$ 是否确认 s_1,投资者都将会继续以 p_C 衡量 s_1 的精确度。由于第一次信号后有两种可能的价格,且第二次信号后有四种可能的价格,则对第 3 期信号进行观察后会得到 8 个可能的价格。与上文一样,由于对称性,这些价格中只有一半需要计算。利用条件概率,第 3 期的价格为:

$$P_{3'}|_{s_1=H, s_2=U, s_{3'}=G} = \frac{p_C qr - (1-p_C)(1-q)(1-r)}{p_C qr + (1-p_C)(1-q)(1-r)} \tag{A30}$$

$$P_{3'}|_{s_1=H, s_2=U, s_{3'}=B} = \frac{p_C q(1-r) - (1-p_C)(1-q)r}{p_C q(1-r) + (1-p_C)(1-q)r} \tag{A31}$$

第 13 章 投资者情绪与证券市场：反应不足与过度反应

$$P_{3'}\mid_{s_1=H,s_2=D,s_{3'}=G}=\frac{p(1-q)r-(1-p)q(1-r)}{p(1-q)r+(1-p)q(1-r)} \tag{A32}$$

$$P_{3'}\mid_{s_1=H,s_2=D,s_{3'}=B}=\frac{p(1-q)(1-r)-(1-p)qr}{p(1-q)(1-r)+(1-p)qr} \tag{A33}$$

对于 θ 的两个可能值，现在关于集合 $\{\theta, s_1, s_2, s_{3'}\}$ 而言存在 16 种可能性。参与者只能观察到 $\{s_1, s_2, s_{3'}\}$，进而得到 8 种可能的信息集合。当计算价格变化的协方差时，上述集合只有一半会产生唯一的价格变化乘积，所以我们定义：

$$A_{ij} \equiv \Delta P_i \Delta P_j\mid_{H,U,G}=\Delta P_i \Delta P_j\mid_{L,D,B} \tag{A34}$$

$$B_{ij} \equiv \Delta P_i \Delta P_j\mid_{H,U,B}=\Delta P_i \Delta P_j\mid_{L,D,G} \tag{A35}$$

$$C_{ij} \equiv \Delta P_i \Delta P_j\mid_{H,D,G}=\Delta P_i \Delta P_j\mid_{L,U,B} \tag{A36}$$

$$D_{ij} \equiv \Delta P_i \Delta P_j\mid_{H,D,B}=\Delta P_i \Delta P_j\mid_{L,U,G} \tag{A37}$$

为计算价格变化乘积的期望值，这四组乘积中的每一个都必须与自身发生的概率相乘（每个价格的期望值为 0），乘积发生的概率可以看作是其自身的权重。A_{ij} 协方差的权重为：

$$\Pr(H,U,G\mid\theta=+1)+\Pr(H,U,G\mid\theta=-1)=pqr/2 \\ +(1-p)(1-q)(1-r)/2 \tag{A38}$$

$$\Pr(L,D,B\mid\theta=-1)+\Pr(L,D,B\mid\theta=-1)=pqr/2 \\ +(1-p)(1-q)(1-r)/2 \tag{A39}$$

按照这种方式，协方差为：

$$\begin{aligned}E[\Delta P_i \Delta P_j]=&[pqr+(1-p)(1-q)(1-r)]A_{ij}\\&+[pq(1-r)+(1-q)(1-p)r]B_{ij}\\&+[p(1-q)r+(1-p)q(1-r)]C_{ij}\\&+[p(1-q)(1-r)+(1-p)qr]D_{ij}\end{aligned} \tag{A40}$$

（前文对 $E[\Delta P_1 \Delta P_2]$ 的计算令 $A_{12}=B_{12}=X$ 和 $C_{12}=D_{12}=Y$，同时 $s_{3'}$ 中的 r 和 $1-r$ 的因子和为 1。）为简化代数运算，暂时假设全部信息具有相同的精确度（如 $q=r=p$），如果发生过度自信，则以 p_C 代替 p 作为第一个信号的感知精确度。接着协方差的直接计算显示，

$$E[\Delta P_1 \Delta P_2]_{r=p=q}=\frac{2p(1-p)(2p-1)(p_C-p)}{p_C(2p-1)+(1-p)}>0 \tag{A41}$$

$$E[\Delta P_1 \Delta P_{3'}]_{r=p=q}$$

$$= \frac{2pp_C(p-1)(p_C-p)(1-p_C)(2p-1)^3}{[p_C(2p-1)+1-p][p_C(2p-1)+(1-p)^2]} < 0 \quad (A42)$$

$$E[\Delta P_2 \Delta P_{3'}]_{r=p=q}$$

$$= \frac{4p^2 p_C(p-1)^2(p_C-p)(p_C-1)(2p-1)^2(2p_C-1)}{[p_C(2p-1)+1-p]^2[p_C(2p-1)+(1-p)^2]} < 0 \quad (A43)$$

通过直接比较，$E[\Delta P_1 \Delta P_2]_{r=p=q}$ 与 $E[\Delta P_2 \Delta P_{3'}]_{r=p=q}$ 之间的关系为：

$$E[\Delta P_2 \Delta P_{3'}]_{r=p=q}$$

$$= -\frac{2p(1-p)p_C(1-p_C)(2p-1)(2p_C-1)}{[p_C(2p-1)+(1-p)][p_C(2p-1)+(1-p)^2]} E[\Delta P_1 \Delta P_2]_{r=p=q}$$

$$(A44)$$

所以第 2 期与第 3 期之间价格变化与第 2 期与第 1 期之间价格变化的协方差为负。现在我们来考虑比率因子的分子 N。前三个组成部分，$2p(1-p)$ 在 $p=1/2$ 时取得最大值，接下来两个组成部分 $p_C(1-p_C)$ 在 $p_C=1/2$ 处取得最大值。由于最后两部分 $(2p-1)(2p_C-1)<1$，则 $N \leq 1/8$。在分母 D 中，表达式 $p_C(2p-1)+(1-p)$ 在 $p_C=p=1/2$ 时取得最小值，$1/2$。类似地，D 的第二部分也在 $p_C=p=1/2$ 时取得最小值，$1/4$。所以 $D \geq 1/8$。由于 $N \leq 1/8$，则 $N/D \leq 1$。因此，第 2 期与第 3 期价格变化间负的协方差一定在绝对值上小于或等于第 1 期与第 2 期间价格变化正的协方差，这就使得全局的协方差为正。

$$E[\Delta P_1 \Delta P_2]_{r=q} > 0 \quad (A45)$$

$$E[\Delta P_1 \Delta P_{3'}]_{r=q} < 0 \quad (A46)$$

$$E[\Delta P_2 \Delta P_{3'}]_{r=q} < 0 \quad (A47)$$

现在我们假设信息 $s_{3'}$ 的精确度 r 与 p 和 q 都不相同。按照上述过程，协方差满足

$$E[\Delta P_1 \Delta P_2] > 0 \quad (A48)$$

$$E[\Delta P_1 \Delta P_{3'}] < 0 \quad (A49)$$

$$E[\Delta P_2 \Delta P_{3'}] < 0 \quad (A50)$$

$$E[\Delta P_{3'} \Delta P_3] > 0 \quad (A51)$$

$$E[\Delta P_1 \Delta P_3] < 0 \quad (A52)$$

$E[\Delta P_2 \Delta P_{3'}]$ 的大小随 q 非单调地变化。随着 r 增加（$s_{3'}$ 的精确度提高），直接的计算结果显示 $E[\Delta P_2 \Delta P_{3'}]$ 变得更加负向化（绝对值增

第 13 章 投资者情绪与证券市场：反应不足与过度反应

加）。随着 $r \to 0.5$，这一协方差趋近于零。因此，当第二次噪声公开信息信号不是十分有信息价值时，这一负向单期滞后协方差的绝对值将变小。

当 s_2 确认了 s_1 时，自信程度将会增加，但自信的效果将随着 s_2 变得更加有信息价值而降低。因此，s_2 精确度的增加对 $E[\Delta P_2 \Delta P_{3'}]$ 具有不明确的效应。这种精确度增加将导致一个较大的产生过度自信的可能性，但也使得 s_2 自身附带更大的、理性的自信，且使过度自信效应的影响力变小。（在极端情况下，q 值等于 1 表示了最大的 s_2 确认 s_1 的可能性，此时由于完善的信息 s_2 将完全决定全部后续价格，$q=1$ 将使得所有协方差都为 0。）模拟显示，较高的 p 值所引起的大规模信息会趋向于降低过度自信发生可能性增加的影响，且一般会导致 $E[\Delta P_2 \Delta P_{3'}]$ 绝对值较低。

较大的 r 值和 $s_{3'}$ 的精确度将导致 $E[\Delta P_2 \Delta P_{3'}]$ 的负向程度进一步增加。在这种情况下，一个更加有信息价值的二次噪声公开信息信号只会赋予先前信号较低的权重，并导致先前过度反应间较强的相关性。因此，最终的单期协方差将随着 $s_{3'}$ 的精确度的增加而更加负向化。

第14章 关于资产市场中反应不足、动量交易和过度反应的一个统一理论[①]

哈里森·洪（Harrison Hong）和
杰里米·C·斯坦（Jeremy C. Stein）

过去几年里，大量的实证研究已经发展了基于公开可获得的信息来预测资产收益的不同方法。尽管不同的研究使用一堆不同的预测变量，但是许多结果可被视为属于两大类现象之一。一方面，收益在短期到中期似乎表现出延续性，或者说是动量效应；另一方面，收益在长期也表现出反转的趋势，或者是根本的反转。

正变得愈发清楚的是，传统的资产定价模型——比如夏普（Sharpe，1964）和林特纳（Lintner，1965）的资本资产定价模型（CAPM），罗斯（Ross，1976）的套利定价理论（APT）或者默顿（Merton，1973）的跨期资本资产定价模型（ICAPM）——很难解释越来越多的程式化事实。无论是从短期还是从长期看，在这些模型的背后，资产回报的所有可预测模式最终必然归结到有经济意义的风险因素负载的差异。而在这一点上几乎没有肯定的证据表明其可以实现。

作为对这些传统模型的替代，许多人正转向"行为"理论，这里"行为"可以被广泛地构建，比如违背传统的投资者严格理性和无限计算能力的假设。但这种方法的困难在于，其可能潜在地含有许多这样的背离，因此很难知道从哪里开始。

---

① 本研究得到美国国家科学基金会和麻省理工学院金融研究中心的支持。感谢 Dennis Gromb，Rene Stulz，一位匿名审稿人和麻省理工学院、密歇根大学、沃顿大学、杜克大学、加州大学洛杉矶分校、加州大学伯克利分校、斯坦福大学和伊利诺伊大学研讨会参与者的有益评论和建议。也感谢 Melissa Cunniffe 帮助准备原稿。这是以同一题目发表在1999年12月《金融学期刊》上的一篇论文的略微修订版。它也使用了我们和特伦斯·利姆（Terence Lim）合作的论文《坏消息缓慢传播：规模、分析师报道量和动量交易策略的盈利能力》中的一些材料。

第 14 章　关于资产市场中反应不足、动量交易和过度反应的一个统一理论

为了给该过程施加一些原则，明确一个新理论需要满足的准则是有用的。似乎受到广泛赞同的是，任何胜出的备择理论至少应该：（1）关于投资者行为，建立在或者先验可信或者同随机观察相符的假设的基础之上；（2）以简约和统一的方式解释存在的证据；并且（3）作出大量可以经受"样本外"检验的预测并且最终被证实。法马（Fama，1998，p.284）特别强调了最后两条准则："根据标准的科学准则，有效市场理论只能被一个更好的关于价格形成的特定模型所取代，该模型本身潜在地可被经验检验所证伪。任何备择模型都有一个令人望而生畏的任务。因为它必须明确说明引致相同的投资者对某些类型事件反应不足同时对其他类型事件反应过度这一信息处理过程中的偏差的原因。"

两篇新近的论文接受了这一挑战。巴贝尔斯、史莱佛和维什尼（Barberis，Shleifer，and Vishny（BSV），1998）和丹尼尔、赫什莱佛和苏巴曼亚姆（Daniel，Hirshleifer，and Subrahmanyam（DHS），1998）假定价格由单一代表性个体驱动，然后假定该代表性个体可能有少量的认知偏差。然后他们研究在多大程度上这些偏差对于解释同时产生的短期延续性和长期反转现象是足够的。[①]

在本章，我们致力于与 BSV 和 DHS 相同的目标，即构建一个统一的行为模型。但我们采取一种根本上不同的方法。我们重点关注异质个体之间的交互影响，而非尝试对代表性个体的心理进行更多讨论。简要地说，我们模型中的行为较少源于被我们归于个体交易者的认知偏差，而更多源于这些交易者之间交互影响的方式。

更具体地讲，我们的模型刻画了两类代表性个体，分别称之为"消息观察者"和"动量交易者"。两类代表性个体均非通常意义上完全理性的。确切地讲，每类代表性个体都是有限理性的，其有限理性表现为简单的特征：每类代表性个体仅能"处理"可得公开信息的某个子集。[②] 消息观察者基于他们个人观察到的未来基本面信息做预测，他们的局限性在于没有考虑现在或过去的价格。相反，动量交易者考虑过往的价格变化。但是，他们的局限性在于他们的预测只是历史价格的"简单"（即，一元）函数。[③]

[①]　关于这两篇和其他相关的论文，我们在第四部分有更多讨论。

[②]　尽管仅包含两类交易者的模型更简单，但正如 14.2.2 小节所示，对包含一类风险规避、完全理性的套利者的情况，结论仍是稳健的。

[③]　我们施加在交易者信息处理能力上的限制有争议，不像 BSV 或 DHS 中的偏差那样由实验心理学文献做支撑，因此好像是更特殊的设定。然而，它们催生了新的和明确的资产定价预测，其中一些已经被新近的检验所支持。参见下面第三部分。

除了对模型中交易者的信息处理能力施加这两个约束，我们做了一个更进一步且本质上更自然的假设：私人信息在消息观察者群体中的传播是渐进缓慢的。我们随后所有的结论都得自这三个关键假设。我们一开始说明，当仅有消息观察者活动时，价格根据新信息缓慢调整——这是反应不足但从不会反应过度。结合缓慢的信息传播和消息观察者不从价格中提取信息这两个假设得出这一结论是自然而然的，这一点后面显示得很清楚。

接下来，我们加入动量交易者。作出如下推测是很有诱惑力的：因为动量交易者能够考虑历史价格，他们从伴随消息观察者的任何反应不足中套利；如果有足够的风险承受能力，我们可以预期他们将推动市场变得近似有效。然而，我们证明，如果动量交易者仅局限于简单策略，上述直觉就是不完整的。例如，假定一个动量交易者在时间 t 仅依据之前一个时间间隔，比如从 $t-2$ 到 $t-1$ 的价格变化进行交易。我们证明在这种情况下，动量交易者意图从消息观察者引致的反应不足中套利会带来一个有悖常理的后果：价格在基本面方向的初始反应确实加快了，但这是以最终对所有消息的过度反应为代价。即使动量交易者是风险中性的，结论依然如此。

另外，该结论的关键是假设动量交易者使用简单策略，即，他们不考虑公共信息。继续使用前面的例子，如果一个动量交易者在时间 t 的交易指令只是价格从 $t-2$ 到 $t-1$ 的变化的函数，显然它肯定是一个增函数。平均而言，这种简单的趋势追逐策略会获利。但如果个体能考虑更多信息，变得明显的是，该策略在某些情形下比在其他情形下表现更好。特别是，该策略在"动量周期"的早期——我们意指消息观察者获悉大量信息之后不久——获得盈利的大部分，而在周期的后期亏损——此时价格已经超过长期均衡价值。

为了看清这一点，假定在时间 t 有一个利好信息出现而且之后基本面信息没有变化。消息观察者引致价格在时间 t 跃升，但不是足够地高，以致仍低于其长期价值。在时间 $t+1$ 有一轮动量交易购买，并且此时进入的这些动量交易购买者盈利。但这轮动量交易继续抬高价格，这引致更多的动量交易购买，如此持续下去。后来的动量交易购买者——即对某些 i，在 $t+i$ 时间的购买者——亏损，因为他们在价格高于长期均衡价值时进入。

因此，一个至关重要的洞见是，"早期"动量交易购买者对"晚期"

动量交易购买者产生负外部性。① 理想地，个体采用动量交易策略是因为价格上涨传递出关于基本面的好消息出现但尚未完全反映到价格里这一信号。但有时，某种价格上升不是源自消息，而只是因为之前轮次的动量交易。因为动量交易者无法直接分辨消息是否刚刚抵达，他们不知道他们处于动量周期的早期或晚期。因此他们必须承受这种外部性，并接受某些时候他们购买时更早轮次的动量交易已经将价格推高至长期均衡价值之上的现实。

尽管我们做了两个截然不同的有限理性假设，但我们的模型可以说在下面的意义上"统一"了反应不足和过度反应。我们从模型化倾向于对私人信息反应不足的一类交易者开始。我们之后证明当第二类交易者试图用一种简单的套利策略利用这种反应不足时，他们只是部分地消除它，并且这么做导致价格的超额动量而不可避免地以过度反应结束。因此，通过使动量交易者进入市场有利可图，正是反应不足的存在播下了过度反应的种子。或者，换一种说法，统一性在于我们的模型从仅有的一类原始冲击同时得到反应不足和过度反应这一事实：基本面消息的缓慢传播。没有其他对投资者情绪的外部冲击，并且没有流动性驱动的交易。

接下来，我们构造了一个简单的无限期界模型来刻画这些想法。在第一部分，我们给出并求解基本模型，并且做一些比较静态实验。第二部分包括若干拓展。在第三部分，我们揭示了模型的经验启示。第四部分讨论相关的研究，最后第五部分做了总结。

14.1 模 型

14.1.1 仅有消息观察者的价格形成

上面已经提到，我们的模型刻画了两类交易者，分别是消息观察者和动量交易者。我们一开始描述当市场只有消息观察者时模型如何构建。在每个时间 t，消息观察者购买一笔风险资产。该资产在随后某个时间 t 支付一笔清算红利。该清算红利的终值可以写为：$D_T = D_0 +$

---

① 正如我们下面讨论的，这种"动量交易外部性"让人回想起班纳吉（Banerjee, 1992），比克查丹尼、赫什莱佛和韦尔奇（Bikhchadani, Hirshleifer, and Welch, 1992），以及沙尔芬斯坦和斯坦（Scharfstein and Stein, 1990）的羊群效应模型。

$\sum_{j=0}^{T}\varepsilon_j$，这里所有的 ε 都是独立分布、零均值、方差为 σ^2 的正态随机变量。自始至终，我们考虑 t 直到无穷大这种特定情形。这一简化对于使我们集中关注不变的交易策略很重要——就是说，策略不依赖于我们距终止日期有多远。[①]

为了刻画信息在消息观察者人群中缓慢传播的思想，我们将这群人按人数 z 等分。我们还假定每期的红利消息 ε_j 可分解成 z 份独立的子消息，每个都具有同方差 σ^2/z：$\varepsilon_j = \varepsilon_j^1 + \cdots + \varepsilon_j^z$。那么信息扩散的时间表按如下方式进行。在时间 t，关于 ε_{t+z-1} 的消息开始传播。特别地，在时间 t，第 1 组消息观察者观察到 ε_{t+z-1}^1，第 2 组观察到 ε_{t+z-1}^2，如此下去，直到观察到 ε_{t+z-1}^z 的第 z 组。因此在时间 t，ε_{t+z-1} 的每个子消息已经被总人数的 $1/z$ 所观察到。

之后，在时间 $t+1$，各组"滚动"，从而第 1 组现在观察到 ε_{t+z-1}^2，第 2 组观察到 ε_{t+z-1}^3，依此下去，直到第 z 组现在观察到 ε_{t+z-1}^1。因此在时间 $t+1$ 消息传播得更远，ε_{t+z-1} 的每一子消息已经被总人数的 $2/z$ 所观察到。这种滚动过程一直持续到时间 $t+z-1$，在这一时间，第 z 组人中的每一位都直接观察到构成 ε_{t+z-1} 的每一子消息。因此到时间 $t+z-1$，ε_{t+z-1} 已经是完全公开的。尽管这种构造可能看起来显得不必要地笨拙，但滚动特征是有用的，因为它意味着即便信息在人群中缓慢扩散，但平均而言每个人都是平等地获得信息。[②] 这种对称性使得求解价格变得明显简单，这一点马上就能看到。

该背景下，参数 z 可被视为信息扩散（线性）速率的代理指标——更高的 z 值意味着更慢的信息扩散。当然，信息缓慢扩散的想法对某些目的来说比其他目的更合适。特别是，如果我们的目标是捕捉这类在经验上显示出的与短期内的回报绝对正相关的反应不足，这种构造就很好。然而，如果我们对捕捉像盈余公告后价格漂移的现象也感兴趣——此时甚至对每个人同时可得的数据也明显地反应不足——我们需要去修饰模型。我们随后讨论这种修饰；现在最简单的就是考虑只讨论有关反应不足的绝对证据的模型。

[①] 一个多多少少更自然地产生无穷期规划的方法可能是允许资产每期支付红利。我们将所有的红利放置在无限远的未来的唯一原因是为了符号上的简单。特别是，当我们下面考虑短期的动量交易者的策略时，我们的方法使我们可以让这些策略仅依赖于动量交易者对价格变化的预期，并且我们可以忽略他们对中间红利支付的预测。

[②] 与这种设定相反，一个更简单的设定是第 1 组经常首先看到所有的 ε_{t+z-1}，之后第 2 组第二个看到它，等等。这种情况下，第 1 组消费观察者比他们的对手更知情。

第 14 章 关于资产市场中反应不足、动量交易和过度反应的一个统一理论

所有的消息观察者都有不变的绝对风险厌恶（CARA）效用，有同样的风险厌恶参数，并且都存活到终止时间 T。无风险利率被标准化为零，资产的供给被设定为 Q。截至目前，所有这些假设都完全是传统的。我们现在给出两个不那么传统的。第一，在每个时间 t，消息观察者基于静态优化理念规划他们的资产需求，进而购买并持有资产，直到清算红利的时间 T。① 第二，更重要的是，消息观察者能够考虑上面描述的消息集，但他们不考虑现在或历史价格。换句话说，我们的均衡概念是一个私人估价的瓦尔拉斯均衡，这同信息完全的理性预期均衡相对。

正如引言中表明的，这两个非传统假设可由基于一个简单形式的有限理性所激发。我们可以认为消息观察者正忙于埋头计算 ε 对于最终红利 D_T 的意义。这让他们无法同时利用现在和历史市场价格来更精确地预测 D_T（我们的第二个假设）；这也导致他们无法对未来价格变化作出任何预测，并因此无法采取动态策略（我们的第一个假设）。

给定这些假设和我们设定的对称性，对所有消息观察者来说，基本面的条件方差都是相等的，并且在时间 t 时的价格由下式给出：

$$P_t = D_t + \{(z-1)\varepsilon_{t+1} + (z-2)\varepsilon_{t+2} + \cdots + \varepsilon_{t+z-1}\}/z - \theta Q \tag{1}$$

这里 θ 是关于消息观察者风险厌恶程度和 ε 的方差的函数，我们将风险规避程度标准化，从而使得接下来 $\theta=1$。总而言之，方程（1）是说新消息跨 z 个时期以线性形式融入价格。这意味着在（长度短于 z 的）短期，回报呈序列正相关。也请注意价格从未超过它们的长期价值，或者等价地，在任何时限回报不会呈现序列负相关。

即使给定私人信息在消息观察者人群中缓慢扩散这一明显合理的假设，方程（1）中的价格逐步调整的结论同消息观察者不考虑价格这一更进一步的假设紧密相关。因为如果他们确实如此——并且只要 Q 是非随机的——格罗斯曼（Grossman，1976）的逻辑意味着一个完全信息的均衡，有一个价格 P_t^*，遵从下式的随机游走（对于 $\theta=1$）：②

$$P_t^* = D_{t+z-1} - Q \tag{2}$$

因此我们应该强调我们认为反应不足这一结论包含在方程（1）中

---

① 这里有少许时间不一致性，因为本质上消息观察者可能随时间调整他们的头寸。当我们在模型中加入动量交易者时，忽略消息观察者的动态特征更有意义，因此我们在 14.1.2 小节更进一步讨论这一问题。

② 严格地讲，该结论同样要求在一个初始的"0 时期"任何人等同地获得信息。

也不过只是一个出发点。就此而论，它显然提出了下一个问题：即便消息观察者忙于处理基本面数据，以致他们预测时不能吸收价格因素，难道不能有某个其他交易群体仅仅只基于价格进行预测，并且这么做产生接近于方程（2）中理性预期均衡的结果吗？我们接下来通过加入动量交易者来转入对这一中心问题的讨论。

14.1.2 在模型中加入动量交易者

动量交易者同样有 CARA 效用。然而，与消息观察者不同，他们的时限有限。特别地，在每个时间 t，一批新的动量交易者进入市场。这批交易者中的每一位都持有头寸，并且之后持有头寸 j 期——就是说，直至时间 $t+j$。为了建模，我们视动量交易者的时限范围 j 为一外生参数。

动量交易者同消息观察者之间的交易通过按市场价订购的方式进行。他们提交订购数量，但不知道这些订单会以什么价格执行。随后价格由消息观察者之间的竞争决定，在这一设定中，消息观察者同时是做市商。故而，为决定交易订单的规模，动量交易者在时间 t 必须尝试去预测 $(P_{t+j}-P_t)$。为了这么做，他们基于历史价格变化作出预测。我们假定这些预测采取一种格外简单的方式：他们唯一考虑的变量是过去 k 期累积的价格变化，即 $(P_{t-1}-P_{t-k-1})$。

正如所证明的，k 的确切值并不那么重要，因此接下来为简便起见，我们设定 $k=1$，并使用 $(P_{t-1}-P_{t-2})\equiv\Delta P_{t-1}$ 来作为时间 t 的预测变量。① 更有意义的是我们限定动量交易者基于历史价格变化这一单因素来做预测。相反，假如我们允许他们利用 n 个滞后期的价格变化来做预测，给 n 个滞后期中每一期不同的权重，我们怀疑对足够大的 n，许多我们下面给出的结论将会不复存在。再一次，动因仍是有限理性是一个粗糙的概念：很简单，动量交易者不具备进行复杂的多元回归计算的能力。

在 $k=1$ 时，来自第 t 批动量交易者的交易订单流（order flow）F_t，形式如下：

$$F_t=A+\varphi\Delta P_{t-1} \tag{3}$$

这里常数 A 和弹性参数 φ 必须由动量交易者的最优化来决定。该交易

---

① 在 NBER 工作论文版本中，我们针对 k 关于模型的比较静态特征给出了详细的分析。

第 14 章 关于资产市场中反应不足、动量交易和过度反应的一个统一理论

订单必然被消息观察者吸收。我们假定消息观察者视订单流是一个不提供信息的供给冲击。这同我们前面的关于消息观察者不考虑价格的假定相符。假定订单流是历史价格变化的线性函数，假如我们允许消息观察者从中提取信息，等同于允许他们间接从价格中习得信息。

为精简起见，来自消息观察者的订单流是模型中唯一的供给变化。假定在任何时间点市场上有 j 批动量交易者，被消息观察者吸收的总供给 S_t 由下式给出：

$$S_t = Q - \sum_{i=1}^{j} F_{t+1-i} = Q - jA - \sum_{i=1}^{j} \varphi \Delta P_{t-i} \tag{4}$$

我们继续假定，在任何时间 t，消息观察者的行动好像是他们购买并持有直至红利清算的时间 T。这意味着，除了固定的供给 Q 被变量 S_t 所替换，价格完全像方程（1）一样来给出，故有：

$$P_t = D_t + \{(z-1)\varepsilon_{t+1} + (z-2)\varepsilon_{t+2} + \cdots + \varepsilon_{t+z-1}\}/z - Q \\ + jA + \sum_{i=1}^{j} \varphi \Delta P_{t-i} \tag{5}$$

在大部分分析中，常数 Q 和 A 无关紧要，因此当忽略它们方便时，我们便这么做。

正如前面所指出的，消息观察者的行为在时间上是不一致的。虽然在时间 t 他们基于不会再次交易的假定来确定需求，但是就他们在随后时期再次交易而言，他们违背了这一点。我们采取这种时间非一致性捷径是因为它极大地简化了分析。否则，我们将面对一个复杂的动态规划问题，那么消息观察者在时间 t 的需求不仅依赖于他们对清偿红利 D_T 的预测，同时还依赖于他们对整个未来价格路径的预测。

有两点可为这种时间非一致性简化做辩护。第一，它同我们方法的本质精神相契合，即消息观察者以一种简单、有限理性的方式行动。第二，我们没有理由相信它会改变我们任何重要的定性结论。笼统地讲，我们是在排除一种"竞争领先"（front running）效应，这种效应是指，作为对好消息的回应，消息观察者在时间 t 更具侵略性地购买，因为他们知道消息将招致一系列动量交易并因而会在接下来几期将价格推得更高。[①] 消息观察者的这种竞争领先效应可能加速价格对消息的反应，因而减缓反应不足，但在我们的方案里，它既不会完全消除反应不足，也

---

① 这种竞争领先效应是德隆等（De Long et al., 1990）论文的中心问题。

不会完全消除过度反应。①

14.1.3 均衡的性质

具备了所有的假设，现在我们准备求解模型了。仅有的任务是计算 φ 的均衡值。忽略常数，动量交易者的最优化意味着：

$$\varphi \Delta P_{t-1} = \gamma E_M(P_{t+j} - P_t) / \text{var}_M(P_{t+j} - P_t) \quad (6)$$

这里 γ 代表动量交易者总的风险承受能力，E_M 和 var_M 表示给定他们信息时的均值和方差，刚好就是 ΔP_{t-1}。我们可将方程（6）重写为：

$$\varphi = \gamma \text{cov}(P_{t+j} - P_t, \Delta P_{t-1}) / \{\text{var}(\Delta P)\text{var}_M(P_{t+j} - P_t)\} \quad (7)$$

对均衡的解释是，一个使得 φ 由方程（7）给出而与此同时价格动态变化满足方程（5）的不动点。我们将我们限定于研究协方差平稳均衡。在附录里，我们证明一个推测的均衡过程是协方差平稳的必要条件是 $|\varphi| < 1$。这样一种均衡可能对于任意参数值都不存在，并且我们也无法一般性地排除多重均衡存在的可能性。然而，我们在附录中证明，只要动量交易者的风险承受能力 γ 足够小，则均衡的存在性就可以得到保证，因为这相应地保证了 $|\varphi|$ 足够小。再者，详细的实验表明，对于一个大范围的参数空间，唯一的协方差平稳均衡实际上确实存在。②

一般来说，很难求解模型的封闭解（closed form），而我们不得不求助于计算算法来搜寻不动点。对于任意设定的参数值，我们经常从 $j=1$ 开始我们的数值搜寻不动点。给定这一限制，我们可以证明条件 $|\varphi| < 1$ 对于协方差平稳既是充分的，又是必要的。我们也从风险承受能力的一个很小的值和 φ 的一个初始猜测值零开始。参数空间的这一区间的解的形式良好。利用这些解，我们随后移向参数空间的其他区域。该程序保证，如果有多重协方差平稳均衡，我们将总是挑出有最小 φ 值的均衡。当我们已经偏出参数空间的协方差平稳区域时，我们也有一些敏感性检验。这些在附录里描述。

即便不做任何计算，我们也能够对均衡的性质有所发现。首先，我

---

① 关于该竞争领先问题，更详尽的讨论参见 NBER 工作论文版本。

② 我们的实验表明当风险承受能力系数 γ 和信息扩散参数 z 同时变得非常大，我们才会遇到存在性问题——甚至是只要 z 不太大，一个无穷大的 γ 值也不构成问题。当我们做比较静态分析时，直觉将变得更清楚，但概括地讲，问题是这样的：随着 z 变大，动量交易变得更有利可图。再加上高风险承受能力，这能够让动量交易者的行为变得如此地富有侵略性，以至于我们的条件 $|\varphi| < 1$ 被违背。

第 14 章 关于资产市场中反应不足、动量交易和过度反应的一个统一理论

们有：

引理 1：在任何协方差—平稳均衡状态，$\varphi>0$。即，动量交易者必然像趋势追逐者一样行动。

该引理的证明见附录，但很容易看出为何 $\varphi=0$ 不可能是均衡。假定 $\varphi=0$ 是均衡。然后价格由均为消息观察者情形的方程（1）给出，并且这种情况下，$\mathrm{cov}(P_{t+j}-P_t, \Delta P_{t-1})>0$，由方程（7）我们得到 $\varphi>0$，产生矛盾。

我们现在正适合对价格动态学做一些定性讨论。首先，让我们考虑价格对消息冲击的脉冲响应。这里的思想实验如下。在时间 t，有一个一单位的正消息 ε_{t+z-1} 开始在消息观察者之间扩散。从那时开始没有其他消息冲击。价格路径会如何呈现？

答案可由将任何时间的价格分解成两部分得到：归因于消息观察者的部分和归因于动量交易者的部分。消息观察者对 D_T 总的估价从时间 t 不断增加，直到 $t+z-1$，届时他们已完全将消息冲击吸收进他们的预测。故而到时间 $t+z-1$，在不存在来自动量交易者的任何交易订单的情况下，价格刚刚好。但若 $\varphi>0$，任何正的消息冲击必然对动量交易者的交易订单流产生初始为正的驱动。再者，累积交易订单流必然持续增加至少到时间 $t+j$，因为一直到 $t+j+1$，由冲击激发的任何动量交易都不会被解除。这种推理得出下面的命题：

命题 1：在任何协方差—平稳均衡状态，给定一单位正的冲击 ε_{t+z-1}，其在时间 t 开始在消息观察者之间扩散：（1）经常会有过度反应，在这个意义上价格的累积脉冲响应在一个严格大于 1 的值达到峰值；（2）如果动量交易者的时限范围 j 满足 $j\geqslant z-1$，累积脉冲响应在 $t+j$ 达到峰值并且之后开始下降，最终收敛于 1；（3）如果 $j<z-1$，累积脉冲响应不早于 $t+j$ 达到峰值，并最终收敛于 1。

除了脉冲响应函数，考虑不同时限范围下价格的自协方差也很有意思。通过考虑动量交易者的风险承受能力参数 γ 变为无穷大这种特殊情形，我们可以就这些自协方差给出一些粗略的直觉。这种情形下，方程（7）意味着均衡必然有 $\mathrm{cov}(P_{t+j}-P_t, \Delta P_{t-1})=0$ 的特征。扩展这一表达式，我们可以写出：

$$\mathrm{cov}(\Delta P_{t+1}, \Delta P_{t-1})+\mathrm{cov}(\Delta P_{t+2}, \Delta P_{t-1})$$
$$+\cdots+\mathrm{cov}(\Delta P_{t+j}, \Delta P_{t-1})=0 \tag{8}$$

方程（8）允许我们得出下面的结论：

命题 2：在任何协方差—平稳均衡状态，如果短期内价格变化正相关（例如，如果 $cov(\Delta P_{t+1}, \Delta P_{t-1})>0$），那么在有风险中性的动量交易者情况下，在一个不大于 $j+1$ 的时限内，价格变化负相关——就是说，对某些 $i \leqslant j$，必然有 $cov(\Delta P_{t+i}, \Delta P_{t-1})<0$。

详细地考察命题 1 和 2 的差异是有用的，因为乍一看它们似乎有点矛盾。一方面，命题 1 认为作为对好消息的回应，至少有 j 期价格动量持续上升，并且可能更久（如果 $j<z-1$）。另一方面，命题 2 表明在 $j+1$ 期内价格变化开始反转，而且很可能比那更早。

只要指出前者是一个附带条件的情形——就是说，它讨论在时间 t 已经有一个消息冲击这个前提下从时间 t 开始的价格路径——这两个命题就不矛盾了。因此命题 1 意味着如果一个交易者无论以何种方式确知在时间 t 有一个消息冲击，他都可以通过彼时购买并持有直至时间 $t+j$ 来获得严格为正的预期收益。我们可以称这样一种策略为"在动量周期的早期购买"——也就是说，消息抵达之后立即购买。当然，在我们的模型中这样一种策略对于动量交易者并不可行，因为他们无法直接考虑那些 ε。

相反，命题 2 是关于价格自协方差的无条件情形。它源自如下必要条件：如果一个交易者对 $t-1$ 时无条件的价格上升作出反应而在时间 t 购买，然后持有至 $t+j$，他平均获得零利润。当动量交易者是风险中性的，零利润条件相应地必然成立，因为无条件策略对他们是可行的。

为何随任意价格上涨而购买的无条件策略不像仅随观察到的好消息而购买的条件策略表现一样好？有一个简单的原因：不是所有的价格上涨都是消息驱动的。特别是，一个基于时间 t 观察到价格上涨而购买的交易者冒下面的风险。相对于动量周期可能太"晚"了，在这个意义上在最后几个时期已经没有任何好消息。假如最后的好消息出现在 $t-i$。如果事实如此，t 时的价格上升只是由于晚一轮的动量购买。由 $t-i$ 时的消息激发的那些较早的动量交易将在不久之后（具体地，在 $t-i+j+1$ 时）开始被解除，导致交易者就在他的交易时限尽头之前遭受损失。

这种讨论突出了得到我们结论的关键的外溢效应。一个足够幸运从而在好消息抵达之后不久购买的动量交易者给那些仿效他的动量交易者带来了负外部性。他带动一个更进一步的价格上涨，使得下一拨人部分错误地判断为更多的好消息，他通过这带来了负外部性。在某一点，购买已经严重超量，价格超过由原来的消息所支撑的水平。给定动量交易者无法直接考虑那些 ε，链条上的每个人都尽可能理性地行动，但市场作为一个整体，外部性致使其产生了明显非理性的结果。

14.1.4 盈利者和亏损者

一个自然而然的问题是，不管是消息观察者还是动量交易者的有限理性是否使他们系统地赔钱？一般而言，只要资产净供给 Q 是正的，两群人都能获得正的预期收益。首先考虑 $Q=0$ 的情形。这种情形下，只要动量交易者的风险承受能力有限，可以证明他们获得正收益。又因为 $Q=0$，这是一个零和博弈，因此必然是消息观察者赔钱。一个例外是当动量交易者是风险中性的，两群人均不赔不赚。[①]

当 $Q>0$ 时，博弈变为正和的，因为有一个对风险分担的回报可在两群人之间划分。因此，即便消息观察者可能在交易中确实损失一些钱给与之交易的动量交易者，这可被他们从风险分担中获得的回报抵消但仍有多余，因而他们可以获得净利润。另外，在动量交易者变为风险中性的特定情况下，两群人都不赔不赚。逻辑与 $Q=0$ 的情况相似，因为动量交易者的风险中性使所有风险分担利润消失，使博弈回复到零和的本质。

14.1.5 数值的比较静态分析

为了更好地理解模型的性质，我们进行各种数值的比较静态演习。[②] 对参数值的每个集合，我们计算下列五个数值：(1) φ 的均衡值；(2) 月度收益 ΔP 的无条件标准差；(3) 相对于理性预期基准的价格偏差 $(P_t-P_t^*)$ 的标准差；(4) 价格对一单位 ε 冲击的累积脉冲响应；和 (5) 回报的自相关。详细的计算不再展示；这里我们用脉冲响应图来直观地表达。

一开始在图 14—1 中我们研究改变动量交易者时限 j 的影响。我们保持信息扩散参数 z 固定在 12 个月，并且设定基本面消息 ε 冲击的标准差等于每月 0.5。最后，我们假设动量交易者总的风险承受能力参

[①] 该结果与消息观察者采用时间不一致策略的事实有关，以至于在规划他们的需求时，他们忽略自己将同那些随后会试图利用他们的动量交易者交易的事实。因此在某种意义上，该模型中消息观察者比动量交易者更不理性。

[②] 附录里简要讨论了我们的计算方法。

数，γ，等于 1/3。① 这之后我们测试 j 的值从 6 个月变动到 18 个月。作为一个基准，首先关注当 j 等于 12 个月时的情形。与结论 1 一致，在 ε 冲击后 12 个月脉冲响应函数达到峰值，其值为 1.342。换句话说，在峰值，价格超过长期基本面信息变化所决定的价格达 34.2%。峰值过后，价格最后收敛回到 1.00，尽管不是以单调的形式——然而，随着动量交易效应逐渐将它们自己排除出去（wring themselves out），序列呈现减幅振荡（damped oscillations）。

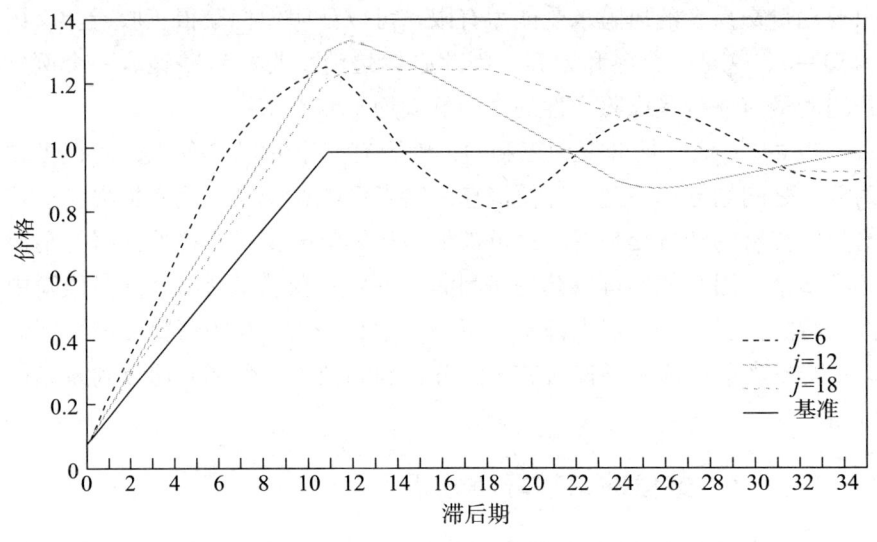

图 14—1

注：累积脉冲响应与动量交易者的时限。动量交易者的时限 j 的取值分别为 6、12 和 18。基准是没有动量交易的累积脉冲响应。其他参数值设定如下：信息扩散参数 z 等于 12，消息冲击的波动性等于 0.5，风险承受能力 γ 等于 1/3。

现在要问：当 j 变化时会发生些什么？可从图 14—1 中看到，对脉冲响应函数的影响是非单调的。例如，当 $j=6$ 时，脉冲响应峰值达 1.265，若 $j=18$，峰值达 1.252，均没有 $j=12$ 的情形高。非单调性的出现是因为有两种对立的效应。一方面，j 的增加意味着在任何一个时间市场上都活跃着更多批动量交易者；因而其他条件相同时，他们的累

---

① 坎贝尔、格罗斯曼和王（Campbell, Grossman, and Wang, 1993）表明该风险承受能力值对整个市场来说大约是对的。当然，对个股来说，套利者可能风险承受能力更高，因为他们可能不得不承受系统性风险。正如我们下面所证明的，当风险承受能力提高时，我们关于过度反应的结论倾向于变得更显著。

第 14 章 关于资产市场中反应不足、动量交易和过度反应的一个统一理论

积影响应该更强。另一方面，动量交易者理性地认识到有一个更长时限的危险——时限越长，他们被套在动量周期后期的风险越大。结果，他们的交易不那么富有侵略性，从而 φ 随 j 下降。

当我们考虑 j 对自相关随时间变化的影响时，一个更清晰的结果开始浮现。如图 14—1 所示，j 越小，自相关越快地变为负。举例来说，当 $j=6$ 时，首次负自相关出现在间隔 6 个月后，但当 $j=18$ 时，首次负自相关在间隔 12 个月后出现。因而来自命题 2 的直觉似乎对非零的风险厌恶情形同样成立。

在图 14—2 中，我们考察改变动量交易者的风险承受能力的影响。（这种考察可等价地被认为是改变动量交易者和消息观察者的相对比例。）我们设定 $j=z$ 等于 12 个月，并允许 γ 变化。当风险承受能力提高时，动量交易者对历史价格变化的反应更具侵略性——就是说，φ 增加。这导致脉冲响应函数达到更高的峰值。另外，月度收益的无条件波动性单调地增加。① 但是，我们证明风险承受能力对价格偏差 ($P_t - P_t^*$) 的影响呈 U 形：当风险承受能力提高时，价格偏差一开始变小，然后增大。一方面，更多的动量交易加速了价格对信息的反应，这削弱了反应不足并因此降低了定价偏差。另一方面，更多的动量交易也加重了过度反应，这增大了定价偏差。显然，两种影响交互作用，以至于带来一个非单调的变化模式。②

最后，在图 14—3 中，我们让信息扩散参数 z 变化。增加 z 对动量交易的强度 φ 有一个单调的影响：消息观察者把事情搞清楚得越慢，动量交易者获利的机会越大。在 $j \geqslant z-1$ 的参数空间范围，所引致的 φ 的增加相应地对脉冲响应峰值有一个单调的影响——越是富有侵略性的动量交易导致越明显的价格过头，并且相应地，在反转期负自相关的绝对值一般来说也越大。③

---

① 尽管伴随着动量交易波动性会变大，相对于理性预期基准，并不会必然地"过度"（尽管有可能）。这是因为我们是从一个反应不足点开始，相比于随机游走，这导致了更低的波动性。

② 动量交易能增加波动性和定价偏差的事实成为弗里德曼（Friedman, 1953）的有利可图的投机必然稳定价格这一著名论断的另一个反例。也可参见 Hart and Kreps (1986)，Stein (1987) 以及 De Long et al. (1990)。

③ 当 $j<z-1$ 时，在 φ 和价格过头的程度之间就不再有单调关系。这是因为在消息观察者将一个消息冲击完全考虑进他们的预测之前，最大的动量交易已经被解除。

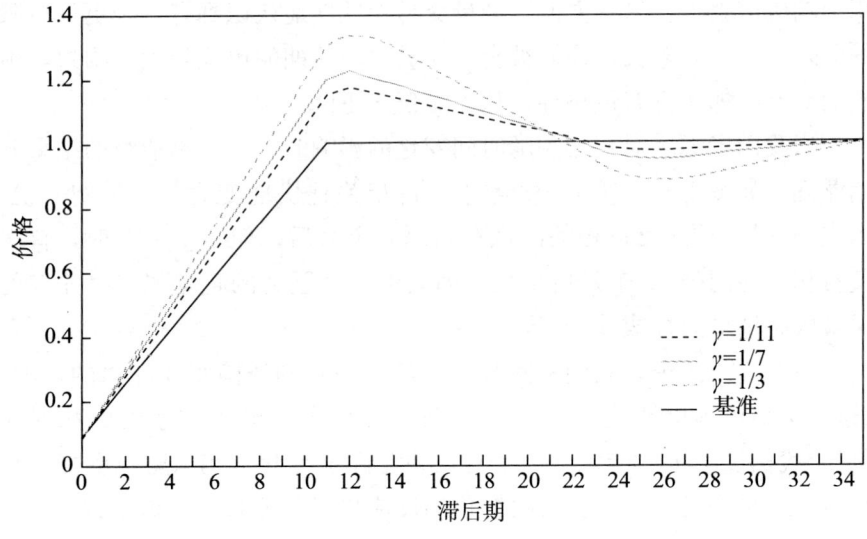

图 14—2

注：累积脉冲响应与动量交易者的风险承受能力。动量交易者的风险承受能力 γ 的取值分别为 1/11、1/7 和 1/3。基准是没有动量交易的累积脉冲响应。其他参数值设定如下：信息扩散参数 z 等于 12，动量交易者的时限 j 等于 12 并且消息冲击的波动性等于 0.5。

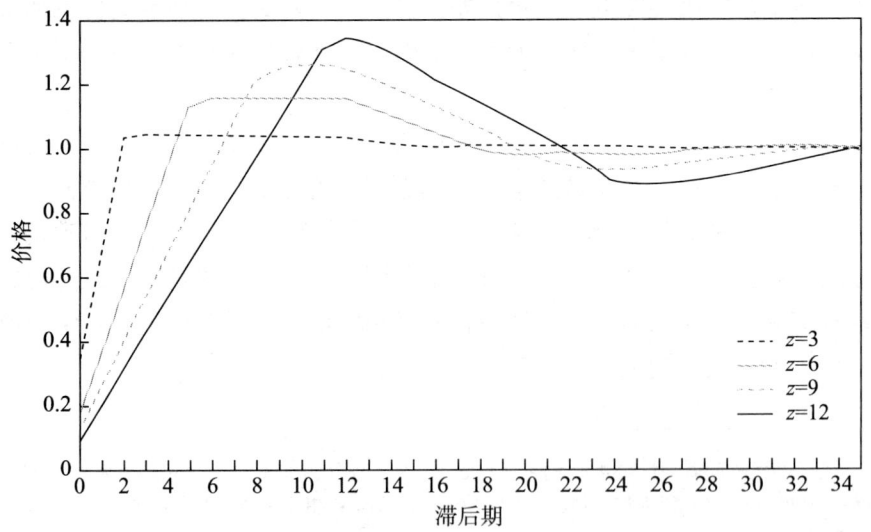

图 14—3

注：累积脉冲响应与信息扩散参数。信息扩散参数 z 的取值分别为 3、6、9 和 12。其他参数值设定如下：动量交易者的时限 j 等于 12，消息冲击的波动性等于 0.5，动量交易者的风险承受能力 γ 等于 1/3。

第14章　关于资产市场中反应不足、动量交易和过度反应的一个统一理论

14.2　基本模型的拓展：更理性的套利

我们现在考虑对基本模型的一些拓展。这里总的主旨是问：当我们让套利者行为更趋理性时会发生什么？

14.2.1　反向策略

14.2.1.1　反向投资者和动量交易者分属两个不同的群组

我们已经多次强调我们的结论归因于动量交易者做"简单"预测这个假设——也就是，他们只能进行单变量回归。但即使一个人将这个限定当真，它也面临接下来的问题：为何所有的交易者必须使用相同的单一预测变量？为何不在交易风格中允许某种异质性，即不同群的人关注不同的预测变量？

在给定存在消息观察者和他们制造了反应不足的情况下，重新审视简单的套利策略，该策略具有这类目前为止我们已经考虑过的动量交易风格是自然而然的。但是，一旦理解了动量交易者——如果唯有他们是活跃在市场上的套利者——必然最终导致价格过度反应，那么我们应该考虑可能被设计利用这种过度反应的第二轮"反向"策略的影响。

为了将这些反向投资策略引入我们的模型，我们假定有一个可行的总的风险承受能力 γ 进入套利活动。我们也继续假定所有的套利者有 j 期的时限。但现在有两种套利模式。w 比例套利者是动量交易者，他们使用 ΔP_{t-1} 来预测 $(P_{t+j} - P_t)$。余下的 $(1-w)$ 部分是反向投资者，他们使用 ΔP_{t-1-c} 来预测 $(P_{t+j} - P_t)$。如果我们恰当地选择滞后期 c，均衡状态下反向投资者做这些预测时对 ΔP_{t-1-c} 赋予负的权重。

暂时假定我们认为比例 w 是固定的。那么均衡就是上面看到的均衡的自然推广。特别地，价格将由下式给出：

$$P_t = D_t + \{(z-1)\varepsilon_{t+1} + (z-2)\varepsilon_{t+2} + \cdots + \varepsilon_{t+z-1}\}/z \\ + \sum_{i=1}^{j}(\varphi^M \Delta P_{t-i} + \varphi^C \Delta P_{t-c-i}) \tag{9}$$

这里 φ^M 和 φ^C 现在分别代表动量交易者和反向投资者的交易弹性。这些交易弹性相应地满足：

$$\varphi^M = w\gamma \, \text{cov}(P_{t+j}-P_t, \Delta P_{t-1})/\{\text{var}(\Delta P)\text{var}_M(P_{t+j}-P_t)\} \tag{10}$$

$$\varphi^C = (1-w)\gamma \, \text{cov}(P_{t+j}-P_t, \Delta P_{t-1-c})$$
$$/\{\text{var}(\Delta P)\text{var}_C(P_{t+j}-P_t)\} \tag{11}$$

现在均衡包含一个使得价格由方程（9）给出，而方程（10）和（11）同时得到满足的二维不动点（φ^M, φ^C）。虽然这是一个比之前更复杂的问题，数值求解仍然是简单的。当然，故事到此并未结束，因为我们仍需要内生化 w。这可以通过施加一个无差异条件来实现：在一个 $0<w<1$ 的内点解，动量交易者和反向投资者的效用必然相等，因此任何人都不想转换类型。我们证明等效用条件可以根据价格的条件方差或协方差来简单地重写（证明参见附录）。这告诉我们：

命题3：对 $0<w<1$ 的内点解，必然有：

1. $\text{var}(P_{t+j}-P_t|\Delta P_{t-1}) = \text{var}(P_{t+j}-P_t|\Delta P_{t-1-c})$；或者等价地

2. $|\text{cov}((P_{t+j}-P_t), \Delta P_{t-1})| = |\text{cov}((P_{t+j}-P_t, \Delta P_{t-1-c})|$；或者等价地

3. $\text{cov}(\Delta P_{t+1}, \Delta P_{t-1}) + \text{cov}(\Delta P_{t+2}, \Delta P_{t-1}) + \cdots + \text{cov}(\Delta P_{t+j}, \Delta P_{t-1}) = -\text{cov}(\Delta P_{t+1}, \Delta P_{t-1-c}) - \text{cov}(\Delta P_{t+2}, \Delta P_{t-1-c}) - \cdots - \text{cov}(\Delta P_{t+j}, \Delta P_{t-1-c})$。

该命题实质上是说，为了使反向投资者在均衡中起作用（即使 $w<1$），必须使反向投资策略有像动量投资策略那样多的盈利机会。笼统地讲，这等于说在反转阶段，负的自相关的绝对值之和必然等于初始反应不足阶段正的自相关。因而，在模型中加入反向投资策略选项不会推翻如下基本结论：如果在短期存在反应不足，那么在随后某个时间点必然最终出现过度反应。

正如我们所证明的，对于一个大范围的参数值，我们可以有一个更强的结论：对任意选择的 c，反向投资策略根本不会被使用。而且，我们得到 $w=1$ 这个角点解，此时所有的反向投资者内生地选择使用动量交易策略。这实际上就是出现在图14—1～图14—3中的对应于每个参数集的结果。因而我们前面的数值解完全不受加入反向投资者的影响。

为了使反向投资策略在均衡状态下被采用，我们必须将总风险承受能力 γ 调到一个非常高的值。这有两种效应：第一，它压低了动量交易策略的期望利润；第二，它导致过度反应的程度加深。这两种效应都提高了作为一个反向投资者的相对吸引力，以至于一些套利者最终从动量交易策略转变过来。图14—4做了说明。该图考虑了如下情形：$z=3$，

第 14 章 关于资产市场中反应不足、动量交易和过度反应的一个统一理论

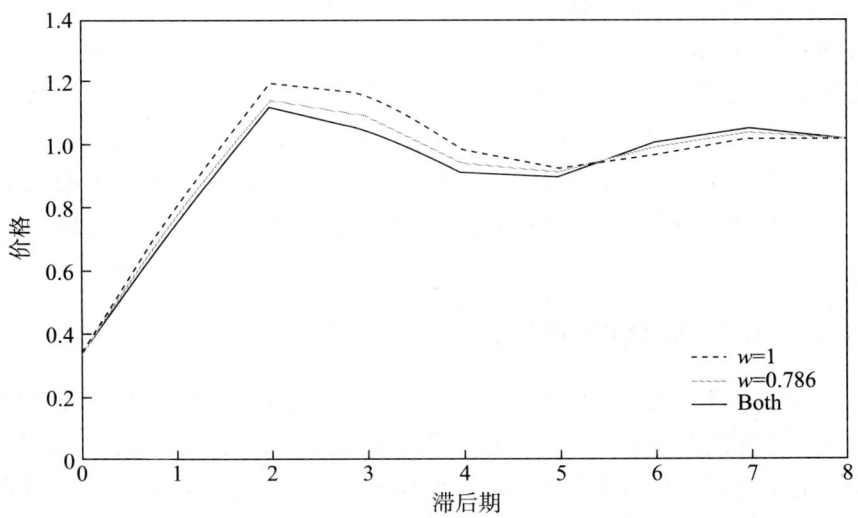

图 14—4 累积脉冲响应与反向交易

注：均为动量交易时的均衡的累积脉冲响应（$w=1$）；当交易者内生地选择是采取动量交易策略或者反向投资策略时的均衡（$w=0.786$）；以及交易者能最优地同时考虑动量交易和反向投资交易变量的均衡（"Both"）。其他参数值设定如下：信息扩散参数 z 等于 3，动量交易者的时限 j 等于 1，消息冲击的波动性等于 1，风险承受能力参数 γ 等于 $1/0.3$。假定反向投资者基于三期之前的回报进行交易。

$j=1$，反向投资者基于比动量交易者远两期，$c=2$ 的价格变化进行交易，并且风险承受能力参数取值为 $1/0.3$。

给定这些参数值，$w=0.786$。这是说，78.6% 的交易者选择采取动量交易策略而剩下的 21.4% 变为反向投资者。反向投资者似乎有一个适度的稳定性影响——当只有动量交易者时，脉冲响应函数的峰值达 1.197，而当我们允许有反向投资策略时，这个数值稍有下降，到 1.146。不过，价格的动态变化仍然与我们自始至终所看到的非常地相似。这着重说明了我们的关键点：在一个大范围的参数值内，允许反向投资策略并不会改变我们模型重要的定性特征。

14.2.1.2 反向投资者可以进行二元回归

为更进一步放松我们在理性方面的假设，现在讨论如果每个套利者变得更加聪明从而不只是考虑一期而是两期历史价格会发生什么。换一种说法，不再要求每个套利者或者选择动量交易策略（并考虑 ΔP_{t-1}）或者选择反向投资策略（并考虑 ΔP_{t-1-c}），我们现在允许他们都采取一种最优的混合策略。

该试验的结果也在图 14—4 中做了说明。相对于之前动量交易和反向交易分离的情形，允许套利者进行二元回归会更平稳。例如，保持所有其他参数与前面相等，现在脉冲响应函数仅在 1.125 达到峰值，而在动量交易和反向交易分离时该值达到 1.146。不过，它的定性性质仍然保持相似。因而，尽管提高套利交易者的计算能力弱化了结论，但确实没有出现所有结论都有赖于套利者只能进行一元回归这种刀刃情形。

14.2.2 完全理性套利

最后，自然要问：如果引入一类完全理性的套利者，我们的基本结论是否还稳健？为回答这个问题，我们扩展第一部分的基本模型如下。除了消息观察者和动量交易者，我们加入第三类交易者，称为"聪明的交易者"（smart money）。为了使这些聪明的交易者具备使市场有效的完备能力，我们考虑这样一种极端情形：他们能观察和理性地考虑模型中任何其他交易者能观察到的一切。因而，在时间 t，聪明的交易者观察全部消息观察者可获得的所有基本面信息——就是说，他们所有人观察到 ε_{t+z-1} 和所有之前的新消息。他们也能够利用全部历史价格来预测。像其他所有人一样，聪明的交易者有 CARA 效用。最后，每一批有一期时限。与 14.1.1 小节和 14.1.2 小节所考虑的反向交易情形不同，无论是用分析法还是通过数值求解法，明确地求解包括聪明的交易者的均衡非常困难。这是因为在我们无限期界模型背景下，聪明的交易者的最优预测是一个变量的无界集合的函数，因为他们考虑所有历史价格。（在这个模型中他们确实必须非常聪明以实现完全理性的行动。）不过，正如附录所证明的，我们可以就均衡的特征得到如下确凿的一般性结论。

命题 4：假定聪明的交易者的风险承受能力有限。给定在 t 时开始扩散的一单位冲击 ε_{t+z-1}，在任何协方差—平稳均衡状态有：（1）总是出现反应不足，意味着在 t 时价格上升小于 1；（2）有动量交易起作用；（3）总是出现过度反应，这意味着价格的累积脉冲响应的峰值严格大于 1。

如果聪明的交易者的风险承受能力无限，那么价格遵循随机游走过程，并且没有动量交易：$\varphi=0$。

该命题将下述很直觉的论点形式化——对许多这类模型来说是共通

的——风险厌恶且完全理性的套利者弱化但没有消除由其他不那么理性的交易者带来的影响。在我们的特殊设定下，关于价格动态变化的主要定性结论仍然成立。

14.3　经验启示

我们将不会过多地说明我们的模型对资产回报给出了正确的一阶预测：短期正相关，而更长期则负相关。毕竟，它被设计出来就是来实现这个目标的。更有意思的是附属的启示，应该允许对它进行检验以对比其他关于反应不足和过度反应的备择理论。

14.3.1　在什么股票上动量交易策略表现最好？

在我们的模型中，短期回报的延续性是私人信息缓慢扩散和消息观察者无法从价格中提取信息的结果。这个缓慢的信息扩散故事在逻辑上有别于其他如 BSV 模型的机理，后者强调对公开信息的保守性偏差（Edwards，1968）。而且，它有可检验的横截面含义。如果股票收益的动量确实源自缓慢的信息流动，那么由贾格迪什和蒂特曼（Jegadeesh and Titman，1993）提出的那类动量策略应该是那些在投资公众中信息扩散最慢的股票中盈利性最强的。

为发展这里的模型所进行的后续研究中，结合洪、利姆和斯坦（Hong，Lim，and Stein，2000）的文章，我们尝试去检验该假说。为了实现这一点，我们考虑用两个不同指标来表示信息扩散的速度。第一个是公司的规模。看似合理的是，小公司的信息扩散得更慢；比如，如果投资者面对固定的信息获取成本，并且他们选择投入更多的努力来研究那些他们能持有大头寸的股票，这就可能会发生。当然，在推理时必须小心，因为规模可能也包含种种其他因素，比如不同股票在套利成本上的差异。[1] 基于这种考虑，在控制住规模后，我们用一只股票的分析师报道量残差来作为第二个——也有望更纯粹的——指标来代表信息流动。[2]

---

[1] 因此，有人可能争辩说，几乎任何行为模型都会同小公司股票更具可预测性相一致。

[2] 当然，分析师报道量也不是一个理想的指标，因为它可能同其他一些除了规模之外特定的股票要素内生地相关。因此在进行各种敏感性检验时，我们也控制分析师报道量同每股营业额、行业因素、β 以及账面/市值比之间的关联。

洪、利姆和斯坦的文章的基本发现在这里重述为表 14—1～表 14—3，以及图 14—5。这些发现可简要地概括如下。就规模而言，我们发现，一旦越过恰好是最小资本额的股票（其价格的离散性和（或）非常弱的做市能力存有争议），贾格迪什-蒂特曼型 6 个月动量交易策略的盈利性随市值急剧下降。就分析师报道量残差而言，不仅对 6 个月时限的低分析师报道量股票，动量交易策略大体上更盈利，而且对更长的时限，它们也是盈利的——直到大约两年的时限，这些股票的回报也明显正相关，与高分析师报道量股票的低于一年形成对比。规模和分析师报道量残差也以一种有趣和经济上似乎可信的方式交互影响：对更少分析师着手分析的更小股票来说，分析师分析的边际影响最明显。尽管有可能提出替代的解释，但所有这些证据看起来同我们在这方面工作中所强调的反应不足的根本原因是缓慢的信息扩散非常一致。

14.3.2　在横截面上将动量交易与过度反应相联系

在我们的模型中，关于信息流动速度还有一个更加微妙的横截面含义。在图 14—3 中我们看到，不仅更慢的信息扩散导致更高的短期收益相关，而且通过使得股票对动量交易者更有吸引力，在长期它也（对一个较大范围的参数值）导致更明显的价格过头和更强烈的反转。换句话说，与我们在洪、利姆和斯坦的文章中发现的最"倾向于动量交易"的股票——相对更少分析师关注的小公司股票——也同样是最"倾向于反转的"。

尽管据我们所知这个预测尚未经受详细的考察，但它同如下新近的研究具有广泛的一致性：已经证实，股票市场上长期可预测性的大部分可归因于更小盘的那些公司。[①] 正如上面指出的，我们告诫过，规模可能隐含着许多其他因素，正如同洪、利姆和斯坦的文章，因此需要进行更严格的检验，或许可以使用分析师报道量或一些其他对动量交易倾向的非规模测度。

---

① 法马（Fama，1998）争辩说对现有行为模型来说该证据是有问题的，因为它们没有清楚地预测到过度反应应该集中在更小的公司股票上。

第14章 关于资产市场中反应不足、动量交易和过度反应的一个统一理论

表14—1 动量交易策略,1/1980—12/1996:采用原始收益并按规模分组

该表包括所有股票。相对的动量交易投资组合是基于6个月滞后的原始收益并持有6个月来构建。股票以6个月滞后的收益按升序排序。投资组合P1是表现最差的30%股票的等权重组合,投资组合P2包括中间的40%,投资组合P3包括表现最好的30%。该表报告了这些投资组合以及基于规模的股票子样本构建的投资组合的平均月收益。利用NYSE/AMEX*十分位间断点,括号内是t统计量。在第2组,而最大的在第10组。规模均值(中值)以百万计。

PAST	所有股票	1	2	3	4	规模等级 (NYSE/AMEX+分位间断点) 5	6	7	8	9	10
P1	0.01043	0.02106	0.00653	0.00231	0.00194	0.00469	0.00606	0.00606	0.01010	0.00922	0.01258
	(2.44)	(4.44)	(1.37)	(0.52)	(0.43)	(1.05)	(1.32)	(1.43)	(2.51)	(2.25)	(3.37)
P2	0.01378	0.01662	0.01280	0.01244	0.01244	0.01395	0.01374	0.01375	0.01393	0.01401	0.01355
	(4.48)	(4.97)	(3.84)	(3.88)	(3.75)	(4.18)	(4.14)	(4.27)	(4.40)	(4.43)	(4.50)
P3	0.01570	0.01733	0.01507	0.01664	0.01570	0.01655	0.01608	0.01491	0.01436	0.01363	0.01278
	(4.35)	(4.40)	(3.89)	(4.35)	(4.05)	(4.26)	(4.26)	(4.13)	(4.04)	(3.96)	(3.84)
P3−P1	0.00527	−0.003740	0.00854	0.01433	0.01376	0.01187	0.01035	0.00885	0.00425	0.00441	0.00021
	(2.61)	(−1.77)	(3.60)	(6.66)	(6.10)	(5.32)	(4.80)	(3.72)	(1.90)	(1.73)	(0.08)
$\frac{P2-P1}{P3-P1}$		—	0.746	0.732	0.763	0.780	0.774	0.869	0.901	1.086	—
规模均值		7	21	44	79	138	242	437	806	1658	7290
规模中值		7	21	43	78	136	237	430	786	1612	4504
分析师报道量均值		0.1	0.5	1.1	2.0	3.2	5.0	7.3	10.6	15.3	21.4
分析师报道量中值		0.0	0.0	0.7	1.3	2.5	4.4	6.9	10.5	15.7	22.4

* NYSE和AMEX分别代表纽约证券交易所和美国证券交易所,下同。——译者注

表14—2 动量交易策略，1/1980—12/1996：使用原始收益并按分析师报道量残差分类

该表仅包括 NYSE 和 AMEX 第 20 百分位数之上的股票。相对动量交易投资组合基于 6 个月滞后的原始收益并持有 6 个月来构建。股票依据 6 个月滞后的收益按升序排序。投资组合 P1 是表现最差 30% 股票的等权重组合，投资组合 P2 包括中间的 40%，投资组合 P3 包括表现最好的 30%。该表报告这些投资组合以及利用分析师报道量对规模和一个纳斯达克虚拟变量的回归残差独立排序构建的投资组合的平均月收益。最低报道量的公司归在 Sub1，中间报道量的公司归在 Sub2，最高报道量的公司归在 Sub3。规模均值（中值）以百万计。括号内是 t 统计量。

			报道量残差分类		
PAST	所有股票	低：Sub1	中：Sub2	高：Sub3	Sub1−Sub3
P1	0.00622	0.00271	0.00669	0.00974	−0.00703
	(1.54)	(0.66)	(1.70)	(2.31)	(−5.16)
P2	0.01367	0.01257	0.01397	0.01439	−0.00182
	(4.40)	(4.20)	(4.58)	(4.29)	(−2.11)
P3	0.01562	0.01402	0.01583	0.01690	−0.00288
	(4.35)	(3.95)	(4.52)	(4.45)	(−2.80)
P3−P1	0.00940	0.01131	0.00915	0.00716	0.00415
	(4.89)	(5.46)	(4.64)	(3.74)	(3.50)
规模均值		962	986	455	
规模中值		103	200	180	
分析师报道量均值		1.5	6.7	9.7	
分析师报道量中值		0.1	3.5	7.6	

第14章 关于资产市场中反应不足、动量交易和过度反应的一个统一理论

表14—3 动量交易策略，1/1980—12/1996：使用原始收益并按规模和分析师报道量残差分类

该表仅包括 NYSE 和 AMEX 第 20 百分位数之上的股票。相对动量交易投资组合基于 6 个月滞后的原始收益并持有 6 个月构建。股票依据 6 个月滞后的收益按升序排序。投资组合 P1 是表现最差 30% 股票的等权重组合，投资组合 P2 包括中间的 40%，投资组合 P3 包括表现最好的 30%。该表报告利用规模和分析师报道量对数和一个纳斯达克虚拟变量的回归残差排序构建的投资组合的平均月收益。规模依 NYSE/AMEX 分位点进行排序。最低报道量的公司归在 Sub1，中间报道量的公司归在 Sub2，最高报道量的公司归在 Sub3。规模均值（中值）以百万计。括号内是 t 统计量。

分析师报道量残差等级		1. 第 20~40 分位数	2. 第 40~60 分位数	3. 第 60~80 分位数	4. 第 80~100 分位数
低:	Sub1	P3−P1=0.01511 (6.46)	P3−P1=0.01057 (4.49)	P3−P1=0.00605 (3.11)	P3−P1=0.00092 (0.49)
		Mean Size=63	Mean Size=199	Mean Size=653	Mean Size=5056
		Median Size=59	Median Size=183	Median Size=592	Median Size=2363
		Median Coverage=0.0	Median Coverage=0.6	Median Coverage=3.7	Median Coverage=11.1
中:	Sub2	P3−P1=0.01389 (5.48)	P3−P1=0.00975 (4.95)	P3−P1=0.00316 (1.62)	P3−P1=0.00009 (0.05)
		Mean Size=61	Mean Size=207	Mean Size=678	Mean Size=5163
		Median Size=56	Median Size=193	Median Size=629	Median Size=2853
		Median Coverage=0.9	Median Coverage=3.6	Median Coverage=9.0	Median Coverage=18.8
高:	Sub3	P3−P1=0.01147 (5.10)	P3−P1=0.00730 (3.60)	P3−P1=0.00424 (2.02)	P3−P1=0.00070 (0.33)
		Mean Size=64	Mean Size=202	Mean Size=663	Mean Size=3650
		Median Size=51	Median Size=188	Median Size=615	Median Size=2511
		Median Coverage=3.1	Median Coverage=7.6	Median Coverage=14.7	Median Coverage=24.9
Sub1−Sub3		P3−P1=0.00364 (2.13)	P3−P1=0.00327 (1.95)	P3−P1=0.00180 (1.18)	P3−P1=0.00023 (0.14)

注：表中 "Mean Size" 是指 "规模均值"； "Median Size" 是指 "规模中值"； "Median Coverage" 是指 "分析师报道量中值"。

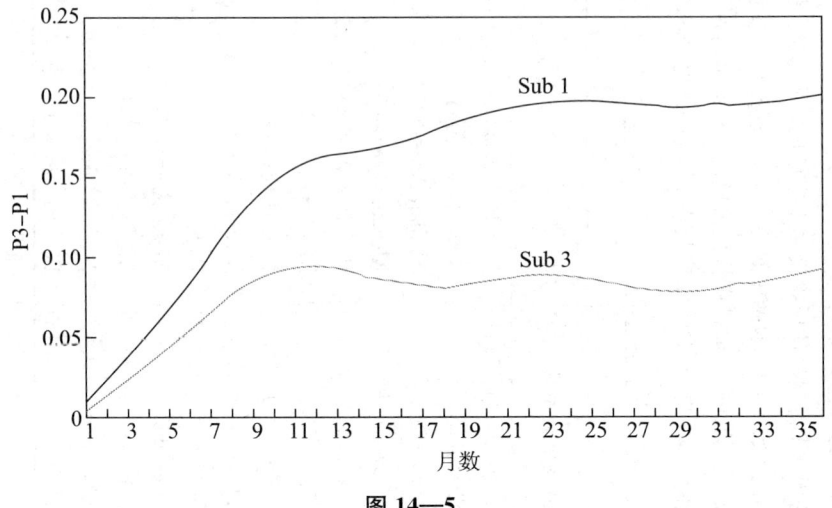

图 14—5

注：依事件时间的经过 β 调整的累积回报：低和高分析师报道量股票的动量交易利润。我们根据 6 个月的先前经过 β 调整的回报将股票按表现分类，并基于分析师报道量残差做了独立的排序。我们随后逐月地追踪直至 36 个月的低分析师报道量（Sub1）和高分析师报道量（Sub3）股票的经过 β 调整的动量交易投资组合的累积回报（P3－P1）。

14.3.3　对公共和私人消息冲击不同的动态响应？

正如我们反复强调的，对我们模型中 ε 最自然的解释是它们代表一开始是私人的，然后逐渐在投资者中间扩散的信息。因而，我们主要的贡献是证明在均衡状态对这些私人信息的脉冲响应必然是驼峰形的，短期内的反应不足被最终的过度反应所取代。但对于被所有投资者同时观察到的消息，比如盈利公告，脉冲响应是什么样的？

很容易修改我们的模型以使它也对公共消息产生短期反应不足。例如，有人可能争辩说尽管消息宣告本身是公开的（例如，"盈利上升 10%"），但是它要求一些其他私人的信息（例如，关于支配盈利的随机过程的知识）来将其转化为对价值的判断。如果事实如此，市场对公共消息的反应包含了所有的私人信号，并且我们先前的反应不足结论仍然成立。

一方面，给定关于事后趋势的大量经验证据，这种修补增加了描述性现实主义元素。但更有趣和微妙的问题是：如果我们扩展模型以解释短期对公共消息的反应不足，那么我们对于在更长时期对同样的消息是否存在过度反应有何看法？脉冲响应函数还像以前一样呈驼峰形吗，或者价格趋势是否逐渐达到正确水平而不是偏离太远？

不像私人消息，答案现在不那么清楚。这是因为动量交易者的推理问题被简化了。回忆前面对于私人消息，一个动量交易者从来不知道他的购买行为在周期中是早还是晚——就是说，他不能分辨价格上升是新近消息还是过去轮次动量交易的结果。但如果动量交易者能够以某个给定日期 t 的公开的消息公告为条件，他们就能优化他们的策略。特别是，他们能依时间制定策略，从而只在公共消息之后的时期侵略性地追逐趋势，在其他时间保持低调。如果他们这么做，在均衡状态就没有对公共消息的过度反应；并且，脉冲响应函数可能在任何地方都是递增的。

当然，可信的是动量交易者没有这么老练，而是继续使用不依赖于公共消息被宣布多久的策略。如果这样，对公共消息的脉冲响应仍是驼峰形的。但重要的一点是我们模型的逻辑承认（甚至强烈表明）对公共消息的响应与对私人信息的响应是不同的这种可能性。很清楚这是一个可检验的论点。

14.3.4　交易时限和收益自相关的模式

我们模型的一个新颖的特征是，它明确地将动量交易者的时限与收益自相关的时间模式联系起来了。这种联系由命题 2 笼统地表示，而且它在图 14—1 的比较静态结果中清晰地显示出来：动量交易者的时限 j 越长，自相关由正转为负就要经历越久的时间。

就这一点而言要指出的第一件事就是我们的模型似乎是与 j 的平均大小对上了。例如，贾格迪什和蒂特曼（Jegadeesh and Titman，1993）发现股票投资组合的自相关大约前 12 个月是正的，然后系统地变为负的。根据我们的计算（参见附录），如果 j 等于 12~18 个月，这对交易策略的时限来说听起来是一个合理的值。[①]

第二个发现是我们能做横截面预测，以我们能识别影响交易时限 j 的外生因素为限。这种因素的一个自然的候选是交易成本。似乎合理的推测是随着交易成本上升，动量交易者选择持有他们的头寸更长的时间。如果是这样，我们预计那些相对高买卖价差的股票的自相关在由正转为负之前持续更长时期。或者针对不同资产类别，我们预计对诸如房产和收藏品等交易成本无疑明显更高的资产会发生同样的事情。[②] 后一

[①] 作为一个基准，NYSE 的周转率近年来在 50%~60%之间，这意味着平均持有期有 20~24 个月。当然，动量交易者可能比平均投资者时限更短。

[②] 在检验该预测时应该留意，因为这些交易成本更高的资产可能存在价格迟滞，这会导致测得的回报呈现虚假的正自相关。

点的一些证据由卡特勒、波特巴和萨默斯（Cutler, Poterba, and Summers, 1991）给出。他们发现，相对于普通股，房子和农场价格的正自相关持续达三年，对收藏品持续达两年。

14.3.5 关于专业投资策略的逸事证据

在我们的模型中，动量交易者有两个关键特征：(1) 除了不能完成多元回归，他们是理性最大化的，平均意义上他们赚钱；并且 (2) 他们对其他人带来了负外部性。后一特征产生是因为一些在任意时间 t 进入市场的人不知道总的看来此时动量交易者投资程度如何，因而无法预测在不久的将来动量交易头寸是否将有大规模削减。

逸事证据支持这两个假说。就近似理性的动量交易策略而言，应该指出的是，许多想必老练的基金经理采用一般称之为动量交易的方法，即"看重快速增长的销售额、收入甚至股票价格……而对诸如市盈率等传统估值方法关注较少"。① 这同那些在之前的比如德隆等（De Long et al., 1990）的学术研究中流行的更贬低正反馈交易的观点形成对比。

考虑负外部性，似乎其他专业投资者实际上确实会非常担心动量交易者减持他们的头寸的危险。接下来来自基金经理的话表明了这些担心："在我看一只股票前，我会先看一下 SEC 文件，看看主要的股东是谁。如果你看到大量动量交易资金在那里，你必然承认存在高风险……""如果你碰上完全动量交易导向的经理们……你必须意识到有风险。他们快速转手那些股票，而且他们对之没有耐心。"②

除了这两个假说，逸事证据也同我们的一个主要预测相符：动量交易者在分析师报道更少并且信息扩散更慢的小公司股票上更活跃。根据一位最成功的养老金基金顾问的说法："大多数动量交易玩家活跃在小盘和中盘股上。"并且一位著名的动量交易投资者说，他通常关注小公司是因为"市场对更小的公司是非有效的"。③

更广泛地，添加反向投资者后的扩展模型同如下发现一致：存在多

---

① 引自 Ip（1997）。大投资者中被称为动量交易玩家的是 Nicholes-Applegate 资本管理、Pilgrim Baxter & Associates, Friess Associates 和截至 1995 年 12 月有五年在所有类型的 1 200 名经理中被 Performance Analytics 这家退休金咨询公司排在第一的 Richard Driehaus（参见 Rehfeld, 1996）。

② 参见 Ip（1997）。

③ 该顾问是 Performance Analytics 的 Robert Moseson, 引自 Jereski and Lohse（1996）。该动量投资者是 Richard Driehaus, 引自 Rehfeld（1996）。

种专业基金管理"类型",每种类型只看重公共信息的一个不同子集。这种异质性在标准理性模型背景下难以理解,因为标准理性模型中只有一种"正确的"类型,即以一种最优的方式处理所有可得信息。但我们的有限理性框架的一个自然而然的特征是,它允许多种类型共存并赚得近似相等的利润。

14.4 与相关研究的比较

正如在引言中指出的,本文的目标与 BSV(1997)和 DHS(1997)近来的研究相同,就是构建一个合理的模型来对资产价格的延续和反转给出一个统一的解释。但这里采取的方法明显不同。BSV 和 DHS 均采用代表性个体模型,而我们的结论由异质交易者彼此间相互作用产生的外部性得出。[1] 因此,我们模型的许多隐含的经验启示是有区别的。

首先,代表性个体模型无法像我们在 14.3.4 小节中做联系交易时限和自相关的短期模式的预测。其次,BSV 和 DHS 模型似乎都无法得到我们关于更低分析师报道量的股票价格延续和反转更明显这一预测(14.3.1 小节和 14.3.2 小节)。与 BSV 模型更大的差别在于我们的模型允许对公共和私人消息冲击不同的脉冲响应(14.3.3 小节),而他们的模型只考虑公共消息。

在关注包括以趋势追逐方式进行投资的交易者在内的不同类型交易者的相互影响方面,本文同德隆等(De Long et al., 1990)以及卡特勒、波特巴和萨默斯(Cutler, Poterba, and Summers, 1990)的关于正反馈交易的更早模型更接近。但是,同这些研究也有明显的差异。例如,在德隆等的研究中,正反馈交易者极其不理性,他们严重地被一群理性的领跑者利用。[2] 在我们的模型中,动量交易者非常接近理性,并且实际上能够利用其他组的交易者,即消息观察者。这一区别与如下事实

---

[1] BSV 发展了一个机制转换学习模型,该模型中投资者以在两种状态间来回摇摆结束:一种状态下他们认为收入冲击非常短暂;另一种状态下他们认为收入冲击非常持久。DHS 强调如下观点:投资者倾向于对他们私人信息的正确性过度自信,而这种过度自信将随着他们学习过往预测的准确性而随时间变化。

[2] 在卡特勒、波特巴和萨默斯(Cutler, Poterba, and Summers, 1990)的论文中,因为像我们的模型一样有初始反应不足,正反馈交易者赚钱。然而,因为正反馈行为是假定的而不是推导出的,他们的模型没有得到我们在第三部分讨论的许多预测。

密切相关：在德隆等的模型中，不存在任何反应不足。存在回报的短期正相关，但这反映了初始的过度反应，而接下来是更强的过度反应。①

在一个更一般的层面上，本文再次讨论了几个之前理论研究中突出的主题。一群最优化的交易者即使在盈利的同时也可能带来负的信息外部性并因此使价格波动，这个思想也出现在斯坦（Stein，1987）中。联系得更远一点，在这儿一个有趣的类比是班纳吉（Banerjee，1992）以及比克查丹尼、赫什莱佛和韦尔奇（Bikhchandani, Hirshleifer, and Welch, 1992）关于信息瀑布的思想。在这些模型中，代理人序贯地行动。在均衡状态，每个人理性地依据他之前的个体的行动做决定，尽管这给那些追随者施加了一个负的信息外部性。这与我们模型中一批批的动量交易者说的几乎是同一件事。

14.5 结　论

一开始，我们主张关于资产定价的任何新的"行为"理论应该根据三个准则进行评判：（1）它应该建立在或者先验的合理或者同随机观察相符的投资者行为假设之上；（2）它应该以简约和统一的方式解释存在的证据；而且（3）它应该能作出一些更进一步的可经受检验并最终被证实的预测。

在这三点上我们做得如何？关于第一点，我们相信我们对有限理性的特定设定——以一种无偏见的方式来处理可得信息的一个小的子集的能力——既合理又是直觉上吸引人的。再者，在我们的框架中，这种有限理性意味着套利交易者普遍地信赖简单的动量交易策略。正如我们已经讨论的，这看起来与现实世界中观察到的非常一致。

根据简约或统一准则，应该强调的是，我们模型中的任何结论都只是从对未来基本面消息的缓慢扩散这个初始类型的冲击推导出的。没有其他投资者情绪的外生来源，并且没有流动性扰动。我们主要的概念性贡献是表明，如果曾经有一部分投资者对这类消息的短期反应不足，那么（给定套利交易策略的简单特性，）在更长期最终也必然会出现过度

---

① 另外，德隆等（De Long et al.，1990）的模型没有真正内生地解释反转。而且，价格只是在到期日被强制回到基本面信息决定的价格。在我们的模型中，反转期更加内生，对应于动量交易者头寸的削减。它也包含了更复杂的动态信息，以及图中看到的那种减幅振荡。

第 14 章 关于资产市场中反应不足、动量交易和过度反应的一个统一理论

反应。

最后,我们的模型确实解释了几个可检验的隐含启示。最值得注意的是:(1) 那些信息扩散更慢的(小的、低分析师报道量的)股票无论是短期价格延续还是长期价格反转都应该更明显;(2) 相比公开的消息公告,可能对一开始是私人的信息有更长期的过度反应;并且 (3) 在动量交易者时限和收益自相关模式之间应该有一种关系。支持第一个预测的证据已经出现;我们希望在以后的研究中探究其他几个。

附录:证明

A. 收益过程的 ARMA 表达式

让我们从正文中回忆方程 (5) 开始(去掉常数):

$$P_t = D_t + \frac{(z-1)}{z}\varepsilon_{t+1} + \cdots + \frac{1}{z}\varepsilon_{t+z-1} + \sum_{i=1}^{j}\varphi \Delta P_{t-i} \tag{A1}$$

可以推导

$$\Delta P_t = \frac{\sum_{i=0}^{z-1}\varepsilon_{t+i}}{z} + \varphi \Delta P_{t-1} - \varphi \Delta P_{t-(j+1)} \tag{A2}$$

假设 φ 满足具体指定的合适的条件,ΔP_t 是一个协方差—平稳过程。令 $\alpha_k \equiv E[\Delta P_t \Delta P_{t-k}]$(即滞后 k 期的无条件自协方差)。当 $k=0$ 时,我们有无条件方差。该过程的自协方差满足下列尤尔-沃克(Yule-Walker)方程组。

$$\alpha_0 = E\left[\sum_{i=0}^{z-1}\frac{\varepsilon_{t+i}}{z}\Delta P_t\right] + \varphi\alpha_1 - \varphi\alpha_{j+1} \tag{A3}$$

对 $k>0$,我们有

$$\alpha_k = E\left[\sum_{i=0}^{z-1}\frac{\varepsilon_{t+i}}{z}\Delta P_{t-k}\right] + \varphi\alpha_{k-1} - \varphi\alpha_{k-(j+1)} \tag{A4}$$

不难证明,对 $k>z-1$,

$$E\left[\sum_{i=1}^{z-1}\frac{\varepsilon_{t+i}}{z}\Delta P_{t-k}\right] = 0 \tag{A5}$$

而对 $k \leqslant z-1$,我们有

$$E\left[\sum_{i=0}^{z-1}\frac{\varepsilon_{t+i}}{z}\Delta P_{t-k}\right]=\frac{(z-k)\sigma^2}{z^2}+\varphi E\left[\sum_{i=0}^{z-1}\frac{\varepsilon_{t+i}}{z}\Delta P_{t-(k+1)}\right]$$
$$-\varphi E\left[\sum_{i=0}^{z-1}\frac{\varepsilon_{t+i}}{z}\Delta P_{t-(k+j+1)}\right] \quad \text{(A6)}$$

其中，σ 是 ε 的标准差。求解尤尔-沃克方程组简化为求解 $j+2$ 个线性方程组成的系统。接下来，动量交易者的最优策略由下式给出：

$$\zeta_t^M=\frac{\gamma E[P_{t+j}-P_t|\Delta P_{t-1}]}{\text{var}[P_{t+j}-P_t|\Delta P_{t-1}]} \quad \text{(A7)}$$

这里

$$P_{t+j}-P_t=\Delta P_{t+j}+\cdots+\Delta P_{t+1}$$

在均衡状态，

$$\zeta_t^M=\varphi\Delta P_{t-1} \quad \text{(A8)}$$

最后，可以推出

$$\text{cov}(\Delta P_{t-1},P_{t+j}-P_t)=\alpha_{j+1}+\cdots+\alpha_2$$

并且

$$\text{var}(P_{t+j}-P_t)=j\alpha_0+2(j-1)\alpha_1+\cdots+2(j-(j-1))\alpha_{j-1}$$

利用这些公式，问题简化为找到 φ 的一个满足均衡条件（A8）的不动点。给定均衡的 φ，之后我们需要去证明由其产生的均衡 ARMA 过程事实上是协方差—平稳的（因为我们所有的公式根本上取决于这个假设）。

B. 稳定性

我们接下来对推测的收益过程的协方差—平稳性提供一种刻画。该条件刚好是下面方程的根

$$1-\varphi x+\varphi x^{j+1}=0 \quad \text{(A9)}$$

在单位圆外（例如，参见 Hamilton，1994）。

引理 A.1：仅当 $|\varphi|<1$ 时，由方程（A2）所具体确定的收益过程是一个协方差—平稳过程。

证明：证明通过对 j 进行归纳得到。对 $j=1$，收益过程是一个 ARMA（2，z）过程。因此协方差—平稳的条件是：$-2\varphi<1$ 并且 $-1<\varphi<1$（比如，参见 Hamilton，1994）。当 $j=1$ 时满足上面表述的

第 14 章 关于资产市场中反应不足、动量交易和过度反应的一个统一理论

结论。应用归纳的假说并假定对 $j=k$ 结论成立。

由方程（A9），推出 $1-\varphi x+\varphi x^{k+1}=0$ 的根 x 必然在单位圆之外（比如，$|x|>1$）。可以推出

$$|1-\varphi x|=|\varphi||x|^{k+1} \tag{A10}$$

因此，随着 k 增加，由方程（A10）推出 $|\varphi|$ 下降成立。对任意 j，前述结论成立。证毕。

我们利用该结论来描述推测的协方差—平稳均衡的一些特征。

引理 1 的证明：我们通过反证法证明在协方差—平稳均衡下 $\varphi>0$。假设它不成立，即 $\varphi\leqslant 0$。很容易从方程（A4）和引理 A.1 证明，

$$\alpha_k\geqslant 0 \quad \forall k \rightarrow \alpha_2+\alpha_3+\cdots+\alpha_{j+1}>0$$

意味着 $\varphi>0$，产生矛盾。证毕。

C. 存在性和数值计算

在引理 A.1 满足协方差—平稳条件的均衡 φ 值对任意的参数值并不都存在。但很容易证明，对足够小的 γ，一个协方差—平稳均衡确实存在。

引理 A.2：若 γ 足够小，存在一个协方差—平稳均衡。

证明：很容易证明对足够小的 γ，我们可以应用布劳沃的不动点定理。证毕。

一般而言，均衡需要在数值上求解。对 $j=1$ 的情形，我们总可以证明推出的 φ 满足协方差—平稳。对任意的 j，我们仅有一个必要条件，尽管对一个无法产生协方差—平稳过程的 φ，自协方差的计算可能会激增。因此我们总是从 $j=1$ 和小的 γ 开始我们的计算，并利用得到的解应用自举法使我们达到参数空间的其他范围。解很容易求得。当我们偏离参数空间的协方差—平稳区域，对在协方差—平稳均衡下不满足标准性质 $|\alpha_k|<|\alpha_0|$，$k>0$ 的无条件方差或自协方差，自协方差取无意义的值比如负值。一般而言，对正文中列出的参数附近较大范围，在寻找不动点上，我们没有遇到太多困难。

D. 其他的证明

证明命题 3

确定 w 的均衡条件是两种策略的效用相等。给定我们关于动量投资者和反向投资者偏好以及所有 ε 的分布的假设，根据格罗斯曼和斯蒂

格利茨（Grossman and Stiglitz, 1980），这与两种策略的 j 期收益的条件方差相等是等价的。给定动量投资者和反向投资者相同的 j 期时限，可以推出这与两种策略的 j 期收益的条件方差相等是等价的。证毕。

证明命题 4

假设一开始仅有消息观察者和聪明的投资者（即没有动量投资者）。聪明的投资者有有限的风险承受能力 γ^S 并最大化一期收益。我们推出下面的均衡价格函数：

$$P_t = D_t + \frac{(z-1)}{z}\varepsilon_{t+1} + \cdots + \frac{1}{z}\varepsilon_{t+z-1} + \sum_{i=1}^{z-1}\beta_i\varepsilon_{t+i} \tag{A11}$$

注意我们再次去除所有计算相关的常数。聪明的投资者所持股份由下式给出：

$$\zeta_t^S = \frac{\gamma^S E[P_{t+1}-P_t | D_t, \varepsilon_{t+1}, \cdots, \varepsilon_{t+z-1}]}{\mathrm{var}[P_{t+1}-P_t | D_t, \varepsilon_{t+1}, \cdots, \varepsilon_{t+z-1}]} \tag{A12}$$

在由方程（A11）给出预测的均衡状态价格下，我们有

$$\zeta_t^S = \sum_{i=t+1}^{t+z-1}\beta_i\varepsilon_i \tag{A13}$$

接下来方程（A13）给出了在均衡状态确定 β 的方程组：

$$\beta_1 = \gamma^S \frac{\frac{1}{z}-\beta_1}{(\frac{1}{z}+\beta_{z-1})^2\sigma^2} \tag{A14}$$

和

$$\beta_1 = \gamma^S \frac{\frac{1}{z}+(\beta_{i-1}-\beta_i)}{(\frac{1}{z}+\beta_{z-1})^2\sigma^2}, i=2,\cdots,z-1 \tag{A15}$$

利用方程（A14）和（A15），不难证明在协方差—平稳均衡处：（1）对聪明的投资者有限的风险承受能力水平，$\gamma^S<\infty$，收益仍表现为正序列相关；并且（2）当聪明的投资者是风险中性的，价格遵循随机游走过程。

因为当聪明的投资者风险承受能力有限时，收益序列相关，当模型中加入动量交易者时，$\varphi=0$ 不可能是一个均衡。因为聪明的投资者考虑过去所有的价格变化，从方程（A11）的逻辑推出预测的动量交易者

第 14 章 关于资产市场中反应不足、动量交易和过度反应的一个统一理论

价格函数现在是

$$P_t = D_t + \frac{(z-1)}{z}\varepsilon_{t+1} + \cdots + \frac{1}{z}\varepsilon_{t+z-1} + \sum_{i=1}^{z-1}\beta_i\varepsilon_{t+i}$$
$$+ \sum_{i=1}^{\infty}\kappa_i\Delta P_{t-i} + \sum_{i=1}^{j}\varphi\Delta P_{t-i} \quad (A16)$$

假定存在一个协方差—平稳均衡,聪明的投资者持有的股份是

$$\zeta_t^S = \frac{\gamma^S E[P_{t+1}-P_t \mid D_t,\varepsilon_{t+1},\cdots,\varepsilon_{t+z-1},\Delta P_{t-1},\Delta P_{t-2},\cdots,\Delta P_{-\infty}]}{\mathrm{var}[P_{t+1}-P_t \mid D_t,\varepsilon_{t+1},\cdots,\varepsilon_{t+z-1},\Delta P_{t-1},\Delta P_{t-2},\cdots,\Delta P_{-\infty}]}$$
(A17)

并且动量交易者持有的股份由方程(A7)给出。在方程(A16)中推测的均衡价格处,我们有

$$\zeta_t^S = \sum_{i=t+1}^{t+z-1}\beta_i\varepsilon_i + \sum_{i=1}^{\infty}\kappa_i\Delta P_{t-i} \quad (A18)$$

对应于聪明的交易者,而方程(A8)对应于动量交易投资者。

一般来说,方程(A16)中所有的 β、κ 和 φ 必须采用我们上面在 14.1.3 小节描述的同样的方法,由方程(A8)和(A18)在数值上确定不动点。尽管求解这些参数在计算上很难,但我们可以描述协方差—平稳均衡下的某些行为特征。给定在时间 t 开始在消息观察者中间扩散的一单位正面消息冲击,对聪明的投资者有限的风险承受能力,在 t 时价格反应不足,即 $\Delta P_t = \frac{1}{z} + \beta_{z-1} < 1$。在协方差—平稳均衡下价格最终收敛于 1。并且在协方差—平稳均衡状态,价格也必然超过 1。为了看清这一点,假定没有如此。那么在任何时限收益的序列相关都为正。这意味着动量交易投资者将有 $\varphi > 0$,根据我们前面的逻辑,这意味着将出现过度反应,因而出现矛盾。

若聪明的投资者的风险承受能力无限,从上面的讨论可以推出,若不存在动量交易者,价格遵循随机游走过程。因此,动量交易的期望收益为零。因而,当聪明的投资者的风险承受能力无限时,价格遵循随机游走过程并且没有动量交易实际上是一个协方差—平稳均衡。证毕。

第五部分

投资者行为

第15章　个体投资者

布拉德·M·巴伯（Brad M. Barber）和
特伦斯·奥丁（Terrance Odean）

一半的美国家庭直接投资股票或间接投资共同基金或其他管理资产，另一半的美国家庭拥有自导型的退休账户，如个人退休账户（IRAs）、基奥账户（Keogh Accounts）和401（k）账户（Kennickell，Starr-McCluer，and Surette，2000）。这些家庭的未来福利取决于他们制定合理投资决策的能力。如果所有投资者总能作出个人最优决策，投资会变得很方便，可惜事实并非如此。投资者会犯错误，但大部分投资者能从教育和建议中获益。另外，财务顾问也能更有效地帮助投资者规避这些错误，如果他们了解投资者发生投资错误的决策过程。

这一章回顾了我们及其他学者的一些研究，这些研究旨在更好地了解个人投资者的决策行为。[①] 我们主要关注个人投资者的两类特殊行为以及导致这些行为的决策偏差。第一，我们考察了"意向效应"（disposition effect），即投资者持有亏损投资时间过长而处置盈利投资过快的倾向。第二，我们研究了许多投资者交易过于频繁的特点。"意向效应"是卡尼曼和特沃斯基（Kahneman and Tversky，1979）前景理论的一个应用。另外，我们相信过度交易至少部分是由于投资者过度自信造成的。

15.1　意向效应

谢弗林和斯塔特曼（Shefrin and Statman，1985）认为如果投资者保

[①] 这个回顾从《被误导了的信念之胆识：个体投资者的交易行为》中摘录并修正。这篇文章于1999年11/12月发表在《金融分析师杂志》上。

持独立的心理投资账户（见 Thaler，1985），并按前景理论（Kahneman and Tversky，1979）看待损益，他们就会持有亏损投资、出售盈利投资。根据前景理论，当投资者面临选择具有两个和三个结果的彩票时，他们的行为就遵从最大化 S 形的价值函数（见图 15—1）。这个价值函数除了定义收益和损失来代替财富水平外，其他方面类似于标准效用函数。

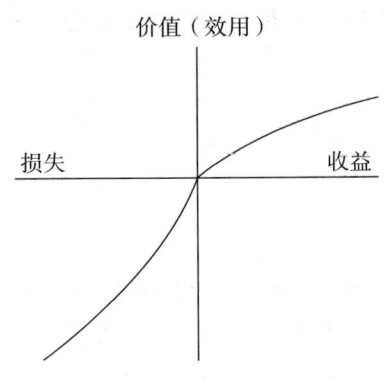

图 15—1　前景理论价值函数

这个函数在收益区间内是个凹函数，在损失区间内是个凸函数。与收益区间相比，函数在损失区间的斜率更大，这意味着人们通常是厌恶风险的。这个价值函数的关键在于如何确定判断盈亏的参考点（reference point）。现状（status quo）通常被当作参考点，然而，"在有些情形下损益并非由现状决定，而是由预期或期望水平决定……不能冷静对待损失的人极可能去赌博，否则他不会接受赌博"（Kahneman and Tversky，1979，p.287）。

举例来说，假设有投资者购买了一只股票，她认为该股票预期盈利足以补偿风险。当股价上涨时，如果投资者继续用购买价作为参考点，那么股价将落在价值函数更凹、更厌恶风险的部分。这或许是因为股票的预期收益仍能补偿风险。但如果投资者略微降低股票预期收益，他很可能会卖掉股票。如果股价不是上涨而是下跌呢？那么它的价格会落在价值函数中凸的、偏好风险的部分。投资者仍会持有股票，即使股票预期收益跌落到不足以补偿原购买价格。因此，要使投资者出售贬值股票，相对于升值股票，投资者对贬值股票的预期收益需降至更低。类似地，假设投资者持有两只股票，一只升值，一只贬值。如果她面临流动性需求且缺乏任一股票的新信息，她更可能卖掉升值股票。

奥丁（Odean，1998a）研究了个人投资者的股票交易行为，以考察相对于亏损投资个人投资者是否更愿意处置盈利投资。奥丁的研究数据由国家折扣经纪公司（National Discount Brokerage House）提供。研究数据是在1987年已开通使用的10 000个随机选择账户（至少有一笔交易）从1987年1月到1993年12月的交易记录。每条交易记录包括账户标志、买卖指示、股票交易数量、支付佣金和本金数额信息。

整个研究中，假设股票的购买价是投资者的参考点。虽然这里的结果看似都支持那种选择，但对于一些投资尤其是那些持有时间较长、价格波动较大的投资，购买价可能是参考点的唯一决定变量。但价格路径（price path）也可能影响参考点水平。举例来说，一个房主在房价上涨前用100 000美元买了一套房子，这套房子随后涨到了200 000美元，如果她以100 000美元加佣金将房子出售，她可能不会再觉得自己是"盈亏平衡"（breaking even）了。

如果购买价是参考点的主要部分（但不是唯一部分），购买价或许会成为真实参考点的一个噪音替代变量（noisy proxy）。使用购买价这个替代变量代替真实参考点会使意向效应更难证明。如果真实参考点可以获得，那么这里报告的证据将更有说服力。

15.1.1　税收

投资者不愿意变卖亏损投资与应税投资的最优税损销售（tax-loss selling）是不相符的。出于避税目的，投资者会继续持有盈利投资以推迟获得应税收益，会出售亏损投资以获得应税损失（尽管税率固定时这样做并无必要）。康斯坦丁尼德斯（Constantinides，1984）认为当存在交易成本、且短期税率和长期税率没有差异（大概就像美国联邦税[①]从1987年到1993年的案例）时，投资者应该从1月到12月逐渐增加税损销售。戴尔（Dyl，1977）、兰科尼肖克和斯密特（Lakonishok and Smidt，1986）、巴德里纳思和卢埃林（Badrinath and Lewellen，1991）研究证实，投资者的确会在临近年末时变卖更多亏损资产。

[①]　在1987年之前，长期资本利得税率是短期资本利得税率的40%；1987—1993年这段期间，低收入纳税人的长期和短期收益以相同的边际税率征税。最大的短期税率一度超过了最大的长期税率。1987年最大的短期税率是38.5%，而最大的长期税率只有28%。1988—1990年期间最高收入纳税人支付的长期和短期收益的边际税率是28%。1991—1992年间，最大的长期税率和短期税率分别是28%和31%。1993年，最大的长期税率和短期税率分别是28%和39.6%。

15.1.2 研究方法

为了确认投资者是否更乐意卖出盈利资产而不是亏损资产，只比较出售证券中盈利交易笔数与亏损交易笔数是不够的。假设出售盈利资产和亏损资产对投资者来说没有差异。在市场上行期间（upward-moving market），投资者资产组合中将有更多盈利资产，他将出售更多盈利资产而不是亏损资产，即使他们没有这样做的偏好。为了考察投资者是否愿意卖掉盈利资产、持有亏损资产，我们必须考察相对于每个资产的出售机会，投资者卖出盈利资产和亏损资产的频率。

我们按时间顺序排列账户的交易记录，构建了一个已知购买日期和购买价格的证券投资组合。很明显这个投资组合仅代表每位投资者总投资组合中的一部分。因为很多账户中证券的购买时间是在1987年1月前，这些证券的价格我们无法得到，并且投资者可能拥有不属于这个数据库的其他账户。尽管根据这个数据库构造的投资组合只是每个投资者所有投资组合的一部分，但这个选择过程不可能使这部分投资组合存在特殊性，这里的特殊性是指资产组合中拥有投资者对实现损益有异常偏好的股票。

一个投资组合每天都有两个或者更多的股票被卖出，我们把每只股票的卖出价与其平均购买价做比较，从而确定卖出这只股票是盈利还是亏损。每天一开始，在投资组合中还未卖出的股票都会被看作账面（未实现的）盈利或者损失（或不盈不亏）。至于它是账面盈利还是账面亏损取决于它当天的最高价和最低价（从CRSP中得到的）与平均购买价的比较。如果当天的最高价和最低价均高于平均购买价格，我们认为它是账面盈利；如果两个价格都低于平均购买价格，我们认为它是账面亏损；如果平均购买价格在两个价格之间，则认定它既不是账面盈利，也不是账面亏损。如果当天账户中没有股票售出，则不计算实现的或账面的损益。

在表15—1中，假设有两个投资者戴蒙和罗莎莉。在戴蒙的投资组合中有五只股票，分别是A股、B股、C股、D股和E股。A股和B股的现价高于购买价，C股、D股和E股的现价低于购买价。另一位投资者罗莎莉拥有三只股票，F股、G股和H股。F股和G股现价高于购买价，H股低于购买价。周一，戴蒙卖掉了A股和C股。周三，罗莎莉卖了F股。那么戴蒙卖掉的A股和罗莎莉卖掉的F股就是已实现盈利。戴蒙的 C 股就是已实现亏损。B 股和 G 股本可以卖掉获得盈利但没有那样做，则被称为账面盈利。D 股、E 股和 G 股是账面亏损。所以，这两个投资者在这两天中有两笔已实现盈利、一笔已实现亏损、两笔账面盈利和三笔账面亏损。把已实现盈利和账面盈利、已实现亏损和账面亏损加总到每个账户和所有账户。那么可以计算两个比例：

$$实现的收益比例（PGR）=\frac{已实现收益}{已实现收益+账面收益}$$

$$实现的亏损比例（PLR）=\frac{已实现亏损}{已实现亏损+账面亏损}$$

在戴蒙和罗莎莉的例子里，PGR=1/2，PLR=1/4。实现的收益比例（PGR）和实现的亏损比例（PLR）之间的巨大差异可以说明投资者是更愿意实现盈利还是更愿意实现损失。

对意向效应的任何检验，其实是对投资者更愿意出售盈利资产假设（相对于亏损资产）以及决定盈亏的参考点确定方式的联合检验。股票的参考点可能是平均购买价、最高购买价、首次购买价或最近购买价。我们的研究结论在每种参考点选择方式下都是一样的，这里报告的结果是以平均购买价格为参考点。当确定参考点或盈亏时，佣金和股利既可以考虑，也可以不考虑。尽管投资者回想购买股票成本时可能不会考虑佣金，但佣金的确会影响资本盈利或损失。因为与意向效应相比较的规范标准是最优避税动机销售（optimal tax-motivated selling），所以除非有特别说明，本次研究中购买价格考虑佣金、出售价格不考虑佣金。在确定销售哪个资产能实现盈利时不考虑红利，因为从纳税角度来看，它不影响资本利得和损失。这些检验的主要结果（即投资者不愿意出售亏损股票但愿意处置盈利股票）不受是否考虑佣金或红利的影响。但在确定如果股票出售是盈利还是亏损时（实际上该日股票尚未出售），我们假设用购买股票时每股支付的平均佣金作为潜在出售股票的佣金。[①] 另外，所有盈利和亏损都是在调整股票增发后计算得到的。

---

① 对于潜在销售，如果佣金改用购买股票支付本金的固定比例代替，研究结果也不会发生明显变化。

表 15—1　计算实现收益比例（PGR）和实现损失比例（PGR）的例子

	戴蒙	罗莎莉
A 部分：头寸		
持有股票	A，B，C，D，E	F，G，H
盈利股票	A，B	F，G
亏损股票	C，D，E	H
B 部分：出售		
周一出售股票	A 和 C	无
周三出售股票	无	F
C 部分：计算收益和损失		
账面收益	1（B）	1（G）
账面损失	2（D 和 E）	1（G）
实现收益	1（A）	1（F）
实现损失	1（C）	0

15.1.3　结论

图15—2报告了从1月到11月、12月以及整年的PGR和PLR。在整一年中，相对于亏损股，投资者的确卖出了更大比例的盈利股。只有在12月，当纳税年度即将结束时，PLR超过了PGR。①

需要强调的是，我们的研究结论遵从科学调查经典原则；结论对样本外检验（out-of-sample testing）仍具有稳健性。特别是，继奥丁（Odean，1998a）之后，我们从同一家折扣经纪公司获得了从1991年到

---

① 在 PLR 和 PGR 的计算中，当投资组合售出两个或者更多股票时，我们把该交易日实现和未实现的亏损列在表格中。这种计算方法存在的一个问题是，对于只拥有盈利或者亏损股票的投资组合，投资者不能选择售出盈利股还是亏损股，而是要选择卖掉哪只盈利股或亏损股。另一个问题在于，如果投资者该年净资本损失（在非税收递延账户）超过 3 000 美元，那么该投资者选择出售盈利股就很正常。我们在考虑下面的额外限制后对表格数据进行了再次分析：资产组合在售出日至少拥有一只盈利股和亏损股，且该年投资组合的净资本损失小于 3 000 美元。当增加这些限制后，对每种分析，PGR 与 PLR 的差异变大。举例来说，对于全样本和全年度（如图 15—2 所示），实现盈利 10 111 个，账面盈利 71 817 个，已实现损失 5 977 个，账面损失 94 419 个。因此 PLR 等于 0.060，PGR 等于 0.123，二者差值为 0.063；差异的 t 统计量是 47。

1996 年 78 000 户家庭的交易记录（这些数据在 15.4.4 小节会更详细地讨论）。对于这个新数据库，PGR 的值为 0.144 2，PLR 的值是 0.086 3。在这个样本区间中，出售的盈利股票比亏损股票多了将近 65%。

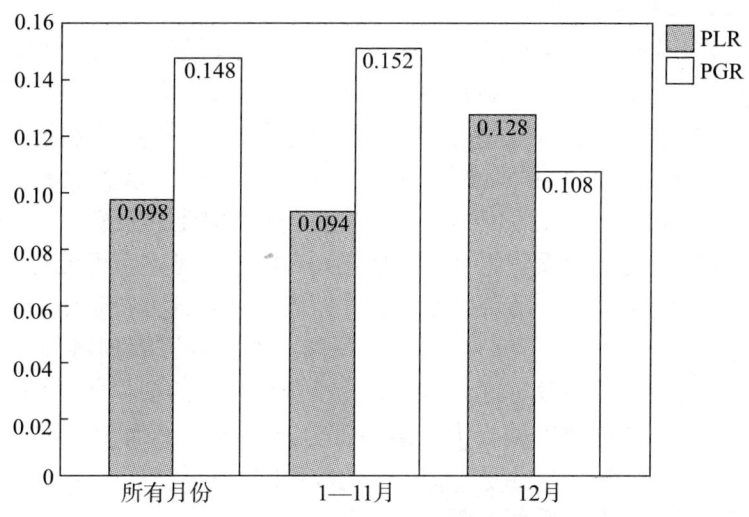

图15—2　实现收益比率和实现亏损比率

15.1.4　持有亏损股与处置盈利股的其他原因

之前的研究为投资者更愿意处置盈利股的假设提供了一些支持，但是这些研究通常无法区分是哪种动机促使投资者作出这种选择。[①] 最近的研究（其中一些会在下文详细讨论）发现专业期货交易者（Locke and Mann，1999）、以色列投资者（Shapira and Venezia，2001）以及芬兰投资者（Grinblatt and Keloharju，2001）在行使公司股票期权（Heath，Huddar，and Lang，1999；Core and Guay，2001）、销售住宅（Genesove

---

[①] 斯塔尔-麦克卢尔（Starr-McCluer，1995）发现在 1989 年和 1992 年消费者理财调查采访过的持有股票的家庭中，15% 的家庭账面损失超过 20%。她估计在大多数案例中，实现这些损失的税收优势要大于抵消交易成本和时间成本的消耗。海斯勒（Heisler，1994）提到在小样本期货投机者中存在损失厌恶。波特巴（Poterba，1987）在个人联邦税收收益的研究中发现，尽管许多投资者会用损失抵消他们的资本收益，高于 60% 遭受损失或者获得收益的投资者只实现了盈利。韦伯和卡默勒（Weber and Camerer，1995）报告了处置效应的实际证据。兰科尼肖克和斯密特（Lakonishok and Smidt，1986）以及费里斯、豪根和马克希加（Ferris，Haugen，and Makhija，1998）发现了价格变化与成交量的正相关关系。布雷默和卡托（Bremer and Kato，1996）对日本股市的研究也发现了相同的关系。这种关系可能由那些偏好售出盈利股、持有损失股的投资者引起，但它也可能是买家的交易偏好的结果。

and Mayer, 2001) 中都存在意向效应的证据。我们坚信意向效应可以最好地解释投资者持有损失资产、出售盈利资产的偏好。在这部分, 我们将提供证据以拒绝对投资者行为的其他解释。

15.1.4.1 税法调整期望

投资者选择卖出盈利股而不是亏损股的一个可能原因是, 他们预期税法会发生调整——资本利得税率会提高。1986 年税法就曾做过一次这样的调整。如果投资者因预期未来税率提高而变卖盈利股, 那么 1987 年投资组合中亏损股的比例会大于寻常。因为这类股票都是在 1987 年之前购买的, 它们不会出现在这里重新构建的投资组合中。所以, 在投资者的整个投资组合中, 收益/损失的实现比率可能低于这里构建的部分投资组合。随着旧股出售、新股买入, 部分投资组合就越来越能代表总投资组合。我们可以这样预期: 如果投资者预料到 1986 年税法变动而变卖盈利股, 这会影响部分投资组合中的损益实现比例, 且该效应在第一部分样本期会大于最后部分样本期。然而 1987—1990 年的 PGR 与 PLR 的比值几乎与 1991—1993 年的一样。

15.1.4.2 渴望重新平衡

兰科尼肖克和斯密特 (Lakonishok and Smidt, 1986) 提出投资者卖出盈利股、持有亏损股是为了重新保持投资组合平衡。出于该目的, 出售盈利股的投资者很可能会购买新的股票。为了剔除可能出于调整资产组合目的的交易, 我们只计算发生出售交易以及在交易当日或之后三周内均没有购入新股的投资组合的 PGR 和 PLR。通过这种方法剔除这类交易后, 我们发现投资者仍选择售出盈利股, 且投资者在 12 月实现的亏损比率仍高于实现的收益比率。

15.1.4.3 相信亏损股会反弹

投资者卖出盈利股、持有亏损股的另一个可能原因是, 他们预期亏损股的未来表现会优于盈利股。一个因利好消息购入股票的投资者可能会在股价上涨时出售该股票, 因为她认为此时信息已反映在股价中。相反, 如果股价下跌, 她可能继续持有股票, 因为她相信市场还没有对她的信息作出反应。投资者选择卖出盈利股并持有亏损股也可能仅因为他们相信股价会反弹。我们可以采用事后分析来检验这种观点是否合理。

为了检验投资者持有的亏损股的市场表现是否优于出售的盈利股, 奥丁 (Odean, 1998a) 计算了每个售出日后持跌股和卖涨股的市场调整收益。对于那些出售的盈利股, 他计算了出售日之后 84 个交易日 (四个月)、252 个交易日 (一年) 和 504 个交易日 (两年) 的市场调整收益（平均收益减去 CRSP 市值加权指数收益）。在同样的事件期，他计算了持跌股出现账面损失后的市场调整收益。也就是说，对于资产组合中持有的亏损股票，我们假设亏损股被出售，计算出售日之后 84、252 和 504 个交易日的市场调整收益。

盈利股售出后一年的平均超额收益比持有的亏损股高了 3.4 个百分点，且在统计上显著。[1]（售出盈利股的市场表现在之后四个月和之后两年中分别高出账面亏损股 1.03% 和 3.58%。）所以，平均来看，投资者认为亏损股未来收益高于盈利股的观点无法解释投资者持有亏损股、出售盈利股的现象。这里前期赢家能获得更高收益的证据与贾格迪什和蒂特曼（Jegadeesh and Titman，1993）发现的在 18 个月内证券收益的价格动量证据相一致。[2]

15.1.4.4 试图减少交易成本

哈里斯（Harris，1988）认为投资者不愿意出售亏损资产也许是因为他们介意较低股价会带来较高交易成本。为了把交易成本较高导致亏损实现较慢假设与意向效应假设相比较，我们可以考察投资者增持已有股票的比率。如果投资者不愿出售亏损投资是因为卖出低价股需支付较高交易费用，那么我们也可以推断投资者会避免增持已亏损股票。但实际上并非如此；比起盈利股，投资者更倾向于增持亏损股。在本文样本中，投资者愿意购买亏损股的概率约是盈利股的 1.5 倍。

15.1.4.5 相信所有股票会均值回归

目前展示的结果还不能区分前景理论和关于亏损股业绩会反弹超过现在盈利股的错误观念。前景理论和均值回归理念都预测投资者持有亏损股时间太长、出售盈利股太快。两种理论也都预测相对于盈利股投资者会购买较多亏损股。然而，均值回归理念可以应用到投资者已拥有或尚未拥有的股票，而前景理论只能应用到投资者已拥有的股票。所以，均值回归理念说明投资者会购买之前价格下跌，甚至尚未持有的股票，而前景理论并未对这种情况作出预测。奥丁（Odean，1999）发现投资

---

[1] 在这里和第三部分，统计显著性是由自举技术（bootstrapping technique）决定的，类似于布罗克、兰科尼肖克和勒巴伦（Brock, Lakonishok, and LeBaron，1992），艾肯伯里、兰科尼肖克和弗梅伦（Ikenberry, Lakonishok, and Vermaelen，1995），莱昂、巴伯和塞（Lyon, Barber, and Tsai，1999）在研究中讨论的方法。这个方法在奥丁（Odean，1998a，1999）中有详细阐述。

[2] 本研究进行时，只能从 CRSP 数据库得到 1994 年的数据，所以 1993 年出售的资产没有计算出售之后两年的收益。

者倾向于购买过去两年平均收益超过CRSP价值加权指数的股票。这似乎与流行的均值回归理念相矛盾。

15.1.5　员工股票期权

投资者更愿意卖出超过购买价的盈利股而不是亏损股。那么他们会如何对待没有明确购买价的股票？希思、赫达特和朗（Heath，Huddart，and Lang，1999）通过研究员工行使公司股票期权的情况，回答了这一问题。因为员工不需要为获得股票期权支付购买成本，所以对于股票期权，就没有可作为参考点的购买价格。一般期权的有效期是10年，行权主要是为了获取现金。希思、赫达特和朗研究了10年期间7家上市公司超过50 000名员工的股票期权记录。对于每一个授予期权（option grant）（在某日发行的期权），他们计算了发行在外期权每周被行权的比率。他们把行权比率与一些变量做回归，这些变量包括最近授予期权比率、即将到期期权比率、期权内在价值与期望价值的比值、近期收益以及现价是否超过前几年（不包括前几个月）最高价的虚拟变量。正如所期望的，近期授予期权、即将过期期权，以及期权内在价值与期望值比值较大的期权更容易被行权。当行权价格高于股价去年的最大值时，员工更乐意行使期权，他们也更愿意行使最近升值的期权。这些结论与意向效应相一致，表明当购买价不能作为参考点时，许多投资者会把近期股价最大值作为参考点。

15.1.6　芬兰投资者

格林布拉特和凯罗哈朱（Grinnblatt and Keloharju，2001）研究了1995年和1996年所有芬兰股票投资者（家庭、机构和外国投资者）的交易记录。格林布拉特和凯罗哈朱采用Logit回归方法研究了投资者的股票出售（而非持有）决策，他们发现所有投资者都更可能出售最近收益高于市场收益的股票。而当出售资产会遭受较大损失（高于30%）时，投资者更不会出售资产。他们也关注了12月尤其是12月末的税收情况。发现在控制过去市场收益的情况下，持有亏损股的投资者比持有盈利股的投资者更不愿意卖出股票。且投资者也更愿意出售现价达到上月最高价的股票。格林布拉特和凯罗哈朱也通过估计Logit回归比较了股票售出与购买决策。他们发现，通常情况下，芬兰投资者更愿意卖出过去收益较高的股票。芬兰投资者也倾向于购买当月低价股票、出售当月高价股票。另外，股价高波动性会增加购买该股票的家庭比率（而非出售该股票的家庭比例）。最后，与生命周期假说相一致，他们发现年长投资者更可能出售股票，而年轻投资者更可能购买股票。

15.1.7 房地产

投资者不愿实现的损失并不仅限于股票和期权损失。吉尼索夫和迈耶（Genesove and Mayer，2001）发现房主也存在意向效应。吉尼索夫和迈耶研究了1990—1997年波士顿公寓的个人清单。研究数据包括列单日期和价格、离开日期、离开类型（例如售出或者退还）和财产特征，其中财产特征又包括建筑面积、卧室数量、最初评估价、业主居住和抵押信息。他们通过比较当前公寓估价和初始购买价来确定哪些售房者会面临预期亏损。他们发现面临亏损的售房者会设置较高的询问价格，提高的询价幅度是预期售价和初始购买价两者差额的25%～35%。平均而言，这些卖家的售价更高，售价高出部分相当于预期售价和初始购买价两者差额的3%～18%，尽管这些卖家平均比未面临损失的售房者花费了更长的出售时间。

15.2 过度自信和过度交易

心理学家发现人们往往过度自信。也就是说，他们习惯于高估自身能力以及他们所获信息的精确度。奥丁（Odean，1998b）从理论上证明了过度自信的投资者比其他投资者交易次数更多，频繁交易降低了过度自信投资者的预期效用。[1]

过度自信会增加交易次数，因为过度自信使投资者对自己观点过分确定却没能充分考虑他人意见。这会提高投资者信念的异质性——这是大部分交易产生的根源。过度自信的投资者也认为他们的行动所带来的风险比一般情况要小。

在这一部分，我们将简短回顾过度自信的心理学研究，然后介绍我们所做的关于投资者过度自信的三篇实证研究。

---

[1] 其他有关过度自信投资者的理论模型包括 De Long, Shleifer, Summers, and Waldmann (1991); Benos (1998); Kyle and Wang (1997); Daniel, Hirshleifer, and Subramanyam (1998); Gervais and Odean (2001)。

15.2.1 过度自信

主观概率的校准研究发现人们倾向于高估自己知识的精确度（Alpert and Raiffa，1982；Fischhoff，Slovic，and Lichtenstein，1977；参见 Lichtenstein，Fischhoff，and Phillips（1982）关于校准文献的回顾）。这种过度自信在很多专业领域都有所体现。对临床心理学家（Oskamp，1965）、内科医生和护士（Christensen-Szalanski and Bushy Head，1981；Baumann，Deber，and Thompson，1991）、投资银行家（Staël von Holstein，1972）、工程师（Kidd，1970）、企业家（Cooper，Woo，and Dunkelberg，1988）、律师（Wagenaar and Keren，1986）、谈判代表（Neale and Bazerman，1990）和管理者（Russo and Schoemaker，1992）的研究都表明他们对自己的判断过度自信（更进一步的讨论，参见 Lichtenstein，Fischhoff，and Phillips，1982；Yates，1990）。

误校（miscalibration）只是过度自信的一种表现。研究人员也发现人们会高估完成某项任务的能力，并且高估程度随着任务中的个人重要性的提高而增加（Frank，1935）。人们也会对未来盲目乐观。他们预期好事会更频繁地发生在自己身上，而不是他们同伴身上（Weinstein，1980；Kunda，1987）。他们甚至对纯粹的偶然事件盲目乐观（Marks，1951；Irwin，1953；Langer and Roth，1975）。

人们会给自己不切实际的正面评价（Greenwald，1980）。大多数人觉得自己比一般人要好，并且觉得自己看到的自己比别人看到的自己要好（Taylor and Brown，1988）。他们认为自己的能力和前途比同伴要好。举例来说，当让一组平均年龄为 22 岁的美国学生评价自己的驾驶安全性时，82%的人认为他们应该处于小组的前 30%（Svenson，1981）。在 2 994 名新的企业主中，81%的人认为他们的生意有 70%甚至更高的成功机会，而只有 39%的人认为任何与他们一样的生意都有同样的成功概率（Cooper，Woo，and Dunkelberg，1988）。

人们也会高估他们对过去好结果的贡献，相对于失败，他们更容易回想起成功经历。菲施霍夫（Fischhoff，1982）写道："为了事后夸大他们的先见之明，他们甚至会记错自己的预测。"当人们预测一种结果，然后该结果发生了，他们经常高估为出现该结果所做的努力（Miller and Ross，1975）。泰勒和布朗（Taylor and Brown，1988）认为高估自己能力和盲目乐观可能带来"更大的动机，更强的持久性，更有效的业绩，以及更彻底、更大的成功"。但是，这些信念也会导致判断偏差。

15.2.2 金融市场中的过度自信

在存在交易成本的市场中，我们预期：以提高收益为目的的知情交易者，其获得的收益平均而言至少能够弥补交易成本。这就是说，在合适的期限内，这些交易者买入证券的收益高于卖出证券的收益的差额至少足够支付交易费用。如果投机性交易者是知情交易者，但他们高估了信息精确度（一种过度自信的形式），那么平均而言他们买入证券的收益高于卖出证券的收益的差额可能不足以弥补交易成本。如果这些交易员认为他们拥有信息，但实际上这些信息毫无价值，那么在扣除交易成本之前，他们买入证券的收益平均等于他们卖出证券的收益。仅对无偏信息的精确度过度自信本身不会使预期交易损失超过交易成本损失。

如果除了对信息精确度的过度自信，投资者还对他们理解信息的能力过度自信，那么他们的平均交易损失就会超过交易成本损失。假设投资者获得了有用信息但是在对信息的理解上出现了系统性偏差，这就是说，投资者对均值而不是（或加上）信息分布的精准性具有错误信念。如果他们不经意地误读了信息，他们可能会购买或售出本不该如此买卖的股票。他们甚至可能购买那些在扣除交易成本之前平均收益低于卖出证券的股票。

15.2.3 投资者是否交易过多？

为了检验在大型折扣经纪公司的个人投资者对信息精确度是否过度自信，奥丁（Odean，1999）考察了这些投资者买入证券的收益高于卖出证券的收益的差额是否足以弥补交易成本。为了检验信息的理解偏误，他测算了当忽略交易成本时投资者买入证券的收益是否高于卖出证券的收益。本文的研究数据与奥丁（Odean，1998a）的一致，且已在第一部分进行过介绍。我们考察了每笔交易后四个月（84个交易日）、一年（252个交易日）和两年（504个交易日）的收益期间。[1] 计算的收益来自CRSP的日收益数据。

为了计算这些账户中的证券在买（卖）发生后的 T 个交易日（$T=$

---

[1] 投资期限会随着投资者与投资项目的变化而变化。博纳茨和泰勒（Benartzi and Thaler，1995）估计投资者的平均投资期限为一年，在此期间，NYSE证券每两年换手一次。本研究进行时，只能从CRSP数据库得到1994年的数据，所以1993年出售的资产没有计算出售之后两年的收益。

84、252 或 504）内的平均收益，每笔买（卖）交易都会用下标 i 表示，i 为 1 到 N。每笔交易由证券 j_i 和日期 t_i 组成。如果同一个证券在同一天被不同的账户买入（售出），每笔买入（售出）交易都被当作一笔单独的交易。市场调整收益是通过证券收益减去 CRSP 的价值加权指数收益计算得到的。购买超过 T 交易日的证券的市场调整收益用下列公式计算：

$$R_{P,T} = \frac{1}{N} \sum_{i=1}^{N} \left(\prod_{\tau=1}^{T}(1+R_{j_i,t_i+\tau}) - \prod_{\tau=1}^{T}(1+R_{VW,t_i+\tau}) \right)_1$$

其中，$R_{j,t}$ 是证券 j 在日期 t 的 CRSP 日收益，$R_{VW,t}$ 是 CRSP 价值加权指数在日期 t 的日收益。请注意，为了不把买卖价差混入股票收益，我们在买（卖）交易发生之后计算收益。

在这个数据库中，购买证券时支付的平均（等权）佣金是购买价格的 2.23%。售出时的平均佣金是售出价格的 2.76%。① 因此，如果用出售证券的资金来购买另一种证券，那么支付售出和购买的总佣金平均约为 5%。平均有效买卖价差是 0.94%。② 因此一个买卖往返交易的平均总成本大概是 5.9%。因预期购买的证券的收益高于卖出的证券的收益而进行证券卖和买（买另一种证券）的投资者，为弥补交易成本，平均且等权情形下，必须从出售证券中获得高出买入证券 6% 的收益。

第一个要检验的假设是，在四个月、一年和两年的期限，购买证券的平均收益减去售出证券的平均收益的差额小于平均往返交易成本 5.9%。这是当投资者对其信息准确性过度自信时我们的预期结果。第一个零假设是两者收益差异大于等于 5.9%。零假设支持投资者理性观点。第二个假设是，在同样的期限，在不考虑交易成本的情况下购买证券的平均收益低于售出证券的平均收益。这个假设意味着投资者实际上曲解了有用信息。第二个零假设是购买证券的平均收益大于或等于售出证券的平均收益。

对于所有的三个期限，买入股票的平均市场调整收益都小于那些售出股票的收益。图 15—3 提供了买入股票和售出股票的市场调整收益差异图。不考虑期限，投资者购买的股票的收益低于出售股票（用实际收

---

① 如果用股权价值对每笔交易进行加权，而不是等权，购买（售出）的平均佣金是 0.9%（0.8%）。

② 巴伯和奥丁（Barber and Odean，2000）估算的 1991—1996 年个人投资者的买卖价差为 1%。卡哈特（Carhart，1997）利用 1966—1993 年开放式共同基金数据估算的购买交易的交易成本为 0.21%、售出交易的为 0.63%。

益代替市场调整收益,结果也是如此)。投资者不仅需要支付交易成本来买卖股票,而且他们购买的股票的收益也低于其售出的股票。在四个月期限,买入股票比售出股票的平均市场调整收益低了1.45%。在一年期限,这个差异上涨到3.2%。两年期限时,该差额比一年期限轻微上涨,两者收益差异为3.6%。

我们拒绝了第一个零假设(对于所有三个期限,$p<0.001$),即购买股票的预期收益高出售出股票的差额,大于或等于5.9%(往返交易的平均成本)。我们也拒绝了第二个零假设(期限为四个月、一年、两年时分别对应$p<0.001$,$p<0.001$和$p<0.002$),即购买股票的预期收益大于或等于售出股票(忽略交易成本)。

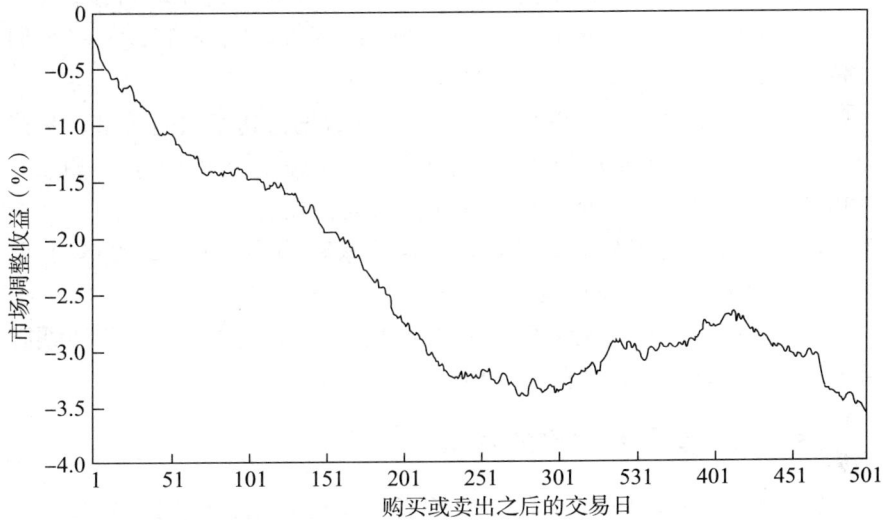

图15—3 股票购买后的市场调整收益减去股票出售后的市场调整收益

这些投资者的交易并没有带来利润。当然除了增加利润,投资者还有其他交易目的,比如他们交易是为了满足流动性需求,增加或减少风险投资,实现税收损失,或者为再调整资产组合,举例说明,如果投资者的资产组合中某只股票大幅涨价,投资者可能会卖出一部分该股票并买入其他股票来调整资产组合。

奥丁(Odean,1999)研究了基本消除其他交易动机的交易。那些"投机性"交易包括:(1)仅在股票出售交易完成后三周内就买入股票的股票买卖。这种交易不可能出于流动性动机,因为三周内急需现金的投资者可以采用比先卖后买股票费用更低的方式借到资金(比如用信用卡)。

(2) 能获得利润的股票销售。那么这些股票销售不是为了实现税收损失（他们不是卖空销售）。(3) 出售投资者所有股票的股票销售。绝大多数这类股票销售不是出于调整升值股持有量的动机。(4) 购买股票与出售股票处于同一个规模分组或者购买股处于更小规模分组的股票买卖（按交易当年 CRSP 规模分组）。因为规模与风险高度相关，这种限制是为了避免这种情况：投资者为了降低风险有意购买比售出股票预期收益更低的股票。

当所有的其他交易动机被消除后，投资者实际上在所有三个期限内收益更差。在四个月期限内，投机性购买股票比投机性销售股票收益低 2.5%；在一年期限内低 5.1%；在两年期限内低 8.6%。由于样本规模大幅降低，所以统计显著性也轻微减小，但仍拒绝了两个零假设。（对于第一个零假设，三个期限均为 $p<0.001$；对第二个零假设，三个期限分别对应 $p<0.001$，$p<0.001$ 和 $p<0.002$）。

正如检验意向效应，我们可以用样本外数据得到相同的结果。紧接着奥丁（Odean, 1999）的研究，我们从折扣经纪公司获得了 1991—1996 年 78 000 户家庭的交易记录（这些数据将在后面详细讨论）。平均而言，在交易之后 252 个交易日内，这些家庭购买的 1 082 106 只股票的收益比卖出的 887 638 只股票低了 2.35%（$p<0.001$）。

仅用过度自信观点无法解释这些结果。投资者们看似有分辨股票随后表现好坏的能力。遗憾的是，他们有点搞错了关系。

15.2.4 交易有损你的财富

奥丁（Odean, 1998b）认为投资者越过度自信，他们就越频繁交易，因此也会越降低他们的预期效用。如果过度自信是投资者交易的重要原因，那么我们预期平均而言，交易最频繁的投资者，通过交易降低的收益最多。正如巴伯和奥丁（Barber and Odean, 2000）所报告的，我们发现事实确实如此。

我们考察了提供上述研究数据的同一折扣经纪公司提供的 78 000 户家庭账户的交易和头寸记录。记录从 1991 年 1 月到 1996 年 12 月，包含了在经纪公司开户的所有家庭账户（参见巴伯和奥丁（Barber and Odean, 2000）对这些数据的详细解释）。在 78 000 户家庭中，有 66 465 户家庭至少一个月内持有过股票；其余账户则还持有现金或股票外投资。股票投资占了账户市值的 60%左右。有超过 3 000 000 笔证券交易记录；普通股交易占了证券交易记录的 60%以上。在 1996 年 12 月，所有家庭持有的普通股价值达到45亿美元。除了交易与头寸记录，数据库还提供了大多数样本的人口特征如年龄、性别、婚姻状况和收入。

我们根据股票组合月平均换手率将这些家庭分为五组。这五组家庭的月换手率均值从0.19%（低换手率组）到21.49%（高换手率组）。交易频繁的家庭（高换手率组）获得的年几何平均收益率是11.4%，交易不频繁的家庭（低换手率组）的收益率是18.5%。图15—4表示了五组家庭的换手率和年几何收益率情况。

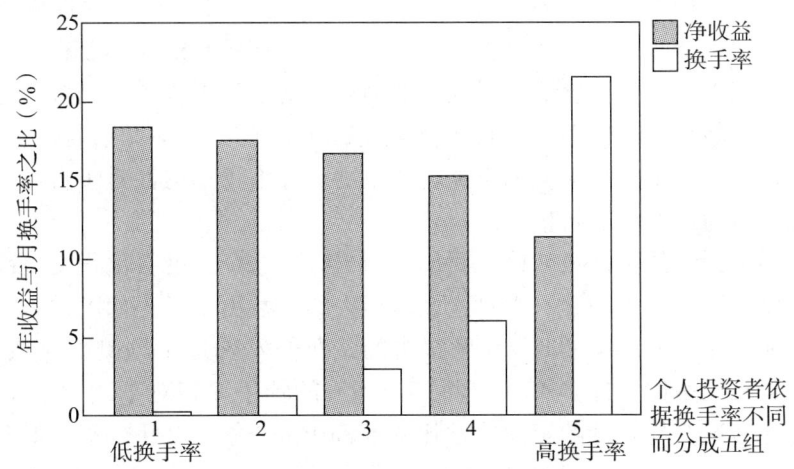

图15—4　个人投资者的月换手率与年收益

注：图中灰柱代表了根据月换手率划分的五组个人投资者在1991年2月至1997年1月的年几何平均收益。白柱代表了月换手率。

我们发现投资者交易越多，其预期收益损失越多，这与过度自信交易者交易越频繁收益越少的预测相一致。然而，我们仍然没有直接检验为什么过度自信会促发交易的问题。为此，我们按照心理学家关于男人和女人具有不同的过度自信倾向的观点把研究数据分成两组。

15.2.5　男性终归是男性

男人和女人都会过度自信，不过通常男人更甚（Lundeberg, Fox, and Puncochar，1994）。① 过度自信的性别差异高度依赖工作任务（Lun-

---

① 虽然利希滕斯坦和菲施霍夫（Lichtenstein and Fishchhoff，1981）没有发现一般知识校准的性别差异证据，但伦德伯格、福克斯和庞克查（Lundeberg, Fox, and Puncochar，1994）认为这是因为校准性别差异在男性主导领域表现得最明显。

deberg, Fox, and Puncochar)。迪克斯和法里斯（Deaux and Farris，1977）在文章中写道，"总的来说，男性比女性掌握的能力更多，但是这种差异主要源于男性任务。"一些研究证实，自信差异在男性擅长的工作领域体现得最明显（Deaux and Emswiller，1994；Lenney，1977；Beyer and Bowden，1997）。在理财事务中男性往往认为自己比女性更能胜任（Prince，1993）。确实，随意考察会发现，在金融业中男性从业人数远高于女性，因此我们预测男性在评价财务决策能力时比女性更加过度自信。

此外，伦里（Lenney，1977）在研究中提出过度自信的性别差异是由于缺少清晰、明确的反馈。当反馈是"确切的且能立即获得，女性对自己能力的估计不会低于男性。然而如果缺乏反馈或反馈是模棱两可的，女性似会对自己能力评价不高且比起男性会更经常低估自己"。股市通常不会提供清晰无偏的反馈，所以更有理由预期男性对于自己的股票投资能力比女性更自信。

那么我们的预期很明确：我们认为男人，这个过度自信程度更高的组，比女性交易更频繁，并且这么做损失的收益更多。正如巴伯和奥丁（Barber and Odean，2001a）所报告的，我们发现这个预测确实成立。男性交易频率比女性多45%（每年76.9%的转手率相对于52.8%）。而且男性通过交易降低的年净收益比女性高0.94%。（男性每年降低购买并持有（buy-and-hold）资产组合的收益2.652%；然而女性只有1.716%。）换手率和男女投资收益差异有很高的统计显著性，并且当引入其他人口变量如婚姻状况、年龄和收入时，结论仍然成立。

15.3 买与卖

对个人投资者投资行为的分析表明，大多数投资者的购入证券决策明显区别于卖出证券决策。因为大多投资者不做短头寸——在折扣经纪公司数据库中低于1%的头寸是短头寸，所以想卖出股票的投资者只需考虑他们已持有的股票。投资者持有的股票通常只有可控的一小部分；在我们折扣经纪公司数据库中每个账户包括债券、共同基金、期权以及股票的所有证券种类平均少于7。投资者需认真考虑其要出售的每种持有证券。

然而购买证券时投资者面临一个艰难的问题：其需要考虑超过10 000种证券。虽然潜在购买研究可以通过将范围限制到所有证券的一个子集而得到简化（例如标准普尔 500），但是即便如此，评估和比较每只证券的任务仍超出了大多数非专业投资者的能力。由于不具备评估每个证券的能力，投资者很可能购买那些吸引他们注意的证券，比如被新闻报道的证券。在巴伯和奥丁（Barber and Odean, 2003）的研究中，我们发现投资者容易成为注意力股票的净购买者，即使吸引他们注意的是坏新闻。

15.4 互联网与投资者

互联网改变了投资，它通过提供知识和控制的假象以及改变投资者参与的决策标准，可能会加剧网上投资者的过度自信（Barber and Odean, 2001b, 2002）。

每个网上投资者通过账户可以访问超过 30 亿个财务信息；那些愿意付费的人可以访问的资源超过 2 800 亿个。[1] 然而，当赋予人们更多信息去做预测或评价时，人们对预测精确度的自信增长速度远大于预测精确度的提高速度（Oskamp, 1965；Hoge, 1970；Slovic, 1973；Peterson and Pitz, 1988）。实际上，由于信息的超载，在某些情况下实际的预测能力可能因为信息量增加而下降（Stewart, Heideman, Moniger, and Reagan-Cirincione, 1992；Keller and Staelin, 1987）。因此，额外信息会导致知识假象。

那些可以访问海量数据的网上投资者很有可能变得过度自信。他们可能会高估自己选股的能力。数据提供者利用广告助长这种信念，例如一则广告（来自 eSignal）承诺："你将会获得更多，因为你知道更多"。在理论模型中，过度自信的个人投资者交易更频繁，且更具投机性，他们持有的资产组合多元化程度不足，拥有更低的预期效用，这增加了市场波动性（Odean, 1998b）。

在对大型折扣经纪公司的投资者交易模式从基于手机交易转变为电脑交易的实证研究中，我们发现上网之后，投资者交易更频繁，且交易

---

[1] 这个估计主要来自在 Scudder Kemper 公司的 Inna Okounkova，这个估计是依据在网站上已有的财务信息数据。例如一个投资者可以在微软的投资者网站（moneycentral.msn.com）上下载到近十年的所有美国公开交易股票的当日最高价、最低价、收盘价、交易量和收益数据。假设跨度为 5 年的 10 000 个交易股票，它所包含的信息量就有 6 300 万比特。

更具投机性（Barber and Odean，2002）。关于网络促进交易的确凿证据来自账户中参与者的交易行为。在 20 世纪 90 年代，那些为账户参与者提供网页交易界面的公司的账户换手率上涨了 50%；而这种现象不存在于没有提供网页交易界面的公司（Choi，Laibson，and Metrick，2002）。或许由电话交易转至网络交易的投资者预见到自己有更高的交易水平；虽然更不太可能，但或许为 401(k) 参加者提供网页交易界面的公司预见到它的员工有更大的交易需求。虽然这些研究都不能证明互联网提高了交易，但是它们的确提供了初步证据。

控制主题的广告在金融电子商务公司的广告中非常普遍。例如 Ameritrade 的广告，声称网上投资是"可控的"。巴拉苏布拉曼尼亚、科拉拉和梅农（Balasubramanian，Konana，and Menon，1999）把"授权的感觉"作为由网上经纪公司网页访问者转变到网上交易者的七个基本原因之一。心理学家发现人们表现得好像亲身参与能影响偶然事件的结果——这被叫作控制假象（Langer，1977；Langer and Roth，1975；这方面的文献综述参见 Presson and Benassi，1996）。这些文献说明当某些通常与专业领域的业绩改善相关的要素，比如选择、任务熟悉度、竞争和参与积极性，出现在至少部分由机会控制的领域时，就会产生过度自信。问题主要在于投资者可能会混淆他们对投资的控制以及他们对投资实现收益的控制。所以，他们的交易太频繁、太具投机性。

15.5 结 论

行为金融学的主要贡献在于它为传统理论无法解释的投资者行为提供了新的见解。在这一章里，我们主要检验了两个行为金融学理论——意向效应（源自卡尼曼和特沃斯基的前景理论）和过度自信。与前景理论的预测相一致，我们提供了充分证据证实投资者倾向于卖出盈利投资、持有亏损投资。过度自信的结果是投资者会频繁交易。这些行为降低了投资者福利。因此了解这些行为对投资者和投资顾问而言都是非常重要的。

但是投资者行为的福利结果远不止影响个人投资者和投资顾问。现代金融市场依赖交易量来证明市场的存在。交易给经纪人和做市商带来了交易佣金和收益，而经纪人和做市商的出现才使市场得以存在。传统金融市场模型无法解释人们频繁交易的原因。在某些模型中，投资者几乎不交易或根本不交易（例如 Grossman，1976）；而其他模型只假设一类投资者（噪声交易者或者流动性交易者）会进行频繁交易（例如 Kyle，1985）。哈里斯和拉维维（Harris and Raviv，1993）以及范里安（Varian，1989）指出频繁交易的产生需要异质信念。而对于投资者为何以及何时形成异质信念，行为金融学为我们提供了深入见解。

本章检验的两种行为金融理论都提供了关于交易量的解释。意向效应认为投资者在投资亏损时会减少交易次数。过度自信理论认为当投资者过度自信时，投资者会频繁交易。心理学家发现对于成功事件人们过分看重自己的作用，而忽略成功可能源于偶然或者外界环境。格维斯和奥丁（Gervais and Odean，2001）也提出这种偏差导致成功的投资者更加过度自信。在一个多数投资者成功的市场（例如长期牛市），集体过度自信程度和随后的交易量都会上升。斯塔特曼和索利（Statman and Thorley，1999）发现即使在很短的期限，例如一个月，当前市场收益也能预测随后交易量。

在过去的 20 年，研究人员发现了许多与已有金融理论明显矛盾的现象。[①] 新理论，如行为理论（例如 Barberis，Shleifer，and Vishny，1998；Daniel，Hirshleifer，and Subrahmanyam，1988）和理性理论（例如 Berk，1995；Berk，Green，and Nail，1999）都能用来解释存在于资产价格中的异象。但是行为金融理论会对资产定价理论发挥多大贡献现在尚不清楚。

本章讨论的投资者行为会对资产价格产生潜在影响。例如，投资者避免售出亏损投资可能会减慢负面新闻释放到资产价格的速度。投资者偏好购买最近表现最佳的股票，可能会使当前的盈利股股价被过分高估。至于偏差对资产价格的影响，投资者都会发生系统性偏差且都会根据偏差进行投资决策。[②]

我们的共同心理特征保证我们都会发生系统性偏差，而过度自信又使我们都会根据偏差进行投资决策。

---

① 例如，参见泰勒（Thaler，1992）最早发表在《经济学观点期刊》上关于异象的文章。
② 当然，还必须限制套利（参见 Shleifer and Vishny，1997）。

第16章 固定供款储蓄计划中单纯的分散风险策略[①]

什洛莫·博纳茨（Shlomo Benartzi）和
理查德·H·泰勒（Richard H. Thaler）

固定供款储蓄计划是世界范围内的大趋势，在这个计划中参与者自己制定投资决策（Employee Benefit Research Institute，1997）。虽然这些计划有很多优点（例如，这些计划往往有充分的资金而且简便易行），但是很多人担心参与者做决定的质量（例如，Mitchell and Zeldes，1996）。担忧的理由之一是公众缺乏金融知识（B. Douglas Bernheim，1996）。约翰·汉考克金融服务机构（John Hancock Financial Services）1995年的一份调查发现，多数受访者认为货币市场基金比政府债券风险更大并且他们觉得自己公司的股票比分散化的投资组合更加安全。

当然，所知甚少的员工仍然有可能作出正确的决定。在这些可以说是计划参与者生命中最重要的财务选择中，我们怎样才能评估他们是否作出了正确的决定呢？我们并不试图在逐个案例的基础上评估资产配置，因为几乎所有的股票和债券的组合在原则上都符合一些效用函数最大化的条件。相反，在本文中，我们寻找证据证明参与者作出的决定似乎是基于纯粹的（或者混淆的）多样化的观念。一个极端的例子就是我们所说的"$1/n$直觉推断"。有人简单地用这个规则将款项平均分配在退

[①] 该项目得到如下单位的赞助：美国教师退休基金会（TIAA-CREF），美国劳工部和加州大学洛杉矶分校国际商务和经济研究中心。非常感谢Michael Brennan，Colin Camerer，Cade Massey，Dave McCarthy，Steve Lippman，Toby Moskowitz，Terry Odean，Joe Piacentini，Mark Warshawsky，Martin Weber，以及Ivo Welch的宝贵意见。感谢来自环球航空公司飞行员主导的账户计划/401(k)的Joe A. Montanaro队长，TIAA-CREF的John Ameriks和Mark Warshawsky以及Watson Wyatt的Syl Schieber与我们共享数据。这篇文章是在泰勒作为行为科学高等研究中心研究员时写的。他对该中心的支持表示感谢。本文仅代表作者的观点，并不代表美国劳工部的意见。

休储蓄计划所提供的 n 个选项之间。

$1/n$ 规则在探讨资产配置方面有悠久的历史。事实上，它是在《塔木德》*里提出来的。大约在四世纪时，教士伊萨克略带得意地给出了如下的资产分配建议："一个人应该这样安置他的钱，三分之一投资于土地，三分之一购买商品，手头留下三分之一。"① 这个逸事中的规则一直沿用至今。例如，作为全世界最大的固定供款储蓄计划机构，TIAA-CREF 多年来只提供两项投资：TIAA（国债）和 CREF（股票）。到目前为止，最常见的款项的分配是50—50，约一半的参与者选择对新基金进行这样的分配（Samuelson and Zeckhauser，1988）。② 事实上，现代投资组合理论发展的先驱者哈里·马科维茨（Harry Markowitz）指出他自己就使用此规则。他在心理层面上阐述了他做选择的理由："我的目的是要尽量减少我未来的遗憾。所以我要把我的资金在债券和股票之间平分"（Zweig，1998）。

当然，这种分配本身没有什么错，但是完全依赖 $1/n$ 直觉推断的代价会很高。例如，参与股票基金计划的个人使用这一规则时会发现自己拥有的大部分是股票，而那些参与固定收益基金计划的投资者拥有的大部分是债券。两种分配都可能在有效边界上，然而有效边界上的选择应该反映一些股票所占比例之外的因素。正如我们下面将要说明的，基于布伦南和托罗斯（Brennan and Torous，1999）的计算，选择错误的资产配置在效用方面的代价是相当昂贵的。

$1/n$ 直觉推断是更广泛的选择直觉推断的一个特例，后者被里德和罗温斯坦（Read and Loewenstein，1995）称为"分散化直觉推断"。这种发现的最早提出者是伊塔马尔·西蒙森（Itamar Simonson，1990）。他做了一个实验，让大学生在两种境况下从六种近似的小吃中（糖果、薯片等）进行选择：(1) 顺序的选择：每隔一周举行一次会议，一共举行三次，让学生在每次会议时可从六种小吃中选一个；(2) 同时选择：第一次班会上，他们将选定三个小吃，这三个小吃在今后的三次会议上每次吃一个，会议每隔一周举行一次。西蒙森发现，相比于顺序的选择，在同时选择的条件下作出的选择更加多样化。例如，在同时选择的条件

---

* 犹太法典。——译者注

① 关于这一引用我们感谢谢弗林和斯塔特曼。谢弗林告诉我们，这一引用原来的亚拉姆语是："Talmud Bavli, Baba Metzia 42a"。

② 关于 TIAA-CREF 参与者资产配置的更多的最新统计数据见 TIAA-CREF（1997 年）。

下 64%的受试者选择了三个不同的小吃，而在顺序选择条件下，只有 9%的受试者作出了这样的选择。西蒙森认为，这种行为可能被作为选择直觉推断的多样性寻求所解释。也就是说，当被要求马上做几个选择时，人们往往倾向于多样化。在某些情况下，这是明智的（例如，当吃一餐饭时，我们通常不会点三份相同的食物），但在其他情况下可能被误用。

里德和罗温斯坦在万圣节的晚上进行了一次巧妙的实验，得到了相同的行为。实验中的"受试者"是玩不给糖就捣蛋的孩子们。在一种情况下，孩子们走进两所相邻的房子，并且每所房子有两种糖果可供选择——三剑客和银河。在另一种条件下他们走进唯一的房子，并被要求"选择两个你喜欢的糖果"。两种糖果都有很多，以确保孩子们不会认为选择相同的两个是无礼的。结果表明，在同时选择条件下存在很强的多样性：每个孩子都挑选每一种糖果中的一个。相比之下，只有 48%的儿童在顺序选择的条件下挑选不同的糖果。这一结果令人吃惊，因为在两种情况下，糖果被倒进一个袋子并且以后才消费。袋子中的组合比在房子中选择的组合更加重要。①

在年轻人选择零食的实验中，我们看到对分散化的一个不适当的使用，这种策略往往是明智的。本文探讨在成年人选择怎样投资他们的退休金时是否有相同的举动。也就是说，我们来看计划参加者在制定资产配置决策时是否使用纯粹的分散化策略。我们采用了多种方法。

我们首先用一些假设性问卷来进行分析，实验要求大学的雇员在两个基金之间分配他们的退休基金。不同组的受试者从不同的基金中进行选择。例如，一组受试者在股票基金和债券基金之间进行选择，而另一组在平衡基金（一半股票和一半债券的组合）和股票基金之间进行选择。我们发现，与多样化直觉推断相一致，所提供的基金对资产配置有

---

① 格拉汉姆·卢姆斯（Graham Loomes，1991）也发现与多样化直觉推断一致的证据。他提供给受试者世界的三种可能状态 A、B、C 的一系列赌博。其中 $Pr(A)>Pr(B)>Pr(C)$。如果状态 C 出现，受试者什么都得不到。受试者可以在 A、B 之间分配 20 英镑，赢得某个状态发生时所对应的奖励。理性的主体会把所有的钱都投向 A，从而最大化预期收益，但是只有极少数受试者这样做了。相反，大多数受试者以 $Pr(A)/Pr(B)$ 的比例分配这 20 英镑。在未发表的研究中，丹尼尔·卡尼曼和泰勒做了类似的实验。实验者有两个信封，一个标记为头，另一个标记为尾。每个信封中包含 20 个编号卡。也给受试者标出头和尾的两排数字。要求他们圈出 5 个数字。实验者将掷硬币，然后从指定的信封中挑选一个数字。只要猜中了正确的排里的数字就会赢得奖品：如果硬币掷出头，得 3 美元，如果掷出尾，得 2 美元。同样，理性的受试者应该只在代表头的那排圈数字，但是大部分人在头排圈 3 个，在尾排圈 2 个。重复 20 次的实验也没有帮助。

强大影响力。换句话说，对于要选择不同的选项参与者还不够敏感。我们还发现，如果参与者被要求选择从许多混合产品（即股票和债券的组合）中选一个，相比于他们可以自己组合产品（在股票基金和债券基金之间进行分配），他们会作出不同的选择。这一结果对设计退休基金计划和私有化的社会保障制度都有影响。

这些实验表明，提供给计划参加者的基金数组对他们最终拥有的资产有惊人的影响力。特别是，资金在股票上的配置会随着股票型基金相对于债券型基金数量的增加而增加。对环球航空公司（TWA）飞行员提供的计划和提供给加州大学（UC）雇员的计划进行的比较显著地说明了这一点。对 TWA 的计划提供了五只股票核心基金和一只债券核心基金（一只稳定价值基金是准确的）。该计划的参加者将 75% 的资金投资于股票，远高于 57% 的全国平均水平（Greenwich, 1996）。另一方面，加州大学的计划提供了一只股票基金和四只债券基金。参与此计划的员工投资于股票的比例只有 34%，远低于全国平均水平。当然，这个结果有许多可能的解释。一个可能是飞行员比加州大学雇员寻求更多的风险。要看看是不是这个因素导致了这样的结果，我们增加了一个额外的实验。实验中加州大学的员工分别在两个条件中的一种情况下作出资产配置决策。他们或者在他们自己的计划中进行选择，或者在 TWA 的计划中配置资金。我们发现，当他们在债券型基金较多的计划中选择时，他们侧重于选择债券资产，但是当他们从股票型基金较多的组合中进行选择时，他们更多地投资于股票。

为了补充这些受控实验，我们还分析了 170 个退休储蓄计划参与者作出的实际选择。采用横截面分析，我们再次发现，计划中的资金结构对参与者在各种计划中的选择有很强的影响。我们也探讨了模型是否可以通过诸如计划提供者选择匹配员工喜好的基金等其他因素来解释。为了探讨这一点，我们研究了一个公司的员工，我们能够从中获得季度时间序列数据。这种时间序列分析强化了横截面研究的结论。

本文的结构如下。在第一部分，我们用一个假设性的问卷来检验个人是否使用分散化直觉推断。在第二部分，我们使用退休储蓄计划的横截面数据来探讨基金组合的结构对参与者的资产配置选择会有怎样的影响。第三部分总结结果并讨论它们的实际意义。

16.1 分散化直觉推断的实验证据

我们从对美国加州大学员工的调查开始研究。我们用邮件来联系员工并且告诉他们，如果他们回答问卷，他们就参加了一项抽奖，参与者中的一位将被抽中并获得 500 美元。受访者要回答这样一个简短问题，即如果他们有机会参与一个特定的投资，他们将如何分配其固定供款退休基金。我们使用两种不同的方法来探讨这一问题。第一个实验用口头形式说明基金的投资策略，第二个用图形显示历史回报。我们还进行了第三个实验，旨在模仿提供给加州大学和 TWA 的真实的投资机会。所有的实验都使用了受试者分离设计，也就是说，每个受试者只回答一个版本的问题。不同的组之间进行了比较。

16.1.1 口头的储蓄问卷：实验方法

在第一个调查中，我们要求员工在两只基金之间分配他们的退休基金，将这两只基金分别标记为基金 A 和基金 B。实验中操控的是两只基金的投资策略。在第 1 种情况下，基金 A 投资于股票，基金 B 投资于债券。在第 2 种情况下，基金 A 依旧投资于股票，但基金 B 是一只一半投资于债券一半投资于股票的"平衡基金"。在第 3 种情况下，基金 A 是平衡型基金，基金 B 是一只债券型基金。这些基金的投资策略使用了 TIAA-CREF 用来形容它的股票和债券基金的语言，并以口头形式表述。因此，在第 1 种情况下，他们被告知："基金 A 几乎包括了整个范围的国内股票投资，大、小公司都有。基金 B 主要持有高等中等质量的不同期限的固定收益证券（许多不同的公司或政府机构债券）。"① 我们的问题是，所提供的基金是否影响参与者的资产配置（不仅仅是施加限制所预期的）？我们对有多少参与者会在两只基金之间采用 $1/n$ 的策略配置他们的资金也有兴趣。

16.1.2 口头的储蓄问卷：结果

180 份问卷被完成，回应率为 12%。结果说明见图16—1。该图的左边表示三种情况下基金的配置和基金 A 的平均配置。在每种情况下

---

① 想了解本文中所有实验的完整指令，请联系什洛莫·博纳茨。

都有较大幅度的组选择了 50－50 的分配方式。在前两种情况下 50－50 分配是出现频率最高的选择，在第 1 种情况（股票和债券）下有 34% 的人选择了这种资金配置，在第 2 种情况（股票和平衡型）下有 21%。在第 3 种情况下配置是双峰的，28% 的人选择了 50－50 分配，33% 的受试者把所有的资金都投资于平衡型基金。注意 $1/n$ 配置的受欢迎程度对于给定的基金种类不是很敏感。

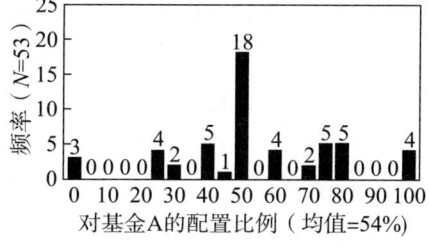
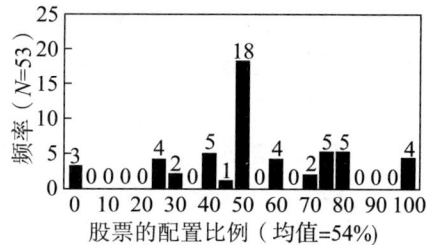
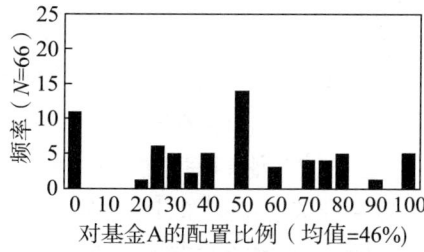
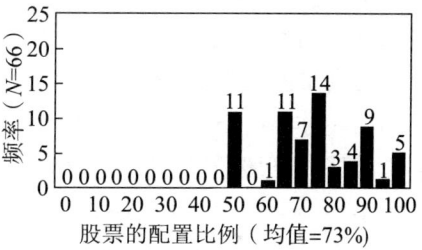
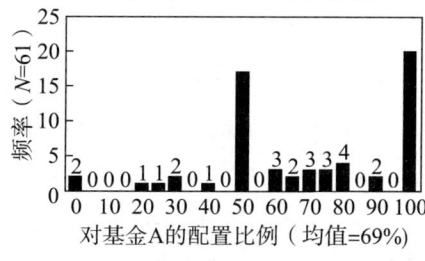
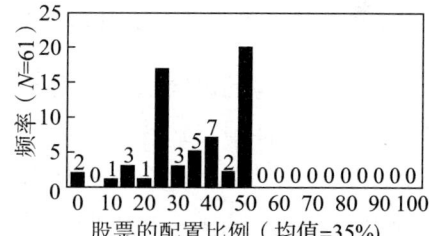

图16—1　口头储蓄问卷：基金 A 的配置及导致的股票配置的直方图

注：三组个体均被要求在两只基金 A 和 B 之间配置资产，对各基金的组成采取口头形式进行说明。第一组被要求在股票（基金 A）和债券（基金 B）之间分配资产。第二组被要求在股票（基金 A）和含 50% 股票及 50% 债券的平衡型基金（基金 B）之间分配资产。第三组被要求在平衡型基金（基金 A）和债券（基金 B）之间分配资金。左边的直方图提供了实际分配给基金 A 的比例，右侧的直方图给出由此产生的配置于股票的比例。

相比之下，最后的资产配置在很大程度上依赖于所提供的基金。当在股票基金和债券基金之间进行选择时，平均分配到股票的是 54%。在股票基金和平衡型基金之间选择时，配置给股票的比例上升到 73%，而当在债券基金和平衡型基金之间选择时，投资于股票的平均比例下降到 35%。当然，这个简单的分析没有考虑到有些配置在第 2 种情况和第 3 种情况时是不可行的。（当在平衡型基金和债券基金之间选择时，分配于股票的最高可行比例是 50%。）因此，为了更小心地确定提供的基金种类是否影响资产配置，我们做以下分析。我们首先假定在不同情形下受试者没有偏好差异。然后我们拿出在第 1 种情况（股票 vs 债券）下每个受试者选择的资产配置，并计算出受试者在其他的情形下可能选择的最相近的资产配置。（在第 2 种情况下所有含 50%～100% 股票的资产组合都是可行的，而在第 3 种情况下所有含 0%～50% 股票的资产组合是可行的。）我们就会问：如果受试者有相同的偏好，在第 1 种情况下不受所给基金的影响（除非受限制），那么在第 2 种情况和第 3 种情况下平均配置到股票的比例会是什么样的？最后，我们将"推测的配置"与真实的选择进行比较。结果见表16—1。根据预测，在第 2 种情况和第 3 种情况下的分配比推测的配置更接近 50—50。在第 2 种情况下推测的配置到股票基金的比例为 21%，但实际上他们资金的 46% 投资于股票基金。在第 3 种情况中暗指的配置到平衡型基金的比例为 87%，但受试者只投入了 69% 到该基金。对推测配置的偏离都非常显著。[①]

16.1.3　图形储蓄问卷：方法

第一个实验的局限之一是用术语"股票"和"债券"来形容投资选择。受试者可能最终选择 50—50 分配，仅仅是因为他们不知道股票和债券之间的差异。因此，我们复制了之前的研究并用图形显示基金的历史回报的方式取代了口头说明。特别是，我们提供了在过去 25 年每个基金业绩表现的年度图表。股票收益基于标准普尔 500 指数，债券回报以雷曼兄弟综合债券指数为基础。实验的设计（即主体间）、提供给受试者的投资基金数目、各基金的组成，以及受试者的来源[②]都与第一个

[①] 一个需要关注的问题是，大于 100% 或小于 0% 的配置都是行不通的，那将违反 t 检验常态假设。我们使用不用采取正态假定的分步技术重复统计分析，并得到可比的显著水平。根据要求使用的这种特殊技术和产生的显著水平是可以从作者那里得到的。

[②] 虽然在不同的实验中受试者来源相同，但没有受试者参加本文报告的实验超过一项。

第 16 章 固定供款储蓄计划中单纯的分散风险策略

实验中使用的相同。

表16—1　　　　　　　口头储蓄问卷：基金 A 的平均配置

形式	N	基金 A	基金 B	对基金 A 的平均实际配置比例（中位数）	对基金 A 的平均推测配置比例（中位数）	均值差异的 P 值
1	53	股票	股票	54% (50)	54% (50)	N/A N/A
2	66	股票	50%股票 & 50%债券	46% (50)	21% (0)	0.001 (0.001)
3	61	50%股票 & 50%债券	债券	69% (70)	87% (100)	0.001 (0.001)

注：三组个体被要求在两只基金之间分配资金，这两只基金分别标记为基金 A 和基金 B。采用口头形式对各基金的组成进行描述。第一组被要求在股票（基金 A）和债券（基金 B）之间分配款项。第二组要求在股票（基金 A）和平衡型基金（基金 B）之间分配款项，其中平衡型基金含有一半股票、一半债券。第三组被要求在平衡型基金（基金 A）和债券（基金 B）之间分配款项。本表提供了小组对基金 A 的实际分配比例。本表还包括为了与第一组的选择相一致，第二组和第三组应该分配给基金 A 的比例，即推测的分配比例。

除了复制之前的三种情况，我们在这个实验中增加了第 4 种情况。在这种情况下，受试者必须从 5 只不同的多元资产基金中选择一只，这 5 只基金分别标记为 A，B，C，D 和 E。股票在 5 只基金中的比例在 0~100 之间，按 25%的等差数列递增。例如，基金 A 的全部资产都投资于股票，而基金 E 全部投资于债券。这意味着，选项为股票比例按 25%递增的资产配置形式，从而与第 1 种情况中在股票和债券之间明确分配资产形式上等效（到舍入误差）。这种情况受到私有化智利社会保障制度设计的启发。[1] 在该系统中参与者必须从资产类别分散化的基金中进行选择。[2] 我们感兴趣的是与第 1 种情况中更加传统的形式相比，这种形式是否会导致不同的资产配置。附录中有在第 4 种情况下所用的一份抽样问卷。

16.1.4　图形储蓄问卷：结果

417 份问卷被完成，反馈率为 21%。研究结果见图16—2。当在股票和债券之间选择时，平均分配给基金 A（股票）的比例为 56%，与我们在第一个实验（组 A1）中观察到的 54%的平均比例非常相似。我们再次发现，平均分配给基金 A 的比例对基金构成的变化不是很敏感。当在股票和平衡型基金之间选择时，平均分配给基金 A（股票）的比例是 59%（组 B1）。同样，当在平衡型基金和债券之间选择时，平均分配

---

[1]　有关智利退休制度的细节见 Peter Diamond and Salvador Valdes-Prieto（1994）。
[2]　我们不使用智利的实际数据，因为有规章限制导致所有的投资基金都有类似的资产配置。

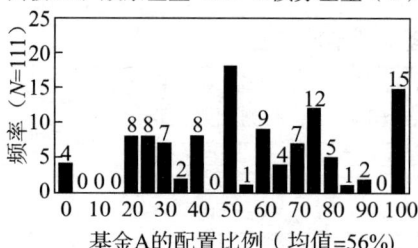
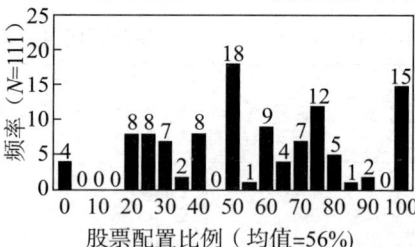
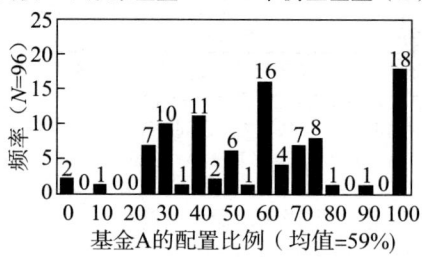
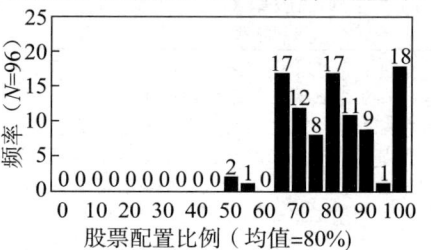
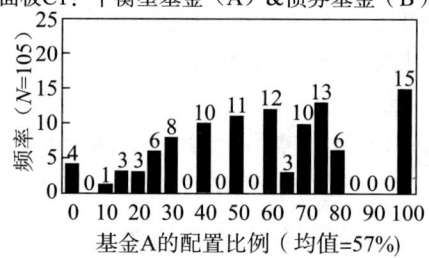
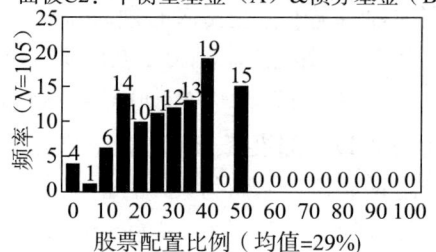
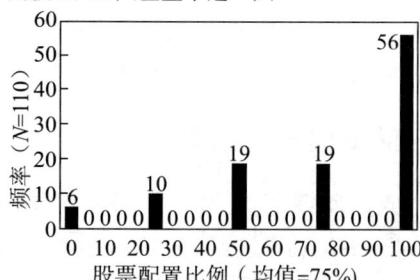

图16—2　图表形式的储蓄问卷：基金 A 的配置及导致的股票配置的直方图

注：三组个体被要求在两只基金之间分配资金，这两只基金分别标记为基金 A 和基金 B。采用基金表现的年度图表进行描述。第一组被要求在股票（基金 A）和债券（基金 B）之间分配款项。第二组被要求在股票（基金 A）和平衡型基金（基金 B）之间分配款项，其中平衡型基金含有一半股票、一半债券。第三组被要求在平衡型基金（基金 A）和债券（基金 B）之间分配款项。第四组的人被要求从五只基金中选择一个并把所有的款项投入该基金。这五只股票基金中股票所占比例从 0% 到 100% 以 25% 递增。股票收益来自标准普尔 500 股票指数，债券收益率是从雷曼兄弟综合债券指数得到的。左边的直方图显示了基金 A 的实际分配比例，右边的直方图显示了由此产生的股票分配比例。

给基金A（平衡型）的比例是57%（组C1）。基于ANOVA检验，三种情况下的差别在统计上是不显著的（$p=0.77$）。正如在第一个实验中观察到的，受试者选择的资产配置在很大程度上取决于可供他们选择的基金组合。此外，如同在第一个实验中，在每种情况下都有很大一部分受试者选择50—50分配。

接下来，我们重复之前实验中使用的分析，以确定提供的基金是否影响资产配置，再次对所提供的有限的选择范围进行纠正。结果显示在表16—2的右侧。为了与第1种情况中所做的选择相一致，在第2种情况下的受试者（他们要在股票基金和平衡型基金之间做选择）应将基金的29%投资于股票基金，其余的投资于平衡型基金。然而相反，他们投资于股票基金的比例为59%。同样，在第3种情况下，受试者将他们的资金在平衡型基金和债券基金之间进行分配，如果他们作出的受限选择与在第一个实验中显示的偏好一致，他们应将84%的资金配置于平衡型基金，而不是他们实际选择的57%。同样，两处的差异都非常显著。

表16—2　图表形式的储蓄问卷：基金A的平均配置

形式	N	基金A	基金B	对基金A的平均实际配置比例（中位数）	对基金A的平均推测配置比例（中位数）	均值差异的P值
1	111	股票	债券	56% (55)	56% (55)	N/A N/A
2	96	股票	50%股票 & 50%债券	59% (60)	29% (10)	0.001 (0.001)
3	105	50%股票 & 50%债券	债券	57% (60)	84% (100)	0.001 (0.001)

注：三组个体被要求在两只基金之间分配资金，这两只基金分别标记为基金A和基金B。采用基金表现的年度图表进行描述。第一组被要求在股票（基金A）和债券（基金B）之间分配款项。第二组被要求在股票（基金A）和平衡型基金（基金B）之间分配款项，其中平衡型基金含有一半股票、一半债券。第三组被要求在平衡型基金（基金A）和债券（基金B）之间分配款项。股票收益来自标准普尔500股票指数，债券收益率是从雷曼兄弟综合债券指数得到的。本表提供了小组对基金A的实际分配比例。本表还包括为了与第一组的选择相一致，第二组和第三组应该分配给基金A的比例，即推测的分配比例。

第4种情况中主体必须选择一只单一基金，实验结果显示在图16—2的面板D的图形中，可以将其与在顶部图形中显示的第1种情况下简单的股票债券的状况进行比较。尽管这两个选择在形式上几乎相同，受试者的选择却有很大的不同。在第1种情况下，受试者将57%的资金分配在股票上，然而在智利的情境下，受试者将资金的75%投资于股票。最引人注目的是，与第1种情况中只有14%的人选择100%投资于股票相比，此时很多人都作出了这种选择（51%）。我们相信，这是因为当投资者必须选择一只基金时，他们没有机会采取多样化直觉推断。鉴于图形显示和股票市场长期来的良好表现，很多人选择把他们的钱全部投资于股市。这种选择是否为好的当然将取决于股市和债券市场的未来表现。

16.1.5　每个资产类别都有多只基金的口头储蓄问卷：实验方法

在目前为止的实验中，受试者都是被要求在仅有的两只基金之间分配他们的退休基金。一个问题是，这样的结果是否适用于更现实的场景，现实中每个资产类别均有多只基金？为了探讨这一问题，我们进行了第三个实验，实验中美国加州大学的雇员被要求在五只基金之间分配他们的退休基金。这五只基金分别标记为A，B，C，D和E。这个实验的操作在于固定收入和股票基金的比重。在第1种情况中有四只固定收益基金和一只股票基金，这与提供给加州大学的投资选项相一致。具体的基金为货币市场、储蓄（银行存款）、保险合同、债券和分散化的股票。在第2种情况中有一只固定收益基金及四只股票基金，这与给TWA飞行员提供的选项相类似。此处具体的基金是分散化的固定收益、保守的股票收益、股票指数、成长型股票和国际股票。这些基金的投资策略是采用美国加州大学和TWA所使用的语言进行口头描述的。我们的问题是，如果给他们提供的是以股票基金占主导的计划，而不是目前的以固定收益基金为主导的计划，美国加州大学雇员将如何配置退休基金投资？

16.1.6　每个资产类别都有多只基金的口头储蓄问卷：结果

有348份问卷被完成，回应率为17%。结果见表16—3。表的第一行显示了第1种情况下的配置，其中包括四只固定收益基金和一只股票基金。在这种情况下，平均分配到股票基金的比例为43%。第2种情况的描述在下面一行，另一组受试者在一只固定收益基金及四只股票基金之间做选择。此处，美国加州大学的雇员将资金的68%投资于股票。两种情况下25个百分点的差别（=68%－43%）在0.001的显著性水平上都是统计学上显著的，表明所提供的基金数量影响参与者在两只基金的简单集合和五只基金大集合之间的选择。此外，在每种情况下，大学雇员作出的选择相比于各种情况都更接近实际员工在相应的计划下所做的选择（75%的TWA飞行员和34%的大学雇员）。

表16—3 每个资产类别都有多只基金的口头储蓄问卷：股票的平均配置

形式	N	基金描述和平均配置比例					股票平均配置比例（中位数）
		基金 A	基金 B	基金 C	基金 D	基金 E	
多只固定收益基金	179	货币市场 14%	储蓄 14%	保险合同 11%	债券 18%	分散化的股票 43%	43%（40%）
多只股票基金	169	分散化的固定收益 32%	保守的股票 15%	股票指数 16%	成长型股票 26%	国际股票 11%	68%（75%）

注：两组个体被要求在五只基金（A，B，C，D和E）上分配资金。采用口头形式对各基金组成进行描述。第一组要在四只固定收益基金和一只股票基金间分配款项。具体的基金是（A）货币市场，（B）储蓄账户，（C）担保投资合同，（D）债券以及（E）分散化的股票。第二组被要求在一只固定收益基金和四只股票基金间分配款项。提供给第二组的具体基金包括：（A）分散化的固定收益，（B）保守的股票收益，（C）股票指数，（D）成长型股票，以及（E）国际股票。本表提供了小组的股票配置比例。

16.1.7　$1/n$ 直觉推断是一个明智的策略吗？

我们看到，受试者在做投资选择时看起来确实使用了 $1/n$ 直觉推断。这一定是坏事吗？在几种情况中这种策略可能是明智的。首先，参与者可能意识到他们并不是非常老练的，因此指望雇主把一些选择放在一起，让他们能够理解。不过，如果计划提供者没预期到参与者选择这种方式，那么这种策略可能是不明智的。老练的投资者需要更多选择，一个为了回应这种要求从而增加了股票基金的计划发现幼稚的新参与者更多地投资于股票，仅仅由于有更多的股票期权可供选择。此外，如果雇员在对风险的态度上存在异质性（正如在一个多样化的环境中所预期的），就不能认为基金在计划中的组合反映了所有员工的最优资产组合策略。

我们的结果的另一个解释是，当更多的股票添加进来后，因为增加的基金让他们可以将自己分散在活跃的经理人之间，这样做可以在很少或没有增加风险的同时获得更高的回报，这时员工们会增加对股票市场的投资。关于这种解释需要问的问题是：随着可选股票期权数量的增加，我们期望股票投资会增加多少？这是一个复杂的问题，为了研究这一问题，我们使用了一个投资产品（伊博森的投资组合优化器）和从凯瑟琳·沃斯·桑德斯（Catherine Voss Sanders，1997）获得的大型股票基金中的相关数据。

我们进行了两项分析。首先，当我们加入投资于不同资产类别的基金时，我们观察一个理性的使用均值—方差优化资产配置的投资者是如何改变他的资产组合的。我们首先假定这一计划仅提供两个选择，1只大型股票指数基金和1只中期政府债券基金。我们选择效用函数的参数，使我们的理性的投资者会选择这两只基金的50—50组合。[①] 我们再加入1只小盘指数基金（即假定符合这类基金的历史业绩，即相比大盘股基金有更高风险和更高的回报率）。接下来我们计算了效用最大化的组合。结果显示在表16—4中的面板A。正如我们看到的，投资于股票的比例实际上下降到了43%。从直觉上看，造成这种结果的原因是小盘基金的加入使有效边界向外扩展了。一个均值—方差最大化的投资者用大型股替代一些小股票，提高了风险与回报，但是通过降低整体股票投资使风险程度回落。与此相反，增加一个国际股票指数基金使得股票投资增加到了56%，因为它提供了更大的分散性。

第二组模拟调查如果我们只添加积极管理的大盘股基金会发生什么。增加的基金允许投资者对经理业绩风险进行分散化，但由于这些基金的业绩高度相关，这种分散化的好处很小。这一事实在结果中显示出来。同样，我们开始只有两只基金，1只积极管理的大盘股基金和1只中期政府债券基金。然后，我们加入另一种积极管理的大盘股基金。在这种情况下，只有1只股票基金时选择了50%股票投资的投资者在有两只股票基金可供选择时会将股票投资增加到54%。当有4只股票型基金可供选择时，股票投资的比例上升到57%，但之后再增加股票基金的种类不会带来更多的资金投资于股票（见表16—4中的面板B）。

从这些分析中我们应该得出什么样的结论呢？主要结论是，对于一个理性的采用均值—方差优化资产的投资者，向计划中增加更多的股票基金不会使其急剧地增加投资于股票的比重。在我们的模拟中我们得到的最大的增长是从50%增加到57%。当我们提供诸如小盘股等新的资

[①] 在大多数以消费为基础的资产定价模型中，一个50—50的资产配置需要风险规避的极端水平。当然，这就是著名的股票溢价之谜（Mehra and Prescott, 1985）。但是，也会出现不是非常厌恶风险的人选择50—50的资产配置。使用一个替代方法，例如，博纳茨和泰勒（Benartzi and Thaler, 1995）考虑一个损失厌恶（相对于一个参考点损失一定量金钱的负效用比得到相同数额金钱的正效用更大）并且短视（即关注短期表现）的代表性投资者。我们发现50—50的分配是很有道理的。此外，我们发现，短视且损失厌恶的投资者对投资期限很敏感，短期时股票的配置比例较低。在练习中，我们使用一年期的回报（伊博森优化器的默认值）结合均值—方差效用函数。一个均值—方差最大化的投资者与短视且损失厌恶的投资者非常近似，投资期限会造成差别。因此，一个50—50的配置不要求极端的风险厌恶水平。如果我们用更长的期间，均值—方差最大化的投资者将更多地投资于股票，如果不是全部投资于股票的话（Siegel, 1998）。

产类别时，一个理性的投资者会选择减少股票持有比例。这些结果有助于解释我们在前面的实验中观察到的行为和在下一部分将指出的行为。我们将会看到，与分散化直觉推断相一致，参与者对计划中基金组合改变的反应比我们基于计算所得的预期更加强烈。

表16—4　　不同的计划结构对于采用马科维茨均值—方差优化模型的投资者的资产配置的影响

方案	提供的投资基金	股票基金配置比例
	面板 A：跨资产类别的多样化	
1.0	IT gov.（中期政府）债券和1只大盘股指数	50%
1.1	IT gov. 债券、大盘股指数、小盘股指数	43%
1.2	IT gov. 债券、大盘股指数、国际指数	56%
1.3	IT gov. 债券、大盘股指数、小盘股指数、国际指数	40%
1.4	IT gov. 债券、大盘股指数、货币市场	42%
1.5	IT gov. 债券、大盘股指数、长期政府债券	49%
1.6	IT gov. 债券、大盘股指数、货币市场、长期政府债券	42%
	面板 B：同一资产类别内积极管理的基金之间的多样化	
2.0	IT gov. 债券和1只积极管理的大盘股基金	50%
2.1	IT gov. 债券和2只积极管理的大盘股基金	54%
2.2	IT gov. 债券和3只积极管理的大盘股基金	56%
2.3	IT gov. 债券和4只积极管理的大盘股基金	57%
2.4	IT gov. 债券和5只积极管理的大盘股基金	57%
2.5	IT gov. 债券和10只积极管理的大盘股基金	57%

注：在此表中，我们假设一个均值—方差优化投资者，假设当只有中期政府债券和1只大盘股指数基金时，他会选择在股票上投资50%。然后，我们引入更多的资产类别并使用商业投资产品（伊博森的投资组合优化器）计算均值—方差优化投资者会怎样改变他的股票投资比例。这一分析的结果显示在面板 A 中。下一步，我们假设一个均值—方差优化投资者，当有中期政府债券和1只积极管理的大盘股基金时，他会选择在股票上投资50%。在这里，我们将积极管理的大盘股基金数目从1变为10。由此产生的股票配置比例显示在面板 B 中。

16.2　所提供的基金阵列会影响参与者的选择吗？

上一节的实验结果指出提供给计划参加者的基金阵列可以影响他们的资产配置选择。当然，这些实验只是调查，没有真正的金钱利害问题。因此，我们下一步是确定是否存在计划参与者作出实际选择时会采取相同行为的证据。我们也使用实际的选择来调查员工如何对待自己公司股票的投资。

16.2.1 数据

为了探讨这个问题，我们从货币市场目录（MMDs）获得了专有数据库。该数据库涵盖了有 156 万参与者的 170 个退休储蓄计划（主要是公司），32.3 亿美元的年度款项，499.9 亿美元的资产。美国劳工部估计全世界的固定供款计划有 10 900 亿美元（1998 年），这个数据库大约代表了其中的 5%。在我们的样本中计划的大小从 100 名参加者到 23.76 万名参加者不等，而企业所属行业由 37 个不同的 2 位 SIC 代码组成。

对于每一个计划，该数据库包括向参与者提供的选择清单。该数据库还提供了有关每个投资选择的以下信息：它的投资风格（即货币市场、债券、国内股票，等等），该资产占该计划资产的比例，该资产加入该计划的年份。我们应该注意到，分配比例是根据 1996 年中期的计划资产计算的，而不是 1996 年期间的数据。货币市场目录不包括每年款项分配（我们无法找到这样的数据源）。这种限制将为我们的分析带来一些问题，我们在下面会进行讨论。

参与者平均每人累积退休基金 32 044 美元（499.9 亿美元资产由 156 万参与者分摊），这与访问研究报告的 32 010 美元非常相似（1996 年）。平均每人每年的款项是 2 073 美元（32.3 亿美元的款项除以 1.56 万参与者）。

提供给参与者的投资选项的平均数为 6.8。两个计划只提供了 1 只投资基金，有一个计划提供了多达 21 只基金。（在分析中，我们将少于 4 只备选基金的 8 项计划排除。）我们假设，比如资产配置和多资产期权这样的混合型基金有一半投资于股票、一半投资于固定收益有价证券。[①] 提供的股票型选项的平均数量为 4.2，范围从 0 到 14.5。因此，股票选项占可供选择的投资选项的比例为 61.76%（4.2 除以 6.8）。除去三个例外，始终至少有一半的投资选择股票。

表 16—5 显示了不同的资产类别的平均配置。为了检查"典型美元"的投资去向，配置通过计划资产进行加权。股票定义为公司股票、国内股票和国际股票的资产组合，它的平均比例为 62.22%（=24.81%+34.99%+2.42%）。汇总数据提供了分散化直觉推断的一个天然测试：61.76% 的基金投资于股票，股票的配置比例为 62.22%。两个百分比之间

---

① 假设混合型基金或者有 25% 或者有 75% 的股票投资并不影响本文报告的任何结果。

惊人的相似与分散化直觉推断相一致。下面我们提供了更详细的检测。

表16—5　1996年6月30日401（k）计划的MMD样本的平均资产配置比例

投资类型	未提供公司股票作为投资选项的方案（$N=103$）	提供公司股票作为投资选项的方案（$N=67$）	所有计划（$N=170$）
货币市场	7.06%	3.14%	4.74%
稳定价值	33.16%	10.24%	19.61%
债券	4.26%	9.64%	7.44%
公司股票	0.00	41.98%	24.81%
本国股票	45.95%	27.41%	34.99%
国际股票	3.24%	1.85%	2.42%
多元资产	4.63%	0.86%	2.40%
其他	1.66%	4.84%	3.54%
总计	100.00%	100.00%	100.00%

注：平均配置比例以计划资产为权重。

16.2.2　投资选择的时间权重

我们希望探讨所提供的基金与参与者资产配置之间的关系。由于我们的数据由基金总资产（而不是新的流量）组成，这个任务由于两个因素而变得复杂。首先，随着时间的推移，计划已经改变了基金组合。在我们样本初期，最热门的投资（除了公司的股票）是固定收益基金，尤其是货币市场基金和担保投资合同（GICs）。在最近几年，大部分新增的基金是股票基金，随着时间的推移，股票基金的比例（作为一种新基金百分比）由1976年的25%增加至1996年的68%。其次，参与者对于已有投资的改变相比于新增份额配置的改变没那么频繁（Pensions & Investments，May 12，1997）。萨缪尔森和泽克豪瑟（Samuelson and Zeckhauser，1988）在对TIAA-CREF的投资者进行研究时发现了这一现象，并称之为"现状偏差"。为了观察这两个因素给我们的研究造成的问题，我们比较两个假设的计划。计划A提供了一只固定收益基金和一只股票基金，并且已经持续了十年。B计划与A计划基本相同，唯一的不同在于去年它新增了两只股票基金。进一步假设两个计划中的每个参与者均使用$1/n$直觉推断。尽管资金的结构似乎非常不同，但由于参与者很少重新平衡其已有资产，所以两个计划中的资产组合将非常相似（只有去年才加入的参与者才会更多地投资于股票）。

考虑到现状偏差对结果的影响，我们以投资选项加入计划的时间和它的表现为权重来调整每类投资选项的数量。举一个例子可以更好地解释这种加权处理。考虑一个成立于 1995 年的退休储蓄计划，它含有 1 只固定收益基金和 1 只股票基金。一年后，该计划又增加 1 只新的股票基金。我们假设投资者每年增加总额 100 美元的投入（年终），并且所有投资者均使用 $1/n$ 直觉推断。这样，在第一年年底会有 50 美元投资于债券、50 美元投资于股票。在第二年，即 1996 年，这笔钱由于两种投资的市场回报将会升值。我们分别使用雷曼综合债券指数和标准普尔 500 指数为基准来衡量债券和股票的收益。1996 年，债券和股票回报率分别为 3% 和 23%，分别带来 1.50 美元和 11.5 美元的收益。同时，在第二年我们认为新资金被平均分配于三个选项。到 1996 年年底，固定收益基金和股票基金余额分别为 84.50 美元（=50 美元+1.50 美元+33 美元）和 128.50 美元（=50 美元+11.50 美元+67 美元）。因此，股票基金的相对加权数为 0.60（=128.50 美元/(84.50 美元+128.50 美元)）。在下一小节中，我们利用股票基金的相对数来解释投资于股票的资产比例的截面差异。

16.2.3 结果

我们首先采用一个简单的分类分析。我们用股票基金的相对数将退休储蓄计划分为大小相同的三个组：低，中，高。① 如表 16—6 所示，三个组的股票基金相对数分别为 0.37、0.65 和 0.81。例如，对于一个含有十项投资选项的计划，0.37 意味着其中大约有四个选项是股票基金。下一步，我们计算了每组股票的平均配置比例：48.64%、59.82% 和 64.07%。与分散化直觉推断相一致，股票基金的相对数和投资于股票的比例之间呈正相关。三个组差异的 ANOVA 检验在 0.01 的水平统计显著。因此，我们可以拒绝零假设，即参加者不受提供的基金数组的影响。

表16—6　　股票类型投资选项相对数和资产配置比例
（采用 1996 年 6 月 30 日 401（k）计划的 MMD 样本）

股票类型投资选项的相对数	N	股票投资选项相对数的均值	股票配置比例的均值
低	54	0.37	48.64%
中	54	0.65	59.82%

---

① 少于四个投资选项的八个计划都被排除在分析之外，因为它们提供给参与者的选择太少。

续前表

股票类型投资选项的相对数	N	股票投资选项相对数的均值	股票配置比例的均值
高	54	0.81	64.07%
p 值（ANOVA 检验）			0.01

注：401（k）计划 MMD 样本中的八个少于四个投资选项的退休储蓄计划已经从样本中去掉，导致样本中含有 162 个计划。然后，样本基于股票类型投资选项相对数被划分为三组：低，中，高。股票选项相对数的得出基于以下计算：在每年年初，1 美元新增款项被平均分配在可用的投资选项。在款项增加的同时，每一个投资选项的账户余额不断增加。该账户余额随着标准普尔 500 指数（股票基金）或雷曼兄弟综合债券指数（固定收益基金）的回报而波动。各种投资选项的期末余额被用来作为权数，来计算股票类型投资选项相对数。我们假定资产基金等混合投资选项投资于股票和固定收益证券的比例均为 50%。最后，我们计算了低、中、高组的股票类型投资选项相对数中股票的平均分配比例。

影响有多大呢？在我们的样本中，随着股票基金的比例从 37% 上升至 81%，参与者的股票配置由 48.64% 增加到 64.07%。计算显示资产选项中股票基金比例由 33% 增加至 87% 时，均值—方差最优化的投资者会把对股票的投资由 50% 增加到 53%，见表16—4。这意味着，相比于最优化框架，股票风险敞口的改变更强烈地受到计划中基金阵列的影响。

我们还在回归分析框架下研究了股票基金相对数与资产配置之间的关系。因变量是分配给股票的比例，自变量是股票基金相对数。用来衡量规模的计划资产的对数，以及计划中是否有公司股票的指标。（公司股票在资产配置决策中的作用将在下一部分讨论。）以计划资产为权重的加权最小二乘（WLS）估计的结果见表16—7。

表16—7 股票类型投资选项相对数和资产配置比例：回归分析
（因变量：计划资产投资于股票的百分比）

WLS 回归模型	截距	股票选项相对数	计划是否提供公司股票指标	以千为单位的计划资产的对数	调整的 R^2
面板 A：没有行业指标 （N＝162）					
1	22.09 (4.94)	63.14 (9.28)			34.61%
2	29.72 (6.73)	36.75 (4.49)	15.05 (5.10)		43.45%
3	10.57 (0.89)	36.77 (4.52)	14.78 (5.03)	1.40 (1.74)	44.16%

续前表

WLS回归模型	截距	股票选项相对数	计划是否提供公司股票指标	以千为单位的计划资产的对数	调整的 R^2
面板B：包括行业指标，基于两位数 SIC 代码 ($N=142$)					
4	58.68 (8.29)				55.12%
5	43.90 (5.39)	12.93 (3.26)			58.91%
6	47.07 (5.93)	9.09 (2.25)	4.13 (2.96)		61.79%

注：最初的样本包括 1996 年 6 月 401（k）计划的 MMD 样本。八个少于四个投资选项的退休储蓄计划已经被从样本中去掉，导致样本中含有 162 个计划。当我们加入行业指标，由于缺少行业信息，样本容量进一步减少到 142。本表显示了以计划资产作为权数的 WLS 回归估计（t 统计量列在括号内）。

有趣的主要变量是股票选项的相对数。分散化直觉推断预测这个变量的系数为正，表明越高的股票基金数目带来越高的股票配置比例。与分散化直觉推断相一致，在所有的回归分析中，估计系数在 0.01 的水平上显著地为正值。它的范围因回归规范不同，从 36.77 到 63.14 不等。[①] 为了说明回归系数的大小，可以考虑用一个混合了固定收益基金和股票基金的含有 10 只基金的计划。用股票基金代替固定收益基金预计将使股票分配比率增加 3.67% 到 6.31%。

我们还观察了计划中提供的基金总数的固定效应，以调查随着计划中基金数量的增加，对于 $1/n$ 直觉推断的使用是否会减少。然而，这并没有改变结果。这可能是由于我们样本中的计划并不含有大量的基金（170 个计划中只有 8 个含有的基金多达 12 只）。我们怀疑如果在计划中提供更大范围的基金可能观察到不同的行为，这种更大范围的基金可以从一个大的共同基金公司那里获得，例如 Fidelity 或 Vanguard 共同基金公司（通常称为"共同基金窗口"）。这种产品在大学和其他非营利组织的 403（b）计划中是常见的，但在我们的样本中的 401（k）计划中并不常有。

16.2.4 其他解释

到目前为止，我们已经解释了股票选项的相对数与股票配置的比例

[①] 我们得到了类似的结果：当（a）我们分析的计划不包含公司股票，（b）我们使用 OLS 回归而不是 WLS 回归，（c）我们排除了学生化残差的绝对值在 2 以上的观测值。

之间的正相关关系支持了分散化直觉推断。还存在一种担心，就是不同的股票基金可能用于不同的目的。例如，向一个已经混合了股票基金的计划中添加另一个成长型基金应该对参与者的整体资产配置影响不大，但增加一个国际股票基金可能为增加总股票投资提供一个合理的理由。因此，股票基金的相对数和所提供的国际基金数目之间的正相关关系可能导致我们的结果。但是，我们发现并不是这样的。事实上，计划中国际股票基金的存在与股票基金相对数没有相关关系。此外，总体上看国际投资比例很小。含有较少、平均量、大量的股票基金计划中海外投资的比例分别是2.70%、3.48%、2.24%。因此，不能认为是由国际分散化导致的结果。

反驳我们分析的一个更麻烦的观点是，企业可能会在计划中选择满足参与者愿望的基金阵列。例如，一个面向年轻团队的计划可能会提供很多股票基金，而一个面向相对成熟的员工的计划可能会更倾向于选择价值稳定的和其他固定收益基金。因此，我们观察到的股票基金相对数和资产分配之间的关联可能是由一个遗漏的相关变量导致的，这一遗漏的相关变量即为该计划参加者潜在的风险偏好。

很难在我们的数据中直接检验这种解释，因为我们没有关于计划参加者的特点或偏好的任何信息。不过，有两点可以反驳这种解释。首先，实验结果是不受这种批评影响的。由于受试者是随机分配到某一设定的情况中的，我们认为不同的组之间的风险偏好或者人口学特征没有系统的差异。当我们知道所选基金阵列不符合受试者的偏好时，我们得到了相同的结果，这一事实支持我们对于后来实际选择结果的解释。其次，如果风险偏好在人口学上的差异推动了所提供的基金阵列，我们可以预计这种关系在行业间会比行业内更强。因此，我们在回归分析中采用两位数字的SIC代码加入了行业虚拟项。行业的控制的引入没怎么影响结果。股票基金相对数的系数在单因素回归中由63.14降到58.68，在多元回归中由36.77提高到47.07。不过，检测这另一种解释的最好的方式是使用时间序列数据。我们将在下一部分用这种方法。

16.2.5 时间序列分析

如果我们从考察企业间横截面分析转换到计划内资产组合变化的时间序列分析，内生性问题（即企业在计划中选择符合员工偏好的选项）

会大大减少。为此，我们从 Watson Wyatt（一个养老金咨询公司）获得了一个中型公司的数据。我们之所以选择这个公司进行研究（获得数据之前），是因为它在一个相对较短的时间内（3.5 年）对其储蓄计划的选项进行了两次更改，并且可以获得参与者资产配置的季度资料。能够进行季度间的研究使人们可以猜想员工的偏好并没有显著地变化。这个计划有吸引力的另一个原因在于它一开始只有少数选项，计划的改变就非常显著。我们的数据库包括从 1993 年 6 月到 1997 年 12 月之间个体参与者的投资选择。在样本期间该公司两次改变了提供的基金阵列，提供了两次机会可以用来观察对参与者资产分配产生的任何影响。在我们观测时间的初期该计划只提供两种投资选择：1 只平衡型基金（63% 投资于股票）和 1 只债券基金。在 1994 年的最后一个季度，增加了 1 只稳定价值型基金和 3 只股票基金，在 1996 年的最后一个季度，债券基金减少了。

参加人数和在不同的投资选项间的平均分配逐季显示在表 16—8 中。讨论集中于新增资产的配置，因为参与者很少会改变他们累积余额的配置。从 1993 年 6 月到 1994 年 9 月，平衡型基金和债券基金的平均分配比例大约稳定在 30/70。由此产生的股票市场的投资比例是 18%。在 1994 年的最后一个季度，加入了 3 只股票基金，同时股票配置比例由 18% 上升到 41%。之后股票配置比例仍有上涨的趋势，这可能是这段时间股市业绩表现良好与员工慢慢改变配置的综合反映。

这个简单的分析需要关注的问题是，当只有平衡型基金和债券基金时，高于 63% 的股票配置比例（平衡型基金中股票的比例）是不可行的。为了探讨这种影响的程度，我们计算了投资 100% 于平衡型基金而对债券基金没有投资的参与者的数量。1994 年 9 月 30 日，共有 279 个这样的参与者。接下来，我们假设这些参与者是受约束的，并且如果可以的话，他们会将股票投资比例由 63% 增加到 100%。这样处理使得股票投资比例仅增加了 4 个百分点。

我们还检查了参与者对于 1996 年最后一个季度债券基金消除的反应。在该季度，股票投资比例从 62% 增加到 71%。请注意，在前一季度（1996 年 9 月）和下一季度（1997 年 3 月）股票投资比例仅增加一两个百分点。1996 年最后一个季度股票投资增加的幅度表明，它是由消除债券基金带来的，而不是由于向股票基金的逐步转移。

表16—8　由一个中型公司季度数据得到的未来款项的平均配置比例

月份	计划参与者的数目	下列基金中未来新增款项的平均配置比例						股票配置
		平衡型基金	债券基金	稳定价值基金	标准普尔500指数基金	国际股票基金	进取型股票基金	
1993-06	4 406	29%	71%	N/A	N/A	N/A	N/A	18%
1993-09	4 413	29%	71%	N/A	N/A	N/A	N/A	18%
1993-12	3 768	28%	72%	N/A	N/A	N/A	N/A	18%
1994-03	3 778	29%	71%	N/A	N/A	N/A	N/A	18%
1994-06	3 837	28%	72%	N/A	N/A	N/A	N/A	18%
1994-09	2 348	29%	71%	N/A	N/A	N/A	N/A	18%
1994-12	2 576	25%	47%	2%	8%	9%	9%	41%
1995-03	2 591	25%	46%	2%	8%	10%	9%	43%
1995-06	2 341	24%	44%	3%	9%	10%	11%	44%
1995-09	2 685	24%	43%	3%	9%	10%	12%	45%
1995-12	2 445	23%	34%	3%	13%	9%	18%	55%
1996-03	2 463	23%	32%	2%	13%	9%	20%	58%
1996-06	2 623	23%	29%	2%	14%	9%	22%	60%
1996-09	2 631	23%	22%	8%	15%	9%	24%	62%
1996-12	2 475	20%	N/A	21%	17%	10%	31%	71%
1997-03	2 479	20	N/A	21%	18%	10%	32%	72%
1997-06	2 629	20	N/A	20%	19%	10%	32%	73%
1997-09	2 638	20	N/A	19%	19%	10%	31%	73%
1997-12	2 358	19	N/A	17%	21%	10%	33%	76%

注：本表报告了由一个匿名的中型公司季度数据得到的未来款项的平均配置比例。在我们样本期间的第一季度，该计划包括两个选择：平衡型基金（63%投资于股票）和债券基金。在1994年最后一个季度，1只稳定价值基金和3只股票基金增加进来，而在1996年最后一个季度，债券基金下降了。最后一列显示了整体的股票配置（即股票基金加上平衡型基金中的股票部分）。

本部分的证据表明，向参与者提供的基金阵列对他们选择的资产配置有很大的影响。利用时间序列分析，我们能够保持员工偏好相对稳定，将投资行为的改变归因于特殊投资选项的增加和消除。我们的结论是：股票基金的相对数越大，股票配置比例越高。

16.2.6　公司股票的心理核算

我们的数据库可以探讨分散化的另一方面就是本公司股票在退休储蓄计划中的作用。这是一个潜在的重要问题，因为在提供了公司股票作为选择之一的计划中，这项投资占据了将近42%的资金比例，比任何其他类型的投资都多（见表16—5）。

将公司股票包含在储蓄计划中有很多利弊。从公司的角度来看，这种策略是有吸引力的,因为当员工认为他们是股东时,他们工作会做得更好、也更忠诚。另一方面,从员工的角度来看,将退休财富的很大一部分投资于一项和现在收入正相关的资产是一个有风险的策略。不过,这里我们关注的不是为什么员工持有这么多本公司的股票。[①](有很多解释,例如,在某种程度上拥有公司股票往往是有激励的,员工可能会觉得[无论正确与否]他们有关于自己公司前景良好的信息。)然而,我们对与本文主题相关的心理核算问题(Kahneman and Tversky,1984;Thaler,1985,1999)更感兴趣,那就是分散化。我们询问持有大量公司股票的雇员如何处理退休基金的其余部分。具体来说,他们是将公司股票作为其他股票的替代品,还是作为一种完全不同类别的资产?我们通过比较在不提供公司股票作为选项的方案(103 计划)中和提供这一选项的方案(67 计划)中雇员的投资来探讨这一问题。当公司股票不是可供选择的一项投资时,资产被平均分配于股票(49.19%=国内股票45.95%+国际股票3.24%)和固定收益证券之间。这种近似于 50—50 的分配与在公共部门的计划中观察到的相似。《养老金与投资》(1998)报告说,1996 年年底公共计划中有48.8%投资于股票。

正如我们上面报告的,当公司在计划中提供本公司股票时,这个选项占据了41.98%的资产。剩下的部分怎么处置了呢?如果员工把公司股票当作是股票投资组合的一部分,并希望有粗略的 50—50 的资产配置,那么他们将会把其余的大部分资产投资于固定收益资产。然而,这不是我们所观察到的。相反,没有投资于公司股票的资产被差不多平分于股票和固定收益证券之间。余下的58.02%的资产,29.26%投资于其他股票,其余的(28.76%)用于固定收益投资。

看来,这些投资的心理核算将公司股票作为与其他股票分开的另一种单独的投资类别。分散化直觉推断使得人们将剩余的资产进行了普遍存在的 50—50 分配。其结果是,在提供公司股票的计划中雇员投资于股票(包括该公司的股票)的比例超过 71%,而在不含公司股票的计划中,有 49%的资金投资于股票。

上述回归分析报告出现了类似的结果。当公司股票指标被纳入分析后,其系数显著为正。股票的配置(此处定义为公司股票、国内股票和国际股票的组合)在含公司股票这一选项的计划中要比不含这一选项的计划中大约高出 15 个百分点。

---

① 关于这一问题的讨论见 Benartzi (2001)。

16.2.7 单纯的分散化策略成本高昂吗？

假设人们真的采取纯粹的分散化策略，正如本文的结果所显示的那样，有两个方面可能会使这种行为比优化策略成本昂贵。首先，投资者选择的组合可能不在有效边界。其次，他们可能会选择有效边界上错误的组合点。第一类错误的成本几乎可以肯定是相当小的。即使是很原始的 $1/n$ 策略通常都会选择一个充分分散化的投资组合，并且会合理地接近边界上的一些点。为了说明这一点，坎纳等（Canner et al.，1997）估计，与传统的投资模型不一致，金融规划师最常用的意见所选择的组合比有效边界仅低 20 个基准点。与此相反，第二个低效选择，即选择了有效边界上一个不恰当的点，可能会产生显著的影响。布伦南和托罗斯（Brennan and Torous，1999）报告了以下计算。他们认为个人的相对风险厌恶系数是 2，这与弗伦德和布鲁姆（Friend and Blume，1975）的实验观测结果相符。然后，他们研究了选择与假定的风险偏好不相匹配的投资组合所带来的福利损失。使用一个 20 年的投资研究范围，个人从含 80% 股票投资的富股票计划变换到含 30% 股票的富债券计划将会承受 25 个百分点的效用损失。如果时间扩展到 30 年，那么福利损失可高达 35~40 个百分点。这明显是巨大的成本。对于一个风险厌恶程度较小的个体，例如系数为 1.0，对应效用的对数，投资于太少股票的事前福利成本可能会更大。大量持有公司股票的事前福利损失更大，因为缺乏分散性。

16.3 总结和讨论

本章探讨个人如何在退休账户中选择投资组合这样的复杂问题。我们认为，与大部分复杂的任务一样，在这种情况下，许多人使用一个简单的经验规则来帮助他们。一个这样的规则是分散化直觉推断或者其极端形式 $1/n$ 直觉推断。与分散化直觉推断相一致，实验的和档案的证据表明，一些人将资金平分于各项投资选项而不考虑计划中选项的特别组合。启发之一是，提供给计划参加者的基金阵列可以对人们选择资产配置产生强大影响。当股票基金数量增加时，分配在股票上的资金也会增加。实证结果证实，提供的基金阵列影响资产配置。虽然分散化直觉推断可以产生合理的组合，它却不能保证合理的或连贯的决策。

结果突出了设计退休储蓄计划的困难，无论是公共的还是私人的。应该提供的固定收益和股票基金的正确组合是什么？如果该计划提供了许多固定收益投资基金，参与者可能会过于保守。同样，如果该计划提供了许多股票基金,雇员的投资可能会太激进。另一个问题是,计划应如何处理参与者的差异?如果该计划提供了许多股票基金,参与者将最终得到一个相当积极的组合,这符合许多金融顾问对青年员工的建议,但不符合年纪大的员工。计划应该根据年龄提供不同的基金吗?

在私营的计划范围内,我们的结果表明,在过去十年中退休基金中增加股票投资可能部分是由于新的股票基金被添加到这些计划中(尽管20世纪90年代股市的蓬勃发展也是一个重要的因素)。这是一个很容易继续下去的趋势,部分是因为区分股票基金产品更容易。股票基金可以根据很多因素进行细分:公司大小(例如,小盘股);风格(例如,主动型基金和指数型基金,价值型基金和增长型基金);行业或部门(保健行业基金,技术行业基金);国家或地区(中国,亚洲),等等。除非考虑到期日和风险,否则似乎更难区分固定收益基金(特别是,对于避税的养老金计划,免税基金没有作用)。

很难说清投资者利用简单的经验规则进行投资所带来的事前福利成本。正如上一部分计算显示的,在某些情况下,这种成本可能是巨大的,即使投资者获得的投资组合在有效边界附近。而且,尽管事前福利成本是经济学家在设计储蓄计划时关注的合适概念,计划的管理者(无论是私人的还是公共的)也可能会担心事后悔恨。一个鼓励投资者过多或者过少投资于股票的计划可能会由于收益与历史标准不同而痛苦。

附录:退休储蓄调查问卷

图16—A1显示了从1970年到1996年基金A、B、C、D、E每年的回报率(或增长率)。这些比率显示了在给定年份你的资金价值的百分比变化。正如你可以看到的,在页面顶部的资金有较高的平均回报率,但回报率也更加多变。例如,在最好的年份基金A增长37.5%,而在最糟糕的一年该基金损失其价值的26.4%。平均收益率为13.4%。相反,在页面底部的基金有一个较低的平均回报率,但回报率变动也较小。例如,基金E提供了9.7%的平均回报率,但回报率很少变化。每年的回报率在32.6%和-2.9%之间波动。我们没有根据通货膨胀进行调整,在此期间平均通货膨胀率为3.1%。

如果这些基金是我唯一的退休方案选项,我不得不从中选择一只基金,我会选择以下哪只基金:A、B、C、D、E?

第 16 章　固定供款储蓄计划中单纯的分散风险策略

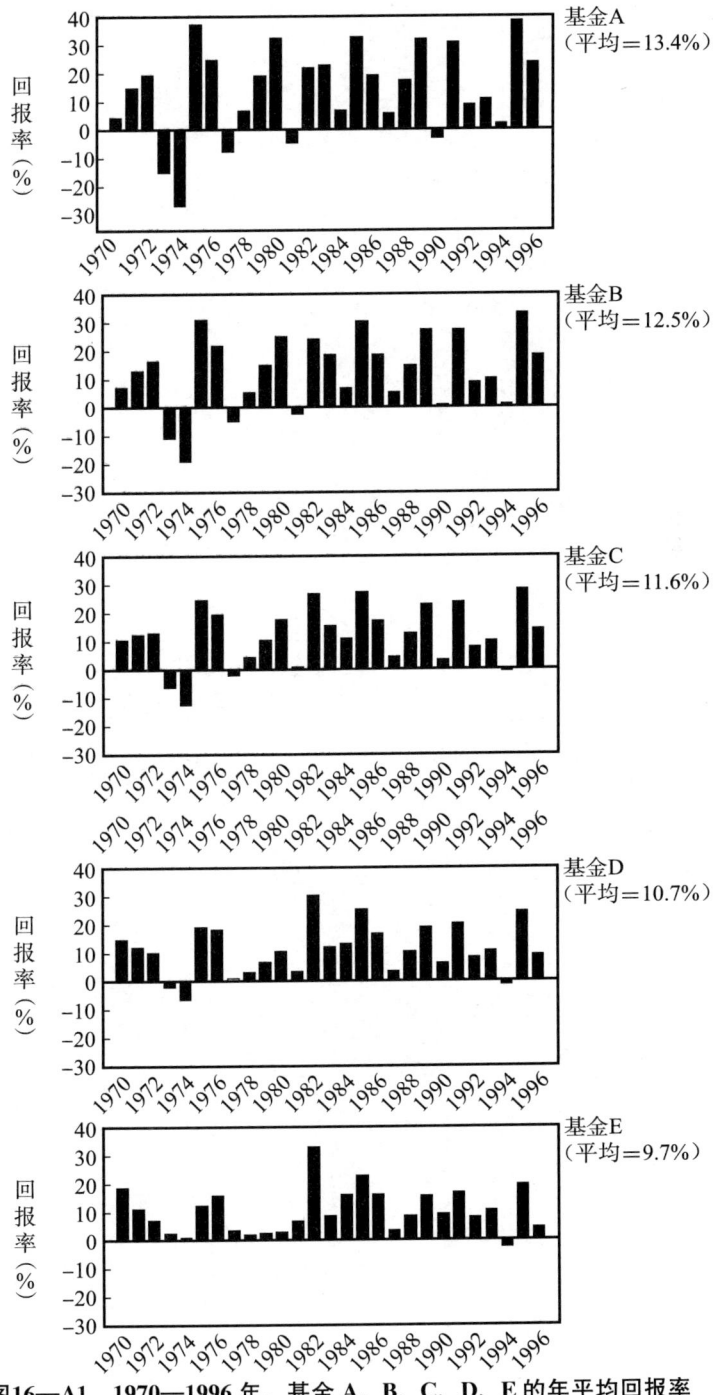

图16—A1　1970—1996 年，基金 A、B、C、D、E 的年平均回报率

第六部分

公司金融

第17章 非理性世界中的理性资本预算[①]

杰里米·C·斯坦（Jeremy C. Stein）

17.1 引 言

在过去几年，资本资产定价模型（CAPM）不是很行得通。最近，大量的实证研究发现：(1) 跨行业的股票收益和 β 的关联很少或不明显，并且 (2) 除 β 之外，还有许多其他的变量对股票收益有强大的预测能力。例如，账面/市值比就一直表现出重要且可靠的预测能力：其他不变时，某公司的 B/M 比越大，其条件预期收益越高。[②]

根据这些观察结果，本文引入一个简单的也是基本的问题：学术界的金融同行们在教他们的 MBA 学生和其他从业者做资本预算决策时，如何设定最低资本收益率？我们是否还可以沿用标准教材，心地坦荡，一本正经地根据 CAPM 模型计算加权平均资本成本或计算调整现值？还

[①] 研究受到国家科学基金会和麻省理工大学国际金融服务研究中心的支持。感谢 Maureen O'Donnell 对初稿提供的帮助，感谢 Michael Barclay, Doug Diamond, Steve Kaplan, Jay Ritter, Dick Thaler, Luigi Zingales，《商业杂志》的一位匿名审稿人和国家经济研究局学术报告会的参与者们的评论和建议。

[②] 其他关于非 β 变量的预测能力的著作有：Stattman (1980); Banz (1981); Basu (1985); Keim (1983); DeBondt and Thaler (1985); Rosenberg, Reid, and Lanstein (1985); Bhandari (1988); 以及 Jaffe, Keim, and Westerfield (1989)。关于此，详见法马 (Fama, 1991) 中的具体综述。更近的关注账面/市值比作为预测变量的文章有：Chan, Hamao, and Lakonishok (1991); Fama and French (1992); Davis (1994); Lakonishok, Shleifer, and Vishny (1994) 以及 Chan, Jegadeesh, and Lakonishok (1995)。

是在资本预算时摒弃 CAPM 而采用其他更契合实际股票收益数据的替代模型？

如果认为股票市场是有效的，从而认为最近研究中公开的可预测的超额收益只是风险补偿——由于某种原因，β 没能很好地表达该风险——这样，这个问题的答案就很简单。根据标准金融逻辑，在有效市场中，任何给定资产中投资的最低收益率应该正好符合该资产中一个单一经营的公司占优的预期股票收益。操作上唯一的问题是，使用哪一种回归方法可以得到最佳预期收益的估计值？这样，必然的结论就是摒弃 CAPM 而使用"新的、改进的"的统计模型来设定最低收益率。为简单方便起见，我把这种设定最低收益率的方法称为 NEER 方法，就是新预期收益的估值法。

为说明 NEER 方法，我们举个例子，一个化学公司，目前其账面/市值比低，这样——根据以上选择的回归分析——其预期收益也低。如果这个公司正在考虑投资另外一个化学工厂，这种方法会得到一个相对很低的最低投资收益率。其中内含的经济论点是：账面/市值比低，就表明化学工业的资产风险低。因为风险低，所以设定一个低的最低收益率是合情合理的。当然，如果该公司的账面/市值比——以及其预期收益——随时间而上升，那么，做资本预算时，最低收益率也应该向上调整。

这种资本预算的 NEER 方法受到法马和弗伦奇（Fama and French，1993）的拥护。法马和弗伦奇把账面/市值比和其他变量的预测内容融合成一个线性多因素模型，他们的观点可以被看成套利定价理论（APT）的变种或者跨期资本定价模型（ICAPM）。因此，他们总结道："总之，我们的结论可以用在任何需要估算预期股票收益的地方。这包括……估算资本成本"（Fama and French，1993，p.53）。

然而，法马和弗伦奇的逻辑关键是把和账面/市值比与其他预测变量相连的不同收益看作基本风险补偿。尽管似乎人们已普遍接受一些变量比如账面/市值比确实有预测作用，但这种预测是否和风险息息相关就不那么明显了。事实上，最近的几篇文章发现，在任何可度量的意义上，几乎没有正面的证据表明具有高账面/市值比的股票的风险更大。[1]

---

[1] 比如，Lakonishok, Shleifer, and Vishny（1994），Daniel and Titman（1995），以及 MacKinlay（1995）。丹尼尔和蒂特曼的文章直接讨论了法马和弗伦奇（Fama and French，1993）提出的概念，即账面/市值比效应可被解释为多因素风险。

第 17 章 非理性世界中的理性资本预算

关于最近一些发现的替代解释认为，投资者在形成预期时会有系统性错误，所以，在某时间点，股票可能被明显高估或明显低估。在这些估值错误自我纠正时，股票收益将以部分可预测的方式变化。例如，相对于其基本价值而言，被高估的股票趋向拥有低的账面/市值比。随着时间的推移，这种高估会脱离股票价格，这样，低的账面/市值比将预测未来收益相对低。[①]

如果关于收益的预测变量是由投资者的错误预期引起的，那么使用 NEER 方法设定最低收益率就不那么理所当然了。这一方法的论据经典之处在于其假设，即股票的预期收益和基础资产的基本经济风险存在一对一的关联。如果该假设不成立，这个问题就变得更加复杂。我们回头考虑账面/市值比很低的那个化学公司。如果低的价值比率因而低的预期收益不代表风险，而是反映投资者目前对化学工业资产过分乐观，那么，理性的经理们是否应该设定一个低的最低收益率并大举投资收购更多这样的资产？

关键之处在于，当市场无效时，设定最低收益率的 NEER 方法和关注基础资产的风险的方法——我称之为 FAR 方法之间有明显的区别。FAR 方法直接关注资产现金流的方差和协方差的特性。这就意味着，在化学公司的案例中，如果新工厂的现金流和其他资产的现金流高度相关——不考虑该公司目前的账面/市值比或股票的条件预期收益，就应该设定很高的最低收益率。

鉴于 NEER 方法和 FAR 方法之间的区别，本文的主要目的是评定两者的相对长处，并说明在某特定情景下哪个方法更有优势。在得出结论之前，我发现，不严谨地说，大部分情况下，NEER 方法更合情理，不管是（1）经理们对短期股票价格最高化感兴趣还是（2）公司面临财务条件制约（其程度我会准确描述）。与之相对应的是，当经理们对公司长期价值最大化感兴趣，而公司又不面临财务条件约束时，FAR 方法更可取。

这个事实，即在某些情况下 FAR 方法更合情理，会得到一个有趣的并且某种程度上可以说违反直觉的结论：尽管 CAPM（或其他类似的）模型不能准确描述实际股票收益，在资本预算决策时，按惯例，它们可能仍然非常有用。这是因为 β——如果计算恰当的话——可能仍然是资产基本经济风险的合理计量，即使它对股票收益只有微弱的预测能

---

① 支持该解释的证据，见 Lakonishoke et al.（1994）和 LaPorta et al.（1994）。

力或者根本没有预测能力。然而，必须强调，这种应用 CAPM 的逻辑不是适合任何情况的。正如以上指出的那样，当经理们目光短浅或者当公司面临财务约束时，CAPM——或任何以 FAR 为基础的方法——就不太适合，因为它不能准确地描绘股票的预期收益。

在铺陈之前，我也应该重申，以下整个分析是基于股票市场是无效的前提。更准确地说，预期收益的截面差异被假定为部分源于投资者的错误预期。我这样假定出于两个原因。首先，至少有足够的证据让人严肃质疑市场的有效性并探寻在其缺失时资本预算规则该是什么，这让我印象深刻。其次，正如以上所讨论的，有效市场已被广为接受并无须赘言。然而，任何时候，读者都可以自己判断无效市场的前提是否适合作为资本预算的基础。

当然，本文并不是第一篇提出股票市场的无效性是否并且如何影响投资者决策这个通常问题的文章。这个问题至少可以追溯到凯恩斯（Keynes，1936，p. 151），他提出："可能某些种类的投资由股票价格所显示的股票交易所人士的平均预期所控制，而不是职业企业家的真实预期。"[1] 关于此，最新的贡献有 Bosworth（1975）；Fischer and Merton（1984）；De Long et al.（1989）；Morck，Shleifer，and Vishny（1990）以及 Blanchard，Rhee，and Summers（1993）。后两篇更值得一提，因为它们强调——正如本文一样——经理们的投资时间观念和财务约束的重要性。相对于这些先著，本文的贡献有两方面：首先，本文提供了一个简单的分析框架，其中，投资理念和财务约束效果得到明显清楚的体现。其次，本文关注的是什么是合适的风险—调整最低收益率，从而根据教科书不确定情况下的资本预算方法来构建无效市场的模拟模型。[2]

本文如下部分是这样安排的。第二部分，我检验了经理们的投资时间观念和最低收益率的关联，为简单起见，不考虑财务约束问题。这部分得出：当经理们持长期投资理念时，FAR 方法更可取。第三部分，我介绍了财务约束的可能性，并表明这种约束和短期投资时间理念效果相似——也就是说，财务约束倾向于支持 NEER 方法。第四部分，我提到了计量问题。特别是，如果决定使用 FAR 方法，最好的有实用性

---

[1] 更加清楚的是，用本文的语言说，凯恩斯有效地表达了经理们会采用 NEER 方法做资本预算这个观点。

[2] 与之相对应的是，布兰查德等（Blanchard et al.，1993）文章中的非正式的讨论认为风险中立，从而不提整个风险—调整最低收益率问题。

的计量基本资产风险的办法是什么。在用 FAR 方法时，在多大程度上，我们可以像传统计算方法一样合理使用 β？第五部分，简要地讨论了基本框架的一些延伸和变异，第六部分则具体描述其实证意义。第七部分是总结。

17.2 投资时间理念和最优最低收益率

我考虑简单的两时期资本预算模型，该模型在多个方面已经相当标准。在时间 0，文中的公司初始全部是股权融资。实物资产到位并将在时间 1 产生单一的净资金流 F。对时间 0 而言，F 是一个正态分布的随机变量。该公司也有机会在时间 0 对相同资产再投资 1 美元——就是说，如果公司选择再投资，其实物资产在时间 1 共会产生 $2F$ 的现金流。在时间 0，公司面对的唯一决定是是否应该再投资。如果投资，该投资将以被市场公平定价的无风险债务的形式融资。没有可能增发或回购股票。（在第三部分，可以明显看到，在时间 0，如果准许公司在股票市场交易，在某种情况下，可能会改变结果。）也没有税收。

假设公司经理有理性预期。我用 $F^r \equiv EF$ 表示在时间 0 时经理对 F 的理性预测。然而，公司的其他外部股票持有者有有偏预期。他们对 F 的有偏预期为 $F^b \equiv EF(1+\delta)$。这里，用 δ 计量外部投资者对公司实物资产价值前景过度乐观的程度。这种评估公司实物资产价值的偏误是该模型和标准框架的唯一区别。外部投资者在其他方面都非常理性。例如，他们精确理解方差和协方差。所以，归于外部投资者的非理性程度是相当温和的。当然开发其他替代模型描述这种非理性可能很有趣，但在缺失明确理论指导的情况下，这里使用简单的形式应该是一个合适的起点。

该公司的股票是更大的市场组合的一部分。在时间 1，市场组合的净现金流回报是 M，也是正态分布。为简单起见，我假设经理和外部投资者对 M 都有理性预期。这样，我实际上是假设投资者在评估现金流时会对具体公司有误差，但对市场总体而言，这种误差相互抵消。[1] 我用 P_M 代表时间 0 时市场组合的价格，用 $R_M \equiv M/P_M - 1$ 计算已实现市场收益的百分比。

---

[1] 或者，更温和一点说，公司经理不同意外部投资者对 M 的估值。

最后一个假设是，公司股票价格只受外部投资者预期的影响。这就是说，尽管经理可能有不同观点，他也不能或不愿大量交易影响市场价格。

设定好假设以后，在时间 0，投资决策作出之前，第一件事是计算公司股票的起始市场价格 P。这很容易。注意，我们使用的是标准均值—方差框架，唯一的例外是投资者有有偏预期。这种偏差不会破坏在标准框架中得到的一些经典结论。首先，投资者将都持有市场组合，并且，市场组合将——在他们眼里——是均值—方差有效的。其次，投资者对公司股票要求的均衡收益为 k，用下式表达：

$$k = r + \beta^r (ER_M - r) \tag{1}$$

其中，r 是无风险利率，β^r 是通常的"β 收益率"，定义为

$$\beta^r \equiv \mathrm{cov}(F/P, R_M)/\mathrm{var}(R_M) \tag{2}$$

所以，外部投资者要求收益的计算和标准 CAPM 模型相似。根据这些投资者对现金流的预期，公司股票的起始价格 P，应该符合

$$P = F^b/(1+k) \tag{3}$$

然而，等式（3）不是一个完全简化的形式，因为 P 出现在对 k 的定义上，所以，等式两边都有 P。对各项重新组合，我们得到用原始参数项表达的 P 如下：

$$P = \{F^b - \beta^d (ER_M - r)\}/(1+r) \tag{4}$$

其中，β^d 是"美元 β"，定义如下：

$$\beta^d \equiv \mathrm{cov}(F, R_M)/\mathrm{var}(R_M) \tag{5}$$

把等式（1）～（4）和理性预期框架下普遍的经典设定的类似表达公式比较一下，对我们有帮助。使用星号上标代表这些（非凸显的）理性预期值，我们得到

$$k^* = r + \beta^* (ER_M - r) \tag{6}$$
$$\beta^* \equiv \mathrm{cov}(F/P^*, R_M)/\mathrm{var}(R_M) \tag{7}$$
$$P^* = F^r/(1+k^*) \tag{8}$$

和

$$P^* = \{F^r - \beta^d (ER_M - r)\}/(1+r) \tag{9}$$

对等式（4）和（9）进行比较，可以看到，在简化形式中，P 和 P^* 之

间的唯一区别体现在预期现金流项。

尽管外部投资者认为公司股票会产生预期收益 k，但这不是股票表现的理性预期。在一定程度上，条件预期收益最佳估值，我用 CER 代表，为

$$\text{CER}=F^r/P-1=(1+k)/(1+\delta)-1 \tag{10}$$

这样，从理性观察者比如公司经理的角度看，公司股票有一个可能比 CAPM 模型得到的收益率 k 大或者小的 CER。从这个角度，该模型大致体现了存在和 β 无关的可预测股票收益这一实验规律。这些可预测收益只是反映了外部投资者的偏差。注意，当 $\delta=0$ 时，即外部投资者没有偏差时，$\text{CER}=k=k^*$。当 $\delta>0$ 时，即股票价格被高估时，$\text{CER}<k<k^*$。并且，与之相反，当 $\delta<0$ 时，$\text{CER}>k>k^*$。

现在我们可以谈到最优最低收益率问题。要做到这一点，我们需要对最大化的客观函数一目了然。有两个明显的可能性。首先，假设在时间 0 时，即刚作出投资决策后，经理追求股票价格最大。这就是说，经理试图最大化外部投资者的价值。换句话说，从其个人更加理性的角度来说，我们假设经理要最大化公司未来的现金流。

总之，我们可以想到一些理由说明经理为什么会倾向于以上提到的目标。例如，如果他们站在那些出于流动性原因必须近期卖掉股票的股东角度（包括他们自己），他们将更倾向于股票目前价格最大化。与此相反，如果他们代表那些希望长期持有股票的股东（包括他们自己）——例如由于资本利得税或其他——他们将更愿意最大化未来现金流的现值。在以下分析里，我假定经理的投资时间理念是外生的，尽管在更全面的模型中，它是内生决定的。[①]

首先让我们考虑"短期投资理念"案例，其目标是最大化股票的目前价格。在这个案例中，很容易得到投资产生的"价值"是 $(P-1)$。直觉上讲，只要资产的目前市场价值超过获得成本，如果现在购买该资产，那么股票目前价格应该上升。把这个翻译成关于最低收益率的申明，注意，是从管理人员的角度，投资的预期现金流是 F^r。这样，短

---

① 这种存在于最大化股票目前价格和最大化管理人员长期价值之间的区别也存在于信息不对称情况下的投资和融资决策中。比如，米勒和罗克（Miller and Rock，1985）以及斯坦（Stein，1989）对这两个目标的平衡力量有更深入的讨论。代理问题考量是一个重要的隐含因素。特别是，股东也许针对代理问题会对经理使用激励计划或公司政策使得经理更倾向于最大化股票目前价格。这个问题在 17.5.3 小节有更详细的讨论。

期最低收益率，定义为 h^s，符合投资的总体贴现值，$F^r/(1+h^s)$ 等于 P。使用等式（10），很快得到：

命题 1：在短期投资案例中，经理应该使用最低收益率 $h^s=$ CER 贴现其预期现金流 F^r。换句话说，经理应该使用 NEER 方法，并用股票的条件预期收益作为最低收益率。

对命题 1 的一种解释是，如果经理要最大化股票的目前价格，他必须为投资者的不当理念买单。所以，如果投资者对公司资产未来前景过分乐观——这样导致 CER 值低——经理应该愿意更有力度地投资这些资产并因此采用低的最低收益率值。

对"长期投资理念"案例而言则完全不同，其中，经理追求未来现金流的现值最大化。在这个案例中，投资产生的"价值"是 P^*-1。就是说，经理只在资产理性预期价值超过获得成本时投资。所以，长期的最低收益比率 h^L 满足 $F^r/(1+h^L)=P^*$。使用等式（8），得到：

命题 2：在长期案例中，经理应该使用最低收益率 $h^L=k^*$ 对其预期现金流 F^r 贴现。换句话说，经理应该使用 FAR 方法，并选择能够反映资产基本风险的最低收益率，这取决于外部投资者偏差 δ。

命题 2 表明长期投资案例中的最低收益率应按"类 CAPM"模式设定。这和标准教科书的精神接近。然而，一个主要的警告是，和教科书不一样，我们在实证中需要更加小心。根据等式（6）和（7），这种类 CAPM 计算所需要的 β^* 是理性预期世界中普遍使用的 β（未察的），好像这是长期投资者对基本风险的正确计量。考虑到贯穿本文的基本前提是股票市场无效，我们不能像通常一样假设按照传统方法计算的 β——用公司股票收益对市场收益的回归法得到——能充分代表命题 2 要求的 β^*。所以，围绕如何计量 β^* 有一系列说法。这些说法在 17.6 节会详细提到。

17.3 融资考量和最优最低收益率

至今为止的分析都忽略了公司可能增发或回购股票的可能性。既然前提是——市场是无效的，并且经理知道这一点——这就是一个潜在的重要忽略。首先，自然有这样的情形，经理们希望参与股票增发或回购以利用市场的无效性。其次，对我们更重要的一点是，也许在某些场合，这些机会性的融资策略和资本预算的最优最低收益率有关联。

第17章 非理性世界中的理性资本预算

本部分的目的是揭示融资考量和最低收益率之间的这些关联。从对这个问题的通用公式化表达开始。然后，我提到一些特殊情况，这些情况会推导出一些简要的结论并突出最重要的本质。

17.3.1 问题的通用公式化表述

在一个无效市场上，当经理选择投资—融资组合时，通常一定会考虑到三个方面：（1）投资的净现值，（2）与股票增发或回购相关的"市场时机"利得或损失，以及（3）在多大程度上，投资—融资组合会导致严重背离公司的最优资本结构。所以，为了得到一个总体的目标函数，我们必须对这几个方面进行详细解释。①

17.3.1.1 投资的净现值

以后会清楚，融资问题对最低收益率的影响究竟多大，这会大大缩短经理的时间期限——就是说，会让他们的行动更倾向于 NEER 模式。因此，为了使分析更有趣，我假设融资考量缺失，经理们采用 FAR 模式，并追求未来现金流的现值最大化。

为了使用微积分，我对以前部分稍做总结，让在时间 0 时的投资额是一个连续变量 K。在时间 1，该投资的总预期收入是 $f(K)$，它是一个渐增的凹函数。这样，与之相关的 FAR 模型中的投资的净现值就是 $f(K)P^*/F^r - K$，或者与之相当的，$f(K)/(1+k^*) - K$，其中，k^* 由等式（6）和（7）得到。

17.3.1.2 市场时机利得或损失

用 E 代表在时间 0 时出售新股票得到的美元数量。这样，当 $E > 0$ 时，解释为公司增发股票；当 $E < 0$ 时，解释为回购。如果公司能够在没有价格—压力效应的条件下交易自己的股票，从经理的角度来说，市场时机利得就是这些股票在起始时间 0 时的市场价值和经理价值之间的区别。对交易量为 E 而言，市场时机利得就是 $E(1-P^*/P)$。②

当然，假设没有价格—压力效应是极端的和不现实的，特别是，如果潜在的股票交易量是绝对大量的。同时，既然前提是投资者是非理性的，我们不必走向另一个极端——迈耶斯和马吉卢夫（Myers and Ma-

---

① 我暂时忽略的一个可能性是经理们可能通过交易别的公司的股票来利用市场的非有效性。这种考量在 17.5.4 小节会提到，并将看到，不会在很大程度上影响分析的结论。

② 如上，我继续假设当公司增贷时，贷款定价合理，这样，就没有市场时机利得或损失。这个假设不会影响下面的结果的本质。

jluf，1984）提到的理性信息不对称模型——假设股票增发或回购的公告效应是，平均而言，完全消除市场时机利得。

折中一下，我采用一个简单的、相对非结构化的公式，其中，净价格—压力市场时机利得为 $E(1-P^*/P)-i(E)$。这里，$i(E)$ 代表股票交易量为 E 时的相关的价格—效应损失，设 $i(0)=0$。其他我使用的限制条件是：首先，当 $E>0$ 时，$di/dE \geqslant 0$，与之相反的是，当 $E<0$ 时，$di/dE \leqslant 0$；其次，处处都有 $d^2i/dE^2 \geqslant 0$。总之，增发股票会使价格下降，而回购会使价格上升，两方面都是交易量越大，影响越大。

根据几种不同的潜在现象解释函数 $i(E)$。首先，可能是非理性投资者在看到管理人员交易股票时会稍微改变观念。然而，和信息不对称下的理性模型相比，这种改变不足以抵消可预测的超额收益。这种解释符合最近的研究精神，即市场对股票增发和回购信息严重反应不足。① 或者，在股票回购时，$i(E)$ 可能被当作投资者要求的资本利得税的额外补偿。

17.3.1.3　背离最优资本结构的成本

最后，我们必须考虑到某种投资—融资组合会导致次优资本结构的可能性。例如，为了利用股票的低价格，公司决定大量投资并回购股票，杠杆作用可能大到使得其财务困境的预期成本不可忽略。为了简单地表述这种可能性，我假设公司的最优债务比率为 D，并且，在时间 0 投资和融资决策之前，公司债务比刚好处于最优。这样，公司投资 K 并筹集新股 E 之后，公司将过度举债，量为 $L \equiv K(1-D)-E$。我假设这过度举债导致的成本为 $Z(L)$。

再次，对 $Z(L)$ 函数，我不过分强调先验结构。通过定义，加以规范化使得 $Z(0)=0$。总之，无论从哪个方向背离最优值 0，都将代价昂贵——债务太少和债务太多一样会带来问题。而且，要界定背离成本的程度，这些成本是一个最优值距离的凸函数。和函数 $i(E)$ 一起，当 $L>0$ 时，得到 $dZ/dL \geqslant 0$，与之相反的是，当 $L<0$ 时，$dZ/dL \leqslant 0$；并且处处都有 $d^2Z/dL^2 \geqslant 0$。

17.3.1.4　最优投资和融资决策

把这三种考量放在一起，经理的目标函数就是

$$\max f(K)P^*/F^r - K + E(1-P^*/P) - i(E) - Z(L) \qquad (11)$$

---

① 比如，见陈格（Cheng，1995）、洛克伦和里特（Loughran and Ritter，1995）、斯皮斯和阿弗莱克-格雷夫斯（Spiess and Affleck-Graves，1995）关于股票增发，以及艾肯伯里、兰科尼肖克和弗米伦（Ikenberry，Lakonishok，and Vermaelen，1995）关于股票回购的文章。

同时，
$$L \equiv K(1-D) - E$$

该问题的一阶条件是

$$\mathrm{d}f/\mathrm{d}K - [1 + (1-D)\mathrm{d}Z/\mathrm{d}L]F^r/P^* = 0 \tag{12}$$

$$(1 - P^*/P) - \mathrm{d}i/\mathrm{d}E + \mathrm{d}Z/\mathrm{d}L = 0 \tag{13}$$

这样，使用代数方法得到最优投资满足

$$\begin{aligned}\mathrm{d}f/\mathrm{d}K &= DF^r/P^* + (1-D)(F^r/P + \mathrm{d}i/\mathrm{d}E) \\ &= D(1+k^*) + (1-D)(1+\mathrm{CER} + \mathrm{d}i/\mathrm{d}E)\end{aligned} \tag{14}$$

17.3.2 逐个案例分析

既然等式（14）的实质可能不会立刻清晰可见，通过一些特别案例来理解不同的起作用的力量可能有用。

17.3.2.1 资本结构不是一个捆绑约束

首先，最简单的约束案例是 $\mathrm{d}Z/\mathrm{d}L = 0$——也就是说，除了在时间 0 时发售新股或回购股票所带来的杠杆作用改变，其他的杠杆作用改变没有边际成本或边际收益。这一限制条件在无税收和无财务困境成本时明显成立，其中，如果公司股票没有定价错误，莫迪格里安尼-米勒定理适用。但更通常一点而言，为了该案例（大概）相关，我们不必做这样强烈的假设。真正需要的是 Z 函数在最优解附近是平的。例如，如果价格—压力效应很大，投资收益快速缩小，公司将只选择小量的投资和融资调整，这样就永远不会使得资本结构背离其起始位置 $L=0$ 很远。如果 Z 函数在 0 附近碰巧也是平的，那么杠杆作用的增加只会对公司财务困境成本产生微弱的影响。

当 $\mathrm{d}Z/\mathrm{d}L = 0$ 时，由等式（12）和（13）我们知道投资和融资决策完全是可分的。本质上，这是因为资本成本可以无代价边际调整来弥补两者之间的宽松联系。在这个案例中，公司的最优行为在命题 3 中会阐明。

命题 3：当资本结构不是一个捆绑约束条件，而且经理有长的期限时，公司的最优政策总是用 FAR 方法得到的 k^* 值设定最低收益率，如命题 2 提到的，当 $\mathrm{CER} < k^*$ 时，增发股票，而当 $\mathrm{CER} > k^*$ 时回购股票。

图17—1显示的是最优投资和融资政策。正如我们看到的一样，这两者是完全不相关的。当股票价格低而 CER 高时，公司回购股票。然而，因为资本结构是完全可变的，回购不会影响最低收益率。甚至，公

司只通过借更多债务对回购进行调整。所以,边际上,投资应该通过公平定价的债务融资来估价,正如以上第二部分阐明的一样。

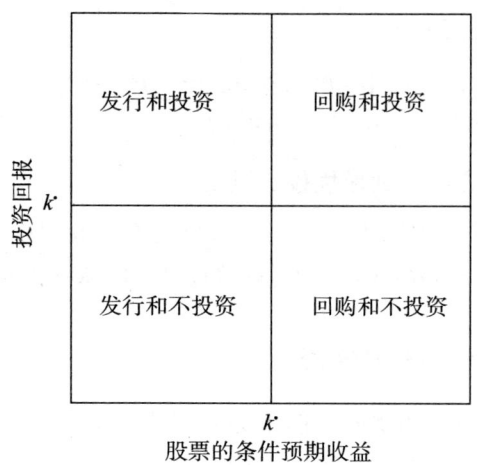

图17—1 当资本结构不是一个约束条件时的投资和融资政策

与之相反的是,当股票价格高而 CER 低时,公司发行新股。然而,公司不必用发行新股的收入投资。这些收入可以用来支付债务或积累现金。所以,没有理由认为发行"便宜股票"会降低投资的最低收益率。

17.3.2.2 绑定资本结构约束,无价格—压力效应

下面案例中的资本结构约束是绑定的,但缺失价格—压力效应——也就是说,其中 $dZ/dL \neq 0$ 并且 $di/dE = 0$。在这个案例中,等式(14)可简化为

$$df/dK = D(1+k^*) + (1-D)(1+CER) \tag{15}$$

根据等式(15),我们得到:

命题4:当资本结构约束是绑定的,而且不考虑价格—压力,最优最低收益率有如下特点:介于分别用 NEER 方法和 FAR 方法得到的 CER 值和 k^* 值之间;当 D 接近于0,最低收益率趋同于 CER,正如命题1提到的一样;当 D 接近于1,最低收益率趋同于 k^*,正如命题2提到的一样。

命题4的直觉很简单。当资本结构有绑定约束时,通常而言,我们不能把投资和融资决策分开。这大概在 $\delta < 0$ 时最容易看到,这样股票被低估,公司就会回购股票。每投资1美元就会减少用于回购的现金,从而资本结构固定。实际上,在 $D = 0$ 的极端情况下——也就是说,投

资的增加额零负债——每投资 1 美元就少了 1 美元用于回购。这样，在这个案例中，投资的机会成本就是股票的预期收益，如 NEER 方法一样。

所以，在约束案例中 $D=0$，财务约束因素使得本来持长期投资观念的经理的行为像是他们对短期股票价格最大化感兴趣。这仅仅是因为，为了不改变资本结构，任何投资必须完全依靠立即的股票增发，所以所有的问题就是对投资是否具有吸引力的市场的当前评估。

居中的案例中 $0<D<1$，投资只是部分由股票增发供款。这暗指股票的 CER 变化 1，最低收益率变化少于 1。在另一个极端，当 $D=1$ 时，投资完全由贷款供款，最低收益率保持在 FAR 方法中的 k^* 值，与股票的 CER 无关。[1]图 17—2 揭示了对不同的 D 值，最低收益率和股票的 CER 的关系。

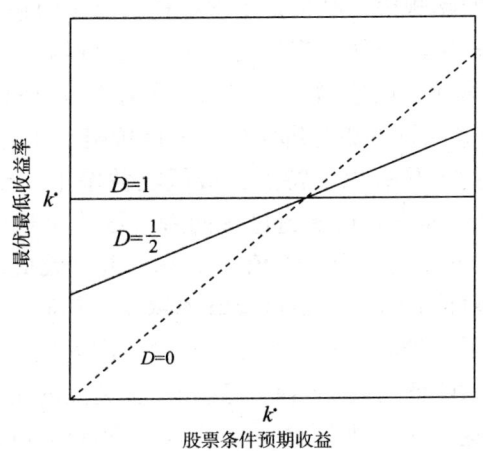

图17—2　无价格—压力效应，绑定资本结构约束下的最优最低收益率

17.3.2.3　绑定资本结构约束和价格—压力效应

我们考虑的最后一个案例是最普通的，其中，资本结构约束是绑定的而且存在价格—压力效应。解释这个案例最有用的方法是拆分。

股票被低估时：$\delta<0$。当 $\delta<0$ 时，容易得到 $L>0$。就是说，相对于静态最优资本结构 $L=0$，公司会选择过度杠杆。然而，E 的符号界定模糊，公司可能要么增发，要么回购。E 的模糊性原因在于存在两种相互

---

[1]　当然，考虑到我也假设公司可以发行公平定价（即，无风险的）的债券，我们不应该对这种约束案例太咬文嚼字。

竞争的效应：一方面，从市场时机角度看，$\delta<0$ 这个事实使得回购更有吸引力；另一方面，既然公司要投资，如果公司不希望偏离原来的资本结构太远，就需要增发一些新股。取决于哪种效应占主导地位，可能会是净回购或者净增发。在回购案例中 $E<0$，可以显而易见地得到：

命题 5：当资本结构约束是绑定的，又考虑价格—压力，$\delta<0$ 和 $E<0$，此时最优最低收益率有如下特点：最低收益率总是介于 NEER 和 FAR 值之间；价格—压力效应越强——也就是说，di/dE 的绝对值越大——最低收益率越低，其他不变，因此，最低收益率越接近于 FAR 的 k^* 值。

命题 5 说的是介于命题 3 和命题 4 两个极端案例的中间状态的案例。当价格—压力效应很强时，结果就更接近于命题 3，其资本结构不是绑定的约束，最低收益率更倾向于 FAR 方法设定。这是因为价格压力导致公司限制回购规模。结果，资本结构不会扭曲很多，而且投资的财务约束影响也较少。当然，当价格—压力效应很弱时，我们趋向于回到命题 4 描述的案例。股票增发（$E>0$）的结果更加令人费解：

命题6：当资本结构约束是绑定的，考虑价格—压力，$\delta<0$ 和 $E>0$ 时，最优最低收益率具有以下特点：最低收益率不一定介于 NEER 和 FAR 值之间；具体而言，可能超过这两者，尽管永远不可能低于两者中的低值，即 FAR 方法中的 k^* 值。价格—压力效应越强——也就是说，di/dE 的绝对值越大——最低收益率越高，其他不变。

这样就出现了一种状况——迄今为止第一次遇到——最低收益率不介于 NEER 和 FAR 值之间。然而，这和本文关注的市场非理性根本没有关系。甚至，这只是迈耶斯和马吉卢夫（Myers and Majluf, 1984）论点的变种，当投资需要股票增发，而这种增发使得股票价格下降时，通常会出现投资不足。事实上，这种效应最容易在以下情况下看到，假设没有非理性存在——也就是说，$\delta=0$——这样，NEER 和 FAR 值刚好一致。分析等式（14）得到，最优投资满足 $df/dK=(1+k^*)+(1-D)di/dE$。换句话说，最低收益率是 NEER/FARk^* 值的加项，其程度由价格—压力效应的重要性决定。

股票被高估：$\delta>0$。当 $\delta>0$ 时，符号 E 就不会模棱两可。这是因为这时市场时机考量和投资融资需求都指向同一个方向，倾向于出售股票。所以，$E>0$。这样得到的结果非常接近以上看到的：

命题 7：当资本结构约束是绑定的，考虑价格—压力，$\delta>0$ 和 $E>0$ 时，最优最低收益率具有以下特点：最低收益率不一定介于 NEER 和

FAR 值之间。具体而言，可能超过这两者，尽管永远不可能低于两者中的低值，即，NEER 方法的 CER 值。价格—压力效应越强——也就是说，di/dE 的绝对值越大——最低收益率越高，其他不变。

17.3.3 融资效应总结

本部分的分析指出，融资考量会从三个不同方面影响最优最低收益率。第一个因素是 Z 函数，计量何种程度的资本结构偏离是代价昂贵的。当这种偏离不重要时，倾向于支持按以 FAR 为基础的方法来设定最低收益率。与之相反，当这种偏离代价昂贵时，最优最低收益率倾向于 NEER 方法。

第二个因素是新投资的贷款容量，D。第二个因素和第一个因素相互作用。具体而言，D 值越低，资本结构约束就越明显地推动最低收益率趋向 NEER 方向。

第三个因素是股票增发和回购对价格—压力有多重要。根据 NEER—FAR 二分方法，第三个因素的影响在某种程度上比其他两个因素更难以界定。只有在公司回购案例中，我们才能明确界定；这种情况下，价格—压力考量明确推动最低收益率更加接近 FAR 的 k^* 值。然而，当公司增发股票时，我们唯一能够确定的是，价格—压力使得最低收益率上升；最低收益率不再是被推动到更趋近 FAR 值。

总体而言，本部分是说，尽管我们当然可以支持在资本预算中使用 FAR 方法，但在第二部分，该论点在某种程度上更加牵强，并且也不适用所有情况。为了使 FAR 方法合情合理，不仅需要经理有长远眼光，而且需要他们必须相对不受目前资本结构的约束。

17.4 使用 FAR 方法：计量 β^*

FAR 方法对资本预算的吸引力部分来自该方法非常接近教科书中的 CAPM 方法。然而，正如第二部分指出的一样，有一个问题，就是为了使用 FAR 方法，我们需要知道 β^*，就是理性预期世界中普遍使用的 β 值；即所讨论资产的基本风险。考虑到本文的基础前提——股票市场是非有效的——我们不能简单地假设根据实测的股票收益计算得到的 β 就能够很好地估算 β^* 值。这样就产生了以下问题：作为一个实用性问题，我们期望 β 有多接近根据标准回归方法计算得到的 β^* 值？

17.4.1 理论上的思考

为了澄清这些问题，从详细分析对比 β 和 β^* 值开始是有用的，β 是根据实际股票收益计算得到的，我将继续用 β^r 标注。为了这样做，我将稍微总结一下，把市场总体的错误定价以及单个股票的错误定价的可能性嵌入先前部分的设定框架。另外，作为小的补充，我将考虑多阶的股票收益。

注意，在任何时间段 t，对任何股票 i，我们总是可以分解得到下式：

$$R_{it} \equiv R_{it}^* + N_{it} \tag{16}$$

其中，R_{it} 是股票的实测收益，R_{it}^* 是理性预期的股票收益——也就是说，实测收益中的"基本面"部分——N_{it} 是实测收益的"噪音"部分。对市场总体的实测收益 R_{Mt}，我们也可以做一个相似的分解：

$$R_{Mt} \equiv R_{Mt}^* + N_{Mt} \tag{17}$$

显然，总而言之，根据实测收益计算的 β，$\beta_i^r = \text{cov}(R_{it}, R_{Mt})/\text{var}(R_{Mt})$ 和 $\beta_i^* = \text{cov}(R_{it}^*, R_{Mt}^*)/\text{var}(R_{Mt}^*)$ 并不一致。为了更直观地处理 β_i^r 和 β_i^* 间的差异，考虑分析一个简单的案例会有帮助，其中，R_{it}^* 和 N_{it} 都由单因素决定，如下：

$$R_{it}^* = \beta_i^* R_{Mt}^* + \varepsilon_{it} \tag{18}$$
$$N_{it} \equiv \theta_i N_{Mt} + \mu_{it} \tag{19}$$

其中，$\text{cov}(\varepsilon_{it}, \mu_{it}) = 0$。① 在这个公式中，$\theta_i$ 是股票 i 的噪音部分对市场总体的噪音部分的敏感性——也就是说，θ_i 是股票 i 的"β 噪音"。

现在很容易计算 β_i^r：

$$\beta_i^r = [\beta_i^* \text{var}(R_M^*) + \theta_i \text{var}(N_M) + (\beta_i^* + \theta_i)\text{cov}(R_M^*, N_M)]$$
$$/[\text{var}(R_M^*) + \text{var}(N_M) + 2\text{cov}(R_M^*, N_M)] \tag{20}$$

从式（20）中，我们可以看到不同的参数如何影响 β_i^r 和 β_i^* 的相对关系。对我们而言，最重要的结论是并不能显而易见得到 β_i^r 和 β_i^* 二

---

① 注意，在第二和第三部分使用的两期模型不是非常符合这种说法。这是因为假设所有的错误定价都在第一期后消失，这反过来也说明没有充分的自由来假设 $\text{cov}(\varepsilon_{it}, \mu_{it}) = 0$。然而，等式（18）和（19）只是用来解释的工具，允许我们更加清楚地阐明一些重要的效应。

者之间究竟谁大于或小于另一个。实际上,在某些情况下,它们会完全相等。例如,如果 var(N_M)=0,这样所有的噪音都表现出公司特有性,并在市场总体层面相互抵消,这样 $\beta_i^r = \beta_i^*$。同样,如果市场总体存在噪音,而 $\theta_i = \beta_i^*$,也会得到相同结果。尽管这些案例明显很特殊,但它们确实说明了一个更加普遍的观点:股票可能受制于极端的绝对定价错误——从 var(N_i) 非常大这个意义上说——然而我们原则上可能根据股票价格数据找回相当合理的 β_i^* 估计值。[①] 那么,实践中这是否正确纯粹就是个经验问题。

17.4.2 现存的证据

为了弄清根据股票价格数据估计的 β 事实上能否很好地体现 β^* 中的基本风险,我们需要开发一个 β^* 的经验模拟值。一个自然的方法,尽管稍微原始,如下。我们假设股票的理性预期值是股票预期现金流的现值,按固定比率贴现。进一步假设现金流符合随机游走假说,这样,对于未来预期而言,今天的数据水平是一个充分的统计量。在这个非常简单的案例中,对任何设定的股票 i,容易得到:

$$\beta_i^* = \text{cov}(\Delta F_i / F_i, \Delta M / M) / \text{var}(\Delta M / M) \tag{21}$$

其中,F_i 和 M 分别是股票 i 和市场总体的现金流。这是一个很容易估算的数目,然后和根据股票价格估算得到的相应的 β 相比较。

实际上,有更早期的文献,从鲍尔和布朗(Ball and Brown, 1969)及比弗、凯特勒和斯科尔斯(Beaver, Kettler, and Scholes, 1970)开始,做了非常类似的比较。在这个早期文献中,被测试的基本假设是:单个股票或股票组合的"各会计 β"是否和根据股票收益估算得到的各 β 相关。[②] 在某些这种著作中——以比弗和马内戈尔德(Beaver and Manegold, 1975)为代表——会计 β 的定义方式类似于等式(21),主要区别在于一般使用会计净收入数字代替现金流。

[①] 等式(20)的第二个含义是,如果市场总体的噪音是静态的,我们可能通过使用长期收益得到更好的 β_i^* 估计值。在足够长期,R_M^r 的方差会挤掉等式(20)中的其他项,最终导致 β_i^r 趋同于 β_i^*。

[②] 然而,早期文献的诱因和这里的非常不同。在 20 世纪 70 年代的著作中,市场有效是理所当然的,问题是,从是否和市场风险计量的关联角度来看(这被认为是客观正确的),会计计量的风险是否有信息价值。除了上文提到的著作,该类研究的更进一步的例子还可以参见 Gonedes(1973,1975)。

结合这种会计—相关附加方法，比弗和马内戈尔德（Beaver and Manegold，1975）的结论看起来指明了股票市场的各 β 和基本风险事实上存在高度一致性。例如，10 只股票组合中，在会计和股票收益的 β 之间的斯皮尔曼相关系数变化范围为 0.70～0.90，取决于使用的确切样本。

总之，不管是理论考量还是现存的经验证据都表明，至少，同时假设股票受限于大的定价错误和 β 可以很好地计量资产基本风险变量 β^* 可能不是完全不合理的，β 根据股票收益估算，β^* 用于资本预算的 FAR 方法。①

17.5 延伸和变异

第二部分和第三部分的分析使用了一些极度简化的假设。在一些案例中，很容易看出基本框架如何延伸，以放宽这些假设；在其他案例中，很明显这个问题变得相当复杂，需要更多的工作。

17.5.1 基本风险的替代计量方法

至今，我们一直保持的一个假设是，我们使用的基本经济结构是那种 β^* 适合作为资产基本风险的简略统计量的经济结构。事实不一定是这样。我们可以在多因素统计量代表基本风险的情况下把整个分析再做一遍，比如 APT 或 ICAPM 方法。在这两种案例中，结论的本质不会改变——将使用这些替代的风险计量取代 β^* 来决定 FAR 方法的最低收益率。至于实际上是否使用这种 FAR 方法得到的最低收益率而不是使用 NEER 方法得到的最低收益率用于资本预算目标将仍然取决于上面已识别的同样的因素，即经理的时间期限和财务约束。

这就产生了一个更难以回答的问题，就是我们如何知道哪种模式适合代表基本风险？因为一旦我们认定前提是市场是非有效的，那么用直接明了的方法使用实测数据在，比如，用 β^* 代表的基本风险和多因素 APT 代表的基本风险之间进行选择将变得困难。显然，我们不能简单

---

① 当然，平均而言，这种说法可能是合理的，而且同时，相对于其他股票，对某种类别的股票更加适合。仅举一个例子，一些股票——比如，那些标准普尔 500 股票——可能更加倾向于和市场指数共变。这样这些特定股票的 β 趋同，因此，其代表的基本风险状况就有误导性。这样显然就需要更多的实测工作。

地抛开理论来判断哪些因素能更好地预测预期收益。因为这种非理论方法可能会告诉我们更多的市场非有效的本质而不是潜在的基本风险结构。具体而言，一个账面/市值比"因素"——恰如法马和弗伦奇（Fama and French，1993）所指出的——可能很契合预测等式，但考虑到缺少理论模型，用这个因素理所当然地作为基本风险的计量可能不合适。（当然，除非我们的前提绝对是市场是有效的，其中，NEER 和 FAR 的区别消失，而且本文提到的一切都变得不相关。）

17.5.2　经理不确定他们是否比市场更敏锐

至今为止，我们的讨论都是基于好像经理对未来现金流的预测都严格优于外部股东。然而，可能不完全是这样。我们可以假定外部股东对 F 的预测，尽管含有一些噪音，但包含一些经理们不能直接得到的信息。在这种情况下，一个理性的经理能够做的最优化的事是既考虑自己的信息，也考虑外部股东的预测。也就是说，经理的理性预测，F^r，是经理的个人信息来源和市场预测的贝叶斯组合。这样分析就和先前一模一样了。这样，我们不必认定资本预算的 FAR 方法是经理们完全忽略市场信号而只采用其个人观点；而是相对于资本预算的 NEER 方法，他们只是对市场信号反应不积极而已。

17.5.3　代理问题

假设一个公司没有财务约束，而且他们的股东都计划无限期持有股票。以上分析可能暗示这样一个公司应该采用 FAR 方法做资本预算。但是这个结论部分是基于一个没有言明的假设，即做现金流预测以及执行资本预算决策的经理是站在股东的利益角度。更现实一些，可能存在代理问题，经理们可能愿意过度投资而不是最优化投资。如果这样的话，并且如果经理对 F^r 的预测不能被证实，股东们可能采用事前的对投资有某种约束的资本预算政策。

一种可能性——尽管不一定是最优的——是股东直接要求经理们采用 NEER 方法做资本预算。在存在代理问题时，使用 NEER 资本预算方法的一个好处在于，它的 F 包含一些可以被证实的信息。具体而言，在以上假设模型下，股东总是可以直接通过对比市场价格就注意到经理是否遵循 NEER 资本预算方法。与之相反的是，如果经理还是自行决定使用 FAR 资本预算方法，那么下面的担心总是存在，即他会过度投资而且把过度投资解释为因为他私人观测的 F^r 相对市场价格隐含的预测高很多。当然，在市场预测不仅包含一些 F 的有效信息，也包含一些偏见的情况下，如果股东们有长期限，采用 NEER 资本预算方法也存在一种抵消成本。

这个讨论突出了在正式分析中存在下列局限：尽管我一直设定经理的期限是外生的，但在一个更完整的模型中，它们可能是内生决定的。而且，在这种设定下，经理们的期限可能和他们所服务的股东们的期限不一致。如果代理考量很重要，股东们可能选择事前设定公司政策或者激励机制来有效缩短经理们的投资时间期限，即使这歪曲了投资决策。①

17.5.4 其他公司股票的投资组合交易

到现在为止，我一直忽略经理们可能通过交易其他公司的股票来利用市场的非有效性的可能性。要明白为什么这种可能性和资本预算有关，需要考虑经理认为他们公司的股票被低估，比如，因为其公司账面/市值比很高。一方面，正如上面所讨论的一样，这可能导致经理回购自己公司的股票。直到这种回购使资本结构远离其最优水平 $L=0$，这种回购会外溢并影响投资决策——在这个例子中，使得最低收益率从 FAR 方法的计算值向 NEER 方法得到的更高的数值变动。

另一方面，自身股票回购引发的资本结构并发问题会让我们询问经理是否有其他方法来做本质上相同的投机赌注。例如，他可能选择一种零净投资组合，包括持其他高账面/市值比股票的多头头寸并持低账面/市值比股票的空头头寸。这种方法的一个明显长处在于，它不会改变自身公司的资本结构。

针对本文，底线问题是，这种投资组合交易机会的存在是否会改变在第三部分得到的结论？答案是，具体情况具体分析。特别是，关键的一点是，其他的交易机会是否足够有吸引力并随手可得，以至于能打消经理背离原先的最优资本结构 $L=0$ 的愿望。如果是这样，资本结构约束将变得与最低收益率无关，资本预算将只采用 FAR 方法。如果不是这样，第三部分得到的结论本质上不变，绑定的资本结构约束使得最低收益率倾向于 NEER 方法得到的值。

---

① 在公司财务文献中，特别是关于兼并方面，这已经是一个非常熟悉的主题。例如，曾经有人认为以消除兼并障碍作为提高管理层激励的措施是符合股东利益的，尽管由此导致的管理层投资时间期限的缩短会歪曲投资。比如，参见 Laffont and Tirole (1988)，Scharfstein (1988) 和 Stein (1988)，然而，注意，这些先前的文章没有援引市场的非理性来说明这一点，而是仅仅归因于经理们和外部股东之间的信息不对称。

根本上，结论取决于没有在以上模型中清楚界定的一些因素。首先，尽管"聪明钱"经理们大概会通过仅使用容易获得的公共数据交易其他公司的股票来利用一些简单的非有效性——如账面/市值比效应，但通过交易自己公司的股票，他们似乎可以做得更好。如果是这样，会有下面的情形出现，即其他交易机会的存在不会消除交易自身公司股票的愿望，那么第三部分的框架基本仍然适应。第二个可能比较重要的没有模型化的因素是，对于被动投资组合头寸，公司表现出的风险厌恶程度。如果这种风险厌恶很突出，其他交易机会的存在将再次不能完美取代自身公司的股票交易。[①]

17.5.5 更多的非理性模型

最后，可能也是最根本的，可以进一步深究的领域是详述投资者对关键参数的误解。这里，我采用最简单的可能的方法，假设所有投资者是同类的而且他们唯一的误解是关于未来现金流的预期价值的。实际上，外部投资者可能有非常重要的多样性。而且，其他参数的估计——比如方差和协方差——可能也受限于系统偏差。我们将看到对这些和相关的延伸，本文的定性结论有多么稳健，这很有意思。

17.6 实测意义

传统的有效市场模型断定一个公司的投资行为应该和其股票价格紧密相关。而且，实际上，实测研究主体也为这种联系提供了证据。[②]然而同时，最近的几篇文章发现，一旦控制了公司的基础比如利润和销售，股票价格对公司投资解释能力的增长，尽管统计上很显著，但是在经济意义上很有限，不管是公司水平的数据还是总体数据都如此（Morck et al., 1990; Blanchard et al., 1993）。所以，看起来是，相对于这些基本变量，从对公司投资的影响角度来讲，股票市场可能只是次要问题。

---

① 我们可以想到这种风险厌恶在公司水平的一些原因。例如，弗鲁特、沙尔夫斯坦和斯坦（Froot, Scharfstein, and Stein, 1993）开发了一种模型，其中资本市场的不完美性导致风险厌恶模式的公司行为，特别是对于那些——比如投资组合交易——和它们自身投资机会无关的风险。

② 参见，比如巴罗（Barro, 1990）有关于股票价格和投资之间关系的一个最近的实测处理方法和概述。

在上文提到的模型的背景中，这种次要现象很容易理性化。如果市场是无效的，并且在大部分情况下，经理们采用 FAR 资本预算方法，我们可能看不到投资像传统情况一样紧密跟随股票价格。然而，可能更有趣的是，本文的逻辑允许我们进一步探索实测意义。不是简单地说这个理论符合现有的证据，而是可能产生一些新颖的截面预测。

　　这些截面预测来自以下观测，即不是所有的公司都必须倾向于采用 FAR 资本预算方法。具体而言，FAR 方法更流行于那些有强劲的资产负债表的公司（从模型的角度来说，就是大概处于 Z 函数中相对平坦的区域内）或者那些资产能够承担巨额贷款能力的公司中。相反，那些资产负债表很难看、资产难以抵押的公司——例如，缺少现金的软件研发公司——应该采用 NEER 资本预算方法。这样，可以预见，缺少现金的软件公司的投资相对于比如一家 AAA 级具有巨额有形资产的能源公司对股票价格的变化更加敏感。

　　这种类似的推理可以用来预测行业内部或跨行业的资产销售模式。从实例上讲，有两家航空公司，一家有财务限制，另外一家没有。现在假设，一股消极投资的情绪冲击使得航空业股票价格下降，并因此使得条件预期收益上升。有财务限制的航空公司使用 NEER 资本预算方法将提高其最低收益率，而没有财务限制的公司使用 FAR 资本预算方法，最低收益率不会提高。两家公司这种对有形资产价值的分歧可能会导致有财务约束的航空公司向无财务约束的公司卖掉一些自己的飞机。相反地，如果有一股正向投资情绪的冲击，可以预见会出现相反的情况——有财务约束的公司会降低其最低收益率，并成为资产的净买家。[①]

17.7　结　论

　　β 没用了吗？答案似乎取决于用 β 来做什么。如果用它来预测股票收益的截面差异，那么它可能没什么用，就像法马和弗伦奇（Fama and French, 1992）所认为的一样。但是，如果用来帮助确定资本预算

---

① 我使用航空公司的例子是因为普尔维诺（Pulvino, 1995）的一篇有趣的文章，他恰巧分析了这种航空业的资产销售模式——当价格下降时，无财务约束的航空公司会大量增加购买二手飞机。如史莱佛和维什尼（Shleifer and Vishny, 1992）论证的一样，这种模式只是因为流动性约束导致的，因此不一定反映股票市场的无效性。然而，从产生巨大的经济效应的角度看，这种无效性很可能对他们的说法又补踢了一脚。

时的最低收益率,那么 β 只是有点不充分。当然,不像传统教科书的处理方法,所有支持使用 β 作为资本预算工具的观点都必须慎重评估。虽然如此,在合适的情况下,教科书的 CAPM 方法用来设定最低收益率可能还是非常合理的。

要使用 β 作为资本预算工具需依赖三个前提。首先,我们必须承认新近研究提到的股票收益的普遍模式——如高账面/市值比股票倾向于获得高收益——反映了定价错误,而不是基本风险的补偿。其次,我们研究的公司必须持长远投资理念并相对不受目前资本结构约束。最后,尽管存在定价错误,根据股票收益估算的 β 仍然能够代表公司现金流的基本风险。

本文致力于开启无效市场中资本预算问题的第一刀,这样,还余下很多重要的未解的问题。至少还有三个大方面需要进一步深入研究。首先,第四部分提到实用的风险计量问题,也就是说,股票收益的 β 实际上能够很好地反映公司现金流的潜在基本风险吗?还是相对于其他公司,β 更能够反映某些类型的公司的基本风险?延长计算收益的时间期限有帮助吗?这里肯定需要对 20 世纪 70 年代的工作进行巩固和更新。

其次,如第五部分所讨论的一样,从提炼和扩延基本概念框架角度而言,可能有很多事可以做。最后,如第六部分看到的一样,本文研究的理论产生了一些针对股票价格和公司投资关系深度的截面差异方面新的实际意义。

第18章 超阈值的盈余管理[1]

弗朗索瓦·德乔治(Francois Degeorge)、贾允杜·帕特尔(Jayendu Patel) 和理查德·泽克豪瑟(Richard Zeckhauser)

18.1 引 言

分析师、投资者、高级管理层以及董事会认为盈余是公司公开发行的财务报告中最重要的内容。在中到长期(1~10年),股票的收益似乎主要来自该期间的累积盈余;其他貌似可信的解释——包括红利、现金流或资本投资——它们的边际相关性趋近于零(Easton, Harris, and Ohlson, 1992; Kothari and Sloan, 1992)。即使是短期股票收益,盈余也是重要的解释因素。[2]

公司高级管理层的报酬——包括雇佣决定和福利补偿——都明显或隐晦地取决于其任职期的盈余表现(Healy, 1985)。但是,这些高管对某一时期盈余报表上的数字都有相当的决定能力。在一般公认会计原则

---

[1] 感谢 David Dreman 基金会的支持;德乔治还感谢 Foundation Hautes Etudes 商会的研究支持。盈余的分析预测数据由 I/B/E/S 国际公司(1984年之后)和 Q-prime(1984年之前)提供。我们从 Raj Aggarwal, Shlomo Benartzi, Bengt Holmstrom, David King, Todd Milbourn, Clyde Stickney, Richard Thaler, Kent Womack 和一个审稿人的有益建议中获益。我们也从国家经济研究局的行为金融组、波士顿大学、瑞士 Studienzentrum Gerzensee 欧洲经济政策研究中心的金融市场夏季会议、维也纳1997年的欧洲金融协会会议、格勒诺布尔1997年的法国金融协会会议、哈佛大学、欧洲商业管理研究院(INSEAD)、Q 集团和达特茅斯大学 Amos Tuck 学院的学术讨论会中得到有益意见。

[2] 鲍尔和布朗(Ball and Brown, 1968)是早期的古典著作;随后的相关盈余的细节研究见 Dechow(1994)和索引部分。

(GAAP)下，高管们有相当的灵活性选择适当的库存计量、销售和发货认定、退休基金预估、坏账计损、研发费用、资本化租赁和营销费用，以及维修花费延迟等方法。而且，他们可以延迟花费或增加收入，比如，通过降低价格。这样，高管们就有动力也有能力管理盈余。并不奇怪，最近流行的出版物频繁描写一些公司涉及盈余管理——有时称为人为操纵。①

本章从为获得直接或间接的回报而人为操纵以达到特定盈余水平的角度研究盈余管理问题，比如正盈余，相对于去年或市场一致预期的增加额。我们认为"盈余管理"（EM）是一种管理层对公开报表中的盈余数字施加影响的策略行为（见 Schipper, 1989）。安排报告时间或实际经济行为的时间来改变收入情况，这在原则上可以实施。

大致通过一个模型，我们解释高管们如何从战略上影响公开报表的盈余数字，然后通过历史数据验证这种行为模式。我们的模型包括行为倾向和高管、投资者、董事以及盈余分析师之间相互影响的描述，来界定 EM 模式如何在观察到的盈余的分布中产生不连续和扭曲。②

我们不讨论那些调整盈余要素或补充披露内容的行为。我们也不试图区分"直接的"盈余管理——对投资、销售花费和融资决策的战略时机安排和"错报"——对涉及已实现结果的不当会计计量的盈余管理。③

我们确定三种阈值，这些阈值驱动了盈余管理：第一，报告盈利——例如，每股1美分。该阈值基于人们对正数优于负数（或零）的重要心理。相对于广泛公开报告的公司具体市值，第二个和第三个阈值依赖公司的业绩表现。如果该公司表现不差甚至优于阈值，就过关；否则，不过关。这两个阈值的准则是相对于前期的表现和相对于分析师的盈余设定的。相对于每个基准的表现的评估是通过检查相邻的季盈余报告而得到的。在基准处，有大的密度跳跃则验证了阈值的重要。

伯格斯塔勒和迪奇夫（Burgstahler and Dichev, 1997）的书中介绍了满足我们前两个阈值的盈余管理，尽管和分析师的预计不相关。④ 他

---

① 比如，见"Excuses Aplenty When Companies Tinker with Their Profits Reports," *New York Times* (June 23, 1996), and "On the Books, More Facts and Less Fiction," *New York Times* (February 16, 1997)。进一步的研究——Bruns and Merchant (1996, p.25)——总结道："我们不怀疑很多公司，如果不是全部的话，都操纵短期盈余数字。"

② 德邦特和泰勒（DeBondt and Thaler, 1995, pp.385-410）讨论了公司金融决策行为动机。

③ 福斯特（Foster, 1986, p.224）讨论了财务报表中的错报交易和事件机制。

④ 佩因和罗伯（Payne and Robb, 1997）说明了经理们使用操作性应计利润以求盈余和分析师的预测一致。

们的分析更深入地涉及会计方面的内容并介绍了"错报"机制——例如，操纵运营现金流，或流动资本的变化——这样把负盈余改成正盈余。我们更关注盈余管理的动机，即涉及直接盈余管理（例如，降低价格刺激销售），也介绍错报，介绍如何管理盈余的一个优化模型，并分析盈余管理对未来盈余的影响。除此之外，我们论证了盈余管理是高管（代理人）追求高额回报的反映——高额红利或保有工作——而这些都依赖于达到阈值要求。① 最后，我们介绍一下阈值之间的关系。

盈余管理源自高管和公众之间必需的信息披露游戏。投资者根据分析师——通常是间接的，比如，通过经纪人——并通过公开的盈余报告来作出投资决定。为了得到投资者的青睐，高管们牺牲实际盈余而设法管理盈余。其他方面，比如董事会、分析师和会计也参与这个游戏，但是对我们的分析而言，他们的行为是外生的。例如，高管们知道董事会会根据他们的表现情况而定报酬。假如这些工资报酬安排考虑到盈余被歪曲的可能性，并适当调整以防范盈余管理②，这样的话，找到盈余管理的证据就更加重要。

如果他们的利益和股东的利益不完全一致，高管可能会为了个人原因而歪曲盈余报告，实施可导致公司价值降低的代理损失。完全的一致是不可能的。首先，股票的价值是红利进行无限期地延伸的值，而高管的任职期限是有限的。因为要董事会、股东或股票市场对未来进行评估很难，所以高管们有动力通过损失未来的、任期之外的、难以追踪的公司利益来提高任期内的盈余。相应地，股票期权制度的一个主要的好处就在于促进高管们追求长期利益。

第二，高管们的薪酬，包括保住工作的可能性，通常都和盈余、股价表现，或两者都紧密相连（见 Healy, 1985; Gaver, Gaver, and Austin, 1995）。今天的低盈余可能导致红利的终止或损失，明天的高额盈余本质上可能不会实现理想的平衡。当盈余接近不能接受的范围时，高管想提升盈余的意愿最强烈。然而，当红利接近于最大，进一步提升盈余也不会大幅提升回报时，就会刺激他们控制今天的盈余——也就是说，延

---

① 伯格斯塔勒（Burgstahler, 1997）介绍了一个模型，表明在某些中间区域盈余更容易被操纵，因为高盈余的边际福利最高。

② 德乔、赫德森和斯隆（Dechow, Hudson, and Sloan, 1994）表明薪酬委员会经常无视激励计划的条款以避免激励管理层的机会主义行为。

后盈余——以使未来更容易达到阈值的要求。① 高管们也可能不愿报告高额的盈余增加，因为他们知道下次阈值可能就会被提高。盈余结果太差，离阈值要求和红利差得太远，高管们也可能延后盈余，以求下一次更好的结果。

实际上可以通过转换不同时期的收入来管理盈余，这样我们称为"直接管理"，或通过错报来进行管理盈余。典型的错报是没有对"陈旧"库存进行削价或存在额外费用项违背谨慎原则的问题，仅仅在年与年之间转换数量。这种错报一定会通过会计之手，因为他们是可靠的专业人员。会计的行为程序会阻止简单的错报发生；实际上，只有会计的监督才能使盈利报告有意义。但是，会计们既不是无所不知的，也不是公正无私的。他们可能会被误导，但这是有代价的。高管可能指派审计员，比如，通过一份毫无必要的咨询合同。或者，高管把错报行为弄得很隐蔽，但这需要削弱内部控制机制，这种机制可以帮助公司经理们分配资源或发现公司中较低级别的不当行为。

提高盈余的直接管理——通过推迟值得进行的培训或延迟维修费用或降价促销——会有实际后果，它带来的成本可能会超过现期收益加上应计利息之和。盈余延迟可能通过加速目前成本的上升来为将来的高额盈余扫清障碍——这种行为通常发生在新的团队接手时，这样可以把坏的初期业绩归因于上一届的领导——也是代价高昂的。不管是错报还是直接盈余管理，不管是提高还是延迟盈余，都需要付出不菲的代价。随着盈余调整幅度的加大，调整的边际成本也会提高，因为成本低的调整会首先发生。

本文第二部分主要从心理学角度介绍一个目标阈值的盈余管理模型，并从实际数据中得到一些推论。第三部分是针对阈值的实证研究，研究1974—1996年期间季度盈余的条件和无条件分布。第四部分验证通常向上调整盈余以达到某一年阈值要求的公司下一年的盈余是否会表现很差。第五部分对未来方向进行预测并得出结论。

---

① 希利（Healy, 1985, p.106）指出："当经理们的薪酬计划的上下限绑定时，他们更倾向于选择收入降低增项，而当没有绑定上下限时，他们更倾向于选择收入增加增项。"霍瑟森、拉卡和斯隆（Holthausen, Larcker, and Sloan, 1995）指出，当经理们接近薪酬上限时，他们向下操纵盈余。然而，这种操纵不会低于薪酬下限。

18.2 盈余管理的阈值模型

公司高管管理盈余的目的在于改变外部人士的看法——比如投资者、银行和供应商——从而得到个人的好处。[①]在我们的模型中，外部人士使用阈值标准评判公司高管。当高管们针对阈值有所动作时，盈余报告就会被歪曲：很少有盈余报告数字比阈值低一点，有很多会高一点。

18.2.1 为什么存在阈值？

高管们关注盈余阈值是因为关心公司业绩表现的相关各方都在关注。高管们可能出于个人原因操纵盈余，比如，达到目标后的个人满足感；然而，外部人士的偏见才是焦点。

除了对董事会、投资者和分析师，盈余报告对那些关注公司的生存能力和盈利能力的人们来说也很重要，因为他们有对该公司的特定投资，比如，顾客、供应商、银行和工人们。出于理性或感性原因，这些外部人士当中的很多人都表现出我们称之为"阈值思维"的思维方式。在许多情况下，个人会把连续的数据当作离散的来看；实际上就是"人类倾向于分类思考"(Glass and Holyoak, 1986, p.149)。例如，我们把连续的光束分成7个基本颜色。类似地，如果图案从暗到明，并一直保持明亮，人们会认为在暗与明之间存在一条光亮线（Cornsweet, 1974, pp.276-277）。下面我们讨论关于盈余的三个著名的分界线。和可见的例子不同，盈余分界线强烈依赖于外部因素。

阈值的显著性至少来源于三个心理效应。第一，正数和非正数对人的思维过程有根本不同。[②]这样，这条界线就是绝对盈余的阈值要求。当回顾上一年的季度盈余基准以及分析师们的共识预测时，我们发现了

[①] 即使盈余管理代价不菲，也可能事前符合股东们的利益，如果它增加了重要各方得到的信息。在某些情况下，盈余管理披露了更多而不是更少公司实际前景情况的信息。比如，如果公司的盈余很难达到阈值要求，盈余数据很可能被夸大。但是，这也证明公司的高管们有信心，操纵的成本——降低了第二年的利润——不会特别大，大到根本转变第二年达到阈值要求的前景。这样，小额的操纵利润比小额的未操纵利润包含更多的信息。

[②] 0这个符号很晚才出现，而且数学家们也很困惑，印度除外。例如，中国在8世纪从印度引进这个符号，"苏美尔（Sumer）和巴比伦（Babylon）的数学家和天文学家奋斗了1 500年才引入了'0 符号'这个概念"。负数就更难了，直到"16世纪才被普遍接受成为数字"(Barrow, 1992, pp.89-90)。比较而言，正数就很容易被人们接受。

存在一条显著的分界线，处于达到和没有达到标准之间。达到标准是关键，而不是超出 10% 或低于 3%。这样，这个标准就是焦点，这更加强化了它的心理特质。①

第二，正如前景理论所告诉我们的，在行为上，人们选择风险变量好像根据一个参考点来评估结果（Kahneman and Tversky，1979）。这个参考点通常就是决策者的目前状态（比如，财富），并且，参考点会随时间或有时随决策框架的改变而改变。改变的量可能很大程度上影响决策，有两个原因：效用函数在参考值处（零变化处）有一节点；总体而言是一个 S 形曲线（也就是说，发生损失时是凸线，发生收益时是凹线）。如果公司高管、董事会或买卖公司股票的投资者的偏好和前景理论的预期一致，这样高管们的薪酬计划就会与阈值相关，相应地，高管们就会管理盈余。他们要达到的阈值就是价值函数中的参考点，这些参考点都很明显。

第三，阈值变得重要是因为人们依赖拇指原则来降低交易成本。一系列互不相关的行为，比如，分析师推荐投资意见为卖、持有或购买，评级公司评判等级，银行放贷或拒绝放贷，或者董事会续聘或辞退 CEO 等都会促成人们使用阈值来评判公司表现。② 例如，银行可能只给那些有正盈余的公司放款；也就是说，银行用 0 作为盈余阈值来初步筛选公司，因为根据不同的公司业绩表现来谨慎调整不同的利率太难了。旨在超过阈值的盈余管理也简化了公司管理层与股东和董事会的关系。提交给股东一份连续 6 年盈余持续上升的报告根本不需要多做解释。而一份报告，6 年中有 5 年是上升，只有 1 年哪怕下降了 1%，也需费一番周折进行解释，这样操纵盈余以超过阈值就很值得了。如果一个公司没有达到分析师的盈余预测目标，董事会可能认为管理层做得不好；管理层的分红和股票期权利益可能会受损。如果刚好达到分析师的预测，就不太可能遭遇这个问题。③

---

① 任何一个盈余评估者都在意自己的意见是否和别人一致，这就是关键。当和标准系列比较时，表现刚达到标准要求就会成为关注的焦点。谢瑟琳（Schelling，1960）中对这一点有较深入的学术讨论。扬（Young，1996）中有惯例研讨。

② 伯格斯塔勒（Burgstahler，1997）从实证角度验证在零盈余或零盈余变化附近，公司的债务和权益证券的评级最有可能提高。

③ 克林顿总统意识到了阈值的作用，宣布他在 1996 年的总统大选中至少拥有 50% 选票才能保证获任。这样，所以在最后的一些天，他非常努力争取超过 50% 的选票。（实际上，他获得了 49.2% 的选票。）

即使只有少数人直接面对这个问题，阈值影响可能非常重要。假设只有公司的银行直接关注公司的业绩是否达到阈值要求，但其他各方也都会知道该银行的态度。既然股东和分析师们都知道公司管理层不敢惹怒银行，那么他们就很想知道公司的业绩是否达到了银行的阈值要求。这样，通过推断，达到阈值要求既满足了银行，也满足了理性的参与者。

与所有的参与者都关注阈值比较，仅仅有少部分人的阈值相关（TR）行为可能更有效果。例如，25%的董事会成员关注阈值的盈余管理程度一定比所有董事会成员都关注阈值的盈余管理程度高了至少25%。想一下，如果公司高管面临少许的负盈余威胁，而他不知道董事会会如何反应。如果董事会是 TR 行为者，解雇高管的可能性有 0.4；否则，他的工作就能保住。如果他知道他面对的董事会是 TR 行为者，他就会进行盈余管理使盈余在正数安全区。但即使董事会只有 25%的可能是 TR 行为者，他也可能这样做。即使只有 10%的可能被解雇就足够刺激他这样做。信号传导和柠檬型信号解释也会导致这样的溢出作用，比如，是否优质的公司更有能力也更愿意进行管理盈余？如果是这样的话，一定比例的董事会成员是 TR 行为者就会反过来影响一大群公司高管的行为。

18.2.2 三个阈值

金融报刊报告表明在报告盈余时，高管们关注三个阈值：

1. 报告正盈利，也就是说，盈余要大于零；
2. 保持最近的业绩，也就是说，至少取得去年的盈余水平；
3. 满足分析师的预期，尤其是分析师一致的盈余预期。

不像其他的阈值，分析师们一致的预期是内生的。尽管公司高管们试图报告超过分析师的预期的盈余，但分析师们也会试图预期公司的报告盈余。[1] 这样，一个复杂的游戏就发生了，其中，分析师预测盈余数字，而盈余数字又反过来被操纵以迎合其预期。逸事证据表明公司高管意识到达到或超过分析师预期的重要性，积极向下地影响分析师的预期，特别是在邻近公布盈余数字的时候。[2]

---

[1] 参见阿巴伯内尔和伯纳德（Abarbanell and Bernard, 1992）及关于分析师预测中可能出现偏见的参考文献。

[2] 见 "Learn to Manage Your Earnings, and Wall Street Will Love You," *Fortune*, (March 31, 1997). 这篇文章讲述的是一次约谈，微软公司的比尔·盖茨、他的首席金融官和金融分析师们的面谈，那个时候微软公司的高管们描绘了一个令人失望的公司未来，当他们意识到他们调低分析师的预期的目标达到了时，盖茨和他的首席金融官相互道贺。

18.2.3 一个最后一期盈余为阈值的两期模型

操纵盈余以达到阈值的行为影响了报告盈余的分布。我们研究一个简单的两期模型,其中要达到的阈值是去年的盈余。在每期 $t=1,2$ 时,公司都有随机的、独立的、相同分布的"隐含"或实际盈余,L_t。外部人士看不到隐含的盈余数字。他们只能看到报告盈余 R_t。在第一期,高管可能通过实际盈余加上 M_1(可能为负)来操纵报告盈余 R_1,即,$R_1=L_1+M_1$。在第二期,操纵的成本等式为:

$$R_2=L_2-k(M_1)$$

其中,$k(0)=0$,而且逐渐远离零时,边际操纵成本是正的并逐渐增加。为简化起见,假设贴现率为零。今天向上调整报告盈余会使明天的盈余降低超过1美元。如果在第一期,操纵量是负值(高管锁住盈余),再向下降1美元,明年的盈余会增加不到1美元。

在第二期,高管退出,我们假设在那一点所有的信息都得到披露。图18—1体现了这种利益交换。点 a 代表 $M_1=0$ 时,$R_1=L_1$。如图所示,在 a 点的利益交换曲线斜率为 -1。(更通常而言,斜率为 $-(1+r)$,其中,r 是1期的利率,假设钱的时间价值不为零。)

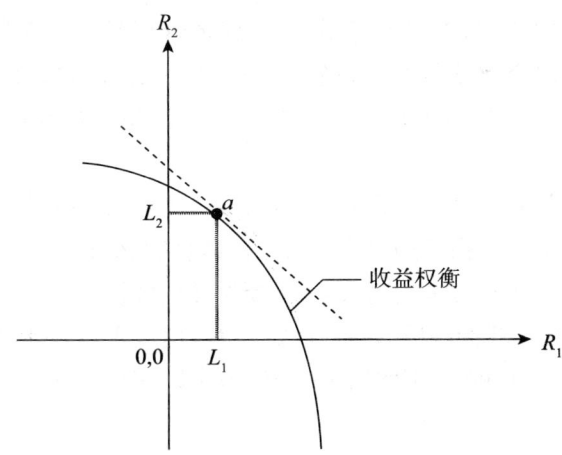

图18—1 L_1 和 L_2 固定,第二期的报告盈余是第一期报告盈余的函数

我们假设错失一个或多个阈值,高管的薪酬计划会受大幅削减,比如出现负盈余或盈余低于去年。在这些阈值之下,他或她可能面对解聘或至少红利大幅减少的风险。为简化起见,我们假设只要盈余不在阈值

处，那么对公司高管更好业绩的激励就是正向的而且固定的。（在实践中，我们认为在阈值附近的激励陡峭，而在两端比较缓和。）

自利型高管为了个人的报酬操纵盈余。在每一期，他获益 $f(R_t, R_{t-1})$，其中 R_t 是 t 期的报告盈余。如果经理满足或超过基准，他会获得红利 $v(R_t, R_{t-1})$。① 这样，我们假定 f 为下式：

$$f(R_t, R_{t-1}) = \beta R_t + v(R_t, R_{t-1})$$

其中，

$$v(R_t, R_{t-1}) = \gamma, \ R_t \geq R_{t-1}$$
$$= 0, \ R_t < R_{t-1}$$

第一项表达高管目前的直接获益（比率为 β）。前期的报告盈余作为第二期效用的基准。对于第一期而言，基准是 R_0，通常解释为零，第二期的基准为 R_1。这样 $v(R_t, R_{t-1})$ 项代表棘轮效应。②

为简便起见，假设高管们是风险中立的；这种假设很容易放宽。对两期模型来说，高管选择 M_1 最大化，即最大化这两期高管获益的净现值，也就是说，最大化

$$f(R_1, R_0) + \delta E[f(R_2, R_1)]$$

其中，E 代表预期，δ 代表贴现因子。盈余管理是一门非精准的科学，依赖于对隐含盈余和试图提升盈余的效应的预估。隐含盈余有可能比预期高或低。我们分析两种情况，选择 M_1 时，高管精确或不精确地知晓 L_1。

情况 1：选择 M_1 时，高管精确地了解 L_1。这种情况下，高管对战略的主要因素了然于胸。如果 $L_1 < R_0$，高管就选择 M_1 以达到阈值要求并获取红利，除非要承担高昂的 L_2 预期价值损失。

为简单起见，我们假设 $R_0 = 0$。如果 L_1 稍低于零，高管就值得选择一个正的 M_1——也就是高管要向未来借盈余以获得红利。然而盈余管理

---

① 如果努力能提高盈余，给定最优努力水平，那么盈余结果最有可能出现的地方激励应该是最强的。由于出现差的结果时高管不会获得负的支付，因此并不是所有的结果都将给予强的激励。因而，出现极其好的结果时也不会有强的激励以免高管得到过高的支付。在基准处最优支付表将是极其敏感的，因为这样的盈余结果最有可能发生。

② 棘轮标准在工人生产、工序和监管方面广为人知，人们研究它主要是因为在第一期它表现出的阻碍效应。见 Milgrom and Roberts（1992，pp. 233 - 236）及 Laffont and Tirole（1993，pp. 381 - 387）。

会牺牲更多的第二期盈余，从而提升第二期的业绩门槛，这样保证了高管现在可以确定地获得红利，只是在一定程度上牺牲了其在第二期获利的机会。这种借用是很值得的，除非很不幸地完全牺牲了第二期的红利。

如果 L_1 低于零很多，借用未来以满足阈值要求的代价可能太大。为了验证结果是否如此，高管需要比较两个数据。第一是，如果操纵盈余满足阈值，他的预期获益的多少——也就是说，选择 M_1 使得 $R_1=0$——以保证获取红利。第二是，如果他放弃红利，他的最优战略。对于第二种情况，他实际上是选择了一个负的 M_1，降低了下期的阈值，这样通过两种途径提升了下一期的盈余。我们称之为"为明天储蓄"。当隐含盈余令人失望时，降低盈余的做法被称为"巨额冲销"。

如果 L_1 高于 R_0，就没有理由去提升盈余。实际上，如果 $L_1 > R_0$，一些限制还是需要的，因为这样可以提高高管获得下一期红利的可能性。

举例证明，我们选择 $R_0=0$，$\beta=1$，$\gamma=10$ 和 $\delta=1$；这样，$f(R_1)=R_1+v(R_1, 0)$。每一期的盈余都是正态分布，均值是零，标准方差是 10。① 第二期的操纵成本是 $k(M)=e^M-1$，比 M 大，说明任何操纵都是有净成本的。（如果 $M<0$，在第一期向下操纵盈余，在第二期向上提升——但是第二期的提升比第一期的下调小。）

图18—2说明高管的优化战略是隐含盈余 L_1 的函数。当 $L_1+M_1=R_0=0$ 时，满足初始阈值。我们的主要发现是，在刚低于零时，优化战略是假设 $M_1=-L_1$；需要借用未来的盈余来满足现在的盈余阈值。在 Z 点，选择 $M_1=-L_1$（这样 M_1 为正的，代表借用）的获益刚好等于为更好的未来而储蓄的获益（盈余中的最优牺牲）。Z 的左边，最优的"冲销"比借用获益更高。Z 的右边，在两期模型中借用获益更高。这样就出现了图中的不连贯性。

当 L_1 很小并且为正时，如果操纵控制好，那么报告盈余刚好超过阈值（想一下在该模型的初始版本中，R_1 可以完美靶定，因此不会有错过零盈余的风险）。当 L_1 增大时，继续上调就失去了意义，因为这样会使得第二期的基准升高而难以达到，而且 k 函数是凸函数。实际上，

---

① 我们假设隐含盈余的分布是静态的。如果实际盈余呈现随机游走特点，人们就会认为隐含盈余的静态分布不具有代表性。如果隐含盈余确实符合随机游走，我们仍然假设高管获益是同一个棘轮结构函数，操纵行为几乎接近阈值（$M_1=L_1$）。如果偏离阈值，公司操纵程度就是一个常数，不管 L_1 是多少：棘轮结构以及随机游走假设保证了高管的决策始终针对 L_1。

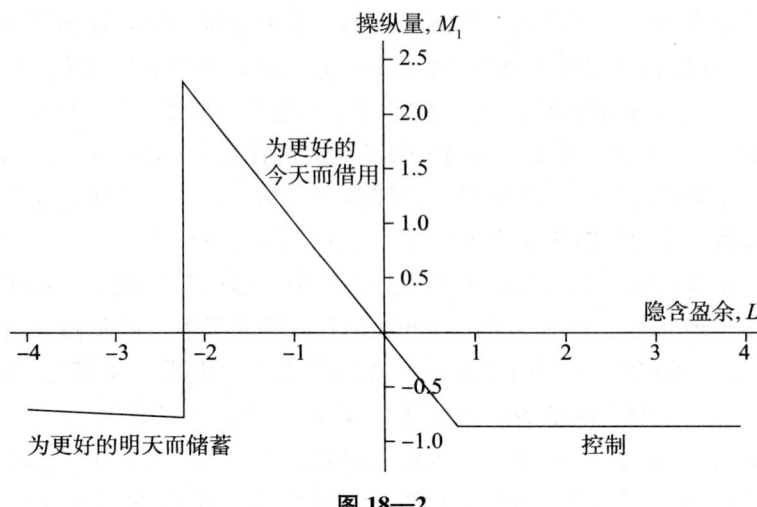

图 18—2

注：第一期操纵的最优化数据，M_1 是第一期隐含盈余 L_1 的函数，隐含盈余 L_1 是正态分布的，均值为 0，标准方差为 10，如果报告盈余 $R_1 = L_1 + M_1$ 至少达到 $R_0 = 0$，高管会收获 10 单位的红利。第二期的操纵成本是 $k(M_1) = e^M - 1$，当选择操纵水平 M_1 时，高管准确地知道 L_1。

如果 L_1 很大（图 18—2 中未显示），就需要放弃上调，否则下一年的红利就根本拿不到。①

图 18—2 显示了如果高管错报盈余会引起的三种现象。第一种，L_1 处于一个范围，盈利刚好满足阈值。第二种，EM 在盈余分布图中构成一个缺口，刚好低于阈值（本情况中是零）。第三种，报告盈余是隐含盈余的函数，含多个不连续点。②

情况 2：当高管选择 M_1 时，他对 L_1 估计不精确。他认为 L_1 的概率分布以其真实值为中心，方差为 σ^2。现在，为了满足或超越阈值要求，高管假设 $M_1 > 0$，这样他必须选择一个大于情况 1 的值来保证阈值的满足。而且，如果 L_1 处在估值区域的底部，盈余会是较小的负数。

情况 2 包含了不确定性，假设 $\sigma^2 = 1$，而且采用和我们以前使用的

---

① 希利（Healy，1985，p.90）主要关注错报（随意的增项），不关注棘轮结构，书中提出了三因素线性计划。同时该计划在阈值处有个跳跃，两边都呈现很小的正斜率，希利假设该计划在中间区域有一条斜率线，两边都是零斜率。和他不同，我们假设只要有业绩有提升就会有奖励，在阈值处有大幅奖励。

② 这会使得报告盈余难以预测。这样，高管的操纵行为可以解释为什么分析师的预测经常是错的。大约 45% 的分析师的预测会落在实际盈余的上下 15% 的范围内（Dreman and Berry，1995a，p.39）。

例子相同的参数值。图18—3显示的是报告盈余的分布，抽取了20 000个隐含盈余，每个柱体宽为一个单位。报告盈余的密度刚好低于零，集聚在阈值之上。在零以下出现分布密度极值为零，这种现象发生在高管完全知晓 L_1 时，而这种现象在情况 2 中没有出现。在零的右边出现最大值，因为这时高管为了对冲不确定性采用了一些正向的盈余管理，即使 L_1 的优先分布均值可能超过了阈值。R_1 的模拟分布是用来比较下面的实证分布的模式的。水平线下的黑色阴影部分代表密度的下降，发生在与阈值等距离的另一边（在结构上位于隐性对称分布的峰值处）。

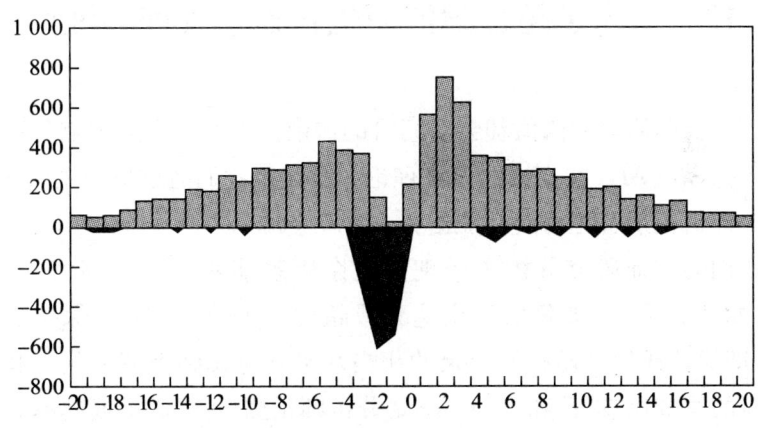

图18—3　报告盈余 R_1 的模拟分布图

注：潜在变量 L_1 是正态分布的，均值为 0，标准差为 10。如果报告盈余 $R_1=L_1+M_1$ 至少满足 $R_0=0$，高管获取的红利为 10。第二期的操纵成本为 $k(M_1)=e^M-1$。当选择操纵程度 M_1（它的概率分布以 L_1 为中心，方差为 1）时，高管精确地知道 L_1 的水平，水平线下黑色阴影区代表相对于阈值 0 处等距离的另一边的差额。

在那些未显示的结果中，我们改变模型中的参数值来研究结果如何。我们发现，当提高贴现因子时，Z 点（L_1 是负的，借用未来以满足现在阈值的行为回报刚好等于优化未来牺牲现在的行为回报）向左移动，因为高管的贴现因子越高，他现阶段获取高盈余的价值越大，遭受损失的代价更高。

第二期的盈余越不确定，为了保证第一期的红利，高管操纵的意愿更强，因为大额的借用不太会牺牲第二年的阈值。随着相对于每单位报告盈余（以 β 代表）的奖励而言，跨越阈值（以 γ 代表）带来的红利的重要性降低，盈余管理的代价变得更高，盈余管理就减少了。对任何水

平的 L_1 而言,当 β 升高时,M_1 的优化值会更加趋近于零,实际值与阈值的上下距离都会变小。这时,原先借用未来的频发现象被取代,高管反而会为了更好的明天而留存。[①]

接下来的两部分讲述的是根据盈余的实证数据来评估盈余管理现状的证据。第三部分检测了 1974—1996 年报告盈余的分布(无条件的和有条件的)。第四部分是一些统计测试报告,前提假设是,在高管很可能为了满足阈值而操纵现在的盈余时,未来的盈余会降低。

18.3 为了超越阈值而进行盈余管理的证据

理论表明简单的阈值却会对高管的盈余管理产生重大影响。我们无法监控操纵值 M,并直接验证该理论,所以,我们通过报告盈余 R[②] 的数值来评估盈余管理的间接证据。

我们的实证研究分析了经理们盈余管理能实现三个阈值的程度:(1)"报告盈利",即每股盈余达到或超过 1 美分;(2)"保持现有业绩",即保持或超越现有的盈余的相当水平(考虑到季节变化,和上一年相应的季节比较);和(3)"满足分析师预测",即满足或超越分析师的普遍预计。我们研究了每个阈值附近的盈余密度函数。如果经理们确实为了满足阈值进行盈余管理,我们应该观察到"太少"的盈余稍稍低于阈值,而"太多"的情况是刚刚或稍超过阈值。我们不期望现实的发现和我们的模型结论一样生硬,因为还有无数的其他附加因素存在,包括各公司在盈余分布和隐含盈余管理方面的多样性。

在 18.3.1 小节,我们简单讨论了变量的样本和结构。18.3.2 小节展现了三个单变量的矩形图,可为超越三个阈值的盈余管理提供证据。对每个矩形图,我们报告了一个统计测试的结果,验证了推测的阈值处的间断性。这个测试方法的细节在附录部分有详细讨论。最后,在 18.3.3

---

① 我们把本处结果延伸到三期情形,本文没有报告这样的结果。在超过两期的情形中,有一些不同的因素使得第一期储蓄盈余更加有价值,也更加无意义。更加有价值是因为不用担心储蓄的盈余被"浪费掉",也就是说,双重保障第二期的红利。更加无意义是因为高管们总是可以在第二期借用未来以保障其红利。

② 德乔等(Dechow et al.,1995)解释了估计自由的增项水平的诸多问题。

小节，通过对三个阈值的重要性排名，我们研究了条件分布。

18.3.1　变量的数据和结构

我们的数据系列包括 5 387 个公司的季度数据，这些公司提供了 1974—1996 年的部分或全部数据。为了方便统一季度数据，我们抛弃那些财政年末不在 3 月、6 月、9 月或 12 月的公司。尽管观察样本总数超过 100 000，对许多分析而言，可用的观察样本却少很多。在 1974—1984 年，样本只包含中型或大型公司，Abel-Noser（最近是 Q-Prime）提供了分析师盈余预测的数据。每股的报告盈余来自 Compustat 第八项，排除了特别项。我们 1984 年之后的样本中超过 83 000 个数据来自 I/B/E/S 国际公司提供的数据库。I/B/E/S 国际公司的数据库既包含分析师的季度盈余的预测数据，也包括报告盈余数字。

我们用分析师的同期季度预测数值来代表他们的预期。这些预测数值通常在季度最后一个月的中期就出来了。（公司通常延迟四周宣布季度财务数据——通常稍迟于财政年的末季，而某种程度上其他三个季度的数据会早一些。）根据 I/B/E/S 公司的数据库，分析师的盈余预测不包括特别的或一次性的支出，这样我们使用的每股报告盈余（EPS）变量就排除了特别项。[①]

在验证我们的理论假设时，我们使用那些规模和股票价格变动剧烈的公司数据。例如，我们使用 20 世纪 80 年代样本中的平均公司规模，其市场资本量的均值是 12 800 万美元；市场资本量的季度高值达 35 300 万美元。其对应的每股价格分别为 12.77 美元和 11.88 美元。我们需要对如此宽泛的公司季度数据的多样性进行说明。

为了统一各种不同的观察数据的分布，文献中通常使用平减指数如每股价格或每股资产来标准化 EPS。然而，因为 EPS 计量（报告或预测数值）四舍五入到整分，这种标准化的 EPS 分布可能会出现失真。

[①]　菲尔布里克和里克斯（Philbrick and Ricks，1991）认为分析家没有考虑到会影响报告盈余的一些特别项，特别是资产销售。他们建议特别项目之前的报告盈余也应该清除资产销售的税后影响。也见 Keane 和 Runkle 的文章。在 I/B/E/S 记录的 1984 年之后的报告盈余样本中，有一些异常值可以通过和 Compustat 数据库的重复检验来校正。然而，因为我们的分析集中在远离分布曲线尾部的区域，这个异常值问题可能是虚无的，对我们而言不重要。在我们的分析中，我们没有对 I/B/E/S 1985 年之后样本的 EPS 个数进行调整。

(这个问题在先前的讨论中好像被忽视了。)① 比如，因为四舍五入（到某一具体值比如整分），刚好是零值的 EPS（或者零变化或者零预测失误）也有相当的发生概率。然而，一个零值可以代表紧缩后的零值，与之相对，1 美分的 EPS 可以代表相对大的或者小的数值，取决于平减指数。这样，紧缩可能导致在零值时出现失真的分布密度积聚，而零值区域是我们研究兴趣的一个关键区域。在未显示的模拟研究中，在 EPS 被四舍五入到最接近分值（和实践中一样）时，这个问题比较显著。

幸运的是，如果我们根据价格排除掉极端的公司，那么对我们研究的和 EPS 相关的重要变量而言，就不必为了校正可能的多样性而采取紧缩。图18—4显示的是一些重要变量的中值（以中空图标指代）和四分位距（以实心图标指代）与每股价格百分位数的函数关系。

如果对不同的百分位数，图形的位置（中值）和离散度（四分位距）呈现相似的分布，那么这就是我们期望研究的最好结果。比如，看一下分析师的预测失误（FERR），由报告的 EPS 数值减去分析师的预测均值而得到。在图18—4中，FERR 的中值和四分位距以方块表示。我们看一下图18—4，发现在 10%～90% 两条竖线之间的 80% 区域的样本中，这两个指标和每股价格是独立关系，这是合理的。看一下每股盈余的变化量，以 ΔEPS 指代，用 EPS 值减去四个季度之前的 EPS 值得到。和 FERR 相似，图18—4中的中间 80% 的样本区域中，ΔEPS 的分布很稳定。在以下分析中，我们限定在样本的中间 80% 区域，这部分显示出合理的同质性。

我们进一步研究不同时间的变化引起的样本多样性。对于挑选的中间 80% 的部分，时间变化的分布不是一个主要的问题。

然而，这种限定样本在中间 80% 区域的做法并没有解决基本 EPS 序列自身的状况。从图18—4中很容易看到，每股盈余的中值和四分位距随着每股价格的百分位数的增加而稳步增加。这样，在任何关于 EPS 的分析中，我们都要检查一下，从整个样本中得到的结果是否适用于中间 80% 区域的每个 1/4 区间（也就是说，未挑选前的 11%～30%，

---

① 从样本时间序列的光谱分析角度来看，这个问题和"失真问题"类似（比如，见 Koopmans, 1974, ch. 3）。典型的失真问题发生在当利率光谱是时间连续的序列而可用的样本有具体时间间隔的时候。在这种情况下，或者缺少具体的光谱集中处的频率间隔，或者没有能力得到足够多的样本，被选择的样本的增项的光谱分析的估计结果可能会对原光谱分析估计没有太多用甚至产生误导。在我们的设定中，概率密度函数估值的歪曲是由于起初 EPS 的四舍五入和随后的再标准化。

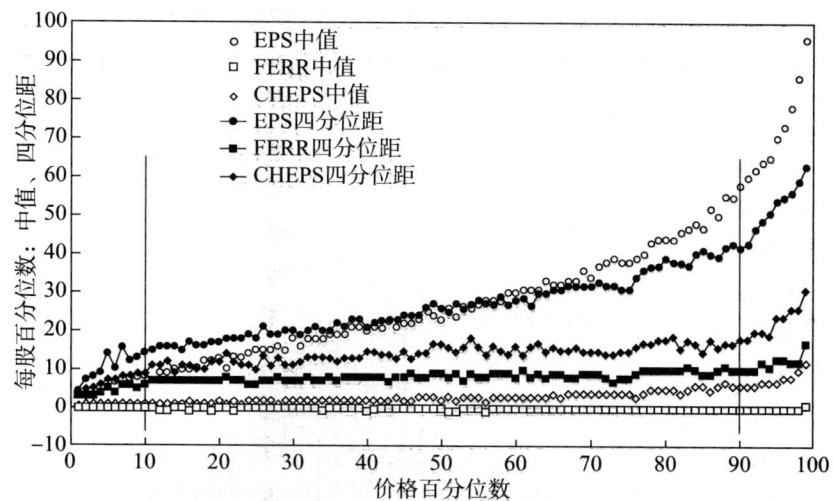

图18—4 EPS,FERR 和 ΔEPS 的中值和四分位距与每股价格的百分位数的函数关系

31%~50%,51%~70% 以及 71%~90%区间)。

18.3.2 盈余管理的历史证据

阈值驱动的盈余管理假设预言了盈余在某特定值处分布的不连续性。首先,我们根据业绩变量已预言的密度的不连续性来评定一下柱状图。其次,我们计算一下检验统计量 τ,用以验证是应该接受还是拒绝零假设,即柱状图所指代的函数在阈值点处是连续的、平滑的。因为传统的检验统计量不是用来验证这样的假设的,我们创新了检验统计量,τ,据此值以及根据周围的密度分布来计算阈值点的预期密度,假设阈值处未发生异常行为。附录部分介绍了我们的检验方法。

为了构建实证柱状图,需要选择柱宽以平衡对密度精确预测的需求以及准确的解需求。西尔弗曼(Silverman,1986)和斯科特(Scott,1992)建议柱宽与数据的变幅呈正相关,以及与样本个数呈反向关系;比如,建议采用柱宽为 $2(IQR)n^{-1/3}$,其中 IQR 是样本变幅的四分位距,n 是可用样本的个数。假设我们的样本的大小和变量的离散度一定,这样公式中的柱宽为 1 美分宽(这是我们使用数据的最小解)。

(1)"保持现有业绩"。 关于公司盈余的期刊报告通常把现在的数据和上一年的进行比较。和这种行为一致,我们可以提供证据表明上一年的盈余数据构成现在盈余报告的一个重要阈值,正如我们的模型所使用的假设一样。这种盈余的变化量用 ΔEPS 来表示,用现在的每股盈余数据减去一年前的每股盈余数据而得到。（因为盈余具有很强的年度季节变化特性，某个季度适当的基准值就是上一年相应季度的数值。）ΔEPS 的分布如图18—5所示。

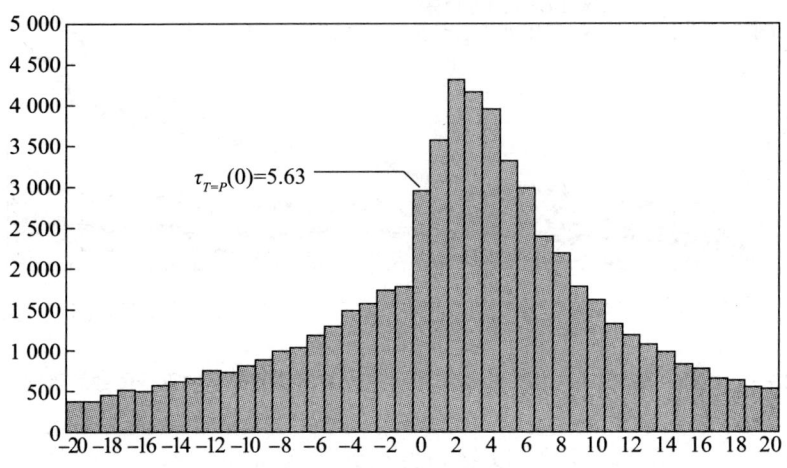

图18—5　EPS变化量的柱状图（$\Delta EPS = EPS - EPS_{t-4}$）：分析"保持现有业绩"阈值

因为公司盈余有增长趋势（当然是名义上），我们不期望以上函数分布的中心趋势接近于零。实际上，整个样本分布的中值和众数是3美分，而平均值是0.81美分。很明显的是，在零附近有一个大的跳跃。在接近零的左边，柱状图好像被削掉一块，密度移到零处或稍大于零处。ΔEPS的这种分布特点与高管的盈余管理以超越上一年相应数据的行为吻合。[1]

在ΔEPS的零阈值附近很明显的样本积聚被τ统计值[2]验证，其中τ统计值为6.61。6.61是最大的也是最显著的。这些现象也和I/B/E/S以及Q-Prime的子样本（未报告的）一致。

（2）"满足分析师的预期"。图18—6画的是预测错误FERR（等于EPS减去分析师们对EPS的预测共识）在零附近1美分范围的实证分布，使用的是1974—1996年的季度数据样本。

---

[1]　伯格斯塔勒和迪奇夫（Burgstahler and Dichev, 1997, fig.1）报告了性质上类似的模式，尽管由于他们紧缩了盈余，但盈余分布图在刚低于零处的剧烈密度下落是最可能失真的（见18.3.1小节的讨论）。

[2]　在这种情况下，可能的阈值不在分布图的顶部，尽管顶部就在邻近；详见附录A1部分。

和"做预测"是经理们一个重要的阈值这个概念一致，FERR 在零处剧烈下降：我们看到相对于右边，在零的左边有较少量的聚集。（注意在柱状图中，零处的柱状图代表 FERR 就是零。）

在零处有特别样本集聚，尽管这一点很难看出来，因为类似于 FERR 的分布本身就是以零为中心的。这种集聚也被 τ 统计值验证，其中 τ 统计值为 5.63，这个值是非常大的。[①]这个值超过附近各点的统计值 τ，附近各处的统计值的绝对值没有超过 2.0 的（未报告）。

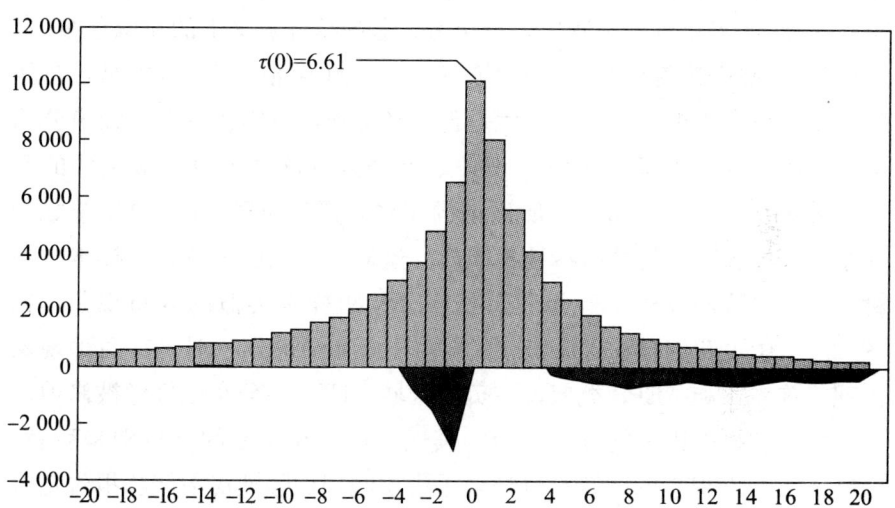

图18—6　每股盈余预测错误的柱状图：分析满足分析师预测的阈值

和图18—3（该图和 FERR 类似，隐含分布也以阈值为中心）类似，我们发现柱状图18—6下部没有全部反映各种不同状况——见横轴以下的黑色阴影区。正如进行盈余管理以超过分析师预测的阈值的考量所预计的，我们发现（1）在刚好低于零处有明显缺口是因为"为更好的今天借用未来"，和（2）在大额的正预测错误区域有缺口是因为既有"借用未来"引起的密度减少，也有"为未来储蓄"的对照柱体的密度增加的影响。[②]

先前关于分析师预测的研究已经报告有"优化偏见"：通常分析师的预测超过报告盈余。预测的优化偏见和我们的主张对立，即高管会进行盈余管理以达到或超过分析师的预测。这反过来表明，一个有支持性

[①] 在这种情况下，我们计算可能的阈值在分布图顶部的情形的 τ 值（见附录 A2 部分的详解）。

[②] 在未报告的结果中，这些发现也与 I/B/E/S 和 Q-Prime 的子样本一致。

的发现将更有意义。

幸运的是,有两股力量也许可以解释图18—6的数据——盈余管理以达到或超过预测和预测的微量优化偏见——可以统一起来。大部分时候,很明显高管会达到或稍微超过分析师的预测,但有时也会远远低于分析师的预测。考虑到这两个方面,预测错误分布图可能会有歪曲失真。这个现象在我们的样本中有出现:FERR 的均值是 -5.43 而中值是零;失真度计算为 -43(零假设是对称分布时,失真度的 p 值接近零)。这验证了相对于预测值,盈余有显著的统计意义上的左偏分布。

(3)"报告正盈利"。我们的第三个重要的可能阈值也可能是最自然的:正盈余。要想知道这个阈值是否已经达到,投资者不需要知道公司的业绩历史或者市场的预测共识。这个阈值也解决了股东最重要的问题:公司有盈利吗?如以前所讨论的一样,研究 EPS 分布的复杂之处在于其和每股价格的分布特性不同质。这样,当我们讨论整个样本的各种结果时,我们发现了和每股价格四分位距样本类似的分布现象。在图 18—7 中,我们显示了 EPS 在零附近的窗栏状分布图。有两种现象出现。首先,和 ΔEPS 类似,在负数区域,EPS 的分布也好像被修剪了一样,这和损失厌恶的假设吻合。其次,在 0 和 1 之间(特别是后者)EPS 的分布有很大的跳跃;这样似乎表明经理们强烈渴望能够报告正盈余——而不是刚好收支相抵。①统计值 τ(根据附录中的基础测试部分——该案例中阈值似乎远离分布的最高处)也验证了这一模式:在每股 1 美分处,我们得到 τ 值是 4.36,也验证了 EPS 在该处表现出不连续性。②

最后,我们可以观察到在每股 -1 美分到每股 0 美分处,EPS 的分布有上升趋势中的回落,表明在 0 处有次阈值,以"避免赤字"。第二个回落处 τ 值为 3.84,也很大,尽管我们视觉上感到 0 处的阈值好像比每股 1 美分处小一些。

总之,我们已经明显体会到盈余报告的阈值效应,既通过视觉也通过统计检验结果。影响报告盈余的三个阈值效应是"保持现有业绩",

---

① 注意这幅图强化了哈恩(Hayn, 1995)中的图 1,该作者用每股价格衡量 EPS,这样导致在零值处密度估值混乱(如 18.3.1 小节所讨论的一样)。

② 既然我们有两个相邻的疑似阈值,我们此处的 τ 检验使用的邻近区域总是排除了其他阈值样本的相应样本。

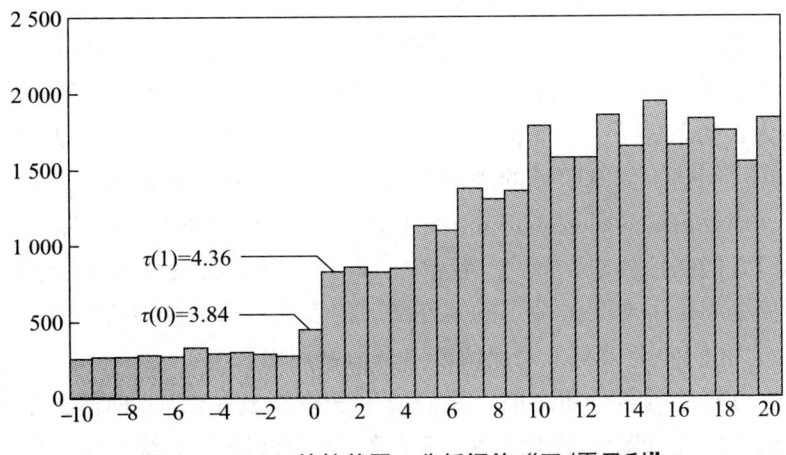

图18—7　EPS 的柱状图：分析阈值"正/零盈利"

"满足分析师预测"和"报告盈利"。

18.3.3　条件分布：阈值间的相互作用

如果高管关注超过一个的阈值，那么是否一个阈值比另一个阈值更重要呢？阈值之间有没有可识别的等级？

要分析阈值间的相互关系，文中似乎忽略了一个问题，我们分析 EPS，ΔEPS 和 FERR 的条件分布，前提是其他的阈值或满足或没有达到。例如，我们观察重要的 EPS 的阈值分布时，前提是达到了分析师的预测或者没有达到分析师的预测；我们也观察"类似的"FERR 分布（也就是说，FERR 以 EPS>0 为前提和以 EPS<0 为前提）没有表现出阈值效应：在这个假设的例子中，我们可以得到结论："报告盈利"比"达到分析师的预测"更重要。

我们关注12个条件分布（3个独立分布×2个条件×2个水平）。我们发现了一个问题，当满足或没有达到一个阈值时，另外一个阈值很难或不可能满足或没有达到。比如，如果满足了 ΔEPS 阈值，分析师预测盈余低于去年，就没有可能错过 FERR 的阈值。因此我们只关注这样的样本：至少有5分的值域，其中阈值可能是满足的或者也可能无法达到。尽管这个条件会减少可用的样本量，但是我们确信在阈值邻近区域的推论是有效的。

对正盈余阈值而言，我们关注 EPS 为1美分时的情况（尽管0美分阈值也很重要)。我们其他的两个阈值在 ΔEPS 和 FERR 的分布中为 0 美分阈值。图18—8有 12 幅条件分布的图,其中竖线代表阈值。

为了得到结论,我们看图18—8中的第二排第二幅图,表述的是 EPS 为正的条件下 ΔEPS 的阈值。因为我们假设在该样本中 5 美分值域内公司可能达不到 ΔEPS 的阈值要求,我们只考虑 lag(EPS)>5 的各种情况。该处值域为每股 1 美分~5 美分,这样目前 EPS 为正但仍然达不到 ΔEPS 的阈值要求。12 个情况中的每一种情况都关注相对于另外一个阈值是满足了或是失败了的条件阈值的表现。当条件阈值失败了(满足了),我们向上(向下)保留 5 美分值域用以研究。①

在分析单因素分布之前,我们使用 τ 检验来评估 12 种情况中的每一种情况的柱状图的不连续性,这在附录中有讨论。τ 统计量具体证实了图 18—8 中的各种情况。EPS 的阈值很稳健。不管其他两个阈值是满足了还是错失了,EPS 的阈值在密度上都有大的跳跃。我们其他的两个阈值都不很稳健,无论前提是其他的阈值有没有得到满足;也就是说,在某些情况下,它们不重要。特别是,在图 18—8 中的第一排第二个图中,我们看到当 EPS 为负时,没有明显的非连续性。然而,其他三排的第二个图显示出 ΔEPS 的非连续性。我们推论出前一阶段的盈余阈值相对于分析师的预测是"稳健"的,但弱于正盈余。

类似地,在图18—8的第一排和第三排的第三个图中,我们看到,当 EPS<0 和 ΔEPS<0 时,FERR 的分布没有明显的非连续性。在第二排和第四排的第三个图中,当 EPS>1 或 ΔEPS>0 时,又再次自身验证了 FERR 的阈值效应。我们可以得到推论:分析师预测的阈值只在其他阈值得到满足之后才有意义。

总之,阈值的重要性等级出现了。正 EPS 阈值最重要,不管其他两个阈值是否得到满足,它都有效。上期盈余第二重要,它只在正 EPS 阈值得到满足之后才有效,但不管盈余是否满足分析师的预测。分析师预测的阈值最弱,它必须在其他两个阈值都得到满足之后才有效。

---

① 我们采用的约束包括那些影响我们柱状图形状的条件。比如,看看图 18—8 的右上部。除了阈值之外,当分析师预测 (AF)<−4 时,盈余似乎不可能是 9 美分,而当 AF<−9 时,就更加不可能,即便 FERR≥0。我们的统计检验只关注 10 美分值域的盈余,这缓和了这个问题。

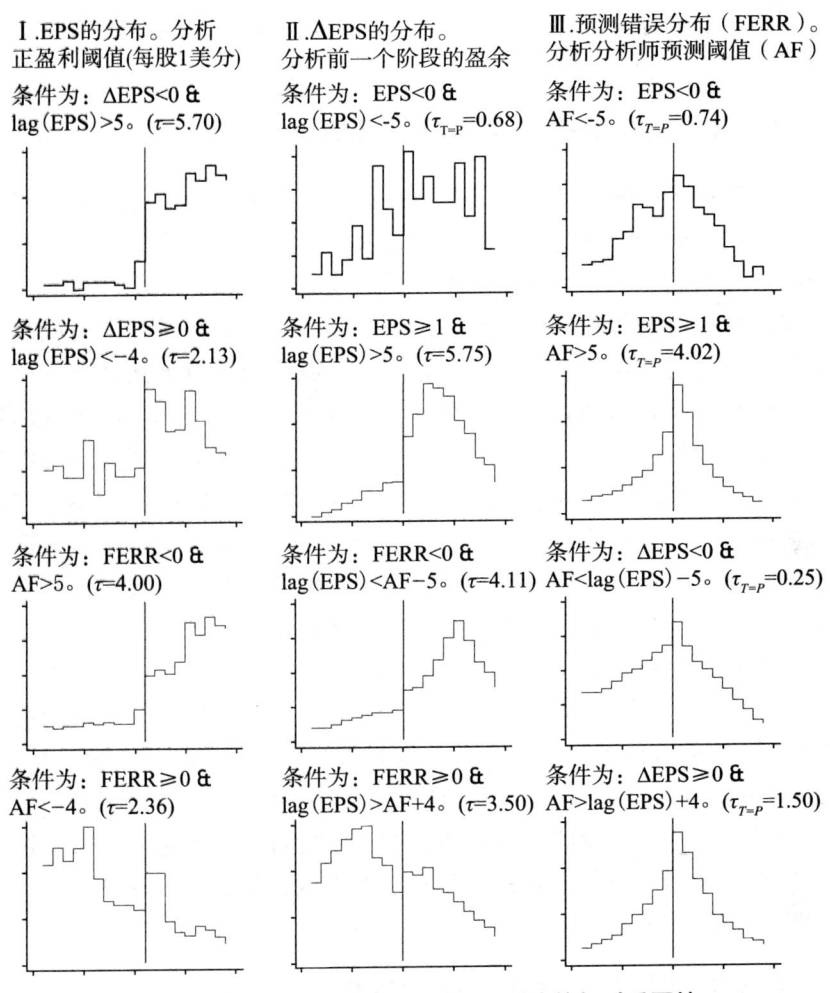

图18—8　12个条件分布：分析各阈值的相对重要性

注：附录中分析统计值 τ 和 $\tau_{T=P}$ 的动机和构建细节。超过 2.0 的值完全可以否定没有阈值效应的零假设。在以上情况的疑似阈值处，不管何时统计值超过 2.0，相对于其他一些类似的计算结果，这些统计值都会是最大的；最后一幅图 $\tau_{T=P}=1.50$ 也是周围其他各点中最大的。

18.4　盈余管理对未来盈余的效应

前一部分表明了高管管理盈余是为了满足三个阈值。如第二部分讨论的那样，当他们这样做时，是通过"借用"未来盈余来提高目前盈余。从实证角度讲，如果公司勉强达到阈值，人们就怀疑公司涉及向上盈余管理。本部分分析相对于现有业绩，公司未来难以满足阈值是否不重要。

18.4.1 盈余管理对未来盈余的意义

为了满足当期阈值的盈余管理将会影响下一期的盈余。这样，我们研究一下当期盈余管理对下一期的盈余是否有可预测的影响。我们这部分分析首先关注 ΔEPS 的阈值，然后是正盈余阈值。[①]

我们把那些疑似刚好满足阈值的公司的业绩同那些错过阈值或超出阈值很多的公司的业绩进行比较。相应地，我们根据盈余把公司分为三组。A组没有满足阈值，B组刚好满足或刚超过，C组超出阈值很多。每组都是5分值域。B组很可能包括很多向上调整以满足阈值的那些公司。C组不大可能提升盈余，而且有可能进行控制。用相应的小写字母代表各组公司的平均业绩，用下标（1或2）表示各期的业绩。根据假设，我们有 $c_1 > b_1 > a_1$。通常，我们会认为盈余水平和盈余变化水平有某些一致性。这样，如果没有盈余管理，我们认为 $c_2 > b_2 > a_2$。盈余管理如何影响这些不等式？B组的盈余被怀疑向上调整了。所以，相对于 c_2 和 a_2，b_2 应该向下调整，得到 $c_2 - b_2 > b_2 - a_2$。如果有大幅的盈余管理，我们甚至可以得到 $a_2 > b_2$；也就是说，第一期业绩较低的公司（那些刚低于阈值的公司）在第二期可能业绩更好。

为了便于比较，我们加入第四组 D，D 组的公司远超越阈值。可能C和D组的操纵不显著，这样它们在业绩上的差异在某种程度上为我们研究相邻组提供了基准。

18.4.2 "借用"未来盈余的证据

首先研究"保持现有业绩"阈值（也就是 $\Delta EPS = 0$）。我们研究公司的会计年度业绩是因为我们认为会计年度数据的影响是最大的。我们通过限于研究那些以12月为会计年末的公司来避免时间上的重叠。我们也限于研究那些最后一个季度业绩上扬的公司，因为进行盈余管理的公司在最后一个季度都会有业绩上扬。（有关因为这样选择样本可能引起的错误推断在以下部分阐述。）

[①] 我们排除本分析中的分析师预测的阈值。即使公司在某一期努力去满足分析家的预测，该公司也不大可能出现下一期更难满足阈值的现象，仅仅因为分析家的预测是内生目标，其根据公司业绩表现或高管声明而变化。

第 18 章 超阈值的盈余管理

普遍接受的典型的事实是，相当部分的盈余变化是永久的。[①]但如果 ΔEPS 有强烈的均值回归性，我们可能难以从总体行为中区分盈余操纵。考虑一下回归函数 $\Delta EPS_{t+1} = \alpha + \beta \Delta EPS_t$。我们使用 $\Delta EPS_t > 5$ 条件下的会计年度样本来评估这种关系，以排除阈值效应影响。在我们的样本中，β 的估计量接近于零（-0.05），因此合理的零假设是：根据下一年的 ΔEPS 来为公司排名与今年的公司业绩不相关。而且，在下面两种情况中，我们发现"远超越阈值"的公司的业绩不可能比"超越阈值"的公司差，这反映了盈余留存的存在。

如果有显著的盈余管理，我们期望"满足阈值"组的公司——其中许多公司很可能借用未来盈余——业绩表现会比高于阈值（"超越阈值"）组和低于阈值（"错过阈值"）组的公司差。这说明盈余管理效应超过任何正常的业绩留存。这是一个既强烈又特别的预测。

表 18—1 前面是我们对四组公司的定义。然后，报告相对业绩的均值和中值。首先注意，在我们的基准比较中，正如预期一样，如果公司之间盈余增长的不均性效应超过均值回归效应，那么 $d_2 > c_2$。为了我们的目的，主要的比较在 B 组和相邻组之间进行。无论是均值还是中值，相对于相邻两组，B 组业绩较差，验证了我们的推论 $c_2 - b_2 > b_2 - a_2$。而且，$c_2 > b_2$ 并不奇怪，因为 C 组公司在 1 期表现更好。隐含的发现是 $b_2 < a_2$，想必是因为 B 组有大幅的盈余管理。所有这些差异在 Wilcoxon 检验中均显示出显著的统计差异。[②]

表18—1 初始季度的 ΔEPS 阈值无变化时，第二年各组的相对业绩；
初始季度 ΔEPS≥0 的公司子样本

初始季度年 ΔEPS（美分/股）	初始年业绩分组			
	A. 错过阈值 -5 到 -1	B. 满足阈值 0 到 +4	C. 超越阈值 +5 到 +9	D. 远超越阈值 +10 到 +14
次年的业绩观察样本个数：	1 143	2 220	3 688	4 049
1. ΔEPS 均值	9.48	7.10	6.53	9.44

---

① 盈余方面的文献，例如，哈恩（Hayn，1995）指出报告损失的公司的 EPS 具有不同的时间序列特性。然而，以 EPS 的信号为条件，我们本部分所有的推论都被证明是稳健的。

② Wilcoxon 检验（也称为 Mann-Whitney 二样本统计法）在零假设下服从标准正态分布，两个比较组的业绩分布相同。该检验假设样本之间独立，这显然违背我们的样本情况。这意味着使用基于我们样本名义规模的传统 p 值得到的拒绝比例太高。然而，我们样本观察到的 Wilcoxon 检验统计值足够大，以至于业绩的 U 形模式不可能是偶然产生的。

续前表

初始季度年 ΔEPS（美分/股）	初始年业绩分组			
	A. 错过阈值 −5 到 −1	B. 满足阈值 0 到 +4	C. 超越阈值 +5 到 +9	D. 远超越阈值 +10 到 +14
2. ΔEPS 中值	13	8	9	12
3. Wilcoxon 检验* p 值（下一栏和报告栏的相对值）	4.02 0.000 1	−0.77 0.438 9	−7.54 0.000 0	N.A.

注：N.A.＝不适用。

* Wilcoxon 检验比较次年两组公司的业绩。在零假设下，两个比较组的业绩分布相同，Wilcoxon 检验服从标准正态分布（$N(0, 1)$）。

那些很难达到现有业绩阈值的公司似乎需要从下一年借用盈余。① 当 A 和 C 公司的表现优于 B 公司时，如果刚错过阈值的公司"为更好的明天储蓄"以及超越阈值的公司"勒紧缰绳"，② 那么这种两头大、中间小的 U 形模式会进一步加强。

我们重复"报告盈利"阈值的分析。现在根据 4 个季度的 EPS 业绩分组。我们像以前一样，用 5 分柱宽划分公司。因为相对而言，几乎没有 EPS 为零值的公司样本，所以我们不再进一步通过会计年度来筛选公司了。

在表 18—1 所讨论的零假设下，没有根据次年相对业绩表现（也就是说，年 ΔEPS）对各组有明显预期的排序，除非因为公司可能的业绩增长潜力的不均性，可以预计 $d_2 > c_2 > b_2 > a_2$。表 18—2 报告了一些总结性结果。③ 表 18—2 的一些比较得出一个重要的结论。在样本 A 和 B 中，满足阈值组业绩表现远远差于错过阈值组，这一结果反映了显著的盈余管理的存在。

---

① 我们用 10 分值域来定义 A，B，C 和 D 组与我们只采用会计年度的最后季度数据的模式类似。

② 表 18—1 的结果会因为我们选择那些最近季度 ΔEPS>0 的公司样本而失真吗？例如，看看错过阈值公司组：公司错过阈值而不是在最后季度报告相对体面的盈余。该公司可能正在经历业绩快速上扬（相对满足阈值公司组而言）。如果是这样，假设通常盈余变化留存，如果没有盈余管理，在第二年错过阈值组业绩要好于满足阈值组。我们以最近季度的 ΔEPS>10 和 ΔEPS>20 作为选择的准则来检验这种效应。设定我们采用的分组方法，如果表 18—1 的结果仅仅由 ΔEPS>0 引起，那么当 ΔEPS>10 时，我们可以预见满足阈值组的业绩超过超越阈值组，而且当 ΔEPS>20 时，超越阈值组的业绩超过远超越阈值组。这些情况在我们的样本中都没有出现。仅有的业绩颠倒出现在错过阈值组和满足阈值组。

③ 根据图 18—4 中表现的 EPS 的异质性，我们也研究了每股价格四分位距最小的公司样本。结果（未作出报告）有类似性质。

表18—2　初始年 EPS 阈值为零时，第二年各组的相对业绩；
限于初始季度 ΔEPS>0 的观察样本

初始季度年化 EPS（美分/股）	初始年业绩分组			
	A. 错过阈值 −5 到−1	B. 满足阈值 0 到+4	C. 超越阈值 +5 到+9	D. 远超越阈值 +10 到+14
次年的业绩观察样本个数	157	231	253	277
1. ΔEPS 均值	37.29	10.89	8.36	21.50
2. ΔEPS 中值	35	10	18	18
3. Wilcoxon 检验* p 值（报告栏和下一栏的相对值）	3.44 0.000 6	−0.51 0.607 4	−0.784 0.432 9	N.A.

注：N.A. =不适用。
　* Wilcoxon 检验比较次年两组公司的业绩。在零假设下，两个比较组的业绩分布相同，Wilcoxon 检验服从标准正态分布（$N(0, 1)$）。

然而，满足和超越阈值组缺少显著的区别，这表明相对于 ΔEPS 阈值而言，借用盈余以满足阈值要求的证据有较弱的决定性。而满足阈值组的业绩表现远差于错过阈值组，满足阈值组的业绩表现不一定优于超越阈值组。针对年 EPS 阈值，这种疑似满足阈值的公司的盈余借用的证据相对于 ΔEPS 说服力较弱。

18.5　总　结

分析师、投资者和董事会都对公司盈余的财务报告极感兴趣，因为盈余数据为投资决策提供了关键信息。监管公司高管业绩的董事会意识到对公司的权益方而言盈余的重要性，把管理层的奖酬和盈余结果挂钩。这种联系或关系就会驱动高管进行盈余管理，这不足为怪。本文评估了业绩各阈值的重要性以及阈值对报告盈余模式的影响后果。

在研究进程中，将本研究所论证的以阈值为基础的盈余管理作为给定的条件，我们分析了通过根据盈余公告重新定价，证券市场如何造成了预期的盈余管理。其他的研究包括在设定或修订盈余预测时，分析师是否应该为盈余管理负责；年度阈值的特点；不同类型的公司——比如，成长股和价值股——是否对盈余管理有不同的激励，它们因为没有达到阈值要求将遭受不同的惩罚。①

我们的模型介绍了努力满足阈值的行为如何导致特定的盈余管理模式。刚低于阈值要求的盈余会被向上调整。远离阈值的盈余，不管低于还是高于，都会受到控制，以使得未来更容易达到阈值。我们的实证研究发现有明显的三个阈值驱动盈余管理：报告正盈利、保持现有业绩和满足分析师预测。我们发现盈余分布的间断性表明有基于阈值的盈余管理的存在。通过研究条件分布，我们发现阈值有等级。最重要的是首先有正盈利，其次报告季度盈利至少等于四个季度前的盈利，最后是满足分析师的预测。我们还发现，刚刚满足阈值的公司未来的业绩差于其他对照公司，这些公司不太可能有盈余管理。②

尽管盈余是一个连续变量，外部人和内部人用心理尺度，比如零盈余、过去的盈余，以及分析师预测的盈余作为有意义的阈值评估公司业绩。理论和数据都表明公司高管为超过阈值而进行的盈余管理是有迹可循的。

附录　单变量分布的间断性检验

设 x 是关注变量，比如每股盈余变化。零假设，H_0，假设 x 的概率密度分布函数为 $f(x)$，在 T 点平滑，T 点也是关注点，因为在另一种假设 H 下它可能是一个阈值。假设有 N 个 x 的随机样本，我们设定具体的密度顺序为 x_0, x_1, …, x_n, 等等。③ 假设这些点均布，并且按通则假设间距为 1 个单位。计算柱间样本 $[x_0, x_1)$, $[x_1, x_2)$, …, $[x_n, x_{n+1})$, 等等。这些比值用 $p(x)$ 代表，来评估点 x_0, x_1, …, x_n 等处

---

① 德雷曼和贝里（Dreman and Berry，1995b，pp.23-24）发现低的市盈率（底部五分位处）的股票出现负盈余意外后市场状况好于——实际盈余低于预测共识——高的市盈率（顶部五分位处）的股票。对于 1 年持有期，低市盈率的股票的平均年度市场调整收益为 +5.22%，但高市盈率的股票的收益为 -4.57%。出现意外的那个季度的年度差异通常比较大，是 +7.05% 和 -5.69% 的关系。

② 在本文未涉及的相关研究中，我们分析了年报的特别意义是否又增加了盈余管理的激励。我们发现，保持会计年度现有业绩的压力会导致第四季度盈余的混乱，这推测起来是因为高管试图"制造"盈余以满足阈值。

③ 在我们的分析中，x 值都是整数，尽管我们的这种检验方法并不需要这样。

的 $f(x)$ 等。①

A. 基础检验

$\Delta p(x_n)[\equiv p(x_n)-p(x_{n-1})]$ 的期望是 $f'(x_n)$，方差取决于在 x_n 点的 $f(x)$ 的高阶导数以及可用样本个数 N。假设在 $2r+1$ 个点中，n 周围的小对称区域 R_n（也就是说，$R_n=\{x_i; i\in(n-r, n+r)\}$）；在零假设下，$f(x)$ 平滑，$\Delta p(x_i)$ 的分布几乎是同质的。②

使用 R_n 中的 $\Delta p(x_i)$ 样本，排除 $\Delta p(x_n)$ 来计算 τ（类似 t 统计检验）。具体而言，计算

$$\tau_n = \frac{\Delta p(x_n) - \underset{i\in R, i\neq n}{\text{均值}}\{\Delta p(x_i)\}}{\underset{i\in R, i\neq n}{\text{s.d.}}\{\Delta p(x_i)\}}$$

其中 s.d. 代表 $\{\cdot\}$ 的标准差。在计算均值和标准差时，我们排除对应 $i=n$ 的样本以提高识别 x_n 点处的 $f(x)$ 的间断性的能力。

我们的替代假设，H_1，假设在已识别阈值 T（也就是说，ΔEPS 的零值分布和盈余的零预测错误，或 1 美分的 EPS 分布）下，$f(x)$ 具有间断性。τ_T 的分布可能很像零假设下的学生 t 分布，如果 R_T 处 $\Delta p(x_i)$ 的分布类似高斯曲线。在未报告的模拟研究中，研究相邻 R 的同质方差的对数的变化（$\Delta\log\{p(x)\}$）——这样，尽管结论类似，我们本文所有的检验都基于 $\Delta\log\{p(x)\}$ 而不是 $\Delta p(x)$。在任何情况下，我们不仅仅考虑常态。相反，我们把 τ_T 和其他相邻各点的 τ 值进行比较。

我们通过研究相对于其他 τ 的 τ_T 的排序以及相对差距来评估 T 点是否具有肯定的间断性。幸运的是，很显然会得到明确的结果：使用全部样本，相对于其他的 τ 值，τ_T 的值总是最大的。③

B. 详细解释

只要检验密度不连续性的点（T）在概率密度分布峰值的一侧出现大幅下落，上述基础检验就是令人满意的。顶端用 P 指代。现在考虑

---

① 在零假设下，使用相邻的柱体提升 $f(x)$ 估计值是可能的。然而，拒绝零假设 H_0 的检验的有效性可能会被这个方法削弱（特别是考虑到我们以下讨论的替代假设）。幸运的是，在我们讨论的情况中，通过这种最简单的估计策略可以得到明确的结果。

② 在我们的分析中，选择 $r=5$，这就产生了 11 分间隔。简短而言，我们采用 $r=7$ 和 $r=10$ 进行计算，性质不变。

③ 设 10 个相邻值，我们比较 τ_T，得到 τ_T 的最大值的机会稍小于 10%。看看值域本身，有趣的是相邻的 τ 值总是小于 $|2|$，而 τ_T 值总是超过 2。

以上描述的 R_T 的对称构建应包括 P。既然 P 的不同侧很可能有相反的密度函数斜率，对称的 R_T 将不会再包括类似斜率的类似点。

情况 A1：T 附近的对称区包括顶端，P，尽管 $T\neq P$。在这种情况下，我们在 T 附近构建不对称的相邻区 R_T。当 $T<P$（$T>P$）时，构建 $2r+1$ 个点中 T 周围可能的最对称的区域 R_T，这样所有的点都在或处在 P 点之下（之上）。这样构建的目的是通过选择 P 点的同侧各点，我们得到具有类似的密度函数斜率（log）的相邻各点。假设这样的 R_T 和以上基础检验部分的一样，我们计算 τ_T。

情况 A2：假设阈值和顶端一致，也就是说，$T=P$。考虑分析师的预测为阈值 T 的情况。这时，报告盈余的分布很可能以 T 为中心，如果分析师预测这个模式或隐含盈余的分布接近对称，并且预言家最小化预测错误平方的均值或者绝对错误的均值。考虑到分布中的任何普通的局部偏斜，我们现在可以通过检验密度函数在 T（$=P$）左侧的斜率是否显著不同于在 T 右侧的相应斜率（调整符号）来识别盈余管理效应。

定义 $\nabla p_j \equiv \Delta\log\{p(x_{T+j})\} - ((-1)\times \Delta\log\{p(x_{T-j})\})$。正如前面提到的一样，密度的 log 变换在模拟 j 各点附近时似乎方差稳定，和我们的样本一样（未报告）。B2 情况的检验用于检验 ∇p_1 是否异常。我们在小面积的相邻区域 $R(j>1)$ 使用样本 ∇p_j 来计算 ∇p_1 的均值以及标准方差。① 和以前一样，我们进行类 t 统计检验，比如 $\tau_{T=P}$，来评估 ∇p_1 的"异常性"。

在我们的统计样本模拟构建中，假设隐含盈余服从高斯分布，统计值 $\tau_{T=P}$ 超过 2.0 的概率低于 5%。不过，既然实际分布不太可能完美契合高斯分布，在 $T=P$ 处缺乏间断性，那么 $\tau_{T=P}$ 和实际样本比较，参考值 2.0 只是表明间断性的存在。这样，我们可以检验 ∇p_1 的次序相对 j 附近相应的值：在我们的样本中，当 $\tau_{T=P}$ 比 2.0 大时，∇p_1 总是相邻区域中最大的。

---

① 本文正文中的检验，计算 $\tau_{T=P}$ 的 R 跨度在 10 附近，即，$j=2,3,\cdots,11$。即使少一点值域，也可以得到本文没有展示出来的其他类似的结果。

第 *19* 章 管理者的乐观主义与公司金融[①]

J. B. 希顿 (J. B. Heaton)

在本文中，我将在一个简单的公司金融模型中研究管理者非理性的个别特征的含义。特别地，我将主要研究管理者的乐观主义及其与自由现金流的成本和收益之间的关系。

管理者是乐观的，他们系统性地高估公司取得好的业绩的可能性，同时低估公司取得差的业绩的可能性。该假设从大量的心理学文献中寻找到了基础，即一般而言，人们都是相当乐观的。在这些文献里有两个获得一致认同的发现（例如，Weinstein，1980）——这使乐观主义成为公司金融研究者极感兴趣的研究课题。第一，人们对自信能够掌控的结果更为乐观。与第一类实验发现相符，调查证据表明，管理者对固有的不确定性不甚重视，他们相信能够对公司绩效实现大量控制（详见 March and Shapira，1987）。第二，人们对自己高度参与的事情结果更为乐观。与第二类实验相符的是，管理者普遍表现出致力于公司的成功（以某种方式定义的），可能因为他们的财富、职业声誉和受雇能力部分地取决于此（例如，Gilson，1989）。

[①] 感谢以下各位给予的有益评论，他们是：Gregor Andrade，Alon Brav，Judith Chevalier，Harry DeAngelo，Deborah De Mott，Ed Glaeser，John Graham，Dennis Gromb，Chip Heath，Peter Hecht，Tim Johnson，Steven Kaplan，Adam Long，Cade Massey，Mark Mitchell，Allen Poteshman，Jay Ritter，Andrei Shleifer，Erik Stafford，Jeremy Stein，Richard Thaler，Rob Vishny，Tumo Vuolteenaho，Richard Willis，Luigi Zingales，Lemma Senbet 和 Alex Triantis（他们是《金融管理杂志》的编辑），两位匿名推荐人以及国家经济研究局夏季研究所的同事。

本文采用的方法与公司金融中理性管理者标准的假设不同。行为方法在资产定价中已经相当普遍，但是在公司金融领域很少有研究放弃管理者完全理性的假设。① 考虑到对行为经济学的普遍争议在公司金融领域比在资产定价领域弱，这在某种程度上是令人惊奇的。"套利"的争议（理性行为者将剥削非理性行为者）更弱，因为与证券市场的错误定价相比，更多的套利限制支持管理者非理性。对管理者非理性的最明显"套利"——公司接管——将引起很高的交易成本，同时，进行接管的专业投资者将承担非系统性风险。若无公司接管，套利策略将难以实现，因为管理层的决策一般关心的是那些在市场交易中没有卖空机制的资产（包括人力资产），或者其他可以进行套利操作的衍生资产（参见Russell and Thaler，1985）。学习的作用（非理性行为者从经验中学习而变得理性）也是有限的，因为关于资本结构和投资政策这样重大的公司金融决策比交易决策更少，同时具有更长延迟的结果和更多噪声的反馈，在这种环境中，从经验中学习是不可能的（参见 Brehmer，1980）。

我们并不清楚公司内部激励机制或公司文化能否消除管理者的非理性。一些内部激励机制（比如"锦标赛"）可能对理性管理者不利，而对非理性管理者有利。例如，非理性管理者可能会冒很大的风险去降低他们的真实预期效用（虽然不是他们感觉到的预期效用），这能增加非理性管理者赢得锦标赛的可能性。② 进而，设计一些能够利用管理者非理性而不是抑制这种非理性的机制，将有助于更好地服务于委托人的利益。比如，委托人可以设计一些激励机制，通过利用非理性管理者对其自身能力或者公司风险的不正确评估从而实现对他们的不足支付。

自由现金流引起的得失为我们在公司金融领域研究管理者非理性的含义提供了一个颇具吸引力的实验。自从詹森（Jensen，1986）的那篇著名论文《自由现金流的代理成本、公司金融与接管》发表之后，自由现金流（那些超过用于支持现有的具有正的净现值项目的现金流）已经成为大量学术研究的关注焦点。与自由现金流相关的得与失的金融专业观点的形成和发展主要由公司金融当中两种主流但又经常冲突的方法所主导。第一种是信息不对称方法，代表者是 Myers and Majluf（1984）。

---

① 最为有名的例外当属 Roll（1986）。也可参见 DeMeza and Southey（1996），以及 Boehmer and Netter（1997）。

② 由于相同的原因，这与金融市场中噪音交易者的生存能力和优势地位类似。可参见 De Long, Shleifer, Summers, and Waldmann（1991）。

在那种方法中，自由现金流是有益的，因为忠于当前股东的管理者被假设为拥有市场所不了解的信息。主要结论为，如果需要向不具有充分信息的资本市场发行被低估的资产才能利用新的具有正的净现值的投资机会，管理者经常放弃这些投资机会。大规模自由现金流带来的金融宽裕避免了这种社会（和私人）不期望的后果。

在詹森（Jensen, 1986）的代理成本方法中，由于管理者和股东之间的矛盾，持有自由现金流是有成本的。管理者想留存自由现金流，并投资于能够增加他们诸如薪水、权利和声誉等利益的项目（参见 Avery, Chevalier, and Schaefer, 1998）。股东不希望管理者持有自由现金流，因为那些能够增加管理者利益的项目经常是具有负的净现值的项目。因此，詹森（Jensen, 1986）认为，杠杆作用（增加交易并促使公司花掉自由现金流）将增加股东的价值，减缓股东和管理者之间的利益冲突。

在一个简单框架下管理者乐观主义能够给出这些结果，不需要援引不对称信息或者理性代理成本，管理者乐观主义暗含了一个投资不足与过度投资的权衡。

一方面，管理者乐观主义使管理者相信有效资本市场将低估他们公司的风险证券。管理者乐观主义将引起管理者对内部资金的偏好，而内部资金可能有高昂的社会成本。因此，依靠外部资金的乐观管理者有时会放弃具有正的净现值的项目，认为外部融资的成本太高。因此，自由现金流是有价值的。当公司面临具有正的净现值的项目，而乐观管理者由于对外部融资成本的错误认知准备放弃时，自由现金流将可以避免由于投资不足而引起的社会损失。

另一方面，管理者乐观主义会引起对现金流预测的系统性向上偏差，从而引起管理者对公司投资机会的高估。没有自由现金流的管理者将放弃他们自己感觉有正的净现值而事实上有负的净现值的项目，因为外部融资的成本太高了。在这种情况下，自由现金流是有害的。自由现金流缓解了对外部融资的需求，使投资于被错误地认为有正的净现值而事实上是负的净现值的项目更为容易。

因此，管理者乐观主义理论把两个变量与自由现金流的得失联系起来，即管理者乐观主义程度与公司可利用的投资机会。乐观管理者想投资于更多的项目。管理者越乐观，他依靠外部融资投资于这些项目的可能性越小。公司可投资的项目越好，对股东来说投资不足带来的成本越高。对那些没有好的投资机会的公司来说，依靠外部资本市场是有益的。这意味着，如果同时有很高程度的乐观主义和好的投资机会，股东偏好于保留现金流（和现金流风险管理），如果有很高程度的乐观主义和差的投资机会，股东偏好于花掉现金流。基本的预测并不新奇，但模型极其简洁，不会出现有时假设管理者是理性、忠诚、更为精明的，有时又假设管理者是理性、不忠诚（同时可能还不精明）的这种矛盾。

除了简洁，管理者乐观主义还为金融学研究提供了一个独立的关于很多有趣的投资和资本结构现象的"as if"基础。对于一些研究者，他们满足于理性代理成本模型和信息不对称模型给予的"as if"解释，对管理者乐观主义的理论解释力可能兴趣不大。理性代理成本和信息不对称理论给予的自由程度，在大多数时候应该能使他们捕捉到乐观主义假设产生的很多预测（即使不那么简洁）。但是，对那些试图弄清楚哪个"as if"理论能最好地解释世界（也许部分地参照了假设的现实性）的人而言，管理者乐观主义（和其他行为假设）的理论解释力是不容否认的。对此问题的充分讨论已经远远超出了本文的范围，只要看看金融经济学当中的理性行为争论的一些重要方面足可一窥端倪。①

本文剩余部分的安排如下：第一部分展示了一个简单的管理者乐观主义模型，第二部分是结果，第三部分是一些结论。

19.1　一个简单的模型

本部分给出了一个简单的三时期两阶段模型。为了考察管理者乐观主义的解释力，从两种占主导地位的方法（即信息不对称方法和理性代理成本方法）对公司金融做的假设而产生的影响中分离出管理者乐观主义的效应，这是很重要的。信息不对称理论（例如，Myers and Majluf，1984）认为管理者拥有资本市场所不具有的信息。理性代理成本理论（例如，Hart，1993和Jensen，1986）认为，在合同中写明能够充分控制管理者的激励是不可能的（或者至少是成本高昂的）。因此，我做了两条假设来分离这些效应。第一个假设确保信息是对称的，而第二个假设则确保不会出现理性代理者问题。

假设1：关于公司现金流和投资机会的信息对资本市场和管理者而言是同时可获取的。

---

① 在经济学中对"as if"原理最有名的表述来自 Friedman（1953）。对"as if"和"现实主义"科学哲学的最近的分析请参见 Maki（2000）。

假设2：管理者会投资于那些他们认为能够带来正的净现值的所有项目（包括那些被感知到的融资的净现值），同时他们绝不会投资于那些他们认为有负的净现值的项目（包括临时津贴消费）。

第三个假设确保资本市场是理性的：

假设3：证券价格总是反映了贴现后的真实概率分布下的未来期望现金流。

虽然关于管理者乐观主义假设的后续工作可以放松第三个假设以研究非理性管理者与无效市场的相互作用[①]，但假设竞争性资本市场比单个公司的管理者更为理性是一个更好的基准。对现在的研究目的而言，关键的是市场没有管理者那么乐观。有两个原因可以说明为什么这似乎是最合理的。第一，在资本市场上对投资者的套利比在公司间对管理者的套利更为容易，因此价格更可能（即使不能肯定）反映理性投资者的信念。第二，即使所有投资者都是乐观的，他们对公司的前景不可能与它的管理者一样乐观。心理学证据表明，如果个体相信能够控制结果，如果结果对于他而言是高度参与的，那么乐观程度更高。两个发现都表明管理者更为乐观，因为管理者相信，与投资者相比，他们更有可能控制公司投资的结果，此外，与形形色色的投资者相比，管理者与该公司的投资结果有着更大的利害关系。

结合起来，假设1和假设3意味着在模型中证券价格总是强式有效的。有必要指出，假设1并不意味着管理者不起作用。假设1和假设3都是关于加总信息的可利用性与定价的陈述。资本市场共同拥有并且精确定价的信息并不意味着有可能就此信息签订合同并迫使管理者总是采取正确的行动。为了进一步简化该模型，我对风险偏好、利率、税收和财务困境的成本做了一些假设。

假设4：资本市场是风险中性的，折现率为0，没有税收并且财务困境无成本。

有三个时期 $t=0$，$t=1$ 和 $t=2$。原先的项目在时期 $t=0$ 时需要投资 K。管理者和/或项目所有者（他们可能相同也可能不相同）没有自己的资本，要通过在资本市场卖出某种资产组合来为 K 融资。项目在时期 $t=1$ 和 $t=2$ 产生现金流。现金流在时期 $t=1$ 是确定的，表示为

---

① 斯坦（Stein, 1996）考察了在一个无效市场中理性管理者间的相互作用。

y_1,现金流在时期 $t=2$ 是不确定的,有"好的"现金流状态和"坏的"现金流状态,分别表示为 $_Gy_2$ 和 $_By_2$,并且有 $_Gy_2 > _By_2$。在时期 $t=2$,相应的真实概率分别为 $_Tp_G$ 和 $_Tp_B$,当然,有 $_Tp_G + _Tp_B = 1$。下标"T"表示真实概率。真实概率分布可以视为影响公司所在行业资产的实际概率分布(或者,就是在没人受乐观主义认知偏差影响时大家取得一致认识时的主观概率分布)。在时期 $t=0$,资本市场和管理者都知道 $y_1, _Gy_2, _By_2, _Tp_G$ 和 $_Tp_B$ 的取值。但是对于概率(见定义1),管理者与资本市场的认识并不一致,管理者认为 $_Tp_G$ 和 $_Tp_B$ 是不准确的。

公司在时期 $t=1$ 面临一个未预期到的(也就是说,在时期 $t=0$ 没有预期到的)新的投资机会,如果接受,则在时期 $t=1$ 需要投资 i。项目在时期 $t=2$ 有不确定支付 r_H 或者 r_L。下标"H"表示新投资的高支付状态,下标"L"表示新投资的低支付状态,有 $r_H > r_L$。新投资机会带来的支付的真实概率分布为 $_Tp_H$ 和 $_Tp_L$,分别对应 r_H 和 r_L。在时期 $t=1$,资本市场和管理者都知道 $i, r_H, r_L, _Tp_H$ 和 $_Tp_L$ 的值,但是对于概率(见定义1),管理者和资本市场的认识再一次地不一致,管理者认为 $_Tp_H$ 和 $_Tp_L$ 是不准确的。

以下定义显示了管理者行为的重要性:

定义1:管理者是"乐观的"和表现出"管理者乐观主义"的,如果他们理解的概率 $_Mp_G$ 和 $_Mp_H$ 满足 $_Mp_G > _Tp_G \Rightarrow _Mp_B < _Tp_B$ 和 $_Mp_H > _Tp_H \Rightarrow _Mp_L < _Tp_L$。

下标"M"表示管理者的认知。乐观管理者系统性地给予好结果过高的概率(时期 $t=2$ 时"好的"现金流和新项目的"高的"支付),相应地,会给予坏结果过低的概率(时期 $t=2$ 时"坏的"现金流和新项目的"低的"支付)。我排除了这些事件的极端情况。把管理者的风险厌恶纳入模型可以减小这种可能性,但是对模型给予的直觉没有帮助。我采取了另一种办法,我假设乐观主义的存在并不能够创造出针对管理者的"钞票泵"*的机会(例如,Rabin and Thaler, 2001)。

在时期 $t=2$,对公司的管理将结束,现金流将根据特定证券权益分配给证券持有者。如果可能的话,公司将以某种混合方式发行以下种类的证券:(1)无风险债券,(2)风险债券和(3)股票。债券合约约定,以未来一个固定数量的货币来换取当前的货币。无风险债券是指那

---

* 钞票泵意指参与肯定会输钱的赌博的那些人。——译者注

种能够以概率1.0得到固定数量偿还的债券。风险债券是指公司有可能不能给予固定数量偿还的债券。股票是指在时期 $t=2$ 除去公司债务后能够得到所有剩余现金流的证券。债券既可能是短期的也可能是长期的，短期债券在时期 $t=1$ 偿还，长期债券在时期 $t=2$ 偿还。

19.2　结　果

本部分将展示本文的主要结果。包括管理者乐观主义对外部融资认识的影响，乐观主义对现金流预测的影响，自由现金流引起的得失以及一些可验证的结论。

19.2.1　管理者对外部融资的认识

风险证券的价格反映了资本市场的好状态与差状态间的或然性。与资本市场相比，乐观管理者会系统性地给予好结果更高的概率，因此乐观管理者相信资本市场将低估他们公司的风险证券的价值。在一个有效的资本市场中，对乐观管理者而言，发行风险证券本身就会被认为是一件具有负的净现值的事项（完全不考虑正在融资的项目也许有更大的感知到的正的净现值）。

这就引出了对资本结构的融资优序偏好，管理者试图通过最小化要发行的风险证券的数量来最小化外部融资的成本。[①] 更安全的证券对信念概率更不敏感，因此管理者认为资本市场更不会低估它们的价值。在任何时候，只要管理者能够利用内部现金或者无风险债券（二者对信念概率都不敏感），那么，相对于发行任何数量的风险证券，他们严格偏好于内部资金或者无风险债券。相对于股票融资，管理者更偏好风险债券，因为发行风险债券就相当于无风险债券和股票的加权平均，而无风

---

① 因而，有序偏好是管理者乐观主义模型的一个可检验的预测。哈里斯和拉夫维（Harris and Raviv, 1991）概括了这方面的实证证据，表明很多公司事实上都有一个有序的资本结构偏好。皮尼格和威尔布里奇（Pinegar and Wilbricht, 1989；财富500强公司）及卡马思（Kamath, 1997；纽约证券交易所公司）的调查显示，报告会遵循有序偏好的公司数目是报告试图维持资本结构目标的公司数目的大约两倍。在卡马思（Kamath, 1997）的研究中，大约有85%的财务管理者报告对内部股票的首要偏好，其次是直接负债，最后是股票（任何形式的）。更新近的是，格拉汉姆和哈维（Graham and Harvey, 2001）的调查证据显示了有序偏好效应，重要的是，传统的信息不对称理论似乎不能很好地解释该效应。

险部分是对概率信念不敏感的。因而,风险债券(给予无风险债券一个正的权重)就必然比所有融资股票有更低的被感知到的借贷成本,因此这种偏好就出现了。

正式地,我们假设 $t=1$ 时没有现金流。当且仅当 $E_T(y_2) \geqslant K$ 时公司能够融资。也就是说,当且仅当 $t=2$ 时的回报的期望值至少比所要求的投资大时,公司才能够融资。如果 $_B y_2 \geqslant K$,那么为了融资,管理者可以发行足够的无风险债券,因为此时不管结果好坏都可以还清债务。管理者正确认识到融资成本将是 $K/K=1$。如果完全用股票给公司融资,那么公司要在资本市场卖出的股票比例为 $\alpha = K/E_T(y_2)$。管理者错误地认识到的股票融资成本将是

$$\left(\frac{K}{E_T(y_2)}\right)\left(\frac{E_M(y_2)}{K}\right) > 1$$

因为 $E_M(y_2) > E_T(y_2)$。$K/E_T(y_2)$ 是公司为筹得 K 而卖出的比例,$E_M(y_2)$ 是管理者理解的公司的总价值。管理者认为为新项目融资所需要出让的股权比例更小,特别地:

$$\alpha_M = \frac{K}{E_M(y_2)} < \frac{K}{E_T(y_2)} = \alpha$$

进而,如果管理者可以发行无风险债券,他就不会发行股票。风险债券的结果也可以类推。任何风险债券的发行等价于无风险债券和股票的加权平均。对于这种加权平均(风险债券)和各单个部分,管理者将是无差异的。用"w"来表示发行的无风险债券的数量,无风险债券和股票的任意组合带来的成本是:

$$\frac{w}{K} + \left(\frac{K-w}{K}\right)\left(\frac{K-w}{E_T(y_2)-w}\right)\left(\frac{E_M(y_2)-w}{K-w}\right)$$
$$= \frac{w}{K} + \left(\frac{K-w}{K}\right)\left(\frac{E_M(y_2)-w}{E_T(y_2)-w}\right) > 1$$

因为 $E_M(y_2) > E_T(y_2)$,所以任意的 $w < K$。

现在假设 $_B y_2 < K$,坏情况出现时现金流不足以偿付前期所需要的投资,管理者不再发行无风险债券来为全部数量的 K 融资。最大化无风险债券部分的混合融资将发行 $_B y_2$ 数量的无风险债券,剩余的全部是股票(很明显,这等价于发行风险债券)。管理者理解的融资成本将是:

$$\frac{_B y_2}{K} + \left(\frac{K - _B y_2}{K}\right)\left(\frac{K - _B y_2}{E_T(y_2) - _B y_2}\right)\left(\frac{E_M(y_2) - _B y_2}{K - _B y_2}\right)$$

$$= \frac{_By_2}{K} + (\frac{K-_By_2}{K})(\frac{E_M(y_2)-_By_2}{E_T-_By_2})$$

为了明白管理者为什么在以上融资组合与任何给予股票更大权重的融资组合中更偏好前者，只需简单说明如下：

$$\frac{_By_2}{K} + (\frac{K-_By_2}{K})(\frac{E_M(y_2)-_By_2}{E_T(y_2)-_By_2}) < \frac{w}{K} + (\frac{K-w}{K})(\frac{E_M(y_2)-w}{E_T(y_2)-w})$$

那就是说，在无风险债券发行量为 $_By_2$ 时，计算得出的加权平均资本成本更低于发行量小于 $_By_2$ 时的资本成本，因为 $w<_By_2$ 意味着大于 1 的那一项被赋予了更大的权重。

很容易看出，如果在时期 $t=1$ 有确定的现金流，结果也不会有什么显著的变化。假设时期 $t=1$ 时现金流 y_1 是确定的。先考虑一种情况，因为 $y_1+_By_2 \geqslant K$，管理者可以发行无风险债券来为全部投资 K 融资。也就是说，项目的确定性现金流足以偿付 K。相对于包括股票的其他融资组合，管理者总是严格偏好无风险债券。考虑 $y_1+_By_2<K$ 的情况，也就是管理者必须发行一些风险证券来为项目融资，这也可以推出，管理者发行的证券中将最大化无风险债券部分，等价于在风险债券和股票之间管理者更偏好前者。

19.2.2 管理者的现金流预测

对现金流的预测是项目评价和选择的最重要的投入。乐观主义导致管理者的预测将是有偏的。假设管理者在时期 $t=0$ 对时期 $t=2$ 的现金流作出预测。虽然最好的预测是：

$$E_T(y_2) = _Tp_G *_Gy_2 + _Tp_B *_By_2$$

但乐观管理者的预测是：

$$E_M(y_2) = _Mp_G *_Gy_2 + _Mp_B *_By_2$$

根据定义 1，因为 $_Gy_2 > _By_2$，所以 $E_M(y_2) > E_T(y_2)$。这里给出了一个明显可检验的预测：如果管理者是乐观主义的，实际实现的现金流的平均值将达不到管理者的预测值。如果是向下偏误的预测，就出现了反对管理者乐观主义理论的有力证据。事实上，向上偏误的现金流预测可能是管理者乐观主义模型给出的最重要的可检验的预测，特别是，信息不对称理论和理性代理成本理论都没有给出如此明确的预测。

现有证据与管理者乐观主义给出的向上偏误的现金流预测是一致

的。卡普兰和鲁巴克（Kaplan and Ruback，1995）研究了长时期当中的针对收购和资本结构调整的现金流预测。他们发现对营业收益和营业利润的向上偏误是统计显著的。他们把部分偏差归因于从 1990 年开始的经济萧条，样本中部分个体包含那一年。卡普兰（Kaplan，1989）给出了类似的证据，他研究了一个大样本，该样本由那些不受 1990 年经济萧条的影响且由实施收购操作的公司构成。霍奇基斯（Hotchkiss，1995）在那些正摆脱破产的公司的表现中也发现了类似的结果。即使是对短期收入的预测也存在偏差。虽然麦克尼古拉斯（McNichols，1989）在管理者收入预测（是短期的、少于一年的预测）中没有发现统计上显著的偏差，但是，在她的样本中的每一年里统计不显著的偏差方向是向上的，明确表明管理者乐观主义的存在，尽管是一个统计上不显著的水平。模型中的短期收入（在时期 $t=1$）是已知的，但是不确定性的引入也能够导出有偏差的短期收入预测。① 引入的管理者乐观主义水平的代理变量，有助于其他关于管理者现金流预测的鲜明观点的检验。②

19.2.3 留存自由现金流的收益

风险证券价值被低估的认知将引起社会损失，公司持有足够大规模的自由现金流将可以减轻这种社会损失。我们设想一下在管理者面临一个新的投资机会的时候会发生什么事情。如果管理者有内部现金流 y_1，那么，很清楚，在转向外部资金前，管理者将利用这些内部现金流。用 E 表示任何必需的外部资金，用 $C_M(E)$ 表示管理者理解的外部资金的额外成本，也就是管理者所理解的在内部资金成本和外部资金成本间的缺口。在模型中价格总是有效的，对公司的外部证券的价值不会存在任何高估，因此 $C_M(E)>0$（也就是说，因为市场是有效的，所以管理者绝不会认为卖出证券能够获益）。当然，真实成本为零，因我们假设不存在信息不对称，价格也是有效的，所以外部融资就不会有额外的成本。面临

---

① 在红利变化方面似乎也有向上的预测偏误。例如，迪安杰洛和斯金纳（DeAngelo and Skinner，1996）没有发现红利增加就是高的未来收入的信号的证据。他们把这样的结果归因于一个事实，即管理者对未来收入存在过度乐观，使红利决策与乐观主义预期（并没有被后续结果所证实）相一致。洛克伦和里特（Loughran and Ritter，1997，p. 1824）发现了关于股票增发的类似证据，表明对于发行公司的未来盈利能力，管理者与投资者一样过度乐观。也可参见 Lee（1997）及 Schultz and Zaman（2001）。

② 例如，在最近的一个关于投资不足假说（下面将展开）的拓展和检验中，马尔门迭尔和泰特（Malmendier and Tate，2001）用期权行权行为和股票购买来代表高管的乐观主义。

一个需要投资 i ($i > y_1$) 的新项目，管理者的决策规则（见假设 2）为：

投资，如果： $E_M(r) - i - C_M(E) > 0$

不投资，如果： $E_M(r) - i - C_M(E) \leqslant 0$

当 $E_T(r) - i > 0$ 但 $E_M(r) - i - C_M(E) \leqslant 0$ 时，管理者会放弃具有正的净现值的项目，因为他相信外部融资的成本太高了，即使事实上他确信该项目具有正的净现值（他必须这样认为，因为根据定义 1，$E_M(r) > E_T(r)$）。

通过在决策中消除管理者所认知的外部资金成本，自由现金流可以缓解这个问题。这将有助于解释在控制了投资机会后在投资和现金流之间的正相关关系（请参见 Fazzari, Hubbard, and Petersen, 1988; Kaplan and Zingales, 1997）。对于任何被理解为具有正的净现值的项目，只要管理者有充足的自由现金流或者能够发行无风险债券，他们就会进行投资。但是，如果必须发行风险证券来为项目融资，管理者将会认为 $C_M(E) \geqslant 0$。给定其他条件不变，没有充足现金流实现内部融资（或者不能发行无风险债券）的公司将会放弃更多的项目，这就推导出了现金流和投资之间的正相关关系。请注意，这种相关关系与任何外部融资的实际成本无关。这一点很重要，因为卡普兰和津格尔斯（Kaplan and Zingales, 1997）发现大部分公司对大规模现金流是很敏感的，但是，对于一个给定的公司，这种灵敏性和外部融资的实际成本间并没有稳定可靠的关系。

19.2.4　留存自由现金流的成本

乐观管理者有时候会选择他们认为具有正的净现值但事实上有负的净现值的项目。这会引起社会损失，但是如果公司不持有自由现金流，这种损失会减小。

有一种简单的方式可以考虑乐观主义对项目选择的影响，可以设想所有项目按它们的净现值排好了序。在这个简单的模型中，乐观管理者的排序和理性管理者的排序是一样的，但是他们的乐观主义会让大家有一个"门槛"太低的感觉。换句话说，管理者将从他们的排序中选择过多项目。根据该模型，一个给定新项目的真实期望现金流为 $E_T(r) = {}_T p_H \times r_H + {}_T p_L \times r_L$，管理者所理解的期望现金流为 $E_M(r) = {}_M p_H \times r_H + {}_M p_L \times r_L$。如果 $E_M(r) > i > E_T(r)$，乐观管理者将会把具有负的净现值的项目看成有正的净现值的项目。如果依照概率信念，这种排序将会出现，只要：

$$1 \geqslant {}_M p_H > \frac{(i-r_L)}{(r_H-r_L)} > {}_T p_H \geqslant 0$$

因此,有必要指出,乐观管理者作出的决策将是一个有限的差决策集。只要投资成本 i 超过高现金流 r_H,管理者就绝不会选择该项目,换句话说,有些项目差得即使是最乐观的管理者也不愿意选择它们,因为乐观主义关于好状态出现的信念不可能掩盖这样一个事实,即,好状态也不可能好到足以抵偿项目投资成本。尽管如此,那些乐观管理者将会接受的负净现值的项目的范围仍会很大。

这就是为什么说现金流是有成本的也是有好处的原因。詹森(Jensen,1986)定义自由现金流为"那些超过支持所有的用相关资本成本贴现后仍有正净现值的项目所需的现金流"。只要 $E_M(r) > i > E_T(r)$,乐观管理者就会选择那些他们自己认为有正的净现值而事实上有负的净现值的项目。在两种情况下乐观管理者不会利用外部融资(如果利用外部融资,自由现金流可能会起一个微小的作用)。第一种也是最普遍的情况是,在外部融资不可用时管理者将不会利用外部融资,因为公司(客观的)将不能产生充足的现金流去提供证券必需的回报,因此市场将拒绝购买公司新发行的证券。第二种情况是,只要管理者感知到的融资的负的净现值超过他所感知到的该项目的正的净现值,也就是有 $C_M(E) > E_M(r) - i > 0$,管理者就不会利用外部融资。假设上述情况出现一种,规模为 i 的自由现金流将允许管理者接受项目,那么他就会接受,公司的价值将会下降。在此情形下,持有自由现金流就是有害的。强迫乐观管理者转向资本市场可能并不能防止所有的差的投资,但如果有 $E_M(r) - i - C_M(E) \leqslant 0$,就能够防止。如果没有自由现金流,对外部融资成本的认知偏差事实上能够阻止乐观管理者引起的价值损失。

19.2.5 一些其他可检验的含义

管理者乐观主义模型除了给出了融资优序资本结构偏好和现金流预测偏差(得到大量证据的支持)外,在 19.2.3 小节和 19.2.4 小节展示的过度投资与投资不足之间的权衡也为该理论其他的新的检验提供了基础。[①] 我们记得,$C_M(E)$ 是乐观管理者感知的外部融资的额外成本。该

---

① 在对上面展示的投资不足结果的拓展和检验中,马尔门迭尔和泰特(Malmendier and Tate,2001)发现了投资对现金流的敏感性可以由首席执行官的乐观主义解释的证据。他们对 CEO 乐观主义的测度(期权行权和获取自有股票的方式)给后续研究指出了有前途的方向。

项既能够阻止差的过度投资，也会引起有价值损失的投资不足，很清楚的是，管理者——没有一个会认为他们选择了有价值损失的过度投资（见假设 2）——将会试图减少对外部资金的依赖。持有现金流和避免高债务水平是实现上述目的的两种方式。运用风险管理技术来保护公司现金流是另外一种方式。保护公司现金流以避免外部融资的实际高成本，这样的避险动机是弗鲁特、萨夫斯坦和斯坦（Froot, Sharfstein, and Stein, 1993, 1994）两篇论文的主题。文章中讨论了对现金流的避险行为，这防止投资机会受到外部融资的高边际成本的影响。当然，他们的理论只有依赖于信息不对称的假设才能在内部资金成本和外部资金成本间打开一个缺口。

通过允许出现可感知到的错误，即内部资金成本和外部资金成本间的缺口，管理者乐观主义模型给出了一个关于现金流风险管理动机的可检验的新理论。在该模型中，乐观主义的代理变量（比如马尔门迭尔和泰特（Malmendier and Tate, 2001）所引入的那些）应该能够预测现金流风险管理的程度。这样的预测有助于辨别实际的信息不对称在现金流风险管理中是否起到作用。比如，在格克兹、明顿和施兰德（Geczy, Minton, and Schrand, 1997）的论文中，作者们发现了有关对现金流的风险管理的证据，但是他们对"增长机会"（比如研发）的代理变量并不必然是对信息不对称的好的测度。乐观主义的管理者给出了一个关于公司为什么要避险的可检验的理论，公司为什么要避险这样的问题在逻辑上先于是否要避险以及如何避险这样的问题（参见 Culp, 2001）。

其他可检验的含义也是很明显的。考虑公司的兼并和收购行为。当然，乐观主义在公司接管时的角色是第一篇阐述公司金融领域乐观主义的重要论文 Roll（1986）的主题。罗尔（Roll）指出管理者的过度自信（实质上是描述乐观主义的一种启发式方法）可以解释公司接管行为。罗尔尤其指出管理者的过度自信有助于解释为什么并购方不能利用接管公告获取显著利润。但是管理者也是公司接管者的目标，如果管理者拒绝以比现行价格更高的价格出售资产，管理者和股东之间的代理冲突将会发生。以一种可测度的方式，管理者乐观主义可以解释这种抵制，该理论预测，乐观主义的管理者作出了拒绝公司接管者这一次优决策。

考虑在时期 $t=1$ 公司可以被出售的出价 B。该价值一般可能超过 $E_T(y_2)$。由于业务协同、规模经济或范围经济、现有管理层的无能，或者由于其他乐观管理者相信公司在他们手中将会更有价值，出价 B

的价值可能确实会超过$E_T(y_2)$。考虑到现有股东将会简单地参照这样一个事实,即从股东的角度来看,最优化要求公司的预期现金流小于出价本身的价值时才会被出售,因而负责任的管理者将拒绝该出价。也就是说,如果$B > E_T(y_2)$(假设在时期$t=1$没有新项目),公司将被出售。因为只要有$B > E_M(y_2)$,管理者将默许公司接管者为本公司的接管努力,同时,因$E_M(y_2) > E_T(y_2)$,管理者的抵制决策将有可能是次优的。这就给出了公司控制权争夺研究中的一个预测,即使接管者通过股票收益和金降落伞条款给予在任管理者大量的接管后财富,管理者仍然会为独立性而抗争(经常付出很高的财务和私人成本)。就像马尔门迭尔和泰特(Malmendier and Tate,2001)所引入的,高管乐观主义的代理变量适用于检验前面的假说,从逻辑上说,该假说关注的是,管理者乐观主义的代理变量能够解释抵制接管的程度(毒丸计划的采纳和撤销,终止交易等等)。

19.3 结 论

本文在一个简单的公司金融模型中引入了明确的行为方法,解释了它在自由现金流争论上的意义,产生了两个明确的特征。第一,乐观管理者相信资本市场会低估他们公司的风险证券,因而有可能放弃具有正的净现值的但需要外部融资的项目。第二,乐观管理者会高估他们公司的项目,希望投资于具有负的净现值的项目,即使他们忠于股东。这些结论隐含在与自由现金流有关的投资不足和过度投资的权衡当中,并且完全没有引用信息不对称或者理性代理成本理论。

模型给出的自由现金流的效应是模糊的。如果项目需要外部融资,乐观管理者有时就会放弃有正的净现值的项目。那些用于支持具有正的净现值项目的自由现金流可以防止社会成本的投资不足。因而,我们并不清楚的是,在有乐观管理者的世界中,促使公司花出全部现金流并获得外部融资的机制就必然是好的机制。对于债券(Jensen,1986)和分红(Easterbrook,1984),该机制确实是好的机制。阻止差的投资带来的节约是否会大于投资不足时的社会损失很可能因公司而异。如果所有管理者都是乐观的并且市场是有效的(或者,对于特定的公司,市场没有它的管理者乐观),那么股东偏好于那些有好投资机会的公司持有大量的自由现金流。

同时管理者乐观主义模型也产生了几个新增加的可检验的预测。第一，乐观主义的管理者预言，对现金流的预测将存在偏差。第二，乐观主义的管理者引出了融资优序资本结构偏好。第三，乐观主义的管理者预测，即使没有显著的不对称信息，通过产生一个虚假但可感知的在内部资金成本和外部资金成本间的缺口，也会出现针对公司现金流的避险努力。第四，乐观主义的管理者预测到了对接管的抵制。使用马尔门迭尔和泰特（Malmendier and Tate，2001）最近的论文所用的代理变量，以上每一个预测都将给公司金融中的乐观主义的管理者理论带来重大的未来挑战。

乐观主义的管理者方法也阐明了很多制度机制。例如，乐观主义的管理者可能有助于解释公司管理中外部人所起的作用。卡尼曼和洛瓦尔（Kanneman and Lovall，1993）认为，通过引入外部观点（它能够给出内部观点为什么是错的原因），组织的乐观主义将得到很好的缓解。外部人能够把管理者的注意力引导到一些显示管理者出现了认知偏差的信息上面。公司管理中围绕着外部董事和外部董事会主席的最新进展，与上面给出的结论一致。这也表明，应对乐观主义的管理者的最有效的方法是同时利用强烈的激励和有力的外部监督。例如，在关于 Kohlberg，Kravis 和 Roberts，即"KKR"* 的研究中，安德斯（Anders，1992，p.179）描述了 KKR 在监督管理层决策当中的作用，尤其是在确保管理者接收关于目标的不断反馈上的作用：

> 即使是那些在 KKR 集团支配下取得成功的经理也知道，如果他们的公司除了银行账面项目外别无他物，那么他们与 KKR 集团之间的和谐的合作伙伴关系将立即消失。Owens-Illinos 在 20 世纪 80 年代后期的高级主管和主席 Robert Lanigan 讲述了来自 KKR 的如下潜在信息："如果你偏离了目标，我们不想知道美元、天气或者经济。"KKR 要的是结果，而不是借口。"如果我们没有实现目标，将出现负面效果，"Lanigan 在一次采访中透露。他稍作停顿，似乎害怕说得过多。然后，他总结道，"那就是百分之九十的驱使我们的东西。"

---

* 即 KKR 集团，是金融史上最成功的产业投资机构之一，全球历史最悠久也是经验最为丰富的私募股权投资机构之一。——译者注

当然，乐观主义的管理者理论作为公司金融中的一个完整理论是有局限的。仅仅是乐观主义的管理者本身，而没有一定程度的信息不对称，可能不能够解释公告效应的大量结果，也不能够解释那些针对理性代理问题和管理层忠诚问题的法律机制的重要性。然而，在这里给出的结论却表明，管理者的非理性在公司金融的后续研究中将起到重要的作用，能够使结论更简约，并且与其他竞争理论一样合理。

Advances in Behavioral Finance, Volume II by Richard H. Thaler

Copyright © 2005 by Russell Sage Foundation
Simplified Chinese version © 2017 by China Renmin University Press Co., Ltd.

Published by arrangement with Princeton University Press
Through Bardon-Chinese Media Agency
博达著作权代理有限公司
ALL RIGHTS RESERVED.

图书在版编目（CIP）数据

行为金融学新进展．Ⅱ/（美）理查德·H·泰勒主编；贺京同等译．—北京：中国人民大学出版社，2016.10
ISBN 978-7-300-23532-5

Ⅰ.①行… Ⅱ.①理…②贺… Ⅲ.①金融-经济行为-研究 Ⅳ.①F830

中国版本图书馆 CIP 数据核字（2016）第 263945 号

"十三五"国家重点出版物出版规划项目
诺贝尔经济学奖获得者丛书
行为金融学新进展（Ⅱ）
理查德·H·泰勒（Richard H. Thaler）　主编
罗伯特·J·希勒（Robert J. Shiller）　等著
贺京同　等译
贺京同　校
Xingwei Jinrongxue Xinjinzhan（Ⅱ）

出版发行	中国人民大学出版社			
社　　址	北京中关村大街 31 号	邮政编码	100080	
电　　话	010-62511242（总编室）	010-62511770（质管部）		
	010-82501766（邮购部）	010-62514148（门市部）		
	010-62515195（发行公司）	010-62515275（盗版举报）		
网　　址	http://www.crup.com.cn			
经　　销	新华书店			
印　　刷	北京宏伟双华印刷有限公司			
规　　格	160 mm×235 mm　16 开本	版　次	2017 年 10 月第 1 版	
印　　张	40　插页 1	印　次	2021 年 2 月第 4 次印刷	
字　　数	671 000	定　价	98.00 元	

版权所有　　侵权必究　　印装差错　　负责调换